CONTENTS

判例プラクティス

民法Ⅲ 親族・相続 第2版

第4編 親族

第1章 総則

第2章 婚姻 ―――― 6

第1節 婚姻の成立
第1款 婚姻の要件
1 重婚解消後の重婚取消しの可否 6
2 女性の再婚禁止期間の合憲性 7
第2款 婚姻の無効及び取消し
3 臨終婚の可否(1) 内縁関係にある男女 8
4 臨終婚の可否(2) 実質上の夫婦共同生活のない男女 9
5 子に嫡出性を付与するための婚姻の効力 10
6 届出意思を欠く無効な婚姻の追認 11

第2節 婚姻の効力
7 夫婦同氏制の合憲性 12
8 同居審判の合憲性 13

第3節 夫婦財産制
第1款 総則
第2款 法定財産制
9 婚姻費用分担審判の合憲性 14
10 761条の意義 15
11 762条1項の合憲性 16
12 762条1項の範囲 17

第4節 離婚
第1款 協議上の離婚
13 離婚の撤回 18
14 仮装離婚の効果 19
15 生活扶助を受けるための離婚の有効性 20
16 子の監護費用の裁判管轄 21
17 推定される嫡出子の監護費用分担請求と権利濫用 22
18 面会交流 23
19 面会交流の間接強制 24
20 財産分与の範囲(1) 「一切の事情」の意義 25
21 財産分与の範囲(2) 離婚慰謝料 26
22 財産分与の範囲(3) 過去の婚姻費用 27
第2款 裁判上の離婚
23 不貞な行為の意義 28
24 離婚原因としての悪意の遺棄 29
25 精神病離婚と具体的方途 30
26 有責配偶者の離婚請求 踏んだり蹴ったり判決 31
27 有責配偶者からの離婚請求と可否の条件 32
28 有責配偶者からの離婚請求と別居要件 33
29 未成熟子のいる有責配偶者からの離婚請求 34
30 婚姻関係破綻後の不貞行為 35

●婚約ないし内縁
31 婚姻予約の不当破棄と損害賠償 36
32 結納の返還義務 37
33 婚約の成立 38
34 内縁に対する婚姻の規定の準用 39
35 内縁配偶者の居住の保護(1) 持ち家の場合 40
36 内縁配偶者の居住の保護(2) 借家の場合 41
37 重婚的内縁 42
38 近親婚的内縁 43
39 パートナーシップ関係の解消 44

CONTENTS

第3章 親子

第3章 親 子 ―――― 45

第1節 実子
40 嫡出推定の効果 離婚後出生した子に対する嫡出否認 45
41 内縁関係中に懐胎され婚姻後に出生した子の嫡出性 46
42 内縁中の懐胎と父性の推定 47
43 内縁成立200日後婚姻成立200日以内の出生子と772条の推定 48
44 婚姻解消後300日以内の出生子と嫡出の推定 49
45 嫡出推定の及ばない子 50
46 DNA鑑定と親子関係不存在確認の訴え 51
47 性同一性障害による性別変更と嫡出推定 52
48 親子関係不存在確認請求と権利の濫用 53
49 韓国法上の親子関係不存在確認請求と権利濫用 54
50 死後懐胎子の父子関係 55
51 代理出産子の母子関係と外国判決の承認 56
52 嫡出否認の訴え 57
53 日本人父の認知による国籍の取得 58
54 母の認知 60
55 非嫡出父子関係と親子関係存在確認 61
56 虚偽の嫡出子出生届と認知の効力 62
57 認知者の意識喪失の間になされた認知届の効力 63
58 認知者の死亡後における認知無効の訴え 64
59 認知者による認知無効の可否 65
60 認知の訴えの性質 66
61 認知の訴えの提訴権者 法定代理人 67
62 認知請求権の放棄 68
63 死後認知の期間制限の起算点 69
64 父子関係の推定を受ける内縁懐胎子の認知の訴えと787条ただし書の適用 70
65 認知の訴えにおける父子関係の証明 71

第2節 養子
第1款 縁組の要件
66 養子夫婦の一方が養親夫婦の一方より年長者である場合の養子縁組の取消し 72
67 夫婦の一方の意思に基づかない夫婦共同縁組の効力 73
68 無効な代諾縁組（797条違反）と追認 74
69 虚偽嫡出子出生届の養子縁組届への転換の可否 75
70 虚偽の認知届からの養子縁組届への転換の可否 76
第2款 縁組の無効及び取消し
71 仮装縁組の意義 77
72 仮装縁組の判断 78
73 縁組の有効性 79
74 相続税の節税を目的とする養子縁組の成否 80
第3款 縁組の効力
第4款 離縁
75 有責当事者の離縁請求 81
第5款 特別養子
76 特別養子縁組の成立と親子関係不存在確認の訴え 82

第4章 親権

第4章 親 権 ―――― 83

第1節 総則
77 連れ子養子における親権者変更審判の法令違反を理由とする届出不受理 83

第2節 親権の効力
78 子の引渡請求の合憲性(1) 憲法22条との関係 84
79 子の引渡請求の合憲性(2) 憲法13条との関係 85
80 子の引渡請求 親権に基づく妨害排除請求 86
81 「拘束」性の判断(1) 意思能力のない子の監護 87
82 「拘束」性の判断(2) 意思能力のある子の監護 88
83 夫婦間請求における「明白」性の要件(1) 人身保護法に基づく幼児引渡請求の判断基準 89
84 夫婦間請求における「明白」性の要件(2) 子の幸福に反することの「明白」性の意義 90
85 夫婦間請求における拘束の顕著な違法性 91
86 子の引渡請求の可否(1) 親権者の非親権者に対する請求① 92
87 子の引渡請求の可否(2) 親権者の非親権者に対する請求② 93
88 子の引渡請求の可否(3) 監護権者の非監護権者に対する請求 94
89 子の引渡請求の可否(4) 非親権者の親権者に対する請求 95
90 ハーグ条約に基づく子の返還命令(1) 96
91 ハーグ条約に基づく子の返還命令(2) 97
92 親権者の代理権濫用 98
93 利益相反行為の判断(1) 行為の動機 99
94 利益相反行為の判断(2) 親権者と子の手形共同振出し 100

C O N T E N T S

95 利益相反行為の該当性(1) 連帯保証債務負担行為等 101
96 利益相反行為の該当性(2) 後見人・被後見人間の利益相反 102
97 利益相反行為の該当性(3) 後見人の代理による相続放棄 103
98 利益相反行為の該当性(4) 遺産分割 104
99 親権者の一方との利益相反 105
100 未成年者と特別代理人との利益相反 106

第3節 親権の喪失

第5章 後 見 107

第1節 後見の開始

第2節 後見の機関
第1款 後見人
第2款 後見監督人

第3節 後見の事務
101 未成年後見人 107

第4節 後見の終了

第6章 保佐及び補助

第1節 保佐

第2節 補助

第7章 扶 養 108

102 扶養義務者間の求償 108
103 過去の扶養料の請求方法 109

第5編 相 続

第1章 総 則 110

104 相続開始前の相続権 110
105 相続回復請求権の請求権者 111
106 相続回復請求権の消滅時効(1) 第三取得者の援用の可否 112
107 相続回復請求権の消滅時効(2) 共同相続人間の争いと884条 113
108 相続回復請求権の消滅時効(3) 消滅時効の援助権者 114
109 相続回復請求における「善意かつ合理的事由の存在」の判断基準時と証明責任 115
110 相続回復請求権における20年の期間の意味 116
111 相続回復請求権と取得時効 117

第2章 相続人 118

112 相続欠格事由の該当性(1) 遺言書の法形式を整える行為 118
113 相続欠格事由の該当性(2) 公正証書遺言の不公表 119
114 自筆証書遺言の隠匿行為と相続欠格 120
115 廃除原因としての「重大な侮辱」 121

第3章 相続の効力 122

第1節 総則
116 相続財産の範囲(1) 生命侵害による慰謝料請求権 122
117 相続財産の範囲(2) 身元保証債務 123
118 相続財産の範囲(3) 養老保険契約に基づく死亡保険金請求権 124
119 相続財産の範囲(4) 被相続人の占有 125
120 相続財産の範囲(5) 傷害保険契約に基づく死亡保険金請求権 126
121 相続財産の範囲(6) 支給規程がある場合の死亡退職金 127
122 相続財産の範囲(7) 支給規程がない場合の死亡退職金 128
123 相続財産の範囲(8) 公営住宅を使用する権利 129
124 遺骨の所有権と祭祀主宰者 130
125 遺産建物の相続開始後の使用関係 131
126 遺産である賃貸不動産から生じる賃料債権の性質 132
127 相続人が未分割の遺産に対して有する権利の性質 133
128 可分債権の相続(1) 共同相続人による分割承継 134

C O N T E N T S

129 可分債権の相続(2) 自己の相続分を超える預貯金債権の行使 135
130 現金の相続 136
131 株式等の共同相続 137
132 投資信託受益権の共同相続 138
133 連帯債務の相続 139

第2節 相続分
134 非嫡出子の法定相続分規定の合憲性 140
135 相続分指定と相続人からの持分の譲渡 141
136 死亡保険金の特別受益性 142
137 具体的相続分の価額または遺産総額に対する割合の確認の利益 143
138 一部が譲渡された場合の相続分取戻しの可否と譲受人の共有物分割請求 144
139 自己相続分を全部譲渡した者による遺産確認の訴え 145

第3節 遺産の分割
140 遺産分割審判の合憲性および前提問題を審理判断することの可否 146
141 相続財産共有の性質および遺産分割の方法 147
142 遺産確認の訴えの適否 148
143 遺産の共有持分権を譲渡された第三者からの分割請求による分割の方法 149
144 共同相続人間における分割方法 150
145 遺産分割協議の法定解除 151
146 遺産分割協議の合意解除 152
147 特定の遺産を特定の相続人に「相続させる」趣旨の遺言の解釈 153
148 「相続させる」旨の遺言と受益相続人の先死亡 154
149 預貯金債権の共同相続(1) 155
150 預貯金債権の共同相続(2) 156
151 遺産分割その他の処分後に判明した非嫡出子の存在と910条 157
152 被認知者による価額支払請求の算定基準時 158

第4章 相続の承認及び放棄――159

第1節 総則
153 915条の「自己のために相続の開始があったことを知った時」の意義 159
154 再転相続人の相続放棄の効力 160

第2節 相続の承認
第1款 単純承認
155 921条3号における相続財産と相続債務 161
第2款 限定承認
156 死因贈与の限定承認時における効力 162

第3節 相続の放棄
157 相続放棄申述受理審判の効力 163

第5章 財産分離――164

158 財産分離 164

第6章 相続人の不存在――165

159 相続人がおらず包括受遺者がいる場合の相続財産の管理者 165
160 相続財産法人に対する登記手続請求の可否 166
161 共有者の1人が相続人なくして死亡したときのその持分の帰趨 167
162 相続財産の国庫帰属および相続財産管理人の代理権消滅の時期 168

第7章 遺 言――169

第1節 総則
163 遺言の解釈 169
164 受遺者の選定を遺言執行者に委託する旨の遺言の効力 170

第2節 遺言の方式
第1款 普通の方式
165 「昭和四拾壱年七月吉日」と記載された自筆証書遺言の効力 171
166 自筆証書遺言における「自書」の要件(1) 他人の添え手による補助を受けた運筆 172
167 自筆証書遺言における「自書」の要件(2) カーボン複写遺言と共同遺言の成否 173
168 押印を欠く遺言の有効性 174
169 押印に代わる拇印による遺言の有効性 175
170 封筒の封じ目になされた押印と押印要件 176
171 印章による押印をせず花押を書いた遺言の有効性 177
172 自筆証書遺言における誤記訂正に関する方式違背と遺言の効力 178
173 公正証書遺言の方式 179
174 秘密証書遺言における「筆者」 180

C O N T E N T S

175 目が見えない者の証人適格 181
176 証人不適格者が同席した公正証書遺言の効力 182
177 共同遺言の判断 183
第２款 特別の方式
178 危急時遺言における遺言の趣旨の口授 184
179 死亡危急時遺言の方式の変更 185

第３節 遺言の効力
180 遺贈による権利移転の対抗力 186

第４節 遺言の執行
181 遺言執行者の訴訟における被告適格 187
182 相続人がした行為の効力 188
183 「相続させる」旨の遺言と遺言執行者の権限(1) 189
184 「相続させる」旨の遺言と遺言執行者の権限(2) 190
185 「相続させる」旨の遺言と遺言執行者の権限(3) 191

第５節 遺言の撤回及び取消し
186 遺言の「抵触」の意義 192
187 遺言の撤回 193
188 撤回された遺言の復活 194

第８章 配偶者の居住の権利

第１節 配偶者居住権

第２節 配偶者短期居住権

第９章 遺留分 195

189 相続人に対する贈与と遺留分額の算定方法 195
190 被相続人の債務と遺留分額の算定方法 196
191 相続分の譲渡と遺留分額の算定方法 197
192 遺留分算定の基礎となる財産に算入される贈与の範囲 198
193 遺留分侵害額請求の意思表示 199
194 「相続させる」旨の遺言と債務 200
195 相続人が遺留分侵害額を負担する限度 201

第10章 特別の寄与

CONTENTS

■ 執筆者紹介（五十音順）■

青竹　美佳（あおたけ・みか）　大阪大学准教授

足立文美恵（あだち・ふみえ）　宮崎大学准教授

阿部　純一（あべ・じゅんいち）　鹿児島大学准教授

生駒　俊英（いこま・としひで）　福井大学准教授

石畝　剛士（いしぐろ・つよし）　新潟大学准教授

石田　　剛（いしだ・たけし）　一橋大学教授

石綿はる美（いしわた・はるみ）　東北大学准教授

伊藤　　司（いとう・つかさ）　南山大学教授

犬伏　由子（いぬぶし・ゆきこ）　慶應義塾大学名誉教授

岩志和一郎（いわし・わいちろう）　早稲田大学名誉教授

牛尾　洋也（うしお・ひろや）　龍谷大学教授

梅澤　　彩（うめざわ・あや）　熊本大学准教授

浦野由紀子（うらの・ゆきこ）　神戸大学教授

遠藤　隆幸（えんどう・たかゆき）　東北学院大学教授

大島　俊之[†]（おおしま・としゆき）　元弁護士

大島　梨沙（おおしま・りさ）　新潟大学准教授

大西　邦弘（おおにし・くにひろ）　関西学院大学教授

大村　敦志（おおむら・あつし）　学習院大学教授

緒方　直人（おがた・なおと）　弁護士・鹿児島大学名誉教授

岡部喜代子（おかべ・きよこ）　元慶應義塾大学教授

小川　富之（おがわ・とみゆき）　大阪経済法科大学教授

奥山　恭子（おくやま・きょうこ）　横浜国立大学名誉教授

梶村　太市（かじむら・たいち）　弁護士

勝田　信篤（かつた・のぶひろ）　清和大学教授

門広乃里子（かどひろ・のりこ）　國學院大學教授

金子　宏直（かねこ・ひろなお）　東京工業大学准教授

金子　敬明（かねこ・よしあき）　名古屋大学教授

鹿野菜穂子（かの・なおこ）　慶應義塾大学教授

神谷　　遊（かみたに・ゆう）　同志社大学教授

川　　淳一（かわ・じゅんいち）　成城大学教授

木下　孝治（きのした・こうじ）　同志社大学教授

木村　敦子（きむら・あつこ）　京都大学教授

窪田　充見（くぼた・あつみ）　神戸大学教授

久保野恵美子（くぼの・えみこ）　東北大学教授

合田　篤子（ごうだ・あつこ）　金沢大学教授

神田　　桂（こうだ・けい）　愛知学院大学准教授

櫻田　嘉章（さくらだ・よしあき）　京都大学・甲南大学名誉教授

佐々木　健（ささき・たけし）　専修大学教授

潮見　佳男（しおみ・よしお）　京都大学教授

冷水登紀代（しみず・ときよ）　甲南大学教授

白須真理子（しらす・まりこ）　関西大学准教授

鈴木　一夫（すずき・かずお）　慶應義塾大学教授

鈴木　伸智（すずき・しんち）　愛知学院大学教授

鈴木　博人（すずき・ひろひと）　中央大学教授

瀬川　信久（せがわ・のぶひさ）　北海道大学名誉教授

千藤　洋三（せんとう・ようぞう）　関西大学名誉教授

副田　隆重（そえだ・たかしげ）　南山大学教授

田井　義信（たい・よしのぶ）　同志社大学名誉教授

竹中　智香（たけなか・ちか）　駒澤大学教授

田中　淳子（たなか・あつこ）　愛知学院大学教授

棚村　政行（たなむら・まさゆき）　早稲田大学教授

常岡　史子（つねおか・ふみこ）　横浜国立大学教授

椿　久美子（つばき・くみこ）　明治大学名誉教授

徳田　和幸（とくだ・かずゆき）　京都大学名誉教授

床谷　文雄（とこたに・ふみお）　奈良大学教授

中川　忠晃（なかがわ・ただあき）　岡山大学准教授

中原　太郎（なかはら・たろう）　東京大学准教授

中村　　恵（なかむら・めぐみ）　東洋大学教授

西　希代子（にし・きよこ）　慶應義塾大学教授

羽生　香織（はぶ・かおり）　上智大学教授

平林　美紀（ひらばやし・みき）　南山大学教授

福永　礼治（ふくなが・れいじ）　元専修大学教授

松尾　知子（まつお・ともこ）　関西大学教授

松川　正毅（まつかわ・ただき）　大阪学院大学教授

松原　正明（まつばら・まさあき）　元横浜家庭裁判所部総括判事

松久　和彦（まつひさ・かずひこ）　近畿大学教授

松本　恒雄（まつもと・つねお）　一橋大学名誉教授

水野　貴浩（みずの・たかひろ）　松山大学准教授

水野　紀子（みずの・のりこ）　白鴎大学教授

南方　　暁（みなみかた・さとし）　新潟大学名誉教授

宮本　誠子（みやもと・さきこ）　金沢大学准教授

本澤巳代子（もとざわ・みよこ）　筑波大学名誉教授

本山　　敦（もとやま・あつし）　立命館大学教授

柳　　勝司（やなぎ・かつじ）　名城大学教授

渡邉　泰彦（わたなべ・やすひこ）　京都産業大学教授

判例プラクティス

民法Ⅲ 親族・相続 第2版

松本恒雄・潮見佳男・羽生香織――編

信山社

第２版はしがき

『判例プラクティス民法Ⅰ～Ⅲ』は，民法の学習における判例を学ぶことの重要性に鑑みて，各判決の具体的事実関係を詳細に紹介し，争点および判旨を明確にした上で，基本的かつ客観的な解説に力点を置く。読者がその解説を基礎として，判例を丁寧に読み解くことで，民法の条文がどのような場面で適用されるのかを理解するだけでなく，判例の理論や判断枠組を活用できる能力を養うことを目的としている。

『判例プラクティス民法Ⅰ～Ⅲ』は，平成22（2010）年に初版を刊行して以降，多くの読者に恵まれ，増刷を重ねてきた。この間，社会・経済の変化への対応を図るため，民法の債権法分野の改正（平成29年法律第44号）や相続法分野の改正（平成30年法律第72号），成年年齢の引下げ（平成30年法律第59号）などの重要な法改正，および最高裁判所の重要判例が相次いだ。

『判例プラクティス民法Ⅲ 親族・相続』に関しては，本書初版以降の重要な法改正として，親権行使における子の利益の観点の明確化，面会交流・養育費の分担の明示，親権の停止制度創設（平成23年法律第61号），嫡出子と嫡出でない子の相続分の同等（平成25年法律第94号），成年後見の事務の円滑化（平成28年法律第27号），再婚禁止期間の短縮（平成28年法律第71号），成年年齢の引下げ（平成30年法律第59号），配偶者居住権の創設，遺留分制度や相続の効力に関する見直し（平成30年法律第72号），特別養子縁組の成立要件の緩和（令和元年法律第34号）がある。また，日本国内では，平成26（2014）年にハーグ条約（国際的な子の奪取の民事上の側面に関する条約）が発効して以降，ハーグ条約実施法（平成25年法律第48号）に基づいてハーグ条約が実施されている。ハーグ条約実施法には，国際的な子の返還の執行手続に関する民事執行法の特則が定められていたが，執行の実効性がないことが問題視されていた。子の引渡し（および子の返還）の実効性の確保は，国際的な子の返還執行事案のみならず，国内の子の引渡執行事案においても問題となっていた。これまで，民事執行法に国内の子の引渡しの強制執行に関する明文規定はなく，動産の引渡しに関する規定の類推適用により運用されていた。そこで，子の福祉に配慮するとともに，子の引渡しを命じる裁判の実効性を確保するため，民事執行法が改正され，国内の子の引渡しの強制執行に関する規律が明確化された。併せて，国際的な子の返還の強制執行に関する規律が見直され，ハーグ条約実施法も改正された（令和元年法律第2号）。さらに，本書初版以降の最高裁の重要判例として，夫婦別氏（750条），再婚禁止期間（旧733条1項），非嫡出子の相続分（旧900条4号ただし書前段），預貯金債権の共同相続，ハーグ条約に基づく子の返還請求に関する多数の判例がある。

＊　　＊　　＊

そこで，初版刊行以降の社会状況の変化を踏まえて，本書をより充実した内容にすべく，第2版を刊行することとした。今回の改訂方針は，次のとおりである。第一に，収録判例を現時点での民法の体系にあわせた条文構成に並べ替えること。第二に，初版刊行以降に出された新判例から本書に収録すべきものを追加・補充すること。第三に，初版収録判例を見直し，改正により従来の判例法理が条文化された判例や判例変更により先例としての価値を失った判例を削除すること。この改訂方針に沿って，民法の条文について判例の全面的見直しを行った。改訂された『判例プラクティス民法Ⅲ 親族・相続』では，平成30年までの195件の判例を収録している。

＊　　＊　　＊

『判例プラクティス民法Ⅰ～Ⅲ』の改訂に際しては，初版の編者である松本恒雄，潮見佳男のほか，下村信江（Ⅰ 総則・物権），松井和彦（Ⅱ 債権），羽生香織（Ⅲ 親族・相続）の3名が新たに加わり，この5名により収録判例全体の検討および編集を行った。

ご多忙のなか，短期間で執筆にご尽力をいただいた先生方に感謝する。また，改訂にあたり詳細な編集作業をしていただいた信山社の鳥本裕子氏，柴田尚到氏に厚く御礼申し上げる。

読者にとって，本書が，民法学習において判例の体系的理解を深める一助となれば幸いである。

2020年9月

松本恒雄
潮見佳男
羽生香織

初版はしがき

民法の学習において判例を学ぶことの重要性について，現在では異論がない。したがって，判例を素材とした学習教材は枚挙にいとまがないほどである。端的に重要な判例を列挙して個別に解説したものも多数にのぼる。しかし，それらは，解説が必ずしも学生向けになっていないもの，民法学習に必要な判例を十分にカバーできるだけの件数が収録されていないもの，事実関係の説明が簡略となっており判旨・解説に重点が置かれているものなど，いずれも，現在法科大学院教育や法学部教育において要請されている観点からは若干の問題があるように感じられる。

＊　　＊　　＊

そこで，われわれ両名は，『判例プラクティス民法Ⅰ～Ⅲ』を企画した。本書『判例プラクティス民法Ⅲ親族・相続』では，民法の親族と相続に関する197件の判例が収録されている。代表的な体系書・基本書に引用されている判例はほぼ網羅するように配慮している。

また，本書の判例の配列は，民法の条文の論点に対応させて，「民法判例コンメンタール」的な構成にしている。

各判例では，具体的事実関係と判決との関係を重要視する観点から，事案の説明を充実させ，争点を明確にして，判旨を的確に示すとともに，執筆者がある程度まとまった範囲の判例を担当することにより，それぞれの判例の位置づけや相互関係などを学生に分かりやすく提供し，判例法理の体系的な理解を促すことのできるものを目指した。その際，取り上げた個別判例や判例群が一般にはどのように理解されているかということを示すための基本的な解説に力点を置き，執筆者の研究者的視点での独自の見解はできるだけ抑制した。客観的な判例の内容の説明に限定し，判例に対する学説の評価は省略した。また，学説については，判例の理解のために必要な限りにおいてのみ判例と対比して説明するにとどめ，個々の著者名や著書の引用はしていない。判例変更等があり，先例としての価値を失っている判例については，解説でその旨を明記した。

収録対象とされているのは，平成20年までの最上級審判例である（ただし，東京高裁決定を1件含む)。原則として1件1頁で収めることとしたが，争点の多い判例1件については2頁とした。判決文の引用については，表記は原文どおりとしているが，例外として，大審院のカタカナ表記の判決文については，読者がそれだけで敬遠してしまうことを避けるために，ひらがな表記に直し，濁点を加えた。

読者には，教科書や参考書を読む際にそこで引用されている判例について，本書で具体的事実関係にあたり，当該判例の客観的位置づけを確認するように努めてほしい。そうすることによって教科書で展開される基本概念と理論体系の理解が一段と深まり，事例分析と法律構成の基礎的訓練が進化することは疑いがない。

＊　＊　＊

本書は，全国各地の大学で実際に教育を担当している多数の中堅および若手の民法研究者に分担して執筆していただいた。研究に振り向けることのできる時間がどんどん縮減させられてきている現在において，このような企画に短期間に協力していただけたことに感謝する。また，信山社の渡辺左近氏，編集部の木村太紀氏には，本書の企画段階から進行管理に至るまで温かいご支援をいただいたことに，御礼申し上げる。

2010年8月

松本恒雄
潮見佳男

1 重婚解消後の重婚取消しの可否

最高裁昭和57年9月28日第三小法廷判決
(昭和54年(オ)第226号婚姻取消請求事件)
民集36巻8号1642頁，判時1065号135頁

■事　案■

妻Xと夫Y_1は，昭和32年6月3日に婚姻の届出をした夫婦であり，その間に2人の子をもうけた。Y_1は昭和47年3月21日に協議離婚を届け出た後，同年7月22日にY_2との婚姻の届出をなし，翌年には一子をもうけた。Xは，Y_1との協議離婚に際してXが自ら署名捺印した協議離婚届書をY_1に渡したが，それはY_1の欺罔によるもので，それに気付いたXが撤回したにもかかわらずそれを無視して届け出たもので協議離婚は無効であると主張して離婚無効確認の訴えを昭和48年ごろに提訴した。昭和52年にXが勝訴して確定し，これを受けてXは，Yらの婚姻は重婚であるとしてその取消しを求める訴訟を提起した。

1審（大阪地判昭53・7・18民集36巻8号1645頁参照）はXの請求を認容し，婚姻の取消しおよび子の親権者をY_2とする判決を下した。しかし，Yらは昭和53年7月27日に協議離婚を届け出た上で，本件取消請求の目的である婚姻は協議離婚によって解消されたのであるから，取消しを求める必要性は消滅したと主張して控訴した。2審（大阪高判昭和53・12・13判タ380号151頁）は，Yらの主張を認容して本件訴えを却下した。これに対して，婚姻取消しと離婚は将来に向かって婚姻を解消する点では共通するが，婚姻取消しが不完全に成立した婚姻の成立過程の瑕疵をとがめようとするものである点で社会的意味が全く異なることや，財産関係上の効果に顕著な差異がある（748 Ⅱ・Ⅲ）ことなどを上告理由としてXが上告した。

■争　点■

重婚状態に陥っているために取消可能となっている婚姻（後婚）が離婚によって解消された場合において，それでもなおその後婚を取り消すことができるか。

■判　旨■

上告棄却。

「重婚の場合において，後婚が離婚によって解消されたときは，特段の事情のない限り，後婚が重婚にあたることを理由としてその取消を請求することは許されないものと解するのが相当である。けだし，婚姻取消の効果は離婚の効果に準ずるのであるから（民法748条，749条），離婚後，なお婚姻の取消を請求することは，特段の事情がある場合のほか，法律上その利益がないものというべきだからである。

これを本件についてみるのに，原審の適法に確定したところによれば，XとY_1の前婚についての協議離婚が無効とされた結果，右協議離婚届出後にされたY_1とY_2間の後婚がY_1につき前婚との関係で重婚となるに至ったものの，前婚の配偶者であるXが右重婚を理由に提起した後婚の取消を求める本訴の係属中に右後婚が離婚によって解消されたというのであるから，他に特段の事情について主張立証のない本件においては，重婚を理由として後婚の取消を求めることはもはや許されないものといわなければならない。」

■解　説■

1　婚姻の取消しも離婚も，夫婦の一方の死亡と並ぶ婚姻の解消原因である。しかし，婚姻の取消しは，婚姻の成立に内在する反公益性などの瑕疵を原因としてその成立を否定する制度であるのに対し，離婚は，当事者の合意あるいは裁判による婚姻関係の解消であるというように，その制度の本質が大きく異なる。また，効果の面では，婚姻取消しについては，取消しの遡及効（121）の特則が置かれ，「将来に向かってのみその効力を生ずる」とされており（748 Ⅰ），財産分与を含む離婚の効果に関する諸規定が婚姻取消しに準用されているため（749），効果面での類似性は高いといえるが，婚姻取消原因についての当事者の婚姻時での善意・悪意を区別して，善意の場合は婚姻によって得た財産を現に利益を受けている限度において返還することを義務づけ（748 Ⅱ），悪意の場合は婚姻によって得た利益の全部を返還させ，さらに相手方が善意の場合は損害賠償責任も負わせている（同Ⅲ）という相違点がある。

2　この争点に関連する先例は多くない。取消しを肯定するものとしては関連判例①があるが，これは合意に相当する審判（旧家審23 Ⅰ〔現・家事282〕）であることに注意する必要がある。また，否定するものとしては，関連判例②（婚姻適齢違反の婚姻が離婚によって解消した場合につき，公益を害する不法な婚姻が解消されたとして検察官の取消権を否定）がある程度である。

3　本判決はこの争点につき肯定していないことは明らかである。しかし，特段の事情がある場合は取消しを認めているため，否定説を採っているとも言い切れない。では本判決が言う「特段の事情がある場合」とはいかなる場合であろうか。結局のところは748条2項・3項が適用される場合であろうが，これは後婚当事者間の問題であり，前婚配偶者は無関係である。後婚の離婚に際して過度の財産分与がなされた場合の前婚配偶者の救済可能性を残すために取消しを認めるべきとの見解もあるが，取消しを認めることと前婚配偶者の保護は必ずしも直結していないように思える。

また，取消しを主張する者の範囲とその他の取消可能な婚姻にも妥当するのかという2つの側面で本判決の射程を考える必要があるが，判旨が示す理由に鑑みるに，特段差異を設ける必要はないであろう。

◆関連判例◆

①大阪家堺支審昭52・1・14家月29巻11号98頁
②大判明33・11・17民録6輯10巻82頁

●岡山大学　中川忠晃●

第4編　親族

2 女性の再婚禁止期間の合憲性

最高裁平成27年12月16日大法廷判決
（平成25年(オ)第1079号損害賠償請求事件）
民集69巻8号2427頁，判時2284号20頁

■事　案■

Xは，平成20年3月にAと離婚した後，同年10月にBと再婚した。もっとも，Xは，女性について6か月の再婚禁止期間を定めた733条1項〔改正前〕（以下「本件規定」という）のために再婚が遅れ，精神的損害を被ったとして，本件規定が憲法14条1項および24条2項に違反すると主張し，国会議員が本件規定を改廃する立法措置をとらなかったこと（以下「本件立法不作為」という）が違法であるとして，国に対して国家賠償法1条1項に基づき損害賠償（165万円および遅延損害金）を求めた。

1審（岡山地判平24・10・18判時2181号124頁）および2審（広島高岡山支判平25・4・26民集69巻8号2582頁参照）は，関連判例を参照しつつ，Xの請求を棄却した。Xが上告。

■争　点■

女性について再婚禁止期間を定める規定は憲法14条1項および24条2項に反しないか。

■判　旨■

上告棄却。

「本件規定の立法目的は，……父性の推定の重複を回避し，もって父子関係をめぐる紛争の発生を未然に防ぐことにあると解するのが相当であり……，父子関係が早期に明確となることの重要性に鑑みると，このような立法目的には合理性を認めることができる」。「これに対し，仮に父性の推定が重複しても」，近年の医療や科学技術の発達によって「子の父を確定することは容易にできるから，必ずしも女性に対する再婚の禁止によって父性の推定の重複を回避する必要性はないという指摘がある」。しかし，そうすると，「父性の推定が重複する期間内に生まれた子は，一定の裁判手続等を経るまで法律上の父が未定の子として取り扱わざるを得ず」，これを考慮すると，「子の利益の観点から，……父性の推定が重複することを回避するための制度を維持することに合理性が認められる」。

もっとも，772条2項との関係では，「女性の再婚後に生まれる子については，計算上100日の再婚禁止期間を設けることによって，父性の推定の重複が回避されることになる」。そうすると「100日について一律に女性の再婚を制約することは，……上記立法目的との関連において合理性を有するものということができる」。

「これに対し，本件規定のうち100日超過部分については，民法772条の定める父性の推定の重複を回避するために必要な期間ということはできない。」「旧民法767条1項において再婚禁止期間が6箇月と定められたことの根拠について，……その当時は，専門家でも懐胎後6箇月程度経たないと懐胎の有無を確定することが困難であり，……一定の期間の幅を設けようとしたものであったことがうかがわれる。」「しかし，その後，医療や科学技術が発達した今日においては，……一定の期間の幅を設けることを正当化することは困難になったといわざるを得ない。」「以上を総合すると，本件規定のうち100日超過部分は，遅くともXが前婚を解消した日から100日を経過した時点までには，……その立法目的との関連において合理性を欠くものになっていたと解される。」

しかし，本件立法不作為については，「憲法の規定に違反することが明白であるにもかかわらず国会が正当な理由なく長期にわたって改廃等の立法措置を怠っていたと評価することはできない」とし，Xの損害賠償請求は否定した。

■解　説■

1　女性について6か月の再婚禁止期間を定めていた本件規定については，かねてから多くの批判があった。学説が指摘してきた問題は，①再婚禁止期間を設けても事実上の再婚までは阻止できず，その間に子が生まれると，結局，父子関係をめぐる紛争は避けられないこと，②本件規定の立法目的に合理性があるとしても，772条2項との関係では，再婚禁止期間は100日で足りること，③本件規定の趣旨が父性決定の困難を避けることにあるとすると，再婚禁止期間内に後婚が成立した場合，これを取り消しても意味がないことなどである。

そこで，平成3年から法制審議会で開始された婚姻および離婚制度等に関する見直し審議においても，再婚禁止期間を100日に短縮する案と，全部廃止する案を軸に本件規定の改正が検討されていた。平成8年の「民法の一部を改正する法律案要綱」では，100日短縮案が採用されたが，その後，本判決に至るまで改正は実現しなかった。

2　本判決の先例としては，関連判例があるが，本件規定の憲法適合性を直接判断したものではなく，国会が本件規定を改廃しないことが国家賠償法上違法といえるかを判断したもので，これを否定していた。これに対して本判決は，本件規定の憲法適合性の審査と国賠法上の違法性の評価を区別し，前者については100日超過部分を違憲とし，後者については違法性を認めなかった。

3　本判決を受けて，平成28年6月に本件規定の改正法が成立した。改正法により，再婚禁止期間は存置されたものの，100日に短縮され（733 Ⅰ），同時に，女性が前婚の解消もしくは取消しの時に懐胎していなかった場合が適用除外例として追加された（同Ⅱ①）。これは，本判決に付された6名の裁判官の共同補足意見に添うものである。

◆関連判例◆

最判平7・12・5判時1563号81頁

●同志社大学　神谷　遊●

3 臨終婚の可否(1)
――内縁関係にある男女

最高裁昭和44年4月3日第一小法廷判決
(昭和41年(オ)第1317号婚姻無効確認請求事件)
民集23巻4号709頁，判時556号48頁

■事　案■

A男（韓国人）とY女は昭和22年ごろから内縁関係にあったが，Aは，昭和39年9月以降は肝硬変症のため入院し，翌年4月4日朝ごろから昏睡状態に陥り，同月5日午前10時20分に死亡した。しかし，Aは，昏睡状態に陥る前日の午前中に，自己の経営する金融業の事務を担当していたCを呼び出し，その事業の後始末と共にYとの婚姻手続の早急な実現を依頼した。CがYにそのことを告げると，Yは自己の弟Bにその手続を依頼した。そこで，Bが婚姻届用紙を準備した上で，必要事項とA・Yの署名を記載し，YからA・Yの捺印を受けて，同月5日午前9時10分ごろまでには届出手続を完了した（当時は休日や執務時間外届出受理手続はまだ認められなかったためもあって，手続が一両日遅れたようである）。これに対して，もしこの婚姻が無効であるならば韓国法上相続人となりうる地位にあったX_1～X_8（Aの従弟妹）が，この婚姻は無効であることの確認を求めて提訴した。

1審（盛岡地判昭41・4・19下民集17巻3・4号314頁）は，婚姻届書の作成とそれによる届出の委託によって婚姻意思は確定的に表示されており，その後本人が意思能力を失っても，97条3項〔改正前同Ⅱ〕の法意に鑑みて当該婚姻は有効であると判示した。これを不服としてXらが控訴したところ，2審（仙台高判昭41・9・7民集23巻4号734頁参照）は，婚姻成立時すなわち婚姻届出の時点でAに意思能力がなかったことが明らかである以上，合意があったとはいえないとの従来の判例・通説を採用して当該婚姻を無効と判示した。これを不服としてY上告。

■争　点■

死期が迫った内縁配偶者が意識不明に陥っている間に受理された婚姻届は有効か。

■判　旨■

破棄差戻し。

「本件婚姻届がAの意思に基づいて作成され，同人がその作成当時婚姻意思を有していて，AとYとの間に事実上の夫婦共同生活関係が存続していたとすれば，その届書が当該係官に受理されるまでの間にAが完全に昏睡状態に陥り，意識を失ったとしても，届書受理前に死亡した場合と異なり，届書受理以前に翻意するなど婚姻の意思を失う特段の事情のないかぎり，右届書の受理によって，本件婚姻は，有効に成立したものと解すべきである。もしこれに反する見解を採るときは，届書作成当時婚姻意思があり，何等この意思を失ったことがなく，事実上夫婦共同生活関係が存続しているにもかかわらず，その届書受理の瞬間に当り，たまたま一時的に意識不明に陥ったことがある以上，その後再び意識を回復した場合においてすらも，右届書の受理によっては婚姻は有効に成立しないものと解することとなり，きわめて不合理となるからである。」

■解　説■

1　本事件および関連判例①（Ⅲ-4事件）では，いずれも死期が迫った者の婚姻，すなわち臨終婚の効力が問題となっている。臨終婚では相当期間の共同生活は想定されていないため，この夫婦には婚姻意思があるのかということは，一応は問題になりうるけれども，婚姻の意義は共同生活だけではないので，その一事だけで成立を否定すべきではないという見解が一般的である。

2　しかし，「婚姻意思の存在時期」という点については問題がないわけではない。大審院の判例は，届出主義においては届出が意思の表示そのものであるから届出時に当事者に意思能力がなければならないという従来の通説と同じ見解にたって成立を否定していた（関連判例②③④)。本事件は，従来の見解を貫徹することによって生じる不都合に言及して認めた上で，判旨のような見解を示したわけであるが，従来の見解との整合性をどのように説明するかという問題が生じてしまった。

翻意がない限り届出時にも婚姻意思を持ち続けていると推定すれば一貫するが，死期が迫って昏睡状態に陥ったのち死亡したような本事件および関連判例①のような事案でこのように推定するのはいかにも不自然である。また，届書作成時以降翻意されていないということはその時点での意思が最終的意思であり，これが重要であると考えたとしても，整合的説明に成功したわけではない。届書作成時に意思が存在すればよく，届出時に存在する必要はないとの見解に判例を変更したと考えようにも，判例は翻意による撤回を認めているので，こちらとの整合性もあるとはいえない。

3　本事件および関連判例①の結論の妥当性それ自体は肯定できよう。しかし，その結論を正当化するための理論構成に大きな問題が生じており，それはいまだに解消されているとは言いがたい状況にあるということには注意すべきであろう。

なお，本解説はⅢ-4事件の解説と併せてお読みいただきたい。

◆関連判例◆
①最判昭45・4・21判時596号43頁（Ⅲ-4事件）
②大判大6・12・20民録23輯2178頁
③大判昭7・2・16法学1巻7号111頁
④大判昭10・4・8民集14巻511頁
⑤最判昭45・11・24民集24巻12号1931頁（Ⅲ-73事件）

●岡山大学　中川忠晃●

4 臨終婚の可否(2)
――実質上の夫婦共同生活のない男女

最高裁昭和45年4月21日第三小法廷判決
(昭和45年(オ)第104号婚姻無効確認請求事件)
判時596号43頁

■事　案■

判例時報には1審および2審の判決は掲載されておらず，かつ，最高裁による2審において適法に確定した事実への言及もないため，以下の記載は上告理由によるものである。

A男とY女は交際している男女であり，婚約はしていたが，同棲はしておらず，結婚式も挙げていなかった。昭和42年3月7日に外出していたAが突然吐血して倒れ，帰宅後も2回にわたって大量に吐血して意識不明に陥った。翌朝入院して即時切開手術を受けたが，出血の原因は肝硬変による食道動脈瘤の破裂によるもので，処置の施しようがないため，手術を中止して切開したところを閉じて成り行きを見守ることになった。Aは，入院中にYおよびAの兄であるBに対して正式に婚姻届をなすことの同意を求め，Aの願いによりBが婚姻届用紙にAの名前を代書してその実印を押捺した。このとき作成された婚姻届は，同月15日の区役所の受付開始時刻である午前9時早々に提出されたが，Aは同日の朝再び大出血して午前10時30分に死亡した。

この婚姻について，Aの母であるXが，「婚姻届はAの意思に基づくものではなく，YとBが共謀して，年金や共済組合の給付金を横取りするために仮装したものである」と主張して当該婚姻は無効であることの確認を求めて提訴した。2審（大阪高判昭44・10・30公刊物未登載）はこの婚姻を有効と判示したが，2審の事実認定は合理性を欠くことのほか，婚姻届提出時にはAは瀕死の直前だったので婚姻意思はなかったことは明らかであるから当該婚姻届は無効であるとの理由を付してXが上告した。

■争　点■

実質上の夫婦共同生活の事実がなかった男女の一方に死期が迫って婚姻届が作成されたが，意識不明に陥っている間に受理された場合，その婚姻届は有効か。

■判　旨■

上告棄却。

「将来婚姻することを目的に性的交渉を続けてきた者が，婚姻意思を有し，かつ，その意思に基づいて婚姻の届書を作成したときは，かりに届出の受理された当時意識を失っていたとしても，その受理前に翻意したなど特段の事情のないかぎり，右届書の受理により婚姻は有効に成立するものと解すべきであり（〔関連判例①〕……参照），本件婚姻届書の作成および届出の経緯に関して原審の確定した諸般の事情のもとにおいては，本件婚姻の届出を有効とした原審の判断は相当である。」

■解　説■

1　本事件および関連判例①（Ⅲ-3事件）では，いずれも死期が迫った者の婚姻，すなわち臨終婚の効力が問題となっているため，両事件には共通する問題が多い。共通する問題についてはⅢ-3事件の解説をお読みいただくこととし，ここでは本事件に固有の問題と本判決の射程について解説することとする。

2　判旨でも参照されている関連判例①は，当事者間に事実上の夫婦共同生活関係（内縁関係）があったことを，結論導出の前提事実としている。これに対して，本事件はそのような関係は必要とはされず，「将来婚姻することを目的に性的交渉を続けてきた」という事実に置き換えられている。関連判例①のそれに比べてこれは明らかに緩やかで認定されやすく，関連判例①のような関係にない場合にも婚姻届を有効とする道を開いたという点で，関連判例①の考え方をさらに一歩進めたものであると評価できる。

確かに，婚姻に向けて交際を続けていたとしても必ずしも同棲するとは限らず，男女関係において性関係が非常に重要な位置を占めていることも否定できない。しかし，伝統的性道徳を重んじる当事者間には，いかに婚姻に向けての真剣な交際が続けられていても性関係はないこともありうる。

ではこのような関係にある当事者には本判決の射程は及ばないのであろうか。一見すると，確かに性関係の有無を男女関係の濃密さの判断材料としているようにも思われ，その方向での判決が下される可能性は否定しない。しかし，臨終婚以外の場合にはこのような関係がなくても婚姻は成立するのであり，臨終婚の場合を殊更に厳しく扱うべき必然性はなかろう。ゆえに，性関係は当事者の婚姻意思を認定する際の有力な一事情程度にとどめ，他の事情に基づく認定の道を広く認めるべきであると思われる。

3　しかし，このように考えてみると，「婚姻意思」とは何なのかがさらに分からなくなる。おそらく説明できそうにないものであろうけれども，そのような意思を男女間に身分上・財産上の法律関係を生じさせるか否かの重要な要素としていることは確かであり，このことが婚姻法の理解を困難にしている大きな原因の一つであることもまた否定のしようもない。

◆関連判例◆

①最判昭44・4・3民集23巻4号709頁（Ⅲ-3事件）
②大判大6・12・20民録23輯2178頁
③大判昭7・2・16法学1巻7号111頁
④大判昭10・4・8民集14巻511頁
⑤最判昭45・11・24民集24巻12号1931頁（Ⅲ-73事件）

●岡山大学　中川忠晃●

5 子に嫡出性を付与するための婚姻の効力

最高裁昭和44年10月31日第二小法廷判決
(昭和42年(オ)第1108号婚姻無効確認本訴並びに反訴請求事件)
民集23巻10号1894頁，判時577号67頁

■事　案■

Y（女）が昭和28年8月ごろX（男）方に下宿してから程なくXY間に肉体関係ができ，結婚を約束し合う仲となったが，結婚についてXの両親の反対を受けYはX方を出た。しかし，その後も両名の関係は続き，Yは昭和32年12月女児Aを出産し，Xは自ら名前を付け出生届の準備までしていた。しかしそのうちXは，訴外B女との間に結婚話ができ，挙式が昭和34年10月29日と定まり日も迫ったので，過去を清算すべく，この事情をYに告げたが，Yやその家族から責められ，かつYからせめてAに嫡出子としての地位を得させてほしいとの懇請をうけ，処置に窮したXは，いったんYとの婚姻届をして子どもを入籍し，のちに離婚するという便宜的手続を認めざるを得なくなり，その旨の誓約書をY宛に作成し，昭和34年10月27日にX・Yの婚姻届がなされるにいたった。その2日後にXは予定どおりB女と挙式して夫婦生活を営むにいたり，その反面Yとの間には肉体関係はもちろん夫婦としての関係は全くなかった。

Xは，上述の婚姻届の書面はYの偽造にかかるものであり，届出当時，XはYと婚姻する意思がなかったのだから，婚姻届は無効であるとして本件訴訟を提起した。1審（大阪地判昭39・2・1判時376号38頁）・2審（大阪高判昭42・6・26家月20巻7号23頁）ともに，X・Yは婚姻の届出については意思の合致があったが，夫婦関係の設定を欲する効果意思はなかったのだから，婚姻する意思はなかったとしてXの請求を認容し，Yが上告した。

■争　点■

742条1号にいう「婚姻をする意思」とは何か。届出をする意思で足りるか，法律上の夫婦関係を設定しようとする意思が必要か。

■判　旨■

上告棄却。

「『当事者間に婚姻をする意思がないとき』とは，当事者間に真に社会観念上夫婦であると認められる関係の設定を欲する効果意思を有しない場合を指すものと解すべきであり，したがってたとえ婚姻の届出自体について当事者間に意思の合致があり，ひいて当事者間に，一応，所論法律上の夫婦という身分関係を設定する意思はあったと認めうる場合であっても，それが，単に他の目的を達するための便法として仮託されたものにすぎないものであって，前述のように真に夫婦関係の設定を欲する効果意思がなかった場合には，婚姻はその効力を生じないものと解すべきである。」

本件婚姻の届出に当たり，AにXY間の嫡出子としての地位を得させるための便法として婚姻の届出についての意思の合致はXY間にあったが，Xには，Yとの間に真に夫婦関係の設定を欲する効果意思はなかったのであるから，婚姻はその効力を生じない。関連判例②は，事案を異にし，本件に適切でない。

■解　説■

1　婚姻相手を取り違えた場合や，当事者間に合意がなく一方がまたは第三者が勝手に婚姻届を提出した場合などについては，「婚姻をする意思」（742①）を欠くものとしてその婚姻が無効となることに疑いはない。

しかし「婚姻をする意思」の解釈については，当事者間に届出をする意思の合致があれば足りるのか（形式的意思説），社会通念上の婚姻関係を形成する効果意思が必要であるか（実質的意思説），等争いがあり，後者が通説とされるが，他にも多くの説が主張されている。なお養子縁組についても，「縁組をする意思」（802①）をめぐり同様の問題がある。

2　判例は，養子縁組について，「真に養親子関係の設定を欲する効果意思」を欠く養子縁組はたとえ当事者間に届出意思の合致があったとしても無効としつつも（関連判例①—Ⅲ-71事件），近年，祖父・孫間の節税養子縁組につき節税の動機と「縁組をする意思」の併存を認め，節税養子縁組であっても直ちに縁組無効となるわけではない，とするものが出現している（関連判例②—Ⅲ-74事件）。

他方で協議離婚については，実質的婚姻関係を維持しながら協議離婚の届出をした場合であっても，法律上の婚姻関係を解消する意思の合致があるとして有効としたものがある（関連判例③—Ⅲ-14事件）。

3　本判決は，養子縁組に関する関連判例①の流れを汲み，「婚姻をする意思」を「当事者間に真に社会観念上夫婦であると認められる関係の設定を欲する効果意思」と解して婚姻無効を認め，婚姻意思に関する実質意思説的立場を明らかにした。本判決が離婚に関する関連判例③を一言のもとに斥けていることから，判例は，養子縁組，婚姻など創設的行為については実質的意思を重視し，他方，離婚など解消的行為については届出意思（法律上の関係を解消する意思）で足りるという区分を採用しているようにも見えるがその理由の詳細は明らかではない。

◆関連判例◆

①最判昭23・12・23民集2巻14号493頁（Ⅲ-71事件）
②最判平29・1・31民集71巻1号48頁（Ⅲ-74事件）
③最判昭38・11・28民集17巻11号1469頁（Ⅲ-14事件）

●愛知学院大学　神田　桂●

6 届出意思を欠く無効な婚姻の追認

最高裁昭和47年7月25日第三小法廷判決
(昭和45年(オ)第238号婚姻無効確認請求事件)
民集26巻6号1263頁，判時677号53頁

■事 案■

X(男)とY(女)は昭和12年3月15日に婚姻し3児をもうけたが，Yは昭和24年8月5日ごろ二女のみを伴ってX方を離れ，昭和24年11月17日にX・Yの協議離婚届がなされた。しかし昭和25年1月11日にXの母が急死し長男・長女の養育に支障がでたため，Xは昭和25年1月下旬ごろよりYとの同居を再開し，子女とともに夫婦親子としての共同生活を営んでいた。Yは，昭和27年11月17日にX・Yの婚姻届を提出したが，それはXの全くの不知の間になされたものだった。しかしXは，婚姻届出の事実を知った昭和29年3月以後もそれについて触れることなくYや子女と生活を共にし，昭和31年3月には税申告に際しYを妻と記載して提出していた。昭和35年9月ごろXは寝具類を他に搬出しX・Yは別居状態にいたったが，Xは婚姻届の効力を争う態度に出ることはなく，同年10月の長女の結婚披露パーティーにYとともに出席し，昭和36年8月には私立学校教職員共済組合においてYをXの妻として認定されながら異議を唱えなかった。

しかし別居後約4年が経過した昭和39年7月にXは，Yに対する事前の交渉なく家庭裁判所に対して婚姻無効の調停申立てをし，それが不調となったため，本訴提起に及んだ。Yは，本件婚姻は無効であるとしても，その後Xの追認によって有効となった等主張した。

1審(東京地判昭43・3・26民集26巻6号1284頁参照)・2審(東京高判昭44・12・23高民集22巻6号861頁)ともにXの請求を棄却し，Xが上告した。

■争 点■

①届出意思を欠く無効な婚姻を追認することができるか。

②事実上の夫婦である妻が夫に無断で婚姻届を作成提出し，その後夫がこの届出を知りながら暗黙裡に追認したと認められる場合，無効な婚姻は届出の当初に遡って有効となるか。

■判 旨■

上告棄却。

「事実上の夫婦の一方が他方の意思に基づかないで婚姻届を作成提出した場合においても，当時右両名に夫婦としての実質的生活関係が存在しており，後に右他方の配偶者が右届出の事実を知ってこれを追認したときは，右婚姻は追認によりその届出の当初に遡って有効となると解するのを相当とする。けだし，右追認により婚姻届出の意思の欠缺は補完され，また，追認に右の効力を認めることは当事者の意思にそい，実質的生活関係を重視する身分関係の本質に適合するばかりでなく，第三者は，右生活関係の存在と戸籍の記載に照らし，婚姻の有効を前提として行動するのが通常であるので，追認に右の効力を認めることによって，その利益を害されるおそれが乏しいからである。」

このような追認を認める直接の実定法上の根拠規定は存在しないが，取消事由のある婚姻につき追認を認める745条2項，747条2項を考慮することができ，さらに116条本文の趣旨を類推すべき根拠を欠くということはできない。無効な身分行為の追認については，一定の要式を必要とせず，黙示のものであってもよい。

■解 説■

1 本判決は，無効な婚姻届の追認の要件として，(1)事実上の夫婦の一方が他方の意思に基づかないで婚姻届を作成提出したこと，(2)届出当時夫婦としての実質的生活関係が存在したこと，(3)後に他方の配偶者が右届出の事実を知っていることを要件として追認を認め，それにより無効な婚姻は届出時に遡って有効になるとした。その実質的理由として，(a)追認により届出意思の欠缺は補完されること，(b)追認に遡及効を認めることは当事者の意思に沿い，実質的生活関係を重視する身分関係の本質に適合すること，(c)追認に遡及効を認めても第三者の利益を害されるおそれが乏しいこと等を挙げる。

さらに本判決は，追認を認める実定法上の根拠として，取消事由のある婚姻につき追認を認める745条2項・747条2項を掲げるほか，無権代理行為の追認に関する116条本文の趣旨類推適用をいう。

2 関連判例①は，戦前の判例を変更し，代諾権のない者が養子縁組の代諾権者として養子縁組をした場合につき15歳に達した養子による無効な縁組の追認を認め，さらに関連判例②は，無効な協議離婚の追認を認めていた。

このような判例の流れのなかで，無効な婚姻が追認されうることも予想されていたものの，代諾養子縁組に関する関連判例①においては無権代理の追認規定(116)および取り消しうべき養子縁組の追認規定(804・806・807等)の類推適用が根拠とされていたため，婚姻など代理に親しまない身分行為についてどのような法的根拠をもって追認が認められるかにつき注目されていた。

3 本判決は，直接の根拠規定の存しない無効な婚姻届の追認について，その要件および効果，ならびに実定法上の根拠等を明らかにした。なお，本判決は「追認」は黙示であってもよいとし，本事案においては夫が区民税の申告書に妻と記載したこと，長女の結婚披露宴に妻とともに出席したこと，私学共済から妻として認定されながら異議を唱えなかったこと等の事実から追認が認められている。

◆ 関連判例 ◆

①最判昭27・10・3民集6巻9号753頁
②最判昭42・12・8家月20巻3号55頁

●愛知学院大学 神田 桂●

7 夫婦同氏制の合憲性

最高裁平成27年12月16日大法廷判決
（平成26年(オ)第1023号損害賠償請求事件）
民集69巻8号2586頁，判時2284号38頁

■事　案■

Xら5名（原告・控訴人・上告人）は，夫婦同氏を定める民法750条が憲法13条，24条，女子差別撤廃条約16条1項(b)(g)に違反すると主張して，立法不作為の違法を理由にY（国—被告・被控訴人・被上告人）対して国家賠償法1条1項に基づき各100万円または150万円の損害賠償を求めた。Xらの主張の要点は，民法750条は憲法上・条約上認められる個人の権利と自由を侵害しており，国内状況および国際的環境の著しい変遷に鑑みて，同条の違憲性は平成8年の「民法の一部を改正する法律案要綱」の公表時または遅くとも現在において明白であるというものである。また，民法750条が侵害している権利または自由として，氏名権ないし氏の変更を強制されない自由，婚姻の自由，個人としての尊重および個人の尊厳，男女の平等権，「自由かつ完全な合意のみにより婚姻をする同一の権利」，「夫及び妻の同一の個人的権利（姓及び職業を選択する権利を含む。）」が挙げられていた。

1審（東京地判平25・5・29判時2196号67頁），2審（東京高判平26・3・28民集69巻8号2741頁参照）ともXらは敗訴し，上告した。上告審で憲法14条1項違反の主張が追加されている。

■争　点■

夫婦が婚姻の際に定めるところに従い夫または妻の氏を称すると定める民法750条の規定は，憲法13条，14条1項，24条に違反するか。

■判　旨■

上告棄却。

(i)　婚姻の際に氏の変更を強制されない自由は，憲法上の権利として保障される人格権の一内容とは言えない。民法750条は，憲法13条に違反しない。

(ii)　民法750条は，文言上「それ自体に男女間の形式的な不平等が存在するわけではない」。現実に「夫の氏を選択する夫婦が圧倒的多数を占める……としても」，それは「本件規定の在り方自体から生じた結果」とは言えない。同条は，憲法14条1項に違反しない。

(iii)　民法750条は婚姻の一効力として「夫婦が夫又は妻の氏を称することを定めたものであり」，婚姻自体の「直接の制約を定めたものではない」。「婚姻及び家族に関する法制度の内容に意に沿わないところがある……として婚姻をしないことを選択した者がいるとしても，」それにより直ちに当該法律が「憲法24条1項の趣旨に沿わない制約を課したものと評価することはできない」。

(iv)　「憲法24条2項は，具体的な制度の構築を第一次的には国会の合理的な立法裁量に委ね」，立法に際しては「同条1項も前提としつつ，個人の尊厳と両性の本質的平等に立脚すべきであるとする要請，指針を示すことによって，その裁量の限界を画したもの」である。「婚姻及び家族に関する法制度を定めた法律の規定が憲法13条，14条1項に違反しない場合に，更に憲法24条にも適合するものとして是認されるか否かは，当該法制度の趣旨や同制度を採用することにより生ずる影響につき検討し，当該規定が個人の尊厳と両性の本質的平等の要請に照らして合理性を欠き，国会の立法裁量の範囲を超えるものとみざるを得ないような場合に当たるか否かという観点から判断すべき」である。これに従い総合的に考慮すると，夫婦同氏制は直ちに個人の尊厳と両性の本質的平等の要請に照らして合理性を欠く制度であるとは言えない。

■解　説■

1　氏名は人が個人として尊重される基礎であり人格の象徴であって，人格権の一内容を構成すると解されている。従来の判例は，氏名に関する人格権または人格的利益の侵害に対して被侵害者が謝罪広告や慰謝料，侵害行為の差止め等を求めた事案であった。それに対して，本件では婚姻法制の一部として夫婦同氏制度を定めた民法750条自体の合憲性が正面から問われた。この点につき本判決は，民法750条による夫婦同氏の強制は憲法13条，14条1項，24条のいずれにも違反しないと判示した。

2　ただし，同時に，法廷意見は，民法750条が憲法13条，14条1項，24条1項に違反しないとしても，(1)婚姻前に築いた個人の信用，評価，名誉感情等を婚姻後も維持する利益等は，「氏を含めた婚姻及び家族に関する法制度の在り方を検討するに当たって考慮すべき人格的利益」である，(2)夫の氏を選択する夫婦が圧倒的多数を占めていることにつき社会の差別的な意識や慣習の影響があるのであれば，それを排除して夫婦間に実質的平等が保たれるように図ることは憲法14条1項の趣旨に沿う，(3)ある法制度の内容により婚姻が事実上制約されるという事態は，国会の立法裁量の範囲を超えるか否かの検討に当たって考慮すべき事項である，と述べる。これにより，論点は憲法24条2項の立法裁量の範囲の問題に収束されることになる。結論として，法廷意見は，夫婦同氏制は個人の尊厳と両性の本質的平等の観点から直ちに合理性を欠くとは言えないと判示したが，あわせて，この問題は社会の受け止め方に依拠するところが大きく，国会で立法的に解決されるべきものと指摘した。なお，本判決には，別氏の選択を認めず夫婦同氏に一切例外を許さないことに合理性はないとして，民法750条は裁量の範囲を超え憲法24条に違反するとの意見およびこれに同調する反対意見が付されている。

◆関連判例◆

①最判昭63・2・16民集42巻2号27頁（Ⅱ-304事件）
②最判平18・1・20民集60巻1号137頁

●横浜国立大学　常岡史子●

8 同居審判の合憲性

最高裁昭和40年6月30日大法廷決定
（昭和36年(ク)第419号夫婦同居審判に対する抗告棄却決定に対する特別抗告事件）
民集19巻4号1089頁，判時413号3頁

■事　案■

X女とY男は，昭和35年4月23日婚姻届を出した夫婦である。XはYの住居でYの両親と同居生活を始め，婚姻当初は夫婦円満であったが，次第に両名は意思の疎通を欠くようになり，XはYから「実家に帰れ」といわれたり，お互いに暴力を振るうようにもなった。そこで，Xは昭和36年2月9日に実家に帰ったが，これまでの態度を改めYと円満な家庭生活を営むべく決意し，Yのもとに帰ることを望んだ。しかし，Yが離婚を主張し，Xの帰宅を認めなかったため，Xは，Yに対し同居を求める審判申立てを行った。

1審（福岡家審昭36・9・5民集19巻4号1111頁参照）は，夫婦は相互に同居すべき義務があり，Yには同居を拒否する正当な理由がないとして，Yにその住居でXとの同居を命じる審判を行った。これに対し，Yが即時抗告したが，2審（福岡高決昭36・9・30前掲民集1113頁参照）はYの即時抗告を棄却した。そこで，Yは，家庭裁判所の審判により同居義務を課することは憲法32条・82条に違反するとして特別抗告を申し立てた。

■争　点■

家庭裁判所の審判手続により同居義務を負担させることは，憲法32条・82条に違反するか。

■決定要旨■

特別抗告棄却。

「如何なる事項を公開の法廷における対審及び判決によって裁判すべきかについて，憲法は何ら規定を設けていない。しかし，法律上の実体的権利義務自体につき争があり，これを確定するには，公開の法廷における対審及び判決によるべきものと解する。けだし，法律上の実体的権利義務自体を確定することが固有の司法権の主たる作用であり，かかる争訟を非訟事件手続または審判事件手続により，決定の形式を以て裁判することは，前記憲法の規定を回避することになり，立法を以てしても許されざるところであると解すべきであるからである。」

同居の審判は「夫婦同居の義務等の実体的権利義務自体を確定する趣旨のものではなく，これら実体的権利義務の存することを前提として，例えば夫婦の同居についていえば，その同居の時期，場所，態様等について具体的内容を定める処分であり，また必要に応じてこれに基づき給付を命ずる処分であると解するのが相当である。けだし，民法は同居の時期，場所，態様について一定の基準を規定していないのであるから，家庭裁判所が後見的立場から，合目的の見地に立って，裁量権を行使してその具体的内容を形成することが必要であり，かかる裁判こそは，本質的に非訟事件の裁判であって，公開の法廷における対審及び判決によって為すことを要しないものであるからである」。同居審判が確定しても，「その前提たる同居義務等自体については公開の法廷における対審及び判決を求める途が閉ざされているわけではない」から，家事審判法9条1項乙類審判（家事事件手続法別表第2事件）に関する規定は何ら憲法82条・32条に抵触するものとはいい難い。

■解　説■

1　本件では，夫婦間の同居をめぐる紛争が家庭裁判所による審判事項（旧家審9Ⅰ乙類①，現・家事別表2の1）とされ，公開・対審・判決という手続が保障されない非訟手続によって審理されることが，公開・対審の裁判を受ける権利（憲82・32）に違反するかが問題となった。この点につき，判例は，本件と同様に婚姻費用分担事件（関連判例①—Ⅲ-9事件），遺産分割事件（関連判例②—Ⅲ-140事件），相続人廃除事件（関連判例③）といった旧家事審判法9条1項乙類審判に関する同種の事案を含め，合憲との結論を導いている。

2　本件多数意見が合憲との結論に至った理由は，訴訟事件と非訟事件の区別にあり，前者は実体的権利義務の存否をめぐる争いであり，これを確定するためには公開・対審の法廷において理由を付した判決によらなければならないとする。しかし，後者である審判事件は実体的権利義務が存在することを前提とし，その具体的内容を合目的裁量的に形成することが必要となるものであるから，公開・対審の法廷での判決によってなすことを要しないとし，さらに，同居審判は，同居義務の存否を終局的に確定するものではなく，同居義務自体を訴訟手続で争うことは認められるとする。

この最後の理由づけに関しては，補足意見や学説は批判的であり，夫婦関係の存否を離れて同居義務自体を別個に争う余地はなく，民法上の同居義務に関して問題となるのは常に同居の場所・時期・態様といった具体的内容のみであり，これに関する争いについては家庭裁判所の形成的作用に委ねることが本来的に紛争解決の手続として妥当であるとする。

3　訴訟事件と非訟事件，および訴訟手続と非訟手続の区別も一概に明確とはいえず，非訟手続においても手続保障のあり方が論議された結果，非訟事件手続法改正および家事事件手続法制定（家事審判法廃止）が実現した（平23法52，平成25年1月1日施行）。

◆関連判例◆

①最大決昭40・6・30民集19巻4号1114頁（Ⅲ-9事件）
②最大決昭41・3・2民集20巻3号360頁（Ⅲ-140事件）
③最決昭59・3・22家月36巻10号79頁

●慶應義塾大学名誉教授　犬伏由子●

9 婚姻費用分担審判の合憲性

最高裁昭和40年6月30日大法廷決定
（昭和37年(ク)第243号生活費請求事件の審判に対する抗告棄却決定に対する特別抗告事件）
民集19巻4号1114頁，判時413号10頁

■事　案■

X女は，別居中の夫Y男を相手方として，家庭裁判所に生活費請求（婚姻費用分担）の家事調停を申し立てたが，調停不成立となり，その結果，Xは，Yを相手方として，過去の分も含め毎月1万5000円ずつの支払を求めるという形で家審法9条1項乙類3号（現・家事39別表2の2）の婚姻費用の分担の審判の申立てをしたこととなった（家事272Ⅳ参照）。

そこで，1審（浦和家熊谷支審昭37・4・16民集19巻4号1136頁参照）は，諸般の事情を考慮して，YはXに対し，過去の婚姻費用の分担として27万5000円の即時支払と，将来に関しては1か月5000円の割合による金員を毎月支払うべき旨の審判をした。この審判に対し，Yが即時抗告をしたが，2審（東京高決昭37・6・20前掲民集1142頁参照）は抗告の理由がないとして抗告棄却決定をした。

これに対し，Yは，過去の婚姻費用の分担請求は，債務不履行により損害賠償請求権に転化した請求であるから，通常の民事訴訟事項であり，家事審判手続でその給付を命じることは，憲法32条・82条に違反している等と主張して，特別抗告を申し立てた。

■争　点■

家事審判法9条1項乙類3号（民760）の婚姻費用の分担に関する処分の審判は，憲法（32・82）に違反していないか。

■決定要旨■

抗告棄却（補足意見および意見がある）。

「家事審判法9条1項乙類3号に規定する婚姻費用分担に関する処分は，民法760条を承けて，婚姻から生ずる費用の分担額を具体的に形成決定し，その給付を命ずる裁判であって，家庭裁判所は夫婦の資産，収入その他一切の事情を考慮して，後見的立場から，合目的の見地に立って，裁量権を行使して，その具体的分担額を決定するもので，その性質は非訟事件の裁判であり，純然たる訴訟事件の裁判ではない。従って，公開の法廷における対審及び判決によってなされる必要はなく，右家事審判法の規定に従ってした本件審判は何ら右憲法の規定に反するものではない。」

「婚姻費用の分担に関する審判は，夫婦の一方が婚姻から生ずる費用を負担すべき義務あることを前提として，その分担額を形成決定するものであるが，右審判はその前提たる費用負担義務の存否を終局的に確定する趣旨のものではない。これを終局的に確定することは正に純然たる訴訟事件であって，憲法82条による公開法廷における対審及び判決によって裁判さるべきものである。本件においても，かかる費用負担義務そのものに関する争であるかぎり，別に通常訴訟による途が閉ざされているわけではない。これを要するに，前記家事審判法の審判は，かかる純然たる訴訟事件に属すべき事項を終局的に確定するものではないから，憲法82条，32条に反するものではない。」

■解　説■

1　民法760条は，夫婦は，その資産，収入その他一切の事情を考慮して，婚姻から生ずる費用を分担する旨を規定し，家事審判法9条1項乙類3号（現・家事39別表2の2）は，これをうけて，民法760条の規定による婚姻から生ずる費用の分担に関する処分が家庭裁判所における家事審判事項であるとしている。本最高裁大法廷決定は，この婚姻費用分担の審判が憲法32条・82条に違反するものでなく合憲であることを明確に示したものである。

本件と同一日付の大法廷決定（関連判例①―Ⅲ-8事件）も，夫婦の同居審判（民752，家事39別表2の1）について憲法違反ではないとしている。その後，最高裁は，遺産分割審判（民907Ⅱ，家事39別表2の12）（関連判例②―Ⅲ-140事件），親権者変更の審判（民819Ⅵ，家事39別表2の8）（関連判例③），推定相続人の廃除審判（民892，家事39別表1の86）（関連判例④），寄与分の審判（民904の2Ⅱ，家事39別表2の14）などにつき，いずれも合憲である旨の判断を示している。

2　婚姻費用分担の審判等の家事審判は，訴訟とは異なり，非公開の対審・判決によらない手続で行われる（家事33参照）。これが憲法32条（裁判を受ける権利）・82条（裁判の公開）に違反していない理由は，本決定によれば，(1)家事審判は，性質上，非訟事件の裁判であり，純然たる訴訟事件の裁判ではないこと，(2)婚姻費用分担の審判は，実体的権利義務があることを前提としてその分担額を形成決定するものであるが，実体的権利義務の存否を終局的に確定する趣旨のものではないこと（すなわち，審判が確定しても，権利義務の存否については別に訴訟で争うことができる）などである。その理由づけについては，学説上はなお議論が存するが，合憲との結論は一般に支持されているところである。

◆関連判例◆

①最大決昭40・6・30民集19巻4号1089頁（Ⅲ-8事件）
②最大決昭41・3・2民集20巻3号360頁（Ⅲ-140事件）
③最決昭46・7・8家月24巻2号105頁
④最決昭59・3・22家月36巻10号79頁

●京都大学名誉教授　徳田和幸●

10 761条の意義

最高裁昭和44年12月18日第一小法廷判決
（昭和43年(オ)第971号土地建物所有権移転登記抹消登記手続請求事件）
民集23巻12号2476頁，判時582号58頁

■事 案■

X（原告・被控訴人・被上告人）の訴外夫A（昭和39年6月離婚）が，Xの特有財産（登記名義もX）であった土地・建物（以下,「本件不動産」という）をY（被告・控訴人・上告人）に売却する契約を昭和37年4月2日に締結した。それは，Aの主宰する訴外B商店（昭和37年3月倒産）に対して，Yが主宰する訴外C商会が有した債権の回収のためであった。本件不動産は，同月12日に同契約を原因としてYへの所有権移転登記がなされた。XはAと離婚後，Yに本件不動産を売却したことも，上記登記の申請手続をしたこともないから，上記登記は無効であるとして抹消登記手続を求めた。Yは，XがAに本件不動産売却の代理権を授与していたと主張し，そうでないとしても，Aの日常家事代理権（761）を基礎に110条の表見代理が成立すると主張した。

1審（東京地判昭41・7・14民集23巻12号2482頁参照）・2審（東京高判昭43・6・26前掲民集2489頁参照）とも，XからAへの代理権授与の事実を否定，表見代理の成立に関しても，Aのなした当該行為が日常家事の範囲内に属すると信ずるにつき正当の理由があったかどうかによって決せられるが，そのような事情は認められないとした。Y上告。

■争 点■

① 761条は，夫婦相互に他方を代理する権限を付与しているか。
② 日常家事代理権を基本代理権として110条の表見代理の成立を認めうるか。

■判 旨■

上告棄却。

(i)「民法761条は，……単に夫婦の日常の家事に関する法律行為の効果，とくにその責任のみについて規定しているにすぎないけれども，同条は，その実質においては，さらに，右のような効果の生じる前提として，夫婦は相互に日常の家事に関する法律行為につき他方を代理する権限を有することをも規定しているものと解するのが相当である。」

(ii)「民法761条にいう日常の家事に関する法律行為とは，個々の夫婦がそれぞれの共同生活を営むうえにおいて通常必要な法律行為を指すものであるから，その具体的な範囲は，個々の夫婦の社会的地位，職業，資産，収入等によって異なり，また，その夫婦の共同生活の存する地域社会の慣習によっても異なるというべきであるが，他方，問題になる具体的な法律行為が当該夫婦の日常の家事に関する法律行為の範囲内に属するか否かを決するにあたっては，同条が夫婦の一方と取引関係に立つ第三者の保護を目的とする規定であることに鑑み，単にその法律行為をした夫婦の共同生活の内部的な事情やその行為の個別的な目的のみを重視して判断すべきではなく，さらに客観的に，その法律行為の種類，性質等をも充分に考慮して判断すべきである」。

(iii)「その反面，夫婦の一方が右のような日常の家事に関する代理権の範囲を越えて第三者と法律行為をした場合においては，その代理権の存在を基礎として広く一般的に民法110条所定の表見代理の成立を肯定することは，夫婦の財産的独立をそこなうおそれがあって，相当でないから，夫婦の一方が他の一方に対しその他の何らかの代理権を授与していない以上，当該越権行為の相手方である第三者においてその行為が当該夫婦の日常の家事に関する法律行為の範囲内に属すると信ずるにつき正当の理由のあるときにかぎり，民法110条の趣旨を類推適用して，その第三者の保護をはかれば足りる」。

(iv) 以上，本件事実関係の下では，本件不動産の売買契約は訴外AとXとの日常家事に関する法律行為とは言えず，契約の相手方Yにおいて本契約が日常家事に関する法律行為の範囲内に属すると信ずべき正当の理由があったとは言えないとした（XのAに対する何らの代理権授与の事実がなかったという2審認定も肯定されている）。

■解 説■

1 夫婦別産制の原則（762 I，関連判例①—Ⅲ-11事件）は債務にも妥当する。しかし婚姻生活は夫婦に共通の日常家事という領域を生み出す。通常この範囲の法律行為の相手方は夫婦が法律行為の主体であると想定することから，債務の名義人がいずれであっても実質的には夫婦共同の債務として，日常家事債務の連帯責任を規定したのである（761）。

2 本判決の判示内容の特徴は，次のようにまとめることができる。

(1)連帯責任の前提として，民法は夫婦相互に日常家事代理権を付与したとして法定効果説を否定した。代理権を認めないと，夫婦の一方が自己名義でなした日常家事行為の責任のみが他方配偶者に生じ，権利が生じないという不合理が生じるのである。

(2)日常家事の個別具体的範囲は，個々の夫婦の内部的事情や行為の個別的目的等により決まるが，同法が第三者保護を目的とする規定でもあることから客観的にその法律行為の種類，性質等からも判断すべきとして，日常家事の客観的範囲が想定される。

(3)夫婦の一方が日常家事の範囲を越えて第三者と法律行為をした場合，別産制の観点から，その日常家事代理権を基礎として110条の表見代理の成立を認めることはできないが，第三者から見てその行為が当該夫婦の日常家事に関する法律行為の範囲内に属すると信ずるにつき正当の理由があれば，110条の趣旨を類推適用する。

3 上記(1)～(3)をどう解すべきか種々議論があるが，日常家事の個別具体的な範囲と客観的に定まる範囲とが食い違う場合に，当該行為が第三者からみて日常家事に関する法律行為の範囲（客観的範囲）に属すると信ずべき正当理由があれば，110条の趣旨を類推して第三者を保護し（正当理由肯定例として関連判例②），その他何らかの代理権の授与がなければ，日常家事の客観的範囲を越える表見代理の成立を否定する趣旨と解される。

◆関連判例◆

①最大判昭36・9・6民集15巻8号2047頁（Ⅲ-11事件）
②名古屋地判昭55・11・11判時1015号107頁

●弁護士・鹿児島大学名誉教授 緒方直人●

11 762条1項の合憲性

最高裁昭和36年9月6日大法廷判決
（昭和34年(オ)第1193号所得税審査決定取消事件）
民集15巻8号2047頁，家月14巻1号97頁

■事 案■

X（原告・控訴人・上告人）は，昭和32年分所得税の確定申告の際に，X名義で取得した総所得のうち，給与所得と事業所得は妻の家庭における協力によって得られた所得であり，夫婦に平分して帰属すべきものとして，上記2所得を合算し，均分した額に自己固有の配当所得を加算した金額を総所得額として確定申告したが（妻も上記2所得の2分の1を所得として申告），所轄税務署長は妻の申告分をXの申告分に加算した総額をXの所得金額とする更正処分をして課税した。XはY（大阪国税局長—被告・被控訴人・被上告人）に審査請求をしたが，Yが棄却した。Xは本訴を提起して審査決定の取消しを求めた。

1審（大阪地判昭34・1・17行集10巻1号53頁）は，所得税法の夫婦の所得認定が民法762条1項の別産主義に依拠していることを前提として，同条項が憲法24条に違反するものではないから，所得税法も憲法24条に違反しないとして請求を棄却した。2審（大阪高判昭34・9・3行集10巻9号1707頁）も同様に控訴を棄却。Xは，所得税法およびそれが前提とする民法762条1項は，婚姻中の夫の所得が夫婦の協力によって得られた夫婦の所得であるという事実を無視するものであり，憲法24条に違反するとして上告した。

■争 点■

①民法762条1項は憲法24条に違反するか。
②所得税法が二分二乗方式を採用していないことが憲法24条に違反するか。

■判 旨■

上告棄却。

(i)「それ〔憲24〕は，民主主義の基本原理である個人の尊厳と両性の本質的平等の原則を婚姻および家族の関係について定めたものであり，男女両性は本質的に平等であるから，夫と妻との間に，夫たり妻たるの故をもって権利の享有に不平等な扱いをすることを禁じたものであって，結局，継続的な夫婦関係を全体として観察した上で，婚姻関係における夫と妻とが実質上同等の権利を享有することを期待した趣旨の規定と解すべく，個々具体の法律関係において，常に必らず同一の権利を有すべきものであるというまでの要請を包含するものではないと解するを相当とする。」

(ii)「次に，民法762条1項の規定をみると，夫婦の一方が婚姻中の自己の名で得た財産はその特有財産とすると定められ，この規定は夫と妻の双方に平等に適用されるものであるばかりでなく，所論のいうように夫婦は一心同体であり一の協力体であって，配偶者の一方の財産取得に対しては他方が常に協力寄与するものであるとしても，民法には，別に財産分与請求権，相続権ないし扶養請求権等の権利が規定されており，右夫婦相互の協力，寄与に対しては，これらの権利を行使することにより，結局において夫婦間に実質上の不平等が生じないよう立法上の配慮がなされているということができる。しからば，民法762条1項の規定は，前記のような憲法24条の法意に照らし，憲法の右条項に違反するものということができない。」

(iii)「それ故，本件に適用された所得税法が，生計を一にする夫婦の所得の計算について，民法762条1項によるいわゆる別産主義に依拠しているものであるとしても，同条項が憲法24条に違反するものといえないことは，前記のとおりであるから，所得税法もまた違憲ということはできない。」

■解 説■

1　本判決の判示内容の特徴は次のようにまとめることができる。

(1)本判決は，憲法24条を，夫と妻に実質上同等の権利を享有することを期待した趣旨の規定と解し，個々具体の法律関係において，必ず同一の権利を有すべきことを要請するものではない（判旨(i)）と，形式的平等ではなく実質的平等を保障するものとした。

(2)婚姻中自己の名で得た財産は特有財産とする762条1項は，純粋別産制と解している（判旨(ii)）。学説上762条については種々の見解があり純粋別産制説が必ずしも支配的とは言えず，立法の経緯を踏まえて762条と768条を密接に関連させて解釈する立場（762条は夫婦と第三者との関係，768条は婚姻家族内部の夫婦間の所得の帰属を規定する）もあるが，本判決の立場は下記のように762条と別途に768条を位置づけるものであり，その立場は純粋別産制である。

(3)上記(1)の合憲性の判断基準に照らして762条1項が合憲と言えるかについて，同条項を純粋別産制と解した場合，妻のいわゆる「内助の功」が評価されない問題が生じるが，別に規定された財産分与請求権，相続権ないし扶養請求権を行使することによって夫婦間に実質的不平等が生じないよう立法上配慮されているから，合憲とする（判旨(ii)）。

(4)所得税法が夫婦の所得の計算について別産制に依拠しているとしても，別産制は合憲であるから，所得税法も合憲であると結論づける（判旨(iii)）。

2　Xの主張する二分二乗方式（夫婦を課税の単位とし，夫婦の所得を合算し均分して得た額を基礎として算出した課税額に2を乗じる方式〔夫婦単位・合算均等分割主義〕）は，専業主婦の「内助の功」を評価する課税技術としてはすぐれているが，他の形態の夫婦との関係では公平の見地から検討すべき問題もあり，個人単位主義をとる現行課税方式が直ちに違憲とされるものでもない。

3　本判決の先例としての意義は，所得税法の合憲判断より762条1項を「純粋別産制」と定義し，これに合憲判断をした点にあると言えよう。本判決以降，下級審判例は財産分与において夫婦の実質的平等を図る傾向にある。婚姻形態の多様化が進み，専業主婦婚が婚姻の理念型ではなくなった今日，本判決の先例としての価値は高まったように思う。

◆関連判例◆

最判昭34・7・14民集13巻7号1023頁（Ⅲ-12事件）

●弁護士・鹿児島大学名誉教授　緒方直人●

12 762条1項の範囲

最高裁昭和34年7月14日第三小法廷判決
（昭和32年(オ)第636号土地所有権移転登記手続請求事件）
民集13巻7号1023頁

■事　案■

X（夫―原告・被控訴人・被上告人）とY（妻―被告・控訴人・上告人）は，昭和14年10月ごろより夫婦として同棲し約半年後に婚姻の届出をした。Xの家は父母の時代よりXの母名義で旅館営業をなしていたが，母の死亡後はY名義で営業を続けていた。その間旅館の家屋はX所有で，敷地（本件土地）はXが賃借していたが，その所有者が滞納処分のため物納により本件土地は旧大蔵省所有となり，昭和24年3月，Xが代金約10万円で払下げを受けた。Xは当時，旅館営業の性質上，家計および営業の経理面一切をYに委せていたため，この金銭授受についてはYが行い，X・Y協議の上，本件土地の買受人名義をYとし，昭和24年5月25日Yに所有権移転登記をなした。

Yは，昭和23年12月ごろより家庭教師Aと不倫関係に陥り，昭和24年12月X・Yは協議離婚した。離婚がYの不倫によるものとはいえ，XはYの約10年間にわたる内助の功に報いる意味でYに手切金50万円を与えることを約し，昭和25年1月より昭和27年1月まで毎月末2万円あて25回に分割して支払う旨の昭和24年12月10日付け公正証書を作成した。その際，Yの申出により50万円の弁済がすむまでは本件土地の所有名義は従来どおりY名義とし，完済と同時にその所有名義をXに移転することを口頭で約したが，本公正証書にはその旨の条項は挿入しなかった。

Xは昭和27年2月までに50万円を完済したが，Yが本件土地の所有権移転登記の請求に応じないため，Xが本訴を提起した。

1審（福岡地小倉支判昭29・8・19民集13巻7号1027頁参照）は，Xの上記請求を認容した。旅館の収益をX・Yで2分したとするYの供述は到底信用できないとして排斥されている。Y控訴。2審（福岡高判昭32・3・28前掲民集1031頁参照）は，本件土地の代金がY名義の銀行預金から支払われたことが推認できるが，これは旅館経営の会計面一切をYが担当していた関係でY名義の口座を設けていたのであり，これを旅館営業上の収支に利用したものにすぎない。贈与の事実も認められず，本件土地の所有名義は便宜上Yとしたにすぎない。762条1項は夫婦別産制の原則に立つが，夫婦がその一方の財産を合意の上で他方の所有名義とした場合（その法律関係は通謀虚偽表示となろう）にまで，これをその所有名義人の特有財産とする趣旨とは解せられないとして控訴を棄却した。Y上告。

■争　点■

不動産の登記名義を夫婦の一方とした場合，名義人の特有財産となるか。

■判　旨■

上告棄却。

夫婦間の合意で，夫の買い入れた土地の登記簿上の所有名義人を妻としただけでは，その土地を妻の特有財産と解すべきではない。

■解　説■

1　関連判例（Ⅲ-11事件）は，762条1項は純粋別産制の規定と判示し，妻の協力によって得た財産であっても対外的には共有の主張を否定する。本判決においては，Xの買い入れた土地の登記簿上の所有名義人をX・Yの合意でYとしたため，夫婦の内部関係において登記名義が問題とされた。本判決は不動産の帰属は登記名義によらず，いずれが当該不動産を取得するための対価を支出したかによって決まると判示した。762条1項が「婚姻中自己の名で得た財産」はその名義人の特有財産とするので，学説上は，「自己の名で得た」の意味が問題とされ，専業主婦の家事労働を踏まえた「共有論」が展開されたが，本判決は実質的に夫の収入で得た本件土地は，「登記名義」が妻であっても夫の特有財産とするものであり，その立場は純粋別産制である。

第三者との関係は，2審が述べるように虚偽表示として処理すれば足りる。

2　旅館営業の収益が夫の特有財産かについては，純粋別産制を前提としても検討の余地がある。2審の事実認定は，Xの経営にかかる旅館営業の収益によって，X自ら旧大蔵省より本件土地の払下げを受けたとする。この点，旅館等の営業では，専業主婦の家事労働による寄与と異なり，妻が表面上も実質上も営業の主体である（女将と称される）場合がある。本件でもYが営業名義人であり，実際にも旅館営業の経理面をも担当していた。これをX・Yの共同経営とみることができれば（この法律関係は組合契約と解されるであろう），762条1項を純粋別産制と解しても，共同経営の収益金で購入した本件土地は共有となる。したがって2審までのYの主張の仕方にも問題があった。

3　XからYへの手切金50万円をどうみるか。完済と同時にその所有名義をXに移転するという口頭約束から，本件土地は共有財産であったものが50万円の完済によりXの単独所有となったとみることもできよう。このように見ると，上記のようにYの女将としての営業上の寄与を顧みることなく，旅館営業の収益をX単独のものとした点に疑問が残るが，結果的には妥当な判断と言えよう。

4　以上，本判決は純粋別産制の立場であり，その先例としての射程は，専業主婦の家事労働による寄与の事案には及ばない。本件のように個人営業を営む夫婦においては，組合契約的に捉えることができれば，別産制の下でも夫婦の財産関係を共有として捉えることが可能であろうし，事実関係いかんでは雇用契約的に捉えて対処することが可能な場合もあろう。当該夫婦の実態を反映させた「夫婦間の財産契約」（第三者対抗力の具備に主目的がある民法上の夫婦財産契約とは異なる）を広く活用する途もあろう。専業主婦婚が婚姻の理念型とされた時代と異なり，今日，共働き婚の増加とともに夫婦の財産関係も多様化しており，別産制の原則的法理の意義は高まることになろう。

◆関連判例◆

最大判昭36・9・6民集15巻8号2047頁（Ⅲ-11事件）

●弁護士・鹿児島大学名誉教授　緒方直人●

13 離婚の撤回

最高裁昭和34年8月7日第二小法廷判決
（昭和32年(オ)第508号離婚届出無効確認請求事件）
民集13巻10号1251頁，家月11巻10号79頁

■事　案■

X男とY女は協議離婚届を作成し，XはYに届出書を渡して届出を委託した。Yは届出書を保管したのち，昭和27年3月11日に市役所に提出して受理された。Xは届出が提出された3月11日の前日である3月10日に市役所の係員Aに対して，Yから離婚届が出されるかもしれないが，Xとしては承諾したものではないから受理しないでほしいと申し出ていた。Xから離婚届出無効確認を請求。

2審（広島高判昭32・3・25民集13巻10号1261頁参照）は「市町村長に対して届出がなされた当時に夫婦ともに協議離婚をしようとする意思を保有することが必要」としてXの請求を認容したため，Yから上告。

■争　点■

離婚届作成後の翻意を事前に市役所に通知していた場合，離婚届出は無効となるか。

■判　旨■

上告棄却。

「Yから届出がなされた当時にはXに離婚の意思がなかったものであるところ，協議離婚の届出は協議離婚意思の表示とみるべきであるから，本件の如くその届出の当時離婚の意思を有せざることが明確になった以上，右届出による協議離婚は無効であるといわなければならない。そして，かならずしも所論の如く右翻意が相手方に表示されること，または，届出委託を解除する等の事実がなかったからといって，右協議離婚届出が無効でないとはいいえない。」

藤田八郎裁判官の補足意見 「離婚の合意は届出書作成のときに正当に成立したのである。この合意を届出書という形式によって市町村長に届け出ることによって離婚は当然に効力を発生するのである。そして，その届出行為を他人に依頼してその届出書をその他人に托した後において，本人が内心，変心してその他人が届出行為を実行する瞬間において，たまたま本人が離婚の意思をなくしていたとしても，それだけの事実で，その届出が当然無効となるものではない。離婚意思の喪失によって届出による離婚の効力の発生を阻止するためには，届出の受理される以前に，届出による表示行為の効力の発生を妨げるに足りるなんらかの行為がなされなければならないものと解する。」

■解　説■

1　裁判所の関与なく当事者の出頭すら必要としない日本法の協議離婚制度は，比較法的にも特異な離婚方式であり，当事者の意思に基づく離婚届さえ提出されれば，離婚は有効に成立する。かつては一方当事者の届出意思が存在しない場合においても，他方当事者が偽造した協議離婚届を提出することによって離婚を既成事実化する追い出し離婚が，少なくなかった。

しかし戦後，近づきやすい家庭裁判所が創設され，裁判離婚について消極的破綻主義の判例法が確立すると，自ら離婚届に印を押さない限り離婚されないという知識が周知された。また裁判所は，追い出し離婚を認めないために，届出意思がない届出がなされた場合に離婚無効判決を厭わなかった。

母法（フランス法・ドイツ法）では離婚がすべて裁判離婚であったためこのような事態は想定されず，それを継受した民法に離婚無効の規定はないが，日本法では，創設的届出によって行われる身分行為一般について，当事者の意思のない届出を無効にする必要が生じることが少なくない。

2　婚姻・離婚・養子縁組・離縁を身分行為として一律に論じる身分行為論は，当事者の届出によってこれらの行為が行われる戸籍制度を前提にして提唱され，かつては通説的地位を占めていた。近年は身分行為論は下火になっており，仮装婚姻は無効であるが仮装離婚は有効とされるように，それぞれの身分行為は別々の特質を持つものであって，一律に論じられないことが確立している（関連判例①—Ⅲ-14事件参照）。

本判決の法廷意見と補足意見の対立も，身分行為論の一環として，婚姻届を成立要件と見る通説と効力発生要件と見る少数説の対立を反映したものであるが，現在ではこの論点はさほど実益がある議論とはされていない。

3　本判決の結論は，戸籍実務においても制度化されている。離婚届を含む創設的届出一般について，あらかじめ不受理を申し出ておけば受理が予防される不受理申出が法務省通達によって制度化された（昭和51年1月23日付法務省民二第900号通達等）。そして平成19年の戸籍法改正によって法務省通達は廃止され，本人が出頭して本人確認がされないときは受理しないよう申し出ることができるとする戸籍法27条の2第3項が立法された。

不受理申出制度は，偽造された届出の受理を予防するために用いられるのが普通であるが，本判決の事案のように，離婚届の作成は当事者が行っておきながら翻意する場合にも用いられる。離婚の過程においては，離婚給付などの条件交渉が伴うほか，感情的な葛藤も激しく，当事者意思は揺れ動きがちである。公的なチェックがない協議離婚制度では，当事者間の公平が保障されないという問題もある。いったん合意したにもかかわらず翻意することが相手方当事者にとっては詐欺的に機能する危険はあるが，協議離婚制度の内包する危険性を考えると，不受理届出制度によって，離婚届が受理されるまでは翻意する可能性を承認することもやむをえないと思われる。

◆関連判例◆

①最判昭38・11・28民集17巻11号1469頁（Ⅲ-14事件）
②最判昭42・12・8家月20巻3号55頁

●白鷗大学　水野紀子●

14 仮装離婚の効果

最高裁昭和38年11月28日第一小法廷判決
(昭和37年(オ)第203号離婚無効確認請求事件)
民集17巻11号1469頁，判時360号26頁

■事　案■

X男とその妻A女（Aは昭和29年1月27日死亡）は，大正6年12月18日に入夫婚姻（戦前の民法旧規定で，女戸主である妻の家に夫が入る婚姻）した夫婦である。その入夫婚姻に際してXが戸主とならなかったので，Xに同情したAの継父であるBがX・Aの承諾を得て昭和21年7月1日に離婚届をした上，同日入夫婚姻届をし，2度目の届出の際，Xを戸主とした。Xの長男Bは昭和19年に戦死していたが，戦傷病者戦没者遺族等援護法は，戦没者の父母は「婚姻によりその氏を改めたとき」に遺族年金受給権を失うと定めているため，Xは，この離婚と再婚により遺族年金を受給できなかった。昭和21年のXとAとの離婚は離婚の意思のない無効のものであるとして，Xから検事総長を相手方として離婚無効の確認を請求。

2審（広島高判昭36・12・25民集17巻11号1474頁参照）は，たとえ戸主権を亡AからXに移すための方便であってもXや亡Aがその意思に基づいて法律上の婚姻関係をいったん解消することを欲した以上，離婚の意思なしということはできないとして，Xの控訴を棄却した。Xから上告。

■争　点■

協議離婚届出をする意思はあったが，実質的離婚意思はなかった場合に，その離婚は無効となるか。

■判　旨■

上告棄却。

「X及びその妻Aは判示方便のため離婚の届出をしたが，右は両者が法律上の婚姻関係を解消する意思の合致に基づいてなしたものであり，このような場合，両者の間に離婚の意思がないとは言い得ないから，本件協議離婚を所論理由を以って無効となすべからざることは当然である。」

■解　説■

1　当事者に離婚意思がないときに協議離婚が無効となることについては争いはないが（関連判例①—Ⅲ-13事件参照），協議離婚届を提出する届出意思はあるが離婚をする実質的離婚意思はない場合，つまり仮装離婚の場合の効果については，学説は分かれる。婚姻や養子縁組という創設的届出による身分行為一般と同様に，実質的意思がない場合は無効とする説（実質的意思説）と，届出意思があれば有効とする説（形式的意思説）との対立である。

判例は，離婚無効を提訴する原告が，債権者などの離婚当事者以外の第三者である場合（関連判例②），仮装離婚のつもりであった一方当事者が，他方当事者が再婚したために申し立てた場合（関連判例③）を問わず，大審院時代から一貫して仮装離婚を有効と解してきた。本判決をはじめとして，最高裁も大審院判例と同様に，届出意思のある協議離婚を有効とする（債権者からの強制執行を免れるための離婚〔関連判例④〕，生活扶助を受けるための離婚〔関連判例⑤—Ⅲ-15事件〕，重婚による取消しを免れるための離婚〔関連判例⑥—Ⅲ-1事件〕など）。現在では，学説も判例の結論に賛成するものが多い。

2　婚姻や養子縁組においては，届出意思はあるが実質的婚姻意思や実質的縁組意思がない場合に婚姻や養子縁組が無効となることについて，判例・学説も一致しており，滞在資格を得るための仮装婚姻等，無効となる具体的事例も少なくない。判例は，離婚の場合には婚姻や養子縁組と結論を異にするものの，実質的離婚意思がない場合にも婚姻や養子縁組と異なって離婚を有効とするという論理を採用するのではなく，届出意思を「法律上の婚姻関係を解消する意思」とみなして離婚を有効とする（Ⅲ-15事件の解説を参照されたい）。

3　婚姻や養子縁組は，夫婦や養親子という関係を当事者間に成立させて，扶養や相続という大きな効果をもたらすため，婚姻や養子縁組のごく一部の効果を目的として届出をした当事者に，有効な届出としてすべての効果を及ぼすことは，当事者にとっても社会にとっても妥当ではない。これに対して，離婚の場合は，離婚の効果を認めても他人間と同様の関係になるにすぎない。したがって最高裁は，離婚届を提出した当事者が仮にその効果を意図していなかったとしても，届出によって離婚の効果を強制されて婚姻の法的な保護を失うリスクは甘受すべきであると判断したものと思われる。

4　判例に反対して仮装離婚を無効とする実質的意思説にたつ学説は，離婚意思の浮動性から妻のために婚姻の保護を奪うことに慎重であるべきであるとする。またかつての実質的意思説の主流は，身分行為論として身分行為一般に共通した理論を適用しようとしたほか，婚姻や離婚はその生活実態に合わせた法的評価をすべきであるとする事実主義的な理論と親近性を持ち，内縁準婚理論と共通の土台に立つ学説であった。そして，当事者が婚姻の生活実態を継続しつつ婚姻と扱われることを望んでいる本件の事案で，それを否定した本判決の結論は，内縁準婚理論とは論理的には緊張関係にあるものといえよう。

◆関連判例◆

①最判昭34・8・7民集13巻10号1251頁（Ⅲ-13事件）
②大判昭6・1・27新聞3233号7頁
③大判昭16・2・3民集20巻70頁
④最判昭44・11・14判時578号45頁
⑤最判昭57・3・26判時1041号66頁（Ⅲ-15事件）
⑥最判昭57・9・28民集36巻8号1642頁（Ⅲ-1事件）
⑦最判昭44・10・31民集23巻10号1894頁（Ⅲ-5事件）

●白鷗大学　水野紀子●

15 生活扶助を受けるための離婚の有効性

最高裁昭和57年3月26日第二小法廷判決
(昭和56年(オ)第1197号離婚無効確認請求事件)
判時1041号66頁，判タ469号184頁

■事　案■

妻Xと夫Aの夫婦は，Aが病気で倒れて入院して収入の途が絶たれたために生活保護を受給するようになった。しかし，市の担当者からXの収入は生活保護費から差し引かれるべきこと，当該Xの収入の届出をしないと不正受給になることを告げられ，従前の不正受給額の返済を免れ，かつ従前と同額を受給するための方便として協議離婚届を出した。しかし，Xは離婚の届出後も実質上はAと夫婦であると考え，その後も夫婦としての生活は継続し，Aが死亡した後もその債務を弁済したり，Aの遺骨の引取りおよび法要を主宰したりした。Aが死亡してから約6年が経過した後に，Xは検察官Yを相手取って，当該協議離婚届は離婚意思を欠いて無効であることの確認を求めて提訴した。なお，本件請求は，Aの損害賠償請求権をXが相続することを可能にすることを目的とするもののようである（1審〔札幌地判昭55・3・21公刊物未登載〕でYが答弁として主張しているが，裁判所はこれを認定していない）。

1審ではXが敗訴。2審（札幌高判昭56・8・27家月34巻5号63頁）も，「Xと亡Aとは，……〔上記のような〕方便とするため，法律上の婚姻関係を解消する意思の合致に基づいて本件届出をしたものであるから，右両者間に離婚意思があったものというべきであり，また右に認定した諸事情があるからといって，本件離婚が法律上の離婚意思を欠くものとして無効であるということはできない」との理由でX敗訴の判決を下したが，それを不服としてXが上告した。

■争　点■

実質的な夫婦関係を解消する意思はなく，生活保護費の受給を継続するなどの特定の目的を達成するための方便として離婚の届出がなされている場合に，当該離婚を有効とすべきだろうか。

■判　旨■

上告棄却。

「原審の適法に確定した事実関係のもとにおいて，本件離婚の届出が，法律上の婚姻関係を解消する意思の合致に基づいてされたものであって，本件離婚を無効とすることはできないとした原審の判断は，その説示に徴し，正当として是認することができ」る。

■解　説■

1　当事者間に婚姻する意思がないときは，742条1号がその婚姻を無効としているのに対し，当事者間に離婚する意思がないときについては明文の規定がない。この場合には同条を類推適用してその離婚を無効とすることにつき争いはないが，離婚の有効性を左右する「離婚する意思」とは何かという点についての見解は一致していない。

2　この問題に関する判例は当初から一貫していたわけではない。関連判例①は，「離婚する意思」は夫婦関係を解消する意思であるとする実質的意思説を採用して離婚を無効としたが，その後関連判例②が，夫に対する強制執行対策として離婚届を出したがまもなく妻の実家で同棲して子をもうけた事案につき，そのような事情があったとしてもそれだけではいまだ直ちに仮装離婚とは認められないので離婚は有効であるとの判断を下した。これらの判例における「離婚する意思」とはどのようなものかということの理解をめぐっては，同じであるとの見解もなくはないが，関連判例②はこれを法律上の夫婦関係を解消する意思であると解すると変更したとする見解が一般的である。

その後，夫に対する強制執行対策として離婚届を出したが，時々往復宿泊するなど従前どおりの円満な夫婦生活を継続していたが，夫が別の女性と婚姻届を出したので妻が離婚無効を主張した事案につき，当事者は離婚後の関係を内縁関係にとどめ「少くとも法律上の夫婦関係は一応之を解消する意思」があったとして離婚を有効にするもの（関連判例③）や，戸主を変更するために離婚と再婚がなされた後，妻死亡後に夫が長男の遺族扶助料の受給を続けるために検察官相手に離婚無効確認を求めた事案につき，「法律上の婚姻関係を解消する意思の合致」を認定して離婚を有効とするもの（関連判例④―Ⅲ-14事件）が現れた。

3　このように，関連判例②で萌芽的に示された基本的見解が関連判例③によって明示されて定着したと理解することができ，関連判例④および本事件はこの見解を支持する事例として追加されたものとして延長線上に位置づけることができる。ただし，確かに関連判例④と本事件は「法律上の婚姻関係を解消する意思の合致」を理由として判断を下したという体裁を採っているが，実際には，特定の目的を達成するための方便として離婚の届出がなされていても，当該当事者につき離婚の法的効果を全面的に生じさせても問題がないかという各事案の実質面も考慮していると思われる点にも注意する必要があるだろう。

なお，本解説はⅢ-14事件の解説と併せてお読みいただきたい。

◆関連判例◆

①大判大11・2・25民集1巻69頁
②大判昭6・1・27新聞3233号7頁
③大判昭16・2・3民集20巻70頁
④最判昭38・11・28民集17巻11号1469頁（Ⅲ-14事件）

●岡山大学　中川忠晃●

16 子の監護費用の裁判管轄

最高裁平成9年4月10日第一小法廷判決
(平成7年(オ)第1933号離婚等請求事件)
民集51巻4号1972頁，判時1620号78頁

■事　案■

X女は昭和63年3月30日にY男と婚姻し，平成元年3月16日にAを出産した。Yは，父の代から家族とともに鰻屋を営んでおり，婚姻の約1年後に5階建ての新店舗が完成したのを機に，X・YはYの母および2人の姉と同居を始めた。しかし，サラリーマン家庭に育ったXは，姑や小姑から生活上細々とした干渉を受け，月額3万円程度の小遣いを与えられるのみである生活になじめず，精神的に不安定な状態に陥った。XはYに対し，XY家族が独立し別居することを申し出たが，ローン返済の経済的理由から反対された。平成3年12月，XはAを連れて家出し，パートで働きながら，母子寮に居住している（Yは，別居後X・Aに対し生活費を全く交付していない）。Xは平成4年4月30日に離婚調停を申し立てたが，不調に終わった。そこでXは，770条1項5号に基づく離婚請求，慰謝料請求（500万円）および親権者指定（Aの親権者X）とともに，平成4年1月からAが成人に達する同21年3月までの毎月6万円の養育費支払を求めた。

1審（東京地判平6・9・28民集51巻4号1980頁参照）および2審（東京高判平7・6・26前掲民集1986頁参照）ともに，Xの請求どおり離婚，慰謝料（150万円に減額）および親権者指定を認め，平成4年1月から同21年3月までの養育費（1審6万円，2審5万円）の支払を命じた。これに対し，YはXが有責配偶者であること，「平成元年12月11日最高裁判所第二小法廷も」「人事訴訟法第15条1項は離婚後の趣旨であることを明らかにして」いるなどと主張して上告した。

■争　点■

人事訴訟を管轄する地方裁判所は，離婚請求を認容するに際し，家事審判事項である別居後から離婚までの期間における子の監護費用の支払を命ずることはできるか。

■判　旨■

上告棄却。

「離婚の訴えにおいて，別居後単独で子の監護に当たっている当事者から他方の当事者に対し，別居後離婚までの期間における子の監護費用の支払を求める旨の申立てがあった場合には，裁判所は，離婚請求を認容するに際し，民法771条，766条1項を類推適用し，人事訴訟手続法15条1項により，右申立てに係る子の監護費用の支払を命ずることができるものと解するのが相当である。けだし，民法の右規定は，父母の離婚によって，共同して子の監護に当たることができなくなる事態を受け，子の監護について必要な事項等を定める旨を規定するものであるところ，離婚前であっても父母が別居し共同して子の監護に当たることができない場合には，子の監護に必要な事項としてその費用の負担等についての定めを要する点において，離婚後の場合と異なるところがないのであって，離婚請求を認容するに際し，離婚前の別居期間中における子の監護費用の分担についても一括して解決するのが，当事者にとって利益となり，子の福祉にも資するからである。」

■解　説■

1　本判決は，離婚の際の関連紛争が，家事審判を管轄する家庭裁判所と，人事訴訟を管轄する地方裁判所とに分属していた人事訴訟手続法（以下，「旧人訴法」という）のもとで，家事審判事項である別居後（婚姻継続中）の養育費の支払について，地裁に提起された離婚訴訟手続における附帯申立てをすることができるとした。

昭和40年代の最高裁判決では，養育費と同一に帰する（ないしはそれが含まれる）婚姻費用分担（760）または扶養料請求（877以下）については審判事項であり，家庭裁判所が定めるべきであるとしていた。それに対し，平成元年に最高裁は，離婚後の養育費について，766条1項（771条による準用）にいう「その他監護について必要な事項」として，また旧人訴法15条1項にいう「其他子の監護に付き必要なる事項」として，地方裁判所の管轄である離婚訴訟に附帯申立てできるとの判断を下した（関連判例①）。本判決は，これら766条1項および771条，旧人訴法15条1項の類推適用を，別居後の養育費にまで拡張したものであり，極めて影響力の大きい判決であるといわれている。

2　平成15年の法改正によって，旧人訴法は人事訴訟法（以下，「人訴法」という）となり，人事訴訟の管轄は家庭裁判所に専属するものとされる（人訴4）とともに，附帯処分について，子の陳述聴取（人訴32Ⅳ），事実の調査（人訴33～35），履行の確保（人訴38・39）などの手続が整備された。そして，離婚訴訟に附帯して，別居期間中の子の監護費用の支払が請求された事案において，平成19年に最高裁は，人訴法32条1項にいう「その他子の監護に関する処分」として，離婚判決に附帯して裁判をしなければならないとする判断を示した（関連判例②）。すなわち，法改正後における人訴法32条1項についても，本判決の解釈は維持されたのである。

◆関連判例◆

①最判平元・12・11民集43巻12号1763頁
②最判平19・3・30家月59巻7号120頁

●筑波大学名誉教授　本澤巳代子●

17 推定される嫡出子の監護費用分担請求と権利濫用

最高裁平成23年3月18日第二小法廷判決
（平成21年(受)第332号離婚等請求本訴，同反訴事件）
家月63巻9号58頁，判時2115号55頁

■事　案■

X（本訴原告＝反訴被告・控訴人＝被控訴人・上告人）とY（本訴被告＝反訴原告・被控訴人＝控訴人・被上告人）は平成3年に婚姻し，Yは平成8年3月にAを，平成10年4月にBを，平成11年4月にCを出産した。A，CはXの子であるが，BはYと他の男性との間の子で，BX間に自然的血縁関係はない。Yは平成10年6月ごろにはこの事実を知っていたが，Xに告げなかった。一方，Xも他の女性と関係を持ち，平成16年に離婚調停を申し立て（不成立），X・Yの婚姻関係は破綻状態になった。その後Yは婚姻費用分担の申立てをし，平成17年に月額55万円をYに支払うようXに命ずる審判が確定した。Xは，その後Bとの間に自然的血縁関係がないことを知り，平成17年7月に親子関係不存在確認の訴え等を提起したが，却下判決が下され確定した。Xは，同年9月に離婚等を求める本件訴えを提起し，Yは離婚および養育費の支払等を求めて本件反訴を提起した。

1審（東京家判平20・5・12公刊物未登載）は離婚を認容し，Yを子らの親権者に指定して，子1人につき月額16万円の養育費の支払をXに命じた。また，Yは財産分与として約1270万円相当の財産を取得し，年金分割もされた。X，Yがともに控訴し，2審（東京高判平20・11・6公刊物未登載）は，①Xに100万円の離婚慰謝料の支払を，②Yには，BがXの子でないことを告げずBの養育の負担をXに負わせてきたこと，XがBとの親子関係を争う機会を失わせたことが不法行為に当たるとして100万円の慰謝料の支払を命じ，養育費は子1人当たり月額14万円が相当とした。そこで，Xが上告受理を申し立てた。

■争　点■

妻が，夫以外の男性との間にもうけた子につき，当該子と法律上の親子関係がある夫に対し離婚後の監護費用の分担を求めることは権利の濫用に当たるか。

■判　旨■

一部破棄自判，一部却下，一部棄却。

(i)「Yは，Xと婚姻関係にあったにもかかわらず，X以外の男性と性的関係を持ち，……Bを出産した」。しかも，Yは「BとXとの間に自然的血縁関係がないことを……Xに告げず，Xがこれを知ったのはBの出産から約7年後のことであ」る。「そのため，Xは，Bにつき，民法777条所定の出訴期間内に嫡出否認の訴えを提起することができず」，親子関係不存在確認の訴えも却下され，「もはやXがBとの親子関係を否定する法的手段は残されていない」。

(ii) Xは，「婚姻関係が破綻する前の約4年間，Yに対し月額150万円程度の……生活費を交付」して「Bを含む家族の生活費を負担しており，婚姻関係破綻後においても，Xに対して，月額55万円をYに支払うよう命ずる審判が確定している」。「XはこれまでにBの養育・監護のための費用を十分に分担してきており，XがBとの親子関係を否定することができなくなった……経緯に照らせば，Xに離婚後もBの監護費用を分担させることは，過大な負担を課するもの」と言える。

(iii)「YはXとの離婚に伴い，相当多額の財産分与を受けることになるのであって，離婚後のBの監護費用を専らYにおいて分担することができないような事情はうかがわれない」。そうであれば，Bの監護費用を「専らYに分担させたとしても，子の福祉に反する」ことはない。

これらの事情を総合考慮すると，「YがXに対し離婚後のBの監護費用の分担を求めることは，……子の福祉に十分配慮すべきであることを考慮してもなお，権利の濫用に当たる」。

■解　説■

1　772条の嫡出推定の排除に関し，判例は外観説を採る。それに従えば，本件でBの懐胎時期にX・Yに夫婦としての同棲が欠けていた事実等は認められず，XによるBとの親子関係不存在確認の訴えは却下判決が確定している。これによりXB間の法律上の親子関係は確立したものと扱われ，本件離婚訴訟でYが申し立てた3人の子の監護費用の分担請求（766）において，Xは，A，CとともにB然的血縁関係のないBに対しても法律上の親として扶養義務を負い，監護費用を分担すべきことになる。本判決は，それにもかかわらず，YがXに対しBの監護費用を請求することが権利の濫用（1Ⅲ）に当たると判断した。

2　親子関係不存在確認訴訟では，夫婦間の秘事や家庭の平和への配慮にも増して子の法的な地位の安定，特に扶養義務者確保の必要性が重視される。本判決のようにXB間の親子関係が法律上確定されているにもかかわらず，権利濫用法理によりXのBに対する監護費用分担義務を否定することは，そのような考慮を後退させることになる。

権利濫用は，客観的利益衡量と権利行使者の加害目的という主観的要素から総合的に判断すべきものとされている。本件の背景にはXB間の血縁関係の不存在とそれに関するYの背信的行為があるが，本判決は，判旨(i)の事実を，(ii)のBの監護費用の分担がXに過大な負担となるとの評価の中に組み入れ，(iii)のYの客観的経済状況との比較衡量により，Yの請求を濫用と判断した。子の福祉を第一とした上で，母から法律上の父に対する監護費用分担請求が権利濫用となる場合の一つの判断枠組みを示すものと言える。

◆関連判例◆

①最判昭44・5・29民集23巻6号1064頁（Ⅲ-44事件）
②最判平12・3・14家月52巻9号85頁

●横浜国立大学　常岡史子●

18 面会交流

最高裁平成12年5月1日第一小法廷決定
（平成12年(許)第5号面接交渉の審判に対する原審判変更決定に対する許可抗告事件）
民集54巻5号1607頁，判時1715号17頁

■事　案■

X男とY女は，昭和62年5月に婚姻し，平成元年7月に事件本人Aをもうけた。XとYの婚姻関係は，Xの不貞行為を主たる原因として破綻し，平成6年8月にYはAを連れてXと別居して，以来YがAを監護している。Yは，平成7年6月，離婚訴訟を提起し，平成10年5月1日には，離婚を認容し，Aの親権者をYと指定すること等を内容とする判決がなされたが，双方が控訴して，同事件は控訴審に係属中である。

XとAとの面会交流は，平成7年5月のXY間での事実上の合意に基づき，平成8年5月までは，月2回，特に問題なく継続されていた。しかし，同月末の離婚訴訟での和解協議において，XがYの提示した和解案を拒否したことから，以後，Yは面会交流を拒否している。

Xは，離婚訴訟係属中の平成8年9月，面会交流を求める調停を申し立てたが，Yの拒否の姿勢が強く，調停は不成立となり，平成9年5月，審判に移行した。1審（福岡家久留米支審平11・7・29民集54巻5号1634頁参照）・2審（福岡高決平11・10・26前掲民集1627頁参照）とも，毎月1回，第1土曜日の午後1時から5時までのXとAとの面会交流を認めた。Yはこれを不服として，最高裁に許可抗告を申し立てた。

■争　点■

婚姻関係が破綻し父母が別居状態にある場合，家庭裁判所は，子と同居しない親と子との面会交流について相当な処分を命ずることができるか。

■決定要旨■

抗告棄却。

「父母の婚姻中は，父母が共同して親権を行い，親権者は，子の監護及び教育をする権利を有し，義務を負うものであり（民法818条3項，820条），婚姻関係が破綻して父母が別居状態にある場合であっても，子と同居していない親が子と面接交渉することは，子の監護の一内容であるということができる。そして，別居状態にある父母の間で右面接交渉につき協議が調わないとき，又は協議をすることができないときは，家庭裁判所は，民法766条を類推適用し，家事審判法9条1項乙類4号により，右面接交渉について相当な処分を命ずることができると解するのが相当である。」

■解　説■

1 「面会交流」とは，父母の離婚後，親権者または監護者でないために子を現実に監護していない親と子が，直接会ったり，手紙や電話やメールを交換したりして，交流することをいう。かつては「面接交渉」という語が用いられていたが，その内実が「面接」に限らないこと，親子間で「交渉」という語は適切でないこと等を理由に，次第に「面会交流」といわれるようになった。

2　面会交流の申立てを初めて認容した関連判例①は，面会交流の権利性を承認し，この権利行使のために必要な事項は，766条1項〔平成23年法改正前〕による監護に必要な事項と解され，父母の協議が調わない場合には家事審判事項となる〔改正前766 II〕と判示した。ここでは，766条1項・2項〔改正前〕，家事審判法9条1項乙類4号〔廃止前〕の適用を根拠づけるために，面会交流の権利性が肯定されているともいえる。他方で，学説には，面会交流の権利性は否定しつつ，端的に766条1項・2項〔改正前〕，家事審判法9条1項乙類4号〔廃止前〕（現766 I～III，家事39別表2の3）の適用が可能と解する見解もある。

平成23年改正（法61）により，父母が協議離婚をするときは，面会交流（「面会及びその他の交流」）について協議で定めること（766 I），協議が調わないときは，家庭裁判所の審判事項となること（766 II・III，家事39別表2の3）が明文化された。平成23年改正後も，面会交流の権利性について議論は続いているものの，同改正により，離婚後の面会交流の実定法上の根拠は与えられた。

3　では，本件のように，父母が離婚はしておらず，別居中の場合はどうか。この点，関連判例②は，別居中の父母はいずれも面会交流権を包摂する親権を有するから，親権とは別個独立の面会交流権の行使は不可として，766条〔改正前〕や家事審判法〔廃止前〕の類推適用はできず，離婚前の面会交流は認められないとしていた。

本決定は，面会交流の権利性については判断していないものの，関連判例②の立場を否定して，766条〔改正前〕の類推適用により，家事審判法9条1項乙類4号〔廃止前〕に該当して，家事審判事項となることを明らかにした。その前提として，面会交流が「監護の一内容」であって，766条〔改正前〕にいう子の監護について「必要な事項」または「相当な処分」に含まれると解する点は，平成23年改正で反映され明文化されている。

◆関連判例◆

①東京家審昭39・12・14家月17巻4号55頁
②高松高決平4・8・7判タ809号193頁

●関西大学　白須真理子●

19 面会交流の間接強制

最高裁平成25年3月28日第一小法廷決定
（平成24年(許)第48号間接強制に対する執行抗告棄却決定に対する許可抗告事件）
民集67巻3号864頁，判時2191号39頁

■事　案■

父Xと母Yは，平成22年11月，XY間の未成年子A（平成18年生）の親権者をYとして裁判離婚した。平成24年6月，Yに対し，面会交流要領（以下，「本件要領」という）のとおりXがAと面会交流することを許さなければならないとする審判（以下，「本件審判」という）が確定した。本件要領には，面会交流の日時，各回の面会交流時間の長さおよび子の引渡しの方法などが定められていた。Xは，同月，Aと面会交流をすることを求めたが，Yは，Aが面会交流に応じないという態度に終始していて，Aに悪影響を及ぼすとして，XがAと面会交流をすることを許さなかった。Xは，翌月，本件審判に基づき，間接強制決定を求める申立てをした。これに対し，Yは，AがXとの面会交流を拒絶する意思を示していることなどから，間接強制決定が許されないなどと主張した。

1審（札幌家決平24・9・12民集67巻3号880頁参照）および2審（札幌高決平24・10・30前掲民集884頁参照）は，Yに対し，本件要領のとおりXがAと面会交流をすることを許さなければならないと命ずるとともに，Yがその義務を履行しないときは，不履行1回につき5万円の割合による金員をXに支払うよう命ずる間接強制決定をすべきものとした。Yは許可抗告を申し立てた。

■争　点■

面会交流について間接強制が認められるか。認められる場合，面会交流の審判等においてどの程度給付の内容が特定されている必要があるか。

■決定要旨■

抗告棄却。

監護親と非監護親との間で，「非監護親と子との面会交流について定める場合，子の利益が最も優先して考慮されるべきであり（民法766条1項参照），面会交流は，柔軟に対応することができる条項に基づき，監護親と非監護親の協力の下で実施されることが望ましい。一方，給付を命ずる審判は，執行力のある債務名義と同一の効力を有する」（家事75）。「監護親に対し，非監護親が子と面会交流をすることを許さなければならないと命ずる審判は，少なくとも，監護親が，引渡場所において非監護親に対して子を引き渡し，非監護親と子との面会交流の間，これを妨害しないなどの給付を内容とするものが一般であり，そのような給付については，性質上，間接強制をすることができないものではない。したがって，監護親に対し非監護親が子と面会交流をすることを許さなければならないと命ずる審判において，面会交流の日時又は頻度，各回の面会交流時間の長さ，子の引渡しの方法等が具体的に定められているなど監護親がすべき給付の特定に欠けるところがないといえる場合は，上記審判に基づき監護親に対し間接強制決定をすることができる」。「子の面会交流に係る審判は，子の心情等を踏まえた上でされているといえる。したがって，監護親に対し非監護親が子と面会交流をすることを許さなければならないと命ずる審判がされた場合，子が非監護親との面会交流を拒絶する意思を示していることは，これをもって，上記審判時とは異なる状況が生じたといえるときは上記審判に係る面会交流を禁止し，又は面会交流についての新たな条項を定めるための調停や審判を申し立てる理由となり得ることなどは格別，上記審判に基づく間接強制決定をすることを妨げる理由となるものではない。」

■解　説■

1　本決定は，面会交流について定める場合，子の利益が最も優先して考慮されるべきであり，監護親と非監護親の協力の下で実施されることが望ましいことを前提とする。しかし，面会交流の審判等の内容を監護親が履行しない場合，非監護親は，監護親に対し，不履行1回当たり一定の金員を支払うべき旨を命ずる間接強制の申立てをすることができる（民執172）。

2　まず，従来から，面会交流について間接強制の可否が問題となっていた。本決定は，面会交流についての審判において給付が特定されている場合には，間接強制が可能であることを最高裁として初めて明示した点に意義を有する。

3　次に，面会交流について間接強制が可能であるとしても，審判等が間接強制のための債務名義として認められるには，審判等においてどの程度の内容が特定されている必要があるかが問題となっていた。本決定は，面会交流の審判において監護親がすべき給付の特定に欠けるところがないといえる場合に間接強制が可能であるとした。さらに，必要な給付の特定性基準として，面会交流の日時または頻度，各回の面会交流時間の長さ，子の引渡しの方法等について具体的に定められている必要があることを挙げている。なお，本決定と同日付の関連判例①および②があり，関連判例②では調停調書にも適用していることから，本決定で示された必要な給付の特定性基準は今後の実務の重要な指針となる。

4　さらに，本決定は，子が面会交流を拒絶する意思を示していることは，間接強制決定をすることを妨げる理由となるものではないとする。

◆関連判例◆

①最決平25・3・28判時2191号46頁
②最決平25・3・28判時2191号48頁

●上智大学　羽生香織●

20 財産分与の範囲(1)
──「一切の事情」の意義

最高裁昭和34年2月19日第一小法廷判決
(昭和32年(オ)第333号離婚並びに財産分与請求事件)
民集13巻2号174頁，判時180号36頁

■事 案■

X女は，昭和12年にY男と結婚式を挙げ，YおよびYとその前妻との間の3児と同居生活を始めた（後に，婚姻を届出）。Xは，風呂敷包み1つで折箱製造販売業を経営するY方に嫁いだが，製造等の作業に従事し，徹夜に及んだこと，機械で親指を切断したこともあった。Yの営業は次第に発展し，戦時中には廃業を余儀なくされたが，X・Yは娘らと行商等に励むなどして営業を再開し，戦後も人並み以上に働き復興に精励した結果，Yの営業は年々隆盛に向かった。昭和26年，XがY方を去り，X・Yは別居。Xは，昭和27年に，調停を経て，本件離婚および財産分与請求の訴えを提起し，慰謝料ならびに財産分与として居宅および宅地（「本件不動産」という）を請求した。1審（広島地呉支判昭30・1・17民集13巻2号179頁参照）で破綻を理由とする離婚が認められ，2審（広島高判昭32・1・23前掲民集191頁参照）以降では，財産分与が争いとなった。

1審は，Yの現有の純財産が金150万円以上であること，Yの所得および営業用財産の正味資産額が昭和26年から同28年にかけて年々増加していることを具体的に認定し，時価約60万円相当の本件不動産の分与を認めた（慰謝料請求はYに帰責事由がないとして否定）。Yの財産の増加および減少の防止にはXの協力（内助の功）が大きく寄与していること，Xは何らの資産もなく女中奉公で辛うじて生活を維持しているが，年齢（55歳），経歴等に照らしてより好条件の就職または再婚の機会を望めないこと，Xは約15年の間Yを助けてよく家業に従事し，Yの娘らをそれぞれ結婚適齢期に達するまで愛撫養育してきたのにかかわらずついに報いられなかったこと等が考慮された。

Yからの控訴に対して2審は，1審で認められたYの財産状況を確認し，控訴を棄却した。Yが上告。

■争 点■

夫婦が別居してから離婚するまでの間に財産分与者の財産が増加した場合に，裁判所が財産分与を定めるための「一切の事情」として，離婚時の財産状態を考慮することが認められるか。

■判 旨■

上告棄却。

「768条3項は当事者双方がその協力によって得た財産の額その他一切の事情を考慮して，財産分与の額及び方法を定めると規定しているのであって，右にいう一切の事情とは当該訴訟の最終口頭弁論当時における当事者双方の財産状態の如きものも包含する趣旨と解する」。本件において，「判決言渡期日現在のYの財産状態を斟酌して判示財産の分与を命じたからといって，そこに所論の違法ありというを得」ない。「原判決は所論の財産関係のみを考慮に入れて右判断をしているのではなく，それ以外の一切の事情を斟酌しているのであるから，所論財産関係の判示にやや尽さないものがあるとしてもそれが右判断に影響ある程のものとは認められない」。

■解 説■

1　本件では，裁判所が財産分与について定めるときに考慮しうる「一切の事情」（768Ⅲ）として，離婚および財産分与請求訴訟の口頭弁論終結時の夫婦双方の財産状態を考慮することの可否が問われた。財産分与義務者たる夫は，夫婦の協力によって得た財産は別居時までに形成された財産に限られるから，夫婦の別居後に夫による営業活動によって増大した夫の財産状態を考慮して財産分与を定めることは不当であると主張した。夫婦財産を清算する基準時は別居時であるべきだとの趣旨であり，夫婦が協力して財産を形成できるのは原則として同居中であることを根拠とする。

本判決は，これに対して，別居時ではなく口頭弁論終結時の財産状態を考慮することを認めた。しかし，夫婦の財産の清算の基準時を口頭弁論終結時と判断したものとは解されない。本判決では夫婦の財産の清算をいつの時点を基準に行うかはそもそも問題となっていないからである。本判決は，2審の行った総合的な算定方法，すなわち，離婚後の扶養の観点を強調し，そのような財産分与の扶養的側面を財産分与の清算的側面と区別せずに，総合的に財産分与の額と方法を定める仕方を追認したにとどまる。清算的な要素に限定されない性質の財産分与を総合的に算定するにあたって，「当事者双方がその協力によって得た財産」としてではなく，「その他一切の事情」として，離婚時（具体的には，上記口頭弁論終結時）の財産状態が考慮されたのである。

2　最近の裁判例では，財産分与を要素別に個別に算定して積み上げる方式を採る傾向がある。その場合に，清算的な財産分与を別居時の財産状態を基準に定めること，および，清算的な財産分与を別居時の財産状態を基準に算定すると同時に他の要素を含めた財産分与の額を定めるについて離婚時の財産状態を考慮することが，本判決と整合性を欠くわけではない。財産分与の算定方法は今のところ，大幅に裁判所の裁量に委ねられているといえ，基準および算定方法の明確化が課題となる。

◆ 関連判例 ◆

特になし

●東北大学　久保野恵美子●

21 財産分与の範囲(2)
——離婚慰謝料

最高裁昭和46年7月23日第二小法廷判決
（昭和43年(オ)第142号慰藉料請求事件）
民集25巻5号805頁，判時640号3頁

■事　案■

X女とY男は昭和35年に婚姻し，XY間にはAが出生したが，YがXに物を投げつける，殴打するなどの虐待を加え，同居するYの母もYの乱暴を黙視し，自らもXに悪口雑言を向けるなどした。そのため，Xは昭和37年8月に，実家に帰宅しYと別居するに至ったが，その際，Yの母の反対にあってAを連れて行くことができなかった。Xは離婚訴訟を提起し，昭和40年2月，Yの帰責事由によるX・Yの離婚を認め，Aの親権者をYと指定し，YからXに対する整理タンス1棹，水屋1個の財産分与を命じる判決がなされた。昭和40年9月，XはYから虐待を受け離婚のやむなきに至ったことによる精神的苦痛に対する慰謝料請求の訴訟を提起した。

1審（福岡地直方支判昭41・12・18民集25巻5号814頁参照）は，慰謝料請求権の時効の起算点は別居時であるとするYの主張を斥けた上で，「離婚原因たる有責事情が参酌されたからといってその財産分与が慰藉料の弁済そのものであると考えることはでき」ず，既に財産分与の判決があっても慰謝料請求が許されるとして，Xの請求を一部認容した。2審（福岡高判昭42・11・7前掲民集821頁参照）がYからの控訴を棄却したのに対し，Yから上告。

■争　点■

①財産分与がなされた後に，別途離婚を理由とする慰謝料請求ができるか。

②慰謝料請求ができるとき，慰謝料の算定において，財産分与がなされたことが影響を与えるか。

■判　旨■

上告棄却。

(i)「財産分与の制度は，夫婦が婚姻中に有していた実質上共同の財産を清算分配し，かつ，離婚後における一方の当事者の生計の維持をはかることを目的と」しており，(ii)「財産分与の請求権は，相手方の有責な行為によって離婚をやむなくされ精神的苦痛を被ったことに対する慰藉料の請求権とは，その性質を必ずしも同じくするものではない」から，「すでに財産分与がなされたからといって，その後不法行為を理由として別途慰藉料の請求をすることは妨げられない」。(iii)「もっとも，裁判所が財産分与を命ずるかどうかならびに分与の額および方法を定めるについては，……分与の請求の相手方が……有責行為により離婚に至らしめたことにつき……損害を賠償すべき義務を負うと認められるときには，右損害賠償のための給付をも含めて財産分与の額および方法を定めることもできる」。(iv)「財産分与として，右のように損害賠償の要素をも含めて給付がなされた場合には，さらに請求者が相手方の不法行為を理由に離婚そのものによる慰藉料の支払を請求したときに，その額を定めるにあたっては，右の趣旨において財産分与がなされている事情をも斟酌しなければならない」。(v)本件において，YX間の離婚訴訟の判決において，「僅少な財産分与がなされたことは，XのYに対する本訴慰藉料請求を許容することの妨げになるものではない」。

■解　説■

1　離婚の一方当事者は，他方の有責な行為が原因で離婚するに至ったとき，慰謝料を請求することができる（関連判例①—II-308事件）。慰謝料請求権と財産分与請求権とには，根拠条文（709・768・771），行使の期間（3年〔724〕，2年〔768 II〕），手続（普通裁判所の訴訟事項，家庭裁判所の審判事項〔家事別表2の4〕）に違いがある。そうすると，判旨(ii)は当然のことの確認とも思えるが，財産分与制度が導入される前には，離婚に基づく慰謝料請求は，純粋な不法行為に基づくものというよりもむしろ離婚の際の給付を実現するための手段と解される傾向があったことを背景として，本判決の当時にはこの確認が特に意味を有した。判旨(i)は，財産分与の目的として清算的側面と離婚後の生計の維持を明示した点に，意義が認められる。

2　その上で，本判決は，両請求権が相互に無関係でないとする。裁判所は離婚慰謝料の給付を含めて財産分与を定めることができるとされる（判旨(iii)）。訴訟事項を審判で扱うことには疑問もありうるが，裁判所が「一切の事情」を考慮して裁量権を活用することを積極視する判示と評価できる。離婚と密接な関係を有する慰謝料請求と財産分与とが家庭裁判所における財産分与の審判手続で一挙に解決できる（ただし，裁判離婚の場合には，両者の独立性を保ちつつ1つの手続〔離婚訴訟〕で解決することが可能），財産分与の高額化を図りつつ現物給付の方法を採ることができるなどの利点が認められるからである。一回的解決への配慮は，財産分与の算定に関わる判例の基調をなす（関連判例②—III-22事件参照）。

本判決から，財産分与では必ず慰謝料が考慮されるべきとされるわけではなく，慰謝料給付を財産分与で考慮するか否かは当事者が主導するというのが，判例（関連判例③）であり，最近の実務的扱いである。

3　財産分与の後の慰謝料請求訴訟における既になされた財産分与の考慮の仕方（判旨(iv)）については，本判決は明確な論理を示しておらず，損益相殺など，不法行為法の観点からの分析を要する。

◆関連判例◆

①最判昭31・2・21民集10巻2号124頁（II-308事件）
②最判昭53・11・14民集32巻8号1529頁（III-22事件）
③最判昭53・2・21家月30巻9号74頁

●東北大学　久保野恵美子●

22 財産分与の範囲(3)
──過去の婚姻費用

最高裁昭和53年11月14日第三小法廷判決
(昭和53年(オ)第706号離婚等請求事件)
民集32巻8号1529頁，判時913号85頁

■事 案■

X女とY男は昭和37年に婚姻したが，Yの学歴詐称に起因する勤務先との紛争および退職，その前後のYの不誠実かつ無責任な言動などが原因で不和になった。昭和44年に，Xは，Yとの間に生まれた2人の子どもを連れてXの実家に帰り，以来，昭和51年までの間に，2児の分を含めて，生活費，教育関係費として1000万円程度を支弁した。

XがYに，770条1項1号および5号に基づく離婚，財産分与，親権者をXとする定め，Yの不貞およびその他の有責行為に基づく慰謝料を請求したのに対し，Yから離婚および親権者指定の反訴が提起された。

1審（東京地判昭51・9・24民集32巻8号1533頁参照）はXとYの離婚を認めて，XY間の2子の親権者をXと定め，Yに800万円の支払を命じた。X・Y双方から控訴がなされ，XはYとの別居以来支出した生活費，教育関係費を考慮して財産分与額を拡張すべきことを主張した。

2審（東京高判昭53・2・27前掲民集1542頁参照）は，Yに不貞行為は認められないが有責事情はあるとして，破綻による離婚を認めた上で，Yに対して，不動産の清算分およびXの離婚後の生活扶助分として600万円，過去の生活費，教育費の清算相当額として400万円の計1000万円を財産分与として，これとは別に300万円を慰謝料として，合わせて1300万円の支払を命じた。Yから上告。

■争 点■

裁判所が財産分与の額および方法を定めるときに，過去の婚姻費用の分担の態様を「一切の事情」の1つとして考慮し，夫婦の一方が過当に負担した婚姻費用の清算のための給付を含めることが認められるか。

■判 旨■

上告棄却。

「離婚訴訟において裁判所が財産分与の額及び方法を定めるについては当事者双方の一切の事情を考慮すべきものである〔。〕……婚姻継続中における過去の婚姻費用の分担の態様は右事情のひとつにほかならないから，裁判所は，当事者の一方が過当に負担した婚姻費用の清算のための給付をも含めて財産分与の額及び方法を定めることができるものと解するのが，相当である。」

■解 説■

1　夫婦は互いに婚姻費用（以下では「婚費」とする）の分担請求を行うことができ（民760，家事別表2の2），過去の分についても同様である（関連判例①―Ⅲ-9事件）。現実に紛争となるのは，夫婦の関係が悪化し別居から離婚に至る過程に伴ってのことが多い。

2　財産分与請求権と婚費分担請求権とは実体法上別個の性質を有する独立の権利である。手続面では，ともに家事審判事項であるものの，離婚訴訟との関係に両者の異質性が表れている。財産分与は離婚訴訟の附帯処分事項であるのに対し，婚費分担請求は附帯処分事項ではなく（人訴32参照），慰謝料請求のような離婚訴訟に併合される事項（人訴17）でもない。離婚に伴う効果である慰謝料請求と財産分与は，離婚訴訟での一回的解決を図りうるのに対し，婚費分担は，婚姻中の権利義務関係であって本来は離婚の前に解決されるべき性質を有するために，そのような一回的解決の対象として法定されていないのである（関連判例②も参照）。したがって，財産分与での離婚慰謝料の給付の考慮を認めた判例法理（関連判例③―Ⅲ-21事件）を単純に婚費分担請求に適用できるとはいい難い。にもかかわらず，過去の婚費の分担の清算を財産分与のなかで行うことを認めた本判決は，一回的な紛争解決という当事者にとっての実際的便宜を優先させたものといえる。

婚費分担請求権の上記のような性格や婚費には夫婦の子どもの養育費が含まれることがあることから，婚費分担を財産分与で考慮することに対しては批判が強い。今日では，離婚に至る前に婚費分担を実現する前提条件が整備されつつあるため（「養育費・婚姻費用算定表」およびその令和元年改定版による簡便な算定〔司法研修所編『養育費，婚姻費用の算定に関する実証的研究』[2019]〕，執行方法の改善〔民執151の2Ⅰ②・152Ⅲ等参照〕），本判決の当時と異なり，財産分与で婚費分担を確保する要請は高くない。

3　近時の裁判例においては，財産分与において婚費の分担態様が考慮されるときの仕方は，財産分与中の独立の項目として扱う傾向のものと，あくまでも財産分与に限定的な範囲で反映されるにすぎないとする傾向とに分かれる。このような違いは，財産分与の算定方法として個別積上げ方式をとるか，総合考慮方式をとるかにも関係するところ（関連判例④―Ⅲ-20事件の解説も参照），慰謝料請求権との関係の調整の必要性（Ⅲ-21事件参照）や年金分割請求権が財産分与請求権と独立に導入されたこと（家月57巻3号45頁以下参照）をも考慮すると，財産分与の算定方法は，考慮事項を明示しつつ個別に算定を積み上げる方式に向かわざるをえないだろう。

◆関連判例◆

①最大決昭40・6・30民集19巻4号1114頁（Ⅲ-9事件）
②最判昭43・9・20民集22巻9号1938頁
③最判昭46・7・23民集25巻5号805頁（Ⅲ-21事件）
④最判昭34・2・19民集13巻2号174頁（Ⅲ-20事件）

●東北大学　久保野恵美子●

23 不貞な行為の意義

最高裁昭和48年11月15日第一小法廷判決
(昭和48年(オ)第318号離婚等請求事件)
民集27巻10号1323頁，判時728号44頁

■事　案■

X女とY男は，昭和42年に婚姻し，長女（昭和43年生）をもうけた。Yは，昭和42年4月から同年11月までの間に，3名の女性を強姦，1名の女性を強姦未遂し，逮捕された。そして昭和45年Yは，強姦および猥褻誘拐未遂の罪により懲役3年に処せられ，服役している。同年，Xから離婚調停の申し立てがなされたが不調となり，770条1項1号の「不貞な行為」があったとして本件訴えが提起された。

1審（津地四日市支判昭47・3・24民集27巻10号1326頁参照）において，Yから1回だけの情交があったとしても直ちに離婚に値する不貞行為には該当しないとの主張がなされたが，Yの一連の行為について，「民法第770条第1項第1号の不貞の行為そのものに該当する」として，Xの請求が認められた。2審（名古屋高判昭47・12・23前掲民集1330頁参照）において，Yからは，一連の行為について，Xが長女出生後Yの性的要求を拒否し続けてきた事情があり，770条2項によりXの訴えは棄却されるべきとの主張がなされたが，そのような事情は認められないとして，Yの控訴を棄却した。Yは，離婚原因である不貞な行為について，相互に自由意思に基づいて性的関係を結ぶことである等の主張をして上告した。

■争　点■

①離婚原因としての「不貞な行為」とは何か。
②「不貞な行為」には，行為者双方の自由意思を必要とするか。
③「不貞な行為」による離婚請求と770条2項の適用についていかに解するか。

■判　旨■

上告棄却。

「民法770条1項1号所定の『配偶者に不貞の行為があったとき。』とは，配偶者ある者が，自由な意思にもとづいて，配偶者以外の者と性的関係を結ぶことをいうのであって，この場合，相手方の自由な意思にもとづくものであるか否かは問わないものと解するのが相当である。

原判決が確定した事実によれば，Yは，……自己の自由な意思にもとづいて，自ら婦女3名を強いて姦淫し，性的関係を結んだというのであるから，Yに不貞な行為があったと認めるのが相当であり，これと同趣旨の原審の判断は，正当として是認することができる。」

「所論の点に関する原審の事実認定は，原判決挙示の証拠関係に照らして首肯するに足り，右事実関係のもとにおいては，本件につき民法770条2項の規定を適用しなかった原審の判断は，正当として是認できる。」

■解　説■

1　本判決は，加害者である配偶者の強姦について，「不貞な行為」に該当するとして，他方配偶者の離婚請求を認めたものであり，最高裁として初めて，「不貞な行為」の意義を明確にした事案である。

2　770条1項が規定する離婚原因の一つである「不貞な行為」について，夫婦が負う貞操義務に違反する行為であることについては争いがない。しかし具体的にどのような行為が貞操義務に違反するかについては明確ではなく，それを姦通（既婚者が配偶者以外の異性と肉体関係をもつこと）があったことと理解する限定説と，姦通だけでなく広く夫婦の信頼義務に反する行為が含まれると理解する非限定説とが対立する。ただし，これら二説の対立は，実際上の問題としては同条を破綻主義規定と理解するかぎり，ほとんど大差が生じないとも指摘される。なお近時は，限定説が通説とされる。本判決では，「不貞な行為」について，「配偶者以外の者と性的関係を結ぶ」と述べられており，それが姦通を意味するのか否かは曖昧であるが（本判決文では，2審の事実認定における強姦未遂が除外されていることから，性的関係とは性交関係に限ると指摘する見解もある），本件では限定説，非限定説のいずれの説においても，「不貞な行為」に該当することに違いはない。また，1審のYの主張との関係では，「不貞な行為」が一時的か継続的かといった点は問われない。

3「不貞な行為」において行為者双方の自由意思が必要であるか否かについて，従前は離婚当事者の自由意思の存在についての議論（例えば，妻が抵抗不能な状況で強姦された場合に不貞行為に該当するか否か〔否定〕）や裁判例（関連判例）は散見されるが，本件のような行為の相手方（＝強姦の被害者）の自由意思の必要性については，当然の事と理解されていたためか議論されていなかった。本判決は，この点について相手方の自由意思を問わないことを明確にした。

4　770条1項1号による離婚請求と同条2項について，同項適用場面とは，「不貞な行為」が存在するが婚姻は破綻するに至らなかった場合または破綻したが婚姻継続を相当と認められる場合が考えられる。具体的には，「不貞な行為」を許す（宥恕）場合や「不貞な行為」からの一定期間の経過等が想定される。いずれも婚姻破綻の有無を判断する際の一事情として考慮すべきこととなる。なお最近の裁判例には，同条1項1号による離婚請求において，同条2項により離婚請求を棄却した事例は見当たらない。

◆関連判例◆

最判昭38・6・4家月15巻9号179頁

●福井大学　生駒俊英●

24 離婚原因としての悪意の遺棄

最高裁昭和39年9月17日第一小法廷判決
(昭和38年(オ)第719号離婚請求離婚反訴請求事件)
民集18巻7号1461頁，判時389号24頁

■事　案■

X女（明治33年生）とY男（同年生）は，大正11年に婚姻した（2人の間に子どもはいない）。昭和24年Xは，Yの真意に反して兄Aを同居させるに至った。その後，Aは実子2人についても，Y宅に呼び寄せ生活を続けた。Aは同人等の生活費を支出せず，またAが刑事被告人として起訴された際の諸経費については，XがYに無断でYの財産から支出したりすることがあった。Xは，Aの同居後Aに同調してYに対して暴行を加えたり，訴訟を提起したり，訴訟提起の原因を作為したりした。昭和27年Yは，Xらを自宅から追い出し，別居が開始された。別居後，XはYから生活費を受け取ることが出来なかった為，生活保護を申請し，生活扶助を受けている。そして，Xから770条1項2号・5号等を理由とする離婚および財産分与請求がなされた。

1審（名古屋地判昭33・4・4判時149号18頁）は，Xの請求を棄却した。双方から控訴がされた。2審（名古屋高判昭38・3・27民集18巻7号1470頁参照）は，別居そして婚姻が破綻した原因について，「その責任の大半はXにおいてこそ負うべきものと考えられる」とし，悪意の遺棄については，「XがYから同居を拒まれ且つ扶養を断たれたことは，Xが自ら招いたものと非難されても仕方がない場合に当る……Yが悪意を以ってXを遺棄した場合に当るものとは云えない」として，Xの請求を棄却し，Yからの反訴離婚請求を認容した。

Xは，夫婦の一方が他の一方の同居を拒むにあたり正当な事由が存する場合においても，夫婦の協力扶助義務は当然に消滅するものではないとして，扶助の義務を怠り悪意の遺棄に該当すると主張して上告した。

■争　点■

① 770条1項2号の「悪意で遺棄されたとき」とはどのような場合か。
②夫婦の同居協力扶助義務の不履行が，「悪意で遺棄されたとき」に該当しないのはどのような場合か。

■判　旨■

上告棄却。

2審において認定した事実を認めた上で，「XがYとの婚姻関係の破綻について主たる責を負うべきであり，Yよりの扶助を受けざるに至ったのも，X自らが招いたものと認むべき以上，XはもはやYに対して扶助請求権を主張し得ざるに至ったものというべく，従って，YがXを扶助しないことは，悪意の遺棄に該当しないものと解すべきである。」

■解　説■

1　本判決は，婚姻関係の破綻について，主たる責任を負うべき者の悪意の遺棄を原因とする離婚請求について，形式的外形的には当該原因が存在しても，悪意の遺棄には該当しないと判断した事案である。

2　770条1項が規定する離婚原因の一つである「悪意で遺棄されたとき」は，同項1号の「不貞な行為があったとき」とともに有責的離婚原因である。「悪意」とは，法令上の用語法である知・不知ではなく，社会的・倫理的に非難されるべき心理状態，すなわち遺棄者の婚姻共同生活の廃絶を企図し，またはこれを容認する態度をいう。「遺棄」とは，夫婦の同居協力扶助義務（752）を正当な理由なく履行しないものである。752条は，夫婦の本質的義務を定めたものであり，理論的には同居，協力，扶助のうちのいずれかに違反があれば，「遺棄」に該当するものと考えられる（協力義務違反のみでは，「遺棄」にあたらないとする見解もある）。同居義務違反の具体的態様としては，相手方を追い出す場合，自ら別居する場合，相手方に別居を強いる場合が想定される。扶助義務違反の具体的態様としては，婚姻費用の不払等が考えられる。また，「遺棄」の状態は一定期間継続していることが必要とされる（学説上は，少なくとも6か月以上との指摘もある）。

3　夫婦の同居協力扶助義務が不履行であっても，正当な理由がある場合または合意に基づく場合には，悪意の遺棄に該当しない。具体的態様としては，病気による入院，出張等が該当する。正当な理由の有無は，諸般の事情を考慮して判断される。別居の事案においては，夫婦いずれかの有責行為により別居が開始されることが多く，別居に関する有責性は同居拒否の正当な理由と相関関係にあることが多いため，悪意の遺棄に該当するか否かの判断は，当事者双方の婚姻破綻についての有責性の判断とも重なると指摘される。本件においても，扶助義務違反に関する事案であるが，婚姻破綻について主たる責任を有するXは扶助請求権を主張し得ないとして，Yの悪意の遺棄に該当しないとした。その他，本判決に対しては，Xの請求は斥けつつYの反訴請求を認めている点，Xからの財産分与を認めなかった点について，批判的な指摘がなされる。

実際の離婚請求においては，770条1項2号と同項5号が同時に主張されることが多い。また，悪意の遺棄に該当した場合も，同条2項による離婚請求の棄却も法文上考えられるが，同項により棄却された裁判例は見当たらない。

◆関連判例◆

最判昭42・3・7集民86号475頁

●福井大学　生駒俊英●

25 精神病離婚と具体的方途

最高裁昭和45年11月24日第三小法廷判決
（昭和45年(オ)第426号離婚請求事件）
民集24巻12号1943頁，判時616号67頁

■事　案■

X男とA女は，昭和30年に婚姻し，同年子Bをもうけた。Aは，婚姻当初から日常生活に多少異常な行動がみられた。昭和32年Xが離婚調停を申し立てたことにより，Aは実家に戻り別居が開始された。翌年Aが精神病と診断され，調停は取下げとなった。その後，Aは精神病院への入退院をし，本件係属中も入院している。昭和39年，禁治産者をA，後見人をAの実父Yとする禁治産宣告がなされた。そして，XからAの病状は強度のもので回復の見込みがないとして離婚の訴えが提起された。

本件訴え提起後，昭和40年XY間においてAの過去の病気療養費の負担について示談が成立し，約定どおりXからYに支払が行われ，Yも異議なくこれを受領した。また，2審係属中に裁判所が試みた和解において，XはAの将来の療養費についても，自己の資力で可能な範囲の支払をなす意思があることを表明していた。

1審（大阪地判昭40・12・8民集24巻12号1951頁参照），2審（大阪高判昭45・1・28前掲民集1953頁参照）ともにXの請求を認容した。Yは，Aの精神病が治療にあたっている医師の証言からも強度かつ不治ではないこと，そしてAの精神病に至った経緯，それに対するXの非協力的対応等を主張して上告した。

■争　点■

①「強度の精神病にかかり，回復の見込みがないとき」とはどのような場合か。

②最高裁判例が示す精神病離婚における具体的方途の内容は何か。

■判　旨■

上告棄却。

Aの状態について，「一時よりかなり軽快しているとはいえ，果して完全に回復するかどうか，また回復するとしてもその時期はいつになるかは予測し難いばかりか，かりに近い将来一応退院できるとしても，通常の社会人として復帰し，一家の主婦としての任務にたえられる程度にまで回復できる見込みは極めて乏しいものと認めざるをえない」として，770条1項4号の「強度の精神病にかかり，回復の見込みがないとき」に該当するとした。

そして，具体的方途を講じているか，またその見込みについて，Aが婚姻当初から異常行動を行っていたこと，XおよびAの実家の資産状態，Aの過去の療養費の支払状況，Aの将来の療養費の支払意思，XがBを出生当時から養育していること等を踏まえて，「これら諸般の事情は，前記判例にいう婚姻関係の廃絶を不相当として離婚の請求を許すべきでないとの離婚障害事由の不存在を意味し，右諸般の事情その他原審の認定した一切の事情を斟酌考慮しても，前示Aの病状にかかわらず，XとAの婚姻の継続を相当と認める場合にはあたらない」として，Xの離婚請求を認容した。

■解　説■

1　本判決は，精神病配偶者の今後の療養・生活を，770条2項の問題とする立場を示した最高裁判決（関連判例①）の後，同条1項4号によるいわゆる精神病離婚を認容した初めての最高裁判決である。

2　770条1項4号は，戦後の民法改正により新たに加えられた離婚原因である。同号の要件に該当する場合には，その者が夫婦の本質的義務たる協力義務を履行できない状態にあり，婚姻は破綻していると考えられる。同号では，「回復の見込みがない」，「強度の精神病」であることが要件とされる。いずれの要件も，医学的判断を踏まえつつ，最終的には裁判官の法的判断による。「回復の見込みがない」は，不治と同義であるとされるが，精神疾患では治癒ではなく寛解と呼ばれていることからすると，不治と同義とすることは厳格にすぎるようにも思われる。判断基準としては，夫婦としての協力義務が十分に果たせない程度の精神障害であるか否かが重要となる。本判決では，この点につき，「一家の主婦としての任務にたえられる程度」としている。

3　770条1項4号に該当する場合に，精神病者の相手方配偶者の婚姻継続意思が失われているのであれば，婚姻は破綻していると評価される。しかし，精神病者は婚姻の破綻に無責であり，実際上離婚後の身上面・経済面での手当等の問題を考慮せざるを得ない。そこで，同条2項の適用において，破綻しているが婚姻の継続が相当であるかが問題となる。最高裁は，この判断にあたりいわゆる「具体的方途論」を示した。具体的方途の判断において重視されるのは，精神病者の離婚後の生活費・療養費などの確保，看護体制とされる。「具体的方途論」については，学説上からも様々な批判がなされるところであるが，本判決以後も下級審において具体的方途に関する判断が示されている。本件は離婚が認められやすかった事案ともいえ，最高裁が精神病離婚について要件を緩和したと位置づけ得るか否か評価は分かれる。

平成8年「民法の一部を改正する法律案要綱」では，4号削除の提案がなされており，精神病離婚は5号の抽象的離婚原因の一事由として判断される。

◆関連判例◆

①最判昭33・7・25民集12巻12号1823頁
②最判昭36・4・25民集15巻4号891頁

●福井大学　生駒俊英●

26 有責配偶者の離婚請求
——踏んだり蹴ったり判決

最高裁昭和27年2月19日第三小法廷判決
(昭和24年(オ)第187号離婚請求事件)
民集6巻2号110頁

■事 案■

X男とY女は，昭和18年に婚姻した(2人の間に子どももはいない)。昭和21年XはA女と情交関係を結び，昭和22年Aとの間に子Bをもうけた。同年以降Xは，Yと別居しA・Bと暮らしている。Yは，Xに対してAとの関係を断つことを要求したが，Xがこれを拒絶したため，口論となり，YはXに暴言を吐き，ほうきでたたいたり出刃包丁をふりまわしたり，頭から水をかけたり，靴を便所に投げ込んだりした。そしてXは，旧民法813条5号に基づき配偶者から同居に堪えない虐待または重大な侮辱を受けたことを理由とし，また予備的に770条1項5号の婚姻を継続し難い重大な事由があるとして離婚を求めた。

1審(奈良地裁判決年月日不明・民集6巻2号117頁参照)はXの請求を棄却した。2審(大阪高判昭24・7・1前掲民集119頁参照)も，「自己の責に帰すべき事由によって婚姻関係の破壊をもたらしながら，これを離婚の訴の原因とするようなことは信義誠実の原則によっても許されない」として，Xの請求を棄却した。Xから，770条1項5号による離婚請求において破綻の原因が誰であるか問うものではないこと，本件では両者の行動が原因となって婚姻が破綻したこと，破壊された婚姻関係が安定する見込みがたたず原判決は実益がない等と主張して上告した。

■争 点■

婚姻破綻の原因をつくった配偶者からの離婚請求が認められるか。

■判 旨■

上告棄却。

「論旨では本件は新民法770条1項5号にいう婚姻関係を継続し難い重大な事由ある場合に該当するというけれども，原審の認定した事実によれば，婚姻関係を継続し難いのはXが妻たるYを差し置いて他に情婦を有するからである。Xさえ情婦との関係を解消し，よき夫としてYのもとに帰り来るならば，何時でも夫婦関係は円満に継続し得べき筈である。即ちXの意思如何にかかることであって，かくの如きは未だ以て前記法条にいう『婚姻を継続し難い重大な事由』に該当するものということは出来ない。」

「XはXの感情は既にXの意思を以てしても，如何ともすることが出来ないものであるというかも知れないけれども，それも所詮はXの我侭である。結局Xが勝手に情婦を持ち，その為め最早Yとは同棲出来ないから，これを追い出すということに帰着するのであって，もしかかる請求が是認されるならば，Yは全く俗にいう踏んだり蹴たりである。法はかくの如き不徳義勝手気侭を許すものではない。道徳を守り，不徳義を許さないことが法の最重要な職分である。」

「前記民法の規定は相手方に有責行為のあることを要件とするものでないことは認めるけれども，さりとて前記の様な不徳義，得手勝手の請求を許すものではない。」

■解 説■

1　770条1項5号は，婚姻破綻を離婚原因として規定しているものの，婚姻破綻の原因をつくった者(有責配偶者)の離婚請求を認めるか否かについて明文の規定が置かれておらず，問題とされてきた。本判決は，離婚請求の原告が有責配偶者である場合に，同号に基づく請求は法の道徳性から棄却されるとして，消極的破綻主義の立場を明らかにした。

2　消極的破綻主義は，追い出し離婚を防止し，離婚させないことにより経済的弱者に陥る配偶者を保護することに資する一方で，形骸化した婚姻の放置や重婚的内縁の発生等の問題を生じさせた。また有責配偶者と認定されると離婚請求が将来にわたり認められなくなるため，夫婦どちらが有責配偶者であるかをめぐり，裁判所において熾烈な争いを生じさせる結果となった。本判決後，関連判例①〜④(①有責性の程度が被告の方がより有責である場合，②原告，被告の有責性の程度が同程度の場合，③婚姻破綻についてもっぱらまたは主として原因をあたえたのではない場合，④〔Ⅲ-30事件〕原告の有責行為が婚姻破綻後になされた場合)のような場合においては，原告に有責性が存在していても離婚請求は認容されることとなった。そしてその後，消極的破綻主義の立場を変更する最高裁大法廷判決(関連判例⑤—Ⅲ-27事件)へと繋がっていく。

本判決文では，Xがもとに戻れば夫婦関係は円満に継続し得べき筈であるとしており，婚姻破綻については，明確には示していないとも捉えられる。また，「戦後に多く見られる男女関係の余りの無軌道は患うべきものがある」とし，本件請求が是認されるならば，「無軌道に拍車をかける結果を招致する虞が多分にある」と述べられており，その時代背景にも注意が必要である。

3　離婚法における有責主義から破綻主義への流れにおいて，これまでの消極的破綻主義が担ってきた役割を考えると，破綻主義の徹底においては，離婚後の配偶者の財産的利益の保護を十分に図らねばならない。

◆関連判例◆

①最判昭30・11・24民集9巻12号1837頁
②最判昭31・12・11民集10巻12号1537頁
③最判昭38・6・7家月15巻8号55頁
④最判昭46・5・21民集25巻3号408頁(Ⅲ-30事件)
⑤最大判昭62・9・2民集41巻6号1423頁(Ⅲ-27事件)

●福井大学 生駒俊英●

27 有責配偶者からの離婚請求と可否の条件

最高裁昭和62年9月2日大法廷判決
（昭和61年(オ)第260号離婚請求事件）
民集41巻6号1423頁，判時1243号3頁

■事　案■

上告人X（夫）は不貞の相手方である女性と同居を始め40年近く経過した。別居後，被上告人Y（妻）は生活を支援する趣旨で処分権が与えられていたX名義の不動産を処分したり就労によって生計をたて，また，親族の援助を受けて生活してきた。Xは，婚姻が形骸化して実態を全く失っているとし，770条1項5号に基づき離婚請求をしたが，2審（東京高判昭60・12・19 判時1202号50頁）は離婚請求を認めなかった。

Xは，770条1項5号は，不治的に破綻している婚姻は当事者の責任を問わずその解消を認めるという原則に立脚していると主張し，別居時には財産分与とも言うべき財産給付をしたこと，別居が長期にわたること，子どもはいないこと，Yとの共同生活の実態もその継続の意思もないこと，X・Yは高齢となっており有責性が風化していることなどを理由として上告した。

■争　点■

①770条1項5号は有責配偶者からの離婚請求を認めない趣旨かどうか。
②同号に基づく有責配偶者からの離婚請求が認められる条件はどのようなものか。

■判　旨■

破棄差戻し。

770条1項5号は「夫婦が婚姻の目的である共同生活を達成しえなくなり，その回復の見込みがなくなった場合には，夫婦の一方は他方に対し訴えにより離婚を請求することができる旨を定めたものと解されるのであって，同号所定の事由（以下『5号所定の事由』という。）につき責任のある一方の当事者からの離婚請求を許容すべきでないという趣旨までを読みとることはできない」。

「離婚請求は，正義・公平の観念，社会的倫理観に反するものであってはならないことは当然であって，この意味で離婚請求は，身分法をも包含する民法全体の指導理念たる信義誠実の原則に照らしても容認されうるものであることを要する」。

「信義誠実の原則に照らして許されるものであるかどうかを判断するに当たっては，有責配偶者の責任の態様・程度を考慮すべきであるが，相手方配偶者の婚姻継続についての意思及び請求者に対する感情，離婚を認めた場合における相手方配偶者の精神的・社会的・経済的状態及び夫婦間の子，殊に未成熟の子の監護・教育・福祉の状況，別居後に形成された生活関係，たとえば夫婦の一方又は双方が既に内縁関係を形成している場合にはその相手方や子らの状況等が斟酌されなければならず，更には，……時の経過がこれらの諸事情に与える影響も考慮されなければならない」。

「有責配偶者からされた離婚請求であっても，夫婦の別居が両当事者の年齢及び同居期間との対比において相当の長期間に及び，その間に未成熟の子が存在しない場合には，相手方配偶者が離婚により精神的・社会的・経済的に極めて苛酷な状態におかれる等離婚請求を認容することが著しく社会正義に反するといえるような特段の事情の認められない限り，当該請求は，有責配偶者からの請求であるとの一事をもって許されないとすることはできない……5号所定の事由に係る責任，相手方配偶者の離婚による精神的・社会的状態等は殊更に重視されるべきものでなく，また，相手方配偶者が離婚により被る経済的不利益は，本来，離婚と同時又は離婚後において請求することが認められている財産分与又は慰藉料により解決されるべきものである」。（なお，差戻審は「特段の事情」がないとした〔関連判例①〕。）

■解　説■

1　昭和27年判決（関連判例②—Ⅲ-26事件）が厳格な制限的破綻主義を採って以来，裁判所は有責配偶者からの離婚請求を認めなかった。しかし，最高裁は，当事者双方の有責性を相対的に評価する（関連判例③），有責行為が婚姻破綻時以降に生じた（関連判例④—Ⅲ-30事件）などと解して，有責配偶者からの離婚請求を認めたこともあった。さらに下級審の中には，有責配偶者からの離婚請求を正面から認めるものも見られた（関連判例⑤）。こうした中で，本判決は，有責配偶者からの離婚請求を条件付きながらも信義誠実の原則に反しない限り認めるとした最初の判決である（補足意見と意見がある）。

2　本判決は，770条1項5号が有責配偶者からの離婚請求を「有責配偶者からの請求であるとの一事をもって許されない」とするものではないとした。しかし，相手方の保護が必要であるとして，離婚を認める場合でも，当該夫婦の年齢と同居期間から判断して相当長期間の別居が認められること，未成熟の子がいないこと，相手方が離婚により精神的・社会的・経済的に極めて苛酷な状態におかれるなど著しく社会正義に反するような特段の事情の認められないことが条件とされた。本判決は有責配偶者からの離婚請求を認める画期的なものであったが，判旨の構成については解釈が分かれている。判決は，離婚請求の可否は信義誠実の原則に照らして判断されるとし，(1)有責配偶者の責任の態様・程度，(2)相手方配偶者の婚姻継続意思と有責配偶者に対する感情，(3)離婚後の相手方配偶者の精神的・社会的・経済的状態，(4)未成熟の子の監護・教育・福祉の状況，(5)別居後に形成された生活関係や関係者の実情，(6)時の経過がこれらの諸事情に与える影響などを「考慮」すべきであるとする（「総合判断アプローチ」と言われる）。同時に，(a)長期の別居期間があり，(b)未成熟の子がいない，(c)相手方配偶者が極めて苛酷な状態におかれる可能性など離婚請求を認めることが著しく社会正義に反するという「特段の事情」が認められないなどの場合には離婚請求が認められるとし（「3要件アプローチ」と言われる），夫婦の経済的あるいは財産をめぐる問題は財産分与などで対応するとしている。前者の「考慮」事項と後者の「特段の事情」との関係が明確でないため，本判決以降の裁判例には，前者によると思われるもの（関連判例⑥など），後者によると思われるもの（関連判例⑦など）に分かれている。

3　本判決では多数意見である「有責配偶者からの請求であるとの一事をもって許されないとすることはできない」との判断とは異なり，「有責配偶者からされた離婚請求が原則として許されないとする当審の判例の原則的立場を変更する必要を認めない」として制限的破綻主義を維持しながら相手方配偶者の離婚拒絶が反倫理的で身分秩序に反する場合には離婚を認めてもよいとの意見がある。また，有責配偶者からなされた相手方へ財産分与を行うとの申立てを認めることによって，相手方の経済的保護を図り，有責配偶者からの離婚請求を認めることから生じる弊害を軽減するべきと補足意見がある（人訴32参照）。

◆関連判例◆

①東京高判平元・11・22 判時1330号48頁
②最判昭27・2・19 民集6巻2号110頁（Ⅲ-26事件）
③最判昭30・11・24 民集9巻12号1837頁
④最判昭46・5・21 民集25巻3号408頁（Ⅲ-30事件）
⑤長野地判昭35・12・27 判タ115号96頁
⑥最判平6・2・8 家月46巻9号59頁
⑦最判平16・11・18 家月57巻5号40頁

●新潟大学名誉教授　南方　暁●

28 有責配偶者からの離婚請求と別居要件

最高裁平成2年11月8日第一小法廷判決
(最高裁平成元年(オ)第1039号離婚等請求事件)
家月43巻3号72頁,判時1370号55頁

■事 案■

上告人X(夫)は被上告人Y(妻)と結婚してから約23年後に別居をはじめ,別居期間は8年となった。Xは,別居前から訴外女性と関係があったが,後に関係は解消された。

2審(東京高判平元・4・26判時1317号82頁)は,X・Yの婚姻関係は破綻しており回復の見込みはないと認定し,Xを有責配偶者とした上で,子どもは成人に達していること,Xから財産関係の清算について相応の提案がなされ離婚後に社会的・経済的不利な状態におかれることは考えられないとしたが,Yは婚姻を継続する意思を有しており,X・Yの年齢や同居期間を考慮すると8年間の別居は「相当の長期間」にはならないとして訴えを斥けた。そこで,Xは,家庭内別居期間を「相当の長期間」の判断に組み入れるべきこと,「相当の長期間」の判断は,Yが婚姻関係を継続したいとする実質的理由と有責配偶者が財産関係の清算につき誠意ある解決を提案した事実なども考慮して理解されるべきであるとして上告した。

■争 点■

有責配偶者からの離婚請求が認められる要件の一つである「相当の長期間」の別居には,家庭内別居を含むのか,また,その他の考慮は必要なのか。

■判 旨■

破棄差戻し。

「夫婦の別居が両当事者の年齢及び同居期間との対比において相当の長期間に及んだかどうかをも斟酌すべきものであるが,その趣旨は,別居後の時の経過とともに,当事者双方についての諸事情が変容し,これらのもつ社会的意味ないし社会的評価も変化することを免れないことから,右離婚請求が信義誠実の原則に照らして許されるものであるかどうかを判断するに当たっては,時の経過がこれらの諸事情に与える影響も考慮すべきである……。したがって,別居期間が相当の長期間に及んだかどうかを判断するに当たっては,別居期間と両当事者の年齢及び同居期間とを数量的に対比するのみでは足りず,右の点をも考慮に入れるべきものであると解するのが相当である。」

■解 説■

1 有責配偶者からの離婚請求は,有責配偶者からの請求であるとの一事をもって許されないとはしないとして,条件付きで認められるようになった(関連判例①—Ⅲ-27事件)。本判決は条件の一つである「夫婦の別居が両当事者の年齢及び同居期間との対比において相当の長期間」に及んでいるかについて判断したものである。本判決は,別居が何年なら「相当の長期間」になると判断していないが,「相当の長期間」であるとの判断に当たって,別居期間中に有責配偶者が相手方配偶者へ経済的補償を申し出るなど真摯な対応をしているかどうか,相手方配偶者はどのような反応を示しているかを検討して,時間の経過の中で諸事情が変化しているのであれば,その点を十分審理し尽くすべきであるとした。一方,本判決は,別居後の諸事情について触れてはいるが,家庭内別居のように実質的な別居が始まった時点から別居期間を算定すべきであるというXの主張に対しての判断をしていない。

2 本判決では,「相当の長期間」を判断するに当たって,夫婦の年齢や時間の経過以外に,有責配偶者が社会的に見て相当な対応をしているか(有責配偶者側の事情:Yと子どもへの生活費の負担など),相手方配偶者の対応に合理性があるか(無責配偶者側の事情:Yとの婚姻継続を希望しながらY名義の不動産に処分禁止の仮処分を執行するなど)を相関的に評価すべきであるとされた。この点は,有責配偶者からの離婚請求の可否に際して,「相手方配偶者の婚姻継続についての意思及び請求者に対する感情,離婚を認めた場合における相手方配偶者の精神的・社会的・経済的状態」などを斟酌し,かつ「時の経過がこれらの諸事情に与える影響」も考慮するべきであるとした関連判例①における「総合判断アプローチ」につながると言えよう。一方,本判決とは異なり,同居期間と夫婦の年齢および別居期間とを数量的に考慮して「相当の長期間」を判断したと思われる先例も見られる(関連判例②は同居期間15年・別居期間13年11か月で離婚を認めた)。

3 本件で問われた「相当の長期間」の別居は,有責配偶者の有責性を弱めると同時に婚姻関係の破綻がどのくらい深刻であるかを現すものである。別居期間の判断に際して,当事者の行為や別居後の諸事情の変化などを連動させるという論理構成は,関係破綻の現れでもある別居期間という客観的要素とともに当事者をとりまく個別の事情や当事者の行為についての評価的要素を持ち込んだものである。ただ,如何なる事項が諸事情とされて評価されるのか,また本件でも主張された別居前に発生した家庭内別居などの事情をどのように考慮するかが問われることになろう。例えば,関連判例③では,「別居問題は,原審の口頭弁論終結時……まで8年余であり,双方の年齢や同居期間を考慮すると,別居期間が相当の長期間に及んでいるものということはできず,その他本件離婚請求を認容すべき特段の事情も見当たらない」とされ,原審の口頭弁論終結時までの同居期間23年・別居期間8年では離婚は認められなかった。しかし,不貞の相手方との同棲が始まる前に,近所のアパートに部屋を借りたり自宅の庭にプレハブを建てて無責配偶者との接触を避ける生活が9年に及んでおり同居期間14年・別居期間17年と解することもできる事例でもあった。婚姻関係の破綻を示す別居の定義を含め家庭内別居の始期や期間を確定することは容易ではないが,家庭内別居は婚姻破綻の深刻の度合いを現すものであり離婚の可否に影響すると思われる。なお,「相当の長期間」については,総合判断アプローチとは異なり,3要件アプローチと言われる当事者の年齢と同居別居期間の対比を中心に判断したものがあり,最高裁は個別の事情によって総合判断アプローチと3要件アプローチ(関連判例①)を使い分けていると思われる。

◆関連判例◆

①最大判昭62・9・2民集41巻6号1423頁(Ⅲ-27事件)
②最判平6・2・8家月46巻9号59頁
③最判平元・3・28家月41巻7号67頁

●新潟大学名誉教授 南方 暁●

29 未成熟子のいる有責配偶者からの離婚請求

最高裁平成6年2月8日第三小法廷判決
（平成5年（オ）第950号離婚請求事件）
家月46巻9号59頁，判時1505号59頁

■事　案■

X男とY女は，昭和39年2月28日に婚姻の届出をした夫婦である。2人の間には同40年8月14日にA女，同42年8月10日にB男，同45年7月13日にC男，同50年12月16日にD男が生まれた。その後Xは，会社の経営に行き詰まり，同54年2月8日に家出して行方をくらました。Yは，4人の子どもをかかえて仕事もできず，自宅も競売に付され，生活保護を受けるに至った。Xは，同56年ごろ2児を抱えるEと知り合い，同58年に同女と同棲を始め，現在勤務している会社にはEを妻として届け出ている。Yは，同60年6月ごろXがEらと同居している事実を知り，Xに対して積年の恨みをぶつけるとともに戻ってくるよう強く求めたが，XはYに対する嫌悪感を募らせ，離婚意思を一層固めるようになった。

昭和63年9月，婚姻費用として毎月17万円（毎年7月は53万円，12月は65万円）の支払をXに命ずる家庭裁判所の審判がされた後，XはYに対し毎月15万円（毎年7月と12月は各40万円）を送金している。Xは強く離婚を望み，離婚に伴う給付として700万円を支払うとの提案をしている。Yは，Dを養育していく上では父親の存在が欠かせないとの理由で離婚に反対している。Aは平成元年に婚姻し，BとCは成人し独立している。

1審（大阪地堺支判平4・4・30家月46巻9号79頁参照）はXの離婚請求を認めなかったのに対し，2審（大阪高判平5・3・10前掲家月68頁参照）は請求を認容した。これに対し，Yが上告した。

■争　点■

未成熟子がいる場合，別居中の婚姻費用分担義務の誠実な履行は，有責配偶者からの離婚請求の認容に影響するか。

■判　旨■

上告棄却。

「前記事実関係の下においては，YとXとの婚姻関係は既に全く破綻しており……かつ……Xが有責配偶者であることは明らかであるが，Yが，Xと別居してから……既に13年11月余が経過し，双方の年齢や同居期間を考慮すると相当の長期間に及んでおり」「Dは3歳の幼少時から一貫してYの監護の下で育てられてまもなく高校を卒業する年齢に達しており，XはYに毎月15万円の送金をしてきた実績に照らしてDの養育にも無関心であったものではなく，XのYに対する離婚に伴う経済的給付もその実現を期待できるものとみられることからすると，未成熟子であるDの存在が本件請求の妨げになるということもできない。」

■解　説■

1　有責配偶者の離婚請求が認容されるためには，⑴別居が相当長期に及んでいること，⑵未成熟子がいないこと，⑶相手方配偶者が離婚により精神的・社会的・経済的に苛酷な状況にならないことの3要件が必要であるとされている（関連判例①―Ⅲ-27事件）。本判決は，これら3要件のうち⑵の要件を満たさない事案について，最高裁として有責配偶者の離婚請求を認容した初めての判決である。

夫婦の間に未成熟子がいる場合であっても，その一事をもって有責配偶者の離婚請求を排斥すべきではなく（関連判例①），別居中における子の監護状況や子どもの年齢（高校卒業）などを考慮して，⑴の要件が満たされ⑶の要件も実現可能性が高いときには，有責配偶者の離婚請求は認容されると判断した。この事案では，XがYに対して月々15万円の送金をしてきたことが，⑶の根拠とされるとともに，子の監護にも無関心ではなかったと判断される根拠となっている。すなわち，別居中の婚姻費用の分担義務の誠実な履行が，⑴⑶の要件を満たすとの判断の根拠となったばかりでなく，⑵の判断にも影響したものと思われる。

2　ちなみに，⑴と⑶の要件が満たされた場合，本件と同様に未成熟子が高校生であるとき（16歳と18歳）だけでなく（関連判例②），未成熟子の年齢がかなり低いとき（10歳と12歳）にも，有責配偶者の離婚請求は認容されている（関連判例③）。

これに対し，⑴の要件は満たしているが，別居中の養育費支払等について不誠実な事情がある場合には，⑵未成熟子（高校3年生と中学2年生）がいること，⑶相手方配偶者と未成熟子に精神的・経済的打撃があることを理由に，有責配偶者の離婚請求は認められなかった（関連判例④）。また，⑴の要件は満たしているが，⑶の要件を満たしていない場合，子どもが成年に達していても重い障がいのあるときは未成熟子であり，⑵の要件を満たしていないものとして，有責配偶者からの離婚請求が棄却された（関連判例⑤）。

3　このように，⑴の要件を満たしている場合，未成熟子がいるときでも，別居中の状況からして今後の養育費支払が期待できたり，離婚時に慰謝料や住居の提供があるなど，特に⑶の経済的要件が満たされれば，有責配偶者からの離婚請求は認められやすい。これに対し，⑶の要件が満たされない場合には，⑵の要件に関わる未成熟子の存在は，⑶とともに離婚否認の理由とされる。結局のところ，有責配偶者の離婚請求の許否の判断は，⑶の経済的要因に大きく拠っているものと思われる。

◆関連判例◆

①最大判昭62・9・2民集41巻6号1423頁（Ⅲ-27事件）
②大阪高判平19・5・15判タ1251号312頁
③福岡高那覇支判平15・7・31判タ1162号245頁
④東京高判平9・11・19判タ999号280頁
⑤東京高判平19・2・27判タ1253号235頁

●筑波大学名誉教授　本澤巳代子●

30 婚姻関係破綻後の不貞行為

最高裁昭和46年5月21日第二小法廷判決
（昭和46年(オ)第50号離婚及び離縁請求事件）
民集25巻3号408頁，判時633号64頁

事 案

X男は，質商および貸衣裳商を営むY_1に熱望されて，Y_1Y_2夫妻の長女Y_3といわゆる婿養子として昭和35年3月7日に挙式し，同年4月18日に婚姻および養子縁組の届出を行った。挙式後Y_1の態度が挙式前とは豹変し，またY_3もY_1の行動に同調・追随し，Y_1の命令だとしてXの意に反し寝室を別にするなどした。同年12月29日には，XY_3夫妻の間にはA男が誕生したが，それにもかかわらずYらの態度は改まらず，またY_1・Y_2と別居するとのXの提案をY_3が拒絶したため，ついにXは昭和36年1月8日に家を出た。

昭和36年4月，Xは家庭和合の調停を申し立てたが，この調停もY_3等の不誠実な対応で不成立となったため，Xは昭和38年1月に本件離婚および離縁の訴えを提起した。1審（宇都宮地足利支判昭42・2・16民集25巻3号413頁参照）係属中の昭和42年10月ごろから，Xは訴外B女と同棲し，夫婦同様の生活を送るようになり，2人の間には昭和43年10月に女児が誕生した。

1審および2審（東京高判昭45・10・29前掲民集420頁参照）ともに，Xの請求どおり離婚および離縁を認めたが，しかしAの親権者はY_3と定めた。これに対し，Yらは，1審判決の言渡し前にXが妻以外の女性Bと同棲している争いのない事実を根拠に，「一般に有責配偶者の離婚請求を否定すべきことは，既に確立された法理であり」2審判決が言うように「両者間に愛情に満ちた夫婦共同生活を回復する見込は殆ど絶無に近いものと考えられる」としても，「Xの有責性が消去されるわけではない」などと主張して上告した。

争 点

婚姻関係破綻後の不貞行為は，有責配偶者からの離婚請求を拒否するための要件である有責性を消去するか。

判 旨

上告棄却。

「原審が適法に確定した事実によれば，Xは，Y_3との間の婚姻関係が完全に破綻した後において，訴外Bと同棲し，夫婦同様の生活を送り，その間に1児をもうけたというのである。右事実関係のもとにおいては，その同棲は，XとY_3との間の婚姻関係を破綻させる原因となったものではないから，これをもって本訴離婚請求を排斥すべき理由とすることはできない。右同棲が第1審継続〔係属〕中に生じたものであるとしても，別異に解すべき理由はない。」

解 説

1　本判決は，有責配偶者からの離婚請求を拒否するための要件として，有責行為と婚姻破綻との間に因果関係が存在することが必要であることを明らかにした初めての最高裁判決である。ただし，この判決が，昭和27年判決（関連判例①—Ⅲ-26事件）以来続いてきた消極的破綻主義の立場の中で無責性の要件を緩和したものであるか，有責性の観念の後退による積極的破綻主義への方向転換を示すものであるか，必ずしも明らかではない。それゆえ，本判決の意義についても，770条1項5号の条文解釈に関する学説の対立，すなわち消極的破綻主義を原則とするか，積極的破綻主義を原則とするかの立場の違いによって，それぞれ評価が異なることとなった。

2　本判決によれば，婚姻継続中の有責行為であっても，婚姻破綻と直接因果関係があるか否かによって，離婚の許否が決まることになり，婚姻破綻の事実の認定がこれを左右することになる。しかし，いつの時点に婚姻が破綻したのかを認定することは，実際にはかなり困難な問題である。また，夫婦のいずれが婚姻破綻について「もっぱら又は主として」有責かの認定も，実際には種々の誘因がからみあって結果として婚姻破綻が生じているのが普通であるから，それらの誘因と結果のいずれを重視するかで，婚姻破綻の時点に関する判断は異なってくることになる。

3　一般に判例は，婚姻破綻の時点の判断については，客観的に破綻の事実が認定しやすい別居の時点を基準とし，「もっぱら又は主として」有責か否かの判断については，他の異性との性関係を重視しているように思われる。いずれにしても，夫婦の一方の離婚請求が有責配偶者の離婚請求として拒否されるか否かの問題は，婚姻破綻の時点や当事者の有責性の軽重の判断を通じて，裁判所の裁量に大きく左右されることになった。したがって，有責行為と婚姻破綻との間の因果関係の立証にあたっては，婚姻破綻の時点や決定的な有責行為が特定できない事案においては，夫婦の日常生活の細かな言辞や行為の積み重ねによって因果関係を立証しなければならなくなり，結果的に当事者の紛争を激化させることになりかねない。それゆえ，平成8年の民法改正要綱は，婚姻破綻の客観化を図るために，5年以上の別居継続を新たに離婚原因に加えることを提案したのである。

◆ 関連判例 ◆

①最判昭27・2・19民集6巻2号110頁（Ⅲ-26事件）
②最大判昭62・9・2民集41巻6号1423頁（Ⅲ-27事件）

● 筑波大学名誉教授　本澤巳代子 ●

31 婚姻予約の不当破棄と損害賠償

大審院大正4年1月26日民事連合部判決
（大正2年(オ)第621号損害賠償請求の件）
民録21輯49頁

■事　案■

X女とY男は，婚礼の式を挙げ，Y宅で同居を始めた。Xは，婚礼から3日目に実家に帰ったが，まもなく，Yが病気との通知を受けたので，その翌日，Xの父を同伴しY宅に戻った。ところが，Xの父母が見舞いをしに媒酌人方を訪問しなかったことに媒酌人が憤慨し，Yの父母にこのような者を媒酌するのは好ましくないと苦情を述べたので，YらはXを実家に戻した。その後，YはXに対し離別の通知をした。そこで，Xは，Yは婚姻届を出して夫婦となる意思を当初から有していなかったにもかかわらず，このような意思があるかのように装ってXを欺罔し，婚姻の儀式を挙げ，同居し，その後ささいな理由をもって離別させられたことで，Xの名誉が毀損されたとして，不法行為を理由に，Yに対して損害賠償の請求をした。

1審（下妻区裁判決年月日不明）および2審（水戸地裁判決年月日不明）は，Xの請求を棄却したが，上告審は，理由不備の違法があるとして，1審判決を破棄し，2審裁判所に差し戻した。差戻控訴審（水戸地判大2・10・21）は，Yの過失によりXの名誉が毀損されたことを認め，Yに100円の賠償を命じた。これに対し，Yが上告した。

■争　点■

将来婚姻する旨の約束は有効か。有効であるとして，その約束に違反した場合の効果はいかなるものか。

■判　旨■

破棄自判。請求棄却。

「婚姻の予約は将来に於て適法なる婚姻を為すべきことを目的とする契約にして其契約は亦適法にして有効なりとす法律上之に依り当事者をして其約旨に従ひ婚姻を為さしむることを強制することを得ざるも当事者の一方が正当の理由なくして其約に違反し婚姻を為すことを拒絶したる場合に於ては其一方は相手方が其約を信じたるが為めに被むりたる有形無形の損害を賠償する責に任ずべきものとす……本件の事実は原院の確定したる所に依れば要するに当事者は真に婚姻を成立せしむる意思を以て婚姻の予約を為し之に基き慣習上婚礼の式を挙行したる後Yは正当の理由なくしてXを離別し婚姻を為すことを拒絶せりと云ふに在るや判文上明白なり是れ畢竟Yが当事者間に成立したる婚姻の予約を履行せざるものに外ならざれば之に因りて生じたる損害の賠償は違約を原因として請求を為すことを要し不法行為を原因として請求すべきものに非ず然るに本訴請求は全く不法行為を原因として主張したるものなること記録上明確にして其原因とする所既に失当なれば此点に於て棄却すべきものとす」。

■解　説■

1　民法は，届出婚主義を採用し，婚姻の届出を基準に婚姻と非婚姻とを明確に区別している（739Ⅰ・742②参照）。そして，婚姻の届出をしない男女の関係については法的規制をしない代わりに，法的保護もしないという立場が起草者により採用され，民法には婚約や内縁に関する規定が置かれていない。大審院も当初は，いわゆる「婚姻予約」の法的効力を全面的に否定し，婚姻予約の不当破棄を理由とする損害賠償請求を認めなかった（関連判例①）。

しかし，本判決は，従来の判例を変更し，「婚姻の予約は将来に於て適法なる婚姻を為すべきことを目的とする契約にして其契約は亦適法にして有効」であり，当事者の一方が「正当の理由なくして其約に違反し婚姻を為すことを拒絶した」ときは，相手方に対し「有形無形の損害を賠償する責任」が発生するとの法理を打ち立てた。「婚姻予約有効判決」と通称される本判決は，それまで法による救済の対象外に置かれていた男女関係に対し，法的保護を与える立場をはじめて示したものとして画期的であり，日本の家族法における最も重要な判決の一つである。

2　本判決は，「婚姻予約」という枠組みで捉えられる男女関係を明確に定義していない。そのため，以後の判例は，純粋な婚約，経過的な内縁（試し婚），事実上の夫婦としての内縁までを，本判決の法理によって保護の対象としていった。もっとも，婚姻の届出をしないで事実上の夫婦として暮らす男女関係の保護が必要となるのは，不当破棄の場面に限られない。そこで，学説は，事実上の夫婦共同生活を営んでいる関係を婚姻に準じた関係（準婚）としてとらえ，婚姻法の規定の準用ないし類推適用により問題を解決すべきであると主張した（内縁準婚理論）。戦後，最高裁がこの内縁準婚理論を承認するに至っており，現在では，内縁の死亡解消の場合を除き，内縁に対する法的処遇はかなりの程度まで婚姻のそれに近づいている（関連判例②―Ⅱ-309事件・③―Ⅲ-34事件）。

3　最後に，本判決は，婚姻予約の不履行によって生じた損害の賠償は契約違反（債務不履行）を理由に請求すべきであって，不法行為を理由とすべきではないとの立場から，結論的には，原審判決を破棄し，内縁の妻からの請求を棄却した。しかし，内縁準婚理論を承認した関連判例②は，「内縁も保護せられるべき生活関係に外ならないのであるから，内縁が正当の理由なく破棄された場合には，故意又は過失により権利が侵害されたものとして，不法行為の責任を肯定することができる」との立場を示した。それゆえ，現在では，内縁関係を不当に破棄された者は，婚姻予約の不履行を理由として損害賠償を求めることができるとともに，不法行為を理由として損害賠償を求めることもできるようになっている。

◆関連判例◆

①大判明44・3・25民録17輯169頁
②最判昭33・4・11民集12巻5号789頁（Ⅱ-309事件）
③最決平12・3・10民集54巻3号1040頁（Ⅲ-34事件）

●松山大学　水野貴浩●

32 結納の返還義務

最高裁昭和39年9月4日第二小法廷判決
(昭和38年(オ)第1124号物品等返還結納金等請求事件)
民集18巻7号1394頁,家月16巻10号83頁

■事 案■

XとY_1は,昭和35年4月10日に結婚式を挙げてY_1方で同居を始め,同年5月13日に婚姻の届出をした。同年12月21日ごろまで同居生活が続いたが,翌36年2月28日に協議離婚した。Xは,Y_1およびY_1の父Y_2に対し,婚姻の際に持参した自己所有の物品の返還(不能の場合には履行に代わる損害賠償)を求めた。これに対し,Y_1は,婚姻の解消に伴う原状回復を根拠として,Y_1がXに渡した結納金および婚姻費用の返還等を求めて,反訴を提起した。

1審(鳥取地米子支判昭37・3・26民集18巻7号1397頁参照)は,Xの本訴請求を認容した。Y_1の反訴請求については,親族法上の契約である婚姻については債権契約における解除の規定を適用することはできないとして,これを棄却した。Yらが控訴。

2審(広島高松江支判昭38・7・17前掲民集1404頁参照)は,1審の判決言渡し後にY_1が当該物品をXに返還したことから,Xの本訴請求を棄却した。Y_1の反訴請求については,1審の理由づけを支持するともに,結納金の返還請求についての理由を補足したうえで,控訴を棄却した。これに対し,Y_1が上告した。

■争 点■

挙式後8か月ほど夫婦生活を続け,その間に婚姻の届出がなされた当事者間において,結納金の返還義務は発生するか。

■判 旨■

上告棄却。

「結納は,婚約の成立を確証し,あわせて,婚姻が成立した場合に当事者ないし当事者両家間の情誼を厚くする目的で授受される一種の贈与であるから,本件の如く挙式後8カ月余も夫婦生活を続け,その間婚姻の届出も完了し,法律上の婚姻が成立した場合においては,すでに結納授受の目的を達したのであって,たとい,その後結納の受領者たるXからの申出により協議離婚をするに至ったとしても,Xには右結納を返還すべき義務はないと解すべきであり,これと異なる慣習の存在することを認むべき資料もないから,Y_1の結納金返還の請求は失当であると判断したのであって,原審の右判断は正当である。また,元来,離婚は婚姻の効果を将来に向かって消滅させることを目的とする行為であって,本件の如くXの申出による協議離婚の場合といえども所論の如き遡及的な原状回復ということはあり得ないから,民法545条に関する論旨は,独自の見解であって採用の限りではない。」

■解 説■

1 日本では,婚約の成立に際して,結納が交わされる慣習がある。しかし,結納の法的性質や返還請求の可否について定める成文法規は存在しない。それゆえ,結納をめぐる法的紛争の解決は,すべて判例および学説に委ねられている。

結納およびその返還義務の法的性質に関する最初の最上級審判決が関連判例①である。関連判例①は,結納は「婚姻予約の成立を証すると共に併せて将来成立すべき婚姻を前提とし其親族関係より生ずる相互の情誼を厚ふすることを目的とするもの」であるから,後に婚約が解消され,婚姻の成立が不能となった場合には,「究局結納を給付したる目的を達すること能はざるが故に斯の如き目的の下に其給付を受けたる者は之を自己に保留すべき何等法律上の原因を欠くものにし不当利得として給付者に返還すべきを当然とす」と判示した。

2 関連判例①のように,結納の返還義務を「目的的贈与における目的の不到達」によって基礎づけるとすると,どのような事情があれば「目的を達した」あるいは「目的を達していない」とみることができるのかが問題となる。関連判例①は,この問題につき明確な判断基準を示してはおらず,同じく大審院判決として,挙式後約1年ほど同棲したが,婚姻の届出がなされることなく婚約が解消された事案において,結納金の授受に際し特に法律上有効な婚姻の不成立を解除条件となす旨を表示したる事実を認定できず,結論的に結納を返還する必要はないとした原審の判断を支持したもの(関連判例②)がある一方で,同棲が挙式後2か月足らずの事案において,結納を返還する必要があるとした原審の判断を支持したもの(関連判例③)もある。

3 本判決は,結納の法的性質に関して,関連判例①以来の大審院の立場を踏襲した最初の最高裁判決である。しかし,民集に掲げられた判示事項が示すように,事例判決にすぎず,結納の目的到達の有無に関する判断基準は示されていない。関連判例①②③とは異なり,同棲中に婚姻の届出がなされた事案に関するものであるという点が注目されるが,挙式後8か月余り夫婦生活を続けたことも考慮されており,「結納授受の目的を達した」という判断にあたって届出のあったことがいかなる意味をもったのかは明らかではない。本判決以後も,結納の目的到達の有無に関する判断基準を示す判例はなく,結納返還の可否にあたって婚約解消における有責性が加味されることもあり,個々の事案ごとにケース・バイ・ケースで判断が行われている傾向がある。

◆関連判例◆

①大判大6・2・28民録23輯292頁
②大判昭3・11・24新聞2938号9頁
③大判昭10・10・15新聞3904号16頁

●松山大学 水野貴浩●

33 婚約の成立

最高裁昭和38年9月5日第一小法廷判決
(昭和37年(オ)第1200号慰藉料請求事件)
民集17巻8号942頁，判時354号27頁

■事 案■

X女（原告・被控訴人・被上告人）はY男（被告・控訴人・上告人）と旧知の間柄であったところ，共に21歳となった昭和26年8月ごろ，X女はY男から結婚の申込みを受け，それ以来交際を続けるうち将来の結婚を誓い合って昭和27年9月以降情交関係を結ぶようになり，昭和31年9月にも病気療養中のY男と旅館で同衾するなどした。その結果2回にわたって妊娠したが，Y男の希望により中絶手術をした。この間，X女・Y男は同棲をしたことはなく，周囲に2人の関係を積極的に打ち明けることもなく，結納をかわしたり，双方の親の間で2人の結婚について話し合う機会もなかった。Y男は，昭和33年5月ごろからX女と会うことを避けるようになり，昭和35年3月に訴外A女と事実上の婚姻をした。X女は，Y男が正当な理由なく婚姻予約を不当に破棄したとし，またY男の父も離別を強要したとして両名に対して不法行為を理由に慰謝料（20万円）を請求した。これに対して，Y男は，X女との婚姻予約の成立を争った。

1審（函館地判昭36・9・11民集17巻8号947頁参照）および2審（札幌高函館支判昭37・7・10前掲民集953頁参照）は，X女の請求を認容，Y男に慰謝料10万円の支払を命じた（1審においてY男の父に対する請求は棄却，確定）。Y男から上告。

■争 点■

どのような場合に婚約は成立するのか。

■判 旨■

上告棄却。

「原判決は，……XがYの求婚に対し，真実夫婦として共同生活を営む意思でこれに応じて婚姻を約した上，長期間にわたり肉体関係を継続したものであり，当事者双方の婚姻の意思は明確であって，単なる野合私通の関係でないことを認定しているのであって，その認定は首肯し得ないことはない」。「たとえ，その間，当事者がその関係を両親兄弟に打ち明けず，世上の習慣に従って結納を取かわし或は同棲しなかったとしても，婚姻予約の成立を認めた原判決の判断は肯認しうるところ」である。

「原判決は，……Y，X間には婚姻予約が成立したことを認定しているのであるから，不当にその予約を破棄した者に慰藉料の支払義務のあることは当然であって，Xの社会的名誉を害し，物質的損害を与えなかったからといって，その責任を免れうるものではない」。

■解 説■

1　初期の判例は，婚約と内縁を区別せず，いずれも「婚姻の予約」と捉えたが，これに法的効力を認めると婚姻の自由を束縛するとして無効としていた。その後，判例は変更され，婚約を有効な契約とみた上で，婚姻を強制することはできないが，不当破棄の場合には債務不履行を理由とする損害賠償請求を認めるようになった（関連判例①―Ⅲ-31事件）。

これに対して，学説は，内縁は婚約と区別すべきで，事実上の夫婦としての共同生活がある以上，婚姻に準ずる関係として婚姻の法的効果を可能な限り準用し，不当破棄の場合も，不法行為を理由とする損害賠償請求を認めるべきとしてきた（準婚理論）。やがて判例もこうした考え方を承認し現在に至っている（関連判例②―Ⅱ-309事件・③―Ⅲ-34事件）。

2　そこで問題となるのは，内縁にまで至らない男女の関係については，いかなる範囲で法的に保護すべきかであり，従来の判例によるならば，その際の決め手になるのが婚約の成否である。本判決の先例といえる関連判例④および⑤は，結納などの儀式がなくとも，男女が誠心誠意をもって将来夫婦になるという合意をしていた場合には，婚姻予約の成立を認めていた。

学説も判例と同様，婚約の成立には何らの方式も要しないとし，同棲の有無も婚約成立の有力な証拠となりえても婚約の成立要件ではないとする。また，婚約当事者が婚姻成立の実質的要件（婚姻適齢など）を備えている必要があるかについても，婚約は将来婚姻しようという合意であるから，婚約時に婚姻成立の要件を備えている必要はないとする。もっとも，近親婚の禁止に触れる婚約は将来にわたっても治癒されないから無効とされ，また当事者の一方がすでに婚姻関係にある場合の婚約（重婚的婚約）については，婚姻関係が破綻している場合に限って有効とするのが多数説である。

3　本判決も，従来の判例・学説に沿う判断をしたものといえ，当事者の関係を周囲には打ち明けず，結納などの儀式をせず，同棲もしていない場合でも，将来の結婚を誓い合ったとして婚約の成立を認め，長期にわたる肉体関係の継続は，その重要な証拠と位置づけている。

なお，Xは，債務不履行ではなく，不法行為を理由として慰謝料を請求している。これは1審においてYの父をも共同被告としたことに関係すると思われるが，婚約の不当破棄をもって不法行為が成立するかは本判決でもとくに争点となっていないから，最高裁としてこうした理論構成を積極的に承認したとまではいえないと評されている。

◆関連判例◆

①大連判大4・1・26民録21輯49頁（Ⅲ-31事件）
②最判昭33・4・11民集12巻5号789頁（Ⅱ-309事件）
③最決平12・3・10民集54巻3号1040頁（Ⅲ-34事件）
④大判大8・6・11民録25輯1010頁
⑤大判昭6・2・20新聞3240号4頁

●同志社大学　神谷　遊●

34 内縁に対する婚姻の規定の準用

最高裁平成 12 年 3 月 10 日第一小法廷決定
(平成 11 年(許)第 18 号財産分与審判に対する抗告審の取消決定に対する許可抗告事件)
民集 54 巻 3 号 1040 頁，判時 1716 号 60 頁

■事 案■

A 男と X 女は，昭和 46 年，交際を始めた。A は X のアパートに出入りするようになり，X は A から生活費の支払を受けるようになった。A は昭和 60 年から入退院を繰り返し，X はその療養看護にあたった。

A は B 女と婚姻関係にあったが，B は昭和 62 年に死亡した。AB 間には，子 Y_1・Y_2 がおり，A は昭和 63 年に自宅を新築した後，Y らと同居しつつ，週のうち何日かを X 方で過ごした。平成 9 年，A は死亡した。

A は昭和 29 年にタクシー会社を設立して，死亡までその経営にあたり，遺産の総額は 1 億 8000 万円余りであった。そして，その大部分を Y_1 が，約 1000 万円を Y_2 が相続した。これに対して，X は，A の内縁の妻 X に対する財産分与義務を Y らが相続したとして，財産分与の審判を申し立てた。

Y らは XA 間の内縁関係の存在を争ったが，1 審（高松家審平 10・5・15 民集 54 巻 3 号 1057 頁参照）は，内縁の成立を認めた上で，扶養的要素部分として Y らに各 500 万円の支払を命じた。2 審（高松高決平 11・3・12 判時 1691 号 76 頁）は，内縁関係が死亡により解消した場合に，財産分与の規定を準用ないし類推適用することはできないとして，X の申立てを却下した。X が許可抗告。

■争 点■

内縁関係が一方の死亡により解消した場合に，財産分与の規定を類推適用して，内縁当事者間の財産関係の調整をすることは可能か。

■決定要旨■

抗告棄却。

「内縁の夫婦の一方の死亡により内縁関係が解消した場合に，法律上の夫婦の離婚に伴う財産分与に関する民法 768 条の規定を類推適用することはできないと解するのが相当である。民法は，法律上の夫婦の婚姻解消時における財産関係の清算及び婚姻解消後の扶養については，離婚による解消と当事者の一方の死亡による解消とを区別し，前者の場合には財産分与の方法を用意し，後者の場合には相続により財産を承継させることでこれを処理するものとしている。このことにかんがみると，内縁の夫婦について，離別による内縁解消の場合に民法の財産分与の規定を類推適用することは，準婚的法律関係の保護に適するものとしてその合理性を承認し得るとしても，死亡による内縁解消のときに，相続の開始した遺産につき財産分与の法理による遺産清算の道を開くことは，相続による財産承継の構造の中に異質の契機を持ち込むもので，法の予定しないところである。また，死亡した内縁配偶者の扶養義務が遺産の負担となってその相続人に承継されると解する余地もない。したがって，生存内縁配偶者が死亡内縁配偶者の相続人に対して清算的要素及び扶養的要素を含む財産分与請求権を有するものと解することはできないといわざるを得ない。

以上と同旨の原審の判断は，正当として是認することができる。」

■解 説■

1　内縁に関する準婚理論は，内縁を婚姻に準じた関係と考え，内縁に婚姻の効果を類推適用する（判例・裁判例には「準用」とするものがある)。すなわち，同居・協力・扶助義務，貞操義務，別産別管理制，婚姻費用の分担義務（関連判例―II -309 事件)，日常家事債務の連帯責任等が内縁夫婦にもあてはまるとされる。

他方で，準婚理論によっても，戸籍と結びつく婚姻の効果は準用・類推適用されない。例えば，同氏は認められず，内縁夫婦の間の子は嫡出でない子である。

2　この準婚理論によれば，内縁が離別により解消した場合に，婚姻が離婚により解消した場合の財産分与の規定（768）を類推適用して，内縁当事者間の財産関係を調整することは一般的に認められる。他方で，内縁が一方の死亡により解消した場合に，婚姻の場合の配偶者相続権の規定（890）を類推適用することは，同規定が戸籍による画一的処理を要請しているために，認められない。

そこで，内縁が一方の死亡により解消した場合に，財産分与の規定を類推適用することはできるかが問題とされた。財産分与には，婚姻中の財産関係についての清算の要素と，婚姻解消後の扶養の要素が含まれ，配偶者相続権にも，清算や扶養の要素が含まれると解されるため，これを肯定する裁判例もあった。

しかし，本決定はこれを明確に否定した。相続による財産承継は，配偶者との財産の清算に特化したものでもない。また，配偶者相続権に清算や扶養の要素があるとしても，財産分与のように，当事者間の具体的事情を考慮して算定されるものではない。さらに，本決定は，内縁配偶者に財産分与義務が帰属し，それが死亡内縁配偶者の相続人に承継されるという構成も否定している。

そうすると，内縁当事者間の財産関係を一方の死亡後に清算するには，共有理論や不当利得等，財産法上の理論を用いて解決するほかない。また，相手方に対して扶養等を目的に財産を取得させるのであれば，贈与や遺贈等の手段を用いることになる。

3　なお，内縁の成立要件は婚姻意思と夫婦共同生活の実体である。本件の X・A は，X の死亡前約 10 年間は完全に同居していたわけではない等，内縁が成立していたと言えるのか，成立していたとしても準婚理論によって保護する程度の関係であったのか疑問がある。

◆関連判例◆

最判昭 33・4・11 民集 12 巻 5 号 789 頁（II -309 事件）

●金沢大学　宮本誠子●

35 内縁配偶者の居住の保護(1)
――持ち家の場合

最高裁昭和39年10月13日第三小法廷判決
(昭和37年(オ)第885号家屋明渡等請求事件)
民集18巻8号1578頁，判時393号29頁

■事 案■

X女は昭和15年に出生し，昭和21年，養父A・養母Bと養子縁組をした。YはBの妹で，夫Cとの間には子4名がいた。Cは昭和19年に戦死した。YはA所有の土地上に家屋を所有し，子らと居住した。また，A方に出入りし，家事手伝いをしており，Bが病に臥して以降は頻繁に加勢した。昭和30年9月，Bが死亡した。その後Yは，子らとともにA方に移り住み，同年11月，A所有の家屋（以下「本件家屋」）にて近親者数名列席の上，Aと簡略な結婚式を挙げた。Yは本件家屋でAと同棲し，協力して家業に励んだ結果，家業は急速に隆盛におもむいた。昭和33年，Aが急逝したため，A・Yの関係は，正式に婚姻届を出すことはないままに終わった。YがA死亡後も本件家屋に居住し続けていたため，本件家屋を相続したXはYに対して所有権に基づく建物明渡請求をした。これに対して，Yは，内縁配偶者として居住する権利があると主張した。

1審（長崎地判昭36・6・30民集18巻8号1590頁参照）は，Yは内縁の妻であり，B死亡後も引き続き本件家屋に居住する権利を有するとして，Xの請求を棄却した。これに対し，2審（福岡高判昭37・4・30下民集13巻4号942頁）は，Yに居住権を認めることはできないとした上で，1審認定の諸事情のもとにおいては，Xの家屋明渡請求は権利濫用にあたり許されないとして，Xの控訴を棄却した。Xが上告。

■争 点■

内縁当事者が一方所有の家屋に居住しており，当該家屋の所有者が死亡した場合，生存内縁配偶者は当該家屋に継続して居住する権利を有するか。

■判 旨■

上告棄却。

最高裁は，以下で引用する2審の判断を正当とした。

「内縁関係が配偶者の一方の死亡により終了した以上，相続人に帰属した家屋所有権の一支分権たる用益権に該当すべき居住権のみを分離して相続権のない内縁の生存配偶者にこれを認めることは我国の現行私法体系の下においては到底不可能であると解される」（Yの居住権を否定）。

「Xは……YがAの内縁の妻としてその子女と共に同居するや，間もなくYとの間に感情の疎隔を来たし，兎角家庭内が円満を欠くに至り……Aの再三に亘る復帰要求にも応じなかったので……Xを離籍することとなり……箪笥1棹，衣類，現金10,000円等金品を贈与したが，Aは幼少の頃から実子同様に養育して来たXに対する愛情の絆を容易に断ち難く，未だ離籍の手続をなすに至らずして死亡したこと，Aは右の如くその死亡に至るまでXに対し断ち難い愛情を有する一方においてYとの内縁関係を断念する意思もなかったこと，Xは……本件建物全部を使用しなければならない差迫った必要はないこと，……今Yが本件建物を明渡さなければならないとすれば，現在営んでいる養鶏業その他の家業に相当な支障を来たし，家計上相当重大な打撃を蒙る虞れの存することが認められ」，「内縁の寡婦の利益保護の必要性を考慮に入れ以上認定の諸事実と右認定の事実から窺われる亡Aがその死に至るまでXとYとが本件家屋において同居し，円満な準親族関係を維持することを希求していた意思とを彼此参酌して判断すれば，将来事情の変化によりXが本件建物を独占して使用することが相当と認められるまで双方共に本件建物に同居すべきであり今ここにXがこれを拒み，Yに対し全面的に右建物を明渡すべきことを訴求するのは権利の濫用であって許されないものと断ぜざるを得ない」。

■解 説■

1 内縁当事者が一方内縁配偶者所有の家屋で同居していたところ，当該家屋の所有者である同人が死亡した場合，生存内縁配偶者には引き続き当該家屋において居住する必要性のあることが多い。しかし，当該家屋の所有権は，死亡内縁配偶者が当該家屋を贈与や遺贈等により生存内縁配偶者に与えていたのではない限り，同人の相続人によって相続される。同人の相続人から，生存内縁配偶者に対しては，所有権に基づく明渡請求がなされ得るところ，生存内縁配偶者に当該家屋につき何らかの居住権が認められるかが問題となる。

2 本判決はこの点につき，生存内縁配偶者の居住権を否定しつつも，具体的事情のもとで，相続人からの明渡請求を権利濫用法理により否定することで，生存内縁配偶者の居住を保護する立場を採った。具体的事情として，本件では，Yの居住の必要性，Xの明渡請求の必要性，Aの意思（X・Yが同居することを希求していた）等が考慮された。

このような解決方法は当該具体的事情のもとで当面の明渡請求を否定する一時的な意味しかなく，生存内縁配偶者の土地家屋の使用を法的に認めているわけではない点に注意を要する。

◆関連判例◆

最判平10・2・26民集52巻1号255頁（Ⅰ-310事件）

●金沢大学 宮本誠子●

36 内縁配偶者の居住の保護(2)
——借家の場合

最高裁昭和42年2月21日第三小法廷判決
(昭和40年(オ)第1435号家屋明渡請求事件)
民集21巻1号155頁，判時477号9頁

■事 案■

AがBに対し本件家屋を賃貸していたところ，Bは昭和32年5月分以降の賃料支払を遅滞し，同年12月に死亡した。Bの相続人はY_1・C・D・Eの4名で，いずれもBとその内縁の妻Y_2との間の子である。

Y_1・Y_2はBの死亡後も本件家屋に居住していた。Y_1は，Bの未払賃料（昭和32年12月末日までの賃料）を完済したものの，昭和33年1月1日以降の賃料を支払わなかった。そこで，Aは，Yらに対し，昭和35年1月5日，内容証明郵便で，未払賃料支払の催告をし，同年8月2日到達の内容証明郵便で，賃貸借契約解除の意思表示をして，⑴本件家屋の明渡しと，⑵未払賃料および⑶賃貸借契約終了時から本件家屋明渡しまでの賃料相当の損害金の支払を求めて，訴えを提起した（その後Aが死亡し，Xが訴訟を承継した)。これに対し，Yらは，Aのなした解除の意思表示が，共同賃借人全員になされたものではなく不適法と主張した。

1審（大阪地判昭39・6・1民集21巻1号159頁参照）・2審（大阪高判昭40・8・9前掲民集167頁参照）は，内縁生存配偶者が相続人とともに共同賃借人になる，また，Y_1・Y_2は本件賃借権についてCら3名を代理しており，Aによる解除の意思表示はCら3名にも及ぶとして，Xの請求を認容した。これに対し，Yらが上告。

■争 点■

家屋賃借人の内縁配偶者は，賃借人の死亡後も引き続き当該家屋に居住する場合，賃借人の相続人とともに共同賃借人となるか。賃貸人に対して居住する権利を主張し得るか。賃料支払義務を負うか。

■判 旨■

一部上告棄却，一部破棄自判。

「Y_2は亡Bの内縁の妻であって同人の相続人ではないから，右Bの死亡後はその相続人であるY_1ら4名の賃借権を援用してXに対し本件家屋に居住する権利を主張することができると解すべきである（〔関連判例①〕……参照)。しかし，それであるからといって，Y_2が前記4名の共同相続人らと並んで本件家屋の共同賃借人となるわけではな」く，2審の判断には誤りがある。

「本件家屋の賃貸借関係について他の共同賃貸人3名の代理権を有していたY_1Y_2両名に対してXの先代Aがした該賃貸借契約解除の意思表示が有効である……から，……本件家屋の明渡を命じた原判決になんら影響を及ぼすものでない」。（前記⑴について）

また，「右賃貸借の終了後はYらはいずれも本件家屋を法律上の権限なくして占有し賃料相当額の損害を加えつつあるというのであるから，Yらに対してその不法占有期間について右損害金の連帯支払を命じた原判決にも影響がない」。（前記⑶について）

「しかしながら，Y_2は……Bの死亡後本件家屋の賃借人となったのではなく，したがって，昭和33年1月1日から本件賃貸借の終了した昭和35年8月2日までの間の賃料の支払債務を負わないものというべきであるから，原判決中Y_2に対して右賃料の支払を命じた部分は失当として破棄を免れず，右部分についてのXの本訴請求は棄却すべきものである。」（前記⑵について）

■解 説■

1　内縁当事者が一方内縁配偶者の賃借する家屋で同居していたところ，賃借人たる同内縁配偶者が死亡した場合，当該家屋の賃借権は，死亡内縁配偶者の相続人によって相続されるため，生存内縁配偶者は引き続き当該家屋に居住し得るのかが問題となる。

関連判例①は，賃借権たる養親と同居する事実上の養子が，賃貸人に対し養親の賃借権を援用して家屋に居住する権利を対抗することができ，この法律関係は養親が死亡しその相続人が家屋の賃借権を承継した後も変わらないとしていた。

2　本判決は，関連判例①を参照し，生存内縁配偶者は相続人が承継した賃借権を援用して賃貸人に対し居住権を主張できるとしつつ，賃貸人からの未払賃料請求に対しては，賃借権を相続人とともに承継するわけではないから，支払義務を負わないとした。これにより，被相続人の権利が相続人にしか承継されず，生存内縁配偶者には何らの権利がないこと，居住に関しては相続人の承継した賃借権を援用できるにとどまり，自ら賃借権を主張することはできないこと，賃借権が帰属しない以上，賃借人ではなく賃料支払義務は負わないことが明らかにされた。

相続人が賃借権を放棄した場合や，相続人が生存内縁配偶者の賃借権の援用に反対した場合に，生存内縁配偶者をどう保護するかといった問題はなお解決されておらず，生存内縁配偶者の保護と相続人の権利との関係は今後さらに議論されるべき課題である。

なお，居住用建物の賃借人が相続人なしに死亡した場合，生存内縁配偶者は，反対の意思を表示しない限り，賃借人の権利義務を承継する（借地借家36)。

3　本件では，解除の意思表示の効力も争われた。賃貸人が，共同賃借人である共同相続人らに対して賃貸借契約解除の意思表示をするには，特段の事情のない限り，全員に対してしなければならない（544 I，関連判例③)。本判決は，本件家屋に居住する共同相続人の1人または生存内縁配偶者が，他の相続人らから解除の受領代理権を授与されたとみて，上記にいう特段の事情があり，共同相続人の一部の者に対する解除の意思表示も有効だとした。

◆関連判例◆

①最判昭37・12・25民集16巻12号2455頁
②最判昭39・10・13民集18巻8号1578頁（Ⅲ-35事件）
③最判昭36・12・22民集15巻12号2893頁

●金沢大学　宮本誠子●

37 重婚的内縁

最高裁昭和58年4月14日第一小法廷判決
（昭和54年(行ツ)第109号遺族年金却下取消請求事件）
民集37巻3号270頁，判時1124号181頁

■事　案■

警視庁巡査AとX女は昭和5年に婚姻し，4人の子をもうけた。Aは，昭和22年から東京都農業会に勤務して，昭和27年からB女と親密な関係を結び，昭和28年7月，Xと別居するに至った。その際，AとXは，AがXに対して養育料を支払うこと，Aが受給資格を有する警察恩給をXに分与すること等を内容とする協約書を取り交わした。

昭和28年9月，Xは離婚調停を申し立てたが，不調に終わった。AはそのころXのもとに帰り，Xと同居したが，昭和31年6月，C女と親密になり，再度別居するに至った。Aは，離婚調停を希望する旨の書面と，警察恩給をXが直接受領することの承諾書をXに交付し，子が18歳になるまでの養育料の仕送りを約した。

Aは死亡する昭和43年まで，Cおよびその連れ子と生活し，その間，一度もXのもとに帰らなかったが，Cの協力のもと，約束どおり，Xに養育料の仕送りを続け，警察恩給をXに全額受領させた。また，Aの死亡後は，警察恩給の約5分の3に当たる額がXに対する扶助料として引き続き支給されている。

なお，Xおよびその子らは，昭和35年をもってAの健康保険の被扶養者および税法上の扶養親族から削除され，代わってCとその連れ子がその対象となっている。また，Aは，昭和39年，実母や親戚に対し，Cを新しい妻と紹介し，昭和40年，Xとの間の偽造した協議離婚届，Cとの婚姻届，Cの子らとの縁組届を提出し，受理された（その後Xが離婚無効，婚姻取消し，縁組無効の訴えを提起し，すべて認容され確定した）。他方で，Xは，別居以降，Aとの婚姻関係の修復を拒んでいた。

Aが昭和43年に死亡したので，昭和45年，Xは農林漁業団体職員共済組合Yに対し遺族給付の支給を求めたが，請求却下の決定を受けた。Xは農林漁業団体職員共済組合審査会に対し審査請求をしたが，棄却の裁決を受けた。そこで，XはYに対し，上記却下決定の取消しおよび遺族給付の支給を求めて本件訴訟を提起した。

1審（東京地判昭52・10・24行集28巻10号1119頁）・2審（東京高判昭54・4・25行集30巻4号785頁）ともXの請求を棄却。Xが上告。

■争　点■

死亡した者に重婚的内縁配偶者がいる場合，法律上の配偶者は遺族給付を受けることができるか。

■判　旨■

上告棄却。

「農林漁業団体職員共済組合法（昭和39年法律第112号による改正後，昭和46年法律第85号による改正前のもの。以下『本件共済組合法』という。）24条1項の定める配偶者の概念は，必ずしも民法上の配偶者の概念と同一のものとみなければならないものではなく，本件共済組合法の有する社会保障法的理念ないし目的に照らし，これに適合した解釈をほどこす余地があると解されること，また，……組合が給付する遺族給付は，組合員又は組合員であった者（以下『組合員等』という。）が死亡した場合に家族の生活を保障する目的で給付されるものであって，……社会保障的性格を有する公的給付であることなどを勘案すると，右遺族の範囲は組合員等の生活の実態に即し，現実的な観点から理解すべきであって，遺族に属する配偶者についても，組合員等との関係において，互いに協力して社会通念上夫婦としての共同生活を現実に営んでいた者をいうものと解するのが相当であり，戸籍上届出のある配偶者であっても，その婚姻関係が実体を失って形骸化し，かつ，その状態が固定化して近い将来解消される見込のないとき，すなわち，事実上の離婚状態にある場合には，もはや右遺族給付を受けるべき配偶者に該当しないものというべきである。」

「原審は……⑴ XとAは，事実上婚姻関係を解消することを合意したうえ別居を繰り返しており，⑵ AのXに対する……経済的給付はいずれも事実上の離婚給付としての性格を有していたとみられ，⑶ 更に，Xとしては昭和31年12月の別居以後は共同生活を伴う婚姻関係を維持継続しようとする意思がなかったと認められる旨を認定したうえ，これらを総合すると，XとAとの間の婚姻関係は，昭和31年12月以降は事実上の離婚状態にあったものといわざるをえず，Aが死亡した昭和43年8月4日頃にはその婚姻関係は実体が失われて形骸化し，かつ，その状態が固定化していたものというべきである旨判断している。」

「原審の以上の認定判断は，……正当として是認することができ，……Xは本件共済組合法24条1項にいう遺族給付を受けることのできる配偶者には該当しないものと解するのが相当であ」る。

■解　説■

1　社会保障・労働関連法令では一般的に，「配偶者（届出をしなくても，事実上婚姻と同様の関係にある者を含む）」という表現で，内縁配偶者に受給資格を認めている。本件共済組合法24条1項本文も，遺族共済年金を受けるべき遺族を，⑴「組合員又は組合員であった者の配偶者（届出をしないが事実上婚姻関係と同様の事情にある者を含む。……）」で，かつ，⑵「組合員又は組合員であった者の死亡当時主としてその収入によって生計を維持していたもの」としている。そこで，死亡者に法律上の配偶者と内縁配偶者（いわゆる重婚的内縁配偶者）がいる場合に，いずれに受給権が帰属するかが問題となる。

2　本判決は，受給要件のうち，⑴の配偶者要件に焦点を当て，配偶者とは組合員等と互いに協力して社会通念上夫婦としての共同生活を現実に営んでいた者を言い，法律上の配偶者であっても事実上の離婚状態にあれば配偶者にあたらないとの判断を示した。その上で，合意の上での別居，事実上の離婚給付，婚姻関係維持の意思の欠如という3点から，X・Aが「事実上の離婚状態」にあったとした2審を支持している。

3　本判決は，原告が法律上の配偶者であったため，重婚的内縁関係の存在には言及していない。しかし，本判決の射程は重婚的内縁関係が存在する場合に限定され，重婚的内縁配偶者が存せず，法律上の配偶者が事実上の離婚状態にあるのみの場合には及ばないであろう。重婚的内縁配偶者に受給権が帰属するかについては，関連判例①が本判決の枠組みを踏襲しつつ，それを肯定している。

◆ 関連判例 ◆

①最判平17・4・21判時1895号50頁
②最判平19・3・8民集61巻2号518頁（Ⅲ-38事件）

●金沢大学　宮本誠子●

38 近親婚的内縁

最高裁平成19年3月8日第一小法廷判決
(平成17年(行ヒ)第354号遺族厚生年金不支給処分取消請求事件)
民集61巻2号518頁, 判時1967号86頁

■事　案■

X女は, 祖父の提案により, 妻と離婚することになった叔父Aと夫婦としての共同生活を営み, XになついていたAの先妻との子Bを育てていくこととなった。XとAはその後, 42年間にわたって内縁関係を続け, 両者間には2人の子も生まれた。Aが亡くなった際, Xは, 厚生年金保険法(以下,「法」とする)3条2項が同法における「配偶者」には「婚姻の届出をしていないが, 事実上婚姻関係と同様の事情にある者」を含むと規定していることから, 法59条1項本文にいう「配偶者」に自身が該当するとして, 遺族厚生年金の裁定請求をした。これに対し, Y(社会保険庁長官)が, XとAとの間の関係は, 民法734条1項の禁止する近親婚にあたりXは内縁の妻とは認められないとして, 不支給処分をしたため, Xがその取消しを求めた。

1審(東京地判平16・6・22判時1864号92頁)は, 被保険者が保険料を納付していたにもかかわらず公益性等の点から受給権を否定するに足りるだけの事情があるか否かという観点からも検討する必要があり, 問題となった近親婚的関係の内容や形成の経緯などを総合考慮した上で判断すべきところ, 本件については公益性に反しないとしてXの請求を認容した。2審(東京高判平17・5・31判時1912号3頁)は, 遺族厚生年金が公的財源によって賄われており, 公的保護の対象にふさわしい内縁関係にある者であるか否かという観点からの判断が求められるところ, 民法734条1項は三親等内の傍系血族間の婚姻を禁止しており, その趣旨にも合理性があること等から, 三親等内の傍系血族間で内縁関係にある者は「婚姻の届出をしていないが, 事実上婚姻関係と同様の事情にある者」には当たらないとした。Xが上告。

■争　点■

内縁関係にあった叔父が死亡した場合, 姪は遺族年金を受給できるか。

■判　旨■

破棄自判。

本判決はまず, 法3条2項にいう「配偶者」について「必ずしも民法上の配偶者の概念と同一のものとしなければならないものではな」いとしつつも,「厚生年金保険制度が政府の管掌する公的年金制度であり(法1条, 2条), 被保険者及び事業主の意思にかかわりなく強制的に徴収される保険料に国庫負担を加えた財源によって賄われていること(法80条, 82条)を考慮すると, 民法の定める婚姻法秩序に反するような内縁関係にある者まで, 一般的に遺族厚生年金の支給を受けることができる配偶者に当たると解することはできない」とする。「近親者間における内縁関係は, 一般的に反倫理性, 反公益性の大きい関係というべき」という。

他方で,「我が国では, かつて, 農業後継者の確保等の要請から親族間の結婚が少なからず行われていたことは公知の事実であり」, おじと姪との間の内縁「関係が地域社会や親族内において抵抗感なく受け容れられている例も存在した」ことを指摘し,「このような社会的, 時代的背景の下に形成された三親等の傍系血族間の内縁関係については, それが形成されるに至った経緯, 周囲や地域社会の受け止め方, 共同生活期間の長短, 子の有無, 夫婦生活の安定性等に照らし, 反倫理性, 反公益性が婚姻法秩序維持等の観点から問題とする必要がない程度に著しく低いと認められる場合には, 上記近親者間における婚姻を禁止すべき公益的要請よりも遺族の生活の安定と福祉の向上に寄与するという法の目的を優先させるべき特段の事情がある」という。そして, このような特段の事情がある場合には,「法3条2項にいう『婚姻の届出をしていないが, 事実上婚姻関係と同様の事情にある者』に該当する」とする。

本件については,「内縁関係の反倫理性, 反公益性は, 婚姻法秩序維持等の観点から問題とする必要がない程度に著しく低いものであった」として, 法59条1項本文により遺族厚生年金の支給を受けることができる配偶者に当たると結論づけた。

■解　説■

1　本判決は, 例外としてとはいえ, おじめい間での近親婚的内縁であっても生存当事者に遺族年金受給権が認められる可能性があることを最高裁が初めて示した点に意義がある。

本件で問題となったのは, 厚生年金保険法という社会保障法上の規定の趣旨(遺族の生活の安定と福祉の向上への寄与)と, 近親婚禁止という民法上の規定の趣旨(社会倫理的配慮および優生学的配慮という公益的要請)のいずれを優越させるべきかであった。本判決は, 原則として, 厚生年金保険制度の「公的」な性格を理由として, 民法の趣旨が優越する(つまり, 近親間であれば法3条2項の「配偶者」とはいえない)が, 例外的に, 当該関係の反倫理性・反公益性が著しく低いと認められる場合には, 社会保障法の趣旨を優先させて「配偶者」に該当すると解釈すべきであるとした。

2　本判決には, 2審と同様の立場に立つ横尾和子裁判官の反対意見があるが, 学説の多くは本判決の結論に賛成する。ただし, 本判決が示した準則に対しては様々な観点からの批判がある。社会保障の領域と民法の領域とは区別すべきであり, 社会保障領域においては必要性に応じた保護をしなければならないのではないか。厚生年金保険制度の「公的」性格をこのように理解してよいのか。そもそも, 社会倫理的配慮および優生学的配慮という公益的要請を近親婚禁止の民法上の趣旨であるとして肯定してよいのか。近親婚禁止規範とは何なのかが問われている。

3　さらに, 本判決の射程をどのように理解すべきかも課題である。本事案では, XAの関係が当該地域の慣習などから反倫理的でないものであったことに力点を置かれているところ, 学説では,「特段の事情」を限定しようとする立場と, 広く解釈しようとする立場が見られる。本判決が示した準則に対する上述の批判に鑑みれば,「特段の事情」は広く解すべきではないかと思われる。

◆関連判例◆

最判昭60・2・14訟月31巻9号2204頁

●新潟大学　大島梨沙●

39 パートナーシップ関係の解消

最高裁平成16年11月18日第一小法廷判決
（平成15年(受)第1943号損害賠償請求事件）
裁時1376号3頁，判時1881号83頁

■事　案■

X女は，Y男と結婚相談所を通じて知り合い，すぐに婚約をしたがやがてそれを解消し，「スープの冷めないぐらいの近距離に住み，特別の他人として，親交を深める」こととした。X・Yは同居せず，生計も別であったが，10年以上にわたって関係が継続し，2人の子も生まれた（ただし，1人目の子はYの母が養育し，2人目の子は施設に預けられていた）。X・Yの関係が開始して約16年が経過したころ，YはA女と知り合ってAと婚姻することを決意し，その旨をXに告げて突如関係を解消したため，XはYによる一方的なパートナーシップ関係解消が不法行為に当たるとして，慰謝料を請求した。

1審（東京地判平14・12・25公刊物未登載）は，X・Yの関係は法律上の夫婦同様の関係であるとまでいうことはできないうえ，一方当事者の意思で解消することができない永続的な関係であると解することはできないとして，Xの請求を棄却した。2審（東京高判平15・8・27公刊物未登載）は，約16年間にわたりX・Yが互いに生活上の「特別の他人」としての関係を継続していたにもかかわらず，YがXとの話し合いもなく突然一方的に関係を破棄したことにつき，Xにおける関係継続についての期待を一方的に裏切るものであるとして慰謝料100万円の支払を求める限度でXの請求を認容した。Yから上告受理申立て。

■争　点■

住居も生計も別で意図的に婚姻の届出を回避していた男女関係の一方的破棄は不法行為責任を構成するか。

■判　旨■

破棄自判。

(i)XY間の約16年間の関係継続，協力関係，(ii)住居も生計も別で共同生活をしたことはなく共有財産もないこと，(iii)Xが2人の子どもの養育に一切かかわりを持たず出産時にY側から金員を受領していること，(iv)（出産の際に一時的に婚姻届を提出した以外は）X・Yに民法所定の婚姻をする旨の意思の合致が存したことはなく，かえって意図的に婚姻を回避していること，(v)XY間において，その一方が相手方に無断で相手方以外の者と婚姻をするなどして当該関係から離脱してはならない旨の関係存続に関する合意がされた形跡はないこと，の諸点に照らすと，X・Yの関係については，「婚姻及びこれに準ずるものと同様の存続の保障を認める余地がないことはもとより，上記関係の存続に関し，YがXに対して何らかの法的な義務を負うものと解することはできず，Xが上記関係の存続に関する法的な権利ないし利益を有するものとはいえない」。「Yが長年続いたXとの上記関係を前記のような方法で突然かつ一方的に解消し，他の女性と婚姻するに至ったことについてXが不満を抱くことは理解し得ないではないが，Yの上記行為をもって，慰謝料請求権の発生を肯認し得る不法行為と評価することはできないものというべきである」。

■解　説■

1　本判決は，意識的に法律婚を回避し共同生活もしていなかったカップル関係の一方的破棄が不法行為となるか否かについて一定の判断枠組みを示した初めての最高裁判決である。

従来，婚姻の届出をしていないが実質的に夫婦共同生活を形成している関係は内縁として扱われ，内縁関係が正当な理由なく一方的に破棄された場合には，婚姻に準ずる保護すべき関係を壊したことをもって，不法行為責任が肯定されてきた（関連判例①―II-309事件，このように内縁を位置付け，婚姻に準じた法的取扱いをすることを準婚理論と呼ぶ）。だが，近年では，意図的に婚姻届を出さない事例が見られるようになっており，その場合に当該関係を法的にどう取り扱うかが課題となっていた。学説では，このような関係に準婚理論による保護は必要ない（つまり一方的に関係解消しても不法行為は成立しない）との見解が多く出される一方，婚姻による氏変更を回避することのみを目的として婚姻届を出さない場合には婚姻意思がなお存在することなどから準婚理論による保護を否定する必要はないとの見解も出されていた。他方で，準婚理論が当事者2人の意思を無視するものであるとして，婚外関係一般において準婚理論の適用を否定し，当事者の意思を基礎とした契約理論により対処すべきとの見解もあった。

本判決は結論としてYの不法行為責任を否定したところ，学説ではこの結論に対する賛否が分かれている。個人の関係形成上の自由を尊重すると本判決の結論に賛成することになる一方，法律婚とは異なるものの安定したカップル関係の形成維持に価値を見いだすならば本判決の結論に反対することになる。

2　さらに，本件では，結論に至る過程で示された2つの理論構成が注目に値する。1つは，X・Yの関係は内縁とはいえないというものであり，従来の準婚理論に沿った構成である。その根拠として示された(ii)(iii)(iv)のうちのどれが決定的であったのかは判然としないが，関連判例②が類似の事案で同居を欠く関係であっても内縁と認定していることと比較すると，本件では(iii)および(iv)の存在が内縁認定の障害となったと考えられようか。もう1つは，関係存続に関する合意がXY間になく（(v)），Xに関係存続に関する法的な権利ないし利益がないというものである。内縁とはいえないカップル関係において，関係存続に関する合意の可能性とそれによる関係解消時の法的対処の可能性を示した点に本判決の大きな特徴がある。学説からは，関係存続に関する合意が人間関係からの離脱の自由を制約するため公序良俗違反になるとの疑いも示されているが，関係解消時の金銭的な補償を前もって合意していただけであれば法的に有効とも考えられる。さらなる検討が必要となろう。

◆関連判例◆

①最判昭33・4・11民集12巻5号789頁（II-309事件）
②大阪地判平3・8・29家月44巻12号95頁

●新潟大学　大島梨沙●

40 嫡出推定の効果
――離婚後出生した子に対する嫡出否認

大審院昭和13年12月24日第四民事部判決
（昭和13年(オ)第1473号親子関係確認請求事件）
民集17巻2533頁

■事　案■

Y男（被告・控訴人・上告人）は訴外A女と明治39年に婚姻したが，明治42年6月21日に協議離婚の届出をした。Aはその2日後である明治42年6月23日にX男（原告・被控訴人・被上告人）を分娩したが，XはYの先代B夫婦の間に生まれた子として出生届がなされた。出生届出後，Xは直ちに訴外Cのもとに里子に出され，その後Cの養子となったが，その28年後になって，Yとの間の親子関係確認を求めて本訴を提起した。これに対して，Yは，Y・Aの離婚は故あってAが約3か月実家に逗留している間に妊娠し，それによって夫婦の和合が壊滅した結果もたらされたものであり，YとしてはXを自分の子と認めることはできないところ，醜悪な事実を世間に表明し，一家一門の名誉を損ずることを避けるため，嫡出否認の訴えを起こさず，B夫婦に出生した子として届け出たものであると主張，反証を挙げて争った。しかし，1審（鳥取地裁米子支部判決年月日不明）・2審（広島控院判決年月日不明）ではともに，Xは820条（当時。現772）の規定によりYの子と推定されるべきものであり，Yが否認権を行使して自己の嫡出子でないことの確定判決を受けていない以上，XはYの嫡出子たる身分を喪失しない，として敗訴したため，Yが上告した。

上告審において，Yは，Xを自己の子として出生届を出さなかったことをとらえて，「民法第820条〔現772条〕の推定を受くる子は必ず一旦嫡出子として届出を為さざるべからず而して其の届出たる子の嫡出を否認するものは1年内に訴を以て之を為すことを要す若し之を為さざれば身分関係は届出の通り確定すとの規定にして如斯夫より否認権を行使する場合に非ずして反対に子より嫡出確認の請求を受くるに対し之に対抗する場合に於ては右民法の規定によるべきものに非ずと解するを至当なりと思考す」と主張した。

■争　点■

離婚後300日以内に妻が分娩した子について，夫は嫡出否認の訴えによらなければ，その父性を争うことはできないか。

■判　旨■

上告棄却。

「妻が婚姻中に懐胎したる子は夫の子と推定すべきこと民法第820条第1項〔現772条1項〕の規定する所にして本件に於てはYが其の妻（Xの母）Aと協議離婚を為したる後僅に2日にして右AがXを分娩したること原審の認定する所なればYがXを其の子として届出を為したりや否に関せず右法条に依りXがYの子たることの推定を受くるは当然にしてYがXの出生を知りながら1年内に其の嫡出子たることの否認の訴を提起せざるものなること又原審の認定する所なるを以て右の推定は茲に確定せられ最早YはXが嫡出子たることを否認するに由なきものとす」。

■解　説■

1　民法は，妻が生んだ子の父性について，婚姻中に懐胎した子を夫の子と推定し，また婚姻の成立の日から200日を経過した後または婚姻の解消もしくは取消しの日から300日以内に生まれた子をもって婚姻中に懐胎したものと推定するという規定を置いている（772）。この推定が及ぶ子について，その推定を覆すことができるのは原則として夫だけであり（774），その方法は嫡出否認の訴えによらねばならず（775），その出訴期間は，夫が子の出生を知ったときから1年以内に限られる（777）。

2　本件の場合，AがXを分娩したのは夫との協議離婚が成立した2日後のことであり，形式的に要件にあてはめる限り，Xには772条（旧820）の推定が及んでいる。Yが嫡出否認を行わないまま既に28年が経過しており，また出生届の存否が実体的な親子関係の存否に影響を及ぼすものではないと考えられるから，大審院がもはやYはXが自己の嫡出子であることを否認できないとしたことは，条文の文言に忠実な結論といえる。

3　現時の判例および学説によれば，772条の要件に当てはまる子であっても，事情によってはその推定が排除される場合がありえ，その場合には，いつでも，また利害関係があれば誰からでも親子関係不存在確認の訴えにより子の父性を争いうるとする点において，異論をみない。もっとも，どのような場合に推定を排除しうるのかについては，妻による夫の子の懐胎が不可能であることが外観上明白な場合に限るとする最高裁の考え方（外観説。関連判例①―Ⅲ-44事件・②―Ⅲ-45事件）から，民法が嫡出否認の訴えの要件を厳格化することで守ろうとした家庭の平和がもはや存在しない場合には推定の排除を認めてよいとする考え方（家庭の平和説），さらには血縁の不存在が証明されれば推定を排除できるとする見解（血縁説）まで，見解は分かれる。

本件事案は3か月間の別居中に妻が懐胎したというものであるが，その別居の原因や別居中の夫婦の生活状況などは明らかではない。現時であれば，別居に伴い夫婦の実態が失われているのか，夫婦間に性的関係を持つ機会がなかったのか等が探求され，それによっては本件の結論と異なる判断が下される可能性はあるであろう。

◆関連判例◆

①最判昭44・5・29民集23巻6号1064頁（Ⅲ-44事件）
②最判平10・8・31家月51巻4号33頁（Ⅲ-45事件）

●早稲田大学名誉教授　岩志和一郎●

41 内縁関係中に懐胎され婚姻後に出生した子の嫡出性

大審院昭和15年1月23日民事連合部判決
（昭和13年(オ)第2069号家督相続回復等請求事件）
民集19巻54頁

■事　案■

X（原告・控訴人・被上告人）は明治42年10月22日にA男B女の間に出生したが，翌23日にCD夫婦間の子として出生届が出された。A・BはXの出生の一日前である明治42年10月21日に婚姻の届出を行ったが，明治38年ごろから事実上の夫婦として同棲し，内縁関係を継続していた。AはXの出生当時出生祝いを催すなどしただけでなく，以後自己の下で養育してきた。明治44年4月にAB夫婦はAの先妻との間の子であるE女に婿養子としてY（被告・被控訴人・上告人）を迎え，また大正11年6月にはXと養子縁組を行った。大正14年7月にAはYの単純承認を得て隠居し，Yが家督を相続して戸主となった。

昭和12年2月にAが死亡した後，XはYに対し，自分は出生と同時にA・Bの嫡出子たる身分を取得していたのであるから，Aの隠居は家督相続人ではないYの単純承認を得てなされた無効なものであり，したがってYはAの死亡によって家督相続をしたXの相続権を侵害していると主張して，家督相続回復を請求した。1審（仙台地裁石巻支部判決年月日不明）ではY，2審（宮城控院判決年月日不明）ではXが勝訴。Yが上告した。

■争　点■

内縁関係中に懐胎され，婚姻の成立後200日以内に出生した子は，父母の生来の嫡出子か。

■判　旨■

上告棄却。

「凡そ未だ婚姻の届出を為さざるも既に事実上の夫婦として同棲し所謂内縁関係の継続中に内縁の妻が内縁の夫に因りて懐胎し而も右内縁の夫妻が適式に法律上の婚姻を為したる後に於て出生したる子の如きは仮令婚姻の届出と其の出生との間に民法第820条〔現772条〕所定の200日の期間を存せざる場合と雖も之を民法上私生子を以て目すべきものにあらずかくの如き子は特に父母の認知の手続を要せずして出生と同時に当然に父母の嫡出子たる身分を有するものと解するは之を民法中親子法に関する規定全般の精神より推して当を得たるものと謂はざるべからず」。

■解　説■

1　772条は，妻が婚姻中に懐胎した子を夫の子と推定し，さらに懐胎時期について，婚姻の成立の日から200日を経過した後または婚姻の解消もしくは取消しの日から300日以内に生まれた子は婚姻中に懐胎したものと推定している。民法には他に生来の嫡出子の要件に触れる規定は存在しないため，生来嫡出子はこの推定を受ける子だけに限定されるのかどうか，古くから議論があった。

2　判例は，当初，婚姻中に生まれた子は婚姻成立前に懐胎されていた場合でも，父によって否認されない限りは嫡出子にほかならないとして，生来嫡出子と解する姿勢を見せた（関連判例①）。しかし，その後，婚姻成立後200日以内に生まれた子は出生の時点では父母の非嫡出子であり，それが夫（父）の認知によって準正（789Ⅱ）されて嫡出子となるとする判例が現れ（関連判例②），それでは非嫡出子出生届を出してからあらためて認知の届出が必要になるという難点については，夫がその子について嫡出子としての出生届出を行えば，それに認知の届出の効力を認めるという技巧的な解釈を併用することで解決が図られるようになってきた。そのような中で，相反する判例の統一を図ったのが，本件大審院連合部判決である。

本件判決は，数年間にわたる内縁関係にあった夫婦の間に，婚姻届出後200日以内に生まれた子について，出生と同時に父母（夫婦）の嫡出子たる身分を取得するとしたものである。しかし，戸籍の窓口において内縁の先行を審査することは不可能であることから，本判決後今日まで，戸籍実務では，婚姻成立後200日以内に出生した子については一律に夫婦の嫡出子として届け出るものとされてきている（昭15・4・8民甲432民事局長通達）。

3　本件判決は，婚姻届出後200日以内に生まれた子についても生来嫡出子たる身分を認めたが，その子が772条の推定の範囲にある子と同様の取扱いを受けるのか否かについては明確な言及がない。この点については，大審院は本判決と同年の9月20日の判決（関連判例③）において，「民法第820条〔現772条〕に婚姻と云ふは適法に婚姻の届出を了したる場合を指称し事実上の婚姻は之を除外する趣旨」であるとし，婚姻成立から200日後に生まれた子と区別して，200日以内に出生した子には772条の推定の効果は及ばないとした。これがいわゆる「推定されない嫡出子」という概念であり，子の父性を争うについても嫡出否認の訴えによる必要はなく，親子関係不存在確認の訴えによればよいとされた。学説では，内縁成立の日をもって婚姻成立の日と解し，推定の効果を及ぼすべきとする見解も有力に主張されたが，最高裁は大審院の見解を踏襲し，確立した判例となっている（関連判例④—Ⅲ-43事件）。

◆ 関連判例 ◆

①大判大8・10・8民録25輯1756頁
②大判昭3・12・6新聞2957号6頁
③大判昭15・9・20民集19巻1596頁
④最判昭41・2・15民集20巻2号202頁（Ⅲ-43事件）

●早稲田大学名誉教授　岩志和一郎●

42 内縁中の懐胎と父性の推定

最高裁昭和29年1月21日第一小法廷判決
（昭和25年(オ)第323号子認知請求事件）
民集8巻1号87頁，判時22号6頁

■事 案■

Xの母Aは昭和22年4月29日にYと結婚式を挙げ，Y方で事実上の夫婦として同棲してきたが，同年8月23日に実家に帰り，その後昭和23年1月16日にXを分娩した。XはYに対して認知の訴えを提起した。

1審（長野地裁判決年月日不明・民集8巻1号95頁参照）では請求棄却。2審（東京高判昭25・8・8高民集3巻3号91頁）では，Xの出生が内縁関係成立後263日目，同棲の終了から146日であることから，772条を類推したうえ，YがXの父である確率を55.6パーセントであるとする科学的鑑定の結果も踏まえ，XがYの子であると認めるのが相当であるとして，逆転し，Yに対して「認知せよ」との判決が下された。Yは，Xについて772条の類推適用があるとすれば，すでに推定される父に対して認知を求める必要はなく，本訴は違法であるとして，上告した。

■争 点■

内縁中に内縁の妻が懐胎し，出生した子について772条を類推し，内縁の夫を父と推定することはできるか。またそれはどのような意味を持つか。

■判 旨■

上告棄却。

「民法772条の適用によって嫡出子の推定を受ける子が，特に父の認知を必要としないのは，単に同条の推定があるばかりではなく，さらにその他に民法774条，775条，777条，人訴29条〔旧規定〕により，嫡出子の推定は一定の期間内に否認の訴を提起してこれを覆す途が設けられているに止まり，それ以外の方法において反証を挙げてこの推定を争うことは許されていないものと解すべきだからである。また民法779条においては，嫡出子については認知を問題としていないし，民法776条では，『その嫡出であることを承認したとき』という表現を用い，認知という言葉は使っていない。しかるに，内縁の子についても民法772条が類推されるという趣旨は，事実の蓋然性に基いて立証責任の問題として，父の推定があるというに過ぎない。それ故，認知の訴訟において父の推定を受けている者が，父にあらざることを主張する場合には，その推定を覆すに足るだけの反証をあげる責任を負うわけである。そして，父と推定される者は，認知をまたずして，法律上一応その子の父として取扱われることもなく，また同様にその子は，認知をまたずして，法律上一応推定を受ける父の子として取扱われることもないものと言わねばならぬ。だから，父子の関係は，任意の認知がない限りどこまでも認知の訴で決定されるのであり（民法779条，787条），その際民法772条の類推による推定は，立証責任負担の問題として意義を有するのである。」

「さらに，戸籍の取扱からいっても，嫡出子推定の場合には，婚姻の届出がすでにあるから，戸籍吏は形式的審査だけで戸籍簿に記入することができるし，父以外の者でも出生の届出ができていいわけであり，また戸籍法もそうなっている。しかし，内縁の夫婦については，もとより婚姻の届出はないのであるから，その父と推定される者の子として父の戸籍に届出ても，実質的審査権をもたない戸籍吏は，内縁関係の実質を調べるわけにはいかないから，現行戸籍法の解釈としてこの届出を受理することは許されないものと言わねばならぬ。それ故，戸籍の点からいっても認知の訴は必要となって来る。されば，本件において原審が，内縁の子について民法772条を類推すべきものとしながら，Yに対しXの認知を命じたのは正当であって，違法のかどはない。」

■解 説■

1　772条は，婚姻中に懐胎した子を夫の子として推定し，さらに「婚姻の成立の日から200日を経過した後又は婚姻の解消若しくは取消しの日から300日以内に生まれた」という要件を設定して，婚姻中懐胎を推定している。この推定は法的効果を伴う推定であるが，その要件設定の基礎にある原理は，人間の生物学的懐胎期間を基準として懐胎時期を割り出し，その時期に母と継続的に性的関係を持ちえた者が父である蓋然性が高いという事実に基づくのであり，その事実自体は婚姻関係にある者のみに限定されるというわけのものではない。したがって，婚姻関係にない男女の間で子が生まれたときにも，その父性をこの772条の要件を用いて事実的に推定することは可能である。しかし，そのような事実的推定が働きうるからといって，それが772条と同様に法的効果を伴うとは言い得ない。

2　本判決は，内縁中に懐胎・出生した子の父性について，772条を類推できるとしてもそれはあくまで事実上の推定であり，法的父子関係の発生には認知が必要であるとした。

判例によれば，内縁中に懐胎した子であっても，婚姻成立後に出生した子は嫡出子として扱われる（関連判例①―Ⅲ-41事件）。しかし，このことは772条の推定が働くことによって付与される効果なのではなく，父母の婚姻によって与えられる効果である（関連判例②・③―Ⅲ-43事件）。そのような判例に沿う限り，内縁中の懐胎・出生子については，772条を類推して父性を推定できるとしても，それが当然に法律上の父子関係の発生に結びつくわけではない。ただ本判決は，そのような事実上の推定が，立証責任の問題として働き，「父の推定を受けている者が，父にあらざることを主張する場合には，その推定を覆すに足るだけの反証をあげる責任を負う」ということを明示した点において意義を有する。

◆関連判例◆

①大連判昭15・1・23民集19巻54頁（Ⅲ-41事件）
②大判昭15・9・20民集19巻1596頁
③最判昭41・2・15民集20巻2号202頁（Ⅲ-43事件）

●早稲田大学名誉教授　岩志和一郎●

43 内縁成立200日後婚姻成立200日以内の出生子と772条の推定

最高裁昭和41年2月15日第三小法廷判決
（昭和39年(オ)第109号認知請求事件）
民集20巻2号202頁，判時441号32頁

■事　案■

Xの母Aは，B男と昭和10年3月26日に結婚式を挙げ，同年4月20日過ぎごろから同棲を始めて，同年7月5日に婚姻届を提出した。そして，同年11月26日にXを出産した。他方，Aは，昭和8年12月ごろから同10年3月19日ごろまでの間に，Y男と5～6回の肉体関係を持った。Bは，Xの出生時期の関係からその父性につき疑いを抱き，Aを追及したところ，AがXはBの子でないことを認めたので，昭和11年3月23日，A・Bは協議離婚した。このとき，離婚届と同時に，XをAの非嫡出子とする出生届がなされた。

XがYに対し認知の訴えを提起した。

1審（松山地判昭34・7・1民集20巻2号218頁参照）・2審（高松高判昭38・10・21前掲民集226頁参照）ともに，次のように述べて，Xの請求を認めた。XはA・Bの内縁関係成立の日（同棲を始めた昭和10年4月20日過ぎごろ）から200日後，婚姻成立の日から200日以内に生まれた子であるから，772条の推定を受けない。したがって，Xは直ちに認知の訴えをすることができる。そして，Aは，Xの懐胎可能日にYと肉体関係があったこと，Xの懐胎可能期間中にY以外の男性との肉体関係はなかったこと，また法医学上XY間の親子関係の存在を否定し得ないことといった事実を総合すると，XはYとAとの間の子と認められる。

これに対し，Yは，Xは内縁成立の日から200日以後に生まれた子であるから，772条の類推適用によりBの子と推定され，Bによる嫡出否認がなされなかった以上，本件訴えは失当であるとして，上告した。

■争　点■

内縁成立の日から200日後で婚姻成立の日から200日以内に生まれた子は，772条の推定を受けるか。

■判　旨■

上告棄却。

「民法772条2項にいう『婚姻成立の日』とは，婚姻の届出の日を指称すると解するのが相当であるから，AとBの婚姻届出の日から200日以内に出生したXは，同条により，Bの嫡出子としての推定を受ける者ではなく，たとえ，X出生の日が，AとBの挙式あるいは同棲開始の時から200日以後であっても，同条の類推適用はないものというべきである（〔関連判例②③〕……参照)。」

■解　説■

1　嫡出推定を受ける子は，それが否定されなければ，真の父に対する認知請求をすることができない（関連判例①）。嫡出推定の否定手段としては，（いわゆる「推定の及ばない子」とされない限り）夫による嫡出否認の訴え（774以下）のみが認められている。これに対し，嫡出推定を受けない子は，その父子関係を親子関係不存在確認の訴え（人訴2②）により争うことができる。

2　では，内縁が先行し，その後の婚姻成立の日から200日以内に生まれた子は，772条の嫡出推定を受けるか。

肯定説は，内縁を準婚とみて保護する立場から，772条にいう「婚姻の成立の日」には内縁成立の日を含むと解し，772条の類推適用を認めるべきとする。そして，その父子関係が嫡出否認の訴えによらなければ否定されないことにより，父子関係の早期確定の利益を説く。これに対して，否定説の立場からは，内縁開始の時点は客観的・一義的でないため不明確であること，真の父に対する認知請求を望む子にとっては障害となる嫡出推定＝否認制度の拡大適用には慎重であるべきこと等が指摘されてきた。

3　判例は，大審院時代から否定説に立つ。すなわち，このような子は，認知の手続を要することなく出生と同時に夫婦の嫡出子となる（関連判例②―Ⅲ-41事件）が，嫡出推定は受けない（関連判例③）とする。したがって，その父子関係の否定手段としては，嫡出否認の訴えではなく，親子関係不存在確認の訴えによる（関連判例③）。

もっとも，戸籍事務管掌者には実質的審査権は与えられていない。そのため，戸籍実務では，婚姻成立の日から200日以内に生まれた子については，内縁先行の有無を問わず夫婦の嫡出子としても，あるいはまた，夫以外の男性の子である可能性も考慮して母の非嫡出子としても，出生届を受理している。

本判決は，最高裁判所として，以上のような大審院時代の判例を踏襲し，否定説の立場をとることを明示した。772条2項にいう「婚姻の成立の日」は婚姻の届出の日を指し，同条は内縁関係に類推適用されない。

4　なお，認知訴訟においては，子の母と内縁関係にある男性は，772条の類推適用により，事実上の蓋然性に基づいて父と推定されるため，それを覆す立証責任は男性側に課されることになる（関連判例④―Ⅲ-42事件）。

◆ 関連判例 ◆

①大判大5・4・29民録22輯824頁
②大連判昭15・1・23民集19巻54頁（Ⅲ-41事件）
③大判昭15・9・20民集19巻1596頁
④最判昭29・1・21民集8巻1号87頁（Ⅲ-42事件）

●関西大学　白須真理子●

44 婚姻解消後300日以内の出生子と嫡出の推定

最高裁昭和44年5月29日第一小法廷判決
(昭和43年(オ)第1184号認知請求事件)
民集23巻6号1064頁，判時559号45頁

■事　案■

Aは，昭和21年にBと婚姻したが，昭和24年4月ごろ事実上の離婚をして別居するに至り，それ以来Bとはまったく交渉を絶ち，昭和26年10月2日に協議上の離婚をした。Aは，Bと別居後の昭和25年9月ごろから同39年3月ごろまでの間Yと肉体関係を継続した。その間，Aは，昭和27年3月28日Xを，同31年1月31日Cを分娩し，同人らを自己の嫡出でない子として出生届をした。

X・Cは，認知調停を申し立てたが不調に終わったので，認知の訴えを提起した。1審（神戸地判昭41・7・2民集23巻6号1068頁参照）・2審（大阪高判昭43・7・30判時531号35頁）は，Xの請求を認容した。Yは，Xの出生日はA・Bの離婚後300日以内であり，772条の規定により，XはAの前夫Bの子と推定され，そのような場合には，まず前夫Bによる否認の訴えの確定を待つべきであり，それ以前に認知請求は許されないとして上告した。

■争　点■

①夫婦の長期間別居中の懐胎子について，772条の推定が及ぶか。

②772条の推定が及ばない子について，母の夫による嫡出否認の訴えを経ることなく，血縁上の父に対する認知の訴えが認められるか。

■判　旨■

上告棄却。

「右事実関係のもとにおいては，Xは，母AとBとの婚姻解消の日から300日以内に出生した子であるけれども，AとB間の夫婦関係は，右離婚の届出に先だち約2年半以前から事実上の離婚をして爾来夫婦の実態は失われ，たんに離婚の届出がおくれていたにとどまるというのであるから，Xは実質的には民法772条の推定を受けない嫡出子というべく，XはBからの嫡出否認を待つまでもなく，Yに対して認知の請求ができる旨の原審の判断は正当として是認できる。」

■解　説■

1　民法は，婚姻成立の日から200日経過後かつ婚姻解消等の日から300日以内の期間内に生まれた子は，婚姻中の妻が懐胎したものと推定され（772 II），夫の子と推定される（同 I）。これを嫡出推定という。この推定を覆すには嫡出否認（774以下）によらなければならない。嫡出推定・嫡出否認制度は，妻の産んだ子と夫との間に法的父子関係を設定し，それを否定し得る場合を厳格に制限することで，子の身分関係の法的安定性に資するものである。

2　他方，嫡出否認の要件の厳格さは，推定された父子関係と血縁上の父子関係との不一致を生じさせる。学説・判例は，嫡出否認の訴えによらず父子関係を争う方法を形成してきた。学説は，772条2項の期間内に生まれた子であっても，一定の場合には嫡出推定が及ばないとした。すなわち，嫡出推定の前提として，婚姻夫婦の貞操義務および性的結合から妻が懐胎した子は母の夫の子である蓋然性が極めて高いことにある。しかし，この前提を欠く状況下で妻が懐胎した子については，嫡出推定が排除される（772条を適用しない）と解した。このような解釈を「推定の及ばない子」という。本判決は，当該子を「実質的には民法772条の推定を受けない嫡出子」と表現し，嫡出推定の排除という法律構成を認めた。そして，嫡出推定が排除されれば，血縁上の父に対する認知の訴え（787）を提起することができるとした。

「推定の及ばない子」に該当する場合，772条の適用はないから，法的父子関係を争う方法は，嫡出否認の訴えによるまでもなく，血縁上の父に対する認知の訴え（本判決）または親子関係不存在確認の訴え（人訴2②）である。

3　どのような場合に「嫡出推定の及ばない子」に該当するのか。学説は，主に外観説・血縁説・家庭破綻説（新家庭形成説）・合意説に分かれる。

外観説とは，子の懐胎期間内に妻が夫の子を懐胎しえないことが外観上明白な場合に嫡出推定は排除されると解する説である。具体的には，夫婦の長期間別居，夫の在監，夫の出征，夫の行方不明，夫の海外赴任が挙げられる。血縁説とは，外観説が認める場合だけでなく，夫の子でないことが科学的・客観的に明らかな場合にも嫡出推定は排除されると解する説である。家庭破綻説（新家庭形成説）とは，法的父子関係が争われる時点で，夫婦と子との家庭の平和が破綻している場合（あるいは，子が母と血縁上の父と新家庭が形成されている場合）に嫡出推定は排除されると解する説である。合意説は，親子関係不存在の確認をなすことについて子・母・その夫（戸籍上の父）の三者の合意があれば，嫡出推定は排除されると解する説である。

4　本判決は，最高裁として初めて外観説を採用した点に意義がある。本判決後の最高裁は，一貫して外観説を採る（関連判例①―III-46事件，②③，④―III-45事件）。最高裁は血縁説を否定し（関連判例①②），家庭破綻説（新家庭形成説）を否定した（関連判例③）。

◆関連判例◆

①最判平26・7・17民集68巻6号547頁（III-46事件）
②最判平26・7・17判時2235号21頁
③最判平12・3・14家月52巻9号85頁
④最判平10・8・31家月51巻4号33頁（III-45事件）
⑤最判平10・8・31家月51巻4号75頁

●上智大学　羽生香織●

45 嫡出推定の及ばない子

最高裁平成10年8月31日第二小法廷判決
（平成7年(オ)第1095号親子関係不存在確認請求事件）
家月51巻4号33頁，判時1655号112頁

■事　案■

X男とA女は昭和62年11月18日婚姻し，昭和63年10月12日別居したものの，同年11月22日性交渉があった。Aは平成元年1月27日横浜家庭裁判所に夫婦関係調整の調停を申し立て，同年6月22日，X・Aは当分別居し，XはAに対し婚姻費用分担金月額7万円および出産費用10万円を支払う旨の調停が成立した。Aは同年7月27日Yを出産し，Xはその直後ごろ出産の事実を知った。Xは平成元年11月21日横浜家庭裁判所川崎支部にYを相手方として嫡出否認の調停を申し立てたが，平成2年10月15日不成立となった。Xは旧家事審判法26条2項（現・家事272Ⅲ）に規定する「不成立の通知を受けた日から2週間以内」という期間経過後の同年11月15日横浜地方裁判所川崎支部にYを被告として嫡出否認の訴えを提起したが，平成3年1月25日ごろ同訴えを取り下げた。

Xは同年11月6日横浜家庭裁判所川崎支部に対しYを相手方として親子関係不存在確認の調停を申し立てたが，平成4年2月12日調停不成立となったため，同4年2月26日横浜地方裁判所川崎支部にYを被告として本件親子関係不存在確認の訴えを提起した。本件訴えにおいては，当初AがB男と不貞を犯したことを理由とするXの両名に対する慰藉料支払請求が併合されていたが，2審（東京高判平7・1・30判時1551号73頁）において，同請求に係る弁論は分離され，2審は同請求については，YはXの子ではなくAには不貞行為があったものと認められるが，BがYの父であるとは認めがたいとして，XのAに対する請求を一部認容し，また親子関係不存在確認請求の部分は，単に供述証拠があるのみでX・Yの父子関係を客観的かつ明白に否定する証拠はないので，772条の嫡出推定が排除されることはなく，これを覆すには嫡出否認の訴えによらなければならない場合であるから，本件訴えを不適法として却下した1審判決（横浜地川崎支判平5・10・29公刊物未登載）は相当であるとして，控訴を棄却した。Xが上告した。

■争　点■

夫婦が別居開始後9か月余りを経て出生した子を被告として嫡出否認の訴えによらずに夫が提起した親子関係不存在確認の訴えは適法か。

■判　旨■

上告棄却。

「YはXとAとの婚姻が成立した日から200日を経過した後にAが出産した子であるところ，右事実関係によれば，Xは，Yの出生する9箇月余り前にAと別居し，その以前から同人との間には性交渉がなかったものの，別居後Yの出生までの間に，Aと性交渉の機会を有したほか，同人となお婚姻関係にあることに基づいて婚姻費用の分担金や出産費用の支払に応ずる調停を成立させたというのであって，XとAとの間に婚姻の実態が存しないことが明らかであったとまではいい難いから，Yは実質的に民法772条の推定を受けない嫡出子に当たるとはいえないし，他に本件訴えの適法性を肯定すべき事情も認められない。

してみると，本件訴えを却下すべきものとした原審の判断は，結論において是認することができる。」

■解　説■

1　嫡出推定の排除に関する学説には，外観説・血縁説・家庭破綻説・新家庭形成説・合意説などがあるが，判例の主流は外観説であり，本判決もそれに則っている。

判例が立脚する外観説の基準によれば，⑴「離婚の届出に先だち約2年半以前から事実上の離婚をして爾来夫婦の実態は失われ，たんに離婚の届出がおくれていたにとどまる」場合（関連判例①—Ⅲ-44事件および同種事案として関連判例②），⑵母が子を懐胎したのは昭和21年5月28日より前であり，「当時，A男は出征していまだ帰還していなかったのであるから，B女がA男の子を懐胎することが不可能であったことは，明らか」である場合（関連判例③）には，嫡出推定が排除される。このような事例では，嫡出否認の訴えではなく，出訴権者や出訴期間の制限のない一般の親子関係不存在確認の訴えを提起し，あるいは子が実父に対して直接認知の訴えを提起できるとされる。なお，明文上親子関係不存在確認の訴えが人事訴訟の類型に加えられたのは，平成15年に制定された人事訴訟法になってからである。「一般の」というのは人事訴訟事件以外の民事訴訟事件という意味である。

2　ただ，家庭裁判所の調停や合意に相当する審判（旧家審23，現・家事277）の実務では，外観説の基準に満たない場合であっても，当事者間に合意が成立すれば相当大幅に親子関係を認める上記合意説が実質的に機能している。最近のいわゆる300日問題やいわゆる無国籍児の問題なども運用によってかなり弾力的に適切な結論を導き出しているように思われる。実質的に外観説は骨抜きにされているわけで，外観説の妥当性に関しては今後議論を深めるべきであろう。

3　関連判例④（Ⅲ-55事件）でも指摘したことだが，本件に即していえば，Xは当初の手続選択を誤ったことから随分遠回りをして結局救済されなかったわけで，調停機関あるいは代理人弁護士が適切なアドバイスをすればこんな結果にはならなかったはずである。運用上の問題点として指摘しておこう。

◆関連判例◆

①最判昭44・5・29民集23巻6号1064頁（Ⅲ-44事件）
②最判昭44・9・4判時572号26頁
③最判平10・8・31家月51巻4号75頁
④最判平2・7・19家月43巻4号33頁（Ⅲ-55事件）

●弁護士　梶村太市●

46 DNA鑑定と親子関係不存在確認の訴え

最高裁平成26年7月17日第一小法廷判決
（平成24年(受)第1402号親子関係不存在確認請求事件）
民集68巻6号547頁，判時2235号14号

■事　案■

Y男とA女は平成11年に結婚した。平成20年ごろから，Aはアルバイト先の店長Bと交際を始め，平成21年にBの子を妊娠したが，Yには言うことができず，黙って病院に行き，Xを出産した。Aを探し出したYが誰の子かを尋ねたが，「2，3回しか会ったことのない男の人」などと答えた。XをYとAの嫡出子とする出生届が提出され，Yは自らの子として監護養育した。

平成22年にYとAは協議離婚し，Xの親権者をAと定めた。その後，AとXは，Aの生物学的父であるBと共に生活している。Xの側で，XとBの間のDNA検査を私的に行ったところ，99.9999パーセント以上の確率でBが生物学的父であるという結果が出た。

平成23年にAがXの法定代理人として，Yに対して親子関係不存在確認の訴えを提起した。1審（旭川家判平23・12・12金判1453号22頁）は，YとXの間には「生物学的観点からの親子関係は存在しないことは明らかであり，民法772条の嫡出推定は及ばない」としてXの訴えを認めた。2審（札幌高判平24・3・29民集68巻6号572頁参照）はYの控訴を棄却した。双方とも，DNA鑑定の結果とともに，YとAがすでに離婚し，X，A，Bが一緒に生活していることも考慮に入れて判断していた。

■争　点■

嫡出子について，DNA鑑定によっても生物学上の父子関係がないことが明らかな場合に，父の意思に反しても，子と母から親子関係の不存在の訴えは認められるのか。離婚後に子が母と生物学的父のもとで生活している場合にはどうか。

■判　旨■

破棄自判。

「民法772条により嫡出の推定を受ける子につきその嫡出であることを否認するためには，夫からの嫡出否認の訴えによるべきものとし，かつ，同訴えにつき1年の出訴期間を定めたことは，身分関係の法的安定を保持する上から合理性を有するものということができる……。そして，夫と子との間に生物学上の父子関係が認められないことが科学的証拠により明らかであり，かつ，夫と妻が既に離婚して別居し，子が親権者である妻の下で監護されているという事情があっても，子の身分関係の法的安定を保持する必要が当然になくなるものではないから，上記の事情が存在するからといって，同条による嫡出の推定が及ばなくなるものとはいえず，親子関係不存在確認の訴えをもって当該父子関係の存否を争うことはできないものと解するのが相当である。このように解すると，法律上の父子関係が生物学上の父子関係と一致しない場合が生ずることになるが，同条及び774条から778条までの規定はこのような不一致が生ずることをも容認しているものと解される。」

■解　説■

1　774条以下の嫡出否認の規定は，嫡出子の父子関係を否認する場合に，否認権者を母の夫のみとし（774），訴えの提起を子の出生を知ったときから1年以内（777）に限るという厳格な要件を定めている。判旨にもあるように，「子の身分関係の法的安定性」を理由とする。その結果，法律上の父子関係と生物学上の父子関係が一致しないことを判例は認めている。これに対して，認知無効の場合に，判例は血縁関係の存否を決定的な要因としている（関連判例①—Ⅲ-59事件）。

2　嫡出否認の規定は，明治民法とほぼ同じであり，その前の旧民法からも基本的な構造は変わっていない。判例は，「嫡出推定の及ばない子」での外観説から（関連判例②—Ⅲ-45事件），血液型やDNA鑑定の結果を反映させることなしに嫡出子の父子関係を否定する方法を拡大してきた。

3　本件は，⑴母の夫は父子関係の維持を求め，母の側が否認を求め，⑵子の懐胎時に夫婦の実態は失われておらず，⑶夫は他の男性の子であることを知りながら自らの子として1年間は養育し，⑷生物学的父と子の親子関係がDNA鑑定でほぼ100パーセント存在し，⑸子は母と生物学的父のもとで生活している。

⑴では母から嫡出否認の訴えは提起できず（774），⑶から嫡出を承認（776）している夫にも提訴権はない。⑵により親子関係不存在確認（嫡出推定の及ばない子）は判例の外観説により認められない。本判決は，これらの点を重視した。

4　本件で⑷DNA鑑定の結果という客観的根拠を無視することに違和感があるかもしれない。だが，本件とは逆に，XとYとAの家族が仲良く生活しているところに，BがDNA鑑定の結果を理由にXとYの親子関係の不存在を主張できるとなれば，これも納得できない結果となる。他方で，⑸Bが実際に父としてXを養育していること（社会的父子関係）を重視すべきという考えもありうる。Yの側でも⑶Xを養育しており，社会的父子関係は同じく存在していた。

5　親子関係不存在確認が認められないことから，生物学的父Bではなく，Yが法律上は父である。子XはYの相続人であり，Yは父として養育費の負担義務を負う。同日に最高裁が判断した同様の事件（関連判例③）では，法律上の父から子に対して面会交流の申立てがなされたが，関連判例④は認めなかった。

◆関連判例◆

①最判平26・1・14民集68巻1号1頁（Ⅲ-59事件）
②最判平10・8・31家月51巻4号33頁（Ⅲ-45事件）
③最判平26・7・17判時2235号21頁
④大阪家審平27・3・13家庭の法と裁判6号89頁

●京都産業大学　渡邉泰彦●

47 性同一性障害による性別変更と嫡出推定

最高裁平成25年12月10日第三小法廷決定
（平成25年（許）第5号 戸籍訂正許可申立て却下審判に対する抗告棄却決定に対する許可抗告事件）
民集67巻9号1847頁，判時2210号27頁

■事　案■

X_1（申立人・抗告人）は，女性として出生したが，性同一性障害であると診断され，平成20年に「性同一性障害者の性別の取扱いの特例に関する法律」（以下，「特例法」とする）3条に基づき，男性への性別の取扱いの変更の審判を受けた。同年X_1は，女性X_2（申立人・抗告人）と婚姻した。X_2は，X_1の同意のもとで，別の男性の精子提供を受けて非配偶者間人工授精により子を懐胎し，平成21年に子Aを出産した。

X_1は，B市長にAを嫡出子とする出生届を提出したが，出生届の続柄欄の記載に不備があるなどとして受理されなかった。そのため，出生届を取り下げ，C区に転籍し，平成24年にC区長にAをX_1とX_2の嫡出子とする出生届を提出した。C区長は，Aが民法772条による嫡出の推定を受けないことを前提に，出生届にある父母との続柄欄等に不備があるとして追完を催告した。だがX_1がこれに従わなかったことから，Aの父欄を空欄としてAをX_2の非嫡出子とする戸籍の記載をした。

平成24年3月にX_1とX_2は，Aを嫡出子として戸籍上記載すべきであるとして，戸籍法113条の戸籍訂正の許可を求めて家庭裁判所に申し立てた。

1審（東京家審平24・10・31金判1437号18頁）は申立てを却下し，2審（東京高決平24・12・26判タ1388号284頁）は，「戸籍の記載上，生理的な血縁が存しないことが明らかな場合においては，同条適用の前提を欠くものというべきであり，このような場合において，家庭の平和を維持し，夫婦関係の秘事を公にすることを防ぐ必要があるということはできない」などの理由から抗告を棄却した。

■争　点■

特例法3条1項に基づいて女性から男性に性別を変更した者（夫）が，女性（妻）と結婚した場合，非配偶者間人工授精によって妻が婚姻中に懐胎した子について，夫は嫡出推定の規定によって父となるのか。

■決定要旨■

破棄自判。

「特例法3条1項の規定に基づき男性への性別の取扱いの変更の審判を受けた者は，以後，法令の規定の適用について男性とみなされるため，民法の規定に基づき夫として婚姻することができるのみならず，婚姻中にその妻が子を懐胎したときは，同法772条の規定により，当該子は当該夫の子と推定されるというべきである」。

「性別の取扱いの変更の審判を受けた者については，妻との性的関係によって子をもうけることはおよそ想定できないものの，一方でそのような者に婚姻することを認めながら，他方で，その主要な効果である同条による嫡出の推定についての規定の適用を，妻との性的関係の結果もうけた子であり得ないことを理由に認めないとすることは相当でないというべきである。

そうすると，妻が夫との婚姻中に懐胎した子につき嫡出子であるとの出生届がされた場合においては，戸籍事務管掌者が，戸籍の記載から夫が特例法3条1項の規定に基づき性別の取扱いの変更の審判を受けた者であって当該夫と当該子との間の血縁関係が存在しないことが明らかであるとして，当該子が民法772条による嫡出の推定を受けないと判断し，このことを理由に父の欄を空欄とする等の戸籍の記載をすることは法律上許されないというべきである。」

■解　説■

1　性別違和の当事者は，特例法3条により，性別の取扱いの変更の審判に基づき，生物学的性別から，自認する性別へと戸籍上に記載する性別を変更することができる。審判により性別を変更した者は，「その性別につき他の性別に変わったものとみなす」（特例法4Ⅰ）ことで，本件では女性から男性に性別を変更した者は，男性として女性と婚姻することができる。

性別を変更したことは，戸籍の身分事項欄に間接的に記されることから，戸籍事務の管掌者は知ることができる。夫が性別を変更した夫婦で妻が子を出産した場合には，子が夫以外の者の精子によって懐胎されたことが明らかであることから，戸籍事務管掌者が出生届を受理しなかった。

2　実親子関係は血縁関係に基づき，民法772条が「夫の子と推定する」と定める。その推定が破られる場合として，判例は外観説から「嫡出推定の及ばない子」という概念を発展させた（関連判例①—Ⅲ-45事件）。

血液型鑑定やDNA鑑定をしなくても，戸籍の記載から夫と子の間の血縁関係の不存在が明らかになることから，嫡出推定の及ばない子としても判例に反しないようにもみえる。

だが，本決定は，性別を変更した者は変更後の性別によって婚姻でき，その婚姻の主要な効果として嫡出推定の規定が適用されると判断した。他の判例（関連判例②—Ⅲ-46事件）で述べるように，民法は，法律上の父子関係が生物学上の父子関係との「不一致が生ずることをも容認している」ことからすると，必ずしも生物学的な親子関係に一致させる必要はない。

もっとも，嫡出推定は子の出生時にまず父を決める規定であるから本決定のように理解しても，父子関係を実際に否定する場面で血縁関係の不存在を問題としないのかは明らかではない。

◆関連判例◆

①最判平10・8・31家月51巻4号33頁（Ⅲ-45事件）
②最判平26・7・17民集68巻6号547頁（Ⅲ-46事件）

●京都産業大学　渡邉泰彦●

48 親子関係不存在確認請求と権利の濫用

最高裁平成18年7月7日第二小法廷判決
(平成17年(受)第833号親子関係不存在確認請求事件)
民集60巻6号2307頁，判時1966号58頁

■事　案■

AB夫婦は，昭和16年，CD夫婦の間に生まれたYを自らの長男として出生届を行い，以降55年間，実の親子と同様の親子関係を継続した。AB夫婦は生前，Yが同夫婦の子であることを否定したことはなく，AB夫婦の実子X・Eも同様であった。平成14年，AおよびBの全遺産を相続したEの死亡によりその相続が問題となった。Xは，YがAB夫婦の子ではないと主張して，YとAB夫婦との間の実親子関係および養親子関係が存在しないことの確認を求めて訴えを提起した。これに対し，Yは，嫡出子としての出生届出には養子縁組届出としての効力があること，仮に養親子関係が認められないとしても，本件請求は専ら相続財産の独占を図る目的のものであり，権利の濫用に当たると主張した。

2審（広島高判昭17・1・27民集60巻6号2329頁参照）は，養親子関係の成立を否定し，親子関係不存在確認請求も権利の濫用に当たらないとして，Xの請求をいずれも認容した。Yが上告した。

■争　点■

①虚偽の嫡出子出生届による戸籍上の嫡出子に対して提起された実親子関係不存在確認請求が権利濫用に当たり許されない場合があるか。

②権利濫用に当たるとして，その判断基準はなにか。

■判　旨■

一部破棄差戻し，一部上告棄却。

「実親子関係不存在確認訴訟は，実親子関係という基本的親族関係の存否について関係者間に紛争がある場合に対世的効力を有する判決をもって画一的確定を図り，これにより実親子関係を公証する戸籍の記載の正確性を確保する機能を有するものであるから，真実の実親子関係と戸籍の記載が異なる場合には，実親子関係が存在しないことの確認を求めることができるのが原則である。しかしながら，上記戸籍の記載の正確性の要請等が例外を認めないものではないことは，民法が一定の場合に，戸籍の記載を真実の実親子関係と合致させることについて制限を設けていること（776条，777条，782条，783条，785条）などから明らかである。」

「戸籍上の両親以外の第三者である丁が甲乙夫婦とその戸籍上の子である丙との間の実親子関係が存在しないことの確認を求めている場合においては，甲乙夫婦と丙との間に実の親子と同様の生活の実体があった期間の長さ，判決をもって実親子関係の不存在を確定することにより丙及びその関係者の被る精神的苦痛，経済的不利益，改めて養子縁組の届出をすることにより丙が甲乙夫婦の嫡出子としての身分を取得する可能性の有無，丁が実親子関係の不存在確認請求をするに至った経緯及び請求をする動機，目的，実親子関係が存在しないことが確定されないとした場合に丁以外に著しい不利益を受ける者の有無等の諸般の事情を考慮し，実親子関係の不存在を確定することが著しく不当な結果をもたらすものといえるときには，当該確認請求は権利の濫用に当たり許されないものというべきである。」

■解　説■

1　本判決は，最高裁として初めて，いわゆる藁の上からの養子に対して提起された親子関係不存在確認請求が権利濫用に当たり許されない場合があることを明らかにし，その具体的判断基準を示した判決である。

2　日本では，生まれて間もない他人の子を貰い受けて，自己の嫡出子として出生を届け出て養育する，いわゆる藁の上からの養子という慣行があった。しかし，相続問題や親子関係の不和を発端として，藁の上からの養子に対して親子関係不存在確認訴訟が提起されると，その戸籍上の身分が争われることとなる。

親子関係不存在確認訴訟は，提訴権者や提訴期間の制限がなく，自然血縁上の真実と異なる戸籍の訂正の前提として提起される。身分関係を公証する戸籍記載の正確性と真実性を確保すべき要請がある一方で，長期間にわたって形成，維持されてきた親子関係が容易に覆され得るというのでは，虚偽の届出について何ら帰責性のない子に精神的苦痛や経済的不利益を強いることになる。

3　学説上，藁の上からの養子の身分を保護するために，虚偽の嫡出子出生届を養子縁組届に転換する解釈論と並んで，一定の場合に親子関係不存在の確認請求自体を権利濫用として排斥する解釈論が主張されてきた。

4　判例は，一貫して無効行為の転換理論を認容しなかった（関連判例①—Ⅲ-69事件等）。他方，補足意見において権利の濫用法理に言及する判例が現れた（関連判例②）。最高裁は，本判決および同日判決（関連判例③）で，権利濫用法理を採用するに至った。本判決以降の裁判例は，本判決で示された具体的判断基準にしたがい権利濫用の成否を判示している。

◆関連判例◆

①最判昭50・4・8民集29巻4号401頁（Ⅲ-69事件）
②最判平9・3・11家月49巻10号55頁
③最判平18・7・7家月59巻1号98頁
④最判平20・3・18判時2006号77頁（Ⅲ-49事件）

●上智大学　羽生香織●

49 韓国法上の親子関係不存在確認請求と権利濫用

最高裁平成20年3月18日第三小法廷判決
(平成18年(受)第2056号親子関係不存在確認請求事件)
判時2006号77頁，判タ1269号127頁

■事　案■

亡AおよびBは昭和19年に婚姻した夫婦であり，いずれも韓国籍を有する。AとBの夫婦（以下A夫婦という）間に昭和20年長男C，同22年長女X_1，同25年二女X_2が出生したが，同23年Cは死亡した。男の子をほしがっていたA夫婦は，福祉施設にいたYを引き取り，同35年，YがA夫婦の二男として同32年に出生した旨の届出をした。A夫婦はYを実子として養育し，Yも自分がA夫婦の実子であると信じていた。Aは，死亡するまで，Yが実子ではない旨を述べたことはない。Aは平成5年死亡し，遺産の相当部分をYが取得する旨の遺産分割協議が成立した。Xらは，平成15年になって，突然，YとAとの間に実親子関係は存在せず，上記遺産分割協議は無効であると主張するようになり，Yが取得したAの遺産の返還を求める訴えを提起した。BとY間の実親子関係が存在しないことについては平成18年4月20日その旨の判決が言い渡されて確定している。

2審（名古屋高判平18・8・30公刊物未登載）は，Aの本国法である韓国法が準拠法となり，同法844条1項によりYについて嫡出推定は働かないので本件訴えは適法である。証拠上YとAとの間に実親子関係の存在を認めることはできない。その上で，身分関係の存否の確認を求める訴訟は基本的親族関係の存否につき対世的効力を有する判決をもって画一的確定を図り，これにより戸籍記載の正確性を確保しようとするものでもあるから，仮にXらがYがAの実子ではないことを知りつつ遺産分割協議を成立させたとしても，権利の濫用とはいえないとした。

これに対し，Yが上告した。

■争　点■

韓国法を準拠法とする実親子関係不存在確認請求について権利の濫用は認められるか。

■判　旨■

破棄差戻し。

「上記戸籍の記載の正確性の要請等が例外を認めないものではないことは，韓国民法が嫡出否認の訴えに出訴期間を定め（847条1項），嫡出承認後には上記訴えを提起することを許さない（852条）など，一定の場合に戸籍の記載を真実の実親子関係と合致させることについて制限を設けていることから明らかである。真実の親子関係と異なる出生の届出に基づき戸籍上甲の実子として記載されている乙が，甲との間で長期間にわたり実の親子と同様に生活し，関係者もこれを前提として社会生活上の関係を形成してきた場合において，実親子関係が存在しないことを判決で確定するときは，虚偽の届出について何ら帰責事由のない乙に軽視し得ない精神的苦痛，経済的不利益を強いることになるばかりか，関係者間に形成された社会的秩序が一挙に破壊されることにもなりかねない。また，甲が既に死亡しているときには，乙は甲と改めて養子縁組の届出をする手続（韓国民法866条以下）をしてその実子の身分を取得することもできない。韓国民法2条2項は，権利は濫用することができない旨定めているところ，韓国大法院1977年7月26日判決（大法院判決集25-2-211）が，養子とする意図で他人の子を自己の実子として出生の届出をした場合に，他の養子縁組の実質的成立要件がすべて具備されているときは，養子縁組の効力が発生することを肯定した趣旨にかんがみても，同項の解釈に当たって，上記のような不都合の発生を重要な考慮要素とすることができるものというべきである。」

「そうすると，……諸般の事情を考慮し，実親子関係の不存在を確定することが著しく不当な結果をもたらすものといえるときには，当該確認請求は，韓国民法2条2項にいう権利の濫用に当たり許されないものというべきである。」

■解　説■

1　まず，当該親子関係の存否確認の準拠法をいかに定めるかという問題がある。この点は，関連判例①の考え方によれば，まず法廷地国際私法である法適用28条（当時法令17）によって決まる準拠法により嫡出親子関係の成立を判断し，成立しない場合は次に同じく法適用29条（当時法令18）により非嫡出親子関係の成立を判断する，ということになる。

本件ではいずれにせよ韓国法が準拠法となる。韓国民法844条によれば，YはBが婚姻中懐胎した子ではないのでAの子と推定されない。韓国大法院は，上記判旨にもあるように1977年7月26日判決において他の要件が備わっている場合には養子縁組の効力を認めた。仮に本件が養子縁組への転換が認められる事案であるとしても，法廷地である日本の人事訴訟法からすれば養子縁組への転換を主張せずに実親子関係不存在確認を求めることは許され，その訴えの利益は認められる。韓国民法2条2項は権利の濫用は許されないと定めて，権利の濫用によってその行使ができない場合を認めている。そうすると，本件において親子関係不存在確認の訴えは適法であるが，権利の濫用の法理を適用することは可能であることになる。

2　本判決が権利濫用と認めた事情は，⑴30年以上にわたり実親子と同様の生活実体があり，Xらはこれを否定したことがなく，遺産分割協議も成立させた，⑵Yの精神的苦痛，経済的不利益は軽視し得ない，⑶AはYが実子でないと述べたことはなく，Aとの間で養子縁組をすることは既に不可能である，⑷Xらの動機，目的は経済的なものであることがうかがわれる，⑸Bの不利益は自ら実子としての届出をして実子同様の生活をしてきたのであるから重視することはできない，というものである。韓国民法適用の場面においても関連判例②（Ⅲ-48事件）とほぼ同様の判断が可能であることを示した判決である。

◆関連判例◆

①最判平12・1・27民集54巻1号1頁
②最判平18・7・7民集60巻6号2307頁（Ⅲ-48事件）
③最判平18・7・7家月59巻1号98頁

●宮崎大学　足立文美恵●
●元慶應義塾大学　岡部喜代子●

50 死後懐胎子の父子関係

最高裁平成18年9月4日第二小法廷判決
（平成16年(受)第1748号認知請求事件）
民集60巻7号2563頁，判時1952号36頁

■事　案■

不妊治療中であったA・B夫婦は，夫Bが骨髄移植手術を受けるにあたり無精子症になることを危惧してC病院でBの精子を冷凍保存した。Bは生前，妻Aに対して，死後，自己の凍結精子を用いた生殖補助医療の施術を承諾していた。B死亡後，妻Aは，Bの両親と相談し，C病院から冷凍保存精子を受領し，D病院で体外受精が実施された。しかし，Aは，C病院にもD病院にも，B死亡の事実を伝えていなかった。Aは子Xを懐胎，出産した（B死亡後599日目）。

AはXの出生後にXをBの嫡出子として出生届出を行ったが受理されなかった（最決平14・4・24公刊物未登載）。そこで，AはXの法定代理人としてY（検察官）に対して死後認知の訴えを提起した。

1審（松山地判平15・11・12判時1840号85頁）は，立法的手当てがされるまでの間は社会通念に照らして個別に判断するものとし，本件のような場合には，自然的な受精・懐胎という過程からの乖離が著しく，精子提供者（死者）を父とする社会的認識は乏しいとして，Xの請求を棄却した。2審（高松高判平16・7・16判時1868号69頁）は，現行の法解釈の問題であるとした。認知の訴えは，自然血縁的な親子関係が存することを法的親子関係の設定の基礎とし，その客観的認定によって，法的親子関係を設定することを認めた制度であるとした上で，認知請求が認められる要件として，子と事実上の父親との間に自然血縁的な親子関係が存在することに加えて，事実上の父親の死後懐胎についての同意が存在することを挙げ，他方で，懐胎時に事実上の父親が生存していることを要件とする理由はないとし，本件では，Bの真摯な同意があったとして，Xの請求を認容した。Yが上告した。

■争　点■

死亡男性の凍結精子により出生した子による死後認知請求は認められるか。

■判　旨■

破棄自判。

「その両者〔死後懐胎子と死亡した父〕の間の法律上の親子関係の形成に関する問題は，本来的には，死亡した者の保存精子を用いる人工生殖に関する生命倫理，生まれてくる子の福祉，親子関係や親族関係を形成されることになる関係者の意識，更にはこれらに関する社会一般の考え方等多角的な観点からの検討を行った上，親子関係を認めるか否か，認めるとした場合の要件や効果を定める立法によって解決されるべき問題であるといわなければならず，そのような立法がない以上，死後懐胎子と死亡した父との間の法律上の親子関係の形成は認められないというべきである。」

■解　説■

1　本判決は，死後懐胎子について亡父との間の法律上の親子関係の成否に関する初めての最高裁判決であり，現行法上，これを認めないことを明らかにした。

2　今日では，生殖補助医療技術が飛躍的に進歩した。自然生殖を前提とする現行法が制定された当時には想定していなかった事態が生じている。社会的関心の高まりから，実施の可否の問題と併せて人工生殖子の法的地位が議論されている。

3　死後懐胎子と亡父との間の法律上の親子関係の成否に関しては，法の欠缺の場合として，現行法の法解釈の枠内でその成否を検討するか，死後懐胎子の親子関係に係る立法がなされない限り法律上の親子関係の成立は認められないとするかである。

本判決は，死後懐胎子と亡父との間には親権，扶養，相続権，代襲相続権等の親子関係の基本的法律効果が生じる余地がないことを理由に，現行法が死後懐胎子と亡父との間の親子関係を想定していないことは明らかであるとする。そして，生命倫理，子の福祉，社会一般の認識等の多角的な視点からの検討や社会的合意が形成されていない状況下においては，死後懐胎子と亡父との親子関係の成否の問題は立法によって解決されるべき問題であり，そのような立法がない以上，当該親子関係の形成は認められないと判断している。

4　本判決には2名の裁判官の補足意見が付されている。いずれも本件のような現行法制が予定していない態様の生殖補助医療により出生する子の親子法制に対する速やかな法整備の必要性のみならず，既に生まれている死後懐胎子の福祉の名の下で，血縁関係と親の意思の存在を理由に法律上の親子関係を肯定した場合に，懐胎時に父のいない子の出生を法が放任する結果ともなりかねないこと，いまだ十分な社会的合意のないまま実施された死後懐胎による出生という事実を法的に追認することになるという大きな問題を生じさせることになり，相当ではないことなどを指摘している。

◆関連判例◆

東京高判平18・2・1家月58巻8号74頁

●上智大学　羽生香織●

51 代理出産子の母子関係と外国判決の承認

最高裁平成19年3月23日第二小法廷決定
(平成18年(許)第47号市町村長の処分に対する不服申立て却下審判に対する抗告審の変更決定に対する許可抗告事件)
民集61巻2号619頁，判時1967号36頁

■事　案■

日本人夫婦であるXらは，米国ネバダ州在住のA女を代理母とする代理出産（X_1の精子とX_2の卵子を用いた受精卵をAの子宮内に移植し，懐胎し出産してもらう方法）を試みるとともに，Aおよびその夫Bとの間で有償の代理出産契約を締結した。この契約に基づき，Aは双子C・Dを出産した。Xらはネバダ州裁判所に親子関係確定の申立てを行い，同裁判所はXらがC・Dの血縁上及び法律上の実父母であることを確認する等を内容とする裁判を行った。

XらはC・Dを連れて日本に帰国し，Y（区長）に対し，C・Dについて，X_1を父，X_2を母と記載した嫡出子としての出生届を提出したところ，X_2による出産の事実が認められず，C・DとX_2との間に嫡出親子関係が認められないことを理由として，本件出生届を受理しない旨の処分をしたことを通知した。そこで，Xらは東京家裁にYに対して本件出生届の受理を命ずるよう申し立てた。

1審（東京家審平17・11・30民集61巻2号658頁参照）は，X_2による分娩の事実が認められず，C・DとX_2との間に親子関係を認めることができないから出生届の不受理は適法であるとして，Xらの申立てを却下した。2審（東京高決平18・9・29判時1957号20頁）は，実際に代理懐胎によって生まれた子の福祉を衡量した上で，本件ネバダ州裁判が民訴法118条の適用ないし類推適用によって日本において承認されること，その結果としてC・DはXらの子であると確認されることを理由として，1審の審判を取り消し，Yに対して本件出生届の受理を命じた。Yが許可抗告を申し立てた。

■争　点■

①民法と異なる親子関係の成立を認める外国裁判所の裁判について，日本においてその効力を認めるか。
②依頼者夫婦の配偶子を用いた代理出産により出生した子と依頼女性との間の法律上の母子関係の成立は認められるか。

■決定要旨■

破棄自判。

(i)「民法が実親子関係を認めていない者の間にその成立を認める内容の外国裁判所の裁判は，我が国の法秩序の基本原則ないし基本理念と相いれないものであり，民訴法118条3号にいう公の秩序に反するといわなければならない。」

(ii)「現行民法の解釈としては，出生した子を懐胎し出産した女性をその子の母と解さざるを得ず，その子を懐胎，出産していない女性との間には，その女性が卵子を提供した場合であっても，母子関係の成立を認めることはできない。」

■解　説■

1　本決定は，代理出産について，その是非に言及することなく，依頼者夫婦の配偶子を用いた代理出産により出生した子と依頼女性との間の母子関係の成立を否定した初めての最高裁決定である。

2　代理出産について，現在，法的規制は存在しないが，日本産科婦人科学会の自主規制により，国内では事実上禁止されている。そのため，日本人夫婦が外国で代理出産を依頼し，代理出産により出生した子を日本に連れ帰って自らの実子として出生届出を行う事例が少なくない。

3　民法上，嫡出母子関係の成立について明文は存在しないが，772条は子を懐胎・分娩した女性が出生子の母であることを前提とし，また，学説・判例上も，母子関係は分娩の事実により当然に成立すると解されている（関連判例―Ⅲ-54事件）。分娩者を母とする基準は自然生殖を前提としているところ，生殖補助医療が発達した現代において，代理出産により出生した子の母は，分娩した女性（代理母）なのか，卵子を提供した女性なのか，あるいは依頼した女性なのかが問題となる。

本決定では，「出産と同時に出生した子と子を出産した女性との間に母子関係を早期に一義的に確定させることが子の福祉にかなう」のであり，母子関係が一義的に明確な基準によって一律に決せられる必要性から，代理出産の場合であっても，分娩者を母とする基準が適用されることを明らかにしている。

4　本決定は，外国裁判の承認の適否について，民法と異なる親子関係の成立を認める本件ネバダ州裁判は民訴法118条3号の定める「公の秩序」に反するため承認されないと判断している。

5　本決定には3名の裁判官の補足意見が付されている。いずれも早急な法的整備の必要性とともに，本件では特別養子縁組を成立させる余地が残されていることを指摘している。

6　本決定後，Xらは，C・Dとの間に特別養子縁組によって法律上の親子関係を成立させた。

◆関連判例◆

最判昭37・4・27民集16巻7号1247頁（Ⅲ-54事件）

●上智大学　羽生香織●

52 嫡出否認の訴え

最高裁昭和55年3月27日第一小法廷判決
（昭和54年(オ)第1331号親子関係不存在確認請求事件）
家月32巻8号66頁，判時970号151頁

■事　案■

Y_1女はX男と婚姻し，4年後に長男Y_2を出産した。Y_2の出生後10年以上経過した後になって，Xは，Y_2の懐胎当時にY_1には複雑な男性関係があったうえ，Y_2の趣味，嗜好等がXに似ていないとして，Y_1とY_2を被告として，XY_2間の親子関係不存在確認の訴えを提起した。

1審（甲府地判昭54・2・22公刊物未登載）は，本件は嫡出推定を受ける子に対する訴えであるから嫡出否認の訴えによるべきであって，親子関係不存在確認の訴えによることは許されないとし，仮に本件訴えを嫡出否認の訴えと善解しても，子の出生から1年以内に提起したものでないから不適法であるとして，本件訴えを却下した。2審（東京高判昭54・9・25公刊物未登載）もこれを支持した（以上，判時970号151頁のコメントによる）。Xは，親子関係は真実にしたがって判断されるべきであるのに，嫡出推定の否定手段を嫡出否認の訴えに限定し，その出訴期間を1年に制限している民法の規定は，憲法13条・14条・24条に違反して無効であると主張して，上告した。

■争　点■

嫡出否認の訴えおよびその出訴期間を定めた774条，775条，777条の各規定は，憲法13条・14条等に違反するか。

■判　旨■

上告棄却。

「民法772条により嫡出の推定を受ける子につき夫がその嫡出子であることを否認するためにはどのような訴訟手続によるべきものとするかは，立法政策に属する事項であり，同法774条，775条，777条がこれにつき専ら嫡出否認の訴によるべきものとし，かつ，右訴につき1年の出訴期間を定めたことは，身分関係の法的安定を保持する上から十分な合理性をもつ制度であって，憲法13条に違反するものではなく，また，所論の憲法14条等違反の問題を生ずるものでもないことは，当裁判所の判例の趣旨に徴して明らかである（……〔関連判例①②〕参照）。論旨は，採用することができない。」

■解　説■

1　嫡出推定（772）により定まった父子関係を否定するためには，嫡出否認の訴え（774・775）によらなければならない。その出訴期間は，夫が子の出生を知ったときから1年以内に限定されている（777）。そのため，嫡出推定を受ける子については，この出訴期間の経過後は，もはや父子関係を争う手段はない。

嫡出否認制度におけるこのような制約の趣旨は，家庭の平和維持，夫婦間の秘事の公開防止のほか，父子関係を早期に確定して子の身分関係の法的安定を確保することにある。

本判決は，嫡出否認制度のこのような趣旨には十分な合理性があり，憲法13条，14条等に違反しないと判示した初めての最高裁判決である。

2　ところで，本判決が引用する関連判例①②は，どちらも，子から認知の訴えがなされた事案である。

関連判例①は，死後認知の期間制限（787ただし書）について，「身分関係に伴う法的安定を保持する上から相当」として憲法13条に違反せず，また憲法14条にも違反しないと判示した。関連判例②は，嫡出でない子と父との間の法律上の父子関係の成立について，民法が認知という手段のみを認めていることは，「身分関係の法的安定を保持する上から十分な合理性を持つ」として，憲法13条に違反せず，また憲法14条にも違反しないと判示した。

関連判例①②は，子から父子関係の存在を求めるものであるのに対して，本判決は，父から父子関係の不存在を求めるものである点で対照的であるが，いずれも，「身分関係の法的安定を保持する」必要性から正当化されている。つまり，最高裁が重視するのは，嫡出子となるか，嫡出でない子となるか，あるいは父のない子となるかといった特定の「身分関係」の保持ではなく，そうした身分（実親子）関係が成立・否定されるに際しての「法的安定」の保持であるといえる。

3　上告理由は，親子関係は真実（血縁）にしたがって判断されるべきであると主張する。しかし，本判決は，この主張を容れず，血縁上の親子関係と法律上の親子関係は異なりうるものとして設計する民法の実親子関係法のうち，嫡出否認制度について，立法政策によるべき事項とし，かつその合理性を認めて合憲とした。

4　なお，嫡出否認の訴えの期間制限について，子の身分関係の法的安定を保持する上で合理性があり憲法13条，14条等に違反しないという立場は，DNA鑑定で夫との父子関係が否定されている事案（関連判例③）においても，維持されている。

◆関連判例◆

①最大判昭30・7・20民集9巻9号1122頁
②最判昭54・6・21家月31巻11号84頁
③最判平26・7・17 LEX/DB25446513

●関西大学　白須真理子●

53 日本人父の認知による国籍の取得

最高裁平成20年6月4日大法廷判決
（平成18年(行ツ)第135号退去強制令書発付処分取消等請求事件）
民集62巻6号1367頁，判時2002号3頁

■事　案■

フィリピン人A女は，妻子ある日本人B男の子Xを平成9年に出産し，平成11年XはBに認知された。Aは，平成15年，Bによる認知を理由にXの日本国籍取得届を提出したが，認められず，平成15年2月27日Y（国）に対しXの日本国籍の確認を求める訴えを提起した。国籍法3条1項（平20法88による改正前のもの）が父母の婚姻を要件に日本国籍の取得を認める点は，憲法14条1項に違反し無効であり，また，国籍法2条1号の解釈において，認知の遡及効から，Xは，その出生時に遡って日本国籍を取得した，と主張した。

1審（東京地判平17・4・13判時1890号27頁）は，国籍法2条1号によるXの日本国籍取得は認めず，ただ同法3条1項が血統主義を補完するものとして父による認知のほか両親の婚姻を要件として，日本人を父とする非嫡出子の一部に対する差別をもたらす点で，立法目的に照らし十分な合理性を持たず，憲法14条1項違反として一部無効であり，国籍法3条1項にいう父母の「婚姻」が内縁関係をも含むものとしてXの日本国籍の伝来取得を認めた。2審（東京高判平18・2・28家月58巻6号47頁）は，国籍法3条1項の違憲無効の主張自体が失当であるが，仮に同法3条1項の規定に従うとしても，厳格解釈すべき国籍法の規定については「婚姻」の拡張解釈ないし類推適用は許されず，また，それは裁判所による要件創設となるとしてYの控訴を認容した。そこで，Xが，上告した。

■争　点■

①国籍法3条1項が，日本人父による認知のほかに両親の婚姻を要件とする準正子のみに日本国籍の取得を届出により認める点が，非嫡出子の一部に対する差別として，違憲となるか。
②規定の一部が違憲である場合に，日本国籍の取得を認める解釈の在り方をどのように捉えるべきか。

■判　旨■

破棄自判。

⑴　国籍法の規定

国籍は，国の構成員としての資格であり，また，基本的人権の保障等において重要な法的地位である。国籍の得喪の要件は，国の歴史的事情，伝統，政治的・経済的環境等の要因を考慮する必要があるので，これをどのように定めるかは，立法府の裁量的判断に委ねられる。しかし，このように定められた国籍取得の法律の要件により生じた区別が合理的理由のない差別的取扱いになるとき，すなわち区別を設けた立法目的が合理的理由を欠く場合，又は，その具体的区別とその立法目的との間に合理的関連性が認められないときは，当該区別は合理的理由がない差別として，憲法14条1項に違反する。

⑵　国籍法3条1項の国籍取得の区別の憲法適合性

(i)　日本国民を血統上の親とする子であっても，日本国籍の生来取得がなかった場合には，その後の生活による国籍国たる外国との密接な結び付きを生む可能性があるから，「国籍法3条1項は，同法の基本的な原則である血統主義を基調としつつ，日本国民との法律上の親子関係の存在に加え我が国との密接な結び付きの指標となる一定の要件を……満たす場合に限り出生後における日本国籍の取得を認めること」，すなわち，その目的達成のために同じく日本国民である父が認知した子であって，父母の法律上の婚姻がない非嫡出子は，同法のその余の条件をすべて満たしたとしても日本国籍を取得できないという区別（「本件区別」という）を設けたとしても，その立法目的自体には，合理的な根拠がある。また，立法当時の社会通念・社会的状況に鑑み，本件のような非嫡出子について，父母の婚姻が父との家族生活を通じた我が国との密接な結び付きの存在を測ることには相応の理由があり，当時の諸外国の国籍法制の傾向からみても，準正を国籍取得の要件とすることには，その立法目的との間に合理的関連性があった。

(ii)　しかし，その後の我が国における家族生活や親子関係に関する意識や実態の変化，社会通念および社会的状況の変化，国際的交流の増大が家族生活の実態の変化や婚姻を前提とする親子関係の在り方の認識の変容が生じた結果，その子と我が国との結び付きの強弱を両親の婚姻をもって直ちに測ることはできなくなり，それを日本国籍付与に十分な我が国との密接な結び付きの指標とすることは，もはや家族生活等の実態に適合しなくなっている。

このような国内的，国際的な社会的環境等の変化，また，非嫡出子の平等取扱いを推進する諸外国の動向や我が国が批准した条約，またその後の諸国の認知等による父子関係の成立だけで国籍を付与する旨の法改正などに鑑み，準正を出生後における日本国籍取得の要件とすることは，その立法目的との間に合理的関連性を失っている。

国籍法2条1号は，日本人父または母との法律上の親子関係をもって我が国との密接な結び付きを認めており，日本人父の胎児認知した非嫡出子も生来的に日本国籍を取得するが，同じく日本国民を血統上の親としながら，その出生後に認知された子のうち準正子とならない子に限っては，生来的にもまた同法3条1項の届出によっても日本国籍を取得しえないという区別を生じ，これは著しい差別的取扱いであり，子の被る不利益に鑑みても，その立法目的との間に合理的関連性はない。特に，日本人父から胎児認知された子と比べても，我が国社会との結び付きの程度に一般的な差異があるとはいえず，さらに，日本人母の非嫡出子が出生により日本国籍を取得する場合と比べると，両性の平等にもとる。

したがって，上記のような非嫡出子についてのみ父母の婚姻という要件を設け，生来的にも届出によっても日本国籍の取得を認めないことは，立法府の有する裁量権を考慮しても，我が国との密接な結び付きを有する者に限り日本国籍を付与するという立法目的との合理的関連性を著しく欠く手段となっており，不合理な差別である。また，簡易帰化の存在や仮装認知による国籍取得の防止の要請によっても，この差別は正当化できない。

(iii)　本件区別は，もはや合理的理由のない区別となっており，国籍法3条1項が本件区別を生じさせていることは，憲法14条1項に違反する。

⑶　本件区別による違憲状態を前提として上告に人に日本国籍の取得を認めることの可否

国籍法3条1項を全部無効とすることは，同規定の趣旨を没却する採り得ない解釈で，本件区別により不合理な差別的取扱いを受けている者の救済を図り，違憲状態を是正するために，憲法14条1項の平等取扱いの要請と国籍法の基本原則である父母両系血統主義とを踏まえれば，本件のような場合についても，血統主義を基調として出生後における日本国籍の取得を認めた規定の趣旨を等しく及ぼすほかはなく，父母の婚姻による準正の部分を除いた同項所定の要件が満たされる場合に，届出

により日本国籍の取得を認めることが，合憲的で合理的な解釈であり，本件区別による不合理な差別的取扱いを受けている者に対する直接的な救済のみちを開くもので，これが裁判所による法律にない新たな国籍取得の要件の創設に当たり，国会の有する立法作用を行うもので許されないとの評価は，国籍取得の要件に関する他の立法上の合理的な選択肢の存在の可能性を考慮しても，当を得ない。

■解　説■

1　国籍法は，生来取得における父母両系血統主義により，出生時における父または母が日本国民であるときには，子の嫡出性を問わず，日本国籍を取得するものとし，母との関係については出生によって当然に，父との関係においては妻の産んだ子について嫡出子として，また非嫡出子の場合には，父による胎児認知による場合には法律上当然に（生後認知のうち胎児認知と同視できるような場合について関連判例①参照）日本国籍取得を認めてきている。本件判旨は，国籍法2条1号は生後認知に及ばず，それは憲法14条1項に違反しないという先例（関連判例②）を踏襲するものと思われ，国籍法3条1項の違憲性と，その場合の解釈的対応を検討している（関連判例②は，仮に3条1項が違憲無効であっても，日本国籍の生来取得はないとする）。なお，関連判例④は，ほぼ同じような事案に付き，国籍法3条1項の憲法適合性のみを判断し，同一結論を採っている。

2　国籍法3条1項のとる区別（本件区別）の立法目的は，出生後の認知と父母の婚姻による準正子について，家族生活を通じた我が国社会との密接な結び付きを認めて日本国籍の伝来取得を認めるものであり，立法当時の諸国の例からみても，本件区別の合理的根拠，ひいては，準正を要件とすることの立法目的との合理的関連性が基礎づけられると前提している。しかし，判旨(2)(ii)が指摘するようなその後の諸事情の変化からみて，両親の婚姻により子と我が国の関連性を測ることはもはや必ずしも家族生活等の実態に適合するものといえず，また，諸外国の法改正に鑑みると，もはや準正を出生後における届出による日本国籍取得の要件にしておくことに，その立法目的との間に合理的関連性を失っており，また，両性の平等に沿わないので，結局，父母の婚姻がなければ生来的にも届出によっても日本国籍の取得を認めない点は，もはや「我が国との密接な結び付きを有する者に限り日本国籍を付与するという立法目的との合理的関連性の認められる範囲を著しく超える手段」となっており，国籍法3条1項は，日本国籍の取得につき合理性を欠いた過剰な要件を課するものであり，憲法14条1項に違反する，とする。

しかし，判決理由は，少なくとも日本国籍取得を正当化するほどの実態の変化が我が国にあることの論証には不十分であり，立法後の新たな立法事実がそのような変化に基づくかは，少数意見の述べるように明らかといえない。また，各国立法の変化も，結局，嫡出子と非嫡出子の区別自体の廃止の傾向とも関わるのであり，我が国のように両者を一般的に区別している法制とは異なる政策に基づくものといえるものと思われる。翻っていえば，確かに程度の差はあるが，昭和59年の改正当時に我が国における実態の変化は現れていたのではないかと思われ（日本人と外国人の婚姻数は10508，うち夫日本人は6828），すでに，準正を要件とする立法目的自体に無理があったのではないかと思われる。

3　国籍法2条1号は，父系優先血統主義の平等原則による是正という立法趣旨の結果生まれたものであり（父系優先血統主義自体は憲法に反しないものと考えられていたので，直接の立法理由は，女子差別撤廃条約9条2項に端を発し，我が国における国際結婚の実態の変化と諸外国における情勢の変化であったとされる）。最高裁は，血統主義を，母子関係については嫡出・非嫡出に関わりなく貫徹されているものとした上で，父子関係については，非嫡出子の場合，生来取得においては，認知の取扱いについて一部貫徹していないことになるので，伝来取得について，血統主義を出生後について補完するものとして国籍法3条1項をとらえる。その上で，父母の平等取扱いからも検討し，結局は，血統主義を補完すると言うことで2条1号と3条1項（準正）の嫡出子間の平等取扱いを実現するものである（なお，いずれにせよ，血縁関係を前提とするので，血縁関係のない認知は対象とならない。関連判例③参照）。したがって，非嫡出子間の不平等取扱いは，立法裁量上許されるものとしたが，本判決では，事情の変更を理由に，本件区別として俎上に乗せざるを得なくなったといえよう。

すなわち，生来取得については血統主義を主とし（一部生地主義），我が国における法律上の親子関係は嫡出ないし非嫡出に区別されるとした上で，母についてその区別との関係において平等取扱いをし，父についても同様の検討をする。判旨(ii)は，婚姻準正の問題性を指摘する。確かに子は出生のときに国籍を取得する権利を有し，無国籍に対しては各国は措置をとるべきこととなる。しかし，国籍取得は子の利益ともなる重要な法的地位ではあるが，国籍には義務も伴うし，国家の利益をも考慮しなければならないのであるから，日本国籍を取得することが常に子の権利・利益の観点からのみとらえられるべきものではない。

したがって，日本と関わりのある子が無国籍になるときには日本国籍を付与すべきものとしても，外国国籍を有する子についてまで，必ず日本国籍を付与すべきものではないので，まさに立法裁量の問題となろう。ただ一般原則としては，憲法上，国籍の得喪について，その身分によることはもちろん，子の法的地位による差別は，合理的な理由がない限り認められない。やや分かりにくいが，結局，伝来取得においても，平成15年当時には，嫡出子と非嫡出子の国籍取得における差別は許されないというのが多数意見である。

4　国籍付与の解釈論を検討すると，仮に国籍法3条1項の婚姻の要件の付加が違憲無効であり，伝来取得においても嫡出子と非嫡出子の差別的取扱いが許されないものとしても，国籍付与の要件として父子関係の存在のほかに子と我が国の関連性が必要なことは認められているのであるから，直ちに生後認知をされた非嫡出子に日本国籍を付与すべきことは当然には結論されず，婚姻以外の要件付加が必要か否かの問題，さらにいえば，認知という要件自体もこれでよいのかという問題は，基本的に立法裁量に属することであるが，法規定の一部無効の場合に，新たに要件を付加するのでない限り，事案の解決のために，立法目的から解釈論的にどのように処理されるべきかは，ある要件を無効とした裁判所の（立法ではなく）判断事項に属するであろう。

5　本判決を受け，平成20年12月に国籍法3条1頁が改正された（法88）。新規定は，日本国民の父または母により，20歳未満の子が認知された場合，法務大臣に届出をすることによって，日本国籍を届出の時点で取得することができると規定している（20条の罰則がある）。

◆関連判例◆

①最判平9・10・17民集51巻9号3925頁
②最判平14・11・22判時1808号55頁
③東京地判平30・7・24判タ1471号94頁
④最大判平20・6・4集民228号101頁

●京都大学・甲南大学名誉教授　櫻田嘉章●

54 母の認知

最高裁昭和37年4月27日第二小法廷判決
（昭和35年(オ)第1189号親子関係存在確認請求事件）
民集16巻7号1247頁，家月14巻8号138頁

■事　案■

Y男は，戸籍上B男C女夫婦の間に生まれた子として記載されていたが，その実は，A男を父とし，X女を母として，大正6年7月30日に婚姻外で出生したものであった。YがBC夫婦の子として戸籍記載されたのは，Yが婚外子であるため，家柄のやかましかったAの戸籍に入籍することができず，Xの養父母の反対によりXの戸籍に入籍することもできなかったため，知人を介してBC夫婦の子として届け出たものであった。

Yは，同年8月13日にXと養子縁組を結んだが，Aの家業を継ぐためにXとの養子縁組を解消し，昭和6年10月21日にAと養子縁組を締結して現在に至る。Yは，出生時から引き続きXに養育されてきたが，次第にXが自分の親であることを否認するようになった。そこで，XがXY間の親子関係が存在することの確認を求めて本件訴えを提起した。

1審（東京地判昭34・1・30民集16巻7号1248頁参照）および2審（東京高判昭35・7・25前掲民集1250頁参照）は，YがXの子であることが明らかであるとして，Xの請求を認容した。Y上告。

■争　点■

母と非嫡出子との法的親子関係の発生に認知は必要であるか。

■判　旨■

上告棄却。

「XがYを分娩した旨の原審（その引用する第1審判決）の事実認定は，その挙示する証拠に徴し，首肯するに足り，これに所論のような違法は認められない。」

「なお，附言するに，母とその非嫡出子との間の親子関係は，原則として，母の認知を俟たず，分娩の事実により当然発生すると解するのが相当であるから，XがYを認知した事実を確定することなく，その分娩の事実を認定したのみで，その間に親子関係の存在を認めた原判決は正当である。」

■解　説■

1　779条は，文言上，婚姻外の法的父子関係だけでなく，法的母子関係の発生のために認知を要求し，認知および準正に関する他の諸規定（780・783 Ⅱ・785・787ただし書・789 Ⅱ）においても，母の認知が予定されている。その一方で，母の認知については，分娩という客観的事実から母子関係の存在を認識できるにもかかわらず，法的母子関係の発生に認知を要するのかが問題とされてきた。

2　明治民法の起草者は，⑴棄児など母が不明な場合があること，⑵出生時に母の氏名を届出させることが，出生届の回避，虚偽の出生届の頻発，子捨て子殺しを招来するおそれがあることを理由に，母の認知を認めたと説く。婚外母子関係の発生に関する学説は，⑴認知によって発生するとする立場（認知必要説），⑵分娩の事実によって当然に発生し，認知は不要とする立場（当然発生説），⑶原則として分娩の事実によって発生し，棄児など母による分娩が客観的に明らかでない場合に，例外的に認知を必要とする立場（折衷説）に分かれる。

大審院は，婚姻外で生まれた子と母との法的親子関係が認知によって発生すると解した（関連判例①）が，戸籍実務においては，明治期より当然発生主義が採られ，認知主義を採る大審院判例とは整合しなかった。他方，大審院は，母が提出した出生届に認知届としての効力を認め（関連判例②），認知していない母も，子を分娩した以上，扶養義務を負うと判示することで（関連判例③），認知届が提出されない場合の法的問題を個別に解決したが，学説からは，根本的解決に至らないことが批判された。

3　本判決において，最高裁は，大審院時代の認知主義から転換し，婚外母子関係が，原則として，母の認知を俟たず，分娩の事実により当然に発生することを認めた。母子関係の確認は，親子関係存在確認の訴えによって行う。母の死後は，検察官を被告として訴えを提起するが（関連判例④），死後認知の期間制限（787ただし書）の適用は受けない。さらに，母の遺産分割後であっても，784条ただし書および910条の類推適用は認められない（関連判例⑤—Ⅲ-151事件）。

「原則として」と述べる判文からは，折衷説を採用するようにも見えるが，認知を要する例外的事例は，その後の裁判例においても明らかでない。むしろ，本判決は，懐胎者が母であることを前提とする嫡出推定規定（772）や，代理出産において代理母を母とする判例（関連判例⑥—Ⅲ-51事件）とも相俟って，現在では，分娩者を母とする準則（いわゆる「分娩者＝母ルール」）を形成すると理解されている。

◆関連判例◆

①大判大10・12・9民録27輯2100頁
②大判大12・3・9民集2巻143頁
③大判昭3・1・30民集7巻12頁
④最判昭49・3・29家月26巻8号47頁
⑤最判昭54・3・23民集33巻2号294頁（Ⅲ-151事件）
⑥最決平19・3・23民集61巻2号619頁（Ⅲ-51事件）

●鹿児島大学　阿部純一●

55 非嫡出父子関係と親子関係存在確認

最高裁平成2年7月19日第一小法廷判決
（平成元年(オ)第772号父子関係存在確認請求事件）
家月43巻4号33頁，判時1360号115頁

■事　案■

戸籍上，Xは，昭和20年6月25日A男B女の三女として出生届がされ，同年8月25日C女と養子縁組をし，昭和49年11月14日Eと婚姻し同人の妻として入籍した。しかし実際は，養母Cと亡D男（昭和3年1月2日死亡）との非嫡出子として生まれたものであり，CはXの将来を考えいわゆる私生子として届出を避けるため，知人であるAB夫妻に事情を打ち明け戸籍上上記のような方法を採ったものである。Xは出生以来Cに養育され続けており，A・Bに育てられたことはない。

Xは，昭和52年7月25日A・Bを相手方として静岡家庭裁判所に親子関係不存在確認の調停を申し立て，「XとA・Bとの間に親子関係がないことを確認する」旨の合意に相当する審判（旧家審23）を得た。しかし，Xは，血縁上は父Dの子であるが，787条ただし書に規定する認知の訴えの出訴期間である「父死亡の日から3年以内」を過ぎていた。そこで，Xは，自分の父が亡Dであることを戸籍上も記載してもらうべく戸籍法116条による戸籍訂正の手続を採るため，昭和63年に至り，東京地方裁判所八王子支部に検察官を被告として「Xが亡Dの子であることを確認する」旨の親子関係存在確認の訴えを提起した。

1審（東京地八王子支判昭63・11・28家月43巻4号38頁参照）は，「Xは亡Dとの間に生まれた非嫡出子であること，Xは亡Dの認知を受けていないことが認められるところ，非嫡出子については認知によって初めて法律上の父子関係が発生するものと解すべきであるから，本件訴は自然血縁的親子関係という事実の確認を求める訴として不適法なものといわざるをえない。また，認知の訴の提起期間が経過した後に父子関係存在確認の訴を提起することを認めるときは，身分関係に伴う法的安定性が害されることを避けるために設けられた787条ただし書の趣旨を没却することになるから，この点からも本件訴を許容することはできない」と判示した。

2審（東京高判平元・2・27前掲家月37頁参照）はX欠席によるいわゆる欠席判決であり，1審判決の理由を引用して控訴を棄却した。

Xが上告。

■争　点■

認知されていない非嫡出子は，死後認知訴訟の出訴期間経過後，検察官を被告として親子関係存否確認の訴えを提起することができるか。

■判　旨■

上告棄却。

「嫡出でない子と父との間の法律上の親子関係は，認知によってはじめて発生するものであるから，嫡出でない子は，認知によらないで父との間の親子関係の存在確認の訴えを提起することができない。これと同旨の原審の判断は，正当として是認することができ，原判決に所論の違法はない。……論旨は，違憲をいう点を含め，ひっきょう，独自の見解に立って原審の右判断における法令の解釈適用の誤りをいうものにすぎず，採用することができない。」

■解　説■

1　非嫡出親子関係の成立に関しては，779条は「嫡出でない子は，その父又は母がこれを認知することができる」と規定して，父子関係と母子関係で区別をしていない。しかし，判例（関連判例①―Ⅲ-54事件参照）・学説は，その明文規定にかかわらず，母子関係は分娩の事実によって当然発生するとして認知不要説に立脚している。これに対し，父子関係は明文の規定どおり常に認知を要求し，いかなる場合でも父子関係は認知がなければ発生しないとすることに，これまた判例・通説上ほとんど異論を聞かない。

2　本件の上告理由で，父子関係と母子関係の成立に関し，憲法14条1項違反の主張をしているが，本判決は独自の見解としてこれを一蹴している。違憲の主張は，非嫡出母子関係は出訴期間の制限のない母子関係存在確認の訴えが認められるのに，父子関係については認知の訴えのみ可能で3年の出訴期間の制限に服さざるを得ないのは不合理な差別であるとするものである。DNA鑑定などで父子関係の立証が容易になってくると，この区別の正当性が改めて問題とされよう。父子関係でも，本件を含め血縁関係の存在は明らかなケースはあり，一定の要件のもとに親子関係存在確認の訴えを認めてよいのではあるまいか。

父子関係について死後認知の出訴期間経過後はもはや親子関係存在確認の訴えを含めて法律的な親子関係を確認形成する途が閉ざされるということは，認知の訴えの性質について形成訴訟説を採ればもちろん，確認訴訟説を採っても変わらないとされるが，少し硬直的な解釈に過ぎるのではないか。立法論的には，出訴期間の延長の当否が問題とされるが，血縁主義と法的安定との調和という視点からは，3年から5年に延長することも考えられる。

3　なお関連判例②（Ⅲ-45事件）でも触れたことだが，本件限りの問題でいえば，X本人の気の迷いなどがあったとしても，XAB間の親子関係不存在確認の合意に相当する審判（旧家審23，現・家事277），実父への認知訴訟の途を閉ざしてしまったことに対して，家庭裁判所の調停・審判の運用に問題はなかったのか，反省を迫るケースであった。

◆関連判例◆

①最判昭37・4・27民集16巻7号1247頁（Ⅲ-54事件）
②最判平10・8・31家月51巻4号33頁（Ⅲ-45事件）

●弁護士　梶村太市●

56 虚偽の嫡出子出生届と認知の効力

最高裁昭和53年2月24日第二小法廷判決
（昭和51年(オ)第361号貸金請求事件）
民集32巻1号110頁，判時883号25頁

■事　案■

A（中華民国籍）は，Y（被告・控訴人・上告人）に対し，昭和41年3月31日に弁済期を2か月後の5月30日として200万円を貸し渡していたが，同年6月21日に死亡した。Aの妻X_1（原告・被控訴人・被上告人）と9名の子X_2～X_{10}（原告・被控訴人・被上告人）は，中華民国法の定めるところにしたがってAの遺産を相続し，貸金債権を「公同共有（合有）」したとして，Yに対して貸金および遅延損害金の支払を求めた。

これに対して，Yは，子のうち，X_1（当時内縁の妻）との間の子X_2とX_3についてなされた認知の無効を主張したほか，X_4とX_5の2名はAとB女との婚外子であり，X_6とX_7の2名はC女との間の婚外子であるが，AからAとX_1の間の嫡出子としての出生届が提出されていた。また，X_8とX_9とX_{10}の3名は，AとC女との間の婚外子であったが，Aと架空の女性との間の非嫡出子としての出生届が出されたもので，これらの届出には認知の効力はなく，相続権もないとして争った。

1審（東京地判昭48・12・21民集32巻1号118頁参照）・2審（東京高判昭50・12・9判時807号28頁）は，X_2とX_3に対する認知を有効とし，X_4～X_{10}に対してAが行った出生届について認知の効力を認めたため，Yから上告が提起された。

■争　点■

①虚偽の嫡出子出生届に認知の効力を認めることができるか。
②父のなした非嫡出子出生届に認知の効力を認めることができるか。

■判　旨■

上告棄却。

「嫡出でない子につき，父から，これを嫡出子とする出生届がされ，又は嫡出でない子としての出生届がされた場合において，……戸籍事務管掌者によって受理された……右各届は子の認知を主旨とするものではないし，嫡出子でない子を嫡出子とする出生届には母の記載について事実に反するところがあり，また嫡出でない子について父から出生届がされることは法律上予定されておらず，父がたまたま届出たときにおいてもそれは同居者の資格において届出たとみられるにすぎないのであるが（戸籍法52条2，3項参照），認知届は，父が，戸籍事務管掌者に対し，嫡出でない子につき自己の子であることを承認し，その旨を申告する意思の表示であるところ，右各出生届にも，父が，戸籍事務管掌者に対し，子の出生を申告することのほかに，出生した子が自己の子であることを父として承認し，その旨を申告する意思の表示が含まれており，右各届が戸籍事務管掌者によって受理された以上は，これに認知届の効力を認めて差支えないと考えられるからである。」

■解　説■

1　本件は，中華民国籍の中国人の父がなした各種出生届が認知の効力を有するかどうかが争われた事案であったが，最高裁は，本判決において，初めて虚偽の嫡出子出生届に認知の効力を認め，また父のなした非嫡出子出生届にも認知の効力を肯定した。本判決は，この点に関する最高裁の新判例と言え，そのもつ意義は大きい。

まず，第1の争点については，大審院は，父が虚偽の嫡出子出生届をしたときは，当該届出中には父において自己の子であることを認める意思表示が包含されるので，認知の効力を肯定できると説示し（関連判例①），以後一貫して積極説が採られてきた。ところが，戦後の民法改正により，庶子制度も廃止され，戸籍法でも，嫡出でない子の出生届出義務者は原則として母であり，例外的に，非嫡出子出生届未了の間に婚姻が成立した場合には，父にも準正嫡出子出生の届出資格を認め，その届出に認知の効力を認めると規定した（戸62）。そのため，当初の戸籍実務では，認知は要式行為であり，庶子出生届が廃止されて認知届以外で認知の意思表示をすることはできない以上，父からの嫡出子出生届も認知届の効力を有しないとされた（昭24・9・19民甲2094号民事局長回答，昭25・10・12民甲2767号民事局長回答等）。しかし，学説では，批判的な立場が多数を占め，戸籍実務でも積極説に立つことが明らかにされた（昭40・1・7民甲4016号民事局長通達，昭40・4・22民甲846号民事局長回答）。

第2に，父が届出人となった非嫡出子出生届の効力についても，現行戸籍法では，非嫡出子の出生届出義務者は原則として母とされ，次に同居者および出産に立ち会った医師，助産師その他の者とされている（戸52Ⅱ・Ⅲ）。したがって，父には届出義務はなく，仮に父が届け出たとしても同居者としての資格で行うほかはない。そこで，戸籍実務でも，父からの非嫡出子出生届は不適法であるから不受理か（昭23・4・21民甲999号民事局長回答），誤って受理された場合も認知の効力は認められないとされてきた（昭24・4・15民甲888号民事局長回答等）。しかし，学説の多くは，非嫡出子出生届にも父がなした出生届には自分の子と承認する内容が含まれていると批判をし，積極説を採用した。

2　本判決の結論については，学説上もほぼ異論はなく，戸籍実務でも，嫡出でない子の父が虚偽の嫡出子出生届を出した場合も非嫡出子出生届を出したときも両出生届に認知の効力を認める扱いは確立した（昭57・4・30民二2972号民事局長通達）。しかし，本判決の理論的根拠については対立があり，無効行為の転換理論によるものか，それとも戸籍法62条の類推適用理論によるものか必ずしも明らかではない。

最高裁は，虚偽の嫡出子出生届や父による非嫡出子出生届には柔軟に認知届の効力を肯定しているのに対して，虚偽の嫡出子出生届に養子縁組届の効力を付与することにはきわめて慎重である（関連判例②③等）。この点について，かつての学説では，出生届と認知の効力の問題と出生届と養子縁組の問題とを同質の問題として捉えて積極的に解する立場が多かったが，最近では，任意認知は事実的血縁的に存在する父子関係の法的承認であり，養子縁組は新たな親子関係の創設や形成に関わることであるため，判例の取扱いを肯定する立場も有力である。このほか，父が未認知の非嫡出子について，戸籍上虚偽の夫婦の代諾によって養子縁組の届出をした場合には，縁組届に認知の効力が認められるかどうか，また，父が行った非嫡出子出生届は当然に認知の効力が認められるかなど，検討課題は残されている。

◆関連判例◆

①大判大15・10・11民集5巻703頁
②最判昭25・12・28民集4巻13号701頁
③最判平9・3・11家月49巻10号55頁
④最判昭39・9・8民集18巻7号1423頁（Ⅲ-68事件）
⑤最判平18・7・7民集60巻6号2307頁（Ⅲ-48事件）

●早稲田大学　棚村政行●

57 認知者の意識喪失の間になされた認知届の効力

最高裁昭和54年3月30日第二小法廷判決
（昭和53年(オ)第1101号認知無効等請求事件）
家月31巻7号54頁，判時931号60頁

■事　案■

A男は，昭和45年12月11日以前に，その妻Bとの間の子X（原告・控訴人・上告人）に対し，Aの婚姻外の子Y（被告・被控訴人・被上告人）を認知する手続をするように委託した。Xが上記手続をする以前である昭和45年12月31日には，Bが死亡し，遅くとも昭和46年5月5日ごろまでにはA自身も意識不明に陥り，そのまま同月9日にAも死亡した。ところが，Xは，Aの心神喪失中である同月7日にAの名において認知届書を作成し，その翌日でAの死亡前日である同月8日にYの夫であるCをしてその認知届を提出させた。昭和50年3月17日，XはYに対して，AY間に血縁上の父子関係が存在しないこと，Aは認知届出当時心神喪失の状況にあり，他人により届け出られしかも認知の意思を欠いていたとして認知無効の訴えを提起した。

1審（静岡地判昭52・10・4公刊物未登載）・2審（東京高判昭53・6・13公刊物未登載）ともに，AY間に血縁上の父子関係が存在すること，Aはかねてより認知の意思を有し，認知の手続の代行を委託していた以上，たとえ認知届出当時心神喪失の状況にあり，他人により届け出られたものだとしても，認知はAの真意に基づき，かつその委託に基づく認知届出書の作成・提出がなされたもので有効と判断した。これに対してXから上告。

■争　点■

認知の届出が受理された当時認知者が意識を失っていた場合に，認知者がそれ以前に他人に認知届の作成・提出方を委託していたときには，当該認知届は有効であるかどうか。

■判　旨■

上告棄却。

「民法781条1項所定の認知の届出書にあたり，認知者が他人に認知届書の作成及び提出を委託した場合であっても，そのことの故に認知の有効な成立が妨げられるものではなく，また，血縁上の親子関係にある父が，子を認知する意思を有し，かつ，他人に対し認知の届出の委託をしていたときは，届出が受理された当時父が意識を失っていたとしても，その受理の前に翻意したなど特段の事情のない限り，右届出の受理により認知は有効に成立するものと解するのが相当である」。

■解　説■

1　本件は，認知者が認知の届出書の作成および提出を他人に委託したところ，認知の届出当時には認知者は心神喪失の状態にあって，しかも他人に対して認知の届出が委託されていたことから，認知の効力はないとして認知無効が争われたケースである。本判決は，血縁上の親子関係にある父が子を認知する意思を有しかつ他人に対して認知の届出を委託していたときは，認知届が受理された当時，父が意識を失っていたとしても，その受理の前に翻意したなど特段の事情のないかぎり，届出の受理によって認知は有効に成立すると判示した初めての最高裁判例であり，注目に値する。

これまで，判例では，他人に婚姻届を委託した当事者が届書の作成当時婚姻意思を有しており，当事者たちの間に実質的な夫婦共同生活関係が存続していたとすれば，その届書が受理された当時意識を失って心神喪失の状態に陥っていたとしても，届書受理以前に翻意するなど特段の事情がないかぎり，届書の受理によって婚姻は有効に成立したものと解すべきであると判示していた（関連判例①—Ⅲ-3事件・②—Ⅲ-4事件は事実上の夫婦共同生活がなかったケースで認めている）。また，当事者間で養子縁組の合意が成立しており，他人に養子縁組届出を委託した当事者が届出が受理された当時意識を失っていたとしても，その受理の前に翻意したなど特段の事情がない限り，届出の受理によって養子縁組は有効に成立すると判示している（関連判例③—Ⅲ-73事件）。

2　婚姻，養子縁組，離婚，離縁などの形成的身分行為は，一般に，届出書を作成し届出書の役所への提出＝受理という一連のプロセスを経て有効に成立する。しかし，届出書の作成や提出＝受理というプロセスの間にはタイムラグが発生しやすく，当事者の一方が死亡したり，翻意をするとか，意識を喪失するなどのアクシデントが生じた場合に，いったんなされた届出の効力が本人の心神喪失によりどのような影響を受けるかという問題は起こりうる。すでに述べたように，本判決は，創設的届出を成立要件とする婚姻や養子縁組と同様に，認知においても，創設的届出が受理された当時認知者が意識を喪失していた場合にも，届出に認知の効力を認め，上記判例法理を認知にまで及ぼした初の最高裁判例といってよい。

3　学説では，適法に婚姻の届書が作成された後に行為者が意識不明になった場合でも，本人の積極的な反対の意思表示（翻意の意思表示）がないかぎり，婚姻意思をもち続けていたものと推定が働くとして意思存続推定説，推定だと意識喪失が立証されると無効とならざるをえず，むしろ届書作成当時と同様の意思の存続がみなされるべきとする意思存続擬制説，意思能力が喪失してしまえば，翻意の可能性がなくなり，既存の意思が確定的となるとする意思確定説，身分行為における当事者の意思表示は届出書の作成によってなされるものではなく，意思表示の発信における到達主義と変わりなく，適法な身分行為の合意があれば受理時に意思無能力でも有効とする立場，身分行為は無方式の意思表示の合致と届出（受理）によって成立し効力を生じ，本人が意思能力を失っても効力に影響を受けないとする立場などの諸説がある。

しかしながら，婚姻・離婚・養子縁組・離縁などの創設的形成的身分行為と認知とは，認知が被認知者との間での血縁上の親子関係が存在すること，他の形成的身分行為が当事者双方の合意を基礎とするのに対して，認知は認知者や被認知者の単独行為でできること，認知では認知者の死後認知も可能であるのに対して，婚姻等では死亡後は身分行為を有効にする途がないことなど重大な差異が存在している。もっとも，認知届書の受理時における意識喪失と届出の効力の問題については，原則的には，身分行為における事実の先行性や効力要件説的な理解の下で肯定的に理解してもよいであろう。

◆関連判例◆

①最判昭44・4・3民集23巻4号709頁（Ⅲ-3事件）
②最判昭45・4・21判時596号43頁（Ⅲ-4事件）
③最判昭45・11・24民集24巻12号1931頁（Ⅲ-73事件）

●早稲田大学　棚村政行●

58 認知者の死亡後における認知無効の訴え

最高裁平成元年4月6日第一小法廷判決
（昭和62年(オ)第1568号認知無効等請求事件）
民集43巻4号193頁，判時1310号80頁

■事　案■

X（原告・被控訴人・被上告人）は，昭和2年11月12日A女の子として生まれ，昭和3年1月16日Aから出生届がなされ，昭和4年4月19日，Bからの認知届がなされている。Aは，当時旅館の住み込み勤務をしており，他男との性関係からXを懐胎したものであり，AとBとは性関係をもったことはなく，BがXを認知した理由や事情は定かではない。BとXとの間に父子としての交流もなく，BがXまたはAに生活費や養育費を送金してきたことはなかった。Xは真実の父はCであると主張しているが，Cは昭和60年11月17日に死亡しており，Bは昭和35年6月24日に死亡している。そのために，Xは，検察官を被告として，Bに対する認知無効の訴え，Cに対する認知の訴えを提起した。

両請求は分離され，Bに対する認知無効の訴えが本件である。Cの子および孫がY（検察官―被告・控訴人・上告人）に補助参加し，実質的な当事者として訴訟活動をしている。

1審（横浜地判昭62・4・30民集43巻4号201頁参照）・2審（東京高判昭62・9・21判タ664号191頁）はともに，認知者死亡後の認知無効の訴えは可能であり，その場合には，旧人事訴訟手続法2条3項の規定を類推適用して，検察官を被告として認知無効の訴えを提起できるとし，Xの請求を認容した。そこで，Yから上告。

■争　点■

認知者が死亡した場合に，原告は検察官を相手方として認知無効の訴えを提起することができるか。

■判　旨■

上告棄却。

「親子関係は身分関係の基本となる法律関係であり，認知に係る親子関係が真実に反するときは，認知によって生じた法律効果について存在する現在の法律上の紛争の解決のために，被認知者には，当該親子関係が存在しないことを確定することについて法律上の利益があるから，認知者が死亡した後であっても，認知無効の訴えの提起を許容することが相当であり，この場合において，認知無効の訴えの相手方たる地位は，婚姻の無効又は取消しにおける相手方の地位と同様に，一身専属的なものであって承継の対象とならないので，〔旧〕人事訴訟手続法2条3項の規定を類推適用して，認知者が死亡した後は検察官をもって相手方とすべきものと解される。したがって，認知者が死亡した後においても，被認知者は検察官を相手方として認知無効の訴えを提起することができると解するのが相当であ」る。

■解　説■

1　本判決は，認知者死亡後の認知無効の訴えの提起について消極的に解してきたこれまでの大審院判例（関連判例①）を変更し，認知者死亡後の認知無効の訴えは検察官を被告として提起することができることを明らかにした点で大きな意義がある。

旧人事訴訟手続法は，認知無効の訴えの被告適格についての規定を欠いていたために，認知者死亡後に認知無効の訴えが提起できるかどうかでは解釈上争いが生じていた。すなわち，認知無効の訴えについては，旧人事訴訟手続法2条1項・2項と同様に，被認知者が原告となる場合には認知者を，第三者が原告となる場合には，認知者および被認知者を被告としなければならず，一方のみが生存するときは生存者を相手方とするというのが判例の立場であった（関連判例②③④）。しかし，被告となるべき者が死亡しているときには，⑴被認知者が原告で認知者が死亡している場合（関連判例①），⑵第三者が原告で認知者・被認知者双方が死亡している場合（関連判例④）も，いずれも検察官を被告とする規定の準用がない以上，訴えを提起することはできないと解されてきた。

2　これに対して，学説は概ね批判的であり，認知無効の訴えの本質は認知に係る親子関係不存在の主張にほかならないこと，一連の大審院判例は昭和17年2月の死後認知を認める民法改正以前のものであり，父子関係の存否の確定に父の生存が必ずしも必要とされなくなったこと，父死亡後の認知無効の訴えが許されないとすると，遺言認知に対しては，子その他の利害関係人は反対事実を主張できるという明文の規定に反して（民旧835，民現786），争う法的手立てがないことになってしまう不都合があることなどを理由として，旧人事訴訟手続法2条3項を類推適用して検察官を被告とした訴えの提起を認めるものが多数を占めていた。

そのため，戦後の下級審裁判例は，この多数説に従うものが相次ぎ（関連判例⑤等），戸籍実務でも，認知者死亡の場合の検察官を被告とした認知無効の訴えの確定判決に基づく戸籍訂正の申請を受理する扱いがされていた（昭42・2・10民甲295号民事局長回答）。また，同じく旧人事訴訟手続法で規定を欠いていた親子関係存否確認訴訟についても，争いを生じ，判例は当初検察官を被告とする訴えを否定してきたが（関連判例⑥⑦⑧），その後，親子の一方が死亡後に他方から検察官を被告とする訴えが肯定され（関連判例⑨），また親子双方が死亡後に第三者から検察官を相手に訴えが認められるとする判例がでてきた（関連判例⑩）。そのため，本判決は，これまでの学説の大勢に従い，戦後の下級審裁判例や戸籍実務の流れに沿ったものと言え，最高裁がこのような判断を下し大審院判例を変更するであろうことは十分に予想されていた。

3　人事訴訟法は，以上のような判例・学説での動きを踏まえた上で，人事訴訟において被告とすべき者が死亡し，被告とすべき者がいない場合には，検察官を被告とするとの規定を置いたために（人訴12Ⅲ），認知無効の訴えの被告適格だけでなく，およそ人事訴訟一般について検察官の被告適格が広がり立法的な解決が図られた。もっとも，認知者死亡後の認知無効の訴えについても，権利濫用法理や認知無効の主張権者の制限など長期間を経た相続争いでの主張や濫訴をどのように封ずるべきかも，なお検討課題といえよう。

◆関連判例◆

①大判昭17・1・17民集21巻14頁
②大判大11・3・27民集1巻137頁
③大判大14・9・18民集4巻635頁
④大判昭9・7・11民集13巻1361頁
⑤山口地判昭29・12・24下民集5巻12号2104頁
⑥大判昭15・7・12新聞4598号12頁
⑦大判昭15・7・19新聞4597号12頁
⑧最判昭34・5・12民集13巻5号576頁
⑨最大判昭45・7・15民集24巻7号861頁
⑩最判昭56・10・1民集35巻7号1113頁

●早稲田大学　棚村政行●

59 認知者による認知無効の可否

最高裁平成26年1月14日第三小法廷判決
（平成23年(受)第1561号認知無効，離婚等請求本訴，損害賠償請求反訴事件）
民集68巻1号1頁，判時2226号18頁

■事 案■

平成15年3月，X男（原告・被控訴人・被上告人，反訴被告・被控訴人）はフィリピン国籍のA女と婚姻した。AにはフィリピンB男（平成20年に死亡）との間に3人の子がいる。平成16年12月，Xは，血縁上の父子関係がないことを知りながらも，A・Bの末子であるY（被告・控訴人・上告人，反訴原告・控訴人）を認知した。Yは平成17年10月に来日してXとの同居生活をはじめ，同年12月に日本国籍を取得した。

しかし，X・Yは一貫して不仲であり，Xが遠方で稼働するようになった平成19年6月ごろよりX・Yは別々に生活するようになった。X・Yは，その後，ほとんど会っていない。Xは，Aに対して離婚を求める訴えを，Yに対して認知無効を求める訴えを提起した。

1審（広島家判平22・10・21民集68巻1号19頁参照）・2審（広島高判平23・4・7前掲民集32頁参照）がAに対する離婚請求，Yに対する認知無効請求をともに認容したために，Yは上告受理の申立てをした。Yは，認知者自身による認知無効の主張を認めれば，気まぐれな認知と身勝手な無効の主張を許すことになり，その結果，認知により形成された法律関係を著しく不安定にし，子の福祉を害することになる等と主張した。

■争 点■

血縁上の父子関係がないことを理由に，認知者は認知の無効を主張できるか。

■判 旨■

上告棄却。

「血縁上の父子関係がないにもかかわらずされた認知は無効というべきであるところ，認知者が認知をするに至る事情は様々であり，自らの意思で認知したことを重視して認知者自身による無効の主張を一切許さないと解することは相当でない。また，血縁上の父子関係がないにもかかわらずされた認知については，利害関係人による無効の主張が認められる以上（民法786条），認知を受けた子の保護の観点からみても，あえて認知者自身による無効の主張を一律に制限すべき理由に乏しく，具体的な事案に応じてその必要がある場合には，権利濫用の法理などによりこの主張を制限することも可能である。そして，認知者が，当該認知の効力について強い利害関係を有することは明らかであるし，認知者による血縁上の父子関係がないことを理由とする認知の無効の主張が民法785条によって制限されると解することもできない。

そうすると，認知者は，民法786条に規定する利害関係人に当たり，自らした認知の無効を主張することができるというべきである。この理は，認知者が血縁上の父子関係がないことを知りながら認知をした場合においても異なるところはない。」

（補足意見，意見および反対意見がある。）

■解 説■

1　任意認知は，認知者と被認知者との間に法的親子関係を生じさせる身分上の法律行為であり，認知者による意思表示によって一方的になされる単独行為である。任意認知は，血縁関係の事実をもとに法的親子関係を認める行為であり，実質的には親子関係の承認としての性質をもつものの（関連判例①），認知者と被認知者との間の血縁関係の有無について証明する必要もないために，血縁関係の事実がない子に対する任意認知がなされることもありうる（不実認知）。そのため786条は，子その他の利害関係人に対し，血縁関係のない真実に反する任意認知に対して反対事実を主張する，認知無効の提訴権を認めている。

2　では，この提訴権が認められる「利害関係人」に認知者自身が含まれるだろうか。換言すれば，これは，血縁のない子を自身の子として承認した認知者自身によりそれを翻すことが許されるかという問題である。この問題を検討する上で，任意認知をした者による認知の取消しを禁ずる785条の解釈も問題となる。同条の解釈をめぐっては，同条が定める「取消し」を撤回と解する説，法律行為の取消しと解する説とに分かれ，さらに前者は認知無効の主張を認めるかどうか等，学説は対立し，裁判例も分かれていた。

3　認知者による認知無効の主張の可否について，かつての判例（関連判例①）はこれを否定していたが，学説は認知者を除くことの不合理性を理由とした肯定説，不実認知者自身の認知無効の主張の不当性を理由とした否定説が展開されてきた。

4　本判決は，最高裁として初めて，不実認知をした認知者自身について認知無効の提訴権を認めた点で重要な意義を有する。本判決以後に出された事案でも，本判決と同旨の判断が示されている（関連判例②）。なお，本判決では意見や反対意見が付されている。多数意見と結論を同じくする意見においては，多数意見の論拠に疑問を呈しつつも，事案の特殊性を考慮した上で判断している。本判決では，例外的に，具体的事案において権利濫用法理による認知無効の主張を制限する可能性を認めている。いかなる場合に認知者による認知無効の主張を権利濫用として排斥しうるかについては，本件1審の判断枠組みが参考となると考えられるが，そもそもこのような権利濫用法理に基づく解決に否定的な見解もみられる。

◆関連判例◆

①大判大11・3・27民集1巻137頁
②最判平26・3・28集民246号117頁
③最決平19・3・23民集61巻2号619頁（Ⅲ-51事件）
④最判昭54・11・2判時955号56頁（Ⅲ-70事件）
⑤大判昭12・4・12判決全集4輯8号16頁
⑥最判昭50・9・30家月28巻4号81頁
⑦最判昭53・2・24民集32巻1号110頁（Ⅲ-56事件）

●専修大学　佐々木健●

60 認知の訴えの性質

最高裁昭和29年4月30日第二小法廷判決
（昭和26年(オ)第866号認知請求事件）
民集8巻4号861頁，判時25号10頁

■事　案■

Xの母Aは，夫が昭和13年に戦死した後，昭和22年に近隣に住むYとの情交関係により昭和23年に懐胎し，同24年4月にXを出産した。しかしYはXが自分の子であることを否認し，出産養育についての費用負担もしないことから，XがYを相手方として家裁に調停の申立てをしたが，これは不調に終わった。そこでXがYの子であることの認知を求める訴えを提起した。

1審（千葉地裁一宮支部判決年月日不明・民集8巻4号864頁参照）はXの請求の趣旨どおり，「YはXを認知すべし」と述べた。これに対し，Yは事実関係を争って控訴した。2審（東京高判昭26・11・13前掲民集865頁参照）は，Aおよび証人らの供述に照らし，Yの主張は採用し難いとして，控訴を棄却した。

そこでYは，民法改正（昭和17年）により認知の訴えは給付の訴えから確認の訴えに改定されたこと，給付の訴えと確認の訴えは種類が異なり，給付判決を求めたときには確認判決はなし得ないこと，1審が「認知すべし」との給付判決をし，これを容認した2審は法令に違背したものであることを主張して，上告した。

■争　点■

認知の訴えの性質は，給付の訴えかあるいは形成の訴えと解すべきであるか。

■判　旨■

上告棄却。

「認知の訴は，昭和17年の民法の改正により，父母の死後も提起できることになり，法文も『父又は母に対し認知を求むることを得』とあったのを，離婚や離縁の訴と同じように『認知の訴を提起することを得』と改められ（旧民法835条），それと同趣旨が現行法に引き継がれたものと解すべきであり（民法787条），またこの訴につき言い渡された判決は，第三者に対しても効力を有するのであり（人訴32条，18条〔当時〕），そして認知は嫡出でない子とその父母との間の法律上の親子関係を創設するものであること等を考えると，認知の訴は，現行法上これを形成の訴であると解するのを相当とする。本件において，第1審判決の主文は，『YはXを認知すべし』と判示して，あたかもYに対し認知の意思表示を命じたかのような文言を用いてあることは所論のとおりであるが，右判決の趣旨とするところは，要するにXのYに対する認知請求権の存在することを認め，これによって両者間に法律上の親子関係を発生せしめることを宣言したものに外ならないと云うことができるのであって，結局用語が妥当でなかったにすぎない。そして原判決もまたこの趣旨の下に控訴を棄却したものと認められるから，原判決には所論のような法令の違背はなく，論旨は採るをえない。」

■解　説■

1　わが国の認知の歴史は，父からの任意認知のみが認められ，訴訟による認知請求はなし得ない時代（明治民法制定前の明治6年太政官布告）に遡るが，明治31年民法に「父又は母に対して認知を求むることを得」と規定されて以来，強制認知が認められ，さらに死後認知も認められ，これが意思表示を求める訴えであることから，給付の訴えと解されていた。

ところが昭和17年に「認知の訴を提起することを得但父又は母の死亡の日より3年を経過したるときは此限に在らず」（昭和17年民法中改正法律835条）と改正され，かつこれが昭和22年の現行787条にも踏襲されたことから，認知訴訟の性質につき，給付訴訟か形成訴訟か，あるいは確認訴訟かの論争があった。本判決は認知の訴えを形成訴訟とした最初の判決である。その根拠につき，判旨は，(1)死後認知を認めた17年改正条文が現行法に踏襲されていること，(2)判決効が第三者に及ぶこと（人事訴訟手続法32・18〔現・人訴24 I〕），(3)認知は非嫡出子とその父母との法律上の親子関係を創設するものであること，の3点を挙げる。

2　確かに死後認知を法定したことにより，給付訴訟説は取りえないこととなった。しかし上記判旨根拠の(2)と(3)は，形成訴訟説の根拠にはなりうるものの，確認訴訟説を排斥する理由にはなり難い。人事に関する確認訴訟も認められているところであり，しかもこれが確定すれば対世効を持つからである。さらに母子関係につき分娩の事実により発生するとの通説・判例（関連判例①―III-54事件）の見解は，確認訴訟と理解されることの理論的帰結であり，父子関係については法医学的検査結果（DNA等）により決定されることが多いことを勘案すると，確認訴訟説も主張されるところである。

3　本判決自体は，扶養料請求目的のため訴訟に及んだもので，認知請求が形成訴訟か否かについては，いわば傍論で述べられたにすぎず，積極的に形成訴訟を採った判例と位置づけることに疑問も呈されている。いずれにしても本件は親子の本質をどのように解するかにかかわる。虚偽嫡出子出生届事件では，長年親子関係が継続した後の親子関係不存在確認請求は権利濫用とする関連判例②（III-48事件）がある。また死後認知規定の準用ないし類推適用により認知請求をなした凍結精子による死後生殖事件（関連判例③―III-50事件）も発生し，何をもって法的親子を認定すべきかにつき，広範な検討が必要である。

◆関連判例◆

①最判昭37・4・27民集16巻7号1247頁（III-54事件）
②最判平18・7・7民集60巻6号2307頁（III-48事件）
③最判平18・9・4民集60巻7号2563頁（III-50事件）

●横浜国立大学名誉教授　奥山恭子●

61 認知の訴えの提訴権者
――法定代理人

最高裁昭和43年8月27日第三小法廷判決
（昭和42年(オ)第609号認知請求事件）
民集22巻8号1733頁，判時533号38頁

■事 案■

Xの母Aは，Xが14歳9か月の時に，Xを代理してYを相手方として認知の訴えを提起した。これに対しYは，XがYの子であることを否認した。1審（京都地判昭41・3・28民集22巻8号1737頁参照）は，AがXを懐胎したと推定される時期にY以外の男性と情交関係を有した事実をうかがわせるに足る証拠はなく，また法医学上もXがYの子であることを否定する科学的根拠はないとして，XがYの子であることを認知すると判示した。

これに対しYは控訴したが，2審（大阪高判昭42・2・28前掲民集1739頁参照）は，請求事実の認定と判決理由は1審と同じであるとして，控訴を棄却した。

Yは，787条は法定代理人が自ら原告となり，自己の名で訴えを提起できると解すべきであり，訴えを提起した当時，Xは意思能力を有しており，法定代理人たるAがXの名において訴えを提起することは許されないこと，仮に1審当時Xに意思能力がなかったとしても，2審判決時は18歳に近く，自ら訴訟追行ができるから，法定代理人たるAは訴訟関係より排除されるべきであったとして，上告した。

■争 点■

未成年の子の法定代理人は，子に意思能力があるときでも，子を代理して認知の訴えを提起することができるか。

■判 旨■

上告棄却。

「身分上の行為は，原則として法定代理人が代理して行なうことはできず，無能力者であっても意思能力があるかぎり，本人が単独でこれを行なうべきものであり，これに対応して，人事訴訟については訴訟無能力に関する民事訴訟法の規定は適用がないものとされているのである。したがって，未成年の子も，意思能力がある場合には，法定代理人の同意なしに自ら原告となって認知の訴を提起することができるものであり，このことは人事訴訟手続法32条1項，3条1項〔当時〕の規定に照らしても明らかである。しかし，他方，民法787条は子の法定代理人が認知の訴を提起することができる旨を規定しているのであり，その趣旨は，身分上の行為が本人によってなされるべきであるという前記の原則に対する例外として，法定代理人が子を代理して右訴を提起することをも認めたものと解すべきである。また，人事訴訟手続法も，無能力者については当事者本人が訴訟行為をすることを原則としてはいるが，法定代理人の代理行為をまったく許していないものとは解されない。そして，このような法定代理人が子を代理して認知の訴を提起することができるものとすることによって，子に意思能力がない場合でも右訴の提起が可能となるのであるが，子に意思能力がない場合にかぎって法定代理人が右訴を提起することができるものと解することは，子の意思能力の有無について紛争を生じ訴訟手続の明確と安定を害することになるおそれがあって相当でなく，他面，子に意思能力がある場合にも法定代理人が訴訟を追行することを認めたからといって，必ずしも子の利益を実質的に害することにはならないものと解されるのである。したがって，未成年の子の法定代理人は，子が意思能力を有する場合にも，子を代理して認知の訴を提起することができるものと解するのが相当である。」

■解 説■

1 787条は子の法定代理人に認知の訴え提起の権限を認めている。しかし行為無能力者たる未成年者といえども，意思能力を有する場合があり，その場合の法定代理人の訴訟提起については，古くから争われていた。本件はこの問題の最高裁としての最初の判例である。旧法下においては，否定的見解の判決があり，その根拠は，835条（現787）が法定代理人に認知の訴え提起の権限を認めたのは，意思能力を有しないために自ら訴訟行為をすることができない者のためであり，意思能力がある無能力者のためではないとする点にあった。この立場では人事訴訟手続法3条（現・人訴13）の無能力者とは，行為能力は有しないが意思能力を有する者をいい，これが認知に準用される結果，無能力者が意思能力を有している場合には，法定代理人は代理権を有さないとしていた。

これに対し，人事訴訟手続法3条と32条が，意思能力がある限り無能力者にも認知訴訟能力を認めたのは，本人意思を尊重すべき身分行為の特性による要請であり，したがって法定代理人が子に代わって提訴する場合も，子の意思を尊重し，子の利益のためになすものとする肯定判例も存在した。

2 本判決も，子の意思尊重理念に出たものであると同時に，意思能力がない場合に限って法定代理人が提訴できるとすれば，子の意思能力の有無について紛争を生じ，訴訟手続の明確と安定を害することを理由に挙げており，実務を重視した判例でもある。

なお，子に意思能力がある場合にも法定代理人が訴訟追行できるとすれば，子の利益を害することにならないかとの疑義につき，本判決は必ずしも子の利益を害することにはならないというのみであるが，この点学説は，背反により許されないとするもの，権利濫用その他の法理により抑制すべきとするもののほか，子の意思と反する場合には認められないのであれば，結局は法定代理人の原告適格は実現せず，一律に意思能力を確定すべきとするもの，これとは逆に認知能力を一律に確定することの問題を指摘する説などが存在し，課題がある。

◆ 関連判例 ◆

①最判昭29・4・30民集8巻4号861頁（Ⅲ-60事件）
②最判平元・11・10民集43巻10号1085頁

● 横浜国立大学名誉教授 奥山恭子 ●

62 認知請求権の放棄

最高裁昭和37年4月10日第三小法廷判決
（昭和35年（オ）第1208号認知請求事件）
民集16巻4号693頁，家月14巻8号139頁

■事　案■

Xの母Aは，Yと妾（いわゆる愛人）関係にあり，昭和7年3月にYの子Xを出生した。Xは戸籍上は，訴外BとAとの間に生まれた子として，かつAがこれを養子として縁組したように仮装虚偽届出がなされた。その後Xは，Bとの親子関係不存在確認およびAとの養子縁組無効の裁判確定により戸籍訂正を経て，母Aの非嫡出子として戸籍に載っている。XはYの子であることの認知を請求した。YはXの請求内容を否定し，次のように抗弁した。仮にXが自己の子であるとしても，Xは昭和16年に養育料として5000円相当額をYから受領しており，これによって認知請求権を放棄した。仮に放棄されていないとしても，その後長期にわたり認知請求しなかったから，同権利は自壊し失効する，と。

1審（福岡地判昭35・2・23民集16巻4号697頁参照）・2審（福岡高判昭35・7・19前掲民集698頁参照）とも，XはYの子であり，Yの抗弁内容は，身分法上の権利関係には採用しえないとして，X勝訴。

Y上告。上告理由は以下のとおり。認知請求権の放棄は許されないが，相当の贈与をすることで子の安全を図ってきた。この恩義を顧みずに認知請求するのは，信義誠実を忘れた権利濫用である。25年間音沙汰なくしてなした権利行使は，不行使により自壊し，失効している。

■争　点■

①子の父に対する認知請求権は放棄することができるか。

②認知請求権は，長年月行使しない場合，もはや行使できなくなるか。

■判　旨■

上告棄却。

「子の父に対する認知請求権は，その身分法上の権利たる性質およびこれを認めた民法の法意に照らし，放棄することができないものと解するのが相当であるから，……〔これを〕長年月行使しないからといって行使できなくなるものではない。」

■解　説■

1　本件は，認知請求権の放棄は許されないこと，長期に認知請求権を行使しなくとも失効することはないことの2点を，従来の判例を踏襲して判示した最高裁として初めての判例である。上告論旨に合わせ，論点は上記2点として判示され，失効原則適用の有無を論じた点では初めての判決である。とはいえ失効については，放棄の可否について論究するなかで，認知請求権は，その立法趣旨から，非嫡出子が常に有する権利と判示するのみである。

2　認知請求権の放棄の可否についての先例は，婚外子およびその母が，子の事実上の父から金員を受領し，それぞれ認知請求権の放棄を約しながら，後に認知請求をした事案（関連判例①）であり，以下の理由で認知請求権の放棄は許されないと判示した。

理由の第1は，認知請求権の立法趣旨が，婚外子をしてその父母に対し法律上の親子関係を確保することを可能にし，そのことによって婚外子の保護を期したものであり，婚外子たる者は常に認知請求権を有する必要があり，その権利を放棄することは許されない。もし放棄しうるとすると，多くの場合不遇窮迫の身にある婚外子は，金銭と引換えに容易に認知請求権を放棄させられ，婚外子保護を目的として認めた法律の精神は目的を達しえなくなるとするものである。

理由の第2は，相当額（関連判例①では4万2500円）を受領しているにしても，認知請求権の放棄は許されないのであるから，認知の請求を権利濫用ということはできない。成年の婚外子は，認知に対し不承諾の意思表示ができるが，同条は成年に達した婚外子の利益保護の規定であり，同条があるからといって，放棄が許されるとはいえない，とするものである。

3　認知請求権の放棄を認めた事例は，訴え取下げ後の再起訴禁止（民訴262 II）の適用による特殊なケースがあるのみで，実質的には放棄を容認する判例はない。学説の中には，放棄に対する十分な対価を与えることが非嫡出子の安全な成長につながるとして，社会的慣行を前提に放棄を是認するものも存在した。今後の問題も標的にした場合，認知請求権が単に経済的利益のみの権利ではなく，自らのルーツを知る権利ととらえれば，人工生殖子の父の探索にも関係し，身分権であることの意味を問う検証が必要となる。

◆関連判例◆

①大判昭6・11・13民集10巻1022頁
②最判平2・7・19家月43巻4号33頁（III-55事件）

●横浜国立大学名誉教授　奥山恭子●

63 死後認知の期間制限の起算点

最高裁昭和57年3月19日第二小法廷判決
（昭和55年(オ)第1072号認知請求事件）
民集36巻3号432頁，判時1038号282頁

■事　案■

Xの母Aは昭和49年春ごろからBと内縁関係にあり，Aが懐胎したこともあって結婚式を挙げ，婚姻届書にA・B双方署名捺印もしたが，これを提出しないでいた。その後Bが昭和50年11月初めに出奔し行方不明となったが，Aは昭和51年2月10日にXを出産した。そこでAは同年2月23日に，自己が保管していた婚姻届とみずからB名義で作成したXの出生届を提出し，受理された。その後Aは，親族の了解を得て協議離婚届をし，さらにXにつき，母の氏を称する旨の届出をしたことにより，XはAの戸籍に入ることとなった。

ところが昭和53年12月初めに，身元不明死体の照会があり，それがBであることが判明し，Bの死亡は昭和50年11月であったことが確認された。そして前記婚姻届，出生届，協議離婚届等Xに関するすべての届出の無効を理由とした戸籍訂正許可の審判に基づき，戸籍が訂正された結果，XとBとは戸籍上父子関係が存在しないことになった。

そこでAはXの法定代理人として，昭和54年5月24日，検察官を相手方として，認知の訴えを提起した。

1審（京都地判昭55・2・20民集36巻3号438頁参照）は，787条ただし書の立法趣旨は認知請求権者の利益保護と身分関係の不安定な状況を除去するという社会的利益の調和を図るところにあるとし，出訴期間の遵守が不可能な本件では，法的安定性が損なわれることはないとしてXの請求を認容した。Y控訴。

2審（大阪高判昭55・8・28家月32巻12号35頁）は，1審認定の事情があっても，本件訴えが787条ただし書所定の出訴期間を徒過して提起された不適法な訴えであるとして却下した。

Xは，本件の場合には787条ただし書の適用は排除されるべきであるとして上告した。

■争　点■

父の死亡から3年以上経過した後に父の死亡の事実が明らかになった場合，認知の訴えが許されるか。

■判　旨■

破棄差戻し。

「前記事実関係によれば，Bの死亡の事実がAらに判明したのは，その死亡の日から既に3年1か月を経過したのちであり，その間，Xは戸籍上B，A夫婦間の嫡出子としての身分を取得していたのであるから，X又はAがBの死亡の日から3年以内に認知の訴えを提起しなかったことはやむをえなかったものということができ，しかも，仮に右認知の訴えを提起したとしてもその目的を達することができなかったことに帰するところ，このような場合にも，民法787条但書所定の出訴期間を徒過したものとしてもはや認知請求を許さないとすることは，認知請求権者に酷に失するものというべきである。右出訴期間を定めた法の目的が身分関係の法的安定と認知請求権者の利益保護との衡量調整にあることに鑑みると，本件の前記事実関係のもとにおいては，他に特段の事情が認められない限り，右出訴期間は，Bの死亡が客観的に明らかになった昭和53年12月初め頃から起算することが許されるものと解するのが相当である。そして，本件訴えが昭和54年5月24日に提起されたものであることは前記のとおりである。しかるに，原判決が他に特段の事情を認めるべき事実を確定しないで本件訴えにつき出訴期間を徒過した不適法なものとしてこれを却下したのは，同条但書の解釈適用を誤ったものというべく，その誤りは判決に影響を及ぼすことが明らかであって，論旨は結局理由があるから，原判決は破棄を免れない。そして，本件については，更に審理を尽くす必要があるから，これを原審に差し戻すのが相当である。」

■解　説■

1　本件は，父の死亡した日から3年を経過した後に，787条ただし書を排除すべき事情があるとして提訴されたものである。この点の従来の判例は，772条の父性推定を受ける内縁子につき，787条ただし書の立法趣旨は，身分関係を長期に不安定にさせておくことにより法的安定性が害されることを避ける点にあり，例外は認めないとしてきた（関連判例―Ⅲ-64事件）。本件が同事件と異なる点は，父の死亡事実の判明が死亡の3年1か月後であったことから，3年以内の死後認知の訴えは不可能であり，出訴期間内に適法に認知の訴えを提起することが困難とする点にある。この点で本判決は，認知の訴えの起算点についての新しい考え方を示した最高裁の判断である。

2　本判決は出訴期間の起算点を，従来の「父の死亡の日」ではなく「父の死亡が客観的に明らかになった時」と解した。その根拠は，認知請求の相手方の生死がやむを得ない事情で客観的に不明なとき，出訴期間内に適法に訴えを提起することは極めて困難であり，事実上不可能に近いと考えられ，この場合にも出訴期間を進行させて出訴の機会を消滅させることは苛酷であるとする点に存在する。

3　本件は父の死が客観的に明らかになった3年1か月後の事案であるが，これが数十年後にも提訴できるであろうか。父の死亡事実が不明の場合，仮に生存しているものとして公示送達により提訴しても，すでに父が死亡しているのであるから，判決は無効である。父が死亡しているものとして，検察官を相手に死後認知を求めても，死亡事実を立証できず，その訴えは却下となろう。そこで失踪宣告を得て，検察官を相手に死後認知を求めたとして，普通失踪では3年の出訴期間を遵守することは不可能であり，危難失踪もその事実の立証ができず，訴えが認容される余地も少ない。

そこで本件でいう「やむをえない」期間の射程範囲は，普通失踪宣告期間7年と本来の法定の出訴期間3年とを併せた10年以内とする考え方が提唱されている。

◆関連判例◆

最判昭44・11・27民集23巻11号2290頁（Ⅲ-64事件）

●横浜国立大学名誉教授　奥山恭子●

64 父子関係の推定を受ける内縁懐胎子の認知の訴えと787条ただし書の適用

最高裁昭和44年11月27日第一小法廷判決
（昭和44年(オ)第769号認知請求事件）
民集23巻11号2290頁，判時582号67頁

■事　案■

A（Xの母）とBとは，昭和36年8月に仮祝言を挙げ，昭和37年3月10日に披露宴も行った内縁の夫婦である。A・Bは仮祝言以後同棲生活を続け，AはB以外の男性と情交関係を持つことなく懐妊して，昭和38年5月13日にXを出産した。一方，Bは，Xの出生前の同年1月16日に死亡していた。

Xは，昭和43年3月7日に，検察官を被告として，自己がBの子であることの認知を求めて本訴を提起した。Xは，Bの死亡後5年以上経過してはいるものの，⑴内縁中に内縁の妻が懐胎し出生した子は，内縁の夫がその父と推定される，⑵認知の裁判は，自然的血縁関係の存在を確定することを本義とするものであるから，少なくとも，母の内縁の夫との関係で父性の推定を受ける子については，認知の裁判は本質的には確認判決とみなければならず，したがって出訴期間の設定は右の本質にそわない不当な制約である，と主張した。

1審（函館地判昭44・1・13民集23巻11号2298頁参照）は訴えを却下し，Xが控訴，2審（札幌高函館支判昭44・4・15前掲民集2299頁参照）も，787条ただし書の出訴期間はその例外を許さない趣旨のものと解すると判示して訴えを棄却したため，Xが上告した。Xは，1審以来の見解を敷衍し，父性推定を受ける内縁子については，787条ただし書の適用がないと解すべきであるから，原判決には法律の解釈を誤った違法があると主張した。

■争　点■

772条の類推適用によって事実上の推定を受ける内縁子に787条ただし書所定の認知の訴えの出訴期間制限は適用されるのか。

■判　旨■

上告棄却。

787条ただし書が，「認知の訴の出訴期間を，父または母の死亡の日から3年以内と定めているのは，父または母の死後も長期にわたって身分関係を不安定な状態におくことによって身分関係に伴う法的安定性が害されることを避けようとするにあり，民法がこの制度に対して特段の例外を認めておらず，戦争による災害などの場合には，特別立法によって，個別的に右制限規定の適用を排除している……ことに鑑みれば，父子関係が確実であるからといって，直ちに右規定の適用を排除しうるものとすることはできない。内縁の妻の懐胎した子の父性を認定するにあたって，婚姻の場合における父性推定に関する民法772条の規定を類推適用すべきことは，所論のとおり，既に当裁判所の判例とするところであるが，右により父性の推定を受けるとの一事によって，前記制限の例外を認めることはできない。」

■解　説■

1　最高裁は，関連判例①（Ⅲ-42事件）で，内縁中に懐胎・出生した子の父性については，772条が類推適用されるものの，それは事実上の推定にとどまり，法的父子関係の発生にはなお認知が必要である旨を判示した。本判決は，それを踏まえて，事実上の推定を受ける内縁子にも787条ただし書所定の3年の出訴期間制限が適用されることを明らかにした初めての最高裁判決である。

2　学説には，本条ただし書の適用に肯定的なものと否定的なものとがある。適用を肯定する立場は，出訴期間制限について，事実上の推定を受ける内縁子であろうとそれ以外の嫡出でない子であろうと，特別立法がある場合を除いては例外を認めず，その論拠として，事実上の推定を受ける内縁子について本条ただし書の適用を排除すれば，出訴期間を経過して認知の訴えを提起しようとする者は，かならず父母間の内縁関係の存在を主張して，訴えの適法要件を備えようとし，かりに内縁関係の不存在が明らかになったとしても，その過程で認知訴訟の実体と変わらない結果が繰り広げられることになり，それでは，出訴期間制限の趣旨が没却される恐れがあること，また，内縁関係の成否の判断は極めて微妙であるため，場合によっては不統一な結果を招く恐れがあること等を挙げる。

これに対して，適用を否定する立場は，事実上の推定を受ける内縁子は，父性推定を受けても，父の死後3年を経過すると認知の訴えを提起できなくなり（親子関係存在確認の訴えもできない〔関連判例②—Ⅲ-55事件参照〕），それでは父性推定を与える意味がない，あるいは，立法論としてただし書の削除を視野に入れつつ，内縁による父性推定を認めるのであれば，父性推定を受けた子については「民法787条ただし書の適用はうけないという結論だけは認めて然るべき」と主張する。また，特別立法によって制限規定を排除できるということは，3年という期間が必ずしも絶対的な（3年が経過すれば出生時の事情を把握することが不可能となる）期間ではないことを意味するとして，最高裁の判断に否定的な見解もある。

しかし，関連判例①の射程が立証責任の問題に限定されるのであれば（Ⅲ-42事件解説参照），本条ただし書との関連でも，「事実上の推定」にそれ以上の積極的な意義を見出すことは困難ではないだろうか。

3　なお，3年という出訴期間の「短さ」については，関連判例③（Ⅲ-63事件）が，特殊な事情のもとではあるが，出訴期間の起算点を父の「死亡が客観的に明らかになった」時へと繰り下げうることを認めており，そのような解釈によって妥当な解決も可能と思われる。一方で，近年では，適用を否定する立場にもみられるように，出訴期間制限自体の廃止も有力に主張されており，今後の展開が注目される。

◆関連判例◆

①最判昭29・1・21民集8巻1号87頁（Ⅲ-42事件）
②最判平2・7・19家月43巻4号33頁（Ⅲ-55事件）
③最判昭57・3・19民集36巻3号432頁（Ⅲ-63事件）
④最判昭29・4・30民集8巻4号861頁（Ⅲ-60事件）

●愛知学院大学　鈴木伸智●

65 認知の訴えにおける父子関係の証明

最高裁昭和32年6月21日第二小法廷判決
（昭和29年(オ)第928号認知請求事件）
民集11巻6号1125頁，判時116号1頁

■事　案■

Xは，昭和5年1月24日，A女を母として生まれた。Aは，大正12年，カフェーの女給をしていたころ，Y男と知り合い，大正13年ごろより情交を結んで，昭和4年暮れごろまでこれを継続した。なお，XとYとの間には血液型の違背はなく，また，Aが，Xを懐胎した当時，他の男性とも性的関係があったという事実は確認されていない。

XよりYに対して認知の訴えがなされた。

1審（大阪地判昭27・2・15民集11巻6号1138頁参照）・2審（大阪高判昭29・8・21高民集7巻8号601頁）とも，Xの認知の訴えを認容した。2審は，この中で，⑴認知請求をなす者の側で相手方たる男性との性交の結果妊娠したという事実の立証責任を負担する，⑵子を懐胎した時期に相手方たる男性との間に性的交渉のあった事実が立証された場合には反証がない限り，この性交の結果妊娠したものと一応の推定（事実上の推定）がなされる，⑶相手方たる男性の側で，当該期間中に他の男性との間にも同様の関係が結ばれ，子の父であるかもしれない者が自分以外にも存在する旨の抗弁（多数関係者の抗弁）を提出し，この事実を立証することができない限り，上記の事実上の推定を阻止することはできないとした。

Yより，上告した。

■争　点■

認知の訴えにおいては，どのような事実が立証されれば，父子関係が証明されたと認められるのか。

■判　旨■

上告棄却。

「認知請求の訴において，原告は自己が被告の子であるとの事実につき挙証責任を負うべきこと勿論であるが，本件において原審の確定した前示事実関係によれば，Xの母がXを懐胎したと認められる期間中Yと継続的に情交を結んだ事実があり，且つY以外の男と情交関係のあった事情が認められず，血液型の検査の結果によっても，YとXとの間には血液型の上の背馳がないのであるから，XはYの子たることを推認するに難くないのであって，況んやこの推認を妨ぐべき別段の事情は存しないのであるから，XがYの子であるとの事実は証明されたものと認めても，経験則に違反するところがないといわなければならない。」

■解　説■

1　認知の訴えを規定する787条は，いかなる場合に父子関係が認定され，認知が認められるかという基準については何も示していない。そのために，父子関係を証明するためには，具体的に何をどのように立証するのかという点が問題となる。なお，内縁懐胎子については，772条が類推適用され，父子関係の推定が認められるので（関連判例①—Ⅲ-42事件），このような問題は，それ以外の場合の認知において問題となる。

2　かつての大審院判例は，母と男性の情交という事実の立証だけでは足りず，その男性との性交が懐胎の唯一の原因であるとの裁判所の心証を得る必要があるとしていた（原告側で，「多数関係者の不存在」を立証する必要がある）。

それに対して，本判決は，⒜原告の母が受胎可能の期間中に被告と継続的に情交を結んだ事実があり，⒝被告以外の男性と情交関係のあった事情が認められず，⒞原告と被告との間に血液型の違反がない場合には，ほかに特段の事情がない限り，原告が被告の子であるとの事実が証明されたものと認められるとの判断を示したものである。従前の大審院判例における「多数関係者の不存在」の立証は⒝の問題とされ，かつ，「多数関係者の存在」が積極的に認定されない限り，認知の訴えが認められるという点で，実質的にも大きく変更されたものである。

3　なお，本判決は，父子関係が認定されるひとつの場合を示したものであり，客観的事実としての血縁関係の立証がより容易になされるようになるにつれて，多数関係者をめぐる問題のウェイトは相対的に下がっていくものと考えられる（この種の鑑定に協力しなかったケースを扱ったものとして関連判例②がある）。

◆関連判例◆

①最判昭29・1・21民集8巻1号87頁（Ⅲ-42事件）
②東京高判昭57・6・30家月35巻10号63頁
③最判昭31・9・13民集10巻9号1135頁
④最判昭32・12・3民集11巻13号2009頁

●神戸大学　窪田充見●

66 養子夫婦の一方が養親夫婦の一方より年長者である場合の養子縁組の取消し

最高裁昭和53年7月17日第二小法廷判決
(昭和52年(オ)第385号・第542号養子縁組取消請求事件)
民集32巻5号980頁，判時905号62頁

■事 案■

亡A（明治18年8月14日生）・亡B（明治28年6月1日生）夫婦を養親とし，Y_1（明治24年10月12日生）・Y_2（明治33年4月1日生）夫婦を養子とする縁組の届出が昭和15年3月19日になされた。Aの死亡（昭和30年12月27日）後に，Bは，Yらに対して，養子Y_1が養母Bより年長であったことを理由として両夫婦間の縁組全体の取消しを請求したが，2審係属中にBが死亡した（昭和49年3月12日）ため，訴訟は終了となった（関連判例①）。

本件は，Bの甥であるX_1およびX_2から同じく年長養子禁止違反を理由に養子縁組全体の取消しを請求したものである。1審（東京地判昭51・5・20判タ347号270頁）・2審（東京高判昭52・1・27下民集28巻1～4号40頁）は，夫婦共同縁組の原則は縁組の成立要件ではあるが，縁組の存続要件ではないとして，BY_1間の縁組のみの取消しを認め，要件違反のないその余の当事者の間の縁組については，縁組の個別性の原則に従って，取消請求は理由がないとした。これに対して，Xらが上告した（Yらも附帯上告）。

■争 点■

養子夫婦の一方が養親夫婦の一方より年長であることを理由に縁組全部の取消しが請求された場合，年長の養子と年少の養親との間の縁組だけを取り消せば足りるか。

■判 旨■

上告および附帯上告棄却。

「縁組は本来夫婦各自につき別個の法律行為であるのに，右規定〔当時の民法795条本文〕が夫婦共同の縁組を要求しているのは，縁組により他人との間に新たな身分関係を創設することは夫婦相互の利益に影響を及ぼすものであるから，縁組にあたり夫婦の意思の一致を要求することが相当であるばかりでなく，夫婦の共同生活ないし夫婦を含む家庭の平和を維持し，更には，養親，養子となるべき者の福祉・利益を図るためにも，夫婦の双方についてひとしく相手方との間に親子関係を成立させることが適当であるとの配慮に基づくものであり（〔関連判例③〕……参照），したがって，夫婦の一方に縁組をする意思がなかった場合は，その縁組は，縁組の意思のある他方の配偶者についても原則として無効としなければならない。そして，民法793条が年長者を養子とすることができないと定めるのは，身分上の秩序を尊重する趣旨に出たものであり，養子夫婦の一方が養親夫婦の一方より年長であるような夫婦共同縁組がされた場合には，年長の養子と年少の養親との間の縁組だけを取り消し年長の関係にない養子と養親との間のその余の縁組はその存続を認めたとしても，民法795条本文の規定の趣旨に反しないものと思われるからである。このような場合に養子縁組全部を取り消すべきであるとした大審院の判例〔関連判例②〕……は，これを変更すべきものである。」

■解 説■

1　旧795条では，夫婦の一方が他の一方の子を養子とする場合を除き，養親となる場合であっても，養子となる場合であっても，夫婦は共同でなければ縁組をすることができないと定めていた。この夫婦共同縁組の原則は明治民法の規定（旧841）を引き継いだものであり，大審院は，夫婦共同縁組は夫婦を一方の当事者とする一個の縁組関係であると解し，一部に取消原因があるときは，縁組全体を取り消しうるとしていた（本判決引用の関連判例②）。しかし，昭和22年民法改正後は，夫婦共同縁組の場合も，夫婦各別に縁組が成立しているとする見解が通説となっていった。

2　本判決に先立つ関連判例③（Ⅲ-67事件）は，養親夫婦の一方に縁組意思がなかった事案において，個別縁組説を採り，縁組意思のない当事者についてのみ縁組が無効となるとしていた。本判決は，共同縁組における各縁組の個別性を再確認して，縁組行為の一部に縁組の実質的要件に違反するものが含まれるときには，その部分のみを取り消すことが許されるものとして，大審院の判例を変更した。関連判例③は，当事者の縁組意思という私的利益にかかわるものであるが，本判決は，年長養子禁止という公益的理由に基づく縁組要件に違反する部分を含む共同縁組についても，縁組の個別性に基づき，違反部分のみの取消しを認めたものである。

3　夫婦共同縁組の原則は合理性を欠くとの批判が強く，昭和62年改正で，夫婦が未成年者を養子とする場合に限定され，他の場合には配偶者の同意を得て縁組が可能となった（795・796）。現行法では，養親夫婦の一方が未成年の養子よりも年少である縁組の届出が受理されることは考えにくいが，夫婦共同縁組の構造につき本判決が示した理解はなお重要である。

◆関連判例◆

①最判昭51・7・27民集30巻7号724頁
②大連判大12・7・7民集2巻9号438頁
③最判昭48・4・12民集27巻3号500頁（Ⅲ-67事件）

●奈良大学　床谷文雄●

67 夫婦の一方の意思に基づかない夫婦共同縁組の効力

最高裁昭和48年4月12日第一小法廷判決
(昭和47年(オ)第209号養子縁組無効確認請求事件)
民集27巻3号500頁，判時714号179頁

■事　案■

X女は，夫AがB女を妾としたことを原因として，昭和16年にAの養子Cを連れて別居し，以後A・Xは，事実上の離婚状態になった。その後，Aの事実上の妻となったBの希望に応じて，DE夫婦の子Y（昭和20年生）を養子にすることとしたAは，Xに無断で，昭和26年にAX夫婦とY間の養子縁組の届出をした（798条による家庭裁判所の許可も得ている）。そのことを知ったXは，Yが自己の養子となることは承知せず是正を求めたが，Aの養子とすることは黙認した。昭和36年にAが死亡し，その相続をめぐって争いが生じた。Xは，Xの縁組意思を欠いていたと主張して，A・XとYの縁組の無効確認を求めて訴えを提起した。1審（大阪地判昭45・2・23家月23巻5号91頁）・2審（大阪高判昭46・11・18民集27巻3号525頁参照）は，XY間の縁組のみを無効とした。これに対してXは，夫婦共同縁組の規定は強行法規であり，縁組は全体として無効であると主張して，上告した。

■争　点■

養子縁組の当事者である夫婦の一方に縁組の意思がない場合，縁組意思のある他方の配偶者についても，縁組は無効となるか。

■判　旨■

上告棄却。

「夫婦が共同して縁組をするものとして届出がなされたにもかかわらず，その一方に縁組をする意思がなかった場合には，……原則として，縁組の意思のある他方の配偶者についても無効であるとしなければならない。しかしながら，……夫婦の一方の意思に基づかない縁組の届出がなされた場合でも，その他方と相手方との間に単独でも親子関係を成立させる意思があり，かつ，そのような単独の親子関係を成立させることが，一方の配偶者の意思に反しその利益を害するものでなく，養親の家庭の平和を乱さず，養子の福祉をも害するおそれがないなど，前記規定〔旧795条本文〕の趣旨にもとるものでないと認められる特段の事情が存する場合には，夫婦の各縁組の効力を共通に定める必要性は失われるというべきであって，縁組の意思を欠く当事者の縁組のみを無効とし，縁組の意思を有する他方の配偶者と相手方との間の縁組は有効に成立したものと認めることが〔を〕妨げない」。

「Yの代諾権者であるD，同Eにおいても，Aにおいても，Xとの縁組の成否いかんにかかわらず，AとYとの間に縁組を成立させる意思を有し，現実にもその間に親子関係の実体が形成されたものであり，AとYとの間に単独に親子関係が成立することは，Xの意思に反せず，AもしくはXの家庭の平和を乱しまたはYの福祉に反するものでもなかったと解されるのであって，Aについてのみ縁組を有効とすることを妨げない前示特段の事情が存在するものと認めるのが相当である。」

■解　説■

1　旧795条は明治民法841条と同じく，夫婦の一方が他の一方の子を養子とする場合を除き，夫婦は，共同で縁組をしなければならないものとしていた。大審院は，夫婦共同縁組は，全体を一個の縁組とみなし（一体縁組説），夫婦の一方につき無効または取消しの原因があるときは，縁組は，全体として無効または取り消しうるものとしていた（関連判例①）。これに対して，昭和22年改正民法の下では，夫婦それぞれにつき各別の縁組が成立するという個別縁組説が通説となった（関連判例②—Ⅲ-66事件参照）。

2　本判決は，大審院と異なる立場をとり，夫婦共同縁組においても夫婦各自について別個の縁組行為があるとした。その上で，昭和22年改正民法の下でも，夫婦および家庭の平和維持や養子の福祉の観点などから夫婦共同の縁組が要求されているとして，夫婦の一方が無断で共同名義により縁組をした場合，縁組は，原則として，全体が無効となるが，旧795条の趣旨に反しない特段の事情があれば，縁組意思のない夫婦の一方についてのみ縁組が無効となるとした。本事案では，縁組の届出当時，AとXとが別居し，婚姻共同生活の実体は少なくとも10年間は失われていて，事実上の離婚状態であったこと，AY間に親子関係が成立することはXの意思に反するものではなかったこと，などの諸事情から，AY間の単独の縁組を認める特段の事情があるとしている。

3　昭和62年改正で夫婦共同縁組の原則は，夫婦が未成年者を養子とする場合に限定され，他の場合は，配偶者の同意を得て縁組をすることができることになった（795・796）。本判決は，夫婦が未成年者を養子とした事案であり現行法の下でもなおその意義を有する。

◆関連判例◆

①大判昭4・5・18民集8巻494頁
②最判昭53・7・17民集32巻5号980頁（Ⅲ-66事件）
③最判昭56・4・24判時1003号94頁

●奈良大学　床谷文雄●

68 無効な代諾縁組（797条違反）と追認

最高裁昭和39年9月8日第三小法廷判決
（昭和39年(オ)第189号養子縁組無効確認請求事件）
民集18巻7号1423頁，判時388号31頁

■事　案■

A女の婚外子として大正2年に出生したY_1は，BC夫婦の子として出生届がなされ，同4年に，B・Cの代諾によってY_2男・D女（Aの姉）夫婦との養子縁組がなされた。Y_2は，Dと離婚した後，大正9年にE女と再婚したが，そのころAは，後日紛争が起こることを心配して，Y_1と離縁することをY_2に申し出たが，Y_2はこれを断り，その後も実親子同様の関係が継続された。昭和21年ごろからY_1Y_2間に不和が生じ，Y_2E間の実子X（大正10年生）は，Y_1Y_2間の縁組の無効確認を求める本訴を提起した。これに対してY_1は，昭和22年12月26日到達の書面で，Y_2に対し縁組を追認する旨の意思表示をした。

1審・2審は，戸籍上の父母であるBC夫婦には縁組の代諾権がないから縁組は無効であるとしたが，最高裁判所は，本件代諾縁組は一種の無権代理行為であり，追認により有効となりうるとし，2審判決を破棄し差し戻した（関連判例①）。差戻控訴審（福岡高判昭38・10・18民集18巻7号1427頁参照）は，本件養子縁組はY_1による適法な追認により初めから有効になったものと認めた。Xは，Y_1による縁組の追認は第三者であるXの権利を害するものであって，116条ただし書により許されないと主張して再上告した。

■争　点■

無効な代諾養子縁組の追認についても116条ただし書の規定は類推適用されるか。

■判　旨■

上告棄却。

「所論は，養子縁組の追認についても民法116条但書の規定が適用されることを前提とするものであるが，本件養子縁組の追認のごとき身分行為については，同条但書の規定は類推適用されないものと解するのが相当である。けだし事実関係を重視する身分関係の本質にかんがみ，取引の安全のための同条但書の規定をこれに類推適用することは，右本質に反すると考えられるからである。」

■解　説■

1　養子となる者が15歳未満であるときは，その法定代理人が，養子となる者に代わって縁組の承諾をするものとされている（797）。本事案におけるY_1にかかる出生届および養子縁組届がなされた当時の明治民法の規定においても，これは同様である。本件のごとき，実親ではない戸籍上の父母が代諾者となって届出をした養子縁組につき，大審院の判例は，身分行為の要式性（届出主義）と強行法規性を根拠として，代諾縁組は無効であり，追認することはできないものとしていた（関連判例②③ほか）。

他方，学説には，身分行為は身分的効果意思，身分的生活事実，および形式からなり，意思なき表示行為は無効であるが，形式がある場合に意思と実体を追完すれば有効となるとして，無効な身分行為の追認を認める見解があった。

2　本事案における第1次上告審（関連判例①）は，他人の子を自分たちの実子として出生届をした夫婦の代諾によってした養子縁組は，無効であるが，養子が15歳に達した後，この無効な代諾縁組を適法に追認したときは，縁組は，はじめから有効となるとして，大審院の判例を変更した。本判決では，その再上告審として，無効な代諾縁組が追認された場合について，116条ただし書（追認の効力は原則として契約時に遡及するが，第三者の権利を害することができない旨を定める）の類推適用を否定した。

本判決は，取引安全（第三者保護）の観点から無権代理行為の追認の効力を制限する116条ただし書の規定は，縁組の追認のような身分行為には類推適用されないと判示している。しかし，これに対しては，116条本文の類推適用を認め，ただし書の類推適用を否定することは矛盾であるという批判，そもそも縁組行為に関与していない第三者からの無効の主張は許されないとするものなど，学説からは異論が出されている。

3　身分行為（創設的届出）につき当事者の意思を欠いていた場合において，追認を認める判例理論は，本判決後，届出意思を欠く婚姻の追認を認めたもの（関連判例④—Ⅲ-6事件），無効な協議離婚について追認を認めたもの（関連判例⑤）が現れ，定着している。

◆関連判例◆

①最判昭27・10・3民集6巻9号753頁
②大判大7・7・5新聞1474号18頁
③大判昭4・7・4民集8巻686頁
④最判昭47・7・25民集26巻6号1263頁（Ⅲ-6事件）
⑤最判昭42・12・8家月20巻3号55頁

●奈良大学　床谷文雄●

69 虚偽嫡出子出生届の養子縁組届への転換の可否

最高裁昭和50年4月8日第三小法廷判決
(昭和49年(オ)第861号相続回復，所有権更正登記手続請求事件)
民集29巻4号401頁，判時773号17頁

■事　案■

A男とX女は，B夫婦の子（大正11年1月生）を，自分たちの子として育てることにして，同年3月13日に引き取りY男と命名し，9月22日に自分たちの婚姻届出と同時にY男の嫡出子出生届出を行った（生年月日は2月1日と記載）。その後，YはAXにより実子同様に育てられ，昭和20年4月ごろに婚姻後もAX夫婦と同居し，自転車製造販売業を手伝っていた。経営が悪くなった昭和28年ごろ，YとAの折り合いが悪くなり，AがYを相手とする親子関係不存在確認調停を申し立てたが，その後調停は取り下げられ，AとYとの争いはいったん解消した。その後，Aは事業を企画したが，昭和36年11月15日に病死した。Yが事業を引き継いだが，事業に失敗し，X名義の土地を債務の肩代わりにCに譲った。XとYの仲は，このことにより決定的に悪くなり，昭和37年4月30日ごろ，XはYから追い出されるように家屋を出た。昭和39年にXが提起したYとの親子関係不存在確認が昭和43年3月ごろ確定した。

A所有の土地建物について，昭和44年12月15日受付で，相続による所有権移転登記（共有持分X3分の1，Y3分の2）がなされた。Xは，XおよびAとYとの間には親子関係が存在しないとして，本件相続回復請求の訴えを提起し，土地建物の共有名義をXの単独名義に更生する登記手続と建物の明渡しおよび土地の引渡しを請求した。

Yは，AX夫婦による嫡出子出生届は，養子縁組届として有効と解すべきとする。仮にAY間に実親子関係も養親子関係も存在しないとしても，AX夫婦とYの間には内縁の養親子関係が存在するから，Xの請求は権利の濫用として許されないと抗弁した。これに対し，Xは，Xを本件建物から追い出したYの行為は，離縁原因に該当し，Xの請求は権利の濫用には当たらないと主張した。

1審（大阪地堺支判昭48・3・28判時709号63頁）・2審（大阪高判昭49・5・31民集29巻4号414頁参照）ともX勝訴。2審は，養子縁組の届出は要式行為であり，当事者間に縁組意思が認められるとしても，嫡出子出生届をもって，AX夫婦とYとの間に養子縁組届出があったとは認められないとした。

Y上告。(1)本件嫡出子出生届は，実親BとAX夫婦が縁組意思をもって行ったもので，親子関係存在の公示目的も達成しているので，AX夫婦とYの間に養親子関係が成立した。(2)2審判決は，養子縁組の要式性として，798条の家裁許可を挙げるが，旧法時代の本件では，家裁による縁組許可は不要である。その他，親子関係不存在確認の訴えの効力や814条1項1号の「悪意の遺棄」に関する解釈に誤りあることも指摘した。

■争　点■

虚偽嫡出子出生届をもって養子縁組が成立した（虚偽出生届が養子縁組届に転換した）といえるか。

■判　旨■

上告棄却。

「養子縁組届は法定の届出によって効力を生ずるものであり，嫡出子出生届をもって養子縁組届とみなすことは許されない」。

その他，(i)2審判決の798条に関する指摘は一般論を述べたにすぎない。(ii)虚偽嫡出子出生届に基づく戸籍記載には親子関係存在確認判決と同じ効力はなく，また，YとAの親子関係不存在を直接判断する判決が存在しなくても，本件のような財産権の帰属をめぐる訴訟の前提問題として親子関係の存否を認定判断できるとした。

■解　説■

1　出生直後の子を引き取って自分の子として育てる「藁の上からの養子縁組」といわれる慣行について，明治民法施行前に行われたものは，養子縁組に準じる取扱いがなされた（関連判例①）。明治民法施行後に行われた「藁の上からの養子縁組」については，届出主義に従って，虚偽出生届出によっては養子縁組は成立しないとされた（関連判例②③）。

この類型の事件に対する初めての最高裁判決（関連判例④）は，養子縁組は，所定の届出により法律上の効力を有する要式行為で，かつ強行法規であるので，嫡出子出生届をもって養子縁組届があったことにはならないとした。

昭和40年代の下級審判決には，養子縁組への転換肯定例と否定例が混在したが，3つの最高裁判決（関連判例⑤，本事件，関連判例⑥）が，養子縁組への転換を否定した。

2　虚偽出生届出時には，届出人には自覚的な届出意思が存在した。嫡出子出生届は，子が夫婦の子であることを示す意思に基づいており，この届に基づき親子関係は公示される。虚偽出生届は，出生届としては事実に反して無効であるが，子が自分の子であることを承認して，それを公示する意思は存在しているという点に着目して，認知届としては有効とされている（関連判例⑦―Ⅲ-56事件）。この考え方を無効行為の転換という。養子縁組届も子を養子にして，その関係を公示するという意思を含んでいるので，藁の上からの養子の場合，虚偽出生届を養子縁組届に転換できるのかが議論されてきた。虚偽出生届に基づき子の親となった表見代諾権者の同意による養子縁組が，養子となる者が15歳に達した後追認すれば有効であるとする判断（関連判例⑧―Ⅲ-68事件）を考慮しても無効行為の転換を認める方が論理一貫するというのである。大審院，最高裁は，養子縁組の要式性の欠如を理由に転換を認めていない。

家裁許可がないことも要件欠如の一つとして指摘されるが，公表事例では出生届がなされたのは戦前期であるため，これらの事例で家裁許可は問題にならない。仮に現行法の下で虚偽出生届が行われ，養子縁組届への転換が問題になる場合には，虚偽出生届がなされていれば自動的に養子縁組に転換するわけではない。普通未成年養子縁組として許可できない事情が存在していれば転換は認められない。

3　最高裁は，平成18年7月7日に下した2つの判決（関連判例⑨―Ⅲ-48事件，関連判例⑩）で，虚偽出生届に起因する親子関係不存在確認請求事件に対し，権利濫用論を採用した。虚偽出生届に基づく長年にわたる事実上の親子関係が存続した後の不存在確認事件では，権利濫用論で対応することになった。

権利濫用論の採用により，長年継続した虚偽嫡出子出生届に基づく親子関係の保護が図られるという点では同じようにも見える。権利濫用論では，親子関係不存在確認をする権利は原則的には認められるが，総合的に考えてその結果が不当であるときには，親子関係不存在を請求できないことになる。この場合，当事者の関係は実親子である。これに対して，養子縁組への転換論によると，転換が認められると，当事者の関係は養親子関係になる。判決により当該の届は養子縁組届であるということになれば，戸籍訂正を行うことになる（そのような立法を行わなければできないという見解もある）。（普通）養子縁組であれば，実方との関係も復活する。権利濫用論では，実親子関係となり実方との関係は発生しない。

◆関連判例◆

①大判大8・2・8民録25輯189頁
②大判昭11・11・4民集15巻1946頁
③大判昭18・2・16法学12巻790頁
④最判昭25・12・28民集4巻13号701頁
⑤最判昭49・12・23民集28巻10号2098頁
⑥最判昭56・6・16民集35巻4号791頁
⑦最判昭53・2・24民集32巻1号110頁（Ⅲ-56事件）
⑧最判昭39・9・8民集18巻7号1423頁（Ⅲ-68事件）
⑨最判平18・7・7民集60巻6号2307頁（Ⅲ-48事件）
⑩最判平18・7・7家月59巻1号98頁

●中央大学　鈴木博人●

70 虚偽の認知届からの養子縁組届への転換の可否

最高裁昭和54年11月2日第二小法廷判決
(昭和54年(オ)第498号認知無効確認請求事件)
判時955号56頁，判タ408号75頁

■事　案■

本件は，1審（東京地判昭53・3・28）・2審（東京高判昭53・12・26）が公表されておらず，最高裁判決でも事実関係の記述がきわめて簡単なので詳細は不明である。判決理由から推し測ると，A男がYを認知した後，Yの法定代理人親権者B女と婚姻したが，A男の親族と思われるX_1・X_2がその認知が真実に反し無効であると申し立てた事件である。2審は，認知無効を確認。Y上告。

■争　点■

真実に反する認知届に基づき相当長期間親子関係が存続している場合に，この認知届を養子縁組届に転換できるか。

■判　旨■

上告棄却。

原審の認定判断過程に違法な点はないとした上で，上記争点について次のように述べる。

「認知の届出が事実に反するため無効である場合には，認知者が被認知者を自己の養子とすることを意図し，その後，被認知者の法定代理人と婚姻した事実があるとしても，右認知届をもって養子縁組届とみなし，有効に養子縁組が成立したものと解することはできない（〔最判昭49・12・23民集28巻10号2098頁，関連判例②〕……参照)。けだし，養子縁組は，養親となる者と養子となる者又はその法定代理人との間の合意によって成立するものであって，認知が認知者の単独行為としてされるのはその要件，方式を異にし，また，認知者と被認知者の法定代理人との間の婚姻が認知者と被認知者の養子縁組に関する何らかの意思表示を含むものということはできないからである」と。

■解　説■

1　関連判例②（Ⅲ-69事件）では虚偽嫡出子出生届の養子縁組届への転換の可否が問題になっているのに対して，ここでは虚偽（無効な）認知届を養子縁組届に転換できないかが問題になっている。この意味では，同じ性質の問題が異なる形で現れたものといえる。虚偽嫡出子出生届に基づく事件が判例上は数多く存在するのに対して，認知届からの養子縁組届への転換事例は本件が公表された事件としては最初のものと思われる。

2　仮に有効な認知と被認知者の母と認知者との婚姻がある場合には，婚姻（後婚）準正として，子は当該夫婦の嫡出子となる。真実に反する認知と婚姻という本件のようなタイプは，生さぬ仲であることを子や第三者に知られたくない，子や母を不憫に思う等様々な理由から行われるものと考えられる。このような法的操作が行われることは，子の与り知らないことである（つまり子には何ら責められるべきことはない)。問題は，無効な認知に基づく親子関係が長期間継続した場合である。この親子関係が父母の一方または双方の死亡による相続問題の発生や親子関係の不和が原因となって，否定されるのである。この否定のされ方が，本件では認知の無効確認という形をとっている。この認知の無効確認に対して，一定期間継続した事実上の親子関係を基礎に据えて養子縁組への転換を主張することを本判決は認めていない。

判決では，「認知者が被認知者を自己の養子とすることを意図し」て，（養子縁組届ではなくて）認知届をしても，それによって養子縁組を成立させることはできないとされている。「藁の上からの養子」の場合もそうであるが，当事者は養子縁組手続をとりたくないがために虚偽嫡出子出生届や認知届によって実親子関係を創設しようとしているのである。認知届の根底には，父による父子関係の承認があり，届出により父子関係が公示される。しかし，養子縁組届とは要件・方式が異なり，認知届に養子縁組意思を認めることはできないというのである。それゆえ，長期間事実上の親子関係が存在したとしても養親子関係とは認めないというのである。

3　とはいえ，親子関係から生じる法律効果を否定することが不合理である例外的場合には，親子関係不存在という結論につながる主張を封じようというのが権利濫用論である。虚偽嫡出子出生届の養子縁組届への転換論は，上記のような考え方に基づき否定された。無効な認知届の養子縁組届への転換論にもこの考え方はそのままあてはまるといえる。

関連判例③（Ⅲ-48事件）により，虚偽出生届に基づく事実上の親子関係の不存在確認請求事件では，当該の訴えが認められるかどうかは，その請求が，事件を総合的に見て権利の濫用ととらえられるかどうかによるとされ，虚偽嫡出子出生届の養子縁組への転換論は，養子縁組の要式性を理由に採用されなかった。本件の認知届の養子縁組届への転換問題も，今後，関連判例③が示した論理にしたがって判断されることになる。転換論では，長年に及ぶ事実上の親子関係というときの長年とはどの程度の年月をいうのか曖昧であるが，当事者の関係は養親子関係となる。他方で，権利濫用論では，認知無効を争う者には，基本的に認知無効を確認する権利が存在し，例外的（権利濫用に該当するとき）にのみ認知無効の主張は退けられるので，事実上の親子関係存続のハードルは高くなる。また，認知は有効だということになると，本件の場合は，婚姻準正が行われたということになり，縁組への転換論とは身分関係が異なることになる。

◆関連判例◆

①最判昭25・12・28民集4巻13号701頁
②最判昭50・4・8民集29巻4号401頁（Ⅲ-69事件）
③最判平18・7・7民集60巻6号2307頁（Ⅲ-48事件）

●中央大学　鈴木博人●

71 仮装縁組の意義

最高裁昭和23年12月23日第一小法廷判決
(昭和23年(オ)第85号養子縁組無効確認請求事件)
民集2巻14号493頁

■事　案■

X女（原告・控訴人・被上告人）は，夫死亡後，夫婦間に子がなかったので，老後のことを考え，昭和17年4月8日に亡夫の妹婿の娘と養子縁組し法定推定家督相続人とし一緒に暮らしていた。この養女が婚姻することになったが法定推定家督相続人であったため，婚姻届を出すことができなかった。そこで，離縁して嫁がせようと考え，養女の実父（亡夫の妹婿）に相談したところ，その弟Y男（被告・被控訴人・上告人）を一時的な方便として養子にし，養女に優先する法定推定家督相続人とした上で養女を他家へ婚姻入籍させることを勧められ，後日Yを離縁させるという約束のもとで，Yと養子縁組の届出をした。養子縁組の交渉および手続は，養女の実父が必要書類を郵送させるという方法で行われ，互いに遠方に住んでいたことから会うこともなく，縁組の挙式も，届出後の同棲の事実も全くなかった。また，縁組届出当時Yは既に50歳を超え，Xより8歳年下にすぎず，15，6歳年長（養母Xより7，8歳年長）の内縁の妻があった。

本件は，このような事情の下でXから縁組意思がないことを理由として提起された縁組無効確認請求事件である。1審（鹿児島地裁判決年月日不明・民集2巻14号497頁参照）はXの請求を棄却したが，2審（福岡高裁判決年月日不明・前掲民集498頁参照）は，縁組の届出は真実養親子関係を結ぶ意思なく他の目的を達成するための方便としてなされ無効であるとした。

Yが上告，その理由として，縁組が要式行為である帰結として，民法が規定する「当事者間に縁組をする意思がないとき」とは届出自体が当事者の意思に反し瑕疵ある場合を指し，本件縁組のように当事者双方が縁組の届出をする意思で任意に届出をした場合は「縁組をする意思がないとき」に該当しないこと，縁組に錯誤があったとしても縁組の効力に影響がないこと，また，XはYと縁組の件につき直接会談したことはなく通謀して虚偽表示をする余地はないから93条ただし書（改正前。以下同）の適用はなく，Xの真意にあらざる意思表示として93条ただし書を適用して無効とするためにはその理由を判示しなければならない，と主張した。

■争　点■

養子縁組の意思とは形式的意思か実質的意思か。養子縁組のような形成的身分行為に法律行為に関する民法総則の規定の適用はあるか。

■判　旨■

上告棄却。

(i)「旧民法第851条第1号（新民法第802条第1号）に〔いわゆる〕『当事者間に縁組をする意思がないとき』とは，……当事者間に真に養親子関係の設定を欲する効果意思を有しない場合を指〔し〕……たとい養子縁組の届出自体については当事者間に意思の一致があったとしても，それは単に他の目的を達するための便法として仮託されたに過ぎずして……養子縁組は効力を生じない」。

(ii) 養親子関係の設定を欲する効果意思のないことによる養子縁組の無効は，絶対的のものであって，93条ただし書の適用をまってはじめて無効となるのではない。

■解　説■

1　本件は，旧法の「家」制度下で，女子の法定推定家督相続人であるという地位を失わせて嫁がせるため，旧法744条の法定推定家督相続人の去家の禁止規定を回避する目的で，当時慣行として行われていた，親族の男子を一時養子とする，いわゆる仮養子縁組の効力に関するものである。

本判決は，養子縁組の無効に関して，縁組意思の不存在の意義が問われたもので，身分行為としての意思は形式的意思か実質的意思かという問題，および，形成的身分行為に対して民法総則の規定の適用があるかどうかという問題について判断されたものである。

2　民法は縁組の無効原因に関し婚姻の無効原因(742)と同一の規定形式をとり，802条1号は当事者間に「縁組をする意思がないとき」には縁組は無効となると規定している。縁組意思については，民法が届出主義を採用していることから，実質的意思説と形式的意思説が対立している。通説・判例は実質的意思説をとり，真に養親子関係の設定を欲する効果意思，すなわち各時代の習俗や慣習により決定される親子としての効果の発生を欲する意思を指すとし，これを欠く場合は，届出についての意思の一致があっても縁組は無効とする。形式的意思説は，届出を成立要件とする縁組（その他の形成的身分行為）の場合の縁組意思とは縁組の届出に向けられている意思を指し，したがって意識的に届出をなした者は真意を欠く場合でも縁組の無効を主張することはできず，仮装届出縁組でも有効とする。本判決では，縁組意思とは，「当事者間に真に養親子関係の設定を欲する効果意思」であるとして，実質的意思説を採用することを明言した。

3　身分行為に民法総則の規定の適用があるかどうかについては，原則として否定的に解されている。本判決では，縁組意思がない場合は802条1号により絶対無効とされ，93条の心裡留保の規定を適用する必要がないと判示した最初の判例である。虚偽表示の縁組に旧法851条1号を適用してこれを絶対的に無効とするのは従来の判例の一貫した態度であり，同条の適用を認める限り，効果意思の意識的欠缺の場合として心裡留保を虚偽表示と区別すべき理由はないから，この意味において本判決は従来の判例態度をそのまま踏襲したにすぎないと考えられる。ただ，本判決は旧法に関するものではあるが，新民法の規定をも掲げ，新民法の下においても判例の見解が変わらないことを明示した点にその意義があるといえる。

4　本判決はさらに効果意思を欠く縁組が絶対的無効であると判示しているが，この点もまた従来の判例の態度をそのまま承継したもので，この縁組無効の主張は，裁判上または裁判外を問わず，訴えの方法または抗弁いずれでも，人事訴訟手続または通常訴訟手続にかかわらず主張しうるとするのが判例の確定した見解である。

◆関連判例◆

①大判明44・6・6民録17輯362頁
②最判昭46・10・22民集25巻7号985頁（Ⅲ-72事件）
③最判平29・1・31民集71巻1号48頁（Ⅲ-74事件）

●大阪経済法科大学　小川富之●

72 仮装縁組の判断

最高裁昭和46年10月22日第二小法廷判決
（昭和45年(オ)第975号養子縁組無効確認請求事件）
民集25巻7号985頁，判時648号66頁

■事　案■

X男（原告・控訴人・上告人）の父親Aと，Y女（被告・被控訴人・被上告人）の父親は異父兄弟で，昭和39年7月10日にYはAの養子となり，Aが昭和40年11月24日に死亡した後，XからYA間の養子縁組無効を求めて争われた事件である。

XはAとその妻Bの一人息子で，Aは，B死亡後，大正の末年ごろ大阪に移り建築請負業を開始し，内縁の妻Cと同居生活中に，Xを引き取り養育した。ところがXはAのもとをとび出し，しばらく生活したのちAのもとに戻り，昭和28年にAの勧めで婚姻したものの，その半年くらい後に，Aの家業である建築請負業を継いでもらいたいという希望に応ぜず，再びAのもとを出て生活し，昭和33年1月30日にAの内縁の妻Cの死亡後に家族（Xおよびその妻と2人の子供）とともにA方近くのA所有のアパートに住むようになった（A死亡に至るまで親密な親子の交流はなかった）。

Yは婚姻し子が2人あったが，昭和29年ごろ夫が行方不明になり，叔父であるAに相談したところ，Aの内縁の妻Cが高齢で，X夫婦はA方を出ている状況であったので，家事や建築請負業の事務の手伝いを求められ，A方で同居を開始し（Yは昭和30年に夫と協議離婚し，2人の子どもを引き取った），Cが昭和31年8月ごろ怪我をし，その後に病気で昭和33年に死亡するまでその看病やA方の家計を取り仕切り，その後もAと同居生活を継続し，昭和39年2月にAが病気になってからはその看病をした。病気療養中のAは，長年世話をしてくれたYに報いるため財産を贈ることを司法書士に相談し，養子縁組を勧められ，Yの同意を得て，養子縁組届をした。この縁組は，XもAの死後に知ったほどで，何らの披露も通知もしていない。

Xは，養子縁組は遺産相続権を得るために仮託されたものであり，AY間に情交関係があることから養子とする意思は存在せず無効であること，またAYは叔父姪で夫婦同様の関係にあり，醇風美俗を著しく害するもので，仮に縁組意思をもって届出をしても親子として保護されず当然無効であると主張し，養子縁組無効確認を求めた。

1審（大阪地判昭44・9・17判時578号72頁）・2審（大阪高判昭45・7・23民集25巻7号1002頁参照）ともXの請求を棄却したので，Xが，縁組届は不倫な情交関係を契機とし，親子関係創設とは関係なく遺贈目的達成のためであるので，「縁組の意思」の解釈を誤った違法があるとして上告した。

■争　点■

養子縁組における縁組意思とは何を指すのか。養子縁組の当事者間に過去において情交関係があっても養子縁組意思を認め有効とできるか。

■判　旨■

上告棄却。

養子縁組の当事者間に，たまたま過去に情交関係があったが，事実上の夫婦たる生活関係が形成されるには至らなかった場合において，Yは永年A方に同居してその家事や家業を手伝い，家計をも取り仕切っていた者であり，Aは，すでに高齢に達し，病を得て家業もやめたのち，Yの世話になったことへの謝意をもこめて，Yを養子とすることにより，自己の財産を相続させあわせて死後の供養を託する意思をもって，縁組の届出に及んだものであるなどの事実関係があるときは，AY間に縁組を有効に成立させるに足りる縁組の意思が存在したものということができる。

■解　説■

1　本件は，財産および祭祀を養子に承継させることを目的になされた高齢者間の成年養子縁組における縁組意思，および，情交関係のあった者の間の養子縁組の効力に関するものである。

2　民法は養子縁組の無効原因に関し802条1号で，当事者間に「縁組をする意思がないとき」には縁組は無効であると規定している。この縁組意思については，届出によって成立し効力を生じる創設的身分行為との関係で，届出意思で足りるとする形式的意思説と，実際に養親子関係を形成する意思を要するとする実質的意思説に分かれており，後者が通説・判例の立場である。実質的意思説をとる場合も，婚姻を含めて形成的身分行為を統一的に把握する立場と，養子縁組が擬制的な親子関係の形成である点に着目し別個に捉える立場に分かれている。後者では，特別養子，未成年養子および成年養子では制度趣旨が異なり，多様な縁組目的が可能な成年養子では，明らかに縁組行為に仮託して他の目的を達成する仮装行為以外には，縁組意思があると主張される。また，身分関係の定型に向けられた意思，または，身分関係の基本的効果の実現に向けられた意思を身分行為意思と捉える法定意思説（形式的意思説と実質的意思説の折衷説ともいえる）も主張されている。

3　縁組の目的との関係でその効力が争われ，無効とされた事例としては，兵役義務回避，芸娼妓拘束，婚姻家格引上げ，法定推定家督相続人を嫁がせるための仮養子，学区制回避の転校目的などがある。逆に，有効とされた事例としては，財産相続目的縁組，相続税節税目的縁組，不倫養子がある。無効とされた事例は，実質的意思説を前提にする限り当然の結論といえ，いずれも縁組は名ばかりで，他の目的を達成するために便宜的手段として縁組届の形式が用いられているにすぎない仮装行為であると考えられる。有効とされた成年養子の事例では，扶養または相続の効果意思が含まれる縁組を有効としていると考えられる。その意味で，過去に情交関係があっても，当事者の年齢や，それまでの生活状況を考慮した上で，養子縁組をして相続権を与えるとともに祭祀を託す意思があれば縁組の効力を認める立場である。

◆関連判例◆

①大判昭7・2・12新聞3377号14頁
②最判昭23・12・23民集2巻14号493頁（Ⅲ-71事件）
③最判昭38・12・20家月16巻4号117頁
②最判平29・1・31民集71巻1号48頁（Ⅲ-74事件）

●大阪経済法科大学　小川富之●

73 縁組の有効性

最高裁昭和45年11月24日第三小法廷判決
(昭和45年(オ)第266号養子縁組無効確認請求事件)
民集24巻12号1931頁，判時616号69頁

■事　案■

A女は約50年にわたりB男と内縁関係を続けてきたが，子がなかったので老後のことを考えて，Bの孫Y_1とその夫Y_2夫婦（被告・控訴人・被上告人）を養子にする交渉を始めた。Y_1・Y_2はAの申し出を断っていたが，昭和42年12月中ごろになって養子になることを承諾した。Aは建物を増築してY_1・Y_2を住まわせる用意をし，Y_1の母C（Bの子の妻）に印鑑を預けて養子縁組の届出を依頼した。当時Y_1は妊娠中で届出は出産後にするつもりでおり，Aが所得税の申告のためCに預けていた印鑑を取り返したなどの事情から縁組届が遅れていたところ，Aが昭和43年3月18日の午前零時ごろ，脳溢血で倒れた。介抱していたBにY_1・Y_2の入籍のことを口走ったので，同日午後4時少し前に，かねてAから依頼されていたCが市役所に行き，戸籍係に代書を依頼し，持参したAの印鑑を用いて本件養子縁組届を作成・提出し即日受理された。Aは脳溢血で倒れて約1時間後に医師の往診をうけたが，その時には既に意識を失って昏睡状態で，そのままの状態を続けて翌19日の午前9時20分に死亡した。

この養子縁組に対してAの実弟X（原告・被控訴人・上告人）は，縁組届はCがAの危篤に乗じて提出したもので，AとY_1・Y_2との間には養子縁組についての話合いはなく，またAがその届出の意思を表示したこともない，仮に養子縁組の話があったとしても，Aは縁組届がなされた3月18日の午後には意識を消失し意思能力を失っていた，などと述べて養子縁組無効確認を求めて訴えを提起した。

1審（千葉地館山支判昭44・3・28民集24巻12号1937頁参照）はXの請求を認容した。2審（東京高判昭44・12・15高民集22巻6号800頁）は，「養子縁組の届出は他人にその届出人の氏名を代書させ若くは押印を代行させることによってすることも許される（戸籍法施行規則第62条）ところであり，AがYらと養子縁組をする意思を有し且つその届出をCに依託していたものであることは前記認定のとおりであるから，本件届出が受理された昭和43年3月18日当時Aが意識消失の状態に在ったとしても届出の受理前に死亡した場合と異りその届出の受理前にA女がYらと養子縁組をすることを翻意するなど特段の事情の認められない本件においては前記認定の養子縁組届の受理によってA女とYらの養子縁組は有効に成立したものと解するを相当とする」と述べて，1審判決を取り消した。

Xは上告し，Aは縁組をする意思もなく届出の委託もしていないこと，養子縁組届はAが昏睡状態に陥り意思能力を喪失している間に作成・届出・受理されたものであるから無効であり，これを有効とした2審判決は大審院の判例（関連判例①②）に違反していると述べた。

■争　点■

養子縁組における縁組意思は縁組届出に至るどの時点で必要とされるのか。縁組の合意ないし縁組届書作成後に当事者が心神喪失等で届出の時点では意思能力を失っていた場合でも縁組の成立が認められるか。

■判　旨■

上告棄却。

最高裁は，縁組についての合意および届出の委託があったことを認定した上で，以下の判断を示した。

「当事者間において養子縁組の合意が成立しており，かつ，その当事者から他人に対し右縁組の届出の委託がなされていたときは，届出が受理された当時当事者が意識を失っていたとしても，その受理の前に翻意したなどの特段の事情の存在しないかぎり，右届出の受理により養子縁組は有効に成立するものと解するのが相当である。……大審院判例〔関連判例①②〕……は，右判示に反する限度において，これを変更すべきものである。」

■解　説■

1　本件は，縁組の合意がなされたのちに，当事者が意思能力を失っていた場合の第三者による届出がなされた養子縁組の効力に関するものである。

2　養子縁組は，実質的要件として縁組意思，形式的要件として戸籍法に従った届出が必要とされる。当事者による届出が原則であるが，郵送による届出や作成または作成した届出の提出を委託して行うことも可能とされている。縁組意思は，縁組届作成または作成委託，提出または提出委託，届出受理の全過程を通じて必要とされるというのが通説であり，届出を養子縁組も含めた身分行為の成立要件とする考え方が通説である。ただ，一般に縁組意思の存否は，届出受理時を基準として判断されるので，その時点で縁組意思があれば縁組は有効，なければ無効とされることとなる。

3　かつて，大審院は，養子縁組の届出時に当事者が意思能力を欠いていた場合に縁組を無効とする立場をとっていた（関連判例①②）。身分行為の意思に関しては，本判決前に相次いでなされた2つの婚姻に関する判決（関連判例③—Ⅲ-3事件・④—Ⅲ-4事件）により従来の考え方は既に実質的に変更されていたといえるが，本件はその考え方を踏襲するもので，養子縁組に関する最高裁の最初の判例である。

4　判決では，「養子縁組の合意が成立し〔ていれば〕……受理の前に……特段の事情の存在しないかぎり，右届出の受理により養子縁組は有効に成立する」と判示するが，届出を身分行為の成立要件とする通説の立場からすると，届出時に意思能力を欠いていた場合の説明が求められることになるが，本判決では必ずしもそれが明示されていない。学説上は，「意思能力喪失中でも意思の存続を推定または擬制する」，「意思能力喪失の場合翻意の可能性がなくなるため既存の意思が確定的となる」，「禁治産者の婚姻の届出や戸籍法47条の郵送による届出との関連で，届出時における意思を擬制する」という考え方が主張されている。

◆関連判例◆

①大判大6・12・20民録23輯2178頁
②大判昭7・2・16法律新報285号10頁
③最判昭44・4・3民集23巻4号709頁（Ⅲ-3事件）
④最判昭45・4・21判時596号43頁（Ⅲ-4事件）

●大阪経済法科大学　小川富之●

74 相続税の節税を目的とする養子縁組の成否

最高裁平成29年1月31日第三小法廷判決
(平成28年(受)第1255号養子縁組無効確認請求事件)
民集71巻1号48頁，判時2332号13頁

■事　案■

被相続人A（昭和6年生まれ，平成25年死亡）には，その妻（平成24年3月死亡）との間に，長女X_1・二女X_2（原告・控訴人・被上告人，以下「Xら」という），長男Bがいた。Aは，平成24年4月，Bとその妻であるCの長男Y（平成23年生まれ，被告・被控訴人・上告人）と共にAの自宅を訪れた税理士等から，YをAの養子とした場合の遺産に係る相続税の節税効果について説明を受け，同年5月，AとYは養子縁組をした。

その後，AとBの関係が悪化したことから，Aは，同年10月，Yとの離縁の届出をし，同年11月にはAの一切の財産をXらに相続させる旨の遺言をした。なお，前記離縁については，Yから離縁無効確認請求訴訟が提起され，離縁を無効とする判決が確定している。

Aの死亡後，Xらは，Yに対し，本件養子縁組は縁組意思および届出意思を欠くものであると主張して，その無効確認を求めた。

1審（東京家判平27・9・16民集71巻1号52頁参照）は，本件養子縁組当時，Aが縁組意思および届出意思を欠いていたと認めることはできないとして，Xらの主張を棄却した。これに対して，2審（東京高判平28・2・3前掲民集58頁参照）は，本件養子縁組は専ら相続税の節税のためにされたものであるとした上で，このような場合は802条1号にいう「当事者間に縁組をする意思がないとき」に当たるとして，Xらの請求を認容した。そこで，Yが上告受理申立てをした。

■争　点■

相続税の節税を目的とする養子縁組において，当事者間の縁組意思を認めることは可能か。

■判　旨■

破棄自判。

「養子縁組は，嫡出親子関係を創設するものであり，養子は養親の相続人となるところ，養子縁組をすることによる相続税の節税効果は，相続人の数が増加することに伴い，遺産に係る基礎控除額を相続人の数に応じて算出するものとするなどの相続税法の規定によって発生し得るものである。相続税の節税のために養子縁組をすることは，このような節税効果を発生させることを動機として養子縁組をするものにほかならず，相続税の節税の動機と縁組をする意思とは，併存し得るものである。したがって，専ら相続税の節税のために養子縁組をする場合であっても，直ちに当該養子縁組について民法802条1号にいう『当事者間に縁組をする意思がないとき』に当たるとすることはできない。

そして，前記事実関係の下においては，本件養子縁組について，縁組をする意思がないことをうかがわせる事情はなく，『当事者間に縁組をする意思がないとき』に当たるとすることはできない。」

■解　説■

1　普通養子縁組は，契約により親子関係を創設するものであり，「人違いその他の事由によって当事者間に縁組をする意思がないとき」は無効とされる（802①）。縁組意思に関する学説には，養子縁組の届出をする意思だけでは足りず，社会観念上真に親子と認められる関係を創設する意思が必要だとする実質的意思説，養子縁組の届出をすることに向けられた意思の合致で足りるとする形式的意思説，民法が規定する養子縁組の諸効果に向けられた意思があれば足りるとする法的効果意志説がある。実質的意思説が判例・通説であるが，法的効果意思説も有力化しているとされる。

2　従来，普通養子縁組は，成年養子縁組だけでなく未成年養子縁組においても多様な目的で利用されてきた。判例では，兵隊養子や芸娼妓養子，借養子縁組（関連判例①—Ⅲ-71事件）等は無効とされてきたが，民法は孫養子を認めており（798），他の相続人の相続分を排することを目的とする孫養子も有効とする（関連判例②）。他方で，相続税の節税を目的とする養子縁組における縁組意思の有無については，これを直接の争点とした判例はなかったものの，死後離縁許可申立事件や後見人選任申立事件等の前提事実として縁組の効力が問題となった事例においては，節税のための養子縁組は無効とするものがある一方（関連判例③），縁組意思を認めて有効とするものも散見された（関連判例④）。

本判決は，相続税の節税を目的とする養子縁組の効力について直接判示した初めての最高裁判決であり，節税の動機と縁組意思は併存しうるとして，養子縁組の成立を認めたものである。

◆関連判例◆

①最判昭23・12・23民集2巻14号493頁（Ⅲ-71事件）
②最判昭38・12・20家月16巻4号117頁
③浦和家熊谷支審平9・5・7家月49巻10号97頁
④東京高決平11・9・30家月52巻9号97頁

●熊本大学　梅澤　彩●

75 有責当事者の離縁請求

最高裁昭和39年8月4日第三小法廷判決
(昭和37年(オ)第392号離縁請求事件)
民集18巻7号1309頁，判時385号53頁

■事　案■

Xと訴外Aとは昭和9年3月に婚姻届を出した夫婦であったが，Aが病身であり子ができなかったために，昭和13年3月にYと養子縁組をした。その後，XとAとは，Aの入院治療中にXが訴外Bと性関係を持ったために不和になり，昭和15年2月ごろ，医療費・生活費をXが仕送りするという条件で，AはYとともにXと別居するようになった。他方，Xは同居を始めたBとの間に5人の子をもうけるに至った。そして，昭和23年12月，未成年者であるYに対する親権者をAと定め，XからAに金20万円の贈与をすることとして，XとAの間に協議離婚が成立し，同月，XはBと再婚した。これを受けて，昭和24年2月には，Yの氏をAの氏に改める届出がなされた。その後，XがYの親権者であるAに離縁を求めたが，Aはこれに応じず，Yが成年に達した後に申し立てられた調停も不調となった。そこで，Xが離縁を求める訴えを起こした。

1審（札幌地岩見沢支判昭36・3・23民集18巻7号1313頁参照）では，XがYを養育した期間は幼時の2年余にすぎず，別居から満21年が経過している上に，Yが物心づいてからもXY間には親子の情愛はなかったなどとして，「縁組を継続し難い重大な事由」があるとして，Xの請求が認容された。これに対して，2審（札幌高判昭37・1・31前掲民集1317頁参照）は，XのYに対する愛情が薄れているのは無理もないが，こうした事態に至った原因はXにありYには何らの不行跡もないので，「縁組を継続し難い重大な事由」があるとは言えないとして，Xの請求を斥けた。Xから上告。

■争　点■

有責者が無責者を相手方としてする離縁請求であっても，814条1項3号の「縁組を継続し難い重大な事由」にあたることがあるか。

■判　旨■

上告棄却。

「離縁の訴に関する民法814条1項3号の『縁組を継続し難い重大な事由』は，必ずしも当事者双方または一方の有責であることに限られるものではないけれども，有責者が無責者を相手方として，その意思に反して離縁の請求をなすことは許されないものと解するを相当とするのであって，その法意は，離婚の訴に関する同法770条1項5号と異なるところがないのである。而して，原審の適法に認定した原判示の事実関係の下においては，Yを有責者とはなしがたく，却ってXを有責者となすべきであるから，右814条1項3号の事由があるものといえないとして本訴離縁の請求を排斥した原判決は正当であって，これに所論の違法はない。」

■解　説■

1　本判決は，814条1項3号の「縁組を継続し難い重大な事由」と770条1項5号の「婚姻を継続し難い重大な事由」とを同型の構造を持つ規定と解した上で，有責当事者からの離縁請求は認められないとしたものである。しかし，本判決の射程については，次の2つの観点から再検討する必要がある。

2　第1に，770条1項5号に関しては，判例変更がなされたことをどう考えるか。すなわち，本判決が前提とする関連判例①（Ⅲ-26事件）に代わって関連判例②（Ⅲ-27事件）が登場したことにより，現在では，離婚については，一定の要件の下で有責配偶者の離婚請求が認められるに至っている。関連判例②の考え方を参酌するならば，本件のように，別居が長期間に及んでおり，養子が成年に達している場合には，離縁請求を認めることも考えられる。

3　第2に，離縁と離婚との間の相違点をどう評価するか。共同生活の実体を欠く婚姻を存続させる必要が乏しく，また，離婚ができない限り再婚もできないのに対して，養子の場合には，共同生活の実体を欠くもの（例えば相続のための養子）も少なくない上に，離縁をしなくても別の縁組は可能である。そうだとすると，離縁と離婚とを別々に扱うことも考えられないではない（そもそも本件において縁組は破綻していないとも言いうる)。

◆関連判例◆

①最判昭27・2・19民集6巻2号110頁（Ⅲ-26事件）
②最大判昭62・9・2民集41巻6号1423頁（Ⅲ-27事件）

●学習院大学　大村敦志●

76 特別養子縁組の成立と親子関係不存在確認の訴え

最高裁平成7年7月14日第二小法廷判決
（平成6年(オ)第425号親子関係不存在確認請求事件）
民集49巻7号2674頁，判時1541号96頁

■事　案■

A女とY_1男（被告・控訴人・被上告人）は昭和47年に婚姻したが，同57年ごろから不仲となり，同59年に別居した。Aは同58年ごろからX男（原告・被控訴人・上告人）と親密になり，同59年にBを，同62年にY_2（被告・控訴人・被上告人）を出産したが，BおよびY_2はAとY_1の嫡出子として出生届が出された。

AとY_1は，平成元年に離婚した。同4年，XはBおよびY_2を認知するため，Y_1とBおよびY_1とY_2との間の親子関係不存在確認請求訴訟（以下「本件訴訟」という）を提起した。ところが，本件訴訟の1審（福島地郡山支判平5・3・26家月47巻10号58頁参照）係属中に，福島家庭裁判所郡山支部において，Y_2とCD夫婦の特別養子縁組成立の審判がされた（なお，同審判の家事審判官は，本件訴訟提起について，了知していた）。Xは前記審判に対して即時抗告を申し立てたが，申立適格を欠くとして却下され，同5年1月に審判が確定した。

本件訴訟の1審は，Xの請求を認容したが，2審（仙台高判平5・11・30前掲家月56頁参照）は，Y_2を特別養子とする審判が確定した以上，817条の9の規定の趣旨に鑑み，XはY_2を認知することができず，認知の前提としてされた本件訴訟は，確認の利益を欠き不適法であるとして，1審判決を取り消し，Xの訴えを却下した。Xが上告した。

■争　点■

①特別養子となった子を認知するための前提として，養子と戸籍上の父を相手方として親子関係不存在確認の訴えを提起することは可能か。

②血縁上の父が特別養子となる子とその戸籍上の父の親子関係不存在確認の訴えを提起している場合に，その帰すうが定まる前に当該子を第三者の特別養子とすることは可能か。

■判　旨■

破棄差戻し。

「子の血縁上の父は，戸籍上の父と子との間に親子関係が存在しないことの確認を求める訴えの利益を有するものと解されるところ，その子を第三者の特別養子とする審判が確定した場合においては，原則として右訴えの利益は消滅するが，右審判に準再審の事由があると認められるときは，将来，子を認知することが可能になるのであるから，右の訴えの利益は失われないものと解するのが相当である。」

本件においては，「Xについて民法817条の6ただし書に該当する事由が認められるなどの特段の事情のない限り，特別養子縁組を成立させる審判の申立てについて審理を担当する審判官が，本件訴えの帰すうが定まらないにもかかわらず，Y_2を特別養子とする審判をすることは許されないものと解される。なぜならば，仮に，XがY_2の血縁上の父であったとしても，Y_2を特別養子とする審判がされたならば，Y_2を認知する権利は消滅するものと解さざるを得ないところ（民法817条の9），XがY_2を認知する権利を現実に行使するためとして本件訴えを提起しているにもかかわらず，右の特段の事情も認められないのに，裁判所がXの意思に反してY_2を特別養子とする審判をすることによって，Xが主張する権利の実現のみちを閉ざすことは，著しく手続的正義に反するものといわざるを得ないからである」。

したがって，「XがY_2の血縁上の父であって，右の特段の事情が認められない場合には，本件審判には，家事審判法7条，非訟事件手続法25条，民訴法429条，420条1項3号〔いずれも改正前〕の準再審の事由があるものと解するのが相当である。」

■解　説■

1　特別養子縁組は，子のための縁組として，家庭裁判所における許可審判により成立し（817の2），縁組の成立後は，養子と実方の父母およびその血族との親族関係が終了するものである（817の9）。このため，縁組の成立には，原則として養子となるべき者の父母の同意を必要とし（817の6本文），さらに，関係当事者の手続保障の観点から，家庭裁判所は，特別養子縁組の成立の審判をする場合には，養子となるべき者の父母，養子となるべき者に対し親権を行う者（養子となるべき者の父母を除く）等の陳述を聴かなければならない（家事164 Ⅵ）。

2　養子となるべき者の血縁上の父であると主張する者は，子を認知した上で，特別養子縁組の成立の審判に事件当事者（父）として関与することができる。子が戸籍上他人の嫡出子として届けられている場合には，戸籍実務上，認知届が受理されないため，血縁上の父は認知の前提として，戸籍上の父と子を相手方として親子関係不存在確認の訴えを提起することとなる。

3　嫡出でない子について，第三者との間に特別養子縁組が成立した場合には，817条の9本文の規定により，養子と実方の父母との親族関係は終了するため，認知後の親子関係はもちろん，認知前の親子関係も終了し，血縁上の父は子を認知することができないとするのが通説である。

本判決も通説を採用し，特別養子縁組の成立後は，Xが有するY_1とY_2の親子関係不存在確認の訴えの利益は消滅することを明らかにした。そして，Xが親子関係不存在確認の訴えを提起しており，Xの同意なくして特別養子縁組を成立させることができる特段の事情（817の6ただし書）等がないにもかかわらず，特別養子縁組を成立させる審判の申立ての審理を担当する審判官が，その帰すうを待たずにY_2を第三者の特別養子とすることは，Xの特別養子縁組の成立の審判に関与する機会を奪うこととなるとして，民訴法420条1項3号（現338 Ⅰ③）の準再審事由があるとした。同号の規定は，代理権の欠缺に関する再審事由の規定であるところ，当事者に保障されるべき手続関与の機会が与えられなかった場合にも適用すること（関連判例参照）を正面から認めたものである。

◆関連判例◆
最判平4・9・10民集46巻6号553頁

●熊本大学　梅澤　彩●

77 連れ子養子における親権者変更審判の法令違反を理由とする届出不受理

最高裁平成26年4月14日第一小法廷決定
(平成25年(許)第26号市町村長処分不服申立ての審判に対する抗告審の取消決定に対する許可抗告事件)
民集68巻4号279頁，判時2271号40頁

■事　案■

Aの実父母であるX男（抗告人）とB女は，Aの親権者をBと定めて協議離婚した。BはC男と再婚し，CとAは養子縁組をしたが，CはAに対する体罰を繰り返した。XはCの体罰に関する事実を知り，Aの親権者をB・CからXに変更することを求めた結果，親権者をXとする別件審判が確定した（福島家審平24・1・31〔平成23年(家)第189号〕，仙台高決平24・3・21〔平成24年(ラ)第46号〕）。Xが前記別件審判に基づき親権者変更の届出（以下「本件届出」という）をしたところ，戸籍事務管掌者であるYはこれを不受理とする処分をした。

Xが，戸籍法121条〔改正前〕に基づき，Yに本件届出の受理を命ずることを求める審判を申し立てたところ，1審（福島家審平24・12・25民集68巻4号301頁参照）はこれを認容したが，2審（仙台高決平25・6・25前掲民集309頁参照）は，次のように判示して，1審を取り消し，申立てを却下した。⑴子が実親の再婚相手と養子縁組をして当該実親と養親の共同親権に服する場合，819条6項に基づいて親権者の変更をすることはできず，親権者の変更を認めた別件審判は同項の解釈を誤った違法なものである。⑵別件審判は，実体法規に反するものであることが形式上明らかであるから，Yが本件届出を不受理とする処分をしたことに違法はない。これを受けて，Xが本件許可抗告を行った。

■争　点■

①子が実親の一方と養親の共同親権に服している場合に，家庭裁判所は819条6項に基づき，親権者を他の一方の実親に変更することは可能か。
②戸籍事務管掌者は，別件審判の法令違反を理由に，届出を不受理とすることができるか。

■決定要旨■

破棄自判。

819条の「規定の構造や同条6項の規定の文理に照らせば，子が実親の一方及び養親の共同親権に服する場合，子の親権者を他の一方の実親に変更することは，同項の予定しないところ」であり，子の親権者を変更することはできない。

「しかし，審判による親権者の変更は，その届出によって親権者変更の効力が生ずるのではなく，審判の確定によって形成的に親権者変更の効力が生ずるのであるから，たとえ当該審判が誤った法令の解釈に基づくものであったとしても，当該審判が無効であるためその判断内容に係る効力が生じない場合を除いては，確定審判の形成力によって，親権者変更の効力が生じ，当該審判によって親権者とされた者は子の親権者として親権を行使することができることになる。しかるに，このような親権者の変更が戸籍に反映されないとすると，子の親権に関し無用の紛争を招いて子の福祉に反することになるおそれがあるほか，身分関係を公証する戸籍の機能を害する結果ともなるものである。また，戸籍事務管掌者は，戸籍の届出について法令違反の有無を審査する権限を有するが，法令上裁判所が判断すべきものとされている事項についての確定審判に基づく戸籍の届出の場合には，その審判に関する審査の範囲は，当該審判の無効をもたらす重大な法令違反の有無に限られるものと解される。

そうすると，戸籍事務管掌者は，親権者変更の確定審判に基づく戸籍の届出について，当該審判が無効であるためその判断内容に係る効力が生じない場合を除き，当該審判の法令違反を理由に上記届出を不受理とする処分をすることができない。」

■解　説■

1　子が実親の一方および養親の共同親権に服している場合に，819条6項に基づき親権者を他の一方の実親に変更することができるか否かについて，裁判例では，親権制度の本来の姿である共同親権から他の一方の単独親権に変更する余地は全くないなどとして，変更を認めないものがほとんどである（関連判例①）。学説も，819条の構造および文理解釈から，親権者の変更を認めないとするのが通説的見解である。

2　戸籍事務管掌者が審判の法令違反を理由として届出を不受理とすることができるか否かについて，裁判例では，市区町村長は，形式的審査権限（法定要件の具備等に関する審査権限）を有するに止まるとするもの（関連判例②）と，裁判が無効ないし違法であることが明確な場合には，当該裁判の違法，無効の判定をなしうるとするもの（関連判例③）がある。学説では，本件のような報告的届出については，市区町村長が裁判の当否を実質的に審査する権限はないとする見解がある一方，法令審査権に関する法務省の確定した取扱方針を根拠に，当該審判が明らかに法令に違反しており，審判自体が無効であると認められる場合には，当該審判に基づく届出・申請は受理しなくてよいとするものなどがある。

3　本決定は，①子が実親の一方および養親の共同親権に服している場合には，819条6項に基づいて親権者を他の一方の実親に変更することはできないこと，②戸籍の届出に係る戸籍事務管掌者の審査権限は，当該届出が法令上裁判所が判断すべきものとされている事項についての確定審判に基づくものである場合には，当該審判の無効をもたらす重大な法令違反の有無についての審査に限られ，また，当該審判が無効であるためその判断内容に係る効力が生じない場合を除き，当該届出を不受理とすることができないことを最高裁判所として初めて明らかにしたものである。

◆関連判例◆

①東京高決昭48・10・26判時724号43頁
②大阪高決昭30・1・29高民集8巻1号53頁
③福島家審昭35・10・12家月14巻7号84頁

●熊本大学　梅澤　彩●

78 子の引渡請求の合憲性(1)
―― 憲法22条との関係

最高裁昭和35年3月15日第三小法廷判決
（昭和32年(オ)第1166号子の引渡請求事件）
民集14巻3号430頁，判時218号18頁

■事　案■

X女（原告・控訴人・被上告人）は，訴外A男と同棲し，昭和22年5月10日にAとの間に子Bをもうけた後，同年中にAとの婚姻届を提出した。Aは昭和21年ごろから肺疾患のため病床にあったが，Xの補佐を受けながら，ベアリング商を営んでいた。Aは同居していたXの養母Cと折り合いが悪く，昭和23年春ごろにCはAX夫婦のもとを去り，ついで昭和24年8月ごろにXはBの養育をAに託し，Aのもとを去って養母Cと同居するようになった。その際，XはAから1万円を受け取っている。その後，AはD女と事実上の夫婦となり，DはAの看病をするとともにBの養育にあたったが，Aは昭和25年に死亡した。

Aの弟であるY（被告・被控訴人・上告人）は，Dと婚姻し（いわゆる逆縁婚），Bの養育は，一時はA・Yの姉Eに託したこともあったが，2審（東京高判昭32・9・17下民集8巻9号1710頁）判決当時はY自ら養育しており，Aの営業も引き継いだ。Xは，都内の料亭で働いて養母Cを養っている。Xは，Bを手もとに引き取るためYD夫婦と交渉の末，昭和25年2月14日に，東京家裁に，Yを相手方として亡夫Aの遺産である建物とBの引渡しを求める調停を申し立てたが，同年7月20日に取り下げられた。そして，Xは，Bの引渡しを求め本件を提起した（建物については訴外Fに売却し，FからYに対し引渡請求の訴えがなされている）。

1審（東京地裁判決年月日不明・民集14巻3号443頁参照）では，Xの請求が棄却されたため，Xが控訴した。2審では，AとYとの間に結ばれたBの監護の委託契約が事実だったとしても，Aの死亡により委託は終了していること，Aの死亡後に，XとYとの間にBの監護の委託契約が結ばれたことを示す確証がないこと，仮に当該契約が事実だとしても，XによるBの引渡請求は委託の解除の意思表示と認められること，XがBに対して有する親権に基づいてYに対しBの引渡しを求めることは正当であり，その請求が親権の濫用であるとする諸般の事情は認められないこと，を理由にXの請求が認容された。これに対し，Yは上告した。

■争　点■

①幼児の引渡しを求める訴訟において，その幼児が自由意思に基づいて相手方のもとに居住しているといえるか。
②幼児引渡しの請求を認容する判決は憲法22条の居住移転の自由に反するか。

■判　旨■

上告棄却。

父A死亡直後，XがYに対し，「右Bの引渡を求むる調停を申立てた昭和25年2月14日には，いまだ3才に満たない幼児であり，Yはその頃より引続き右Bを手許におき，或は実姉Eに託して養育を続けて来たとのことであるから，Y或はその実姉E方に留ったことが，右Bの自由意思に基いたものとは，到底解し得ない。」

「本件請求は，右Bに対し，民法821条に基く居所指定権により，その居所を定めることを求めるものではなくして，Xが同人に対する親権を行使するにつき，これを妨害することの排除を，Yに対し求めるものであ」り，「本件請求を認容する判決によって，Xの親権行使に対する妨害が排除せられるとしても，右Bに対し，Xの支配下に入ることを強制し得るものではない。それは，同人が自ら居所を定める意思能力を有すると否とに関係のない事項であって，憲法22条所定の居住移転の自由とも亦何等関係がない。」

■解　説■

1　子の引渡請求権について，民法は明文規定をもたない。判例は古くからこの権利を認めてきた。大審院は，親権者は未成年の子に対し監護教育の権利義務を有するので（現820），第三者がこの親権行使を妨げているときは，その親権行使の妨害を排除するため，未成年の子が意思能力を有すると否とを問わず，また親権者のもとを離れて居住していることがその子の自由意思に基づくか否かを問わず，子の引渡請求ができるとしていた（関連判例①～④）。しかし，その後，大審院は，判断を変更し，子が意思能力を有し，その自由意思に基づいて第三者のもとに居住している場合には，その居住を認容するだけでは親権の妨害とはならないとした（関連判例⑤⑥）。この場合，親に残された途は子自身に対する居所指定権の行使（現821）があるにすぎない。

2　本判決は，大審院の判例理論を踏襲したものである。親権に基づく子の引渡請求と親権に対する妨害排除請求との関係について，両請求を区別する立場や判例のように区別しない立場（本判決および関連判例⑦―Ⅲ-79事件・⑧）のいずれにおいても，未成年の子に意思能力があり，その自由意思に基づく居住か否かの判定は，判決に重要な影響を及ぼす。本判決は，3歳に満たないときから手もとにおき引き続き養育している場合には，判決当時に10歳を超えていても，その子の自由意思に基づく居住とは認められないとしており，その重要な基準を示したものとして意義がある。なお，未成年者は親権に服すべきものであり，子の自由意思を引渡請求の要件とせず，子の自由意思による居住を親権行使の濫用の認定の一資料として考えるべきとの見解がある。

3　憲法では公共の福祉に反しない限り，居住の自由が認められ（憲22），民法では濫用にならない限り，親権者に妨害排除請求権や居所指定権が与えられている（820・821）。民法の規定は憲法の一般規定に対する特殊規定であり，親権者の権利行使が違憲とはならないのは当然である。

◆関連判例◆

①大判大元・12・19民録18輯1087頁
②大判大7・3・30民録24輯609頁
③大判大10・10・29民録27輯1847頁
④大判大12・1・20民集2巻19頁
⑤大判大12・11・29民集2巻642頁
⑥大判昭13・3・9民集17巻378頁
⑦最判昭38・9・17民集17巻8号968頁（Ⅲ-79事件）
⑧最判昭59・9・28家月37巻5号39頁

●東洋大学　中村　恵●

79 子の引渡請求の合憲性(2) ——憲法13条との関係

最高裁昭和38年9月17日第三小法廷判決
（昭和36年(オ)第835号幼児引渡請求事件）
民集17巻8号968頁，判時352号60頁

■事　案■

X女（原告・被控訴人・被上告人）は，昭和27年ごろから，他の女性と婚姻している訴外Aと同棲し，Aとの間に長女B（昭和28年9月30日生）と長男C（昭和31年1月19日生）をもうけた。AはB・Cを自己の子として認知し，親権者はXのまま，昭和34年4月6日に死亡した。Aの死後，XはB・CとともにXの兄D方に身を寄せていたが，昭和34年4月27日ごろ，子らをDに託して職探しに出て，同年5月30日ごろD方へ戻ったところ，Xの留守中にその承諾なくしてCは亡Aの兄E方に預けられていた。同年6月中ごろ，XはE方にCを引き取りに行ったところ，既に同年5月23日ごろCを勝手にY（被告・控訴人・上告人）方に連れて行ったことが判明した。そこで，XはY方に赴きCの引渡しを求めたが，YはCを養子にすると称してこれに応じなかった。

Xは，昭和34年7月23日に，Yを相手方として東京家裁に対しCの引渡しを求める調停を申し立てたが，翌35年1月21日に調停は不調に終わった。そこで，Xは，Yは親権者の承諾なく勝手に養子にすると称してCを引き止め，故なくCに対するXの親権の効力としての監護教育権の行使を妨害しているのであるから，その妨害を排除し，Cの引渡しを求める，として本訴に及んだ。

1審（東京地判昭35・5・14民集17巻8号973頁参照）は，CがYに引き取られるに至った経緯，Xは他人にCを預け養育してもらうことおよび他人の養子にすることについて同意を与えたことはなかったこと，Cの親権者たるXは，その親権行使の妨害を排除するため，Yに対してCの引渡しを求める権利を有し，Xの本訴請求が親権を濫用するものと言い難いとして，Xの請求を認容した。Yは控訴したが，2審（東京高判昭36・4・26前掲民集979頁参照）も同じ理由でXの引渡請求を認めた。これに対し，Yは，Cは満5歳6か月余りで，居住すべき場所を選択する判断能力を有しており，Y方において既に2年余り養育されている場合に，子の居住意思を無視して動産引渡類似の引渡請求権を認容することは，憲法13条の個人の尊厳を侵すものであると主張して，上告した。

■争　点■

幼児引渡しの請求を認容する判決は，憲法13条に反するか。

■判　旨■

上告棄却。

「本件請求は，Xが右Cに対する親権を行使するにつき，これを妨害することの排除を，Yに対し求めるものであって，本件請求を認容する判決によって，Xの親権行使に対する妨害が排除せられるとしても，右Cに対しXの支配下に入ることを強制し得るものではなく，これは右Cが自ら居所を定める意思能力を有すると否とに関係のない事項であって，憲法13条の個人の尊重とも何ら関係のないものである。また原判決は右判決の強制執行の方法として民訴730条〔当時〕の動産引渡請求権の執行方法によるべき旨を判示しているわけではなく，そのような強制執行があったわけでもない。」

■解　説■

1　親権者が親権に服する子の引渡しを求めることができるかについて，民法は明文規定をもたないが，判例は古くからその訴えを認めてきた（関連判例①）。ただし，子を所有物と同視しているとの批判を受け，親権行使の妨害を排除する手段として子の引渡請求を認めるに至り（関連判例②），最高裁判例（関連判例③—Ⅲ-78事件）においても，子の居住が自由意思に基づくものとは認められないので引渡請求は正当であるとして，大審院の立場を踏襲するとともに，引渡請求の認容が憲法22条の居住移転の自由の侵害であるという上告人の主張に対して，本件と同様の見解を示している。本判決は関連判例③の判旨をそのまま引用して，引渡請求の認容判決と憲法13条との関係について，初めて判示したものであるが，引渡請求の性質については同様の判例理論を確認したにすぎない。

2　子の引渡しを命ずる判決は，間接強制の方法によりこれを執行できるが，直接強制が許されるかについては争いがある。本件では民訴旧730条（現・民執122）の動産引渡しの強制執行の方法によるべきでないことを示唆しているものの，この点は十分に判例上明らかにされていない。近年，子に意思能力がない場合に直接強制を認める見解が有力となっている。なお，「民事執行法及び国際的な子の奪取の民事上の側面に関する条約の実施に関する法律の一部を改正する法律（令元法2）」は，子の引渡しの強制執行について，明文規定をおき手続の明確化を図った（民執174～176）。

◆関連判例◆

①大判明34・9・21民録7輯8巻25頁
②大判大10・10・29民録27輯1847頁
③最判昭35・3・15民集14巻3号430頁（Ⅲ-78事件）

●東洋大学　中村　恵●

80 子の引渡請求
――親権に基づく妨害排除請求

最高裁平成29年12月5日第三小法廷決定
（平成29年(許)第17号子の引渡し仮処分命令申立て却下決定に対する抗告棄却決定に対する許可抗告事件）
民集71巻10号1803頁，判時2365号67頁

■事　案■

父Xと母Yは平成22年に長男Aをもうけ婚姻届を出したが，後にYがAを連れてXと別居した。それ以降Yは単独でAの監護をしている。平成28年3月にX・Yは，Aの親権者をXと定めて協議離婚をしたが，Yは同年12月Aの親権者変更を求める調停申立てを行った。XはYを債務者として親権に基づく妨害排除請求権を被保全債権として，Aの引渡しを求める仮処分命令の申立てを行った。

1審（那覇地決平29・4・26民集71巻10号1809頁参照）は，本件本案は家事審判事項であるとし，本件申立てを不適法却下した。2審（福岡高那覇支決平29・6・6前掲民集1811頁参照）は，本件本案申立てが家事事件手続法別表第2の3項所定の子の監護に関する処分であり，民事訴訟手続によることができないとして，本件申立てを不適法却下した。Xは許可抗告の申立てをし，2審はこれを許可した。

■争　点■

①離婚した父母間において，親権者である一方は親権を有しない他方に対して，民事訴訟手続により親権に基づく妨害排除請求として子の引渡しを求めることができるか。

②①が認められる場合，親権に基づく妨害排除請求としての子の引渡しが権利濫用となる場合があるか。

■決定要旨■

抗告棄却。

「離婚した父母のうち子の親権者と定められた一方は，民事訴訟の手続により，法律上監護権を有しない他方に対して親権に基づく妨害排除請求として子の引渡しを求めることができると解される（〔関連判例①②〕……）。

もっとも，親権を行う者は子の利益のために子の監護を行う権利を有する（民法820条）から，子の利益を害する親権の行使は，権利の濫用として許されない。

本件においては，Aが7歳であり，Yは，Xと別居してから4年以上，単独でAの監護に当たってきたものであって，Yによる上記監護がAの利益の観点から相当なものではないことの疎明はない。そして，Yは，Xを相手方としてAの親権者の変更を求める調停を申し立てているのであって，Aにおいて，仮にXに対し引き渡された後，その親権者をYに変更されて，Yに対し引き渡されることになれば，短期間で養育環境を変えられ，その利益を著しく害されることになりかねない。他方，Xは，Yを相手方とし，子の監護に関する処分としてAの引渡しを求める申立てをすることができるものと解され，上記申立てに係る手続においては，子の福祉に対する配慮が図られているところ（家事事件手続法65条等），Xが，子の監護に関する処分としてではなく，親権に基づく妨害排除請求としてAの引渡しを求める合理的な理由を有することはうかがわれない。

そうすると，上記の事情の下においては，XがYに対して親権に基づく妨害排除請求としてAの引渡しを求めることは，権利の濫用に当たるというべきである。」

木内道祥裁判官の補足意見がある。

■解　説■

1　子の引渡しを求める手続は，⑴民事訴訟において，親権・監護権に基づく妨害排除請求権を行使するという方法，⑵766条の「子の監護に関する処分」として，家庭裁判所の審判による方法，⑶人身保護手続による方法がある。かつては人身保護手続の迅速性と強い強制力ゆえ，人身保護手続が子の引渡しに多用された。しかし平成5年，平成6年の一連の最高裁判例（関連判例③―Ⅲ-83事件・④―Ⅲ-84事件）によって，当該手続の利用可能性は大きく狭められ，子の引渡し紛争はもっぱら家庭裁判所の審判により解決されるべきとされた。家庭裁判所での手続は家庭裁判所調査官をはじめとする調査機構があり，子の利益に十分配慮した紛争解決が可能だからである。また，昭和55年に審判前の保全処分（現・家事157Ⅰ③）が新設されたことで，現在では家事審判においても迅速・強力な事件処理が可能となっている。そのため，離婚夫婦間での子の引渡しには，民事訴訟および民事保全を用いることはできないとする学説も多い。本件では，このような法的状況を前提に，民事訴訟手続を並存的に利用することの可否が問われた。

2　本決定は，従前の先例（関連判例①―Ⅲ-78事件・②）を引用しながら，民事訴訟手続を用いて，離婚夫婦間での親権に基づく妨害排除請求として，子の引渡しを求めることができるとする。その一方で，子の利益を害する親権の行使としての子の引渡し請求は権利濫用となるとしたうえで，本件における事情を3つ指摘し，本件申立ては権利濫用に当たると判示した。その3つの事情とは，⑴7歳という子の年齢，4年以上の監護期間，子の監護状況が不相当であることの疎明がないこと，⑵Yが親権者変更を申し立てていること，⑶Xが家事審判手続ではなく，民事訴訟手続によって子の引渡しを求める合理的理由がないこと，である。したがって本件は，離婚夫婦間での子の引渡し請求に民事訴訟手続を用いることができるとしたうえで，権利濫用によって請求が認められない場合の一事例を示した点に意義がある。ただし，本決定で示された3つの事情それぞれの比重や論理関係はなお明らかではない。

3　なお，家事審判であれ民事訴訟であれ，本案または保全処分で子の引渡しが認められた場合でも，執行の問題が残る。関連判例⑤は，子の引渡しを命ずる審判に基づく間接強制の申立てを，子が強い拒絶をしていることから，権利の濫用であるとしている。

◆関連判例◆

①最判昭35・3・15民集14巻3号430頁（Ⅲ-78事件）
②最判昭45・5・22判時599号29頁
③最判平5・10・19民集47巻8号5099頁（Ⅲ-83事件）
④最判平6・4・26民集48巻3号992頁（Ⅲ-84事件）
⑤最決平31・4・26判時2425号10頁

●東北学院大学　遠藤隆幸●

81 「拘束」性の判断(1)
――意思能力のない子の監護

最高裁昭和43年7月4日第一小法廷判決
（昭和42年(オ)第1455号違法拘束救済人身保護請求事件）
民集22巻7号1441頁，判時530号29頁

■事　案■

X女（請求者・被上告人）とY男（拘束者・上告人）は昭和40年3月ごろより内縁関係に入り，同年12月27日に婚姻届を出し，翌年7月26日にXY間に子A（被拘束者）が生まれた。しかし，Aが生後1か月余りでXY夫婦は別居し，以来約1年2か月にわたり母であるXのもとで養育監護されていた。この間，XはYに対し離婚の調停を申し立て，その第1回期日前（昭和42年10月22日午後8時ごろ），XがAを背負って銭湯へ行く途中，Yが無理矢理にAを奪取し逃走した。YはXからAを返すよう再三要求されたがこれに応じず，奪還をおそれてAの所在を明らかにしなかった。現在，AはYの実弟の被用者の実母Bのもとで監護養育されている。

YがAを不当に拘束しているとして，Xから人身保護請求がなされた。1審（大阪地判昭42・11・30判時514号73頁）は，拘束者Yの下における被拘束者Aの現監護状況が平穏であっても，またBの愛情善意努力にかかわらず3歳未満の幼児Aにとっては請求者である母Xの下におけるそれに比して極めて不幸であることから，YのAに対する現拘束は不当であり，それが顕著であるとして，Xの請求を認容した。これに対し，Yは，愛情をもってAを監護しており，その監護養育はAの親権者，監護権者という正当な権限に基づいており，何ら違法ではないのであって，拘束が違法になされ，それが顕著であるとはいえないとして，上告した。

■争　点■

①意思能力のない幼児を監護すること自体が，人身保護法および同規則にいう拘束にあたるか。
②夫婦の一方から他方に対する人身保護法に基づく幼児引渡請求許否の判断基準は何か。

■判　旨■

上告棄却。

「意思能力のない幼児を監護するときには，当然幼児に対する身体の自由を制限する行為が伴なうものであるから，その監護自体を人身保護法および同規則にいわゆる拘束と解するに妨げないものであることは，当裁判所の判例〔関連判例③〕……の趣旨とするところである。このことは，右監護の方法の当，不当または愛情にもとづくかどうかとは，かかわりのないことである。」

「夫婦関係が破綻に瀕しているときに，夫婦の一方が他方に対し，人身保護法にもとづきその共同親権に服する幼児の引渡を請求することができる場合のあること，および右の場合，裁判所は，子を拘束する夫婦の一方が法律上監護権を有することのみを理由としてその請求を排斥すべきものでなく，子に対する現在の拘束状態が実質的に不当であるか否かをも考慮して，その請求の許否を決すべきであることは，当裁判所の判例とするところであり（〔関連判例①〕……参照），右拘束状態の当，不当を決するについては，夫婦のいずれに監護せしめるのが子の幸福に適するかを主眼として定めるのを相当とする。そして，夫婦が別居し未だ離婚に至らない場合において，夫婦のいずれがその子を監護すべきかは，いずれ恒久的には，夫婦離婚の際，その協議により，協議がととのわないときは，家事審判法〔当時〕，人事訴訟手続法〔当時〕所定の手続により定められるものではあるが，それまでの間，暫定的に子を監護すべき親として夫婦のいずれを選ぶべきかを決するについても，主として子の幸福を基準としてこれを定めるのが適当といわなければならない。」

■解　説■

1　法律上正当な手続によらないで，身体の自由を拘束されているときには，人身保護法に基づき，被拘束者自身または何人からでも，被拘束者の人身の自由の回復を請求できる（人保2）。この人身保護法は，英国の人身保護令状を淵源とする憲法34条に基づいて制定されたものである。本件の事案と似ている関連判例①において，最高裁は，離婚等の場合において，不法に子を拘束する夫婦の一方に対して，法律上子の監護権を有する他の一方は，人身保護法に基づいて救済を請求しうることを初めて認め，それ以来，同様の判断が繰り返されており，学説においても，子の引渡しに人身保護法を適用することについて，おおむね賛成している。しかし，迅速，適切な救済という点に長所を認めて判例を支持しつつも，子の引渡しの問題は，本来家庭裁判所において取り扱うべきものであり，人身保護法の無制限な適用には疑問を呈する学説もある。その後，判例は，別居中の夫婦間の紛争の場合について，「明白」性の要件を課して人身保護請求を制限するに至った（関連判例②―Ⅲ-83事件）。

2　本判決は，最初に，人身保護法の適用を認めた昭和24年の最高裁判決（関連判例①）以降の最高裁判例を再確認したものであるが，これまでの判決が，いずれも請求を認めてこなかったのに対し，請求を認め，具体的に人身保護法が適用された最初の事例である。本判決において，関連判例③で示された「幼児監護の場合において監護という事柄の性質からしてつねにある程度の拘束が存在するものと認められる」という点がより明確にされ，幼児の監護方法の当不当にかかわりなく，監護それ自体が拘束に当たるとした。

3　子の監護に人身保護法の適用が認められる場合，請求許否の判断基準は何か。本判決は，「夫婦のいずれに監護せしめるのが子の幸福に適するかを主眼として定めるのを相当とする」としており，一般の人身保護手続とは区別して，幼児を対象とする場合は，拘束者による奪取の態様やその監護状態のみを考察するのではなく，「子の幸福」という視点から，具体的に父母双方の監護状況を比較考察すべき旨が明示されている。

◆関連判例◆

①最判昭24・1・18民集3巻1号10頁
②最判平5・10・19民集47巻8号5099頁（Ⅲ-83事件）
③最大判昭33・5・28民集12巻8号1224頁

●東洋大学　中村　恵●

82 「拘束」性の判断(2)
——意思能力のある子の監護

最高裁昭和61年7月18日第二小法廷判決
（昭和61年(オ)第644号子の引渡請求事件）
民集40巻5号991頁，判時1213号79頁

■事　案■

Aは千葉県に在住するX_1X_2夫婦の第2子・長男として昭和49年5月29日に出生したが，X_1X_2夫婦は，家計上の都合により，生まれて間もないAを長崎県に在住するX_1の異母弟Y_1とその妻Y_2に養育委託した。昭和51年以降，XらはYらに対し再三にわたりAの返還引渡しを求めたが，Yらはその都度「Aの保育園入園まで」「学齢の1年前まで」「就学まで」などとAの返還を約束しながら，結局それらの約束を破り返還に応じなかった。

そこで，Xらは昭和56年にYらを被告として親権妨害等を理由とする民事訴訟を提起し，1審，2審，上告審ともに勝訴し確定判決を得た。昭和60年1月には，円満解決のため，Yらとの間で裁判上の和解をしたが，なおもYらはAの引渡しを履行しなかったことから，Xらは人身保護法に基づく本件の子の引渡請求に及んだ。この間，約10年の時が経過し，Aは一応安定して暮らしているが，Yらの日常の言動に強く影響されて，Xらに対する不信，恐怖，憎悪の感情を抱き，Xらを敵視し実父母のもとへ連れ戻されることを極度に恐れている。

1審（長崎地判昭61・4・25民集40巻5号1003頁参照）は，Aが既に満11歳10か月に達し，自己の生活環境や心身の安定に重大な影響を及ぼすところの実親，養親のいずれの監護に服すべきかという事項についての判断については，十分意思能力を有していると認められ，歪曲された事実を基礎にしているとはいえ，一応は自己の判断と感情に基づいてYらのもとにとどまる意思を表明している以上，Yらの監護養育は人身保護法の規定する「拘束」には該当しないと判示し，Xらの請求を棄却した。そこで，Xらは，上告した。

■争　点■

①意思能力のある子に対する監護が人身保護法および同規則にいう拘束に当たるか。
②意思能力のある子がその自由意思に基づいて拘束者のもとにとどまっているとはいえない特段の事情とは何か。

■判　旨■

破棄差戻し。

「意思能力のない幼児の監護はそれ自体人身保護法及び同規則にいう拘束に当たると解すべきものであるが（〔関連判例①〕……参照），幼児に意思能力がある場合であっても，当該幼児が自由意思に基づいて監護者のもとにとどまっているとはいえない特段の事情のあるときには，右監護者の当該幼児に対する監護は，なお前記拘束に当たるものと解するのが相当である（人身保護規則5条参照）。そして，監護権を有しない者の監護養育のもとにある子が，一応意思能力を有すると認められる状況に達し，かつ，その監護に服することを受容するとともに，監護権を有する者の監護に服することに反対の意思を表示しているとしても，右監護養育が子の意思能力の全くない当時から引き続きされてきたものであり，その間，監護権を有しない者が，監護権を有する者に子を引き渡すことを拒絶するとともに，子において監護権を有する者に対する嫌悪と畏怖の念を抱かざるをえないように教え込んできた結果，子が前記のような意思を形成するに至ったといえるような場合には，当該子が自由意思に基づいて監護権を有しない者のもとにとどまっているとはいえない特段の事情があるものというべきである。」

■解　説■

1　人身保護法による子の引渡請求においては，人身保護規則4条にある「拘束……がその権限なしにされ又は法令の定める方式若しくは手続に著しく違反していることが顕著である場合」であることが要件として充たされていなければならない。関連判例①（Ⅲ-81事件）は，「意思能力のない幼児を監護するときには，当然幼児に対する身体の自由を制限する行為が伴なうものであるから，その監護自体を人身保護法および同規則にいわゆる拘束と解するに妨げない」と判示している。

2　人身保護請求事件において，子の意思能力の有無の判断については，10歳程度を一応の基準として，諸般の事情を考慮して認めてよいとする見解があり，最高裁判例に10歳の児童に意思能力を肯定したものがある（関連判例②）。しかし，この基準によると，10歳以上の子の監護紛争に人身保護法を適用して早期に解決することができなくなる。本判決では，被拘束者は生後間もないころから養育されてきた満11歳10か月に達した子につき，意思能力に欠けることはないが，その判断が拘束者の不当な影響を受けている場合には，自由意思に基づいて拘束者のもとにとどまっているとはいえないと判示している。

3　親権に基づく妨害排除による子の引渡請求事件においては，判例は古くから子の自由意思に基づいて相手方に居住している場合には親権行使の妨害はないとして，子の引渡請求を否定し（関連判例③など），この大審院判例理論を最高裁も踏襲している（関連判例④—Ⅲ-78事件など）。さらに，関連判例④は，判決言渡時に満12歳10か月の子が，3歳に満たないころから引き続き養育されている場合に，相手方にとどまったことが子の自由意思に基づいたものとはいえないと判示している。こうした親権に基づく子の引渡請求における判例理論が，人身保護法による子の引渡請求について応用されて，本判決の「拘束」の解釈が示されたといえる。なお，拘束者が国際的な子の奪取の民事上の側面に関する条約の実施に関する法律に基づく子の返還を命ずる終局決定に従わないまま意思能力のある子を監護している場合に，拘束の顕著な違法性があるとされた判例がある（関連判例⑤—Ⅲ-91事件）。

◆関連判例◆

①最判昭43・7・4民集22巻7号1441頁（Ⅲ-81事件）
②最判昭46・11・30家月24巻7号57頁
③大判大元・12・19民録18輯1087頁
④最判昭35・3・15民集14巻3号430頁（Ⅲ-78事件）
⑤最判平30・3・15民集72巻1号17頁（Ⅲ-91事件）

●東洋大学　中村　恵●

83 夫婦間請求における「明白」性の要件(1)
── 人身保護法に基づく幼児引渡請求の判断基準

最高裁平成5年10月19日第三小法廷判決
（平成5年(オ)第609号人身保護請求事件）
民集47巻8号5099頁，判時1477号21頁

■事 案■

X女（請求者）とY_1男（拘束者）は，昭和63年2月17日に婚姻し，長女A（同年7月17日生）および二女B（平成元年7月11日生）をもうけた。その後，XY_1夫婦の関係は次第に円満を欠くようになり，Y_1は，平成4年8月12日，伯母の家に墓参に行くとしてA・Bを連れ出し，そのままXのもとに帰ることなく，A・Bと共にY_1の実家であるY_2（Y_1の父）宅で生活を始めた。Xは，同年9月1日，母と共にY_2宅に赴いてA・Bの引渡しを求めたが，これを拒否されたためA・Bを連れ出したところ，Y_2およびY_3（Y_1の母）と路上でA・Bの奪い合いとなり，結局，A・BはYらによってY_2宅に連れ戻された。Xは，同年9月末ごろ，神戸家庭裁判所に対してY_1との離婚調停を申し立てたが，親権者の決定等について協議が調わず，調停は不調に終わった。A・Bは，Y_2宅でYらと共に生活しており，A・Bの日常の世話はY_3がしている。

1審（神戸地判平5・3・22民集47巻8号5122頁参照）は，「A・Bのように3，4歳の幼児にとっては，母親において，監護，養育する適格性，育児能力等に著しく欠ける等特段の事情がない限り，父親よりも母親の下で監護，養育されるのが適切であり，子の福祉に適う」ことを前提としつつ，X側の状況とYら側の状況を比較して，Xの下で養育することがA・Bの福祉に適い，本件拘束には顕著な違法性があるとして，Xからの人身保護請求を認容した。Yら上告。

■争 点■

共同親権者である夫婦間で人身保護法に基づく幼児の引渡しを請求する場合に，拘束者による拘束の「顕著な違法性」の判断基準は何か。

■判 旨■

破棄差戻し。

「夫婦の一方（請求者）が他方（拘束者）に対し，人身保護法に基づき，共同親権に服する幼児の引渡しを請求した場合には，夫婦のいずれに監護させるのが子の幸福に適するかを主眼として子に対する拘束状態の当不当を定め，その請求の許否を決すべきである〔関連判例①〕……。そして，この場合において，拘束者による幼児に対する監護・拘束が権限なしにされていることが顕著である（人身保護規則4条参照）ということができるためには，右幼児が拘束者の監護の下に置かれるよりも，請求者に監護されることが子の幸福に適することが明白であることを要するもの，いいかえれば，拘束者が右幼児を監護することが子の幸福に反することが明白であることを要するものというべきである〔関連判例①〕……参照）。けだし，夫婦がその間の子である幼児に対して共同で親権を行使している場合には，夫婦の一方による右幼児に対する監護は，親権に基づくものとして，特段の事情がない限り，適法というべきであるから，右監護・拘束が人身保護規則4条にいう顕著な違法性があるというためには，右監護が子の幸福に反することが明白であることを要するものといわなければならないからである。」

■解 説■

1　人身保護請求が認められるためには，拘束に顕著な違法性（人保規4）がなければならない。幼児をめぐる夫婦間での人身保護請求について，従来の判例（関連判例①─Ⅲ-81事件）は，子の幸福を主眼とした夫婦の具体的監護状況の比較衡量によって，拘束状態の当不当を判断していた。本判決は，上記判例を前提とする一方で，夫婦が共同親権者であり，幼児に対する監護が親権という法的権限に基づく以上，顕著な違法性の判断に際して，拘束者による監護が請求者による監護に比べて「子の幸福に反することが明白であること」（明白性の要件）を要求することを明らかにした。

明白性の要件を付加することにより，夫婦間での人身保護請求が認められる場面を大幅に限定した点で，本判決は実質的な判例変更であるとも評される。本判決の補足意見では，夫婦間の監護紛争は，専門的な調査・審理機能を備える家庭裁判所の審判前の保全処分によって解決すべきことが示唆され，以後の実務を転換させる契機となった。

2　最高裁は，監護意欲や居住環境等の点で父母間に大差がない本件において，専ら母親優先原則によって判断した1審を破棄したが，幼児拘束に顕著な違法性があると評価される場面を具体的に示さなかった。明白性の要件を充たす具体的場面は，関連判例②（Ⅲ-84事件）において例示されることになる。

3　本判決の射程は，共同親権者である夫婦間での人身保護請求にとどまり，親権者・監護権者から非親権者・非監護権者に対する人身保護請求においては，明白性の要件を適用することなく，顕著な違法性が判断される（関連判例③─Ⅲ-88事件・④─Ⅲ-87事件）。また，別居中の夫婦間の請求であっても，調停合意に反するなど，拘束開始が不当な手段や方法による場合には，明白性の要件によることなく，拘束の顕著な違法性が肯定されている（関連判例⑤－Ⅲ-85事件・⑥）。

◆関連判例◆

①最判昭43・7・4民集22巻7号1441頁（Ⅲ-81事件）
②最判平6・4・26民集48巻3号992頁（Ⅲ-84事件）
③最判平6・11・8民集48巻7号1337頁（Ⅲ-88事件）
④最判平11・5・25家月51巻10号118頁（Ⅲ-87事件）
⑤最判平6・7・8家月47巻5号43頁（Ⅲ-85事件）
⑥最判平11・4・26家月51巻10号109頁

●鹿児島大学　阿部純一●

84 夫婦間請求における「明白」性の要件(2)
── 子の幸福に反することの「明白」性の意義

最高裁平成6年4月26日第三小法廷判決
（平成6年(オ)第65号人身保護請求事件）
民集48巻3号992頁，家月47巻3号51頁

■事　案■

X女（請求者）とY男（拘束者）は，昭和56年12月25日に婚姻し，長女A（昭和59年12月26日生）と二女B（昭和62年2月26日生）をもうけた。Xは，昭和62年3月7日にくも膜下出血で倒れ，病院を退院後は自宅に戻ったが，麻痺および失語症の障害が残った（身体障害者2級）。Xは，Yが家事や自身のリハビリテーションに協力しないことに不満を持ち，次第にYとの関係が円満を欠くようになり，平成5年3月31日にA・Bを連れて実家に戻るとともに，両者の小学校転校・入学手続をとった。Yは，同年5月24日，大阪家庭裁判所にXを相手方として離婚調停を申し立てたが，A・Bの親権をめぐってX・Yが対立したため，調停は不調となり，同年10月29日，Xを被告として離婚訴訟を提起した。Yは，離婚訴訟係属中の同年11月27日に，小学校に登校中のA・Bを車に同乗させ，Y宅に連れて行き，以来，A・Bと生活している。

1審（大阪地判平5・12・21民集48巻3号1000頁参照）は，①Xの実家に移ってからA・Bの送っていた安定的な生活が，Y宅に移ることですべて失われること，②Xの実家への転地によって改善されたA・Bの気管支喘息が，Y宅の地域環境により悪化するおそれがあること，③8歳と6歳の幼女であるA・Bが母であるXからの監護を欠くことは適切でないことから，YがA・Bを監護することが子の幸福に反することが明白であるとして，Xの人身保護請求を認容した。Y上告。

■争　点■

共同親権者である夫婦間における幼児の人身保護請求において，拘束者による幼児の監護が，請求者による監護に比して子の幸福に反することが明白であるとされる具体的状況とは何か。

■判　旨■

破棄差戻し。

「夫婦の一方（請求者）が他方（拘束者）に対し，人身保護法に基づき，共同親権に服する幼児の引渡しを請求した場合において，拘束者による幼児に対する監護・拘束が権限なしにされていることが顕著である（人身保護規則4条）ということができるためには，右幼児が拘束者の監護の下に置かれるよりも，請求者の監護の下に置かれることが子の幸福に適することが明白であること，いいかえれば，拘束者が幼児を監護することが，請求者による監護に比して子の幸福に反することが明白であることを要すると解される〔関連判例①〕……。そして，請求者であると拘束者であるとを問わず，夫婦のいずれか一方による幼児に対する監護は，親権に基づくものとして，特段の事情のない限り適法であることを考えると，右の要件を満たす場合としては，拘束者に対し，家事審判規則52条の2又は53条〔現・家事157・171参照〕に基づく幼児引渡しを命ずる仮処分又は審判が出され，その親権行使が実質上制限されているのに拘束者が右仮処分等に従わない場合がこれに当たると考えられるが，更には，また，幼児にとって，請求者の監護の下では安定した生活を送ることができるのに，拘束者の監護の下においては著しくその健康が損なわれたり，満足な義務教育を受けることができないなど，拘束者の幼児に対する処遇が親権行使という観点からみてもこれを容認することができないような例外的な場合がこれに当たるというべきである。」

本件の事実関係によれば，「A・BのYによる監護が，Xによるそれに比してその幸福に反することが明白であるということはできない」のであり，1審は「単に相対的な優劣を論定しているにとどまる」。

■解　説■

1　関連判例①（Ⅲ-83事件）は，幼児をめぐる夫婦間の人身保護請求において，拘束に顕著な違法性（人保規4）があるといえるためには，拘束者による拘束が子の幸福に反することが明白でなければならない（明白性の要件）と判示した。上記判例を踏襲しつつ，明白性の要件を充たす例外的場面を具体的に例示した点に，本判決の先例的意義がある。

2　本判決は，明白性の要件を充足する場合として，(a)家庭裁判所によって幼児引渡しを命じる仮処分または審判が出され，その親権行使が実質的に制限されている拘束者がこれに従わない場合（手続違反事例），(b)拘束者による監護が親権行使の観点からみて適切ではない場合（親権濫用事例）の2つを挙げる。

3　夫婦の一方による監護を親権に基づくものとして原則的に適法と解する本判決の立場からは，(b)親権濫用事例について明白性の要件が認められる場面は著しく限定される。

(a)手続違反事例の例示は，手続の迅速性，裁判結果の実効性から，夫婦間の子の引渡しについて家事審判手続よりも人身保護手続が積極的に選択されてきた実務を転換し，家事審判手続の人身保護請求に対する一般的優先関係を一層明確にした。なお，拘束者がハーグ条約実施法に基づく返還命令に従わない場合に，人身保護法における顕著な違法性の有無が問題となった事件として，関連判例②（Ⅲ-91事件）がある。

4　関連判例①および本判決以降，審判前の保全処分の審理期間は短縮傾向にあり，子の引渡しの強制執行実務において直接強制が一部で実施され，令和元年民事執行法改正（法2）によって子の引渡し執行に関して直接強制および間接強制が明文で規定されるなど，家事審判手続による子の引渡しの迅速性・実効性の確保に向けた環境整備が進んでいる。

◆ 関連判例 ◆

①最判平5・10・19民集47巻8号5099頁（Ⅲ-83事件）
②最判平30・3・15民集72巻1号17頁（Ⅲ-91事件）

● 鹿児島大学　阿部純一 ●

85 夫婦間請求における拘束の顕著な違法性

最高裁平成6年7月8日第二小法廷判決
（平成6年(オ)第761号人身保護請求事件）
家月47巻5号43頁，判時1507号124頁

■事　案■

X女（請求者）とY男（拘束者）は，昭和57年4月30日に婚姻し，長女A（昭和62年6月27日生）および二女B（平成元年12月27日生）をもうけた。その後，X・Yの関係は悪化し，平成3年3月にYが単身で転居し，別居生活が始まった。Yは，別居後もXの了解を得て，A・Bとほぼ1か月に1回会い，平成4年の夏および冬には，A・Bと1か月程度一緒に過ごしたりしていた。Xは，平成5年8月，Yを相手方として，岡山家庭裁判所に離婚調停を申し立てた。第1回調停期日（同年12月1日）において，X・Yの間で，XはYに対し，同年12月11日にA・BをYのもとに行かせ，Yは遅くとも平成6年1月15日にはA・BをXのもとに帰す旨合意し，YがA・BをYの住所地に連れて行った。本件合意は，Yの要望を受けた調停委員のすすめに対して，Xが，本件調停を円滑に進めるためにもYの要求に応じることが必要であり，調停の場での約束であればYも守るであろうと考えて実現したものであった。しかし，Yは，約束の期日になってもA・BをXのもとに帰そうとせず，第2・3回調停期日においても，XへのA・Bの引渡しを拒否した。さらに，Yは，同年2月3日に，A・Bの住民票を，Xに無断で自己の住所地に移し，A・Bの小学校入学等の手続を進めた。

1審（岡山地判平6・2・25家月47巻5号44頁参照）は，夫婦の一方の幼児に対する監護につき，人身保護規則4条による顕著な違法性があるというためには，右監護が子の幸福に反することが明白であることを要すると解する先例（関連判例①）を引用した上で，Yによる拘束開始の状況やXに無断で住民票を移転させたYの性急な行為は，幼児にとって，居住環境を安定させることや母親の存在が重要であることに配慮しないものであり，いたずらに紛争が複雑化することを顧みず，家事事件手続を自己の望む方向へ進行させようとするものであり，Yによる監護・拘束は，「子の幸福を希求する法の趣旨にそわず，すでに開始された家事事件手続の裁判所による運用に対する信頼を損なうものであって，著しく信義則に反し，許されない」として，Xの人身保護請求を認容した。Y上告。

■争　点■

別居中の夫婦間で行われた調停合意に反して幼児の拘束が開始された場合に，共同親権者である夫婦間の人身保護請求における顕著な違法性の判断基準は何か。

■判　旨■

上告棄却。

「原審の適法に確定した事実関係の下において，Y（拘束者）が調停委員会の面前でその勧めによってされた合意に反して被拘束者らの拘束を継続し，被拘束者らの住民票を無断でYの住所に移転したことなどの事情にかんがみ，本件拘束には，人身保護法2条，人身保護規則4条に規定する顕著な違法性があるものとした原審の判断は，正当として是認することができ，その過程に所論の違法はない。」

■解　説■

1　夫婦間の人身保護請求について，関連判例①（Ⅲ-83事件）および②（Ⅲ-84事件）は，拘束の顕著な違法性の判断に際して，拘束者による監護が子の幸福に反することが明白であること（明白性の要件）を要求し，(a)家庭裁判所による子の引渡しの仮処分または審判に拘束者が従わない場合，(b)拘束者による監護が親権行使の観点からみても適切ではない場合に，明白性の要件を充足することを明らかにした。この判断基準によれば，家庭裁判所によって子の引渡しが命じられていない場合には，子の幸福の視点から拘束者による「現在の監護」が著しく不当と評価されるかが重要であり，拘束者による「監護開始時の事情」は本来的には判断に影響しない。上記判例以前の裁判例も，夫婦間の人身保護請求において，拘束が暴力や穏当を欠く方法で開始された場合であっても，この一事をもって現在の拘束に顕著な違法性があると断定することはできないとしていた（関連判例③④）。

2　これに対して，本判決は，調停委員会での合意を反故にして拘束が開始された場合に，明白性の要件に言及することなく，拘束開始時の態様から顕著な違法性の存在を肯定した。さらに，関連判例⑤は，調停委員の関与のもとに合意された子との面会の機会をとらえて，実力によって子を面会場所から連れ去った拘束者の行為について，調停手続を無視し，これに対する信頼を踏みにじったものとして，拘束に顕著な違法性があると判示する。

これら一連の判例は，裁判所の関与のもと当事者間で形成された合意に反するという明白な手続違反によって拘束が開始された場合に，手続違反それ自体から拘束の顕著な違法性を判断するものであり，夫婦間の人身保護請求について，子の幸福を基礎とした明白性の要件の判断枠組みによらずに顕著な違法性を認める事例として位置づけられる。

◆関連判例◆

①最判平5・10・19民集47巻8号5099頁（Ⅲ-83事件）
②最判平6・4・26民集48巻3号992頁（Ⅲ-84事件）
③最判昭24・1・18民集3巻1号10頁
④最大判昭33・5・28民集12巻8号1224頁
⑤最判平11・4・26家月51巻10号109頁

●鹿児島大学　阿部純一●

86 子の引渡請求の可否(1)
――親権者の非親権者に対する請求①

最高裁昭和47年7月25日第三小法廷判決
（昭和47年(オ)第460号人身保護請求事件）
家月25巻4号40頁，判時680号42頁

■事　案■

X女（請求者）・Y男（拘束者）夫婦は協議離婚し，2人の子A（1審審問終結当時6歳5か月余）の親権者をXと定めた。XがAを監護していたが，YがXの意に反し，Aを連れ去ったため，Xは人身保護法に基づきAの引渡しを求めた。

1審（福岡地小倉支判昭47・4・18公刊物未登載）は，Aの引渡しを認めたので，Yが上告した。

■争　点■

離婚した夫婦間において，親権者である一方親から他方親に対し，人身保護法に基づき子の引渡し請求が認められるのは，どのような場合か。

■判　旨■

上告棄却。

「意思能力のない幼児を監護する行為は，当然に，幼児の身体の自由を制限する行為を伴うものであるから，その監護自体が人身保護法および同規則にいう拘束にあたると解すべきであることは，当裁判所の判例とするところである（〔関連判例①等〕……）。そして，本件のAの年齢が原審における審問終結当時6年5月余であったことはAを意思能力のない幼児と認めることを妨げるものではないから，YがAを監護する行為が右にいう拘束にあたるとした原審の判断は正当である」。

「離婚した男女の間で，親権を有する一方が，他方に対し，人身保護法により，その親権に服すべき幼児の引渡しを求める場合には，請求者および拘束者双方の監護の当否を比較衡量したうえ，請求者に幼児を引き渡すことが明らかにその幸福に反するものでない限り，たとえ，拘束者において自己を監護者とすることを求める審判を申し立てまたは訴を提起している場合であり，しかも，拘束者の監護が平穏に開始され，かつ，現在の監護の方法が一応妥当なものであっても，当該拘束はなお顕著な違法性を失わないものと解するのが相当である。」

■解　説■

1　本件は，離婚した夫婦間において，親権者である一方親から非親権者である他方親に対し，人身保護法に基づく子の引渡請求がなされた事案である。この類型の紛争に対し，初めて最高裁が引渡しの許否を決する判断基準を示したものとして，本判決は意義を有する。

2　共同親権者間での人身保護法に基づく子の引渡請求につき，判例は当初，夫婦のいずれに監護させるのが幼児の幸福に適するかを比較考量して，引渡しの可否を判断していた（関連判例①―Ⅲ-81事件）。しかしその後，判例は，請求が認められる要件としての拘束の違法性（人保規4）があるというためには，幼児が拘束者の監護の下に置かれるよりも，請求者に監護されることが子の幸福に適することが明白であることを要する，いいかえると，拘束者が幼児を監護することが子の幸福に反することが明白であることを要するとし（関連判例②―Ⅲ-83事件），その具体例を明示した（関連判例③―Ⅲ-84事件）。

他方で，本判決は，離婚夫婦間における親権者から非親権者への請求の場合には，請求者に幼児を引き渡すことが明らかにその幸福に反するものでない限り，拘束は顕著な違法性を有するため，引渡請求は認容されるとし，共同親権者間の場合とは異なる判断基準を用いている。

3　関連判例②③によって共同親権者間における判断基準が実質的に変更された以降も，本判決の判断基準は維持されている。すなわち，親権者から未認知の子の父親に対する引渡請求が問題となった事案（関連判例④―Ⅲ-88事件）および離婚夫婦間での引渡請求が問題となった事案（関連判例⑤―Ⅲ-87事件）のいずれも，本判決で示された判断基準が用いられている。したがって同基準は，離婚夫婦間のみならず，広く法律上監護権を有する者から監護権を有しない者への幼児の引渡し請求に妥当する判断枠組みとしての役割を担っている。

4　なお，意思能力のない幼児の監護は，その監護自体が人身保護法および同規則の「拘束」にあたる（関連判例①）。本件では，1審審問終結当時6年5月余の子について意思能力がないと判断した。実務では，おおよそ10歳程度を意思能力の基準にしているようである。

◆関連判例◆

①最判昭43・7・4民集22巻7号1441頁（Ⅲ-81事件）
②最判平5・10・19民集47巻8号5099頁（Ⅲ-83事件）
③最判平6・4・26民集48巻3号992頁（Ⅲ-84事件）
④最判平6・11・8民集48巻7号1337頁（Ⅲ-88事件）
⑤最判平11・5・25家月51巻10号118頁（Ⅲ-87事件）

●東北学院大学　遠藤隆幸●

87 子の引渡請求の可否(2)
――親権者の非親権者に対する請求②

最高裁平成11年5月25日第三小法廷判決
（平成11年(オ)第1850号人身保護請求事件）
家月51巻10号118頁

■事　案■

XとYは，平成2年5月25日に婚姻し，Xは平成4年にAを出産した。Xは，平成6年7月2日，Aを連れて実家に戻り，以来，Yと別居するに至った。同月13日，Yは，Xの母の承諾を得てAと夕食に行った。Yは，夕食後，AをXの実家に送り届けようとしたが，Xが留守であったため，AをY宅に連れ帰った。Yは，同日，Xに電話をかけ，Aをどうするか問いかけたところ，Xがどちらでもと返答したため，Yが育てる旨を告げ，以後，YがAを監護養育している。

Yは，平成6年9月，離婚調停を申し立てたが，Aの親権者に関する協議が調わず，調停不成立となり，奈良地裁葛城支部に離婚請求訴訟を提起した（Xも離婚を求める反訴を提起）。平成8年5月28日，同支部において，XとYとを離婚しYをAの親権者と定めるとの判決がされた。しかし，Xが親権者の指定を不服として控訴したところ，平成9年1月31日，大阪高等裁判所は，XをAの親権者と定めるとの判決を下した（同年6月30日，Yの上告棄却）。

Xは，それより先に平成8年6月に子の監護に関する処分（面接交渉。現・面会交流）の調停を申し立てたが，離婚判決確定後の平成9年7月にこの申立てを取り下げ，平成10年3月26日，人身保護法に基づき子の引渡しを請求をした。

Xの収入は不安定であるが，Xの両親がAの養育に協力することを約束している。他方，Yは，開業医である。Aは，平成10年1月ころから，Yの交際女性宅で，Y，Yの交際女性およびその3人の子らと共に生活をし，良好な関係を築いている。なお，Yは，平成10年4月8日，奈良家庭裁判所に，YをAの監護者と指定することを求める調停を申し立てたが，調停は不成立となり，上記手続は，審判手続に移行した。

1審（奈良地判平10・9・30家月51巻10号126頁参照）は，YのAに対する監護が相当長期間に達している点などを考慮し，本件請求を認容するのは「子の幸福の観点からすると，相当ではないことが明らかである」とし，「本件は，Aを監護権者であるXの監護の下に置くことがYの監護の下に置くことに比べて著しく不当であるとの域に達している」等の理由を述べ，Xの請求を棄却した。

■争　点■

離婚後の夫婦間において，監護権者が非監護権者に対し，人身保護法に基づき子の引渡しを請求した場合，拘束の顕著な違法性とはどのように判断されるか。

■判　旨■

破棄差戻し。

「法律上監護権を有しない者が子をその監護の下において拘束している場合に，監護権を有する者が人身保護法に基づいて子の引渡しを請求するときは，被拘束者を監護権者である請求者の監護の下に置くことが拘束者の監護の下に置くことに比べて子の幸福の観点から著しく不当なものでない限り，非監護権者による拘束は権限なしにされていることが顕著である場合（人身保護規則4条）に該当し，監護権者の請求を認容すべきものとするのが相当であるところ（〔関連判例①〕……），本件においては，XのAに対する愛情及び監護意欲には欠けるところがなく，監護の客観的態勢も調っているということができるから，Xの監護の下に置くことがAの幸福の観点から著しく不当ということは到底できない。原判決の挙げるYの監護が平穏に開始され，Yの愛情の下にその監護が長期間続いていること，Aが現在の生活環境に慣れ，安定した生活をしていること等の事情は，Xによる監護が著しく不当なものであることを基礎付けるものではない。」「そうすると，右と異なり，Aを監護権者であるXの監護の下に置くことがYの監護の下に置くことに比べて著しく不当であるとの域に達しているとして，Xの本件人身保護請求を棄却した原審の判断は，人身保護法2条，人身保護規則4条の解釈適用を誤ったものであり，この違法は判決の結論に影響を及ぼすことが明らかであるから，本件については，原判決を職権で破棄するのが相当である。」

■解　説■

1　人身保護法に基づく子の引渡請求における拘束の顕著な違法性（人保規4）について，従来の判例（本判決が引用する関連判例①―Ⅲ-88事件のほか，関連判例②～④）は，監護権者から非監護権者に対する請求の場合，拘束者による監護は権限に基づかないものであり，被拘束者を監護権者である請求者の監護の下に置くことが拘束者の監護の下に置くことに比べて子の幸福の観点から著しく不当なものでない限り，非監護権者による拘束には顕著な違法性がある，との判断基準を示している。

本件では，離婚後の夫婦間での，親権者である母から父に対する人身保護法に基づく子の引渡請求が問題となっており，本判決でも，監護権者から非監護権者に対する請求の一類型として，上記判断基準に基づき拘束の顕著な違法性の判断がされている。

2　上記1で示した判断基準の具体的適用について，1審は，被拘束者が現在置かれている非監護権者による監護状況（監護の平穏な開始，長期間かつ安定した監護環境）を基点として，請求者と拘束者による監護の当否を比較衡量し，監護権者の監護下に子を置くことは著しく不当であるとの判断をした。これに対して，本判決は，第一に監護権者による監護意欲や客観的監護態勢を明らかにしたうえで，当該監護権者による監護が非監護権者による場合に比べて子の幸福の観点から「著しく不当」かどうかについての判断を行った。その際，本判決では，1審判決が重視した拘束者（非監護権者）による監護状況は，監護権者による監護の著しい不当性を基礎づけるものではないことが示されている。こうした本判決の判断方法は，関連判例①が示した監護権の所在に依拠した考え方，つまり子の幸福の観点から監護権者・非監護権者双方の監護の当否を比較する際に，監護権者による監護を原則として保障すべきであるとの理解に即したものである。これによると，監護権者の監護下に置くことの著しい不当性が認められるのは，当該監護権者からの子の引渡請求が親権の濫用にあたるような例外的な場合（例えば監護権者から拘束者への監護権の変更が高度に予測される場合）に限られるものと考えられる。

◆関連判例◆

①最判平6・11・8民集48巻7号1337頁（Ⅲ-88事件）
②最判昭47・7・25家月25巻4号40頁（Ⅲ-86事件）
③最判昭47・9・26家月25巻4号42頁
④最判昭61・7・18民集40巻5号991頁（Ⅲ-82事件）

●京都大学　木村敦子●

88 子の引渡請求の可否(3)
——監護権者の非監護権者に対する請求

最高裁平成6年11月8日第三小法廷判決
（平成6年(オ)第1437号人身保護請求事件）
民集48巻7号1337頁，判時1514号73頁

■事　案■

X女はY_1男と同棲関係に入り，Aを出生した。Y_1はAを認知していない。XとY_1は後に同棲関係を解消したが，その際Y_1はXに対し，Xが生活基盤を整えるまでの間Aを預かることとし，Aの監護は主にY_1の妻Y_2が行っている。

Xが生活基盤を整えAを引き取ろうとしたところ，Y_1が引渡しを拒みAの居所を明らかにしなかったことから，XはYらを相手方として人身保護法に基づきAの引渡しを請求した。他方，Y夫婦はAを特別養子とする申立てを行った。

1審（大阪地堺支判平6・6・10民集48巻7号1349頁参照）は，AがYらのもとで一応安定した生活を送っていることや，特別養子の申立てがなされていることなどを挙げ，現段階ではAがYらの監護の下に置かれるよりもXに監護されることがその幸福に適することが明白であるとはできないとし，Xの請求を棄却した。これに対しXが上告した。

■争　点■

子の監護権を有する者が監護権を有しない者に対し，人身保護法に基づき幼児の引渡しを請求する場合の，拘束の顕著な違法性とは何か。

■判　旨■

破棄差戻し。

「人身保護法に基づく幼児の引渡請求において，拘束が権限なしにされていることが顕著である場合（人身保護規則4条）に該当するかどうかの判断について，当裁判所の判例〔関連判例①②〕……は，請求者と拘束者とが共に幼児に対して親権を行う者である場合，拘束者による幼児に対する監護・拘束が権限なしにされていることが顕著であるということができるためには，右監護が請求者による監護に比べて子の幸福に反することが明白であることを要する旨を判示している。しかし，拘束が権限なしにされていることが顕著であるかどうかについての右の判断基準は，……夫婦の一方が他方に対し，人身保護法に基づき，共同親権に服する幼児の引渡しを請求する事案につき適用されるものであって，法律上監護権を有する者が監護権を有しない者に対し，人身保護法に基づいて幼児の引渡しを請求する場合は，これと全く事案を異にする。

法律上監護権を有しない者が幼児をその監護の下において拘束している場合に，監護権を有する者が人身保護法に基づいて幼児の引渡しを請求するときは，請求者による監護が親権等に基づくものとして特段の事情のない限り適法であるのに対して，拘束者による監護は権限なしにされているものであるから，被拘束者を監護権者である請求者の監護の下に置くことが拘束者の監護の下に置くことに比べて子の幸福の観点から著しく不当なものでない限り，非監護権者による拘束は権限なしにされていることが顕著である場合（人身保護規則4条）に該当し，監護権者の請求を認容すべきものとするのが相当である（〔関連判例③④⑤〕……参照）。

本件においては，請求者であるXはAの親権者であり，その監護をする権利を有する者であるのに対し，Y_1はAの父であるとはいえ，いまだにその認知をするに至っていないというのであり，また，Y_2はAとは血縁関係を有せず，Y_1の依頼に基づいてその監護を行っているものである。したがって，AをXの監護の下に置くことがYらの監護の下に置くことに比べて子の幸福の観点から著しく不当なものでない限り，Yらによる拘束は権限なしにされていることが顕著である場合に該当し，Xの請求を認容すべきところ，……本件において，親権者であるXがAを監護することが著しく不当なものであるとは到底いうことができない。」

■解　説■

1　共同親権者間における人身保護法に基づく子の引渡し請求について，判例は，請求が認められる要件としての拘束の違法性（人保規4）があるというためには，幼児が拘束者の監護の下に置かれるよりも，請求者に監護されることが子の幸福に適することが明白であることを要する，いいかえると，拘束者が幼児を監護することが子の幸福に反することが明白であることを要するとした（関連判例①—Ⅲ-83事件・②—Ⅲ-84事件）。この判例準則は明白性の基準と呼ばれる。

2　1審は，親権者・監護権者から非親権者・非監護権者へ子の引渡しを求めた本件においても，関連判例①②が用いた明白性の基準が適用されるものとし，請求を棄却した。これに対し最高裁は，1審を破棄し，本件の類型においては明白性の基準を用いず，従来の基準（関連判例③—Ⅲ-86事件・④）によるものとした。本件は，監護権者からの非監護権者に対する人身保護請求について，最高裁が明白性の基準を示した以降においても，なお従前の基準を用いることを示した点に意義がある。

3　なお本件は婚外子の母から未認知の父およびその妻への請求であったが，その後離婚夫婦間での引渡請求が問題となった事案でも同様の基準によるものとの判断が示されている（関連判例⑥—Ⅲ-87事件）。

◆関連判例◆

①最判平5・10・19民集47巻8号5099頁（Ⅲ-83事件）
②最判平6・4・26民集48巻3号992頁（Ⅲ-84事件）
③最判昭47・7・25家月25巻4号40頁（Ⅲ-86事件）
④最判昭47・9・26家月25巻4号42頁
⑤最判昭61・7・18民集40巻5号991頁（Ⅲ-82事件）
⑥最判平11・5・25家月51巻10号118頁（Ⅲ-87事件）

●東北学院大学　遠藤隆幸●

89 子の引渡請求の可否(4)
――非親権者の親権者に対する請求

最高裁昭和49年2月26日第三小法廷判決
（昭和48年(オ)第1088号人身保護請求事件）
家月26巻6号22頁，判時749号46頁

■事　案■

幼稚園教諭Y女は，園児の父A男と情交関係を持ち，Aの子Bを懐胎した。Yが生まれてくる子の引取りを要求したことから，AはBをX_1X_2夫婦に養子に出すことにし，Yもこれを承諾した。Xらが戸籍上実子としての出生届を希望したため，YはX_2の名義で母子手帳を取得し，X_2になりすまして入院し，昭和45年3月，Bを分娩した。退院日には，Yの面前でBがX_2に手渡され，翌日BはXらの子として届出がなされた。

しかしその後，Yの気が変わり，YはX_2にBを返してほしいと申し入れるなどし，YはXらにBを奪ったとして，人身保護法に基づきBの引渡しを求める請求をした。同請求は棄却され，最高裁もYの上告を棄却した。この間，YはXとBの間の親子関係不存在確認の審判を得て，改めてBを自己の子として出生届を出した。AもBの認知届を出し，Aを親権者，Xらを監護者とする旨の申立てをした。ところがX_1がBを連れて買い物をしているところ，YがBを奪取し逃走した。以後BはYの下で監護養育されている。そのため，XらはYに対し人身保護法に基づきBの引渡しを請求した。

1審（大阪地判昭48・10・9下民集24巻9～12号720頁）は，YがBの居所を秘しているので現在の監護の状態が明らかでなく，Yの拘束開始が甚だしく不当不法な手段によるもので，それが現在の拘束状態に影響を与えているとみざるをえない状況にあり，拘束開始前のXらの監護がBの福祉に反するものではなかったなどの諸事情に徴すると，YがBの親権者であり，Xらに監護権がない点を考慮しても，本件拘束をそのまま認容しておくことは，著しく不当であると認められるから，右拘束は違法であるとして請求を認容した。これに対しYが上告した。

■争　点■

非親権者・非監護権者が親権者・監護権者に対し，人身保護法に基づき子の引渡しを求めることができるか。

■判　旨■

上告棄却。

「意思能力のない幼児を監護するときには，当然幼児に対する身体の自由を制限する行為が伴うものであるから，その監護自体を人身保護法及び同規則にいわゆる拘束と解するに妨げない……。このことは，右監護が法律上監護権を有する者によるものであるかどうかにかかわりのないことである。」

「ところで，原審の適法に確定した事実関係のもとにおいては，YのBに対する拘束は，人身保護規則4条にいう拘束が権限なしにされ，又は法令の定める方式，手続に著しく違反していることが顕著な場合にあたるとした原審の判断は，是認することができ，原判決に所論の違法は認められない。」

「原判決がBの幸福を主眼として判断している趣旨であることは，判文上明らかであり，原判決に所論の違法は認められない。」

天野武一裁判官の補足意見：「YのB奪取行為は法律上明らかに許されない手段によるもので」，その後の状態は，「専らYの独断的主張と行動により形成された事態であり，Xらの3年余にわたるBの養育に対して与えられた法的安定は，突如，一方的に力づくで破られた」。「このことは，……親権の行使としての正当な限度を超え，とうてい是認し難い状況にあることを証するものといわなければならない。」「Yの作為は，たとい母性の激情に出たものであるにしても，その事由のみをもってしては，同法2条，人身保護規則4条により拘束救済を求めるXらの請求に対し，その要件に当たらないとしてこれをしりぞけるに足る法的評価を得ることはできない。そして，本件の当事者は，本件の終局的な解決が，Bの幸福を主眼として監護者を決定する家庭裁判所の審判にかかっていることを否定してはならないのである」。

■解　説■

1　本件は非親権者が親権者に対し，人身保護法に基づき子の引渡しを求めたものであるが，(1)いわゆる「藁の上からの養子」により事実上の養子として養育を続けていた者が，未婚の母に対し子の引渡しを求めたという点，(2)親権者の子の奪取によって拘束が開始されたという点において特色を有する。本事件は，「未婚の母事件」として，新聞・雑誌を中心にメディアで大きく報道・論評された。

2　親権者・監護者からの非親権者・非監護者に対する人身保護請求につき，関連判例（Ⅲ-86事件）は，「請求者に幼児を引き渡すことが明らかにその幸福に反するものでない限り，……拘束者の監護が平穏に開始され，かつ，現在の監護の方法が一応妥当なものであっても，当該拘束はなお顕著な違法性を失わない」とし，子の引渡しの可否は，原則，親権・監護権の帰属により判断されることを示した。この先例を踏まえ，1審は，拘束者が子を奪取したこと，子の居所を明らかにしなかったことを子の幸福に明らかに反する要素と評価し，拘束の違法性を認定している。本判決は，親権・監護権を有しない者が子の引渡しを求めることができる例外要件としての，「明らかに子の福祉に反する」一事例を示した点に意義を有する（ただし，この事実認定と事実評価が，当時の未婚の母に対する偏見を含んでいなかったかどうかは，検証を要する）。

3　一方で，天野補足意見は，拘束者の奪取行為が「母性の激情」によるものだとしても，それによって拘束の違法性が失われるものではないと指摘することとあわせて，子の監護に関する終局的な解決は，家庭裁判所の審判において子の幸福を主眼としてなされなければならないとし，人身保護手続の暫定性にも言及する。事実，本事件は後に，XらがYにBを返し，Yが養育を行うとする家裁調停が成立している。

◆関連判例◆
最判昭47・7・25家月25巻4号40頁（Ⅲ-86事件）

●東北学院大学　遠藤隆幸●

90 ハーグ条約に基づく子の返還命令(1)

最高裁平成29年12月21日第一小法廷決定
（平成29年(許)第9号終局決定の変更決定に対する許可抗告事件）
判時2372号16頁，判タ1449号94頁

■事　案■

X（抗告人），Y（相手方）および子4名（A～D）は，米国で同居していた。Yは，平成26年7月，Xに同年8月中に米国に戻る旨の約束をして，子らを連れて日本に入国した（入国当時，AとBは11歳，CとDは6歳）。Yおよび子らは日本のY両親宅に居住している。Yらの日本入国後，XとYは子らの米国への帰国について意見が対立し，Xは，平成27年8月，子らについて，「国際的な子の奪取の民事上の側面に関する条約の実施に関する法律」（以下「実施法」という）26条による子の返還の申立てをした。家裁調査官の調査において，AおよびBは，米国への返還を強く拒絶する旨などを述べていた。大阪高裁は，平成28年1月，AおよびBについては，実施法28条1項5号の返還拒否事由があると認めながら，米国に返還することが子の利益に資するとして，同項ただし書を適用すべきものとし，CおよびDについては，同項5号・4号の返還拒否事由は認められないなどとして，A～D全員を米国に返還するよう命ずる決定（以下「変更前決定」という）をした（変更前決定は同月確定）。

その後，Xは，平成28年2月にYおよび子らと居住していた米国の自宅が競売されたため，同年8月ごろ，自宅を明け渡し，知人宅の一室を借りて住むようになった。

Xは，変更前決定に基づき子らの返還の代替執行を申し立てたが，平成28年9月15日，執行官は代替執行手続を執行不能として終了させた。

Yは，変更前決定の確定後に生じた事情変更により，これを維持することが不当になったと主張して，実施法117条1項に基づき，変更前決定を変更し，Xの返還申立てを却下するよう大阪高裁に申し立てた。同裁判所は，平成29年2月17日，Yの申立てを認容する決定を下した。Xは，抗告許可決定（実施法111 II）を得て，最高裁に抗告した。

■争　点■

実施法に基づき子の返還を命ずる終局決定について，同法117条1項に基づき，終局決定確定後に生じた事情変更により，同決定の変更が認められるか。

■決定要旨■

抗告棄却。

「Xは，本件子らを適切に監護するための経済的基盤を欠いており，その監護養育について親族等から継続的な支援を受けることも見込まれない状況にあったところ，変更前決定の確定後，居住していた自宅を明け渡し，それ以降，本件子らのために安定した住居を確保することができなくなった結果，本件子らが米国に返還された場合のXによる監護養育態勢が看過し得ない程度に悪化したという事情の変更が生じたというべきである。そうすると，米国に返還されることを一貫して拒絶しているA及びBについて，実施法28条1項5号の返還拒否事由が認められるにもかかわらず米国に返還することは，もはや子の利益に資するものとは認められないから，同項ただし書の規定により返還を命ずることはできない。また，C及びDについては，両名のみを米国に返還すると密接な関係にある兄弟姉妹である本件子らを日本と米国とに分離する結果を生ずることなど本件に現れた一切の事情を考慮すれば，米国に返還することによって子を耐え難い状況に置くこととなる重大な危険があるというべきであるから，同項4号の返還拒否事由があると認めるのが相当である」。

「したがって，変更前決定は，その確定後の事情の変更によってこれを維持することが不当となるに至ったと認めるべきであるから，実施法117条1項の規定によりこれを変更し，本件申立てを却下するのが相当である。」

■解　説■

1　実施法117条1項により子の返還を命ずる終局決定（返還決定）の変更が認められるための要件は，⑴終局決定確定後に事情の変更があったこと，および⑵その事情の変更により返還を命じた終局決定を維持することが不当になったことである。

2　本決定では，上記要件⑴終局決定確定後に生じた事由として，Xについて，その自宅の明渡しによる監護養育態勢の悪化（事由ア）が考慮されている。そのうえで，事由アが生じたことにより，返還を一貫して拒絶している子AおよびBについて，実施法28条1項5号の返還拒否事由が認められるにもかかわらず返還を命じることは，子の利益に資するものではないとして，同条1項ただし書の規定により返還を命じることはできないとする。また，子CおよびDについては，兄弟姉妹が分離する結果等が子の利益に与える影響に鑑みて，同項4号の返還拒否事由があるとした。その結果，本決定は，上記要件⑵について，変更前決定を維持することは不当になったとして，実施法117条1項により返還決定の変更を認めた。

3　本決定では，事情変更事由として監護養育体制の悪化（事由ア）が考慮されているが，このような事情は監護権本案で考慮されるべきであり，返還決定を変更せざるを得ないほど子の返還が子らに重大な危険を及ぼす事情にはあたらないとも言える。

また，本決定では，終局決定確定後に生じた事情である上記事由アに限らず，子らが一貫して返還を拒絶しているという返還決定時にすでに生じていた事情（事由イ）も考慮したうえで，返還命令が子の利益に資するか否か，そして，返還決定の維持が不当かどうかの判断がされている。しかし，このような終局決定確定後の事情変更に加え，返還決定確定前の事情も勘案した総合的判断によると，実施法117条1項による返還決定の変更が認容され易くなり，子の迅速な返還という実施法の趣旨とは相いれない帰結をもたらすとも考えられる。

以上の点をふまえると，本件は，事由イとの関連で，変更前決定において子らの異議を重視し返還を拒否するとの判断もありえた，あるいは，本来であれば変更前決定が返還を拒否する旨の判断をすべきであったとも考えられる特殊な事案であり，本決定はそうした事案の特殊性をふまえ，例外的に実施法117条1項に基づく終局決定の変更を認めたものとして評価するのが適当であろう。

◆関連判例◆

特になし

●京都大学　木村敦子●

91 ハーグ条約に基づく子の返還命令(2)

最高裁平成30年3月15日第一小法廷判決
（平成29年(受)第2015号人身保護請求事件）
民集72巻1号17頁，判時2377号47頁

■事　案■

X男とY女（いずれも日本国籍）は，平成6年に日本で婚姻し，長男（平成8年出生）および長女（平成10年出生）をもうけた後，平成14年ごろに，家族4人で米国に移住した。被拘束者Aは，平成16年に米国で出生し，米国籍と日本国籍との重国籍となっている（戸104 I）。

Yは，平成28年1月12日ごろ，Xの同意を得ることなく，A（当時11歳3か月）を連れて日本に入国し，その後現在に至るまで，Aと共に暮らし，Aを監護している。

Xは，平成28年7月，「国際的な子の奪取の民事上の側面に関する条約の実施に関する法律」（以下「実施法」という）26条に基づき，Yに対し，米国にAを返還することを命ずるよう東京家裁に申し立てた。同裁判所は，同年9月，Yに対し，米国にAを返還することを命ずる旨の終局決定をし，本件返還決定はその後確定した。

Xは，本件返還決定に基づき，東京家裁に子の返還の代替執行の申立てをし，子の返還を実施させる決定を得た。平成29年5月8日，執行官は，Yの住居において，Yによる子の監護を解くための解放実施にあたったが，その際，Yは執行官による再三の説得にもかかわらず玄関の戸を開けることを拒否したり，Aと同じ布団に入り身体を密着させたりするなどして激しく抵抗した。また，Aも，執行官に対し，日本にいることを希望し，米国に帰国することを拒絶した。執行官は，子の監護を解くことができないとして，本件解放実施に係る事件を終了させた。

米国カリフォルニア州上位裁判所は，平成29年8月15日までに，XがAについての監護を単独で行うものとすることなどを内容とする命令をした。

Aは，平成29年9月および同年10月，A代理人と面談し，自己の意思により日本での生活を希望していることを強く主張したいなどと述べた。また，A代理人の説明を受けて，Aは，本件返還決定に関する実施法に基づく手続などについて正しく理解した。

Xは，平成29年7月1日，名古屋高裁に，Yに対して，人身保護法に基づき，Aを釈放することを求めた。1審（名古屋高金沢支判平29・11・7民集72巻1号50頁参照）は，Xの請求を棄却した。これに対して，Yが上告受理の申立てをした。

■争　点■

実施法に基づく子の返還義務に反し，監護されている子の釈放を求める人身保護請求において，①意思能力のある子に対する監護が，人身保護法および規則にいう「拘束」に当たるか。また②「拘束の顕著な違法性」が認められるか。

■判　旨■

破棄差戻し。

(i)「意思能力がある子の監護について，当該子が自由意思に基づいて監護者の下にとどまっているとはいえない特段の事情のあるときは，上記監護者の当該子に対する監護は，人身保護法及び同規則にいう拘束に当たると解すべきである（〔関連判例①〕……参照）。本件のように，子を監護する父母の一方により国境を越えて日本への連れ去りをされた子が，当該連れ去りをした親の下にとどまるか否かについての意思決定をする場合，当該意思決定は，自身が将来いずれの国を本拠として生活していくのかという問題と関わるほか，重国籍の子にあっては将来いずれの国籍を選択することになるのかという問題とも関わり得るものであることに照らすと，当該子にとって重大かつ困難なものというべきである。また，上記のような連れ去りがされる場合には，一般的に，父母の間に深刻な感情的対立があると考えられる上，当該子と居住国を異にする他方の親との接触が著しく困難になり，当該子が連れ去り前とは異なる言語，文化環境等での生活を余儀なくされることからすると，当該子は，上記の意思決定をするために必要とされる情報を偏りなく得るのが困難な状況に置かれることが少なくないといえる。これらの点を考慮すると，当該子による意思決定がその自由意思に基づくものといえるか否かを判断するに当たっては，基本的に，当該子が上記の意思決定の重大性や困難性に鑑みて必要とされる多面的，客観的な情報を十分に取得している状況にあるか否か，連れ去りをした親が当該子に対して不当な心理的影響を及ぼしていないかなどといった点を慎重に検討すべきである。」

(ii)「国境を越えて日本への連れ去りをされた子の釈放を求める人身保護請求において，実施法に基づき，拘束者に対して当該子を常居所地国に返還することを命ずる旨の終局決定が確定したにもかかわらず，拘束者がこれに従わないまま当該子を監護することにより拘束している場合には，その監護を解くことが著しく不当であると認められるような特段の事情のない限り，拘束者による当該子に対する拘束に顕著な違法性があるというべきである。」

■解　説■

1　子の引渡しを求める人身保護請求において，一般的には，10歳前後という年齢を目安に，子の意思能力が認められ，子が自由意思に基づいて拘束者の下にとどまりたいとの意思表明をしている場合には，拘束者による子の監護は人身保護法の「拘束」には当たらないとされる。もっとも，被拘束者の置かれた状況等から，当該子が自由意思に基づいて監護者の下にとどまっているとはいえない「特段の事情」のあるときは，監護者による子の監護が人身保護法における「拘束」に当たるとされる（関連判例①—III-82事件）。本判決では，国際的な子の奪取事案の特殊性に鑑みて，子の意思決定が自由意思決定に基づくか否かの判断においては，子の意思決定に必要な情報の取得状況，および拘束者による子への心理的影響を慎重に検討しなければならないことが示された。

2　本判決は，実施法による子の返還命令に従わず，子が監護されている場合について，人身保護法の顕著な違法性に関する判断基準を初めて示したものである。本判決では，関連判例②（III-83事件）・③（III-88事件）とは異なり，監護権の所在を基準とした判断がされておらず，子の福祉に関する直接的な言及も見られない。むしろ，本判決は，拘束者が実施法に基づく子の返還命令に従わない状態で子を監護することは，原則として，子に対する拘束に顕著な違法性があると評価している。これは，司法制度上の手続違反をもって，顕著な違法性があると判断されている点において，一方親が離婚調停等での合意に反して子を拘束した点に顕著な違法性があると判断した関連判例④（III-85事件）と同様の判断枠組みである。本判決では，実施法が関連する国際的な子の奪取においては，子の迅速な返還の実現という実施法の目的に鑑みて，実施法に基づく子の返還義務の不履行という明白な違法行為において顕著な違法性が認められるとの判断基準が示されたと言える。

◆関連判例◆

①最判昭61・7・18民集40巻5号991頁（III-82事件）
②最判平5・10・19民集47巻8号5099頁（III-83事件）
③最判平6・11・8民集48巻7号1337頁（III-88事件）
④最判平6・7・8家月47巻5号43頁（III-85事件）

●京都大学　木村敦子●

92 親権者の代理権濫用

最高裁平成4年12月10日第一小法廷判決
（平成元年(オ)第759号根抵当権等抹消登記手続請求事件）
民集46巻9号2727頁，判時1445号139頁

■事　案■

未成年者Xの母Aは，Y信用保証協会がB会社（Aの亡父の弟Cが経営する会社。CはXが相続で甲土地を取得するにあたって，X・Aの諸々の面倒を見ていた）に対して，保証委託取引に基づき取得する債権を担保するため，親権者としてXを代理し，X所有の甲につき根抵当権を設定し，その後，根抵当権の債権極度額を3000万円から4500万円に変更した。BはD銀行から総計4000万円を借り受け，Yは，当該借受けにつき，Bとの間で保証委託契約を締結し，Dに対し，Bの借受金債務を保証する旨を約した。その使途はBの事業資金であって，Xの生活資金等，Xの利益のために使用されるものではなかった。Yは当該根抵当権設定契約および当該極度額変更契約の締結の際，この事実を知っていた。Xは成年到達後，代理権の濫用による法律行為は無効であると主張し，甲の所有権に基づき，Yに対し，根抵当権設定登記の抹消を求めた。

1審（大阪地判昭62・5・9民集46巻9号2738頁参照）は，Xの請求を棄却したが，2審（大阪高判平元・2・10前掲民集2746頁参照）は，Aが本件各契約を締結した行為は親権の濫用に該当し，Yは本件各契約時に親権濫用の事実を知っていたのであるから，93条ただし書（改正前。現在は93条1項ただし書。以下同じ）の類推適用により，本件各契約の効果はXに及ばないとした。これに対し，Yが上告した。

■争　点■

①親権者が代理権を濫用した場合に，93条ただし書を類推適用し，その行為につき子への効果帰属を否定することができるか。

②親権者が子を代理して子が所有する不動産を第三者の債務の担保に供する行為は，代理権の濫用にあたるか。

■判　旨■

破棄差戻し。

「1　親権者は，原則として，子の財産上の地位に変動を及ぼす一切の法律行為につき子を代理する権限を有する（民法824条）ところ，親権者が右権限を濫用して法律行為をした場合において，その行為の相手方が右濫用の事実を知り又は知り得べかりしときは，民法93条ただし書の規定を類推適用して，その行為の効果は子には及ばないと解するのが相当である」。

「2　しかし，親権者が子を代理してする法律行為は，親権者と子との利益相反行為に当たらない限り，それをするか否かは子のために親権を行使する親権者が子をめぐる諸般の事情を考慮してする広範な裁量にゆだねられているものとみるべきである。そして，親権者が子を代理して子の所有する不動産を第三者の債務の担保に供する行為は，利益相反行為に当たらないものであるから，それが子の利益を無視して自己又は第三者の利益を図ることのみを目的としてされるなど，親権者に子を代理する権限を授与した法の趣旨に著しく反すると認められる特段の事情が存しない限り，親権者による代理権の濫用に当たると解することはできないものというべきである。したがって，親権者が子を代理して子の所有する不動産を第三者の債務の担保に供する行為について，それが子自身に経済的利益をもたらすものでないことから直ちに第三者の利益のみを図るものとして親権者による代理権の濫用に当たると解するのは相当でない。」

■解　説■

1　親権者は未成年者に対し包括的な代理権を有するが（824），子の利益保護のため，子と親権者との利益が相反する行為について，親権者が子を代理することはできない（826 I）。利益相反行為の基準について，学説では，行為の外形のみを基準として利益相反行為の成否を判断するとする外形説と，行為の動機・目的等も考慮に入れるとする実質説が対立しているが，判例は，前者の立場を採る（関連判例①—Ⅲ-93事件・②—Ⅲ-95事件）。そのうえで，本判決は，親権者が子を代理して子の所有する不動産を第三者の債務の担保に供する行為は，利益相反行為に当たらないとの判断を示した（ただし，実質説に立った場合でも同様の結論に至るとする見解もある）。

2　では，利益相反行為に当たらない行為であっても，代理権濫用法理により，子の保護を図ることができるか。最高裁は任意代理の濫用の場合において，自己または第三者の利益を図ることのみを目的としてなされた行為につき，行為の相手方が濫用の事実を知りまたは知りうべきときには，93条ただし書の類推適用により，本人への効果帰属を否定する（関連判例③ I-108事件）。本判決では，同様の判例法理が，親権者の法定代理の場合においても妥当することが示された。

3　もっとも，本判決は，親権者による代理権濫用の成立を，任意代理におけるそれに比して，厳格に解している。すなわち，代理行為が，子の利益を無視して自己または第三者の利益を図ることのみを目的としてされるなど，親権者に子を代理する権限を授与した法の趣旨に著しく反すると認められる特段の事情が存する場合に限り，代理権の濫用が認められるとする。よって，当該行為が子自身に経済的利益をもたらさず，第三者にのみ利益をもたらす行為であっても，直ちに代理権濫用には当たらないとして，本件は原審に差し戻されている。親権者の代理権の広範な裁量性によるものであるが，「特段の事情」についての立証責任の負担が子の側にあることと相まって，同法理による子の保護の可能性は必ずしも広くはないといえよう。

4　なお，民法（債権法）改正により，代理権濫用の規定が107条に置かれた。今後はこの規定が代理権濫用の根拠規定となる。

◆関連判例◆

①最判昭37・10・2民集16巻10号2059頁（Ⅲ-93事件）
②最判昭43・10・8民集22巻10号2172頁（Ⅲ-95事件）
③最判昭42・4・20民集21巻3号697頁（I-107事件）

●東北学院大学　遠藤隆幸●

93 利益相反行為の判断(1)
——行為の動機

最高裁昭和37年10月2日第三小法廷判決
(昭和34年(オ)第1128号持分移転登記抹消登記手続履行請求事件)
民集16巻10号2059頁，判時321号19頁

■事　案■

昭和27年，Xら3名の親権者である母Aは，自己が経営する飲食店の営業資金を得るために，Bから金6万円を借り受けた。その際，Aは，上記債務の担保として，AおよびXらが共有する土地建物につき，自己の持分（9分の3）とともにXらの持分（各9分の2）について法定代理人としてXらを代理して，Bとの間に抵当権設定契約を締結し，上記土地建物について抵当権設定登記をした（後に，AB間で弁済期日や利息を変更する等の契約がなされ，その旨の抵当権変更登記もなされている）。

しかし，Aが弁済を怠ったため，Bは上記抵当権実行のために，裁判所に任意競売の申立てをなし，競売開始決定を受け，その手続の進行中，Yが最高価競落人となり，Yに競落許可決定がなされ，その確定により上記土地建物の所有権が全部Yに移転したとして，Y名義に所有権移転登記がなされた。

Xらは，Aによる本件契約は，Aと未成年者Xらとの利益相反行為として無効であり，YはXらの各持分を取得していないとして，所有権全部の移転登記をY名義のAの持分9分の3の移転登記とする更正登記手続の履行を求めた。

1審（山口地裁徳山支部判決年月日不明・民集16巻10号2063頁参照）はXらの主張を認容したが，2審（広島高判昭34・8・17前掲民集2067頁参照）が，本件金借は営業資金とはいってもXらの共同生活維持のために使われるものであったこと等から，親権者が子と共同債務を負担し，共同の抵当権を設定することは，子と親権者の利益相反するものとはいえないとして1審判決を取り消したため，Xらが上告した。

■争　点■

「行為の動機」は，利益相反行為に該当するか否かの判断にどのような影響を及ぼすか。

■判　旨■

上告棄却。

「親権者が子の法定代理人として，子の名において金員を借受け，その債務につき子の所有不動産の上に抵当権を設定することは，仮に借受金を親権者自身の用途に充当する意図であっても，かかる意図のあることのみでは，民法826条所定の利益相反する行為とはいえないから，子に対して有効であり，これに反し，親権者自身が金員を借受けるに当り，右債務につき子の所有不動産の上に抵当権を設定することは，仮に右借受金を子の養育費に充当する意図であったとしても，同法条所定の利益相反する行為に当るから，子に対しては無効であると解すべきである」。したがって，「右借財の意図がA自身の営業資金に充当するにあったこと，所論の通りであったとしても，AがX等を代理してX等の名において前記金員を借受け，かつその債務につきX等の右持分の上に抵当権を設定したことは，民法826条所定の利益相反する行為に当らないのであって，X等に対して有効である。さればとて，AがX等の法定代理人として，前記債務の内A自身の負担部分につきX等の前記持分の上に抵当権を設定したことは，仮に借受金をX等の利益となる用途に充当する意図であったとしても，同法条所定の利益相反する行為に当るから，X等に対しては無効であるとなさざるを得ない。即ち，本件不動産の所論任意競売は，設定行為が有効なものと無効なものとを包含する抵当権の実行としてなされたものである」。しかし，「X等の負担する各債務についてはAの前記持分のほか，X等の前記持分の上にそれぞれ有効な抵当権が存在し，これを併せると本件家屋並に土地の全部について任意競売を実施できる関係にある以上，右任意競売において，右家屋並に土地は，何れもYが最高価競落人となって競落せられ，その競落許可決定が確定したのであるから，右不動産の所有権は，何れもYに帰属して居るものとなさねばならない。」

■解　説■

1　民法は，親権者に子の財産の管理権およびその財産に関する法律行為についての代理権を与える一方で(824)，親権者と子との利益が相反する行為については，親権者が特別代理人を選任することを家庭裁判所に請求しなければならないと規定する（826 I）。ここでいう利益相反行為とは，親権者にとっては利益となるが，子にとっては不利益になる行為をいう。

2　本判決は，利益相反行為の判断にあたっては行為の動機は問題とならないとする一連の大審院の判例を，最高裁が再確認したものといえる。

3　学説は，もっぱら「行為自体」ないし「行為の外形」から判断すべきであるとする形式的判断説（外形説）と，行為の動機・縁由・目的・結果など一切の実質的事情を考慮して判断すべきであるとする実質的判断説とに分かれる。形式的判断説に依れば，親権者の行為の動機などの実質的事情を知らない取引の相手方など第三者に不測の損害を与える危険が少なく，取引の安全が図られる。

しかし，形式的判断説に依れば利益相反に該当しない行為が，実質的には子の利益を害する恐れもある。そのような場合には，実質的判断説に利があるともいえるが，たとえば，最高裁は，形式的判断説に立ちながら，親権者の行為が代理権の濫用にあたり，「その行為の相手方が右濫用の事実を知り又は知り得べかりしとき」は，改正前93条ただし書を類推適用して，その行為の効果は子には及ばないと解することで，子の保護を図ろうとしている（関連判例①—Ⅲ-92事件）。

◆関連判例◆

①最判平4・12・10民集46巻9号2727頁（Ⅲ-92事件）
②最判昭42・4・18民集21巻3号671頁（Ⅲ-94事件）

●愛知学院大学　鈴木伸智●

94 利益相反行為の判断(2)
――親権者と子の手形共同振出し

最高裁昭和42年4月18日第三小法廷判決
（昭和40年(オ)第1499号請求異議事件）
民集21巻3号671頁，判時483号34頁

■事　案■

Xらの母Aは，昭和14年に本件不動産を買い受け，その所有権移転登記を了した。以来，Aは同所で料亭を営んできたが，昭和20年に死亡し，Xらが遺産相続によりこれを共有することとなった。

昭和25年から昭和27年にかけて，当時Xらは未成年者であったため，その親権者である父BがXらを代理して，Y銀行を債権者，Xらを債務者とする債務負担契約を締結し，Xらは主債務者として計530万円の債務を負担するとともに，本件不動産につき極度額を527万円とする根抵当権を設定する旨の手形取引約定を締結した。一方，Bは自らも，Y銀行との間で，XらがY銀行に対して負担する一切の債務について連帯保証契約を締結した。Y銀行は，この約定にもとづいて，BとXらを共同振出人とする約束手形の振出し交付を受け，これに対する貸付けをなし，現にその書換手形である本件約束手形を所持している。

昭和35年，Y銀行は，上記根抵当権にもとづき，これにより担保される貸付元金が存在するとして裁判所に競売の申立てをなし，不動産競売手続開始決定がなされた。

これに対して，Xらは，上記債務は，Bが自己の事業資金に充てるためのもので実質的にはA個人の債務であり，上記債務負担行為は，826条の利益相反行為に該当し無効であると主張し，上記根抵当権実行の不許およびXらの債務の不存在確認ならびに根抵当権設定登記の抹消登記手続を求めた。

1審（長崎地判昭38・1・23民集21巻3号679頁参照）・2審（福岡高判昭40・9・23前掲民集686頁参照）ともにXらの訴えを棄却したため，Xらが上告した。

■争　点■

親権者が自らおよび子の法定代理人として約束手形を共同で振り出した場合，利益相反関係が生じるか。

■判　旨■

上告棄却。

「民法826条にいう利益相反行為に該当するかどうかは，親権者が子を代理してなした行為自体を外形的客観的に考察して判定すべきであって，当該代理行為をなすについての親権者の動機，意図をもって判定すべきでないとした原判決の判断は正当であって，これに反する所論は採用できない」。

「論旨は，本件各約束手形……はXら3名の親権者たるBがその法定代理人として振り出し，かつ，B個人としても振り出したもの，すなわちXらとBとの共同振出にかかるものであるから，共同振出人相互の関係において利益相反が考えられるところ，この点について原判決の判断には，法律解釈の誤り，理由不備の違法があるという。」

「しかし，原判決は，挙示の証拠関係に徴し，所論手形行為の原因関係たる貸付はXら自身が債務者となり，Bはその連帯保証人となったものであること，および，本件各手形はいずれも右借受金支払のために振り出されたものであることを認定し，右事実関係を外形的に観察した場合，Xらと親権を行なうBとの間に民法826条所定の利益相反関係は存しない旨判示しているのであるから，所論理由不備はなく，かつ，その判断は首肯できる。」

■解　説■

1　利益相反行為に該当するか否かの判断基準について，学説は，形式的判断説（外形説）と実質的判断説とに分かれる（関連判例①―Ⅲ-93事件参照）。判例は，形式的判断説に立っており（関連判例①など），本判決も「親権者が子を代理してなした行為自体を外形的客観的に考察して判定すべき」と判示し，従来の立場を踏襲している。

2　本件は，親権者が自らおよび子の法定代理人として約束手形を共同で振り出した事案であり，当該代理行為が利益相反行為に該当するか否かが争われた。手形行為の利益相反性については，手形行為に利益相反は生じないとする見解，生じるとする見解とに分かれるが，判例は，手形行為にも利益相反が生じることを認めている（関連判例②）。ただ，これらの議論の多くは，平成17年改正前商法265条（現・会社356Ⅰ②③：取締役の利益相反取引）や改正前民法108条に関するものであり，民法826条に関する判例はほとんどなかった。その意味で，本判決は先例としての意義を有する。

3　本判決で，最高裁は，手形行為それ自体を観察した結果としてではなく，原因関係における親権者と子との間での利害衝突の有無を外形的に観察した結果として，利益相反なしとの結論を導き出している（原因関係の観察のみによって，利益相反行為に該当しないと結論できるとまでは述べていない）。これは，手形行為が平成17年改正前商法265条の取引に該当するか否かは当該手形行為がなされるに至った原因関係をも考慮して判断すべきであるとした関連判例③と同様の立場と評されている。

4　しかし，形式的判断説を貫徹して，本件のように子自身が債務者で親権者がその連帯保証人にすぎない場合は利益相反行為に該当せず，一方，親権者自身の債務につき子が連帯保証人となる場合は利益相反行為に該当する（関連判例④）とすると，親子間のどちらが債務者となり保証人となるかは，親権者・第三者の都合によってどうにでもなりうる問題で，子自身の債務負担という外形さえ整えれば利益相反行為に該当しないことになり，826条の本来の趣旨である子の保護に欠ける結果になりはしないかという批判もある。

◆関連判例◆

①最判昭37・10・2民集16巻10号2059頁（Ⅲ-93事件）
②最判昭38・3・14民集17巻2号335頁
③最判昭39・1・28民集18巻1号180頁
④大判昭11・8・7民集15巻1630頁
⑤最判昭33・12・11民集12巻16号3313頁

●愛知学院大学　鈴木伸智●

95 利益相反行為の該当性(1)
──連帯保証債務負担行為等

最高裁昭和43年10月8日第三小法廷判決
(昭和43年(オ)第783号土地建物所有権移転登記抹消登記手続〔本訴〕家屋明渡〔反訴〕請求事件)
民集22巻10号2172頁，判時537号45頁

■事　案■

夫Aと妻X_1は，昭和32年に協議離婚し，A所有の土地・建物がX_1および6名の子のうちのX_2～X_5（原告＝反訴被告・控訴人・被上告人）に贈与され，Xらは5分の1ずつの共有持分を取得した。その後，X_1は，知人Bが医院開業資金の一部35万円をCから借り入れた際に，Bの懇願によりみずから連帯保証するとともに，未成年のX_2～X_4については親権者として代理して，また成年のX_5については代理人名義で，連帯保証契約を締結し，かつ同一債務の担保のため，本件土地・建物全部に物上保証として抵当権設定登記を了した。Cは，昭和36年に本件抵当権付債権をDに譲渡し，Dは，昭和38年に抵当権実行による競売を申し立て，Y（被告＝反訴原告・被控訴人・上告人）が競落許可決定を受けてYに所有権移転登記が経由された。そこで，Xらは，Yに対し所有権移転登記の抹消登記手続を請求した。その理由は，X_2～X_4を代理して行ったX_1による連帯保証債務の負担ならびに抵当権設定行為が826条の利益相反行為に該当し，無権代理行為として無効であり，またX_5が抵当権設定につきX_1へ同意を与えた事実はなく，X_5を代理して行ったX_1の抵当権設定行為は無効であるから，結局，無効な抵当権に基づく競売手続も無効であり，Yは競落人となっても所有権を取得し得ない，という。

1審（新潟地判昭41・7・6民集22巻10号2177頁参照）は，Xらの請求を棄却したが，2審（東京高判昭43・4・24高民集21巻2号197頁）は，X_1がX_2～X_4を代理した行為は利益相反行為に該当し，またX_5については代理権授与がなく表見代理も成立しないとして，X_1の控訴を棄却し5分の1の持分についてYの所有権取得を認め，X_2～X_5の請求を更正登記手続を命ずる限度において認容した。Yが上告。

■争　点■

親権者が第三者の金銭債務について，みずから連帯保証をするとともに，同一債務につき未成年の子の法定代理人として連帯保証をし，かつ親権者と子の共有不動産に抵当権を設定する行為は，826条にいう利益相反行為に当たるか否か。

■判　旨■

上告棄却。

「原判決がその挙示の証拠のもとにおいて確定した事実，とくに昭和35年3月10日CからBに対する金35万円の貸付について同人の懇望により，X_1が，みずからは共有者の一員として，また，未成年者であったX_2，X_3，X_4の親権者としてこれらを代理し，さらに，長男X_5の代理人名義をかねて，右債務について各連帯保証契約を締結するとともに，同一債務を担保するため，いわゆる物上保証として本件不動産全部について抵当権を設定する旨を約しその旨の設定登記を経た等の具体的事実関係のもとにおいては，債権者が抵当権の実行を選択するときは，本件不動産における子らの持分の競売代金が弁済に充当される限度において親権者の責任が軽減され，その意味で親権者が子らの不利益において利益を受け，また，債権者が親権者に対する保証責任の追究を選択して，親権者から弁済を受けるときは，親権者と子らとの間の求償関係および子の持分の上の抵当権について親権者による代位の問題が生ずる等のことが，前記連帯保証ならびに抵当権設定行為自体の外形からも当然予想されるとして，X_2・X_3・X_4の関係においてされた本件連帯保証債務負担行為および抵当権設定行為が，民法826条にいう利益相反行為に該当すると解した原判決の判断は，当審も正当として，これを是認することができる」。

■解　説■

1　826条の利益相反行為は，旧法時からの判例によれば，無権代理行為になり成年に達した子からの追認がない以上，無効と解され，今日の通説でもある。そこで，当該行為が826条に当たるか否かは当事者にとって大きな問題である。

その利益相反性の判断基準をめぐり，判例は，古くから，行為の外形から決すべきであるとし，通説（外形説）となってきた。しかし，行為の動機や目的，結果などを含む背景事情を実質的に考慮すべしとの説（実質説）も有力である。外形説が取引の安全を重視するのに対し，実質説は子の利益保護を重視するといえようが，親が推す特別代理人が選任されるなどの課題がみられ，必ずしも子（未成年の子，以下同）の保護につながらないことから，結局，両説の対立は決定的ではないとの学説がみられる。そこで，外形説によれば利益相反行為に当たらないけれども，子の利益をあまりに損なうケースでは，親権者の代理権濫用に心裡留保に関する93条ただし書〔平29法44による改正前〕規定を類推適用し，子を保護するという判例法理が出現した（関連判例①─Ⅲ-92事件）。なお，この法理を明文規定化すべく民法改正により代理権の濫用条項（107）が創設された。

2　ところで，親権者自身が金員を借り受けるに当たり，子の不動産に抵当権を設定することは，仮に子の養育費に充当する意図であったとしても，利益相反行為に当たる（関連判例②─Ⅲ-93事件）。これに対し，親権者が自己の営業資金に充当するための借財であっても，子を主債務者とし親権者を連帯保証人とする借受金の支払のために約束手形の共同振出人となった場合，子と親権者との間に利益相反関係は生じないとされた（関連判例③─Ⅲ-94事件）。このように，親権者と子のいずれが主債務者となるかで結論が異なるのはバランスを失するとの批判が強い。本件は，他人の債務のためであって親権者の債務を直接に担保するものではないが，子に不利な契約ではある。本判旨によれば，連帯保証ならびに抵当権設定行為自体の外形からも，親権者と子らの利益の相反が当然に予想されるから，利益相反行為に当たるという。

3　なお，本件は，民事執行法の施行（昭和55年）前の事件で，現在では同法184条により，たとえ担保権が不存在であっても，代金を納付した買受人の権利は保護される。

◆関連判例◆

①最判平4・12・10民集46巻9号2727頁（Ⅲ-92事件）
②最判昭37・10・2民集16巻10号2059頁（Ⅲ-93事件）
③最判昭42・4・18民集21巻3号671頁（Ⅲ-94事件）

●関西大学名誉教授　千藤洋三●

96 利益相反行為の該当性(2)
――後見人・被後見人間の利益相反

最高裁昭和45年5月22日第二小法廷判決
（昭和42年(オ)第473号所有権移転登記抹消請求事件）
民集24巻5号402頁，判時594号63頁

■事　案■

Xは，昭和9年5月にYの弟夫婦の子として生まれたが，昭和17年に母と死別，昭和20年4月に空襲により居宅の焼失とともに父も失った。Xは，姉弟とともに伯父Aに養育されたが，Aに養育能力がないため，A・B（Xの祖父の弟）の両名は，YにXらの養育方を依頼し，Yはやむなくこれを承諾し，昭和20年11月ごろXを，その後まもなく姉弟をY宅に引き取った。

Yが戦後の生活困難な状況のなかでXらの養育を引き受けたことから，A・BはYとの協議の結果，X所有の（亡父からの家督相続による）本件土地をYに譲渡することに決し，これを実現する法定手続を履践するため，昭和21年5月に上記3名が親族全員の選定を受けて親族会を開き，Yの内縁の妻C（昭和25年にYと婚姻）をXの後見人に選任し，CはYら3名の協議に従い，Xの後見人としてYとの間に本件土地の譲渡契約を締結し，同日所有権移転登記を了した。

Xは，中学校卒業後，昭和25年ごろから姉とともに働きに出るようになり，昭和27年ごろから，月給6000円をCに渡し，小遣銭だけをもらっていたが，昭和31年ごろ，Y方を出た。Xの弟は早くから他に引き取られ，姉も昭和30年ごろ，Y方を出ていた。

Xは，自分の全く知らぬ間に，利益相反行為によって，本件土地がYのために所有権移転登記がなされているとして，右登記の抹消を求めた。

1審（東京地判昭37・4・23民集24巻5号408頁参照）は，Yが欠席したため，Xが勝訴した。Yは，本件土地の譲渡は無償ではなくXの養育費および本件土地上の抵当権の被担保債務を弁済することを対価とするものであったなどと主張して控訴したが，2審（東京高判昭42・1・31前掲民集411頁参照）が，Cの行為が利益相反行為に該当するとしてYの控訴を棄却したため，Yが上告した。

■争　点■

内縁夫婦の一方である後見人が被後見人を代理して，内縁夫婦のもう一方である相手方となした被後見人所有の土地の譲渡は，利益相反行為に該当するか。

■判　旨■

上告棄却。

「原審が確定したところによれば，未成年者であった当時のXの後見人は訴外Cであり，右CはYの内縁の妻であった（後にYと婚姻した。）ところ，右Cは，Xの法定代理人として，昭和21年9月28日，Yに対しX所有の本件土地を譲渡し，同日その旨の登記を経由した，というのである。そして，右譲渡が金3千円位の負担のある本件土地の無償譲渡である旨の原判決の事実認定および判断は，これに対応する挙示の証拠に照らして，肯認できるから，右認定を非難する所論は，採用できない。」

「右認定事実のもとにおいて本件土地の無償譲渡が旧民法915条4号に該当するか否かを考えるに，当時YとCとは内縁の夫婦であり，相互の利害関係は，特段の事情のないかぎり，共通するものと解すべきであるから，被後見人であるXに不利益な本件土地の右無償譲渡は，Yと後見人であるCとに共通する利益をもたらすものというべきであり，したがって，右無償譲渡は，旧民法915条4号にいう後見人と被後見人との利益相反行為にあたると解するのが相当である。されば，右無償譲渡については，後見人であるCはXを代理することができないのであるから，未成年者たるXの後見人であるCがXを代理してCの内縁の夫であるYに対してした本件土地の無償譲渡行為は，無権代理行為である，とした原判決の判断は，正当であり，右判断には所論の違法はない。」

■解　説■

1　860条は，利益相反行為に関する826条を，後見人に準用することを明らかにした規定である。後見監督人がいる場合には，後見監督人が被後見人を代理するが（851・860ただし書），後見監督人がいない場合の，後見人と被後見人との利益が相反する行為については，後見人が特別代理人を選任することを家庭裁判所に請求しなければならない（なお，現行法とは異なり，旧法の下では，後見監督人は必置機関であった）。

2　利益相反行為に該当するか否かの判断基準については，826条と同様に，形式的判断説（外形説）と実質的判断説との対立がある（関連判例①―Ⅲ-93事件参照）。判例は形式的判断説に立つが，2審が，Cが後見人となったのは本件土地をYに譲渡するための「法定手続を履践する」ためにすぎず，Yが本件土地を取得することは内縁の妻であるCの利益にもなることから，Cの行為は利益相反行為に該当すると判示したため，Yは，上告理由において，利益相反行為に該当するか否かは「専らその行為自体を客観的（外形的）に観察して判断すべきもの」と主張した。これに対して，最高裁は，「当時YとCとは内縁の夫婦であり，相互の利害関係は，特段の事情のないかぎり，共通するものと解すべき」と判示した。

3　この点を捉えて，本判決を形式的判断説から実質的判断説へと一歩進めたものとみる見解もある。しかし，一般的には，婚姻夫婦であれ内縁夫婦であれ，夫婦相互の利害関係は共通するのであり，本件でも，客観的（外形的）な観察から，利益相反性を認識するのは困難ではない。本判決も形式的判断説の枠内にあるとみてよいだろう。

◆関連判例◆

①最判昭37・10・2民集16巻10号2059頁（Ⅲ-93事件）
②最判昭43・10・8民集22巻10号2172頁（Ⅲ-95事件）
③最判昭53・2・24民集32巻1号98頁（Ⅲ-97事件）
④最判昭49・7・22家月27巻2号69頁（Ⅲ-98事件

●愛知学院大学　鈴木伸智●

97 利益相反行為の該当性(3)
――後見人の代理による相続放棄

最高裁昭和53年2月24日第二小法廷判決
（昭和50年(オ)第354号相続回復請求事件）
民集32巻1号98頁，判時881号103頁

■事 案■

昭和23年2月26日に死亡した被相続人Aの相続人は，亡前妻との間のいずれも成年に達していた長男Bを含む7名と亡後妻との間のいずれも未成年であったX_1ら4名（原告・控訴人・被上告人）の計11名であった。Bが公務員を辞めて実家に戻り農業を継いで病弱の二男とXらの生活の面倒をみるということから，三男CがXらの後見人に就職し，同年5月，Xらを代理し相続放棄の申述を行い受理され，またBを除く前妻との間の子全員が相続放棄して，Aの全遺産がBに単独相続された。ところが，昭和25年1月1日にBが死亡したため，Bとその妻Y（被告・被控訴人・上告人）との間の子である6人全員が相続放棄し，Yが単独相続した（昭和37年の939条の改正により，子全員の相続放棄があれば，後順位の血族相続人と配偶者とで共同相続する。改正前には，有力な反対説があったものの，本件のように配偶者のみが相続した。Yの単独相続の事実は当事者間に争いがない。高民集27巻7号1033頁参照）。しかし，Yは自己の子の養育に精一杯でXらの世話を満足にみることができず，虐待しているかのごとくにみえたので，同年5月に，CがYとの間で約定書を作成し，Yの取得した遺産の一部をXらに贈与させることにした。しかし，Yが履行しなかったため，昭和26年にCはXらの後見人の資格で，また他の法定相続人の一部の代理人として，かつ自身も申立人となってYを相手に遺産分けに関する財産分与請求調停を宇都宮家裁に申し立て成立もしていた（調停条項通り実行されたかは不明）。

ところで，X_1は，昭和39年に宇都宮家裁に相談に行き，初めてCの代理による相続放棄の事実を知った。そこで，Xらは，Yのための建物の所有権保存登記ならびに土地の所有権取得登記を，XらおよびYが各5分の1の持分所有権を有し取得した旨に更正登記手続をするよう求めて，昭和41年に相続回復請求権に基づき本訴を提起した。1審（宇都宮地判昭46・3・24民集32巻1号102頁参照）はXらの敗訴。2審（東京高判昭49・12・26高民集27巻7号1029頁）は，Cがみずからも相続放棄をなし，同じく共同相続人たるXらの後見人として相続放棄をなしたことは無権代理によるものでXらの追認がない限り無効と判示して1審判決を変更しXらを勝訴させた。Yが上告。

■争 点■

①身分上の行為でかつ相手方のない単独行為の性質を有する相続放棄は，826条の適用を受けるのか。

②後見人と被後見人が共同相続人の関係にある場合，後見人がみずからの相続を放棄した後，あるいは同時に被後見人全員を代理して行う相続の放棄は，利益相反行為に当たらないと解するのか。それとも，放棄の先後や同時性を問うことなく，常に利益相反行為に当たると解すべきか。いずれも，そう判断する理由は何か。

■判 旨■

破棄差戻し。

「共同相続人の一部の者が相続の放棄をすると，その相続に関しては，その者は初めから相続人とならなかったものとみなされ，その結果として相続分の増加する相続人が生ずることになるのであって，相続の放棄をする者とこれによって相続分が増加する者とは利益が相反する関係にあることが明らかであり，また，民法860条によって準用される同法826条は，同法108条〔改正前〕とは異なり，適用の対象となる行為を相手方のある行為のみに限定する趣旨であるとは解されないから，相続の放棄が相手方のない単独行為であるということから直ちに民法826条にいう利益相反行為にあたる余地がないと解するのは相当でない。これに反する所論引用の大審院の判例……は，変更されるべきである。しかしながら，共同相続人の1人が他の共同相続人の全部又は一部の者を後見している場合において，後見人が被後見人を代理してする相続の放棄は，必ずしも常に利益相反行為にあたるとはいえず，後見人がまずみずからの相続の放棄をしたのちに被後見人全員を代理してその相続の放棄をしたときはもとより，後見人みずからの相続の放棄と被後見人全員を代理してするその相続の放棄が同時にされたと認められるときもまた，その行為の客観的性質からみて，後見人と被後見人との間においても，被後見人相互間においても，利益相反行為になるとはいえないものと解するのが相当である。」

「Cの相続の放棄とXらの相続の放棄の各時期等についてさらに審理を尽す必要があるから，本件を原審に差し戻すこととする。」

■解 説■

1 本件は，まず，108条の双方代理禁止の一般原則を規定した826条には相手方のない単独行為である相続放棄が適用されず，利益相反はあり得ないのではないかという点が問われた。本最高裁判決は，相続放棄の結果，相続財産を取得しない者と相続分が増加する者との間で利益相反関係が生じるなどの理由で，相続放棄を特定の相手方のない単独行為であるから利益相反行為に当たらないとしていた大審院判例（関連判例）を変更した。例えば，単純なケースで父の遺産について母と未成年の子の他に相続人がない場合に，母が子を代理して放棄すれば母の相続分は増すことから，行為の外形から判断すべしといっても，ある行為が他方に反対の利害の影響を及ぼす場合に826条の適用を否定すべき理由はない，と主張していた通説を受け入れたものである。

2 次に，後見人と複数の被後見人が共同相続人の関係にある場合に，被後見人を代理して行った後見人の相続放棄が，後見人と被後見人との間で利益相反行為に当たるか否か，また被後見人の1人についてする相続放棄は他の被後見人との間に互いに利益が相反する行為に当たるのではないかという点である。

2審は，放棄の時間的先後関係や同時性を問うことなく利益相反行為に当たると判示したが，本判決は，後見人の放棄が被後見人全員の放棄に先行するか，あるいは同時であれば，利益相反行為に当たらないという。ただし，その理由は，「その行為の客観的性質からみて」と述べるだけで明らかとはいえない。この点，学説には，昭和37年の939条の改正により，相続人たる後見人は，みずからの相続の放棄の結果，相続人でなくなるから，この者が被後見人を代理して放棄をすることは何ら利益相反にならないと解したものと考えられるとの説明がみられる。その上で，判旨のいう「相続の放棄」を申述申立時か，それとも申述受理時か，そのいずれによるも疑問が残るとの見解がある。ともあれ，この判決の後半部分に対する諸学説からの批判は強い。

◆関連判例◆

大判明44・7・10民録17輯468頁

●関西大学名誉教授 千藤洋三●

98 利益相反行為の該当性(4)
――遺産分割

最高裁昭和49年7月22日第一小法廷判決
（昭和46年(オ)第675号登記抹消等請求事件）
家月27巻2号69頁，判時750号51頁

■事　案■

被相続人Aの死亡により，Aの長男Y（被告・控訴人・被上告人），三男X_1，四男X_2，五男X_3，二女X_4，亡二男Bの子で代襲相続人であるX_5，X_6およびX_7の8名（原告・被控訴人・上告人）を共同相続人とする相続が開始した。昭和28年7月ごろ，当時未成年者であったX_6・X_7の親権者である母Cと上記両名を除くその余の相続人らとの間で，Aの遺産を全部Yに取得させる旨の遺産分割の協議が成立した。その後，Yを除く共同相続人のXらが，Cの行為は利益相反行為であるために，当該遺産分割協議は無効であると主張して，Y名義の不動産の登記抹消を求める訴えを提起した。

1審（横浜地判昭43・1・25公刊物未登載）はX請求を認容し，Yが控訴。2審（東京高判昭46・4・30公刊物未登載）は，X_6・X_7は本件遺産分割の協議により何も財産を取得しないのであるから，本件協議についてはその間で利益が相反することはなく，CがX_6・X_7の親権者として両名を代理して前記協議に加わっても，826条2項に違反して本件遺産分割の協議が無効となることはないとして，Xらの請求を退けた。

これに対し，Xらは，共同相続人の取得分いかんは協議の結果でなければ分からないことであって協議の性質そのものは当事者の利益が相反するものであり，X_6・X_7双方が全く遺産を相続しなくなったから利益の対立がないという原判示は単なる結果論と行為自体の性質論をすりかえた謬論であると主張し，上告した。

■争　点■

① 826条2項に定める利益相反行為とは何か。
② 826条2項の適用上，遺産分割協議が利益相反行為に該当するか。

■判　旨■

破棄差戻し。

「民法826条2項所定の利益相反行為とは，行為の客観的性質上数人の子ら相互間に利害の対立を生ずるおそれのあるものを指称するのであって，その行為の結果現実にその子らの間に利害の対立を生ずるか否かは問わないものと解すべきであるところ，遺産分割の協議は，その行為の客観的性質上相続人相互間に利害の対立を生ずるおそれのある行為と認められるから，前記条項の適用上は，利益相反行為に該当するものといわなければならない。したがって，共同相続人中の数人の未成年者が，相続権を有しない1人の親権者の親権に服するときは，右未成年者らのうち当該親権者によって代理される1人の者を除くその余の未成年者については，各別に選任された特別代理人がその各人を代理して遺産分割の協議に加わることを要するのであって，もし1人の親権者が数人の未成年者の法定代理人として代理行為をしたときは，被代理人全員につき前記条項に違反するものというべきであり，かかる代理行為によって成立した遺産分割の協議は，被代理人全員による追認がないかぎり，無効であるといわなければならない（〔関連判例③〕……参照）」。

「CがX_6及びX_7両人の親権者として加わって成立した本件遺産分割の協議は，右Xらによる追認がないかぎり，無効と解すべきところ，その追認の事実を確定することなく右の協議を有効とした原判決には，民法826条2項の解釈適用を誤った違法があ」る。

■解　説■

1　826条2項は，同一の親権に服する数人の子の間で利益が相反する行為について，家庭裁判所へ特別代理人の選任を請求しなければならない旨を定める。これは，例えば親権者が一方の子の利益を図るために他方の子の利益を犠牲とするように，公正な親権行使が親権者に期待できないため，親権者の代理権を制限し，子の利益を保護する必要があるからである。家庭裁判所は，具体的事案に即して特別代理人を選任する（家事39，別表1の65）。

2　いかなる行為が利益相反行為となるか，その判断基準をめぐっては，学説上，専ら行為の外形から判断すべきとする外形説（形式的判断説）と行為の動機・目的・当該行為の実質的効果等一切の事情を考慮して判断すべきとする実質説（実質的判断説）の対立がある。判例（関連判例①―Ⅲ-93事件）・通説は外形説をとる。行為の外形から利益相反行為該当性を判断する外形説は取引の安全を重視し，相手方へ不測の損害を与えることを防ぐことができるものの，子の利益保護に欠けるとの批判から，具体的事案に応じて実質的判断をする実質説も有力に主張されている。この点，外形説の下で子の利益保護に欠ける事案では，親権者の代理権濫用をもとに子の保護を図る判例がある（関連判例②―Ⅲ-92事件。同判決では93条ただし書の類推適用によるが，債権法改正により代理権濫用に関する規定が107条に新設されたことから，施行後は同規定による）。

3　本件は，共同相続人ではない親権者が共同相続人たる数人の子を代理して行う遺産分割協議が826条2項の利益相反行為に該当するかどうかが問題となっている。この点については本判決でも引用するように，既に判例（関連判例③）が示していた。ただし，同判例において2項の判断基準は不明確であった。本判決は，(a)外形説の立場から，826条2項が定める利益相反行為は，行為の客観的性質上数人の子ら相互間に利害の対立を生ずるおそれのあるものを指し，行為の結果として現実に利害対立を生ずるか否かは問題とならない旨を判示した点，(b)かつて大審院が826条2項における特別代理人の選任方法につき，1人の子については親権者が代理するものの，その他の子について各別に特別代理人の選任が必要である旨を示していたが（関連判例④），この点を最高裁が初めて明らかにした点で意義を有する。

◆関連判例◆

①最判昭37・10・2民集16巻10号2059頁（Ⅲ-93事件）
②最判平4・12・10民集46巻9号2727頁（Ⅲ-92事件）
③最判昭48・4・24家月25巻9号80頁
④大決昭5・11・12新聞3208号9頁
⑤最判昭53・2・24民集32巻1号98頁（Ⅲ-97事件）

●専修大学　佐々木健●

99 親権者の一方との利益相反

最高裁昭和35年2月25日第一小法廷判決
（昭和33年(オ)第968号土地建物所有権移転登記手続請求事件）
民集14巻2号279頁，判時217号15頁

■事　案■

未成年者X（原告・被控訴人・被上告人）の父Aは，Y_1（被告・控訴人・上告人）に債務を負ったため，妻B（Xの母）とともにXを代理して，この債務の代物弁済としてX所有の不動産をY_1に譲渡し，売買名義でY_1へ所有権移転登記が行われた。その後，Y_2銀行（被告・控訴人・上告人）が当該不動産上に根抵当権を取得し登記を経由した。そこで，Xは，本件譲渡はXとAの利益相反行為で，父Aには代理権がなく，また母Bも特別代理人と共同してしなかったのだから代理権限がなく無効である，と主張して，Y_1の所有権取得登記およびY_2の根抵当権設定登記の抹消を求めて訴えを提起した。これに対して，Yらは，Aの行為はXを含めた家族の共同の利益を目的とした事業遂行のためであるから利益相反に当たらず，仮に利益相反行為としてもAだけのことであり，Bは親権者として法定代理権を行使できるから，処分は有効である，などと抗弁した。

1審（新潟地高田支判昭31・3・5下民集7巻3号505頁）・2審（東京高判昭33・6・17下民集9巻6号1135頁）とも，事業の主体はAでありXの利益のためとは言い得ないとして，Xの請求を認容した。ただし，結論に差はないものの，1審が，親権を行う父または母のどちらか一方に利益相反関係があれば，他方も代理権がないとする（特別代理人のみが代理権を行使することになろう）のに対して，2審は，利益相反関係にある親権者Aが家庭裁判所に選任を求めた特別代理人と相反関係にない親権者Bとが共同して代理行為をなすべきものとした。

Yらは，父母の一方が親権を行うことができないときは他の一方が行うと規定する818条3項との関係において826条1項の趣旨を考えるならば，共同親権者の一方だけが子と利益相反するときは，他方の親権者が単独で親権を行使することができ，特別代理人の選任を必要としない，という点を主な理由に上告した。

■争　点■

①親権者の一方が他人に対して負う債務の代物弁済として，他方親権者と共同で代理して行った子の所有不動産の譲渡は，826条1項の利益相反行為に当たるのか否か。

②当たるとした場合の代理権行使の方法，つまり利益相反関係にない他方親権者の単独代理か，または相反関係にある親権者が家裁に選任を求めた特別代理人の単独代理か，それとも他方親権者と特別代理人との共同代理によるのか。

■判　旨■

上告棄却。

「当裁判所は，本件のような場合には，利益相反の関係にある親権者は特別代理人の選任を求め，特別代理人と利益相反の関係にない親権者と共同して代理行為をなすべきものとする原判決の見解を正当としてこれを支持」する。

「かような事実関係の下では，本件行為をもって民法826条1項の利益相反行為に当る旨の原判決および第1審判決の判断は正当」である。

■解　説■

1　824条によれば，親権を行う者は，子の財産を管理し，かつ，その財産に関する法律行為についてその子を代表する。代表とは実質的には代理を意味し，要するに，親権者は，子の財産上の一切の行為について代理権を有する。ところで，親権者にとって利益で子にとって不利益な行為，あるいは親権を行う場合に親権に服する子の1人と他の子との利益が反する行為（利益相反行為とよぶ）について親権者に代理権を認めるならば，子の利益を害することになるため，親権者は，その子のために家庭裁判所に特別代理人の選任を請求しなければならない（826Ⅰ・Ⅱ）。民法は，このような制度設計の下に子の利益を守ろうとする。

2　ところが，そもそも，どのような行為が利益相反に当たるかが問われる。この点，本判決は，親権者の一方（本件では父）が，自己の債務の弁済のために子の財産を代物弁済に供する行為は，利益相反行為に当たると判示した。このこと自体は，これまでの下級審判例の積み重ねを再確認するだけのものであった。本判決の重要な点は，利益相反関係にない他方親権者（母）が加わって行われた共同親権者による代理行為が母の行為として有効ではないかという上告理由を斥けたことである。

3　それを受けて次の問題は，代理行為は利益相反関係にない母の単独代理によるのか，または選任された特別代理人の単独代理によるのか，さらには母と特別代理人の共同代理によるのか，という点である。

本最高裁判決は，2審の判断を支持して，母と特別代理人との共同代理説を採用した（もっとも，少数有力説は，この点を傍論であって先例としての意義に疑問があるという）。利益相反関係にない他方親権者の単独代理説（これは，本件のYらの主張する他方親権者が加わっていれば代理行為として当然に有効とする見解とは少し異なり，他方親権者による追認もしくは新たな行為を認めるという説と解される）は，夫婦であるがゆえに一般的に利害が共通し相互に影響を受けやすいために認めがたい（関連判例—Ⅲ-96事件）。さりとて利害関係がない他方親権者の代理権を否定して，特別代理人単独の行使を認める法的根拠もない。

4　そもそも特別代理人は，「影武者」とか「ロボット」などとよばれているように，現在の選任制度による限り親権者の意向を受けた者が選ばれやすい。そのため，特別代理人単独代理説も必ずしも妥当とはいえない。結局，1人に委ねるよりは2人で相互に協力かつ監視しながら行えるという趣旨で，利害関係のない親権者に特別代理人を加えるとする共同代理説が，今のところ子の利益保護のためにはベターであるというのが判例・多数説の立場といえよう。また古くからの実務の取扱いでもある（昭23・9・21民甲2952号民事局長回答）。

◆関連判例◆

最判昭45・5・22民集24巻5号402頁（Ⅲ-96事件）

●関西大学名誉教授　千藤洋三●

100 未成年者と特別代理人との利益相反

最高裁昭和57年11月18日第一小法廷判決
（昭和56年(オ)第586号土地建物明渡等請求事件）
民集36巻11号2274頁，判時1064号49頁

■事　案■

X社（原告・被控訴人・被上告人）は，A社の保証人であり，2億8000万円の求償債権を有していた。その求償債務の連帯保証人がA社の実質的な所有者であるY_1（被告・控訴人・上告人），その未成年の子であるY_2（被告・控訴人・上告人），およびBであった。XとYらとの間には，連帯保証債務の有無をめぐって争いがあったが，結局，Yらが連帯保証債務の存在を認め，その分割弁済を約するとともに，それを担保するために代物弁済の予約をする等の条件で裁判上の和解がなされた。

ところが，AおよびYらが分割弁済を怠ったため，Xは代物弁済の予約完結の意思表示をした。その後，両者の交渉の中で，和解条項の1つであったY_2の特別代理人として上記Bが選任され，Y_2の代物弁済予約を追認する旨の意思表示をした。Xは，代物弁済予約の実行を求めて強制執行に着手したが，Yらは上記和解は無効であると訴えて，執行停止決定を得たとして，代物弁済の対象の建物を占有した。

そこでXは，本件土地・建物の明渡し，損害賠償の支払等を求めてYらを訴え，Yらは，弁護士によりなされた上記和解は，Y_2の親権者である母親が訴訟委任していないから無権代理で無効であると主張し，またY_2は，上記和解に基づく担保提供行為は，父であるY_1との利益相反行為であり，それゆえ特別代理人が選任されるに至ったのであるが，特別代理人BもY_1の連帯保証人であるから（2審〔大阪高判昭56・3・27民集36巻11号2287頁参照〕はこの主張を否定して，BはAの連帯保証人であるとしている）同様に利益相反となり，Bのした追認は無効である等と主張した。しかし1審（奈良地判昭55・7・11前掲民集2278頁参照）は，Yらの主張を斥けて，Xの請求を認めた。2審も上記和解の成立を認め，Bの利益相反については，それでも家庭裁判所がBを選任したという事実を尊重して，Xの請求を認めた。Yらが上告した。

■争　点■

①未成年者と特別代理人との間に利益相反がある場合に，特別代理人は権限を行使することができるか。
②できないとする場合，未成年者が成人に達した後，追認すれば有効になるのか。

■判　旨■

破棄差戻し。

「家庭裁判所が民法826条1項の規定に基づいて選任した特別代理人と未成年者との間に利益相反の関係がある場合には，特別代理人は選任の審判によって付与された権限を行使することができず，これを行使しても無権代理行為として新たに選任された特別代理人又は成年に達した本人の追認がない限り無効である，と解するのが相当である。けだし，特別代理人は親権者と未成年者との間に利益相反の関係がある場合に親権者に代わる未成年者の臨時的保護者として選任されるもので，右選任は，特別代理人に対し当該行為に関する限りにおいて未成年者の親権者と同様の地位を付与するものにとどまり，右行為につき事情のいかんを問わず有効に未成年者を代理しうる権限を確定的に付与する効果まで生ずるものではなく，したがって，右のようにして選任された特別代理人と未成年者との間に利益相反の関係がある場合には，右特別代理人についても親権の制限に関する民法826条1項の規定が類推適用されるものと解すべきだからである。

しかるに，原審は，当時未成年者であったY_2の特別代理人に選任されたBと右Y_2との間に利益相反の関係があるとしながら，家庭裁判所は代理権を付与される事項の意義及び本人と特別代理人との関係等諸般の事情を考慮して選任の審判をするものであることを理由にして，右のような利益相反の関係があるからといってBを特別代理人に選任した審判の効力が左右されるものではないとし，Y_2所有不動産の担保提供につきBが右Y_2の特別代理人としてした追認をその適法な代理権の行使として有効であると判断しているのであって，右判断には特別代理人の権限に関する民法の解釈適用を誤った違法があるといわなければならず，右違法が原判決に影響を及ぼすことは明らかである。」

■解　説■

1　本判決は，特別代理人と未成年者との間に利益相反の関係がある場合には，826条1項を類推適用して，特別代理人はその権限を行使することができず，これを行使しても無権代理行為として新たに選任された特別代理人または成年に達した本人の追認がない限り無効である，と判示して，家庭裁判所の選任を尊重する2審の判断を破棄した。多くの学説も本判決の立場を支持する。未成年者の権利を保護するために，その判断は妥当なものと評価できよう。

2　ただし，本件の場合，2審は，Y_2・Bが提供した担保物件は，実質的にはY_1が支配するものであると認定している。Y_2の主張を認めることは，結果としてY_1を不当に利することになるのは明白であるのに，このような結論を導かざるを得ないという点に割り切れないものを感じる。

◆関連判例◆

①大判昭11・8・7民集15巻1630頁
②最判昭43・10・8民集22巻10号2172頁（Ⅲ-95事件）
③最判昭57・11・26民集36巻11号2296頁

●清和大学　勝田信篤●

101 未成年後見人

最高裁平成3年3月22日第二小法廷判決
(昭和63年(オ)第924号所有権移転登記手続等請求本訴，所有権移転登記抹消登記手続請求反訴事件)
家月43巻11号44頁，判時1384号49頁

■事　案■

Yは，昭和31年3月26日，A（父）とB（母）の間の長男として出生し，昭和32年11月9日祖父C（Bの父）の養子となった。同月13日，Cが死亡したことにより，Yは相続により本件各土地の所有権を取得した。また，Yについて後見が開始し，昭和36年3月22日，Yの戸籍には，AおよびBが後見人に就任した旨の記載がされた。

A・Bは，昭和44年11月18日，Xとの間で，Yを代理して，本件各土地をXに売却する旨の契約（「本件売買契約」）を締結し，本件各土地について，目録1記載の各土地（α）につき所有権移転仮登記を，目録3記載の各土地（β）につき所有権移転登記をそれぞれ経由した。なお，本件売買契約以前に，本件各土地には，債権額1000万円の物上保証による抵当権設定登記がされていたが，本件売買契約による売買代金によりその被担保債権等の弁済がなされている。また，Yは，成年に達した後に，Bを債務者として第三者のためにαに根抵当権を設定し，昭和52年1月20日その登記を経由している。この際，上記仮登記の存在を知り得たと推認されるが，上記仮登記の原因である本件売買契約に関し無効を問題にした形跡はない（本件訴訟の提起後，2審の口頭弁論終結に至るまでの間，Yは，A・BがYの後見人として関与したことを理由に，本件売買契約が無効である旨の主張もしていない）。

このような中，Xは，Bがなお本件土地の占有使用を継続するので，本件各土地について，上記仮登記に基づく本登記および，これを含む本件各土地の引渡しを求めた。

1審（長野地判昭59・2・6家月43巻11号54頁参照）・2審（東京高判昭63・3・16前掲家月48頁参照）は，A・BがYの後見人として行った本件売買契約を有効とした。

これに対しYは上告した。

■争　点■

未成年後見人が複数人ある場合において，それらの者がした代理行為の効力について，本人が成年になった後に，その代理行為の無効と追認の拒絶を主張することができるか。

■判　旨■

上告棄却。

「Yの実親であるA及びBは，Yの祖父との養子縁組がなければ親権者であるが，ともに正当な後見人となったものと考えて，Yの財産の管理に当たってきたのであって，Yにつき後見が開始した当時，後見人は1人でなければならないことが看過されていなければ，両名のうちいずれかが後見人に選任されたものというべきところ，本件売買契約により前記のとおり本件各土地の抵当権の負担が消滅し，その他A及びBの両名が後見人として関与したことにより，Yの利益が損なわれたわけではなく，Yも，成年に達した後において，右両名がYの財産を管理してきたことを事実上承認していたものというべきであり，しかも本件売買契約の無効を問題としたこともなかったのであるから，かかる事実関係の下においては，Yは，信義則上，A及びBがした無権代理行為の追認を拒絶することは許されず，換言すれば，右の無権代理行為を理由として本件売買契約の効力を否定することは許されないと解するのが相当である。」

■解　説■

1　未成年者に対し親権を行う者がいないときは，後見が開始する（838①）（本件のように単独親権者であった養親が死亡した場合には実親の親権が回復するとする説もあるが，通説・戸籍先例は後見が開始するとする）。未成年後見人の人数は，平成23年改正により，改正後は必要があると認められるときは複数人による後見が可能となり（840Ⅱ），この場合には共同してその権限を行使することになる（857の2①）。したがって，現行法のもとでは本件事案のように複数人の未成年後見人が選任され，その権限が共同行使され，本件売買契約が締結された場合には有効な代理行為となる。

2　改正前は，未成年後見人は1人とされていたため〔改正前842〕，誤って複数の後見人が選任された場合にそのいずれかの後見人が行った行為は，正当なものとはいえず無権代理となり，被後見人が成年に達した後に追認しない限り効力は生じないとするされていた（関連判例）。本判決は，A・BがYの財産を管理し処分行為を行っているが，Yの不利益にはなっていないこと，またY自身が成年に達した後にそれらの行為を事実上承認していたような状況がある場合には，例外的に，「信義則上」無権代理行為の追認を拒絶し，契約の効力を否定することは許されないとした。

3　現行法のもとでも，代理行為が利益相反行為（860）や代理権濫用（107）にあたる場合には，本人は無権代理であることを理由に追認拒絶の主張をすることはできる。しかし，その主張は本件事情のもとで制限される可能性があるという点で本判決の意義がある。

◆関連判例◆

大判明39・12・7民録12輯1621頁

●甲南大学　冷水登紀代●

102 扶養義務者間の求償

最高裁昭和26年2月13日第三小法廷判決
（昭和24年(オ)第350号扶養料立替等請求事件）
民集5巻3号47頁

■事　案■

X（妹—原告・被控訴人＝附帯控訴人・上告人）とY（兄—被告・控訴人＝附帯被控訴人・被上告人）の母Aは，Aの夫BおよびYと同居していたが，Bとは不仲であり，また平素病身であった。このような事情もあり，昭和21年8月5日，Xは，B・Yが引き止めるのを聞かずに，AをXの居宅へ連れ帰り扶養看護を続け，今日に至っている。その後YやAの娘婿のCがAを迎えに行ったが感情の行き違いから，Xはこれを断り，Aもこれに応じなかった。

この間，Aはチブスを患ったこともあり医療費が相当かかり，Xは，この医療費その他の扶養費を全額負担していた。そこで，XはYに対し，Yに相当の資力がありAを扶養する義務があり，その半額をYが負担するべきところ，法律上の原因なくXが支払ってきたことからその支払を免れており，そのためXに同額の損害を及ぼしているとして，不当利得に基づく費用の償還を求めた。

1審（広島地裁尾道支部判決年月日不明・民集5巻3号52頁参照）・2審（広島高判昭24・11・16前掲民集53頁参照）はXの請求を棄却した。Xは，Y・Bが引き止めるのを聞かずにAを自宅に連れて帰り，YやCが迎えに行ったにもかかわらずXが断ったのであるから，Xが引取扶養を尽くすのが目的であって，先順位の扶養義務者であるB・Yのために扶養看護したものではないというのがその理由である。

これに対して，Xが上告した。

■争　点■

他の扶養義務者に先行して扶養義務を履行した者は，その扶養が他の義務者の意思に反したものである場合には，扶養料の求償をすることができないのか。

■判　旨■

破棄差戻し。

「扶養権利者が扶養義務者中の1人と同居することを好まず他の1人と同居して居るというには何かそれ相当の理由があるかも知れない〔。〕例えば前者は扶養をすることはするが権利者に相当の扶養をしないとか或は更に進んで虐待の為め権利者は同居に堪えないとかいう場合がないではない〔。〕かかる場合に後者が見兼ねて引取って世話をしたとしたらどうであろうか（本件がそういう場合だというのではない〔。〕或は結論としては原審の判断を相当ならしめる様な場合であるかも知れないがそれは当審では審理判断を為し得ないことだし原判文だけではわからない。）〔。〕こういう場合にもなお前者は全面的に義務を免れ費用を出す義務もなく後者のみ全費用を負担しなければならないとするのは不当であろう〔。〕若しそういうことになると冷淡な者は常に義務を免れ情の深い者が常に損をすることになる虞がある。それ故原審が認定判示した事実だけでは直ちにYに費用の負担の義務なしとすることは出来ない。そういう結論に到達する為めにはなお進んでYもAに対し相当の扶養を為したであろうのに何等相当の理由もなくXが無理にAを連れ去ったとか，或はXが自己のみで費用を負担することを約束したとか何等かそういった様なYをして全面的に義務を免れしむる相当の理由がなければならない。こういう点に付き原審が十分の判断を示すことなく単にXがYの意思に反してAを連れ去ったという事実だけでYに費用負担の義務なしとしたのは審理不尽に非れば理由不備若しくは扶養義務に関する法律の解釈を誤った違法あるものというの外ない。」

■解　説■

1　要扶養状態に陥った者（扶養権利者）は，扶養義務者（877）に扶養能力がある場合に，扶養を求めることができるが，複数の扶養義務者がいる場合において，扶養権利者が義務者の1人に扶養を求め，その扶養義務者が878条の協議が調わないまま（ときとして他の義務者の意思に反して）義務の履行を行う場合に，他の扶養義務者に過去の扶養料の求償をすることができるかが判例・学説上問題とされてきた。

この問題につき，関連判例は，父母の一方が「愛情」に基づき子を引き取り，扶養を行った場合には，事務管理・不当利得に基づく請求権はないとしており，戦後の下級審はこれに従ってきた（本件2審もこれに従うものである）。

2　これに対し，本判決は，扶養義務者が複数人いる場合には全員に扶養義務があること，さらに義務者間での過去の扶養料の求償も例外的な場合を除き認めることを示したという点で関連判例を変更したものといえる。本判決は，扶養義務者間での求償を認めなければ，「冷淡な者は常に義務を免れ情の深い者が常に損をすることになる虞がある」からであり，ただ「相当の理由」がある場合に他の扶養義務者は義務を免れうるとし，その相当な理由が本件にあるかを審理させるために差し戻した。本判決は，扶養義務を義務者の主観とは切り離した，客観的に発生する義務と位置づけた点で意義のある判決といえる。

◆ 関連判例 ◆

大判大5・2・29民録22輯172頁

●甲南大学　冷水登紀代●

103 過去の扶養料の請求方法

最高裁昭和42年2月17日第二小法廷判決
（昭和41年(オ)第783号養育料償還等請求事件）
民集21巻1号133頁，判時477号12頁

■事 案■

X女（原告・控訴人・被上告人）とY男（被告・被控訴人・上告人）は，昭和26年に事実上の夫婦となり，昭和27年5月2日に長男Aをもうけた。昭和30年1月6日X・Yの婚姻届がなされ，同時にYのAに対する認知届がなされた。それから約7か月後の昭和30年8月5日に，X・Yは協議離婚をした。その後，Xは，Aを連れてXの実家に帰り，工場に就職したが，その収入は自己の生活をするに足る程度であった。そのためこの間のAの生活に必要な費用は，Xの父BがXのために立替支出してきた。そして，昭和38年11月Xは再婚し，実家を出たため，AはBのもとで事実上養育を受けている。なお，Aの親権について，昭和39年12月8日に富山家裁の審判により，Xが親権者と定められている。

Xは，Aの養育費としてYが本来負担すべきものを立て替えたとして，Yに対し27万1352円の返還等を求めた。1審（富山地判昭40・2・19民集21巻1号136頁参照）はXの請求を棄却した。これに対して，2審（名古屋高金沢支判昭41・4・22前掲民集147頁参照）は，Aの扶養につき，扶養すべき者の順序，扶養の程度または方法につき家庭裁判所の審判を経ていないが，Aの扶養義務は，Yにおいてその3分の2，Xにおいてその3分の1を負うべきものと解するのを相当とするところ，BがAに対して立替支出した生活費用を支払う義務をXは負担しており，またXのAの養育の程度は相当であるから，YはXに対しその3分の2を償還すべき義務があるとした。

これに対してYが上告した。

■争 点■

複数の扶養義務者間での扶養義務が協議・審判で定められていない場合に，過去の扶養料の求償に際し，その分担額を通常裁判所が判決手続で定めることができるか。

■判 旨■

一部破棄自判，一部上告棄却。

「民法878条・879条によれば，扶養義務者が複数である場合に各人の扶養義務の分担の割合は，協議が整わないかぎり，家庭裁判所が審判によって定めるべきである。扶養義務者の1人のみが扶養権利者を扶養してきた場合に，過去の扶養料を他の扶養義務者に求償する場合においても同様であって，各自の分担額は，協議が整わないかぎり，家庭裁判所が，各自の資力その他一切の事情を考慮して審判で決定すべきであって，通常裁判所が判決手続で判定すべきではないと解するのが相当である。本件において通常裁判所である原審が分担の割合を判定したのは違法であって，この点に関する論旨は理由があり，原判決の求償請求を認容した部分は破棄を免れない。そして，原審の認定したところによると，未だ分担についての審判はないというのであるから，Yの扶養義務は具体的に確定していないものというべく，Xの求償請求は理由がない。よって該請求を棄却した1審判決は，理由は異なるが結論において正当であり，この部分についての控訴は棄却すべきものとする。」

■解 説■

1 ある者が要扶養状態に陥り，扶養義務を負担する者が数人いる場合，878条・879条に従い，その順序・程度は協議で定め，協議が調わないときには家庭裁判所が定めることになる（なお，877条2項の当事者間では協議ではなく家庭裁判所が義務を設定する。家事別表1の84)。つまり現に生じている扶養義務の確定と義務者間での分担の問題は，当事者の協議か家庭裁判所の審判（調停）で定められる事項である。そして扶養義務者の1人が先行して履行した扶養について他の扶養義務者に行う求償請求は最高裁昭和26年判決（関連判例①―Ⅲ-102事件）により認められているが，扶養義務が具体的に確定していない状態においては，まず当事者間の協議・家庭裁判所の審判でそれを確定する必要があるのか，あるいは不当利得・事務管理等の規定に基づき，通常裁判所の判決手続により解決ができるかが問題となる。

2 本件2審は，扶養義務者の扶養能力を認定した上で，扶養義務者の分担割合を定め，負担していない義務者に対して負担してきた扶養義務者への償還を命じた。

これに対し本判決は，過去の扶養についてもその分担の割合の決定については家庭裁判所に管轄権があるとし，扶養義務の確定とその分担割合の決定については通常裁判所の判決手続によるべきではないとした点に意義がある。扶養の権利義務は，権利者の要扶養状態と義務者の扶養可能状態により発生するが，この権利義務は内容の定まらない抽象的なもので，当事者の協議・家庭裁判所の審判により定められて初めて具体的権利義務となるとする通説的理解に立ったものといえる。ただし，本判決は，扶養の協議・審判の機能（権利義務の確認か形成か）について明確にしたものとはいえない（関連判例②―Ⅲ-9事件は形成説)。

◆ 関連判例 ◆

①最判昭26・2・13民集5巻3号47頁（Ⅲ-102事件）
②最大決昭40・6・30民集19巻4号1114頁（Ⅲ-9事件）

●甲南大学 冷水登紀代●

第5編 相続

104 相続開始前の相続権

最高裁昭和30年12月26日第三小法廷判決
（昭和27年(オ)第683号売買無効確認並びに所有権取得登記抹消手続請求事件）
民集9巻14号2082頁，家月8巻4号25頁

■事　案■

昭和7年，Y_1女はXを養子とした。その後，Xの妻AとY_1との折り合いが悪かったことから，Y_1とXの間も不仲となった。XとAはそれぞれの実家に帰り，また，Y_1は知人宅に寝泊まりをするようになった。昭和20年，Y_1とY_2の間で，Y_1所有の不動産（農地）について，Y_2を買主とする売買契約が締結され，所有権移転登記もされた。Xは，当該売買契約が仮装売買であるとして，売買契約の無効確認と所有権移転登記抹消登記を求め提訴した。

1審（長崎地裁判決年月日不明・民集9巻14号2093頁参照）はXの請求を棄却した。2審（福岡高判昭27・6・11下民集3巻6号800頁）は，次のように判示して，1審判決を取り消し，Xの請求を認容した。「XはY_1の推定相続人として将来Y_1の死亡によりその権利義務を包括承継すべき期待権を有しており，しかもこの権利はY等の本件仮装売買並びにこれを原因とする所有権取得登記により現に侵害されつつあるものというべきであるから，Xは本件不動産売買の無効確認を求める利益を有すると同時に，自己のY_1に対して有する右期待権侵害排除請求権に基き，Y_1に代位して，Y_1がY_2に対して有する本件不動産所有権取得登記の抹消登記手続請求権を行使することができるものといわなければならない」。Yらが上告した。

■争　点■

①推定相続人は，被相続人がした仮装売買の無効確認を求めることができるか。

②推定相続人は，被相続人の権利を代位行使することができるか。

■判　旨■

破棄自判。

「確認の訴は，即時確定の利益がある場合，換言すれば，現に，原告の有する権利または法律的地位に危険または不安が存在し，これを除去するため被告に対し確認判決を得ることが必要かつ適切な場合に限り，許されるものであることはいうまでもない。しかるに，推定相続人は，単に，将来相続開始の際，被相続人の権利義務を包括的に承継すべき期待権を有するだけであって，現在においては，未だ当然には，被相続人の個々の財産に対し権利を有するものではない。」

「〔平29法44改正前〕民法423条による債権者代位権は，債権者がその債権を保全するため債務者の権利を行使し得る権利であり，それは，ひっきょう債権の一種の効力に外ならないのである。しかるにXは，単にY_1の推定相続人たる期待権を有するだけであって，なんらY_1に対し債権を有するものでないから，Xは当然にはなんら代位権を行使し得べきいわれはない。」

■解　説■

1　推定相続人とは，将来，「相続が開始した場合に相続人となるべき者」のことである。この定義は平成16年の民法の現代語化に際して892条に挿入された。したがって，推定相続人が民法上の地位であることは明らかだが，では，当該地位にはどのような権利義務ないし法的効果があるのか。

大審院は「相続人の相続開始前に於ける地位は単純なる希望にあらずして権利なり」と判示した（関連判例①）。現在の判例・通説では，推定相続人は将来の相続について「期待権」を有するにすぎないと解されている。そして，この期待権は，権利として法的保護の対象と一応されるものの，その内容は絶無に近い。

2　民法の基本原則として，人は，自己所有財産の絶対的処分権限を有し（所有権絶対），当該財産を自由な契約を通じて処分できる（契約自由）。したがって，所有者＝生前の被相続人は当然に自己所有財産を自由に売却できる。推定相続人を含めた第三者が被相続人の絶対的処分権限に介入するのであれば，当該第三者の介入を正当化し得る明確な権利性が必要となる。ところが，推定相続人の地位は，変動の可能性を常に蔵している。例えば，配偶者は離婚によって，養子は離縁によって推定相続人の地位を喪失する（本件でも，別途，Y_1を原告，Xを被告とする離縁訴訟が提起されていた）。推定相続人は先順位の推定相続人の出現により推定相続人の地位を喪失する。欠格（891）や廃除（892），認知無効や親子関係不存在確認の訴え（人訴2②）などによって推定相続人の地位を喪失する可能性もある。また，推定相続人の地位を喪失しないまでも，被相続人の婚姻や縁組，あるいは被相続人の子の出生により同順位の推定相続人が増加し，その結果，個々の推定相続人の相続分割合が低下することもある。

3　このように不安定な権利に依拠して，被相続人の絶対的処分権限に対する制約を，正当化することは困難であろう。それゆえ，期待権とは，相続人が不当な原因や理由によって欠格とされたり廃除されたりしない権利，換言すれば，欠格や廃除にならない限り推定相続人としての地位を失わない権利，といった程度のものと解することになる。

◆関連判例◆

①大連判大8・3・28民録25輯507頁
②最判昭31・10・4民集10巻10号1229頁
③最判平11・6・11家月52巻1号81頁

●立命館大学　本山　敦●

105 相続回復請求権の請求権者

最高裁昭和32年9月19日第一小法廷判決
（昭和27年(オ)第128号不動産所有権取得登記の抹消登記手続請求事件）
民集11巻9号1574頁，家月9巻9号13頁

■事 案■

甲家の戸主Aは財産家であった。大正12年，Aの妹Bは，分家（旧743）して乙家を起こすのに際し，Aから本件不動産の贈与を受けたが，所有権移転登記はされなかった。昭和15年，Bは隠居（旧964）し，その娘婿養子Xが乙家の家督を相続した。

昭和3年，Aが死亡し，Cが甲家の家督を相続した。昭和18年，Cが死亡し，Y_1が家督を相続した。Y_1は，戸籍上，Cとその妻Dとの間の長男とされているが，Dの兄Eとその妾の間に生まれた子であり，虚偽の出生届出がされたものであった。

Cの死亡当時，Y_1は未成年者であったため，Dが親権者として限定承認（旧1025）の手続を行い，本件不動産を含むCの相続財産は競売（旧1034）に付された。昭和20年，Dが代表者を務めるY_2会社は本件不動産を競落し，その旨の所有権移転登記がされた。翌昭和21年，Y_2はY_3に本件不動産を譲渡し，その旨の所有権移転登記がなされた。

Xは，Y_1がCの子でなく，したがってY_1が家督相続人として行った限定承認以降の各処分は無効であると主張して，本件不動産につきYらの所有権移転登記の抹消を求めた。

1審（秋田地裁判決年月日不明・民集11巻9号1583頁参照）はXの請求を棄却した。2審（仙台高秋田支判昭26・12・20前掲民集1587頁参照）は，「家督相続の回復請求権は，……真正の相続人が表見相続人に対し，自分が相続人であり，表見相続人の相続の無効であることを主張し，表見相続人により害された相続人の地位の回復を求める権利であり，その回復の結果は，身分上の地位の回復はもとより，相続財産の回復にも及ぶものであるから，このように包括的に身分上財産上の地位の回復を目的とする請求権は，その性質上真正の相続人のみに行使せしむべきものである……。……表見相続人に対し同人の相続人であることを争い，同人により害された相続人の地位の回復を請求するかどうかは一に真正相続人の意思にかからせこれが回復請求権の行使は真正相続人のみに行使させる趣旨である」と判示して，Xの控訴を棄却した。Xが上告し，その理由として，真正相続人でない第三者にも家督相続回復請求が認められるべきであると述べた。

■争 点■

真正相続人でない第三者は家督相続回復請求権（旧966）を行使することができるか。

■判 旨■

上告棄却。

(i)「表見相続人に対し特定の相続財産の承継取得の効力を争う場合であっても，相続の無効を理由とする限り1つの回復請求権の行使に外ならないから，真正の相続人が家督相続回復の手続によって，これをなすは格別，第三者はその効力を争い得ないものと解するを相当とする。」

(ii)「XはY_1の相続の無効を理由として本件不動産の承継取得の効力を争い得ないことは前段説示のとおりであるから，Xは右相続の前提である所論Y_1の身分関係をも争い得ない筋合いであ」る。

■解 説■

1 旧法下，相続は家督相続と遺産相続からなり，それに応じて，相続回復制度も家督相続回復請求（旧966）と遺産相続回復請求（旧993）の2本立てとされていた。家督相続回復請求とは，家督相続人でないにもかかわらず家督相続人とされている者（表見家督相続人）に対して，本来，家督相続人となるべき者（真正家督相続人）が，家督相続人としての地位を回復する訴訟である。戦後の民法改正により，家督相続制度は廃止された。その結果，相続は財産相続に純化され，相続回復制度も相続回復請求権（884）に一本化された。

2 旧966条は同訴訟の出訴権者を「家督相続人又は其法定代理人」としていた。同条の文言解釈によれば，これら以外の者は出訴権者たり得ない。そして，戸主という「身分」の承継が主，財産（家産）の承継が従，と家督相続の身分権の面を強調するなら，家督相続回復請求権は身分に基づく一身専属権であり，真正家督相続人（とその法定代理人）のみが行使し得るという解釈を導き得る。

他方，同請求権を一身専属権として出訴権者を限定すると，真正家督相続人でない家族からの権利行使や財産の特定承継人（本件のB）あるいはその包括承継人（本件のX）からの権利行使は認められず，問題がある。まず，「家」が虚偽の（少なくとも正統でない）戸主を長に戴くことになり，「家族」がそのような戸主の支配に服することになる。かかる事態は「家制度」の本来想定する姿ではなかろう。次に，真正家督相続人（やその法定代理人）が同請求権を行使せず，第三者は出訴権者になり得ないとすると，財産の回復等に利害関係を有する第三者としては別の方途，すなわち親子関係不存在確認訴訟や認知無効などの人事訴訟を通じて，家督相続回復請求を実質的に実現しようとすることとなる。

3 そして，現行法の判例・通説も，相続回復請求訴訟の出訴権者は真正相続人に限ると解しているため，相続に利害関係を有する親族からの親子関係不存在確認請求訴訟が頻発している。また，身分の相続を廃して財産相続となった点に着目すれば，現行法の解釈としては――議論は活発でないが――相続回復請求権を単なる財産権と捉えて，出訴権者を真正相続人以外の者に拡大する解釈も可能と思われる。

◆関連判例◆

最判平18・7・7民集60巻6号2307頁（Ⅲ-48事件）

●立命館大学 本山 敦●

106 相続回復請求権の消滅時効(1)——第三取得者の援用の可否

大審院昭和4年4月2日第二民事部判決
（昭和3年(オ)第1166号土地所有権移転登記及抵当権設定登記抹消請求事件）
民集8巻237頁

■事　案■

戸主Aは大正4年9月20日に死亡し，養子B（明治44年に縁組）が家督相続した。Bは，相続により取得した甲土地をY_1に，同乙土地をY_2に売却し，また，同丙土地につきY_3のために抵当権を設定して，各登記を了した。ところが，Aには妻Cとの間に生まれた長男X（明治37年生）がおり，Xは父方の祖父Dの三男として届け出られていた。大正14年1月19日，Bが家督相続した旨の戸籍上の記載は戸籍訂正許可の裁判により抹消された。Xは，Bの承継人Eに対して家督相続回復の訴えを提起し，昭和3年3月14日，Bの家督相続による所有権移転登記等の抹消を命ずるX勝訴の欠席判決を得た。Xは，Yらに対し，Bによる売買および抵当権設定行為の無効を主張して各登記の抹消を求めた。これに対し，Yらは，Xの家督相続回復請求権は明治民法966条（現884）の定める5年の時効により消滅したと主張した。

2審（宮城控院判決年月日不明・民集8巻245頁参照）は，次のように述べてXの請求を斥けた。すなわち，Xの請求はYらの取得した権利（相続財産の一部）に関する相続回復請求であり，Bの家督相続届出時（未成年者であったXの法定代理人CはXの相続権が侵害されていることを知っていた）を起算点として5年の消滅時効がすでに完成し，Eが援用すると否とにかかわらず，またEとXとの間で相続回復の判決が確定したか否かにかかわらず，Yらは消滅時効を援用できる。

これに対して，Xが上告した。

■争　点■

第三取得者は，884条の定める消滅時効を援用することができるか。

■判　旨■

破棄差戻し。

「本訴請求は其の所有権に基くものにして家督相続回復請求権に基くものに非ず唯其の所有権取得の原因が家督相続に在りと為すに過ぎざること明白なり……故にXの有せる家督相続回復請求権の消滅時効完成したるときは僭称相続人に於て之を援用し得るは勿論なるもY等は自ら之を援用し得べきものに非ず」。

■解　説■

1　相続回復請求制度が予定する典型的事例は，非相続人が相続人と称して相続財産を占有管理して真正相続人の相続権を侵害する場合に，真正相続人がこの表見相続人に対して相続財産の返還を求める場合である。表見相続人は，相続財産について無権利者であるから，表見相続人から相続財産を譲り受けた第三取得者もまた無権利者である。目的物が不動産の場合，登記に公信力が認められていないので，善意・無過失の第三取得者であっても権利を取得することはできず，また，この第三取得者は177条にいう第三者ではないから，真正相続人は相続によって取得した権利を登記なくして第三取得者に対して主張することができる。

この真正相続人の第三取得者に対する返還請求に対し，第三取得者が884条に定める消滅時効を援用することができるかが，ここでの問題である。本判決は，援用を否定した代表的判決であり，第三取得者に対する相続財産返還請求は所有権に基づくものであって相続回復請求ではなく，第三取得者は時効を援用することはできない，と判示した。

2　本判決は家督相続に関するものであったが，戦後，家督相続が廃止されて遺産相続に一本化されると，2つの観点からその見直しを迫られた。第1に，相続回復請求権が，財産上の個別請求権の集合（ないし総称）にほかならないとすると，その行使の相手方を表見相続人に限る必然性はなくなる。第2に，「家」の安定ないし「家産」の保護という観点が大きく後退して，取引安全の保護がより重視されるようになる。下級審の裁判例は，第三取得者に固有の時効援用権を認める傾向にあった。

3　後に，関連判例①（Ⅲ-107事件）により，時効の援用が認められるためには「善意かつ合理的事由の存在」が必要とされ，また，関連判例②（Ⅲ-108事件）は，「善意かつ合理的事由」の有無につき，第三取得者がいるときでも表見（共同）相続人について判断すべきであり，表見（共同）相続人が「善意かつ合理的事由」がないために時効を援用できない場合には，第三取得者も時効を援用することはできないとした。学説は，表見相続人が消滅時効を援用できる場合には，表見相続人から相続財産を取得しまたは抵当権の設定等を受けた第三者も真正相続人に対して884条の消滅時効を援用する正当の利益を有し，自らの権利を主張することができるとする。

◆関連判例◆

①最大判昭53・12・20民集32巻9号1674頁（Ⅲ-107事件）
②最判平7・12・5家月48巻7号52頁（Ⅲ-108事件）

●國學院大學　門広乃里子●

107 相続回復請求権の消滅時効(2) ——共同相続人間の争いと884条

最高裁昭和53年12月20日大法廷判決
（昭和48年(オ)第854号登記手続等請求事件）
民集32巻9号1674頁，判時909号3頁

■事　案■

Aは昭和28年12月15日に死亡し，妻Bが3分の1，長男C（昭和19年戦死）の子Y_1が6分の1，二男D（昭和21年死亡）の子EおよびXが各12分の1，三男Y_2ならびに四男Y_3が各6分の1の割合（当時の法定相続分）をもって，甲・乙・丙各不動産を相続した。翌年4月，Y_1は甲不動産について，Y_2は乙不動産について，Y_3は丙不動産について，それぞれ相続を原因として単独名義の所有権移転登記（本件各登記）を経由したが，いずれもXの同意を得ずに行われた。そこで，Xは，Yらに対し，共有持分権に基づいて上記各登記の抹消を求めた。これに対し，Yらは，Xの請求は相続回復請求であり，Xが本件各登記のされた事実を知った時から5年が経過したとして，884条に定める消滅時効を援用した。

1審（徳島地判昭44・1・30民集32巻9号1701頁参照）はXの請求を認容。2審（高松高判昭48・4・26前掲民集1715頁参照）は，共同相続人が遺産分割の前提として相続財産について他の共同相続人に対し共有関係の回復を求める請求は，相続回復請求権ではなく，通常の共有持分権に基づく妨害排除請求と解するのが相当であるとして，Yらの時効援用の主張を斥け，各不動産につきXの持分割合12分の1，Yらの各持分割合12分の11とする更正登記手続を求める限度で認容した。

これに対して，Yらが上告。

■争　点■

共同相続人間の相続争いに，884条が適用されるか。

■判　旨■

上告棄却。

「共同相続人のうちの1人又は数人が，相続財産のうち自己の本来の相続持分をこえる部分について，当該部分の表見相続人として当該部分の真正共同相続人の相続権を否定し，その部分もまた自己の相続持分であると主張してこれを占有管理し，真正共同相続人の相続権を侵害している場合につき，民法884条の規定の適用をとくに否定すべき理由はない」が，「共同相続人のうちの1人若しくは数人が，他に共同相続人がいること，ひいて相続財産のうちその1人若しくは数人の本来の持分をこえる部分が他の共同相続人の持分に属するものであることを知りながらその部分もまた自己の持分に属するものであると称し，又はその部分についてもその者に相続による持分があるものと信ぜられるべき合理的な事由（たとえば，戸籍上はその者が唯一の相続人であり，かつ，他人の戸籍に記載された共同相続人のいることが分明でないことなど）があるわけではないにもかかわらずその部分もまた自己の持分に属するものであると称し，これを占有管理している場合は，もともと相続回復請求制度の適用が予定されている場合にはあたらず，したがって，その1人又は数人は右のように相続権を侵害されている他の共同相続人からの侵害の排除の請求に対し相続回復請求権の時効を援用してこれを拒むことができるものではない」。

本件については，Yらは共同相続人Xがいることを知っており，合理的事由の存在についても何ら主張立証されていない。

■解　説■

1　884条が適用される典型例は，非相続人が相続人と称して相続財産を占有管理する場合に，真正相続人がこの表見相続人に対し相続財産の返還を求める場合であるが，一部共同相続人（表見共同相続人）が他の共同相続人（真正共同相続人）の相続権を否定して相続財産を占有管理する場合にも同条が適用されるかについては，争いがある。本判決は，適用肯定説にたちつつ，表見相続人の資格基準として「善意かつ合理的事由の存在」という新たな事由を採用したものである。

多数意見（法廷意見）は，肯定説の論拠として，沿革のほか，共同相続人の1人による侵害もその相続分を超える部分で非相続人による侵害と異ならず，法律関係の早期決着が求められることを挙げる。

2　本判決には，6名の裁判官による意見が付されている。この少数意見は，適用否定説の立場から，相続回復請求の制度は「相続人の地位の回復」を目的とするが，共同相続人間では相続人の地位の回復は問題とならず，また，884条を適用して早期決着を図ることは，他の共同相続人の犠牲において専横な共同相続人を保護する結果となり，公平円満な遺産分割という共同相続の理念に反すると主張する。多数意見は，「悪意または合理的事由の存在しない」表見相続人を一般の物権侵害者ないし不法行為者として相続回復請求制度の埒外にある者とすることによって消滅時効の援用資格を制限し，少数意見のいうような専横な共同相続人の保護という弊害を回避しようとしたものと理解することができる。

本判決以降，「善意かつ合理的事由の存在」の存否および主張立証責任が，判例上主に問題となる（関連判例①・②—Ⅲ-109事件参照）。

◆関連判例◆

①最判昭54・7・10民集33巻5号457頁
②最判平11・7・19民集53巻6号1138頁（Ⅲ-109事件）

●國學院大學　門広乃里子●

108 相続回復請求権の消滅時効(3)——消滅時効の援用権者

最高裁平成7年12月5日第三小法廷判決
（平成6年(オ)第440号土地所有権移転登記手続請求事件）
家月48巻7号52頁，判時1562号54頁

■事　案■

昭和26年，本件土地（相続財産）の所有者Aが死亡した。Aの相続人は子B・C（法定相続分各3分の1），および，孫＝代襲相続人X（原告・控訴人・被上告人）・D・E（法定相続分各9分の1）の合計5名であった。昭和32年，Bは，他の相続人らに無断で，本件土地について，相続を原因とするBの単独名義の所有権移転登記をした。昭和56年，BはY（被告・被控訴人・上告人）に本件土地を譲渡した。

その後，Xが，自らの相続分について，Yに対して，所有権移転登記を求めた。Yは，Xの相続回復請求権（884）の消滅時効を援用した。

1審（高松地観音寺支判平5・2・8金判993号14頁参照）は，Xの請求を棄却した。2審（高松高判平5・12・7前掲金判12頁参照）は，1審判決を取り消し，本件土地についてXの持分（9分の1）の移転登記手続を命じた。Yが上告した。

■争　点■

相続財産の特定承継人＝第三者は，相続回復請求権の消滅時効を援用することができるか。

■判　旨■

上告棄却。

「共同相続人のうちの1人であるBが，他に共同相続人がいること，ひいては相続財産のうちBの本来の持分を超える部分が他の共同相続人の持分に属するものであることを知りながら，又はその部分についてもBに相続による持分があるものと信ずべき合理的な事由がないにもかかわらず，その部分もまた自己の持分に属するものと称し，これを占有管理している場合は，もともと相続回復請求制度の適用が予定されている場合には当たらず，Bは，相続権を侵害されている他の共同相続人からの侵害の排除の請求に対し，民法884条の規定する相続回復請求権の消滅時効の援用を認められるべき者に当たらない（……〔関連判例〕参照）。そして，共同相続の場合において相続回復請求制度の問題として扱うかどうかを決する右のような悪意又は合理的事由の存否は，Bから相続財産を譲り受けた第三者がいるときであっても，Bについて判断すべきであるから，相続財産である不動産について単独相続の登記を経由したBが，Bの本来の相続持分を超える部分が他の共同相続人に属することを知っていたか，又は右部分を含めてBが単独相続をしたと信ずるにつき合理的な事由がないために，他の共同相続人に対して相続回復請求権の消滅時効を援用することができない場合には，Bから右不動産を譲り受けた第三者も右時効を援用することはできないというべきである。」

■解　説■

1　明治民法は，家督相続の相続回復請求権について定め（旧966），それを遺産相続に準用していた（旧993）。民法の起草者は，家督相続の相続回復請求権の消滅時効を定めた理由について，長期間経過後に本来の相続人（真正相続人）が相続権を回復できるとすると，当事者および第三者の権利義務関係に大混乱を来すので，その回避のためと説明した。

当時，当事者とは，（家督）相続権を侵害されている真正相続人と，相続権を有さないにもかかわらず（家督）相続人のように振る舞い相続財産を占有支配している表見相続人（僭称相続人）とを意味していた。

2　戦後の民法改正で，家督相続制度が廃止され，相続制度は，遺産相続（財産相続）に一本化された。しかし，相続回復請求権の規定は，家督相続の文言が削除されただけで，旧規定がほぼ踏襲された。また，共同相続が原則となり，相続回復請求の当事者が変容した。すなわち，かつてのような真正相続人と表見相続人の間の争いではなく，真正相続人と真正相続人の間の争いとなったのである。

3　本件でも，本件土地が，BからYに譲渡されずにBの登記名義のままであれば，ともに相続人であるXがBに対して移転登記手続を求めたはずである。このような相続人間に，そもそも相続回復請求の適用があるのかについて，学説は分かれていたが，本判決も引用する最大判昭53・12・20（関連判例─Ⅲ-107事件）が適用を肯定したことで，実務上は決着を見た。

4　本件のような相続財産の特定承継人＝第三者（Y）による消滅時効の援用について，本判決は，同人による援用を原則として肯定しつつ，同人は前主（B）の態様をいわば承継し，前主が判例の判断基準に照らして消滅時効の援用を認められないのであれば，特定承継人＝第三者による援用も認められないと解した。

本判決の解釈は，前主の態様を知らない・知り得ない特定承継人＝第三者の保護に欠ける事態を生じさせかねない。そこで，94条2項の類推適用や32条1項後段の類推適用によって，特定承継人＝第三者を保護しようとする学説が現われた。だが，それらの解釈論は未だ決着を見ていない。

◆関連判例◆

最大判昭53・12・20民集32巻9号1674頁（Ⅲ-107事件）

●立命館大学　本山　敦●

109 相続回復請求における「善意かつ合理的事由の存在」の判断基準時と証明責任

最高裁平成11年7月19日第一小法廷判決
（平成7年(オ)第2468号不当利得金請求事件）
民集53巻6号1138頁，判時1688号134頁

■事　案■

Aは昭和30年9月24日に死亡し，妻B，嫡出子CおよびD，ならびに非嫡出子X，Y_2，Y_3（この3名は母親を同じくする），EおよびFが相続人となった。Bは昭和47年に死亡し，養子Y_1がその相続人となった。A所有の甲土地はG市を施行者とする土地区画整理事業の対象地であったところ，G市は，昭和51年2月27日，土地区画整理登記令2条4号に基づき，Aの共同相続人に代わって職権で所有権保存登記（本件登記）をした。その際，Y_1（9分の3），Y_2（9分の1），Y_3（9分の1），C（9分の2）およびD（9分の2）を共有持分権者とし，X，E，Fを脱漏した。甲土地は，昭和51年10月27日付け換地処分により乙土地に換地された。その後，Cの持分については子Y_4が，Dの持分についてはY_5，Y_6（各9分の1）がそれぞれ相続し，登記を了した。Yらは，平成3年3月10日，乙土地を第三者に売却して登記を了し，代金約5000万円を登記簿上の持分割合に応じてYらのみで分配した。そこで，X，E，F（各持分27分の2）は，Yらに対し，不当利得の返還を求めた。これに対し，Yらは，Xらの相続回復請求権はAの死後20年の経過により時効消滅した（884）と主張した。

2審（大阪高判平7・7・27民集53巻6号1168頁参照）は，1審と同様援用が認められるために必要な（表見共同相続人の）「善意かつ合理的事由の存在」（関連判例①参照）の有無は相続権侵害行為時を基準として判断すべきであるとした上で，本件においては，本件登記時にYらに悪意ないし過失はなかったとして，消滅時効の援用を認め，Xらの控訴を棄却した。

Xが上告。

■争　点■

①「善意かつ合理的事由の存在」の有無の判断基準時はいつか。

②時効援用者において「善意かつ合理的事由の存在」の主張立証をしなければならないのか。それとも，請求権を行使する側で「悪意または合理的事由の不存在」を主張立証しなければならないのか。

■判　旨■

破棄差戻し。

(i)「真正共同相続人の相続権を侵害している共同相続人が他に共同相続人がいることを知っていたかどうか及び本来の持分を超える部分についてもその者に相続による持分があるものと信ぜられるべき合理的な事由があったかどうかは，当該相続権侵害の開始時点を基準として判断すべきである。」

(ii)「相続回復請求権の消滅時効を援用しようとする者は，真正共同相続人の相続権を侵害している共同相続人が，右の相続権侵害の開始時点において，他に共同相続人がいることを知らず，かつ，これを知らなかったことに合理的な事由があったこと（以下「善意かつ合理的事由の存在」という。）を主張立証しなければならないと解すべきである。なお，このことは，真正共同相続人の相続権を侵害している共同相続人において，相続権侵害の事実状態が現に存在することを知っていたかどうか，又はこれを知らなかったことに合理的な事由があったかどうかにかかわりないものというべきである。」

本件については，本件登記時が相続権侵害開始時であり，この時点におけるYらの前記「善意かつ合理的事由の存在」が正当に認定判断されていない。

■解　説■

1　昭和53年の最高裁大法廷判決（関連判例①—Ⅲ-107事件）によれば，相続権を侵害する者（表見相続人）が884条の定める5年または20年の時効を援用するためには，その者が非相続人か共同相続人かを問わず，「善意かつ合理的事由の存在」が必要となる。本判決は，この「善意かつ合理的事由の存在」の判断基準時および主張立証責任の所在を明確にした初めての最高裁判決である。

2　判断基準時に関して，時効の全期間を通じて悪意または過失があってはならないと解する学説があるが，本判決によれば，相続権侵害開始時に「善意かつ合理的事由」があれば，その後に悪意となっても，消滅時効の援用が認められる。相続権侵害開始時について，従来の裁判例は，戸籍上知れた共同相続人間の争いでは，一部共同相続人名義の相続登記がなされたことをもって相続（持分）権の侵害があったと判断する傾向にある。本判決もまた，本件登記時を相続権侵害開始時とする。

なお，判例は，20年を消滅時効と解するが，条文上起算点が相続開始時となっているため，相続が開始すれば相続権の侵害が発生する前にも時効は進行を始める。本件のように相続開始から20年経過後に本件登記がなされ，相続権の（客観的）侵害事実が生じた場合も同様である（関連判例②—Ⅲ-110事件参照）。

3「善意かつ合理的事由の存在」の主張立証責任の分配について，関連判例①は明確には論じていないが，「合理的な事由があることは，何ら主張立証がされていない」とし，また，その補足意見（藤崎萬里裁判官）は，援用者において自己が援用資格者であることを主張立証すべきであるとしていた。その一方で，請求権を行使する側に，表見相続人の「悪意または合理的事由の不存在」についての主張立証責任があるとの見解もみられ，本件の1，2審はこの見解に立っている。本判決は，この点を明確にし，消滅時効を援用しようとする者において「善意かつ合理的事由の存在」を主張立証しなければならない，と判示した。

本件事案は，市による誤った代位登記により相続権の客観的侵害が生じた点でいささか特殊であるが，本判決は，このような場合にも，表見共同相続人が相続権侵害開始時を基準として証明すべき事項とは，他に共同相続人がいることを知らず，かつ知らなかったことに合理的な事由があることであり，相続権の客観的侵害事実の認識可能性の有無は問わないとする。

◆関連判例◆

①最大判昭53・12・20民集32巻9号1674頁（Ⅲ-107事件）
②最判昭23・11・6民集2巻12号397頁（Ⅲ-110事件）

●國學院大學　門広乃里子●

110 相続回復請求権における20年の期間の意味

最高裁昭和23年11月6日第二小法廷判決
（昭和23年(オ)第1号家督相続回復請求事件）
民集2巻12号397頁

■事　案■

Yの先々代であり，堀井家の戸主であったA（堀井某）は，明治36年5月20日に死亡した。その後，Aの相続については33年間放置されていたが，昭和11年6月23日になって，親族会により，BがAの家督相続人に選定された。しかし，同人は不適格者とされ，その家督相続に基づくすべての戸籍の記載が抹消された。そこで，同年9月26日に，あらためて親族会によって，CがAの家督相続人に選定され，家督相続届出がされた。やがて，Cは昭和18年12月14日に死亡し，その養子であるYが昭和19年1月31日にCの家督相続届出をし，堀井家の戸主として戸籍に記載された。

ところが，CをAの家督相続人として選定した上記の親族会決議は，福島地若松支判昭21・12・13により無効とされ，同判決が確定した。そして，その後，昭和22年3月22日に開催された親族会において，XがAの家督相続人に選定された。

そこで，Xは，Yを被告として，家督相続回復の訴えを提起した。これに対し，Yは，家督相続回復請求権が時効により消滅しているとの抗弁を出した。1審（福島地裁若松支部判決年月日不明・民集2巻12号401頁参照）・2審（仙台高裁判決年月日不明・前掲民集403頁参照）ともXが敗訴したため，Xが上告した。

なお，本件は，戦前の民法旧966条が適用対象となる事例である。同条は，「家督相続回復の請求権は家督相続人又は其法定代理人が相続権侵害の事実を知りたる時より5年間之を行はざるときは時効に因りて消滅す相続開始の時より20年を経過したるとき亦同じ」という内容のものであった。

■争　点■

① （家督）相続回復請求権の20年の期間の法的性質は何か。

② （家督）相続回復請求権の20年の期間は，いつの時点から進行するか。

■判　旨■

上告棄却。

「〔民法旧966条〕後段の20年の時効も亦時効として一般時効に関する規定に従い中断せられることもあり又完成した時効の利益を抛棄することもできるのであるが唯この20年の時効の進行については一般の消滅時効と多少差異があるのである，一般の消滅時効は権利が発生してそれが行使できる時から進行するのである，これに反し前記法条によると相続開始の時をもって20年の時効の起算点としているのであるから相続開始後相続権の侵害せられるまでの期間は家督相続回復の請求権はまだ発生していないのであって従ってこれを行使することはできないに拘らずその消滅時効は相続開始の時から進行を始め右の期間は当然に時効期間に算入せられることになるのである，そしてこのことは相続権の侵害が相続開始後20年の期間内に行われた場合に限るべきではなく，相続権の侵害が20年の期間後に行われた場合も亦同様に解すべきである，蓋し法律が20年の長期時効を認めたのは家督相続に関する争は相続開始後20年以上の長年月を経た後は20年の時効で打切ることが家督相続の性質上からも又公益上からも必要であるという趣旨に出でたものであるから若しこれを相続権の侵害が20年以後行われた場合には長期時効の適用がないとするならば家督相続の争が20年以上の長年月に渉り行われる結果になり法律がこの時効を認めた趣旨に背馳することになる」。

■解　説■

1　884条によれば，相続回復請求権は，相続開始の時から20年を経過した時に消滅する。そして，20年の期間の始期は，相続権侵害の事実の有無にかかわらず，相続開始時である。このことは，民法旧966条においても同様であった。この20年の期間について，現在の学説の圧倒的多数は，これを除斥期間と解している。これに対して，判例は，20年の期間を消滅時効と解している。

本判決も，判例が消滅時効説をとっていることを示す例のひとつとされるものであり，最高裁として初めて，それまでの大審院先例（関連判例）の立場を踏襲することを明らかにしたものである。

2　なお，本判決は，一般論として，相続回復請求権の20年の期間は消滅時効としての性質をもつものゆえに，中断や時効完成後の放棄が可能であるとしているものの，本件については中断事由が認められないことから，家督相続回復請求権の20年の消滅時効は，相続開始の翌日である明治36年5月21日から起算して20年を経た大正12年5月20日に完成したとして，Yによる消滅時効の抗弁を容れた2審判決の判断を承認している。

◆関連判例◆

大判昭8・12・1民集12巻2790頁

●京都大学　潮見佳男●

111 相続回復請求権と取得時効

大審院昭和7年2月9日第五民事部判決
（昭和6年(オ)第2930号詐害行為取消並所有権取得登記抹消履行請求事件）
民集11巻192頁

■事 案■

本件不動産は，もともとAの所有であったところ，Aが死亡した明治37年7月31日に家督相続により子Bがその所有権を取得した旨の登記がされていた。また，Yは，Bの弟である。他方，Xは，Bに対して8765円余の債権を有していた。

Bは，昭和4年11月18日，本件不動産を3700円でYに売却し，Yへの所有権移転登記をした。Xは，この売買がXに対する詐害行為にあたるとして，本件不動産の売買契約の取消しとYへの所有権移転登記の抹消を求め，Yを被告として訴えを提起した。

ところで，Yは，Aが生前にYを家督相続人に選定していたゆえにBはAの僭称相続人であるとして，Bを相手どり，家督相続回復の訴えを提起しており，Y勝訴の判決が昭和5年3月22日に確定していた。

2審（広島控院判決年月日不明）は，無効の法律行為が詐害行為を構成しないことと，無権利者による不動産売買が無効であることを前提とした上で，本件では，家督相続回復の訴えにかかるY勝訴の判決の確定により，YがAの死亡した明治37年7月31日にさかのぼって本件不動産の所有権を相続により取得し，Bは本件不動産の所有権を取得することがなかったため，BY間での本件不動産の売買は無効であり，したがって詐害行為を構成しないとした。

また，Xは，Bが20年間所有の意思をもって平穏公然に本件不動産を占有したことにより，本件不動産の所有権はBに帰したのであるから，BY間の売買は有効であると主張したが，2審は，家督相続回復請求権については民法旧966条（現884条に対応）に特別時効が設けられているため，相続回復請求権者（Y）とその相手方である相続財産占有者（B）との間において162条の取得時効の適用はなく，Bが本件不動産の所有権を取得したということはできないとして，Xの主張を斥けた。そこで，Xが上告。

■争 点■

相続回復請求権がいまだ期間制限にかかっていない段階で，相続財産を構成する個別不動産を占有する表見相続人は，当該不動産につき，自己のもとで162条の要件を充たす取得時効が完成しているときに，その所有権を取得することができるか。

■判 旨■

上告棄却。

「家督相続人が家督相続の回復を為し得る間に於ては縦令僭称相続人に於て相続財産に属する不動産を占有することあるも時効に因りて所有権を取得することを得ざるものと解するを相当とす蓋家督相続回復請求権に付ては民法第966条に於て特種の時効期間を規定したればなり本件に於て原審の確定したる事実に依ればYは訴外Bに対し家督相続回復の訴を提起し勝訴の判決を受け該判決は昭和5年3月確定したるものなるを以て訴外Bは時効に因りて係争不動産の所有権を取得したることなかりしものと謂はざるべからず従てYはBより売買に因りて所有権を取得することなかりしものなれば家督相続の回復に因りて相続開始の時に遡りて所有権の取得を為し得べきこと当然なれば原審がYは相続に因りて係争不動産を取得したるものと判示したるは正当にして論旨は理由なきものとす」。

■解 説■

1 相続回復請求権がいまだ期間制限にかかっていない段階で，相続財産を構成する個別不動産を占有する表見相続人は，当該不動産につき，自己のもとで162条の要件を充たす取得時効が完成しているときに，その所有権を取得することができるか。この問題を扱った先例として消極の結論を出したものがあるところ（関連判例①），本判決はこれを踏襲したものである。これらの判決の背後にあるのは，相続回復請求権が民法旧966条（現884）の規定によって消滅していない状況下では，同条の規律目的を無にしない意味で，表見相続人による取得時効の援用は否定されるべきであるという考え方である。

2 もっとも，本判決の考え方が今日もなお維持できるかどうかについては，一考の余地がある。というのも，近時の判例法理（関連判例②―Ⅲ-107事件）に照らせば「悪意」または「合理的な事由」のない表見相続人には現884条の適用がないため，この者は，真正相続人からの物権的請求権の行使に対して，取得時効法の原則（162）どおりに取得時効の完成を主張して登記抹消・土地明渡し等を拒むことができる。これに対して，884条が適用される「善意かつ合理的な事由」のある表見相続人は，本判決の法理によれば，取得時効の完成を主張して登記抹消・土地明渡し等を拒むことができない。これでは，バランスを失しないか。

884条は相続回復請求にさらされる相手方（「善意かつ合理的な事由」のある表見相続人）の利益を保護するために期間制限を定めたものであると理解するときには，相手方保護の制度があるために，かえって相手方が主張できたはずの取得時効を援用することの障害になるという結果は認めるべきでない。それゆえ，884条の期間内でも，相続回復請求権の相手方は取得時効の効果を受けるものと解すべきである（ちなみに，相続回復請求が争点をなさなかったが，相続回復請求の問題となりえた事案を扱った関連判例③―Ⅰ-268事件は，時効取得を肯定している）。

◆関連判例◆

①大判明44・7・10民録17輯468頁
②最大判昭53・12・20民集32巻9号1674頁（Ⅲ-107事件）
③最判昭47・9・8民集26巻7号1348頁（Ⅰ-268事件）

●京都大学 潮見佳男●

112 相続欠格事由の該当性(1)
――遺言書の法形式を整える行為

最高裁昭和56年4月3日第二小法廷判決
（昭和55年(オ)第596号遺言無効確認請求事件）
民集35巻3号431頁，判時1006号46頁

■事　案■

被相続人Aは昭和48年5月に公正証書によって遺言を遺し，昭和49年4月22日に死亡した。Aが死亡した翌日に，先の公正証書遺言を訂正する自筆証書遺言が見つかったが，A名下の捺印，各訂正箇所の訂正印，1葉目と2葉目の間の契印がなかったため，Aの後妻であるXがAの印鑑を使用して，A名下に捺印をし，訂正印・契印を押した上で検認を申し立てた。鹿児島家裁は昭和49年6月3日に当該遺言書を検認し，Aの先妻の子であるYがこの検認に基づいて遺言の執行を求めた。その後，当該自筆証書遺言が自分にとって不利益であることを知ったXは一転して，Yに対して当該遺言の無効確認の訴えを提起した。1審（鹿児島地判昭54・2・6民集35巻3号437頁参照）が当該遺言を無効とするXの主張を認めたのに対して，Yは，891条5号によりXは相続欠格者となるから，遺言無効確認訴訟の原告適格がないと主張して控訴した。

2審（福岡高宮崎支判昭55・3・31前掲民集440頁参照）は，以下のように述べてYの控訴を棄却した。すなわち，891条5号に規定する「偽造」とは被相続人名義で相続人が遺言書を作成することをいい，「変造」とは被相続人が自己名義で作成した遺言書に相続人が加除訂正その他の変更を加えることで，有効に成立した遺言に対してなされたものであることが必要であるが，相続人Xは本件遺言書を偽造したものでないことは弁論の全趣旨から明らかであり，Xが本件遺言書を変造した点についても，Aの作成した本件遺言書は自筆証書による遺言の法定の要式に欠ける無効なものであるから，Xがこれに加除訂正その他の変更を加えたとしても891条5号所定の「変造」に該当せず，Xの当該行為によってXが相続欠格者になるとするYの主張は理由がない。これに対してYが上告した。

■争　点■

捺印・訂正印・契印を欠くため遺言書が無効である場合に，遺言者の意思を実現させる趣旨で押印し有効な遺言書としての外見を作出させる行為は，891条5号の相続欠格事由にあたるか。

■判　旨■

上告棄却。

「民法891条3号ないし5号の趣旨とするところは遺言に関し著しく不当な干渉行為をした相続人に対し相続人となる資格を失わせるという民事上の制裁を課そうとするにあることにかんがみると，相続に関する被相続人の遺言書がその方式を欠くために無効である場合又は有効な遺言書についてされている訂正がその方式を欠くために無効である場合に，相続人がその方式を具備させることにより有効な遺言書としての外形又は有効な訂正としての外形を作出する行為は，同条5号にいう遺言書の偽造又は変造にあたるけれども，相続人が遺言者たる被相続人の意思を実現させるためにその法形式を整える趣旨で右の行為をしたにすぎないときには，右相続人は同号所定の相続欠格者にはあたらないものと解するのが相当である。」（宮﨑梧一裁判官の反対意見がある。）

■解　説■

1　891条5号の偽造・変造が問題とされた先例は存在せず，遺言書の隠匿について争われた関連判例①があるのみであった。本判決は，方式不備のために無効である遺言書について，方式を具備して遺言者の意思を実現させる行為をした相続人は891条5号の相続欠格者にあたらないと判断した最高裁として初めての判決である。

2　方式不備のために遺言書または訂正が無効の場合，原判決がこれに変更を加えたとしても変造にはあたらないとしたのに対して，本件の多数意見は，偽造または変造にあたるとしつつも，XはAの意思を実現させるためにその法形式を整える趣旨で変造を加えたにすぎないとし，欠格事由にあたらないとした。一方，宮﨑梧一裁判官の反対意見は，遺言書が方式を欠くために無効である場合には，方式を具備させることにより有効な遺言書または訂正の外形を作出した相続人は，遺言者の意思を実現させようとしたか否かにかかわらず，891条5号の相続欠格者にあたるとする。

3　本件のように偽造・変造が争われる場合，偽造・変造の故意以外に，当該行為により不当な利益を得ようとする故意を相続欠格の要件とすべきか，すなわち「二重の故意」が必要か否かが問題となる。偽造・変造の故意以外に，自己の利益を図る意思の存在を要求する肯定説が多数説である。本判決は，遺言書の偽造・変造にあたる場合であっても，相続欠格とはならない場合があることを認めており，相続人となることができない範囲を限定的に解釈しているともいえるが，こうした理論構成に批判的な学説も少なくない。本判決を「二重の故意論」によって説明することも可能であるが，ⓐ「二重の故意論」によらなくとも同じ結論を導き出すことができる，ⓑ相続欠格の要件として「二重の故意」は必要ない等，「二重の故意論」に対して批判的な学説も多い。

◆関連判例◆

①東京高判昭45・3・17高民集23巻2号92頁
②最判平6・12・16判時1518号15頁（Ⅲ-113事件）
③最判平9・1・28民集51巻1号184頁（Ⅲ-114事件）

●駒澤大学　竹中智香●

113 相続欠格事由の該当性(2)
――公正証書遺言の不公表

最高裁平成6年12月16日第二小法廷判決
（平成4年(オ)第658号持分移転登記手続請求事件）
判時1518号15頁，判タ870号105頁

■事 案■

Aは，妻Bおよび二男Yと同居していたが，Bと相談の上，Bの実家の当主甲，A家の菩提寺の住職乙およびYとともに，公証人役場に赴き公正証書遺言の作成を依嘱した。公証人は，甲・乙を証人として，A所有の不動産のうち80坪を長女Cに遺し，残りの不動産すべてをYに遺贈する旨の公正証書遺言を作成した。また，甲を遺言執行者とし，Yが公正証書遺言の正本を保管することとなった。

昭和50年6月2日にAが死亡し，B，C，Y，二女X，五女Dの5名がAの法定相続人となった。Yは，X・DにもCと同程度の遺産を取得させたいと考え，D以外の相続人には公正証書遺言の存在・内容を言及しないまま，各相続人の意見の調整を行い，C・X・Dに各100坪の土地を，またC・Xに各1棟の建物を相続させ，残りの遺産全部をYに相続させる旨の遺産分割協議を成立させた。ところが，この遺産分割協議が成立してから10年余り後，XはYに対し，「保管を託されたYが公正証書遺言の存在と内容を秘匿したことは，相続欠格事由である遺言書の隠匿に当たる」と主張して，Yが相続した不動産について持分各4分の1の移転登記手続等を求めて提訴した。1審（横浜地川崎支判平2・11・16金判963号10頁参照）は，Yは相続欠格者にはならないとして，Xの請求を棄却した。

2審（東京高判平3・12・24前掲金判8頁参照）は，本件遺言書は公正証書遺言で，その原本は公証人役場に保管されており，証人となった甲・乙はその存在・内容を知っていたのであるから，YがXに対して告げない限り本件遺言書の存在・内容が明らかにならないという状況にはなかったこと，またYは本件遺言書の存在・内容を相続人Dには知らせていたことを考慮すると，Yが本件遺言書の存在をXに告げなかったことをもって，891条5号所定の遺言書の隠匿に該当する事実があったと認めることは困難であるとして，Xの控訴を棄却した。これに対してXが上告した。

■争 点■

公正証書遺言がなされた場合において，公正証書遺言の正本の保管者がこれを公表しなかった行為は，891条5号にいう遺言書の「隠匿」にあたるか。

■判 旨■

上告棄却。

「Yは，父であるAから遺言公正証書の正本の保管を託され，Aの法定相続人（Yのほか，Aの妻B，子C，X，D）の間で遺産分割協議が成立するまでXに対して遺言書の存在と内容を告げなかったが，Bは事前に相談を受けてAが公正証書によって遺言をしたことを知っており，Bの実家の当主である甲及びA家の菩提寺の住職である乙は証人として遺言書の作成に立ち会った上，甲は遺言執行者の指定を受け，また，Yは，遺産分割協議の成立前にDに対し，右遺言公正証書の正本を示してその存在と内容を告げたというのである。右事実関係の下において，Yの行為は遺言書の発見を妨げるものということができず，民法891条5号の遺言書の隠匿に当たらない」。

■解 説■

1　公正証書遺言は，公証人が証人2名の立会いのもとで作成し，その原本は公証人役場で保管されるため，自筆証書遺言に比べ，隠匿される可能性はきわめて低いとされる。下級審の審判にも，公正証書遺言であることを重視して，隠匿を否定したものがある（関連判例①）。もちろん，公正証書遺言においても隠匿が生じる余地はある。本件では被相続人から公正証書遺言の正本の保管を託され，その存在を知っていた法定相続人の1人が，公正証書遺言の存在を公表しないまま遺産分割協議を成立させたため，これが公正証書遺言の隠匿にあたるか否かが問題となった。

2　この点につき，本件1審は，YがXに公正証書遺言の存在を明らかにしなかった不作為は隠匿行為に該当するとしたが，Yは相続欠格者にはならないとした。一方，本件2審と最高裁は，遺言公正証書作成時の状況や，Yが遺言の存在と内容をDに知らせていたという事実関係を重視し，公正証書遺言の隠匿に該当する事実があったと認めることはできない旨の判示をした。本判決は，公正証書遺言の隠匿と相続欠格事由に関する初めての最高裁判決である。

3　ところで，隠匿が相続欠格事由といえるためには，遺言書隠匿の故意に加えて，その者が相続法上の利益を得るまたは不利益を忌避するという故意，すなわち「二重の故意」が必要であるとされている。先例（関連判例②）は，相続欠格事由に該当する遺言書の隠匿には「二重の故意」が要件になるとしたが，事案の処理としては，その存在を否定した。本件1審は「二重の故意」について検討しつつもその存在を否定し，本判決は「二重の故意」に言及していない。関連判例③（Ⅲ-114事件）は最高裁として初めて「二重の故意」の採用を明示したのであるが，破棄・隠匿が不当な利益を目的とするものではなかったときには相続欠格にあたらないと判示した。「二重の故意論」に関しては反対説も根強く，さらなる検討を要すると考えられる。

◆ 関連判例 ◆

①大津家審昭56・4・13家月34巻6号55頁
②大阪高判昭61・1・14判時1218号81頁
③最判平9・1・28民集51巻1号184頁（Ⅲ-114事件）

●駒澤大学　竹中智香●

114 自筆証書遺言の隠匿行為と相続欠格

最高裁平成9年1月28日第三小法廷判決
（平成6年(オ)第804号相続権不存在確認等，所有権移転登記抹消登記手続請求事件）
民集51巻1号184頁，判時1594号53頁

■事　案■

被相続人（遺言者）Aは，生前，長男であるY_1と同居していた。Y_1が代表取締役をしているB社は，多額の債務を負担していた。Aは，自己名義の5筆の土地をY_2社に賃貸していたが，それをY_2に売却し，その代金をBの債務の弁済にあてることにした（実際の交渉はY_1が行った）。売買契約が成立し，代金2億円も支払われたが，移転登記に至らないまま，Aは死亡した。

この間，Aは，万一にそなえ，遺言書を作成し，Y_1に預けた。当時，Bの経理担当者Cがその内容および自筆によるものであることを確認していた。遺言は，5筆の土地の売却の意思・目的を明らかにし，その代金をBに寄付すること，それを会社債務の弁済にあてることなどを内容とするものであった。

Aの死亡後，遺産分割協議が行われ，その結果，多数の遺産をY_1が取得することになった。上記の5筆の土地は，Y_1への相続登記を経て，Y_2への移転登記がなされた。遺産分割協議の際には，上記遺言書の存在および内容が問題になったが，Y_1のもとには見当たらず，Y_1は，これを示すことができなかった。

そこで，Aの二男X_1，同じく四男X_2が，Y_1は遺言書を破棄または隠匿したとして，Y_1を含む相続人およびY_2を相手として，Y_1の相続権不存在の確認を求め，上記遺産分割協議の無効の確認，および上記移転登記の抹消登記手続を求めたのが本件である。

1審（宇都宮地判平4・9・8民集51巻1号206頁参照）・2審（東京高判平5・12・21前掲民集243頁参照）とも，相続欠格には当たらないとして，Xらの敗訴。Xらが上告。

■争　点■

遺言書を預かった相続人が，遺言書を他の相続人らに提示することができないことは遺言書の破棄または隠匿行為として，相続欠格に該当するか。

■判　旨■

上告棄却。

「相続人が相続に関する被相続人の遺言書を破棄又は隠匿した場合において，相続人の右行為が相続に関して不当な利益を目的とするものでなかったときは，右相続人は，民法891条5号所定の相続欠格者には当たらないものと解するのが相当である。けだし，同条5号の趣旨は遺言に関し著しく不当な干渉行為をした相続人に対して相続人となる資格を失わせるという民事上の制裁を課そうとするところにあるが（〔関連判例〕……参照），遺言書の破棄又は隠匿行為が相続に関して不当な利益を目的とするものでなかったときは，これを遺言に関する著しく不当な干渉行為ということはできず，このような行為をした者に相続人となる資格を失わせるという厳しい制裁を課することは，同条5号の趣旨に沿わないからである。」

■解　説■

1　本判決の判旨は，本件の事実を前提として考えれば，本判決の結論を出す上で必要なものとは思われない。

2　学説においては，二重の故意が必要か否かという論争がある。必要説と不要説は，ほぼ拮抗している。隠匿の例で言えば，預かった遺言書を誤って紛失するのではなく，故意に隠すことが隠蔽であるというのが，第1の故意である。学説上，異論なく，この第1の故意は必要と解されている。次に，遺言書を隠匿することによって，相続に関して不当な利益を得ようとするものでなければならないというのが第2の故意である。本判決の判旨は，この第2の故意が必要であるという旨を述べている。学説の論争について，最高裁が第2の故意必要説を支持する旨を宣言したものである。

この第2の故意必要説によれば，隠匿の例でいえば，相続人は自己に不利な内容の遺言書を隠匿した場合でなければならないことになる。しかし，おそらく，自己に不利な遺言書を隠匿した者は，そのまま遺言書を隠匿し続けるか，破棄するであろう。結局，他の相続人が遺言書の存在を知るところとはならず，そうした隠匿事例が判例に登場することはない。判例に登場する事例は，自己に有利な内容の遺書について，当初，自己にとっては不利だと誤解し，隠匿していたが，その後，自己に有利だと思いなおして，隠匿していた遺言書を提示するというようなものである。当初の誤解していた時点ではともかく，遺言書を提示する時点では，自己に有利だと知って提示するのである。

3　本件において，Y_1が遺言書を提示できないことは隠匿であろうか。自己に有利な遺言書であることは当初から十分に認識していた。Y_1以外にも，Bの経理担当者Cが遺言の存在および内容を知っていたのである。本件で，Y_1が遺言書を隠匿しようとする第1の故意があったというのはあまりにも不自然であろう。本件では，Y_1には，遺言書を隠匿しようとする第1の故意がなかったというべきであろう。つまり，Y_1の過失により遺言書を紛失した事例と考えるべきであろう。本件では，判旨のように，第2の故意の必要性について述べる必要はまったくなかったのである。

◆関連判例◆

最判昭56・4・3民集35巻3号431頁（Ⅲ-112事件）

●元弁護士　大島俊之●

115 廃除原因としての「重大な侮辱」

東京高裁平成4年12月11日決定
(平成4年(ラ)第105号推定相続人廃除申立却下審判に対する抗告事件)
判時1448号130頁

■事　案■

本件は，裕福な夫婦であるX_1（Yの父）とX_2（Yの母）が，二女Yの廃除を申し立てた事件である。Yは，小学生のころから，虚言癖があり，盗み，家出などを繰り返すようになった。

Yは，昭和62年2月17日に，中等少年院を仮退院し，Xらのもとに帰ったものの約1週間後には，少年鑑別所で知り合った友人方に身を寄せた。Yは友人方で生活し，その夫の経営するスナックに勤めた。その後，友人宅を出て，暴力団員A，次いでタクシー運転手Bと同居を始めた。昭和63年6月ごろから，キャバレーに勤めるようになり，Cと顔見知りになった。Cは，暴力団の中堅幹部であり，前科があった。

Yは，平成元年初めごろから，Cと親密に交際するようになり，同年9月にはC方で同居を始め，同年12月22日に婚姻の届出をした。

両名は，平成2年11月ごろから，Cの郷里で生活し，その後Cがトラック運転手として働きはじめ，平成4年5月2日には結婚披露宴を行うに至った。そこで，Yは，Cとの結婚披露宴をするに当たっては，XらがC・Yの婚姻に反対であることを十分に知りながら，披露宴の招待状に招待者としてCの実父DとX_1の連名で，Xらの知人等にも送付した。

そこで，XらがYの廃除を求めたのが本件である。1審の東京家庭裁判所は，廃除の請求を棄却した。これに対し，Xらが抗告した。

■争　点■

学校時代から虞犯行為を繰り返し，少年院に送致され，その後，水商売をし，暴力団員らと交際し，さらには，別の暴力団員と婚姻し，披露宴に際して，父の名で，父母の知人らに招待状を発したという一連の行為は，相続人廃除の原因となるか。

■決定要旨■

1審取消し，Yを推定相続人から廃除（確定）。

「民法第892条にいう虐待又は重大な侮辱は，被相続人に対し精神的苦痛を与え又はその名誉を毀損する行為であって，それにより被相続人と当該相続人との家族的協同生活関係が破壊され，その修復を著しく困難ならしめるものをも含むものと解すべきである。」

「Yの小・中・高等学校在学中の一連の行動について，Xらは親として最善の努力をしたが，その効果はなく，結局，Yは，Xら家族と価値観を共有するに至らなかった点はさておいても，右家族に対する帰属感を持つどころか，反社会的集団への帰属感を強め，かかる集団である暴力団の一員であった者と婚姻するに至り，しかもそのことをXらの知人にも知れ渡るような方法で公表したものであって，Yのこれら一連の行為により，Xらが多大な精神的苦痛を受け，また，その名誉が毀損され，その結果XらとYとの家族的協同生活関係が全く破壊されるに至り，今後もその修復が著しく困難な状況となっているといえる。そして，Yに改心の意思が，Xらに宥恕の意思があることを推認させる事実関係もないから，Xらの本件廃除の申立は理由があるものというべきである。」

■解　説■

1　推定相続人の廃除は，相続欠格事由ほどではないが，被相続人との相続共同関係を破壊ないし破壊する可能性のある程度の事由があった場合に，家庭裁判所の判断（審判または調停）によって，相続権を喪失させる制度である。

2　廃除原因としての侮辱は，家族的共同生活の継続を不可能にする程度にまで，被相続人の名誉・自尊心を傷つけることである。刑法上の名誉毀損罪（刑230），侮辱罪（刑231）に当たる行為は，侮辱に当たる。その程度でなくても，被相続人にとって，家族的共同生活の継続が不可能と思われる行為であれば，廃除原因としての侮辱に当たる。

したがって，侮辱は，かなり主観的な要素を持つ概念である。廃除原因としての侮辱に当たるか否かを判断する一定の客観的基準を提示することは困難である。社会通念に照らして，推定相続人の行為が，被相続人との家族的共同生活の継続を困難にさせるものでなければならない。

3　本件とやや類似する事例としては，長女が少年院に収容されたことのある男性と婚姻しても，廃除原因には当たらないとしたものがある（関連判例）。娘の婚姻相手の過去の経歴が問題となっているという点で本件と似ている。

◆関連判例◆

福岡高宮崎支決昭40・6・4家月18巻1号67頁

●元弁護士　大島俊之●

116 相続財産の範囲(1)
――生命侵害による慰謝料請求権

大審院昭和2年5月30日第一民事部判決
(昭和元年(オ)第375号損害賠償及慰藉料請求事件)
新聞2702号5頁

■事　案■

Xの父AはY会社の被用者Bの過失によって負傷して病院に入院し，「残念々々」と叫びながら，その日のうちに死亡した。Xは，Aの遺産を相続したのであるから，慰謝料請求権も相続したとしてYに対して訴訟を提起した。1審の詳細は不明。2審は，この点に関する「当然相続説」に立つ従来の下級審裁判例（広島控判（刑事）明43・6・17新聞652号14頁など）を踏襲して，「慰謝料の債権も亦一般の金銭債権と毫も異なる所なきものと謂ふべく，従って……当然相続に因り之を承継し得るものと解するを相当とす」（東京高判大15・10・26新報98号21頁）と判示した。そのため，「残念々々」などの意思表示が慰謝料請求の意味か否かを分析する必要もなく，結論的にはそのような意味ではないと判断した。そこでYが，このような解釈は，慰謝料請求権を一身専属権と解してきた従来の大審院判例に反するとして，その破棄を求めて上告。

■争　点■

①被害者の死亡による慰謝料請求権は相続の対象になるか。
②慰謝料を請求するためには，被害者が死亡前にその請求の意思表示をなす必要があるか。

■判　旨■

破棄自判。
「按ずるに不法行為に因り身体を傷害せられ之が為めに苦痛を被りたる場合に於ける慰藉料請求権は被害者の死亡と共に消滅し相続人と雖之を承継し得ざるを原則とし唯被害者が加害者に対し慰藉料を請求するの意思を表示したるとき移転性を有するに至るものなること及右の意思表示は単に其の請求を為すの意思を表白すれば足り必ずしも加害者に到達するを要せざること当然の判例とするところ……，原審は前示の如く被害者Aは残念々々と叫びつつ死亡せる事実を認め而も之を以て慰藉料請求の意思表示をしたるものに非ずと判断したるが如しと雖右の言語は自己の過失に出でたるを悔みたるが如き特別の事情なき限り加害者に対して慰藉料を請求する意思を表示したるものにあらず」。

■解　説■

1　本判決は，先例である身体傷害の訴訟で勝訴判決を受けたがその確定前に原告が死亡し，訴訟承継が生じた事例で，慰謝料請求権は帰属上の一身専属権であって行使上のそれではないので相続されると解した初の大審院判例（関連判例①）を踏襲した上で，さらに適用範囲を拡大し，上記のような訴訟継続中の事例でなくても（ドイツ法は慰謝料請求権の相続性を原則否定，本人の訴訟継続が生じていた場合だけ相続肯定）その論理を一般化して適用できると考え，その相続には被害者が加害者に対して（意思表示の到達までは要しない），本件のように「残念々々」と叫ぶなどの「慰謝料請求の意思表示」が必要であるとした最初の大審院判決であり，昭和42年の大法廷判決（関連判例②―Ⅱ-344事件）によって変更されるまで約40年間判例理論を支配し続けた重要なものである。

本判決以降，下級審を含めて意思表示必要説が支配的になり，「向ふが悪い，向ふが悪い，止める余裕があったのに止めなかったのだ」（関連判例③）と，「口惜しい」（関連判例④）では慰謝料請求の意思表示であると認められたが，「助けて呉れ」（関連判例⑤）では否定された。そこで学説からは，これでは死者の言語表現の巧劣等によって混乱すること，言語を話せず意思表示ができない幼児や身体障害者，即死や人事不省の重傷の場合には判断基準にならないこと，710条で財産損害と精神損害は別異に扱われていないので権利不行使の意思表示がない限り当然相続を原則とすべきではないか等，多くの批判がなされていた。

2　このような状況下で，ほどなく「第2残念事件」と呼ばれる事件が登場した（関連判例⑥）。この第2事件判決も慰謝料請求権の一身専属性を認めた上で，意思表示をした場合には金銭債権に転化して相続され，行使上の一身専属権でなくなるとの論理構成をとった。しかし，ここでも，第1事件と同様に，①「残念々々」という意思表示があれば，なぜ一身専属性が解除されて金銭債権に転化するのかという疑問に正面から答えていない。そのため，896条ただし書にいう一身専属性の解除には何らかの行動や装置が必要になり，それを慰謝料請求の意思があると一応推測できそうな言葉に求めたにすぎないと捉えることができよう。この第2残念事件判決も含めて，一身専属性を回避するための便宜的すぎる論理，事案の相異による不公平な結論等がその後の学説の強い批判を浴び続けたのも必然であった。

◆関連判例◆

①大判明43・10・3民録16輯621頁
②最大判昭42・11・1民集21巻9号2249頁（Ⅱ-344事件）
③大判昭12・8・6判決全集4輯15号10頁
④大阪地判昭9・6・18新聞3717号5頁
⑤東京控判昭8・5・26新聞3568号5頁
⑥大判昭8・5・17新聞3561号13頁
⑦大判大8・6・5民録25輯962頁

●同志社大学名誉教授　田井義信●

117 相続財産の範囲(2)
——身元保証債務

大審院昭和18年9月10日第二民事部判決
（昭和18年(オ)第463号損害賠償請求事件）
民集22巻948頁

■事　案■

無尽業を営む株式会社Xは，昭和15年3月18日，訴外Aを雇うにあたりYの先代Bとの間で，5年の保証期間中に，Aの行為によりXに損害を生じさせたときは，Bがその損害を賠償すべき旨の身元保証契約を締結した。その後，Bは昭和15年5月20日に死亡し，Yがその家督を相続した。Xに勤務していたAは，昭和16年1月ごろより同年10月3日の間に加入者より集金した無尽掛金等5325円70銭を費消し，Xに損害を被らせた。

そこで，Xは，Yに対し，身元保証契約上の義務は身元保証人の相続人に移転すべきものであると主張し，本件身元保証契約に基づき前記金額に相当する損害賠償を請求した。これに対してYは，身元保証契約上の義務は相続人に移転すべきものではないと主張した。

1審（奈良地裁判決年月日不明・民集22巻955頁参照）はXの請求を棄却。2審（大阪控院判決年月日不明・前掲民集957頁参照）も1審と同一の趣旨により，身元保証契約における保証人の義務は，身元保証人と被用者間の対人的信頼関係を基礎とするものであって，民法上の保証と異なるので，特別の事情のない限り保証人の死亡により消滅し，相続人に移転しないものと解すべきであり，身元保証法がこの点に関し明文を設けないことはその解釈を妨げるものではない，としてXの請求を棄却。Xが上告。

■争　点■

身元保証人の死亡後に生じた身元保証債務は相続されるか。

■判　旨■

上告棄却。

「身元保証契約は保証人と身元本人との相互の信用を基礎として成立し存続すべきものなれば特別の事情なき限り該契約は当事者其人と終始すべき専属的性質を有するものと云ふべく従て保証人の死亡に因り相続開始するもその相続人に於て契約上の義務を承継し相続開始後に生じたる保証契約上の事故に付その責に任ずることなきものとす（〔関連判例②〕……参照）而して身元保証に関する法律に於ては右に反する趣旨の特別なる規定存せざるのみならず如上の帰結は身元保証契約の性質上自ら首肯せらるべくこの事は又既に判例の示すところなれば敢て明文を要せずとなしたるの法意を推知するに足り従て右法律施行の前後により其の解釈を異にすべきものにあらず然れば右と同趣旨に出でたる原判決は正当」である。

■解　説■

1　身元保証は，被用者に帰責事由があろうとなかろうと，被用者の行為により使用者が受けた損害を賠償することを約束する（身元保証1）ものであり，被用者に損害賠償義務がない場合（すなわち主たる債務が存在しない場合）の身元保証は，一種の損害担保契約であると解されている。

本件で争点とされた身元保証債務の相続性とは，基本的身元保証債務の相続性のことである。すなわち，保証期間中に身元保証人が死亡し，その後，身元本人である被用者の使い込みにより使用者が被った損害を相続人が保証しなければならないか否かということである。これに対して，具体的身元保証債務，すなわち，相続開始時にすでに使用者に損害が発生し，身元保証人が賠償義務を負っていた債務については，債務の範囲が特定されていることから相続されるとするのが判例（関連判例①）・通説である。

2　この問題について，大判昭2・7・4（関連判例②）ではすでに，(1)保証責任の範囲の広汎性と(2)身元保証契約の専属的性質を理由として，その相続性を否定していた。ところが，昭和8年に身元保証法が制定された結果，前記昭和2年判例が示した(1)の理由づけの根拠が失われたこと，さらに，同法が保証債務の相続性の可否についてなんら触れてなかったことから，これまでの判例の立場が維持されないのではないかが本件で問題となった。

本判決は，従来の判例と同様に相続性を否定したが，理由づけとして，保証責任の範囲の広汎性には言及せずに，身元保証契約は，保証人と身元本人との相互の信用を基礎として成立し存続すべきものであるから，特別の事情のない限り契約は当事者その人と終始すべき専属的性質を有するものであることを挙げた。相続性が肯定される特別の事情とは，判例（関連判例③）によれば，身元本人の兄が雇入れを懇請し，父が身元保証人となって，その後兄が相続したような限定された場合をいう。

さらに，本判決は，身元保証法には，非相続性に反する趣旨の特別の規定が置かれていないだけでなく，非相続性はこれまでの判例の示すところでもあるから，あえて明文を置く必要はないとの法意も推知できるとして，身元保証法制定後も判例の立場に変わりがないことを明らかにした。

学説の多数も，身元保証債務の一身専属性（896），身元保証人と身元本人との緊密な信頼関係および保証責任の範囲の広汎性を理由に身元保証人たる地位の相続性を否定する。

3　身元保証と類似する包括根保証についても，関連判例④は，その保証責任の範囲が広汎であり，契約締結当事者間（債権者と保証人）の人的信用関係を基礎とするものであるから，保証人たる地位は，特段の事由のないかぎり，当事者その人と終始するものであるとして，保証人死亡後に生じた保証債務は相続されないとした。

もっとも，改正により個人包括根保証は無効とされ（465の2Ⅱ），保証人の死亡による元本確定事由が定められた（465の4Ⅰ③）ことから，包括根保証の相続性否定は当然のこととなった。したがって，保証責任の範囲の広汎性に求めた相続性否定の理由づけは説得力を失い，保証人たる地位の一身専属性と人的信頼関係の不存在が理由づけとなろう。そうすると個人限定根保証についてもこの2つの理由づけが認められることに変わりはないから，相続性を否定すべきであると考える。

◆関連判例◆

①大判昭10・11・29民集14巻1934頁
②大判昭2・7・4民集6巻436頁
③大判昭12・12・20民集16巻2019頁
④最判昭37・11・9民集16巻11号2270頁

●明治大学名誉教授　椿　久美子●

118 相続財産の範囲(3)
――養老保険契約に基づく死亡保険金請求権

最高裁昭和40年2月2日第三小法廷判決
（昭和36年(オ)第1028号保険金請求事件）
民集19巻1号1頁，判時404号52頁

■事　案■

Aは昭和30年12月26日，Y生命保険会社との間に，自らを被保険者とし，満期保険金または死亡保険金として21万円余を支払う養老保険契約を締結した。この契約における保険金受取人は，保険期間満了の場合は被保険者，被保険者死亡の場合は相続人と指定されていた。

Aは配偶者，直系卑属，直系尊属のいずれもなく，姉，弟の2名があるだけであったが，昭和35年2月17日，公正証書により自己の所有財産の全部をXに包括遺贈する旨を遺言し，同年5月20日に死亡した。

Xは，Aの遺言により包括受遺者として相続人と同一の権利義務を有することになり，Aの死亡により遺言相続人としてYに対する保険金請求権を取得したと主張し，Yに対して保険金の支払を求めて本訴を提起した。

1審（東京地判昭36・1・31民集19巻1号6頁参照）は，包括受遺者は相続人となるのではなく，相続人を受取人に指定した場合には，指定文言の客観的意味から見て，相続人個人を保険金受取人と指定したものと解釈する方が自然であり，保険金請求権は相続人の固有財産に属する，などと述べて請求を棄却した。

Xが控訴したが，2審（東京高判昭36・6・28下民集12巻6号1454頁）でも棄却され，Xが上告した。

■争　点■

生命保険契約において死亡保険金受取人を相続人と指定したときは，死亡保険金は相続財産に含まれるか。

■判　旨■

上告棄却。

「本件養老保険契約において保険金受取人を単に『被保険者またはその死亡の場合はその相続人』と約定し，被保険者死亡の場合の受取人を特定人の氏名を挙げることなく抽象的に指定している場合でも，保険契約者の意思を合理的に推測して，保険事故発生の時において被指定者を特定し得る以上，右の如き指定も有効であり，特段の事情のないかぎり，右指定は，被保険者死亡の時における，すなわち保険金請求権発生当時の相続人たるべき者個人を受取人として特に指定したいわゆる他人のための保険契約と解するのが相当であって，前記大審院判例〔関連判例②〕の見解は，いまなお，改める要を見ない。そして右の如く保険金受取人としてその請求権発生当時の相続人たるべき個人を特に指定した場合には，右請求権は，保険契約の効力発生と同時に右相続人の固有財産となり，被保険者（兼保険契約者）の遺産より離脱しているものといわねばならない。」

■解　説■

1　被相続人が保険契約者兼被保険者となり，保険会社との間で生命保険契約を締結している場合に，被保険者の死亡により，保険契約上の死亡保険金受取人に対して支払われる死亡保険金は，保険契約の効力として当然に受取人の固有財産に属するのであって，被保険者の相続財産には含まれない（関連判例①）。これは保険金請求権の固有権性といい，大審院時代より関連判例①②等により確立された判例法理である。

本判決は，最高裁として，この判例法理を確認した点に第1の意義がある。

2　関連判例①は，死亡保険金受取人を被保険者の長男とし，氏名によりこれを表示していたところ，指定された受取人が限定承認をした事案において，相続債権者による保険金請求権の差押えを否定したものであった。この時点では，被保険者の相続人を受取人と漫然と定めた場合に保険金請求権が相続財産に属するか否かは解釈上疑義がないとは言えない，と傍論で述べられていた。

関連判例②では，終身保険契約において保険金受取人を単に家督相続人とのみ定め，氏名を表示していなかった事案において，契約当事者の意思につき別異の解釈を採るべき資料がない限り，家督相続人となる者が保険金受取人となり，死亡保険金請求権はその者の固有財産になるとされた。

本件では，被保険者が満期まで生存すれば保険金を被保険者自らが取得する養老保険契約において，死亡保険金受取人が氏名により特定されず，被保険者の相続人とのみ表示された場合には，被保険者自身が保険金を受け取る余地のない終身保険契約に関する関連判例②とは事案が異なる旨の主張がなされたが，2審は，本件保険金請求権を自己の相続財産に帰属させる趣旨の意思表示をしたとは認められないとして，この主張を斥けている。

3　以上とは異なり，保険契約者兼被保険者が死亡保険金受取人を指定しないときは，自己のためにする保険契約と解される結果，死亡保険金請求権は被保険者の相続財産に帰属する（保険法43条・72条は，保険金受取人は契約により定まるという理解をして，受取人の「指定」概念を放棄した）。保険契約者が死亡保険金受取人を指定したと評価し，保険金請求権を受取人の固有財産とすることが認められるか否かは，意思表示解釈の問題であるが，判例は，保険契約者の合理的意思を尊重して保険金請求権の固有権性を広く認めてきた。（関連判例③は，法定相続人の1人である死亡保険金受取人が相続を放棄しても，受取人による保険金請求権の得喪には影響しない旨を判示した。）

死亡保険金受取人とされた法定相続人と遺贈をめぐる利害調整に関しては，このほかに，特定の相続人を死亡保険金受取人に指定した以上，被相続人が受取人として指定した相続人以外の第三者に保険金請求権を遺贈する旨の遺言をしても，受取人の変更としての効力を生じるものではなく，遺贈は無効とした下級審裁判例（関連判例④）がある。

◆関連判例◆

①大判昭11・5・13民集15巻877頁
②大判昭13・12・14民集17巻2396頁
③大阪高判平27・4・23LEX/DB25541240
④東京高判昭60・9・26金法1138号37頁
⑤最判昭48・6・29民集27巻6号737頁（Ⅲ-120事件）

●同志社大学　木下孝治●

119 相続財産の範囲(4)
——被相続人の占有

最高裁昭和44年10月30日第一小法廷判決
（昭和44年(オ)第265号田地所有権確認等請求事件）
民集23巻10号1881頁，判時576号52頁

■事　案■

X（原告・被控訴人・被上告人）は，Aから本件土地を買い受け，移転登記を行った。しかし，Aの父親であるY_1は，この土地は自分の所有であると主張し，Xの所有権を争い，Y_1の妻Y_2に当該土地を耕作させて占有していた。XはY_1に対して，この土地の所有権確認と土地の引渡しを求めた。本件土地は，旧自作農創設特別措置法16条の規定により，昭和23年7月2日にAが国より売渡しを受け，農地法3条の規定により県知事の許可を得て，昭和41年4月5日にXに譲渡された。

当時，Y_1は，Y_1と同居していた長男であるAと相談し，Y_1がY_2と農業を続けるという合意のもとでA名義で売渡しを受けたが，Y_1が大正11年以来小作しており，本来ならばY_1が売渡しを受ける者であったと，Y_1は主張した。Y_1は，実質上，耕作しており，Aの所有は名義上にすぎず，実質上はY_1のものだとして，Xの所有権を争った。

1審（青森地鰺ケ沢支判昭42・2・27民集23巻10号1886頁参照）では，Xが勝訴した。Y_1（被告・控訴人）は控訴したが，係属中に死亡し，Y_2ら（控訴人・上告人）相続人が控訴人として被告の地位を承継した。なお，子であるAは相続を放棄した。Y_2らは，農地法3条の県知事の許可について，Y_1の使用貸借を無視したり，Aの自作地であるとして虚偽の事実の申立てがなされたりしており，無効であると主張した。しかし，2審（仙台高秋田支判昭43・11・27前掲民集1889頁参照）は実質上Aの自作地であると判断し，いずれの主張も認めず，本件土地の所有権確認および土地の引渡しを求める請求は正当と認容すべきであり，1審判決は相当であるとし，控訴を棄却した。

控訴人ら8名のうち6名が上告した。上告理由の第2点が判示事項に関係している。その要旨は以下のとおりである。Y_2はY_1とAとの合意に基づき占有し耕作しており，Y_1は間接占有者，Y_2は直接占有者である。当該土地の占有権はY_1の死亡により，すべてY_2に帰しており，Y_2以外の上告人は占有をしていない。このような者に対して本件土地の引渡しを求めるXの主張は失当であり，2審判決は違法であるというのがその内容であった。

■争　点■

①事実的支配を行っていない相続人も，被相続人の占有を相続するか。
②これらの者も含めて物権的請求権の被告となるのか。

■判　旨■

上告棄却。

「被相続人の事実的支配の中にあった物は，原則として，当然に，相続人の支配の中に承継されるとみるべきであるから，その結果として，占有権も継承され，被相続人が死亡して相続が開始するときは，特別の事情のないかぎり，従前その占有に属したものは，当然相続人の占有に移ると解すべきである。それ故，本件においては，Y_1の死亡により相続が開始したときは，特別の事情のないかぎり，従前その占有に属したものは当然その相続人の占有に移るものというべく，特別の事情の認められない本件においては，本件土地に対するY_1の占有は，その相続人であるY_2らの占有に移ったものといわなければならない。」

■解　説■

1　事実的な状態を保護するのが本来，占有であるが，相続に際していわゆる所持のような事実的支配を伴わないで占有が包括承継しうるのかどうかが問題になる。理論では限界があるので，立法で占有の相続を認めている国も多い中，わが国はこのような規定を有していない。占有が相続するかどうかは，占有訴権と時効に関して問題になる。占有の相続が認められないと，占有訴権の行使ができず，また取得時効も問題とならなくなってしまうおそれがある。また，占有の承継の問題は，とりわけ時効で解釈上の重要な問題と関連している。つまり，187条1項が規定する占有者の承継人として包括承継した相続人も含まれるのかどうか，つまり固有の権利として相続人が自己の占有のみを主張することができるのかどうかという問題と，185条にいう，相続が時効に関して，新権原にあたるのかどうかという問題になって具体化されている。特に187条1項の問題は，占有が相続することを前提としている。

2　本件では，物権的請求権の被告として，事実上の支配をしていない相続人も含めて全員を被告にしていたが，現に占有している相続人のみを被告にすべきであるとの主張がなされて上告されている。占有の相続を認めれば，現に占有している相続人のみを被告にすべきであるという主張は認められなくなる。最高裁は，占有の相続を認め，事実上支配をする者のみを被告にすべきであるとしてした上告を棄却した。

わが国では，占有の承継は古くから判例で認められていた（例えば，関連判例①）。また学説も占有（権）の相続を認めている。

3　本判決の判示内容の特徴は以下の点にある。

被相続人の事実上の支配にあった物は当然に相続人の支配の中に承継され，その結果，占有権も承継されると解する点に特徴がある。

占有は事実的な支配を理論的な基礎としているが，判例によれば，占有は観念的に相続人に承継されることになる。この結果，時効に関しては，事実上の支配が伴っていなくても占有の継続が途切れないことになり，また，事実上支配している場合としていない場合とのアンバランスが生じないことになる。

◆関連判例◆

①大判明39・4・16刑録12輯472頁
②最判昭37・5・18民集16巻5号1073頁（Ⅰ-274事件）
③最判昭46・11・30民集25巻8号1437頁（Ⅰ-267事件）

●大阪学院大学　松川正毅●

120 相続財産の範囲(5)
——傷害保険契約に基づく死亡保険金請求権

最高裁昭和48年6月29日第二小法廷判決
（昭和47年(オ)第1052号売掛代金請求事件）
民集27巻6号737頁，判時708号85頁

■事　案■

Xは，昭和43年11月22日，Aに対し，乗用自動車1台を代金68万余円で売り渡し，これを月賦で支払を受ける約束であったところ，昭和44年4月分以降の残代金42万余円の支払を受けていない。

Aは，昭和44年1月16日交通事故で即日死亡し，単独相続人である同人の父Bは相続の限定承認をした。Xは，Bに対し，前記自動車の残代金等の支払を請求した。Bは，Aの相続財産の清算手続をなし，昭和44年12月8日その配当による弁済として3万余円をXに交付した。

Aが生前勤務していたC社は，D保険会社との間に，その従業員または家族を被保険者とする団体傷害保険契約を締結しており，AはCの従業員として，自己を被保険者としてこれに加入していた（以下，「本件契約」という）。本件契約に基づき，Aの死亡により相続人Bが保険金487万余円を受け取ることになったが，Bも昭和45年1月25日に死亡した。Yら5名がBの共同相続人として債権債務を共同相続し，同年5月1日前記保険金を受領した。

CとDの間で締結されていた傷害保険契約では，被保険者であるAが死亡した場合の保険金受取人の指定をしていなかった。前記保険契約の内容をなす交通事故傷害保険普通保険約款4条には「当会社は，被保険者が第1条の傷害を被り，その直接の結果として，被害の日から180日以内に死亡したときは，保険金額の全額を保険金受取人，もしくは保険金受取人の指定のないときは被保険者の相続人に支払います」と規定されている（以下，「本件条項」という）。

Xは，Aが保険金受取人を指定していなかったので，本件契約は自己のためにする保険契約であり，死亡保険金請求権はAに帰属し，Bに相続され，さらにYらに相続されたと主張して本件訴訟を提起した。

1審（横浜地川崎支判昭46・5・25民集27巻6号744頁参照）はXの請求を棄却し，2審（東京高判昭47・7・25前掲民集747頁参照）もまた，被保険者死亡の時における相続人たるべき者を受取人として指定した他人のための契約と解し，この場合保険金請求権は，保険契約の効力発生と同時に相続人の固有財産となるなどと述べて，Xの控訴を棄却した。Xが上告。

■争　点■

傷害保険契約において，保険金受取人の指定のないときは，保険金を被保険者の相続人に支払う旨の条項がある場合，死亡保険金受取人を指定していたと認められるか。

■判　旨■

上告棄却。

「『保険金受取人の指定のないときは，保険金を被保険者の相続人に支払う。』旨の条項は，被保険者が死亡した場合において，保険金請求権の帰属を明確にするため，被保険者の相続人に保険金を取得させることを定めたものと解するのが相当であり，保険金受取人を相続人と指定したのとなんら異なるところがないというべきである。

そして，保険金受取人を相続人と指定した保険契約は，特段の事情のないかぎり，被保険者死亡の時におけるその相続人たるべき者のための契約であり，その保険金請求権は，保険契約の効力発生と同時に相続人たるべき者の固有財産となり，被保険者の遺産から離脱したものと解すべきであることは，当裁判所の判例〔関連判例①〕……とするところであるから，本件保険契約についても，保険金請求権は，被保険者の相続人であるYらの固有財産に属するものといわなければならない。なお，本件保険契約が，団体保険として締結されたものであっても，その法理に変りはない。」

■解　説■

1　本判決は，関連判例①（Ⅲ-118事件）に続いて，傷害保険契約においても，最高裁判所として，死亡保険金請求権の固有権性を承認した点に第1の意義がある。

2　関連判例①と本判決との第1の相違点は，死亡保険金受取人の指定方法である。関連判例①では契約者自身の意思表示により「相続人」と指定したのに対して，本件における受取人指定は本件条項によりなされており，AまたはCは積極的に受取人指定の意思を表明していない。

損害保険会社が販売する傷害保険契約においては，保険契約者以外の家族などを併せて被保険者とする契約が広く普及しており，また，本件のように，企業が保険契約者となり従業員を被保険者とする団体傷害保険も普及している。そのため，被保険者と保険金受取人を別人と定めると被保険者の同意が必要になる（生命保険に関する商法旧674条1項の類推適用）と解釈される危険性を回避する目的もあり，契約により被保険者を保険金受取人とし，死亡保険金受取人を被保険者の法定相続人に固定する約款規定が広く用いられていた（この問題に関する不明確さは，保険法67条1項により解決された）。

保険契約者が，このような約款規定を認識した上で保険契約を締結している以上，保険契約者と被保険者が同一人物である通常の契約であれ，団体保険契約であれ，契約上の死亡保険金受取人は被保険者の法定相続人となるから，死亡保険金受取人の指定がないとは言えない。

3　関連判例①と本判決の第2の相違点は，関連判例①が保険金受取人たる相続人と包括受遺者の間の利害調整の問題であったのに対して，本判決では，受取人たる相続人と相続債権者の間の利害調整が問題となっていることである。

学説上は，死亡保険金は保険契約者（兼被保険者）が生前に支払っていた保険料が実質的な原資であることに着目して，相続債権者が保険契約を解約していたならば得られたであろう解約返戻金の額は相続財産に帰属すると解して，利害調整を図ろうとするものもある（本件の事案は団体保険であるから，被保険者Aが実質的に保険料を負担していなければ，このような解決の余地はない）。この点につき，保険法89条は，傷害保険契約を第三者が解約して解約返戻金から債権を回収しようとする場合について，保険金受取人の介入権を法定するなど，相続債権者との関係で，受取人の保護を明確化した。

判例の立場によれば，相続債権者の利益は，保険契約者が相続債権者を害する意図をもって保険契約を利用した場合に，詐害行為取消権，破産法上の否認権等によって保護されるにすぎない。もっとも，死亡保険金受取人の変更につき，死亡保険金受取人の地位は被保険者の死亡時に初めて生じるなどと述べ，破産法上の否認権行使を否定した下級審裁判例もある（関連判例②）。

◆ 関連判例 ◆

①最判昭40・2・2民集19巻1号1頁（Ⅲ-118事件）
②東京高判平17・5・25金法1803号90頁

●同志社大学　木下孝治●

121 相続財産の範囲(6)
——支給規程がある場合の死亡退職金

最高裁昭和55年11月27日第一小法廷判決
(昭和54年(オ)第1298号退職金請求事件)
民集34巻6号815頁，判時991号69頁

■事　案■

Aは昭和50年2月に死亡したが，相続人が存在するか否か不明であったため，Aの遺産は相続財産法人Xとなった。Aは生前，Y（日本貿易振興会法に基づいて設立された特殊法人）に勤務しており，Yの「職員の退職手当に関する規程」（以下，「本件規程」という）では，死亡退職の場合，一定の範囲の遺族に退職手当が支給されるものとされ，それは民法の規定する相続人の順位決定の原則とは異なる定めがされていた。Aの死亡退職により，XはYに対して，本件規程に基づき，死亡退職金は相続財産に含まれるとして，Yにその支払を請求した。これに対してYは，死亡退職金は相続財産には属さず，本件規程に定められた遺族の固有の財産であると主張して争った。

1審（大阪地判昭53・6・30民集34巻6号822頁参照）は，死亡退職金は，本来的には相続財産を構成すべきものとして，Xの請求を認めた。これに対して，2審（大阪高判昭54・9・28労民集30巻5号933頁）では，死亡退職金が相続財産に属するか，それとも受給者固有の権利かは一律に決することはできず，本件規程の中心的機能は遺族自体の扶養にあって，遺族が本件規程に基づき直接死亡退職金を受給できるとみられるので，本件規程による死亡退職金は相続財産に属さず，受給者である遺族の固有の権利と解するのが相当であるとした。そこでXは，退職金は賃金の後払的性質を有するものであるなどの理由を挙げ，相続財産に属するものと主張して上告した。

■争　点■

特殊法人が定めた退職金規程により支給される死亡退職金は，相続財産に属するものか，それとも規程で定められた受給者である遺族の固有の権利とされるものか。

■判　旨■

上告棄却。

「原審の適法に確定したところによれば，Yの『職員の退職手当に関する規程』2条・8条はYの職員に関する死亡退職金の支給，受給権者の範囲及び順位を定めているのであるが，右規程によると，死亡退職金の支給を受ける者の第1順位は内縁の配偶者を含む配偶者であって，配偶者があるときは子は全く支給を受けないこと，直系血族間でも親等の近い父母が孫より先順位となり，嫡出子と非嫡出子が平等に扱われ，父母や養父母については養方が実方に優先すること，死亡した者の収入によって生計を維持していたか否かにより順位に差異を生ずることなど，受給権者の範囲及び順位につき民法の規定する相続人の順位決定の原則とは著しく異なった定め方がされているというのであり，これによってみれば，右規程は，専ら職員の収入に依拠していた遺族の生活保障を目的とし，民法とは別の立場で受給権者を定めたもので，受給権者たる遺族は，相続人としてではなく，右規程の定めにより直接これを自己固有の権利として取得するものと解するのが相当であり，そうすると，右死亡退職金の受給権は相続財産に属さず，受給権者である遺族が存在しない場合に相続財産として他の相続人による相続の対象となるものではないというべきである。」

■解　説■

1　相続人は，相続開始の時から，被相続人の一身に専属したものを除いて，被相続人の財産に属した一切の権利義務を承継するものとされるが（896），被相続人が死亡したことによって支給される死亡退職金については，それが相続財産に属するか否かが問題とされている。本判決は，死亡退職金をだれに支給するかについて退職金支給規程が存在する場合の事案であり（支給規程が存在しない場合については，関連判例①—Ⅲ-122事件），最高裁として初めて，特殊法人の死亡退職金の帰属について判示したものである。

判決では，死亡退職金の支給規程において受給者の範囲および順位が定められ，それが，民法（相続法）での定めと異なったものである場合には，相続人（本件の場合には，相続人の存在が不明であるため相続財産法人）にではなく支給規程に定められた受給者に支払われるべきであるとし，死亡退職金が相続財産に属するものではなく，規程で定められた受給者の固有の権利であることを明らかにしている。

さらに，本判決後，県立高校教諭への県条例に基づく死亡退職金の支給の事案（関連判例②）や，学校法人の退職規程に基づく死亡退職金の支給の事案（関連判例③）において，最高裁は，死亡退職金は受給遺族の固有の権利として取得され，相続財産に属するものではないものとしている。

2　ところで，死亡退職金をだれに支給すべきかを判断するについては，死亡退職金がどのような性格を有するものかということが関係する。すなわち，死亡退職金を未払の賃金と解する場合は，相続財産と捉えることが妥当と思われ，他方，遺族の生活保障と解する場合には，相続財産に属さず，受給者の生活保障と解することが妥当と考えられる。また，長年の勤務に対する功労報奨と解される場合には，死亡した本人の固有の権利だったとして，相続財産に属するものと捉えられやすい。ただ，実際に死亡退職金が支給される場合には，それぞれの性格が複数含まれる場合があり，死亡退職金の性格を一律に解し，それで相続財産に属するか否かを判断するのは妥当ではなく，個々の事情を勘案して判断すべきことが必要といえる。

3　本件の場合，その退職金規程では，受給権者の順位が相続人の順位とは異なり，また内縁配偶者なども受給者に含めていることなどから，死亡退職金は遺族の生活保障にあるものと考えられ，したがって本件死亡退職金は相続財産には属さず，遺族に固有のものとされたといえる。なお，本件の場合は，相続人の存在が不明であったため，相続財産法人が受給者以外の相続人として現れたという特殊なケースである。そして，本件のように支給規程に基づく受給者がいない場合には，死亡退職金の支払を企業（本件は特殊法人）は免れてしまうので不合理ではないか，あるいは，被相続人の債権者にとって不利益が生じるのではないかといった問題が指摘されている。また，相続財産に属さないとされた場合，死亡退職金の受給者が特別受益者となるのではないかといった受給者以外の相続人との間の利害調整も問題になる。（この点は，Ⅲ-122事件の解説で触れる）。

◆ **関連判例** ◆

①最判昭62・3・3家月39巻10号61頁（Ⅲ-122事件）
②最判昭58・10・14判時1124号186頁
③最判昭60・1・31家月37巻8号39頁

●元専修大学　福永礼治●

122 相続財産の範囲(7) ―支給規程がない場合の死亡退職金

最高裁昭和62年3月3日第三小法廷判決
（昭和59年(オ)第504号退職金分割請求事件）
家月39巻10号61頁，判時1232号103頁

■事　案■

A財団法人はBが設立した法人であり，Aには退職金支給規程は存在しなかった。Aの理事長であったBが13年間同法人に勤め死亡したため，AはBに2000万円の死亡退職金を支払うことを理事会で決定し，Bの妻であるYに支払った。それに対して，Bの先妻の子供，X_1・X_2は，死亡退職金は亡Bの相続財産に属し，X_1・X_2・Yの3名が等分に受給したものであるとして，Yに対してその分割を請求した。

1審（東京地判昭58・8・25家月39巻10号81頁参照）は，Yは遺族の代表として死亡退職金を受けたものとして，Xらの請求を認容した。2審（東京高判昭59・1・30家月39巻10号76頁参照）では，次のように判示して1審を取り消した。

「本件退職金は亡Bの配偶者であるYに対して支給する旨の決議をした，との記載があるから，本件退職金は，Aに何ら退職金に関する規程がなかったという前判示の事情のもとでは，特段の事情のない限り，亡Bの相続財産として相続人の代表者としてのYに支給決定がされたのではなく，字義どおり相続という立場を離れて，亡Bの配偶者であったY個人に対して支給されたものと認めるのが相当である」と述べ，また，「Aの理事会において退職金支給の相手方を亡Bの配偶者であるYと決議したのは，Yが亡Bの生前同人のAの運営その他を物心両面にわたり支えた内助の功に報いるためであり，その形式として東京都職員退職手当に関する条例，同施行規則等において配偶者が第1順位とされていることに倣った結果であることが認められるから，Aの理事会の意思がY個人に対して退職金を支給する趣旨であったことはむしろ明確であるといわなければならない」としてYが勝訴した。そこでXらが上告した。

■争　点■

退職金支給規程をもたない財団法人の理事長が死亡退職したため，理事会で死亡退職金を，理事長の配偶者に支給することを決めた場合，その死亡退職金は，相続財産には属さず，配偶者個人に支給されたものとされるのか，それとも死亡者の相続財産に属するものとされるのか。

■判　旨■

上告棄却。

「亡B……は財団法人A……の理事長であったこと，Bの死亡当時，Aには退職金支給規程ないし死亡功労金支給規程は存在しなかったこと，Aは，Bの死亡後同人に対する死亡退職金として2000万円を支給する旨の決定をしたうえBの妻であるYにこれを支払ったことは，原審の適法に確定した事実であるところ，右死亡退職金は，Bの相続財産として相続人の代表者としてのYに支給されたものではなく，相続という関係を離れてBの配偶者であったY個人に対して支給されたものであるとしてBの子であるXらの請求を棄却すべきものとした原審の認定判断は，原判決挙示の証拠関係に照らし，正当として是認することができ，その過程に所論の違法はない。」

■解　説■

1　本判決は，死亡退職金が相続財産に属するか否か問題とされたもので，支給規程が存在しない場合の事案である。この点，下級審では見解が分かれ（関連判例①〔肯定〕・②〔否定〕），また学説も見解が対立していたが，最高裁は，本判決において，退職金支給規程は存在しないが，理事会による決議によって，死亡者の配偶者に死亡退職金を支給することが決められた場合については，受給者固有のものとなり，相続財産に属するものではないことを明らかにした。退職金支給規程が存在する場合については，関連判例③（Ⅲ-121事件）で，相続財産になるものではないことを明らかにしており，このようなことから，死亡退職金については，支給規程の有無にかかわらず，基本的に，相続財産に属することを否定する立場を最高裁はとっているものと考えられる。そのため，遺産分割の調停や審判手続においては，死亡退職金は相続財産から除外して手続をすすめるべきとの指摘がなされている。

2　死亡退職金を賃金の後払と捉えるのか，それとも遺族の生活保障であるのか，あるいは長年の勤務に対する報奨なのかといった死亡退職金の性格の捉え方と相続財産への帰属の可否については，退職金規程の存在する場合と同様の問題が考えられる。したがってこの点は，Ⅲ-121事件の解説を参照。

3　以上のように，死亡退職金が相続財産に属さないものとされ，受給者固有の財産とされた場合，死亡退職金を受給した者と，それ以外の相続人の間に不公平が生じることが考えられる。すなわち，死亡退職金の受給者は特別受益者（903）となり，他の相続人の遺留分を侵害するような場合は，遺留分侵害額請求（1046）の対象となるのではないかといった問題である。この点，下級審判決においては見解が分かれ，死亡退職金を特別受益財産と認める見解（関連判例④），否定する見解（関連判例⑤），原則として特別受益財産とすべきであるが，受給者の生活保障機能を没却する場合には否定されるなどの見解が示されている（関連判例②）。他方，学説においては受給者が遺贈を受けたのと同様であるとして，共同相続人の公平の観点から特別受益財産とすべきとする立場が多数である。ただし，特別受益財産に該当する場合には，相続開始前10年間の期間制限が設けられている（1044Ⅲ）。

◆関連判例◆

①東京地判昭45・2・26判タ248号260頁
②大阪家審昭53・9・26家月31巻6号33頁
③最判昭55・11・27民集34巻6号815頁（Ⅲ-121事件）
④福島家審昭55・9・16家月33巻1号78頁
⑤東京高決昭55・9・10判タ427号159頁

●元専修大学　福永礼治●

123 相続財産の範囲(8)
——公営住宅を使用する権利

最高裁平成2年10月18日第一小法廷判決
（平成2年(オ)第27号建物明渡請求事件）
民集44巻7号1021頁，判時1398号64頁

■事　案■

X（東京都）は昭和23年9月からAに本件建物を賃貸していた。昭和50年にAが死亡した後，Aの子Bが居住し，さらにBの死亡後Bの長男であるCが引き続き入居していた。本件建物が老朽化したため，Xは本件建物を老朽住宅撤去事業に指定し，入居者に対し別の建物への斡旋を行った。Cは本件建物の入居者の名義がAのままであったので，使用権を承継するため，Xの許可を受けた上で，Xから斡旋を受けた建物へ入居した。しかし，Cが転居した後，A・B死亡以前に他へ転居していたBの次男Y_1およびCの長男Y_2が，本件建物を占有したため，Xが本件建物の明渡しを求めた。

1審（東京地判昭63・12・22判時1326号131頁）は，公営住宅法および東京都住宅条例では，公営住宅である都営住宅の使用権の相続による当然承継を認めていないとしてXの主張を容認し，2審（東京高判平元・9・18民集44巻7号1033頁参照）も1審の判断を是認した。そこで，Yらは，公営住宅法に基づく都条例では相続による承継についてなんら規定していないので，このような場合は，一般法である民法の相続の規定が適用されるべきであるなどと主張して上告した。

■争　点■

公営住宅の使用名義人が死亡した場合に，その相続人は当該公営住宅を使用する権利を当然に承継するか。

■判　旨■

上告棄却。

「公営住宅法は，住宅に困窮する低額所得者に対して低廉な家賃で住宅を賃貸することにより，国民生活の安定と社会福祉の増進に寄与することを目的とするものであって（1条），そのために，公営住宅の入居者を一定の条件を具備するものに限定し（17条），政令の定める選考基準に従い，条例で定めるところにより，公正な方法で選考して，入居者を決定しなければならないものとした上（18条），さらに入居者の収入が政令で定める基準を超えることになった場合には，その入居年数に応じて，入居者については，当該公営住宅を明け渡すように努めなければならない旨（21条の2第1項），事業主体の長については，当該公営住宅の明渡しを請求することができる旨（21条の3第1項）を規定しているのである。

以上のような公営住宅法の規定の趣旨にかんがみれば，入居者が死亡した場合には，その相続人が公営住宅を使用する権利を当然に承継すると解する余地はないというべきである。これと同旨の原審の判断は，正当として是認することができる。」

■解　説■

1　本判決は，公営住宅の使用者名義人が死亡した場合，その相続人は，その公営住宅を使用する権利を当然に承継するものではないことを示した初めての最高裁判決である。

公営住宅の使用関係については，公営住宅法およびそれに基づく条例等が規律しており，本件は東京都の条例にかかわる事案である。すなわち，都の条例では，使用者名義人が死亡した場合における使用権の承継についての規定を定めていないことから，かような場合に，一般法たる民法の規定に基づき，相続人に使用権の相続が認められるのか否かが問題とされた。

2　公営住宅の使用関係に私法である民法や借地借家法が適用されるかについて，判例は，公営住宅の使用関係は公の営造物の利用関係として，公法的な一面があることは否定できないとしながらも，基本的には私人間の家屋賃貸借関係と異なるところはないものとし，公営住宅法や条例に，特に，規定がない場合には一般法である民法の規定の適用を認めるものとしており（関連判例①—II -181事件），学説の多くもその見解を支持している。

したがって，本件のように，使用権の相続についての規定が，特別法にも，条例にも存在しない場合には，一般法たる民法の相続法が適用されるようにも考えられるが，本件の判旨ではそのような見解は示しておらず，公営住宅法の目的，趣旨などから，使用権の相続性を否定している。すなわち，本判決においては，特別法に規定がない場合に，直ちに一般法の規定によるというのではなく，特別法の趣旨などを十分考慮した上で，一般法を適用すべきか否かを判断すべきであるとしており，かような見解は，学説でも指摘されていたことである。公営住宅は，住宅に困窮する低所得者に対して低廉な家賃で賃貸するといった，公営住宅制度の趣旨に基づき，所得制限などの入居条件を定めており，公営住宅の相続が認められれば，入居条件を満たさない高額所得の者の居住という事態も起こりうるからである。

3　なお，私人間における家屋賃貸借関係の相続性も問題とされるが（関連判例②），そこでは相続による承継を認めながら，他方，賃借人の同居者の居住の保護を，賃借人の借家権の援用などによって個別的に図っている。

◆ 関連判例 ◆

①最判昭59・12・13民集38巻12号1411頁（II -181事件）
②最判昭37・12・25民集16巻12号2455頁

●元専修大学　福永礼治●

124 遺骨の所有権と祭祀主宰者

最高裁平成元年7月18日第三小法廷判決
（昭和63年(オ)第969号遺骨返還請求事件）
家月41巻10号128頁

■事　案■

千葉市に本拠を置くA宗教団体は，Bおよびその妻Cが主宰したもので宗教活動を行っていた。Aの構成員Y_1Y_2夫婦は，B・Cと親族関係ではないが，Aの熱心な信者で，Aの本拠である本件建物に増築された部分に居住して，BおよびCが死亡するまで身の回りの世話をしていた。他方，XはAの信者であり，高校時代にBC夫婦との間で養子縁組を行い，BC夫婦に引き取られて監護，養育を受け，大学を卒業後，Bの勧めで結婚し，仕事の関係で横浜に転居したが，B・Cとの交流は続けていた。以上のような状況の下で，BおよびCが死亡し，Y_1・Y_2はBおよびCの遺骨を本件建物の仏壇に安置し保管していた。Xは，銚子市内にあるB家の墓を自己の費用で建て直し，慣習に従って養父母B・Cの遺骨をそこに納骨したいとして，Y_1・Y_2に対して遺骨の引渡しを求めたが拒絶された。そこでXは，Y_1Y_2夫婦に対し，所有権に基づき遺骨の引渡しを請求する訴えを起こした。

1審（千葉地判昭62・5・27家月41巻10号131頁参照）は，慣習に従ってB・Cの菩提寺の墓に埋葬するため，Y_1・Y_2は遺骨をXに引き渡すことを容認せざるを得ないとの判断を示した。2審（東京高判昭63・4・18前掲家月129頁参照）も，「本件遺骨の所有権については，特段の事情あるいは被相続人であるBCの指定がない限り慣習に従って祭祀を主宰すべき者とみられる相続人たるXに帰属したものというべきである」とした。そこでY_1・Y_2は，2審判決が，相続人を直ちに祭祀主宰者と認定しているのは，897条の解釈適用に誤りがあるなどと主張して上告した。

■争　点■

遺骨は，どのような法的根拠に基づいて，だれに帰属すべきものか。

■判　旨■

上告棄却。

「原審の適法に確定した事実関係のもとにおいて，本件遺骨は慣習に従って祭祀を主宰すべき者であるXに帰属したものとした原審の判断は，正当として是認することができ，その過程に所論の違法はない。論旨は，採用することができない。」

■解　説■

1　人の死によって生じる遺体や遺骨の帰属については，民法その他の法律には規定されていないため，それがどのような法的な根拠により，だれに帰属すべきものかについて問題となる。本判決は，この点について最高裁としての初めての判決であり，2審の判断を是認するというかたちではあるが，被相続人の遺骨の帰属について，慣習に従って被相続人の祭祀を主宰すべき者に帰属するとの見解を示した。

2　大審院においては，遺骨も有体物として所有権の客体となり，その相続人の所有権に帰するものであって，これを管理・埋葬・供養する権利・義務を有するのは戸主ではなく相続人であるとした（関連判例①）。遺骨は，権利の主体である人が死亡した後に生ずるものであることから，単に，物として所有権の対象とすることには異論もあるが，今日，所有権が成立するというのが通説である。ただし，遺骨の所有権はその性質上，目的的に制限を受け，埋葬管理や祭祀供養の範囲においてのみ認められるといった，かなり限定的なものと解されている。したがって，遺骨の埋葬管理や祭祀供養をなすべきものがだれかということが重要となり，その点から遺骨の帰属，所有者がだれになるかということが問題となる。

3　この遺骨の帰属については，相続人に帰属するという見解（関連判例①）のほか，喪主となるべき者に帰属するという見解（関連判例②），被相続人の祭祀を主宰すべき者に帰属するという見解（この見解は，帰属の原因の根拠として，相続を原因とする見解と慣習を原因とする見解〔関連判例③〕がある），埋葬・供養すべき者とする見解などが主張されている。本判決は897条の規定を準用するかたちで（ただし判決文においては，897条を準用することを明示していない），慣習上の祭祀主宰者に遺骨が帰属するとの見解をとったといえる。

4　このように，本判決は，最高裁が初めて被相続人の遺骨の帰属について判断を下したものであるが，大審院判決（関連判例①）との関係が明らかでなく，また，帰属原因や帰属態様（原始取得か承継取得かなど）については明確でなく，また慣習上の喪主と祭祀主宰者との間で遺骨の引渡しの争いが生じた場合どのように処理するかなどが問題として残ることから，本判決は先例的な意義は薄く，最高裁の遺骨についての法的見解は，まだ明確なものではないとの指摘がなされている。

◆関連判例◆

①大判大10・7・25民録27輯1408頁
②東京地判昭62・4・22判タ654号187頁
③東京高判昭62・10・8判時1254号70頁

●元専修大学　福永礼治●

125 遺産建物の相続開始後の使用関係

最高裁平成8年12月17日第三小法廷判決
（平成5年(オ)第1946号土地建物共有物分割等請求事件）
民集50巻10号2778頁，判時1589号45頁

■事 案■

昭和63年9月24日，被相続人Aが死亡したが，Y_1，Y_2はAの生前から本件不動産（1筆の土地と同土地上の1棟の建物）においてAと同居生活をし，家業（二輪車の修理販売）を営んできた。相続開始後，Aの公正証書遺言による包括遺贈，その後の相続分の譲渡などを経て，本件不動産は，X_1～X_5（持分は計16分の12），Y_1，Y_2（持分は計16分の3），訴外B（同16分の1）ら8名による遺産共有状態にあった。しかし，Yらは相続開始後も本件不動産の全部を占有，使用している。そこで，XらはBおよびYらに対し共有物分割請求ならびにYらに対し不法行為または不当利得を請求原因とする賃料相当額の支払請求を行った。

1審（東京地判平4・12・24民集50巻10号2808頁参照）も2審（東京高判平5・7・14前掲民集2817頁参照）も，共有物分割請求は不適法とし，不法行為に基づく損害賠償請求も理由がないとしたが，「共有持分権者といえども，共有物の占有，使用につき，自己の共有持分に相当する範囲を越える部分については，占有，使用していない他の共有持分権者の損失のもとに法律上の原因なく利得しているとみられるから，格別の合意がない限り，占有，使用していない他の共有者に対して，相応の不当利得返還義務を負担」すべしとし，不当利得に基づくXらの請求は認容した。

これに対して，Yらが上告した。

■争 点■

共同相続人の1人が相続開始前から被相続人の許諾を得て遺産である建物において同居してきたとき，遺産分割までの占有・使用に対し，他の共同相続人からの不当利得返還請求は認められるか。

■判 旨■

破棄差戻し。

「共同相続人の1人が相続開始前から被相続人の許諾を得て遺産である建物において被相続人と同居してきたときは，特段の事情のない限り，被相続人と右同居の相続人との間において，被相続人が死亡し相続が開始した後も，遺産分割により右建物の所有関係が最終的に確定するまでの間は，引き続き右同居の相続人にこれを無償で使用させる旨の合意があったものと推認されるのであって，被相続人が死亡した場合は，この時から少なくとも遺産分割終了までの間は，被相続人の地位を承継した他の相続人等が貸主となり，右同居の相続人を借主とする右建物の使用貸借契約関係が存続することになるものというべきである。けだし，建物が右同居の相続人の居住の場であり，同人の居住が被相続人の許諾に基づくものであったことからすると，遺産分割までは同居の相続人に建物全部の使用権原を与えて相続開始前と同一の態様における無償による使用を認めることが，被相続人及び同居の相続人の通常の意思に合致するといえるからである。

本件についてこれを見るのに，Yらは，Aの相続人であり，本件不動産においてAの家族として同人と同居生活をしてきたというのであるから，特段の事情のない限り，AとYらの間には本件建物について右の趣旨の使用貸借契約が成立していたものと推認するのが相当であり，Yらの本件建物の占有，使用が右使用貸借契約に基づくものであるならば，これによりYらが得る利益に法律上の原因がないということはできないから，Xらの不当利得返還請求は理由がないものというべきである。」

■解 説■

1　建物を所有する被相続人につき相続が開始した場合，遺産となる建物は共同相続人の共有となる（898）。また，遺産分割がなされるまでの遺産である建物の管理については物権法の共有の規律によるものとされている。それでは，建物に共同相続人のうちの1人が被相続人の許諾を得て相続開始前から同居してきた場合，持分に応じた使用を超えるものとして（249），不当利得返還請求権が成立するであろうか。

この点につき，従来は，遺産である不動産を単独で占有している少数持分権者に対し多数持分権者であっても明渡しを請求することはできないとする判例があったものの（関連判例①―Ⅰ-311事件），上記の争点に関する最高裁の立場については，必ずしも明確ではなかった。

2　本判決は，共同相続人の1人が相続開始前から被相続人の許諾を得て遺産である建物において同居してきたときは，特段の事情のない限り被相続人と同居の相続人との間に「遺産分割により右建物の所有関係が最終的に確定するまでの間……無償で使用させる旨の」使用貸借契約の成立を推認することによって，他の共同相続人から同居する共同相続人に対する不当利得返還請求を否定することとした初めての最高裁判決である。

もっとも，本判決の法理によれば，被相続人が明確に反対の意思を表示していたとき等には使用貸借が推認されず居住権保護に欠ける場合がある。そこで，高齢社会の進展に伴い特に配偶者の居住権保護の必要性が高まっていること等から，被相続人の意思にかかわらず配偶者の短期的な居住権を保護するために配偶者短期居住権（1037）が新たに設けられた（2020年4月施行）。

3　なお，内縁夫婦が共有不動産を居住または共同事業のため共同使用していた場合につき，本判決と同様に内縁の夫婦間に単独で使用する旨の合意を推認することによって相続人からの不当利得返還請求を否定した判例がある（関連判例②―Ⅰ-310事件）。

◆ 関連判例 ◆

①最判昭41・5・19民集20巻5号947頁（Ⅰ-311事件）
②最判平10・2・26民集52巻1号255頁（Ⅰ-310事件）

●金沢大学　合田篤子●

126 遺産である賃貸不動産から生じる賃料債権の性質

最高裁平成17年9月8日第一小法廷判決
（平成16年（オ）第1222号預託金返還請求事件）
民集59巻7号1931頁，判時1913号62頁

■事　案■

Aは平成8年10月13日死亡した。その法定相続人は妻Xのほか，子であるY，B，CおよびD（以下，この4名を「Yら」という）である。Aの遺産には複数の不動産（以下「本件各不動産」という）があり，XおよびYらは，本件各不動産から生ずる賃料，管理費等について遺産分割により本件各不動産の帰属が確定した時点で清算することとし，それまでの期間に支払われる賃料等を管理するための銀行口座（以下「本件口座」という）を開設し，賃借人らに賃料を本件口座に振り込ませ，また，その管理費等を本件口座から支出してきた。

平成12年2月，大阪高裁において本件各不動産につき遺産分割をする旨の決定が確定したが，同月18日時点の本件口座の残高は約2億円であり，XとYらの間で本件口座の残金の清算方法について紛争が生じた。そこで，XとYらは，本件口座の残金につき争いのある金員をYが保管し（以下，この金員を「本件保管金」という），その帰属を訴訟で確定することに合意した。

本件は，XがYに対し，X主張の計算方法によれば本件保管金はXの取得すべきものであると主張して，約8800万円の支払を求めたものである。

1審（大阪地判平15・9・26民集59巻7号1940頁参照），2審（大阪高判平16・4・9前掲民集1946頁参照）はともに，遺産から生ずる法定果実は，それ自体遺産ではないが，遺産の所有権が帰属する者にその果実を取得する権利も帰属するのであるから，遺産分割が遡及効（909）を有する以上，本件各不動産から生じた賃料債権は，相続開始の時にさかのぼって，本件遺産分割決定により本件各不動産を取得した各相続人にそれぞれ帰属するとして，Xの請求を認容した。これに対して，Yが上告した。

■争　点■

相続開始から遺産分割までの間に遺産である不動産から生ずる賃料債権は誰にどのように帰属するか。また，その帰属は後にされた遺産分割の影響を受けるか。

■判　旨■

破棄差戻し。

「遺産は，相続人が数人あるときは，相続開始から遺産分割までの間，共同相続人の共有に属するものであるから，この間に遺産である賃貸不動産を使用管理した結果生ずる金銭債権たる賃料債権は，遺産とは別個の財産というべきであって，各共同相続人がその相続分に応じて分割単独債権として確定的に取得するものと解するのが相当である。遺産分割は，相続開始の時にさかのぼってその効力を生ずるものであるが，各共同相続人がその相続分に応じて分割単独債権として確定的に取得した上記賃料債権の帰属は，後にされた遺産分割の影響を受けないものというべきである。

したがって，相続開始から本件遺産分割決定が確定するまでの間に本件各不動産から生じた賃料債権は，X及びYらがその相続分に応じて分割単独債権として取得したものであり，本件口座の残金は，これを前提として清算されるべきである。」

■解　説■

1　相続が開始すると遺産である不動産は共同相続人の共有となるが（898），その後の遺産分割により最終的な帰属が確定するとその効力は相続開始時に遡って生ずる（909）。その一方で，遺産の中に金銭その他の可分債権があるときは，判例によれば，相続分に応じて各共同相続人の分割単独債権になるとされている（関連判例—Ⅲ-128事件）。そこで，相続開始から遺産分割までの間に遺産である不動産から生じた賃料債権は誰にどのように帰属し，その帰属は後になされた遺産分割の影響を受けるのかが問題となる。従来，下級審裁判例や学説では様々な見解が主張されてきたところ，本判決の1審・2審は遺産分割の遡及効を重視し，このような賃料債権は遺産分割により遺産自体を取得した相続人に帰属すると判示した。

2　このような状況の中，本判決は，最高裁として初めて，遺産である不動産から生ずる賃料債権の帰属につき，遺産分割までの間の遺産が共同相続人の共有に属することを理由に，その間に遺産である不動産から生ずる賃料債権は遺産とは別個の財産であって「各共同相続人がその相続分に応じて分割単独債権として確定的に取得する」と判示した上で，遺産分割の遡及効との関係については，「後にされた遺産分割の影響を受けない」との判断を示した。

最高裁は2審と異なる判断を示したことにつき明確な理由は述べてはいない。けれどもその背後には，遺産分割には遡及効があるものの遡及効の及ぶ範囲については必ずしも明白ではなく，遺産である賃貸不動産から生ずる賃料債権については共有物の賃貸による賃料債権について合意がない限り共有持分に応じた分割債権となるとの処理（427）が優先すると解しているものと推察される（ただ，本件では賃料が分別管理されていたという特殊性には留意する必要がある）。

なお，本判決は共同相続人の合意があれば遺産である不動産から生ずる賃料債権が遺産分割の対象となりうることまでは否定していないものと解されている。

◆関連判例◆

最判昭29・4・8民集8巻4号819頁（Ⅲ-128事件）

●金沢大学　合田篤子●

127 相続人が未分割の遺産に対して有する権利の性質

最高裁平成17年10月11日第三小法廷決定
（平成17年(許)第14号遺産分割審判に対する抗告審の変更決定に対する許可抗告事件）
民集59巻8号2243頁，判時1914号80頁

■事　案■

本件の第1次相続の被相続人Aは無遺言で死亡し，相続人は，配偶者BおよびAB間の子供である長男Y_1・次男Y_2・三男Xの4名となった。約2年5か月後，第2次相続の被相続人Bが死亡し，相続人はY_1・Y_2・Xの3名となったが，Bは，唯一の自己所有不動産甲をXに「相続させる」旨の公正証書遺言を残していた。なお，Y_1・Y_2は，Aから生前贈与や多額の代物弁済を受けており，さらにY_2はBからも同様の代物弁済を受けていた。Xは，第1次相続と，第2次相続について遺産分割審判を申し立て，両者は併合された。

1審（和歌山家審平16・8・30公刊物未登載）は，まずAの相続に関する遺産分割について，Y_1およびY_2がAから得ている特別受益を考慮して，B・X・Y_1・Y_2の4名を共同相続人とする遺産分割を行い，つぎにそのBの相続分をもってBの遺産の分割対象とし，Y_2がBから得ている特別受益を考慮して，X・Y_1・Y_2の3名を共同相続人とする遺産分割を行った。

2審（大阪高決平17・2・28家月58巻3号84頁参照）は，Bの遺産は甲不動産以外に存在せず，「相続させる」旨の遺言により，甲の所有権は，遺産分割によらずして当然に抗告人Xに承継されたと解し，さらに，「相続分は，遺産分割の基準であり，遺産分割において相続財産を取得することができる地位（いわば抽象的な法的地位）であって，遺産分割の対象となり得る具体的な財産権ではない」と判断し，Bの未分割遺産は存在しないことになるため第2次相続に関する遺産分割申立てを不適法として却下した。その結果，相続分については，いわゆる再転相続が生ずるが，遺産分割に適用される903条は，再転相続には適用されないため，甲が遺言処分されている本件では，X・Y_2の特別受益を考慮する余地はないとした。

これに対し，Y_1は，遺産分割に際しBから得たX・Y_2の特別受益を考慮しないことを問題として，許可抗告の申立てをした。

■争　点■

①遺産分割前，共同相続人は，被相続人の未分割の遺産につき，いかなる権利を有するのか，また，広義の再転相続の場合にも，同様の見解を維持しうるか。

②第2次被相続人から特別受益を受けた相続人がある場合，903条の適用はあるか。

■決定要旨■

破棄差戻し。

「遺産は，相続人が数人ある場合において，それが当然に分割されるものでないときは，相続開始から遺産分割までの間，共同相続人の共有に属し，この共有の性質は，基本的には民法249条以下に規定する共有と性質を異にするものではない……。そうすると，共同相続人が取得する遺産の共有持分権は，実体上の権利であって遺産分割の対象となるというべきである。」「そうすると，Bは，Aの相続の開始と同時に，Aの遺産について相続分に応じた共有持分権を取得しており，これはBの遺産を構成するものであるから，これをBの共同相続人であるY_1及びX・Y_2らに分属させるには，遺産分割手続を経る必要があり，共同相続人の中にBから特別受益に当たる贈与を受けた者があるときは，その持戻しをして各共同相続人の具体的相続分を算定しなければならない。」

■解　説■

1　第1次相続による遺産分割が未了の間に共同相続人の1人が死亡し第2次相続が発生した，いわゆる広義の再転相続の場合，第2次被相続人が取得した第1次相続の相続分は，抽象的な法的地位にすぎないのか，あるいは実体的な権利であるのかについて，これまで下級審で見解が分かれていたが，本決定は，相続により遺産分割の対象となるのは「相続分」という数字上の抽象的な地位ではなく，「遺産の共有持分権」であることを明らかにした上で，後者の立場を支持した初めての最上級審の決定であり，相続の基本的法規に照らし当然の判断を示したものである。

2　すなわち，本決定は，遺産共有の先例に従い（関連判例①），遺産分割前の遺産は，共同相続人の共有に属するとし，さらにそれは249条以下の共有と同じ性質であり，遺産についての実体上の共有持分権が分割の対象となるとした。この一般論に基づいて，広義の再転相続の第2次被相続人の遺産は，第1次相続で得た共有持分権となり，これを対象にして遺産分割手続および特別受益を考慮した具体的相続分の算定をすべきと判示した。

このように，本決定は，第1回目と第2回目の相続で独立して具体的相続分を算定し，それぞれの相続の共有持分権を基礎に順次，遺産分割を行うことを示し，広義の再転相続の場合にも，それを一括して処理するという形をとるにすぎないことを明らかにした。

したがって，それぞれの相続における具体的相続分の算定においても，公平を旨とする特別受益の持戻しの趣旨・要請が妥当し，本件第2次相続においても特別受益が算定されるべきとされた。

3　関連判例③（Ⅲ-149事件）により，預貯金債権も遺産分割対象となる判例変更があり，さらに相続法の改正（平31・7・1施行）による遺産分割に関する見直しが行なわれ，持戻し対象の例外（配偶者居住用不動産〔903Ⅳ〕，遺産分割前の預貯金払戻制度〔909の2〕，遺産の範囲の明確化〔906の2〕，共同相続人の協議による一部分割〔907Ⅰ〕）が定められた。本判決の具体的適用に際して参照すべきこととなる。

◆関連判例◆

①最判昭61・3・13民集40巻2号389頁
②最判平12・2・24民集54巻2号523頁（Ⅲ-137事件）
③最大決平28・12・19民集70巻8号2121頁（Ⅲ-149事件）

●龍谷大学　牛尾洋也●

128 可分債権の相続(1)
――共同相続人による分割承継

最高裁昭和29年4月8日第一小法廷判決
（昭和27年(オ)第1119号損害賠償請求事件）
民集8巻4号819頁

■事　案■

林業兼製材業を営んでいた訴外Aは，昭和18年11月13日，自己が所有する山林地上の立木のうち買受人の選択する松および栂250本を，代金1万2000円，伐採期間2か年（同日より昭和20年11月12日まで）で，訴外B会社に売り渡した。Bは，昭和20年2月ごろまでに売り渡された立木のうち75本を伐採して，残り175本の立木を伐採できる契約上の権利を，昭和21年7月25日，訴外C会社に譲渡し，Cは，昭和22年1月28日，これをYに譲渡した。Aは，これら各譲渡を承認し，また，当初予定された伐採期間を過ぎていたが，Yが伐採することを黙認した。ところが，Yは，昭和23年3月ごろまでに，その譲り受けた175本以外にも訴外Dをして立木を伐採・搬出せしめてしまった。Aは，超過して伐採・搬出された立木の損害賠償を求めて訴訟を提起した後，昭和25年3月12日に死亡したので，妻X_1と子X_2～X_4がこれを相続した。

1審（金沢地裁輪島支部判決年月日不明・民集8巻4号824頁参照）は，Xらの請求を棄却した（理由は，登載判例集から明らかでない）。

2審（名古屋高金沢支判昭27・9・18前掲民集826頁参照）は，超過して伐採・搬出された立木が45本であり，その価格は合計4万5000円であること，DはYの被用者であることを認定し，X_1およびX_2～X_4に対して4万5000円を「夫々その相続分に応じ分割した……金員」および遅延損害金を支払うようYに命じた。

Yは，可分債権が共同相続された場合であっても直ちに分割されるものではないので，Xらが「請求の趣旨」として損害賠償金の合計額および遅延損害金を「その相続分に応じて支払え」としている（Xらの相続分およびXらの主張する債権が1個の債権であるのか相続分に分割された債権であるのかが不明確）のに，2審判決が分割支払を命じたのは違法である等として，上告した。

■争　点■

相続財産たる金銭債権その他の可分債権は，相続と同時に当然に分割されるのか，それとも，共同相続人の「共有」となり，遺産分割を経て初めて各人に独立した債権として帰属するのか。

■判　旨■

上告棄却。

「相続人数人ある場合において，その相続財産中に金銭その他の可分債権あるときは，その債権は法律上当然分割され各共同相続人がその相続分に応じて権利を承継するものと解するを相当とする」。

■解　説■

1　相続人が数人ある場合，相続財産はその共有に属し（898），各相続人は，その相続分に応じて被相続人の権利義務を承継する（899）。この「遺産共有」の性質を，249条以下の共有と捉える「共有説」――遺産分割前であっても各人は自由にその持分権を処分することができる――が判例の立場である（関連判例①―Ⅲ-141事件）。

ただし，共同相続人間では，遺産分割前に共有物分割請求をすることは認められない（関連判例②―Ⅲ-144事件）。多種多様な財産を共同相続人の個別事情をも加味しながら分割するためには，遺産分割手続（906）こそがふさわしいと考えられるためである。

2　このように，被相続人の財産を共同相続人による共有状態に置くことから始めるのが，わが相続法の基本的な枠組みである。しかし，相続財産の中には，相続開始と同時に各共同相続人に分割承継される結果，遺産分割の対象とならないものもある。その代表例が，本判決で問題となった金銭債権その他の可分債権である。

金銭債権も遺産の一部である以上，被相続人の死亡によっていったんは共有（準共有）状態に置かれるが，債権の準共有は多数当事者の債権関係にほかならないので，その原則である分割主義（427）に服し，瞬時に各共同相続人に分割帰属する。本件最高裁の判決文は短いが，このような仕組みを前提とすると考えられている（当然分割説）。なお，本判決は単に「相続分」としたが，もちろん具体的相続分ではなく，指定相続分または法定相続分を意味する。

3　当然分割説は，相続人に遺産分割前でも債権行使ができる点でメリットがある一方，債務者には，相続人ごとへの債務の履行を強い，また，相続分が明らかでない場合には二重払の危険を課す。しかしながら，二重払のリスクは，供託によって回避できるし，受領権者としての外観を有する者に対する弁済（478）の適用による救済も可能であるから，デメリットはそれほど大きくない。むしろ，当然分割説に批判的な立場（合有説や不可分債権説）が実質的に問題視するのは，遺産分割による分配に支障を来すおそれであろう。

ただし，この批判も，平成20年代に相次いだ最高裁の判決および決定（郵政民営化前の定額郵便貯金債権につき関連判例③，個人向け国債につき関連判例④〔Ⅲ-131事件〕，普通預金債権および通常貯金債権につき関連判例⑤〔Ⅲ-149事件〕等）を通じて本判決の射程が狭められてきた現在の状況では，相対的に小さくなると思われる。本判決は「金銭債権その他の可分債権」としたが，いまや金銭債権といえども，その性質によっては当然分割とはならないものもあることに留意されたい。

◆関連判例◆

①最判昭30・5・31民集9巻6号793頁（Ⅲ-141事件）
②最判昭62・9・4家月40巻1号161頁（Ⅲ-144事件）
③最判平22・10・8民集64巻7号1719頁
④最判平26・2・25民集68巻2号173頁（Ⅲ-131事件）
⑤最大決平28・12・19民集70巻8号2121頁（Ⅲ-149事件）

●南山大学　平林美紀●

129 可分債権の相続(2)
──自己の相続分を超える預貯金債権の行使

最高裁平成16年4月20日第三小法廷判決
（平成15年(受)第670号所有権移転登記手続等，更正登記手続等請求事件）
家月56巻10号48頁，判時1859号61頁

■事 案■

XおよびYは，いずれも訴外A（本件被相続人）の子で，他の4名の子らとともに，Aの法定相続人である。Yは，Aの全財産をYに相続させる旨の昭和57年9月4日付けの公正証書遺言（以下,「昭和57年遺言」という）に基づき，A名義の貯金（以下,「本件貯金」という）をAの死亡後に解約し，払戻しを受けている。ところが，Aには，さらに別の平成4年8月24日付けの「遺言状」と題する書面（以下,「平成4年遺言」という）があり，その内容は，Aの全財産を訴外B（Aに先立って死亡したAの妻）に相続させる趣旨のもののようであった。

そこで，Xは，平成4年遺言が昭和57年遺言と抵触するので，昭和57年遺言は撤回したものとみなされ（1023Ⅰ），また，平成4年遺言は，BがAより先に死亡したので効力を生じない（994Ⅰ）として，Yに対して，本件貯金につき相続分に相当する金額の不当利得の返還を求めた。

2審（高松高判平15・1・10公刊物未登載）は，Aの相続についての遺産分割協議の成立や遺産分割審判の存在も認められないことから，平成4年遺言の内容および効力を審議することなく，Xの請求は，家事審判事項である遺産分割を求めるものにほかならないとして，同請求に係る訴えを不適法なものとして却下した。

Xは，自己の主張が遺産共有権に基づく妨害排除請求であるから，民事訴訟の対象であると主張して，上告した。

■争 点■

相続財産である預貯金債権は，相続と同時に各相続人に相続分に応じて分割されるか。また，その預貯金債権につき共同相続人の1人がその相続分を超えて債権を行使した場合，他の共同相続人が不法行為に基づく損害賠償または不当利得の返還を求めることができるか。

■判 旨■

一部破棄差戻し，一部上告棄却。

「相続財産中に可分債権があるときは，その債権は，相続開始と同時に当然に相続分に応じて分割されて各共同相続人の分割単独債権となり，共有関係に立つものではないと解される……。したがって，共同相続人の1人が，相続財産中の可分債権につき，法律上の権限なく自己の債権となった分以外の債権を行使した場合には，当該権利行使は，当該債権を取得した他の共同相続人の財産に対する侵害となるから，その侵害を受けた共同相続人は，その侵害をした共同相続人に対して不法行為に基づく損害賠償又は不当利得の返還を求めることができるものというべきである。」

■解 説■

1 可分債権は，一般的に，相続と同時に相続分に応じて各相続人に分割承継される（関連判例①―Ⅲ-128事件）。本判決は，預貯金債権も同様に扱われるべきであるとの理解を前提とする。預貯金債権が相続と同時に相続分に応じて各相続人に分割帰属するのであれば，相続分を超えた払戻しは，他の相続人の預貯金債権を侵害することにほかならない。本判決は，預貯金債権の当然分割の帰結として，相続分を超過した払戻しにつき，相続人間での不法行為に基づく損害賠償請求または不当利得返還請求を認めたのである。

ところが近時，平成28年の最高裁大法廷決定が，本判決を判例変更の対象とする旨を明言した（関連判例②―Ⅲ-149事件）。この大法廷決定は，普通預金債権および通常貯金債権の性質に着目し，「預貯金契約上の地位を準共有する共同相続人が全員で預貯金契約を解約しない限り，同一性を保持しながら常にその残高が変動し得るものとして存在し，各共同相続人に確定額の債権として分割されることはない」と述べ，預貯金債権の当然分割を否定するに至った。つまり，この大法廷決定の結果，相続財産としての預貯金債権の取扱いは，可分債権一般とは区別されて，遺産分割まで相続人の準共有の状態に置かれるように変化したのである。預貯金債権の当然分割が起こらなければ，遺産分割前に，共同相続人の1人が単独で預貯金を払い戻す権利もない。ましてや相続分を超えた払戻しは考えにくいので，本判決にとっては前提となる事実が大きく失われたことになる。

2 関連判例②による判例変更に伴い，実務と判例との関係性も変化する。周知の通り，銀行実務では，原則として共同相続人全員から請求させる取扱いがとられてきた。これは，金融機関が二重払のリスクを避け，遺産をめぐる紛争に巻き込まれないためには有益な措置であるが，預貯金債権は相続と同時に当然に分割されて各相続人に帰属するとした本判決とは整合しないという，理論的な難点があった。しかし，関連判例②が出されたことによって，遺産分割前の相続人の1人からの払戻請求には原則として応じないという銀行実務こそが，まさに判例理論に沿っていると言えるようになったのである。

しかしながら，遺産分割を終えない限り，1人では預金の払戻しができないとすると，遺産を活用して葬儀費用等を支弁しようとする相続人にとっては，大きな不都合である。そこで，平成30年の相続法改正は，このような相続人の資金需要に応えるべく909条の2を新設し，相続人1人でも預貯金債権の一部を行使できるようにした。この新たな制度の下での預貯金の払戻しが，遺産分割の結果としての他の相続人の具体的相続分を侵害する状況は，ごく稀かもしれないが起こりうる。その場合には，本判決が示したように，不当利得返還請求や（特殊なケースでは不法行為に基づく損害賠償請求）によって是正が図られるべきことは言うまでもない。

3 なお，本件では，YがAの相続財産たる不動産を単独所有名義で登記していたために，Yは相続分に応じた持分の移転登記手続も求めているが，その点については，関連判例③（Ⅰ-232事件）を参照されたい。

◆関連判例◆

①最判昭29・4・8民集8巻4号819頁（Ⅲ-128事件）
②最大決平28・12・19民集70巻8号2121頁（Ⅲ-149事件）
③最判昭38・2・22民集17巻1号235頁（Ⅰ-232事件）

●南山大学 平林美紀●

130 現金の相続

最高裁平成4年4月10日第二小法廷判決
（平成元年（オ）第433号・第602号保管金返還請求事件）
家月44巻8号16頁，判時1421号77頁

■事　案■

訴外Aは，昭和57年5月21日，不動産のほか現金7533万7837円を残して死亡した。YおよびX_1～X_4は，Aの共同相続人である。Xらは，Aの遺産である現金のうち金6191万9155円が，昭和58年2月24日以降，訴外B銀行C支店における「A遺産管理人Y」名義の通知預金として保管されているとして，この金6191万9155円について法定相続分に応じた支払等をYに求めて訴えを提起した。これに対して，Yは，預金債権が分割債権であるとしても，遺産分割の対象として処理されるべきであるから，いまだXらには分割支払請求権はないと主張した。

1審（東京地判昭62・5・27家月44巻8号21頁参照）は，「遺産としての金銭債権は相続により当然分割され，各相続人がその相続分に応じてこれを承継し，遺産分割の対象とならないものと解される」として，Xらの請求を認容した（なお，1審におけるYの主張は，分割支払請求の対象が預金「債権」であることを前提としており，裁判所も同様に考えて判決を下したものと思われるが，2審〔東京高判昭63・12・21判時1307号114頁〕において，本件でXらが請求している対象はあくまでも現金であることが認定され，Yもこれを争うことはしなかった）。

2審は，現金は，可分な金銭債権とは異なり，むしろ他の動産・不動産とともに相続人らの共有財産となるので，当然に分割承継されるものではないとして，1審判決を取り消し，Xらの請求を棄却した。

Xらは，金銭が被相続人の死亡直前に第三者に預けられて金銭債権化した場合と，現金のまま保管された場合との取扱いの不均衡などを理由に挙げて上告した。

■争　点■

相続人は，遺産分割協議成立前に，他の共同相続人が保管する相続財産たる金銭を自己の相続分に応じて支払うよう求めることができるか。

■判　旨■

上告棄却。

「相続人は，遺産の分割までの間は，相続開始時に存した金銭を相続財産として保管している他の相続人に対して，自己の相続分に相当する金銭の支払を求めることはできないと解するのが相当である。Xらは，Xら及びYがいずれも亡Aの相続人であるとして，その遺産分割前に相続開始時にあった相続財産たる金銭を相続財産として保管中のYに対し，右金銭のうち自己の相続分に相当する金銭の支払を求めているところ，Xらの本訴請求を失当であるとした原審の判断〔「Xらが本訴において返還を求める保管金なるものは，被相続人Aがその死亡時に所有していた現金である（Yも被相続人Aが6000万円以上の現金を残して死亡したことは認めている。）ところ，現金は，被相続人の死亡により他の動産，不動産とともに相続人らの共有財産となり，相続人らは，被相続人の総財産（遺産）の上に法定相続分に応じた持分権を取得するだけであって，債権のように相続人らにおいて相続分に応じて分割された額を当然に承継するものではないから，……相続人らの間でいまだ遺産分割の協議が成立していない以上，Xらは，本件現金（たとえ，相続開始後現金が金融機関に預けられ債権化されても，相続開始時にさかのぼって金銭債権となるものではない。）に関し，法定相続分に応じた金員の引渡しを求めることはできない。」〕は正当である」る。

■解　説■

1　可分債権一般は，相続開始と同時に当然に分割されて，各相続人にその相続分に応じて帰属する（関連判例①—Ⅲ-128事件）。それでは，「現金」はどうか。2審は，現金の相続と金銭債権の相続とを別異に扱うこととし，相続財産たる現金は，他の遺産（動産や不動産）とともに相続により共同相続人の共有になるので，各相続人は，被相続人の遺産に対して法定相続分に応じた持分権を取得するにすぎないとした。

本判決は，2審のこのような理解を正当と認めて，相続人は，遺産分割協議成立前に，他の共同相続人が保管する相続財産たる金銭を自己の法定相続分に応じて支払うよう求めることはできない，としたのである。

2「可分」か否かという観点からすれば，現金の可分性は極めて高い。また，現金は，金融機関をはじめとする第三者に預けられれば金銭債権化する。そこで，現金のままでも，可分債権一般と同様に，相続開始と同時に各相続人に分割帰属されると考えることも可能である（当然分割説）。こうすることで，相続人にとっては，早期に遺産たる現金を利用することができるというメリットが生まれる。

しかし，相続財産の内訳が時に多様であり，その価値にも大小があるとすると，各相続人の具体的相続分を決定するにあたり，現金はその調整のために有用であるから，現金も共同相続人によって共有させて遺産分割の対象とした方がよいと考えることも説得的であろう（非分割説）。本判決は（そして2審も），なぜ現金につき非分割説を採るのかを実質的には説明していないが，背後にはこのような配慮があるとも思われる。

現金が相続によって分割されるか否かを考える際には，預貯金債権の取扱いとの均衡も視野に入れておきたい。従来，預貯金債権も可分債権一般とおなじく，当然分割されることを前提とした扱いを受けてきたが（関連判例②—Ⅲ-129事件），平成28年の大法廷決定（関連判例③—Ⅲ-149事件）によって，関連判例②が変更された結果，預貯金債権に関しては，可分債権一般とは区別して，遺産分割まで共同相続人が準共有するものと解されるようになった。つまり，判例変更前は，預貯金債権と金銭とで相続と同時に分割されるか否かの違いがあったが，判例変更後の現在は，どちらも当然分割はされず，遺産分割の対象とされるという意味で，共通した取扱いを受けることになったのである。

◆関連判例◆

①最判昭29・4・8民集8巻4号819頁（Ⅲ-128事件）
②最判平16・4・20家月56巻10号48頁（Ⅲ-129事件）
③最大決平28・12・19民集70巻8号2121頁（Ⅲ-149事件）

●南山大学　平林美紀●

131 株式等の共同相続

最高裁平成26年2月25日第三小法廷判決
（平成23年(受)第2250号共有物分割請求事件）
民集68巻2号173頁，判時2222号53頁

■事 案■

Aは，平成17年9月30日に死亡した。相続人は，Aの子であるX_1～X_3（原告・被控訴人＝附帯控訴人・上告人）とY（被告・控訴人＝附帯被控訴人・被上告人）の4名である。Aの遺産には，株式，投資信託受益権（投資信託及び投資法人に関する法律2条1項にいう委託者指図型投資信託の受益権と外国投資信託に係る信託契約に基づく受益権）および個人向け国債（以下,「本件株式等」という）が含まれていた。Yは，Aの遺産分割等の審判を申し立て，本件株式等について，XらおよびYの「共有取得（持分各4分の1）とする」旨の遺産分割審判がされ，確定した。XらはYに対して，本件株式等の通常の共有物分割の訴えを提起した。

1審（熊本地判平22・10・26金判1438号17頁）は，Xらの請求を認容し，本件株式等の現物分割を認めた。これに対して，2審（福岡高判平23・8・26前掲金判15頁参照）は，本件株式等は可分債権に該当し，XらおよびYは，相続開始により，これらを各4分の1の割合に応じて分割承継し，もはや共同相続人間で準共有となるものではないこと，また本件遺産分割審判は，本件株式等が4分の1の割合に相当する口数（株式数）等により分割されXらおよびYに帰属している旨を確認したに過ぎないとし，Xらの請求を不適法なものとして却下した。そこで，Xらが，本件株式等は相続によって共同相続人間で準共有となるものであること等を主張し，上告受理の申立てをした。

■争 点■

共同相続された株式，委託者指図型投資信託の受益権および外国投資信託の受益権，および個人向け国債は，相続開始と同時に当然に相続分に応じて分割されるか。

■判 旨■

破棄差戻し。

「株式に含まれる権利の内容及び性質に照らせば，共同相続された株式は，相続開始と同時に当然に相続分に応じて分割されることはないものというべきである（〔関連判例①〕……等参照）」。

委託者指図型投資信託の受益権は，「口数を単位とするものであって，その内容として，……監督的機能を有する権利が規定されており，可分給付を目的とする権利でないものが含まれている。このような上記投資信託受益権に含まれる権利の内容及び性質に照らせば，共同相続された上記投資信託受益権は，相続開始と同時に当然に相続分に応じて分割されることはない」。外国投資信託の受益権は，「内容は，必ずしも明らかではない」ものの，委託者指図型投資信託の受益権と同様に，「相続開始と同時に当然に相続分に応じて分割されることはないものとする余地が十分にあるというべきである」。

「個人向け国債は，法令上，一定額をもって権利の単位が定められ，1単位未満での権利行使が予定されていないものというべきであり，このような個人向け国債の内容及び性質に照らせば，共同相続された個人向け国債は，相続開始と同時に当然に相続分に応じて分割されることはない」。

本件株式等は，亡Aの相続開始と同時に当然に相続分に応じて分割されず，最終的な帰属は遺産分割によって決せられ，本件株式等は，「本件遺産分割審判によってXら及びYの各持分4分の1の割合による準共有となったことにな」る。

■解 説■

1　判例（関連判例②－Ⅲ-128事件）は，相続財産中の可分債権である金銭債権について，相続開始時に法律上当然に分割され各共同相続人に帰属すると解してきた（当然分割説）。ただし，判例は，債権が金銭の給付が主たる目的であっても，自動的に当然分割されるわけではなく，権利の内容や性質を検討した上で，可分のものかどうかを判断してきた（株式について関連判例①)。他方，近年，最高裁は，一見すると可分債権と思われるものであっても，当然分割を否定する債権の存在を認める傾向にある（定期郵便貯金債権について関連判例③，委託者指図型投資信託受益権の元本償還金等にかかる預り金債権について関連判例④－Ⅲ-132事件)。

2　本判決は，株式については，関連判例①を引用し，共同相続人の準共有となることを確認している。また，投資信託受益権については，「監督的機能を有する権利」が含まれていることを理由として，準共有となることを明らかにしている。「監督的機能を有する」不可分の権利の存在を理由とする点で，株式と類似的に判断しているとみることができる。今後は，具体的にどのような「可分給付を目的としていない権利」が含まれる場合に当然分割が否定されるのかが問題となる。

3　個人向け国債については，法令上，口数が1単位未満に分割することができないことを理由としており，関連判例④と同様の判断をする。法令上制限がある権利については明らかにされたが，当事者間の合意により類似の制限が定められている場合も同様に解されるのか等の問題が残されている。

◆ 関連判例 ◆

①最判昭45・1・22民集24巻1号1頁
②最判昭29・4・8民集8巻4号819頁（Ⅲ-128事件）
③最判平22・10・8民集64巻7号1719頁
④最判平26・12・12裁時1618号1頁（Ⅲ-132事件）

●近畿大学　松久和彦●

132 投資信託受益権の共同相続

最高裁平成26年12月12日第二小法廷判決
（平成24年(受)第2675号相続預り金請求事件）
判時2251号35頁，判タ1410号66頁

■事　案■

Aは，平成8年10月に死亡した。相続人は，Aの子であるX（原告・控訴人・上告人）を含めて3名であり，法定相続分は各3分の1である。Aは，販売会社であるB証券会社から購入した，複数の委託者指図型投資信託（以下,「本件投資信託」という）の受益権（以下,「本件投信受益権」という）を死亡時に有していた。平成8年11月から平成10年9月までの間に本件投資信託から収益分配金が，平成16年には本件投資信託の元本償還金（以下,「元本償還金等」という）が発生した。これらは，B証券会社または同社を吸収合併した証券会社Y（被告・被控訴人・被上告人）のA名義の口座に預り金として入金された（以下,「本件預り金」，その返還を求める債権を「本件預り金債権」という）。Xは，Yに対して，本件預り金の3分の1にあたる金員等の支払を求め，訴えを提起した。

1審（徳島地判平23・12・22金判1458号23頁参照）・2審（高松高判平24・9・11前掲金判21頁参照）は，相続財産の性質については，相続開始時において判断すべきものであり，現時点で金銭債権に転化したからといって相続開始時に遡って金銭債権となるわけではないことから，本件預り金債権は，相続開始によって当然に分割される可分債権ではないとして，Xの請求を棄却した。そこで，Xは，本件投信受益権が相続開始後に金銭債権である本件預り金債権になった以上，本件預り金債権は当然に相続分に応じて分割されると主張し，上告受理の申立てをした。

■争　点■

共同相続された委託者指図型投資信託の受益権に基づく元本償還金等が被相続人名義の口座に入金された場合に，共同相続人の1人は，自己の相続分に相当する金員の支払を請求することができるか。

■判　旨■

上告棄却。

「本件投信受益権は，委託者指図型投資信託（投資信託及び投資法人に関する法律2条1項）に係る信託契約に基づく受益権であるところ，共同相続された委託者指図型投資信託の受益権は，相続開始と同時に当然に相続分に応じて分割されることはないものというべきである（〔関連判例①〕……参照)。そして，元本償還金又は収益分配金の交付を受ける権利は上記受益権の内容を構成するものであるから，共同相続された上記受益権につき，相続開始後に元本償還金又は収益分配金が発生し，それが預り金として上記受益権の販売会社における被相続人名義の口座に入金された場合にも，上記預り金の返還を求める債権は当然に相続分に応じて分割されることはなく，共同相続人の1人は，上記販売会社に対し，自己の相続分に相当する金員の支払を請求することができないというべきである。」

■解　説■

1　判例は，共同相続の場合，相続財産中の可分債権である金銭債権について，当然分割説を採りつつ，権利の内容・性質，法令上の制限等の理由により，当然分割の対象としない債権を認めてきた（関連判例①―Ⅲ-131事件解説参照)。一方で，判例は，不動産の代償財産（共同相続人全員の合意により相続財産中の不動産を売却して得られた代金債権〔関連判例②〕）や相続開始後遺産分割前に遺産である賃貸不動産から生じた賃料債権（関連判例③―Ⅲ-126事件）は，相続財産から逸出ないし遺産とは別個の財産として，相続分に応じて当然に分割されるとしている。

2　本判決は，本件投信受益権は相続開始によって当然に分割されないという関連判例①を前提として，元本償還金等の交付を受ける権利は「受益権の内容を構成するもの」とする。関連判例②③と異なり，元本償還金等は本件投信受益権と別個独立して把握することはないことを導いている。さらに，「受益権の内容を構成する」ことで，元本償還金等だけでなく，それが入金された本件預り金債権も当然に分割されず，準共有になるとする。この点，判例（関連判例④―Ⅲ-130事件）は，相続財産中の金銭を保管するために共同相続人の1人が預金した場合，当該預金債権が当然に分割されることを否定する。金銭が当然に分割されない以上，金銭の管理のために銀行に預け入れることによって，相続財産の性質が変わったものとして扱うべきではないとの判断といえ，本判決も同様の論理構成を採っているといえる。判例は，預金債権がどのような内容・性質を持つ権利により取得されたのかが特定される場合には，預金債権であっても当然に分割されず，準共有となると解しているといえよう。本判決は，このような当然分割説の例外を示すものとしての意義も見出すことができる。

3　本判決は，相続開始後に元本償還金請求権等が発生した事案であったが，相続開始前に発生した場合にも同様に解されるのか等の問題が残されている（「受益権の内容を構成する」との論拠からは，相続開始前に発生した場合も当然に分割されないと解することになろう）。

◆関連判例◆

①最判平26・2・25民集68巻2号173頁（Ⅲ-131事件）
②最判昭52・9・19家月30巻2号110頁
③最判平17・9・8民集59巻7号1931頁（Ⅲ-126事件）
④最判平4・4・10家月44巻8号16頁（Ⅲ-130事件）

●近畿大学　松久和彦●

133 連帯債務の相続

最高裁昭和34年6月19日第二小法廷判決
（昭和32年（オ）第477号貸金請求事件）
民集13巻6号757頁，判時190号23頁

■事　案■

訴外Aは，昭和26年12月1日，訴外B，訴外CおよびY$_1$の3名を連帯債務者として，金18万3000円を貸し付けた（以下，「本件貸金債権」という）。本件貸金債権は，Bの孫で，CとY$_1$との間の子であるY$_2$～Y$_4$への仕送りのために，BがAに依頼して数度にわたり借り受けてきた金銭を一口にまとめたものであって，CおよびY$_1$も了解して連帯債務者になった。Cが昭和29年3月23日に死亡し，これを配偶者Y$_1$が3分の1，子Y$_2$～Y$_4$およびDが各6分の1の割合で相続した（昭和55年改正前の法定相続分による。Bの死亡および相続は本件では問題となっていない）。本件貸金債権は，本訴提起前に，Aの子Xに債権譲渡されている。

Xは，B・C・Y$_1$を連帯債務者とする金9万8500円の貸金債権が別途成立しているので，合計28万1500円および遅延利息の支払につき，Y$_1$～Y$_4$が連帯して負担すべきであると主張して，訴えを提起した。

1審（岡山地裁津山支部判決年月日不明・民集13巻6号762頁参照）は，Yらに相続分に応じた分割支払を命じた。Yらは，本件貸金の債務者はBのみであること，また，Xが主張する貸金9万余円は，本件貸金債権の約定利息を貸金に改めたものにすぎないので，利息制限法に定める制限超過部分については無効であると主張して控訴した。

2審（広島高岡山支判昭32・3・6前掲民集763頁参照）は，利息制限法違反を認めて，Yらが各自全額（元金18万3000円＋利息1万8452円）につき支払義務があるとしたが，Xが控訴をしていないので，1審判決を維持し，Yらの控訴を棄却した。

Yらは，債務は相続分に応じて分割承継されるものであると主張して，上告。

■争　点■

連帯債務者の1人が死亡して共同相続された場合，被相続人の全部支払義務は，各相続人にそのまま承継されるのか，あるいは，各相続人は，相続分に応じて分割された範囲で連帯債務を負うのか。

■判　旨■

一部上告棄却，一部破棄差戻し。

「連帯債務は，数人の債務者が同一内容の給付につき各独立に全部の給付をなすべき債務を負担しているのであり，各債務は債権の確保および満足という共同の目的を達する手段として相互に関連結合しているが，なお，可分なること通常の金銭債務と同様である。ところで，債務者が死亡し，相続人が数人ある場合に，被相続人の金銭債務その他の可分債務は，法律上当然分割され，各共同相続人がその相続分に応じてこれを承継するものと解すべきであるから（〔関連判例①②〕……参照），連帯債務者の1人が死亡した場合においても，その相続人らは，被相続人の債務の分割されたものを承継し，各自その承継した範囲において，本来の債務者とともに連帯債務者となると解するのが相当である。本件において，……Bの債務の相続関係はこれを別として，Y$_1$およびCはXに対し連帯債務を負担していたところ，Cは死亡し相続が開始したというのであるから，Cの債務の3分の1はY$_1$において（但し，同人は元来全額につき連帯債務を負担しているのであるから，本件においてはこの承継の結果を考慮するを要しない。），その余の3分の2は，Y$_2$，Y$_3$，Y$_4$およびDにおいて各自4分の1すなわちCの債務の6分の1宛を承継し，かくしてY$_1$は全額につき，その余のYらは全額の6分の1につき，それぞれ連帯債務を負うにいたったものである。」

■解　説■

1　本判決は，まず，可分債務は相続開始と同時に相続分に応じて分割承継される，という大審院以来の判断を踏襲することを示した。これは，多数当事者の債権債務関係における分割主義をうたった427条に忠実な解釈であり，可分債権一般の取扱いと軌を一にする（関連判例②—Ⅲ-128事件）。

成立した遺産分割協議の内容や特別受益または寄与分の存在を知ることは債権者にとって難しいので，法定相続分という比較的明らかな基準によって債務を各相続人に分割帰属させた方が，債権者の権利行使が容易になるというメリットがある。相続人にとっても，債務全部を承継する（不分割承継説）よりは，分割された範囲でのみ履行責任を負う方が，負担が少ないといえる。反面，債権者には分割による担保力の低下というデメリットをもたらすことは否めない。

2　そして，この債権の担保力をめぐる問題は，連帯債務が相続の対象となった場合により鮮明になる。本判決の意義は，連帯債務の相続についても，債務相続分に応じて分割承継されるとした上で，各相続人は元々の連帯債務者とともに不等額連帯（一部連帯）の関係に立つと判示した部分にある。一部とはいえ連帯関係を認めたことで，担保力の低下に一定の歯止めをかけたとみることもできるが，不分割承継説の立場からすると，相続という偶然的な事情によって連帯債務の担保機能が損なわれるという点に疑問があるのはもちろんのこと，不等額連帯による債務関係の複雑化についても批判は少なくない。

3　本判決では，当然分割の基準となる「相続分」の意味について明示していないが，事案への当てはめの場では，法定相続分（昭和55年改正前の割合による）を用いてみせた。相続分の意味についてより詳しい判断に関心が寄せられていたところ，債務の相続につき相続分指定がなされた場合の扱いが問題となったケースにおいて，最高裁が，相続人間では相続分指定が一定の意味を持つが，債権者との関係では法定相続分による履行を拒めないとの判断を示している（関連判例③—Ⅲ-194事件）。

◆関連判例◆

①大決昭5・12・4民集9巻1118頁
②最判昭29・4・8民集8巻4号819頁（Ⅲ-128事件）
③最判平21・3・24民集63巻3号427頁（Ⅲ-194事件）

●南山大学　平林美紀●

134 非嫡出子の法定相続分規定の合憲性

最高裁平成 25 年 9 月 4 日大法廷決定
（平成 24 年(ク)第 984 号，第 985 号遺産分割審判に対する抗告棄却決定に対する特別抗告事件）
民集 67 巻 6 号 1320 頁，判時 2197 号 10 頁

■事　案■

被相続人 A は，平成 13 年 7 月 25 日に死亡した。A は，妻 B との間に嫡出子である X_1，X_2，C の 3 人の子を，D 女との間に嫡出でない子である Y_1，Y_2（以下 Y らとする）をもうけていた。D，Y_1，Y_2 は，相続開始時に A の氏を称している。A の相続人は妻 B，嫡出子 X_1，X_2，相続開始前に死亡した C の代襲相続人 X_3 と X_4，嫡出でない子 Y_1，Y_2 である。X_1 ～ X_4 が申し立てた遺産分割の手続において，Y らは，非嫡出子の法定相続分につき 900 条 4 号ただし書前段の規定が憲法 14 条 1 項に反し無効であると主張した。1 審（東京家審平 24・3・26 民集 67 巻 6 号 1352 頁参照）は，Y らの主張を採用せず，平成 16 年に死亡した B の相続分 2 分の 1 を X_1 ～ X_4 が相続した結果，法定相続分につき X_1 と X_2 が各 48 分の 14，代襲相続人 X_3 と X_4 が各 48 分の 7，Y らが各 48 分の 3 とした。さらに，特別受益を受けた Y らは，その具体的相続分は 0 となり，遺産を取得することができないとした。

Y らの抗告を 2 審（東京高決平 24・6・22 前掲民集 1345 頁参照）が棄却したため，Y らは，特別抗告をした。

■争　点■

非嫡出子の法定相続分が嫡出子の相続分の 2 分の 1 であることが，一度は合憲と判断されている。その後に，社会の変化の中で憲法 14 条 1 項の平等原則に反すると評価するためにはどのような理由が必要なのだろうか。

■決定要旨■

破棄差戻し。

「昭和 22 年民法改正時から現在に至るまでの間の社会の動向，我が国における家族形態の多様化やこれに伴う国民の意識の変化，諸外国の立法のすう勢及び我が国が批准した条約の内容とこれに基づき設置された委員会からの指摘，嫡出子と嫡出でない子の区別に関わる法制等の変化，更にはこれまでの当審判例における度重なる問題の指摘等を総合的に考察すれば，家族という共同体の中における個人の尊重がより明確に認識されてきたことは明らかであるといえる。そして，法律婚という制度自体は我が国に定着しているとしても，上記のような認識の変化に伴い，上記制度の下で父母が婚姻関係になかったという，子にとっては自ら選択ないし修正する余地のない事柄を理由としてその子に不利益を及ぼすことは許されず，子を個人として尊重し，その権利を保障すべきであるという考えが確立されてきているものということができる。」

「以上を総合すれば，遅くとも A の相続が開始した平成 13 年 7 月当時においては，立法府の裁量権を考慮しても，嫡出子と嫡出でない子の法定相続分を区別する合理的な根拠は失われていたというべきである。」

「したがって，本件規定は，遅くとも平成 13 年 7 月当時において，憲法 14 条 1 項に違反していたものというべきである。」

■解　説■

1　民法旧 900 条 4 号ただし書前段は，「嫡出でない子の相続分は，嫡出である子の相続分の 2 分の 1 とし」と定めていた。この規定について，平成 6 年の「婚姻制度などに関する民法改正要綱試案」は削除を提案していたが，関連判例①は昭和 63 年に相続が開始した事案で合憲であると判断した。それ以後に最高裁は平成 12 年 6 月 30 日に相続が開始した事案（関連判例②）で旧 900 条 4 号ただし書前段が合憲であるとした。本決定が違憲とした平成 13 年 7 月までに開始した相続は本決定の対象に入らないことから，それ以前の最高裁の判断を否定するものではなく，棲み分けたといえる。

2　本決定は，平成 7 年以降の状況のみではなく，「昭和 22 年の民法改正から」の諸事情の変化から違憲と判断した。諸事情としては，社会の動向，国民意識の変化，外国の立法状況と国際条約，住民票の続柄記載や日本国籍取得など日本の法制の変化があげられている。ここでは決定理由の一部しか載せていないが，多角的な検討について全文を読んで考えてもらいたい。

3　嫡出子と嫡出でない子は，父子関係の成立，解消，効果の場面で違いがある。嫡出推定が婚姻の存在を前提とすることから，嫡出でない子では認知が必要となるという父子関係の成立の違いは差別とはいえない。それに対して，同じく父子関係がありながら，その効果に違いがある場合に，「嫡出でない子」という理由だけで正当化することはできない。嫡出でない子の日本国籍取得に関する国籍法の規定は，先に違憲であると判断されていた（関連判例③）。そして，民法に明文で定められていた法定相続分の問題は，嫡出子と非嫡出子の差別的取扱いが解消されていく中で注目された。

4　嫡出子と非嫡出子の法定相続分が同じになったとしても，被相続人が遺言で相続分指定をすることで非嫡出子の相続分を減少させることは，遺言自由の原則から禁止されない。それでも，法定相続分をもとに算定される遺留分で，本決定によって嫡出子と非嫡出子の違いが無くなったことの意味は大きい。さらに，本決定が平成 31 年以降に順次施行されていった相続法改正への実質上のきっかけとなったことも考えると，その重要性は法解釈の枠を超えているといえる。

◆関連判例◆

①最大決平 7・7・5 民集 49 巻 7 号 1789 頁
②最決平 21・9・30 判時 2064 号 61 頁
③最大判平 20・6・4 民集 62 巻 6 号 1367 頁（Ⅲ -53 事件）

●京都産業大学　渡邉泰彦●

135 相続分指定と相続人からの持分の譲渡

最高裁平成5年7月19日第二小法廷判決
（平成元年(オ)第714号求償債権請求事件）
家月46巻5号23頁，判時1525号61頁

■事 案■

被相続人Aには，相続人としてY・B・C・Dの4人の子がいた。

遺産のうち土地については，相続税の延納許可との関係で相続開始後に持分4分の1ずつの相続登記がされたが，遺産分割協議は行われていない。そのため相続人たちは，遺産分割協議にはこの登記が影響しない旨覚書を取り交わしていた。Aの遺言ではBに遺産の20分の1が指定されていた。なお，遺言においては訂正ミス等のため，すべての財産が相続人に割り当てられていない。そこで，裁判所による遺言解釈の結果，Bの相続分は80分の13とされている。しかし，Bはすでに本件土地の4分の1の持分をXに譲渡し，持分移転登記を経由していた。その当時すでに相続人間で遺産に関し争いがあったため，契約書中には将来Bの持分が変更されXの持分も変更された場合にはBX間で清算する旨の条項がある。その後，Yが相続税を滞納したため，この土地は公売処分に付されXはその持分を失った。そのため，XがYに対し，本来Xに帰属すべき公売代金の一部がYの滞納相続税に充当されたとして求償を求めた。

1審（大阪地判昭62・3・26金判968号21頁参照）はXの請求を認めた（理由は不明）が，2審（大阪高判平元・2・22前掲金判16頁参照）は，Xが取得した土地の持分はBの相続分の80分の13に限られ，それを前提に計算するとXはYの滞納相続税のために何ら出捐しておらず求償権を有しないとしてXの請求を棄却した。

Xが上告。上告理由は，遺産分割前に共同相続人の1人が個々の不動産の持分を第三者に譲渡した場合，譲渡人の指定相続分もしくは具体的相続分が法定相続分を下回っても，第三者は法定相続分の割合による持分を取得し，そうでなくても譲渡人の相続分が法定相続分と異なる場合には，その登記がなくては譲受人たる第三者に対抗できないとすべきである，とする。

■争 点■

①遺言による相続分指定がある場合に，相続は法定相続分によるのか，指定相続分によるのか。

②共同相続人の1人の相続分が法定相続分を下回る場合に，法定相続分による持分の譲受人に対し，他の共同相続人は登記なくして各自の相続分を対抗できるか。

■判 旨■

上告棄却。

Bの「登記は持分80分の13を超える部分については無権利の登記であり，登記に公信力がない結果，Xが取得した持分は80分の13にとどまる」。

■解 説■

1 本判決は，遺言による相続分指定においては，相続人は法定相続分ではなく指定相続分を相続することを当然の前提としている。すなわちこの場合899条により相続人が承継するのは指定相続分となる。

2 この前提によれば，指定相続分よりも法定相続分が上回る場合，法定相続分が指定相続分を超える部分は，登記されても無権利の登記で，先例（関連判例①―Ⅰ-232事件）と同様にその登記を信じて取引した第三者は登記に公信力がない以上指定相続分を取得するにすぎず，他の共同相続人は登記なくしてそれぞれの相続分による権利を対抗できることになる。共同相続人に相続開始後すぐに指定相続分にしたがった登記をすることがあまり期待できないことを考えると，この結論は共同相続人にとっては有利である。

3 学説の多くは，相続分の指定が，相続人に包括遺贈が行われた場合と大差ない点に着目する。特定遺贈に関してではあるが先例（関連判例②―Ⅰ-235事件）は，遺贈は登記されなければ第三者に対抗できないとしており，包括遺贈でも同様だとすれば，相続分指定と包括遺贈との間のバランスが悪く，取引第三者からすれば相続分指定があるかどうかならびにその内容を知ることが困難で，相続人が登記なくして対抗できるとするのは取引の安全を害する等の理由から，相続分指定でも相続人は登記なくして第三者に対抗できないと解すべきであるとする。

改正法（899の2）により法定相続分を超える遺産を相続することになった場合（遺産分割協議によると遺言によるとにかかわらず），登記などの対抗要件を備えなければ第三者に対抗できないこととなった。本件の場合，Bは法定相続分を超える相続分を受けるわけではないので同条の適用はない。

かえって法定相続分より多くの遺産を相続する者は，対抗要件（登記あるいは登録等）を備えないと法定相続分を超える自己の相続分を第三者に対抗できないことになる。結局のところ，法定相続分より多大な遺産を相続する者はその相続分の第三者への対抗は対抗要件の有無によって決するルールにすることにより，第三者からすれば対抗要件の有無を確認すれば安全に取引をすることができ，思わぬ相続の影響を受けることはないようにしているわけである。

4 争点とはならなかったが，2審は遺言による相続分指定において，その指定を合計しても1に満たないときは，残りの部分は法定相続分により各相続人に割り当てられるとし，最高裁もその判断を前提としている。

◆関連判例◆

①最判昭38・2・22民集17巻1号235頁（Ⅰ-232事件）
②最判昭39・3・6民集18巻3号437頁（Ⅰ-235事件）

●南山大学 伊藤 司●

136 死亡保険金の特別受益性

最高裁平成16年10月29日第二小法廷決定
（平成16年(許)第11号遺産分割及び寄与分を定める処分審判に対する抗告審の変更決定に対する許可抗告事件）
民集58巻7号1979頁，判時1884号41頁

■事　案■

Xら3名およびYは，いずれもAとBの間の子である。Aは平成2年1月2日に，Bは同年10月29日に，それぞれ死亡した。Aの法定相続人はB，XらおよびYであり，Bの法定相続人はXらおよびYであり，その法定相続分は各4分の1である。

XらおよびYの間で，土地以外の遺産について遺産分割協議・調停が成立し，各人は1200万円から1440万円余に相当する財産を取得した（この結果は遺産分割審判では考慮しない旨の合意がある）。XらはAが所有していた本件各土地（平成2年度の固定資産税評価額は合計700万余円，平成15年2月時点の鑑定結果による評価額は合計1149万円）を対象に遺産分割審判を申し立てた。

Yは，AまたはBを被保険者，被共済者とする養老保険契約および養老生命共済契約3件に基づき，死亡保険金等合計793万余円を受領した。

1審（神戸家伊丹支審平15・8・8金判1241号38頁参照）は，Yが受領した死亡保険金等をYの特別受益と認めたのに対して，2審（大阪高決平16・5・10民集58巻7号1986頁参照）は，Yが受領した死亡保険金等につき持戻しを否定した。

Xらは持戻しを否定した2審を不服として，許可抗告を申し立てた。

■争　点■

相続人の一部の者が得た死亡保険金は持戻しの対象か。

■決定要旨■

抗告棄却。

「被相続人が自己を保険契約者及び被保険者とし，共同相続人の1人又は一部の者を保険金受取人と指定して締結した養老保険契約に基づく死亡保険金請求権は，その保険金受取人が自らの固有の権利として取得するのであって，保険契約者又は被保険者から承継取得するものではなく，これらの者の相続財産に属するものではない……（〔関連判例①〕……参照）。また，死亡保険金請求権は，被保険者が死亡した時に初めて発生するものであり，保険契約者の払い込んだ保険料と等価関係に立つものではなく，被保険者の稼働能力に代わる給付でもないのであるから，実質的に保険契約者又は被保険者の財産に属していたものとみることはできない（〔関連判例⑥〕……参照）。したがって，上記の養老保険契約に基づき保険金受取人とされた相続人が取得する死亡保険金請求権又はこれを行使して取得した死亡保険金は，民法903条1項に規定する遺贈又は贈与に係る財産には当たらないと解するのが相当である。もっとも，上記死亡保険金請求権の取得のための費用である保険料は，被相続人が生前保険者に支払ったものであり，保険契約者である被相続人の死亡により保険金受取人である相続人に死亡保険金請求権が発生することなどにかんがみると，保険金受取人である相続人とその他の共同相続人との間に生ずる不公平が民法903条の趣旨に照らし到底是認することができないほどに著しいものであると評価すべき特段の事情が存する場合には，同条の類推適用により，当該死亡保険金請求権は特別受益に準じて持戻しの対象となると解するのが相当である。上記特段の事情の有無については，保険金の額，この額の遺産の総額に対する比率のほか，同居の有無，被相続人の介護等に対する貢献の度合いなどの保険金受取人である相続人及び他の共同相続人と被相続人との関係，各相続人の生活実態等の諸般の事情を総合考慮して判断すべきである。」

■解　説■

1　判例によれば，生命保険契約に基づく死亡保険金は，死亡保険金の固有財産として原始的に取得され，相続財産を構成しない（関連判例①—Ⅲ-118事件・②—Ⅲ-120事件）。しかし，被相続人が保険契約者兼被保険者として保険料を支払った場合には，支払われた保険料は共同相続人のうち一部の者が受け取った死亡保険金の実質的対価とみることができ，遺贈ないし死因贈与に準ずる財産移転と評価され得る。学説の多くは，死亡保険金を持戻しの対象と解してきた。

2　この点に関する下級審裁判例の立場は分かれていた（関連判例③は持戻しを否定し，関連判例④は傍論として持戻しを肯定し，関連判例⑤は，原則として持戻しを肯定しつつ，特段の事情があるときは持戻しを否定する等）。本決定は，原則として死亡保険金を持戻しの対象とすることを否定しつつ，共同相続人間に生ずる不公平が903条の趣旨に照らし到底是認できないほど著しい特段の事情が存する例外的場合に限り，同条の類推適用により持戻しの対象になると述べ，この問題について最高裁の見解を明らかにした（本決定に依拠しつつ，1億余円の生命保険金を特別受益と認めたのは関連判例⑦，5200万円の保険金を特別受益と認めたのは関連判例⑧）。

死亡保険金が原則として持戻しの対象とならないことの理由として，決定要旨は，死亡保険金の固有権性，保険金請求権の発生時，保険金と保険料の等価関係の否定等を挙げているが，持戻しは生前贈与など相続開始前に相続財産から逸出していた財産を対象となし得る。また，保険金と保険料の等価関係が否定されると，保険金の実質的対価である保険料までが被相続人の財産に属していたと見ることができなくなる理由は明らかではない。死亡保険金請求権の固有権性に着目し，903条の文言に該当しないという形式論を重視したというほかはない。

3　なお，決定要旨が死亡保険金を持戻しの対象としない理由として挙げた事項は，自己を被保険者とする生命保険契約の契約者が死亡保険金の受取人を変更する行為は遺留分減殺（改正民法1046条1項によれば遺留分侵害額）請求の対象ではない旨を判示したものとして本決定が引用する関連判例⑥が挙げたものと全く同じである。本決定と関連判例⑥を併せ読むと，最高裁は，死亡保険金をめぐって争いが生じた場合にも，原則として相続人間の利害調整に手を貸そうとしない姿勢を示したが，下級審は遺産に占める保険金の割合をみて特段の事情を認めている。特段の事情がある例外的場合に限って持戻しを認める合理的理由を推測すれば，家庭裁判所の紛争処理能力に限界があるためと考えればよいのだろうか。

決定要旨によれば特段の事情がある場合に，持戻しの対象となる財産の範囲も問題となる。本決定およびその後の下級審裁判例は，持戻しの対象を死亡保険金としており，相続財産から逸出した価値ではなく，相続人間の分配の公平に着目してこの問題を処理する姿勢が明確に示されている。

◆関連判例◆

①最判昭40・2・2民集19巻1号1頁（Ⅲ-118事件）
②最判昭48・6・29民集27巻6号737頁（Ⅲ-120事件）
③東京高決昭55・9・10判タ427号159頁
④東京高判昭60・9・26金法1138号37頁
⑤大阪家審昭53・9・26家月31巻6号33頁
⑥最判平14・11・5民集56巻8号2069頁
⑦東京高決平17・10・27家月58巻5号94頁
⑧名古屋高決平18・3・27家月58巻10号66頁

●同志社大学　木下孝治●

137 具体的相続分の価額または遺産総額に対する割合の確認の利益

最高裁平成12年2月24日第一小法廷判決
（平成11年(受)第110号具体的相続分確認請求事件）
民集54巻2号523頁，判時1703号137頁

■事　案■

訴外Aが平成4年11月10日に死亡し，長男Xと長女Yが相続した。YがAの遺産についてXに対して遺産分割申立てをし，家庭裁判所は次のように審判した。Yについて昭和62年10月31日に建物を贈与されており特別受益額として相続開始時400万円と算定した。XについてAの借地をAの勧めで購入資金の一部の贈与を受けて購入した土地の特別受益額として相続開始時1億7300万円余りと算定した。そして，相続財産について，現物分割の方法によるべきとして，X・Yの両者に一部ずつ取得させ，具体的相続分と現実の取得額との差額についてXからYへ2億2312万円を支払うように命じた。X・Yともに不服として広島高等裁判所に抗告したが抗告棄却。Xはさらに最高裁判所に抗告したが却下された。

そこで，Xは，本件審判は，特別受益の有無とその評価に関する判断および土地借地権の評価に関する判断を誤っており，これらの事項は訴訟事項であり，Aの総遺産に対する具体的相続分の確認の訴えも許されると主張し，Yに対し具体的相続分の価額（遺産総額4億124万円中2億169万円余）と同相続分率が一定限度（0.502679）を超えないことの確認を求めた。1審（岡山地判平10・3・30民集54巻2号530頁参照）は訴え却下。Xは控訴したが，控訴棄却（広島高岡山支判平10・10・27前掲民集549頁参照）。X上告受理申立て。

■争　点■

特別受益財産の確定について遺産分割の審判と別個独立の訴訟を提起することができるのか。

■判　旨■

上告棄却。

「民法903条1項は，共同相続人中に，被相続人から，遺贈を受け，又は婚姻，養子縁組のため若しくは生計の資本としての贈与を受けた者があるときは，被相続人が相続開始の時において有した財産の価額にその贈与の価額を加えたものを相続財産とみなし，法定相続分又は指定相続分の中からその遺贈又は贈与の価額を控除し，その残額をもって右共同相続人の相続分（以下『具体的相続分』という。）とする旨を規定している。具体的相続分は，このように遺産分割手続における分配の前提となるべき計算上の価額又はその価額の遺産の総額に対する割合を意味するものであって，それ自体を実体法上の権利関係であるということはできず，遺産分割審判事件における遺産の分割や遺留分減殺請求に関する訴訟事件における遺留分の確定等のための前提問題として審理判断される事項であり，右のような事件を離れて，これのみを別個独立に判決によって確認することが紛争の直接かつ抜本的解決のため適切かつ必要であるということはできない。

したがって，共同相続人間において具体的相続分についてその価額又は割合の確認を求める訴えは，確認の利益を欠くものとして不適法であると解すべきである。」

■解　説■

1　共同相続人がある場合，贈与や遺贈等，特別受益を受けた者がある場合には，遺産分割に際して贈与や遺贈された財産を考慮して相続分を算出する（903 I〔平30法72による改正前〕)。相続開始時の相続財産に贈与や遺贈された財産を加えたものを「みなし財産」，それに法定相続分率や指定相続分率に基づき算出される各共同相続人の取得すべき相続分を「本来の相続分」，贈与や遺贈を受けた相続人について本来の相続分から贈与・遺贈の価額を差し引いたものを「具体的相続分」と呼ぶ。

具体的相続分の法的性質については，相続財産に対する観念的な権利があるとする立場（相続分説）と具体的権利ではなく分割の基準と捉える立場（遺産分割分説）に分かれていた。

最高裁は平成7年に関連判例①において，特別受益に当たるか否かについては，遺産分割申立事件，平成30年改正前には，遺留分減殺請求に関する訴訟等の具体的な相続分または遺留分の確定を必要とする審判事件または訴訟事件における前提問題として審理判断されるものであり，別個独立に特定の財産が特別受益財産であることの確認を求める訴えを不適法とした。しかし，特別受益財産に当たるか否かを前提として確定される具体的相続分の確定が訴訟事項か審判事項かについては判断されていなかった。

2　本件は，この点について具体的相続分は実体法上の権利関係ではなく，遺産分割審判事件での遺産の分割や遺留分減殺請求に関する訴訟事件での遺留分の確定等の前提問題として審理判断される事項であること，別個独立に判決により確認しても紛争の直接的かつ抜本的な解決に適切かつ必要ではないことを挙げ，確認の利益を欠く不適法な訴えと判断した初めての最高裁判決である。そして，具体的相続分の法的性質に関して権利性を否定する遺産分割分説によることを明らかにしたものと位置づけられる。

なお平成30年改正により遺留分減殺請求は遺留分侵害額請求として一般債権と改められた（金銭債権化）（1046 I）。相手方に対する意思表示によって行使すればよく必ずしも裁判上の請求によらなくてよくなった。

◆関連判例◆

①最判平7・3・7民集49巻3号893頁
②最大決平28・12・19民集70巻8号2121頁（Ⅲ-149事件）

●東京工業大学　金子宏直●

138 一部が譲渡された場合の相続分取戻しの可否と譲受人の共有物分割請求

最高裁昭和53年7月13日第一小法廷判決
（昭和52年(オ)第1171号共有物分割請求事件）
判時908号41頁，金判559号21頁

■事　案■

被相続人A所有の土地を配偶者Y_1およびY_2～Y_5の4人の子が相続したが，遺産分割協議は行われていない。ところがY_1は，子の1人に金銭を贈与するためと，自己の居住用家屋を購入する資金のためという理由から，他の相続人に相談することなくその土地の一部（本件係争地）を訴外Bに売却した。その後その土地はXに転売されている。ただし，Xへの移転登記は，Y_1から本件係争地が本件土地（本件係争地を含む6筆の土地）の6分の1に該当するという誓約書をとったうえでY_1の相続分の半分（当時の900条によれば配偶者の相続分は3分の1であったため6分の1）について本件土地すべてに共有持分が登記されている。そのため，Xが本件係争地につきY_1～Y_5に登記移転を求めた。Xは，主位的請求として本件係争地についてY_1の譲渡が有効に行われたとし，その理由としてY_1は自己の持分を譲渡できるのと同時に，Y_2～Y_5を代理して譲渡を行ったこと，仮にそうでないとしても表見代理が成立すると主張した。また，Xは予備的請求として本件土地の分割とその結果として本件係争地につき移転登記を求めた。

1審（岡山地判昭48・10・25公刊物未登載）は，主位的請求についてY_1の代理権が存在せず，表見代理も成立しないとして，XにY_1にのみその持分の半分たる6分の1について登記移転請求を認め，予備的請求については，遺産の分割は家事審判で行うべきもので，258条による共有物分割請求は許されないとした。

2審（広島高岡山支判昭52・8・29公刊物未登載）も1審同様に主位的請求については，Y_1について6分の1の持分移転登記請求を認めた。なお，2審においてY_2～Y_5から905条に基づく相続分取戻請求がなされたが，2審は905条が遺産の一部が譲渡された場合には適用されず，遺産全体の相続分が譲渡された場合にのみ適用されるとし，そうでないとしても，取戻しの意思表示が1か月の期間経過後に行われているとして，Y_2らの主張を排斥している。予備的請求については，遺産の一部につき譲渡がなされた場合には，258条による共有物分割請求が可能だとして，その部分につき控訴を認容し1審に差し戻した。

Yらは2審の判断が理由不備であり，また905条についての判断に誤りがあるとして上告した。

■争　点■

① 905条が遺産を構成する特定不動産の共有持分権の譲渡についても適用されるか。

②特定不動産の持分の譲渡を受けた譲受人が258条に基づいて共有物分割請求をすることが可能か，可能であればその範囲と被請求者は誰か。

■判　旨■

一部上告棄却，一部破棄自判。

905条の解釈につき，「共同相続人の1人が遺産を構成する特定の不動産について同人の有する共有持分権を第三者に譲り渡した場合については，民法905条の規定を適用又は類推適用することはできないものと解すべきである」として2審の判断を是認した。しかし，予備的請求については，Xは本件係争地以外の土地についても共有物分割請求をすることは許されず，また本件係争地についても売主たるY_1をも被告として分割請求を求めることは当事者適格を欠く者に対する請求として不適法であるとして，結論としては1審の判断を是認し，その部分について原判決を破棄して自判した。

■解　説■

1　905条がどのような場合に適用されるかについては，判決も少なく最高裁の見解が明らかでなかった。本判決により共同相続人の1人が遺産を構成する特定の不動産について同人の有する共有持分権を第三者に譲渡した場合については，905条の適用がないことが明確になった。この点は，特に判決の結論を左右しないにもかかわらず，最高裁が判決文の中で特に見解を明らかにしたものとして注目される。

905条は共同相続人の利益保護の観点から取引の安全を損なう規定と理解されるが，その適用範囲を広範囲に認めることは，取引安全の保護という観点より以前から疑問が呈されていた。最高裁は905条を共同相続人の1人の相続分全体が第三者に譲渡された場合にのみ適用されるという立場を採用したことになる。

2　また，本判決は遺産のうちの特定不動産の持分のみを譲り受けた者は258条により，分割請求が可能であることを前提として予備的請求につき判断している。この点については従来より先例（関連判例①—Ⅲ-143事件）によって認められており，本判決はその判断を踏襲したものと理解される。この点は，遺産分割手続と共有物分割手続の管轄裁判所，手続そのもの（遺産分割手続か共有物分割手続か），その対象財産（遺産全体か当該共有物か），さらには分割の方法・基準が異なるため異論もあるが，この判決により最高裁の立場はより確固たるものになったといえよう。この点に関連して，共同相続人間において，遺産の一部につき258条による共有物分割請求を認めなかった先例（関連判例②—Ⅲ-144事件）との関係にも注意を要する。

◆関連判例◆

①最判昭50・11・7民集29巻10号1525頁（Ⅲ-143事件）
②最判昭62・9・4家月40巻1号161頁（Ⅲ-144事件）

●南山大学　伊藤　司●

139 自己相続分を全部譲渡した者による遺産確認の訴え

最高裁平成26年2月14日第二小法廷判決
（平成23年(受)第603号遺産確認，建物明渡等請求事件）
民集68巻2号113頁，判時2249号32頁

■事　案■

本件不動産を所有していた被相続人Aは，昭和28年に死亡した。Aの共同相続人（代襲相続人・共同相続人の権利義務を相続した者を含む）であるXら4名（原告・控訴人・被上告人）は，同じくAの共同相続人であるYら5名（被告・被控訴人・上告人）と，その余のAの共同相続人であるBら4名に対して，本件不動産がAの遺産であることの確認を求める訴えを提起した（第1事件）。また，YがXに対して，Xが占有する建物は遺産分割協議を経るなどしてYが所有権を取得したとして，建物の明渡しなどを求める訴えを提起し（第2事件），第1事件に併合された。第1事件の係属後，BらがYを含む他の共同相続人にそれぞれ自己の相続分の全部を譲渡していたことがわかり，XらはBらに対する訴えを取り下げる手続をした。

1審（名古屋地判平22・2・25民集68巻2号126頁参照）は，XらのBらへの訴えの取下げによりBらが当事者でなくなったことを前提に，Xらの請求を棄却した。

2審（名古屋高判平22・12・10前掲民集166頁参照）は，以下の理由から，1審判決を取り消し，Yらに関する部分につき1審に差し戻した。固有必要的共同訴訟である遺産確認の訴えの係属中の共同被告の一部に対する訴えの取下げは効力を生じない。また，相続分の譲渡には遡及効がなく，BらはAの共同相続人としての地位は喪失せず，遺産確認の訴えにおける当事者適格を喪失したということはできない。したがって，訴えの取下げが効力を生じないことを看過してされた1審の訴訟手続は違法である。

これに対して，Yらが上告受理申立てをした。

■争　点■

自己の相続分の全部を譲渡した共同相続人は，遺産確認の訴えにおいて当事者適格を有するか。

■判　旨■

破棄差戻し。

「⑴　遺産確認の訴えは，その確定判決により特定の財産が遺産分割の対象である財産であるか否かを既判力をもって確定し，これに続く遺産分割審判の手続等において，当該財産の遺産帰属性を争うことを許さないとすることによって共同相続人間の紛争の解決に資することを目的とする訴えであり，そのため，共同相続人全員が当事者として関与し，その間で合一にのみ確定することを要する固有必要的共同訴訟と解されているものである（〔関連判例①・②〕……参照）。しかし，共同相続人のうち自己の相続分の全部を譲渡した者は，積極財産と消極財産とを包括した遺産全体に対する割合的な持分を全て失うことになり，遺産分割審判の手続等において遺産に属する財産につきその分割を求めることはできないのであるから，その者との間で遺産分割の前提問題である当該財産の遺産帰属性を確定すべき必要性はないというべきである。そうすると，共同相続人のうち自己の相続分の全部を譲渡した者は，遺産確認の訴えの当事者適格を有しないと解するのが相当である。

⑵　これを本件についてみると，Bらは，いずれも自己の相続分の全部を譲渡しており，第1事件の訴えの当事者適格を有しないことになるから，XらのBらに対する訴えの取下げは有効にされたことになる。」

■解　説■

1　遺産分割の前提問題として，相続人や遺産の範囲等について判断する必要がある。遺産分割の審判の確定後，ある財産の遺産帰属性について争いが生じ，審判が効力を失うことを防止する必要があり，遺産帰属性を既判力をもって確定する遺産確認の訴えは確認の利益がある（関連判例①―Ⅲ-142事件）。そして，遺産確認の訴えは，共同相続人全員を当事者とする固有必要的共同訴訟であり（関連判例②），一部の者に対する訴えの取下げの効力は認められない。そこで，本件において，相続分を全部譲渡した共同相続人（Bら）が遺産確認の訴えの当事者適格を有するかが問題となる。

2　相続分の譲渡（905Ⅰ）の対象は，「積極財産と消極財産とを包括した遺産全体に対する割合的な持分」である（本判決および関連判例③。なお，当該相続分に財産的価値があるとはいえない場合を除き，共同相続人間の無償での相続分の譲渡は譲渡をした者の相続において，903条1項の贈与に該当する〔関連判例④―Ⅲ-191事件〕）。割合的持分が法定相続分・具体的相続分のいずれかは明確ではないが，譲渡をした者は，相続財産に対しての持分を失う。しかし，相続放棄（938）をした場合と異なり，相続人としての地位は有する。このため，遺産分割の当事者となるか，遺産確認の訴えの当事者適格を有するかが問題になる。

3　本判決は，まず，相続分を全部譲渡した相続人は，遺産分割審判等の手続において，遺産の分割を求めることができず，遺産分割の当事者とはならないとする。そのため，遺産分割の前提問題である財産の遺産帰属性を確定する必要性はなく，遺産確認の訴えの当事者適格もないことを明確に示した。

◆関連判例◆

①最判昭61・3・13民集40巻2号389頁（Ⅲ-142事件）
②最判平元・3・28民集43巻3号167頁
③最判平13・7・10民集55巻5号955頁
④最判平30・10・19民集72巻5号900頁（Ⅲ-191事件）

●東北大学　石綿はる美●

140 遺産分割審判の合憲性および前提問題を審理判断することの可否

最高裁昭和41年3月2日大法廷決定
（昭和39年(ク)第114号遺産分割審判に対する抗告棄却決定に対する特別抗告事件）
民集20巻3号360頁，判時439号12頁

■事　案■

被相続人Aは昭和24年11月8日死亡し，相続人は長男Xと二男Yである。遺産として多数の不動産が遺された。Xが遺産分割の申立てを行い，調停手続は8回実施されたがYは一度も出頭せず，不成立となって審判に移行した。Xは，主文同旨の現物分割を望み，代償金については権利を放棄する旨述べ，Yは，「XがAに対し，その病気療養中多量の睡眠薬を継続的に投用し，Aを故意に死亡させたものであって，相続欠格者である」旨主張し，暗に，本件申立ての却下を求め，Xの分割案について格別の主張をしなかった。

1審（大阪家審昭38・8・10家月15巻11号131頁）は，X主張の分割案はYに有利であって，かつ，一応妥当なものと認められるとしてほぼX主張のとおり現物分割する旨の遺産分割審判をした。Yの主張に対しては「XがYの主張するごとく，Aを故意に死亡せしめた事実があるとしても，Xがそのため処罰せられたことはないので，Xを相続欠格者と言うことはできない」と判断した。2審（大阪高決昭39・2・14民集20巻3号384頁参照）はYの抗告を棄却したところ，さらにYは，家事審判は非訟事件であるから憲法32条・82条にいう裁判とは解されないが，家事審判法9条1項乙類事件は争訟性ある事件についての判断であり，家事審判法はその判断に形成力，執行力を認めているうえ異議申立てによる失効制度を欠いているから憲法32条・82条に違反する（第2，第3点は省略）と主張して特別抗告に及んだ。

■争　点■

①遺産分割事件を家事審判の手続で行うことは憲法に違反しないか。
②遺産分割審判の前提となる権利関係の存否を家事審判において審理判断することは可能か。

■決定要旨■

抗告棄却。

「遺産の分割に関する処分の審判は，民法907条2，3項を承けて，各共同相続人の請求により，家庭裁判所が民法906条に則り，遺産に属する物または権利の種類および性質，各相続人の職業その他一切の事情を考慮して，当事者の意思に拘束されることなく，後見的立場から合目的的に裁量権を行使して具体的に分割を形成決定し，その結果必要な金銭の支払，物の引渡，登記義務の履行その他の給付を付随的に命じ，あるいは，一定期間遺産の全部または一部の分割を禁止する等の処分をなす裁判であって，その性質は本質的に非訟事件であるから，公開法廷における対審および判決によってする必要なく，したがって，右審判は憲法32条，82条に違反するものではない」。

「右遺産分割の請求，したがって，これに関する審判は，相続権，相続財産等の存在を前提としてなされるものであり，それらはいずれも実体法上の権利関係であるから，その存否を終局的に確定するには，訴訟事項として対審公開の判決手続によらなければならない。しかし，……審判手続において右前提事項の存否を審理判断したうえで分割の処分を行うことは少しも差支えないというべきである。けだし，審判手続においてした右前提事項に関する判断には既判力が生じないから，これを争う当事者は，別に民事訴訟を提起して右前提たる権利関係の確定を求めることをなんら妨げられるものではなく，そして，その結果，判決によって右前提たる権利の存在が否定されれば，分割の審判もその限度において効力を失うに至るものと解されるからである。」

■解　説■

1　本判決の引用する関連判例①（Ⅲ-8事件）・②（Ⅲ-9事件）により，最高裁判所は，「法律上の実体的権利義務自体を確定する」ものが訴訟事件であり，裁判所が「後見的立場から，合目的の見地に立って，裁量権を行使してその具体的内容を形成する」ものが非訟事件であるとの見解を示していた。その立場からすれば，各相続人が共有する相続財産を，後見的立場から，合目的の見地に立って，裁量権を行使してどの相続人に帰属させるかを決定する遺産分割手続が非訟事件に該当することは疑いのないところである。明治民法の下においても遺産分割の本質が非訟事件であることは認められていたところである。

2　後段は，当時，見解の対立する重要論点について判示したもので，本件に即して言えば，Xに相続財産に対する共有持分が存在するか否かという訴訟事項に属する前提問題を家事審判中で判断することが許されるかについて，それを可能と判断したものである。その根拠を，前提問題に関する判断については既判力を生じることはなく，別途民事訴訟を提起することは妨げられるものではないことに求めている。消極説の論拠として，訴訟事項を非訟手続によって判断することは許されないことを挙げる説もあったが，審判によって権利関係が確定するものではないとして採用しなかった。そして，前提事項の存否を審判手続によって決定しても，そのことは民事訴訟による通常の裁判を受ける途を閉ざすことを意味しないから，憲法32条，82条にも違反しないと判示した。以上の理は家事事件手続法の下でも同様である。

◆関連判例◆

①最大決昭40・6・30民集19巻4号1089頁（Ⅲ-8事件）
②最大決昭40・6・30民集19巻4号1114頁（Ⅲ-9事件）

●元慶應義塾大学　岡部喜代子●

141 相続財産共有の性質および遺産分割の方法

最高裁昭和30年5月31日第三小法廷判決
（昭和28年(オ)第163号共有物分割請求事件）
民集9巻6号793頁，家月7巻6号42頁

■事　案■

被相続人Aは昭和12年8月13日死亡し，訴外BとYの養母Cが遺産である本件不動産につき各2分の1の共有持分によって遺産相続した。Cが昭和18年3月10日に死亡してこれをYが家督相続し，昭和18年9月11日Bの弟の妻であるXがBより上記共有持分の贈与を受けて，現にX・Y各2分の1の共有となっている。この状態で，Xが共有物分割の訴えを提起した。

1審（前橋地裁判決年月日不明・民集9巻6号801頁参照）は，本件不動産につき一括競売を命じ，その売得金より競売費用を控除した部分をX・Y各2分の1ずつ分配するものとした上，XからYに対し有益費の支払を命じた。Yが控訴した。2審（東京高判昭27・12・4前掲民集804頁参照）は，本件は民法応急措置法施行前に開始した相続であるから旧法が適用され，民法附則32条によって準用される民法の各条および旧民法相続編には遺産分割の方法について何ら規定するところがなく共同相続財産もまた共有財産にほかならないから258条の適用があるものであり，また，本件は新民法施行前既に遺産分割請求の訴訟が裁判所に係属した事件であるから，家事審判法，家事審判規則等の適用のないことはもちろんであるとした上，建物の分割は著しくその価格を損する結果を来し，その他の現物分割は不合理であるから一括競売を命じた1審は相当であると述べて控訴を棄却した。

Yは，2審は附則32条の定める906条を準用しなかったこと，同様に907条の分割方法によらず258条2項の定める一括競売の分割方法によったことは違法であるとの理由で上告した。

■争　点■

相続財産の共有は249条以下に規定する共有と性質を同じくするか。

■判　旨■

上告棄却。

「相続財産の共有（民法898条，旧法1002条）は，民法改正の前後を通じ，民法249条以下に規定する『共有』とその性質を異にするものではないと解すべきである。相続財産中に金銭その他の可分債権があるときは，その債権は法律上当然分割され，各共同相続人がその相続分に応じて権利を承継するとした新法についての当裁判所の判例〔関連判例①〕……及び旧法についての大審院の同趣旨の判例〔大判大9・12・22民録26輯2062頁〕……は，いずれもこの解釈を前提とするものというべきである。それ故に，遺産の共有及び分割に関しては，共有に関する民法256条以下の規定が第1次的に適用せられ，遺産の分割は現物分割を原則とし，分割によって著しくその価格を損する虞があるときは，その競売を命じて価格分割を行うことになるのであって，民法906条は，その場合にとるべき方針を明らかにしたものに外ならない。本件において，原審は，本件遺産は分割により著しく価格を損する虞があるとして一括競売を命じたのであるが，右判断は原判示理由によれば正当であるというべく，本件につき民法258条2項の適用はないとする所論は採用できない。」

■解　説■

1　本件相続は，民法附則25条1項により旧法が適用されるところ，遺産相続であるから同附則32条により，906条，907条が準用される。家事審判法の附則によれば民法附則32条の規定による遺産の分割に関する処分は家審法9条1項乙類に掲げる事項とみなされているが，既に訴えが提起されている事件は訴訟手続で行う（家審施行法26）。本件は応急措置法施行前に開始した遺産相続が応急措置法施行中，家事審判法未施行時に地方裁判所に共有物分割の訴えとして提起されたものである。また，当事者は，原告が遺産相続人から遺産（本件不動産の共有持分）を譲り受けた第三者であって，被告は再転相続人である。

2　旧法の解釈として，遺産共有の性質は物権法上の共有と同一のものか合有と解すべきかについて学説上の対立があり，合有説も有力に主張され，しかも合有説の中には持分の譲渡は無効であると主張するものもあった。共有説によれば，個々の財産上に持分を認めるからその譲渡は有効である（関連判例②—Ⅰ-232事件。ただし旧法909条により遺産分割によって効力が否定されることはあり得る）。そこで，まず，遺産共有の性質について物権法上の共有と同一の性質を有することを明示してXが共有持分を有することを肯定し，その上で，旧法下では遺産の分割について第1次的に共有に関する規定が適用されるから258条によることになるのであって906条はその際の方針を示したものとしたのである。遺産を譲り受けた第三者と相続人間の共有関係の解消は共有物分割手続かまたは遺産分割手続か，という点は問題とされていない。本件において，民法改正の前後を通じて遺産共有が物権法上の共有と性質を同じくすることを明らかにした点は重要であり，判例の考え方は一貫している。

◆関連判例◆

①最判昭29・4・8民集8巻4号819頁（Ⅲ-128事件）
②最判昭38・2・22民集17巻1号235頁（Ⅰ-232事件）

●元慶應義塾大学　岡部喜代子●

142 遺産確認の訴えの適否

最高裁昭和61年3月13日第一小法廷判決
（昭和57年(オ)第184号遺産確認請求事件）
民集40巻2号389頁，判時1194号76頁

■事　案■

Aが死亡し，長男B，長女Cの子X_1，二男X_2，三男X_3，二女Y_1および三女Y_2の6人がAの相続人となった。遺産分割調停において，B，X_1，X_2およびX_3は，もとAの所有であったがY_2または第三者Dの名義に所有権移転登記がなされている11件の不動産もAの遺産として分割の対象に加えるべきであると主張したが，Y_1およびY_2がそれらはAの遺産ではないと主張してこれを争った。調停は不調に終わり審判に移行したが，審判手続は事実上進行していない。その後，Bが死亡し，X_4～X_9の6人がBの相続人となった。

X_1～X_9は，Y_1およびY_2を被告として本件訴えを提起し，上記11件の不動産が「Aの遺産であることを確認する」との判決を求めた。なお，1審係属中にX_1が死亡し，その共同相続人であるX_{10}とX_{11}が原告の地位を当然承継した。

1審（京都地判昭55・5・9民集40巻2号397頁参照）は，本件訴えが適法であることを前提に，9件の不動産につきXらの請求を認容した。Y_1およびY_2が控訴したが，2審（大阪高判昭56・10・20前掲民集411頁参照）は，控訴を棄却した。そこで，Y_2のみが上告した。

■争　点■

共同相続人間においてなされる，特定の財産が被相続人の遺産に属することの確認を求める訴えは適法か。

■判　旨■

上告棄却。

「共同相続人間において，共同相続人の範囲及び各法定相続分の割合については実質的な争いがなく，ある財産が被相続人の遺産に属するか否かについて争いのある場合，当該財産が被相続人の遺産に属することの確定を求めて当該財産につき自己の法定相続分に応じた共有持分を有することの確認を求める訴えを提起することは，もとより許されるものであり，通常はこれによって原告の目的は達しうるところであるが，右訴えにおける原告勝訴の確定判決は，原告が当該財産につき右共有持分を有することを既判力をもって確定するにとどまり，その取得原因が被相続人からの相続であることまで確定するものでないことはいうまでもなく，右確定判決に従って当該財産を遺産分割の対象としてされた遺産分割の審判が確定しても，審判における遺産帰属性の判断は既判力を有しない結果（〔関連判例①〕……参照），のちの民事訴訟における裁判により当該財産の遺産帰属性が否定され，ひいては右審判も効力を失うこととなる余地があり，それでは，遺産分割の前提問題として遺産に属するか否かの争いに決着をつけようとした原告の意図に必ずしもそぐわないこととなる」。「これに対し，遺産確認の訴えは，……共有持分の割合は問題にせず，端的に，当該財産が現に被相続人の遺産に属すること，換言すれば，当該財産が現に共同相続人による遺産分割前の共有関係にあることの確認を求める訴えであって，その原告勝訴の確定判決は，当該財産が遺産分割の対象たる財産であることを既判力をもって確定し，したがって，これに続く遺産分割審判の手続において及びその審判の確定後に当該財産の遺産帰属性を争うことを許さず，もって，原告の前記意思によりかなった紛争の解決を図ることができるところであるから，かかる訴えは適法というべきである。もとより，共同相続人が分割前の遺産を共同所有する法律関係は，基本的には民法249条以下に規定する共有と性質を異にするものではないが（〔関連判例②〕……参照），共同所有の関係を解消するためにとるべき裁判手続は，前者では遺産分割審判であり，後者では共有物分割訴訟であって（〔関連判例③〕……参照），それによる所有権取得の効力も相違するというように制度上の差異があることは否定しえず，その差異から生じる必要性のために遺産確認の訴えを認めることは，分割前の遺産の共有が民法249条以下に規定する共有と基本的に共同所有の性質を同じくすることと矛盾するものではない。」

■解　説■

1　関連判例①（Ⅲ-140事件）は，ある財産が遺産に属するか否かを終局的に確定するには対審公開の判決手続によらなければならない旨を判示していたところ，本判決は，共同相続人間においてなされる特定の財産が被相続人の遺産に属することの確認を求める訴え（遺産確認の訴え）が適法であることを正面から肯定した点に重要な意義がある。

2　確認の訴えの適法性が認められるためには，原告の権利または法的地位に不安が現に存在し，かつ，その不安を除去する方法として原告被告間でその訴訟物たる権利または法律関係の存否の判決をすることが有効適切であることが必要であると解されている。本判決は，まず，ある財産が被相続人の遺産に属するか否かにつき共同相続人間で争いがある場合において，遺産分割の前提問題であるその争いに決着をつけるためには，共有持分確認の訴えでは実効性がないことを指摘する。その上で，遺産確認の訴えを，ある財産が「現に共同相続人による遺産分割前の共有関係にあることの確認を求める訴え」であると捉えた上で，その原告勝訴の確定判決は，「当該財産が遺産分割の対象たる財産であることを既判力をもって確定」することから，遺産分割の前提問題たる争いに決着をつけるという原告の意思に「よりかなった紛争の解決を図ることができる」として，その適法性を肯定した。

3　判決文中では，遺産確認の訴えの当事者適格の問題には言及されていないが，合一確定の必要があるとの見解のもとに，上告をしなかったY_1についても，Y_2の上告により上告人としての地位を取得したものとして，上告受理の手続が取られている。その後，関連判例④は，本判決を引用して，遺産確認の訴えは「共同相続人全員が当事者として関与し，その間で合一にのみ確定することを要するいわゆる固有必要的共同訴訟と解するのが相当である」と明示的に判断した（関連判例⑤・⑥―Ⅲ-139事件も参照のこと）。

◆関連判例◆

① 最大決昭41・3・2民集20巻3号360頁（Ⅲ-140事件）
② 最判昭30・5・31民集9巻6号793頁（Ⅲ-141事件）
③ 最判昭50・11・7民集29巻10号1525頁（Ⅲ-143事件）
④ 最判平元・3・28民集43巻3号167頁
⑤ 最判平6・1・25民集48巻1号41頁
⑥ 最判平26・2・14民集68巻2号113頁（Ⅲ-139事件）

●松山大学　水野貴浩●

143 遺産の共有持分権を譲渡された第三者からの分割請求による分割の方法

最高裁昭和50年11月7日第二小法廷判決
（昭和47年(オ)第121号共有物分割請求事件）
民集29巻10号1525頁，判時799号18頁

■事　案■

本件建物はAの所有であったところ，Aは昭和25年1月13日死亡し，これを妻Bが6分の2，養子CおよびYが各6分の2ずつ相続により取得した。Bは昭和31年9月4日死亡し，CおよびYが，本件建物を各6分の1ずつ，本件土地を各2分の1ずつ相続により取得し，したがって，CおよびYは本件土地建物を各2分の1ずつ共有することとなった。昭和34年11月14日，Cは本件土地建物の共有持分2分の1をXに贈与した。

Xは，本件土地建物について，共有持分権確認および共有物分割を求めて訴えを提起した。1審（大阪地判昭42・4・11民集29巻10号1530頁参照）は，本件土地建物についてXとYが各2分の1の持分の共有権を有することを確認し，本件土地建物の競売を命じ，代金の中から競売の費用を控除した残金をXとYに各2分の1ずつ分配するとの判決をした。2審（大阪高判昭46・10・28下民集22巻9・10号1104頁）は，共有持分権を譲り受けた第三者は，共同相続人間における審判手続による遺産分割前には258条による共有物分割の訴えを提起できないと解すべきであるとして1審判決を取り消して訴えを却下した。これに対し，Xは2審の解釈は不当に第三者の権利を制限するものであると主張して上告した。

■争　点■

遺産の共有持分権を譲渡された第三者からの分割請求による分割の方法は共有物分割訴訟か遺産分割審判か。

■判　旨■

破棄差戻し。

「第三者が右共同所有関係の解消を求める方法として裁判上とるべき手続は，民法907条に基づく遺産分割審判ではなく，民法258条に基づく共有物分割訴訟であると解するのが相当である。けだし，共同相続人の1人が特定不動産について有する共有持分権を第三者に譲渡した場合，当該譲渡部分は遺産分割の対象から逸出するものと解すべきであるから，第三者がその譲り受けた持分権に基づいてする分割手続を遺産分割審判としなければならないものではない。……第三者が共同所有関係の解消を求める手続を遺産分割審判とした場合には，第三者の権利保護のためには第三者にも遺産分割の申立権を与え，かつ，同人を当事者として手続に関与させることが必要となるが，……それぞれ分割の対象，基準及び方法を異にするから，これらはかならずしも同一手続によって処理されることを必要とするものでも，またこれを適当とするものでもなく，さらに，第三者に対し右のような遺産分割審判手続上の地位を与えることは前叙遺産分割の本旨にそわず，同審判手続を複雑にし，共同相続人側に手続上の負担をかけることになるうえ，第三者に対しても，その取得した権利とはなんら関係のない他の遺産を含めた分割手続の全てに関与したうえでなければ分割を受けることができないという著しい負担をかけることがありうる。これに対して，共有物分割訴訟は対象物を当該不動産に限定するものであるから，第三者の分割目的を達成するために適切であるということができるうえ，……右分割判決によって共同相続人に分与された部分は，なお共同相続人間の遺産分割の対象になるものと解すべきであるから，右分割判決が共同相続人の有する遺産分割上の権利を害することはない」。

■解　説■

1　昭和30年から40年代，上記争点に関する下級審裁判例は分かれており，また，学説は諸説対立し帰一しない状況であった。なかでも，第三者は共有物分割の訴えを提起し得ないと解するいわゆる否定説が多数を占める状況であった。このような状況下でなされた本判決の意義は実務上も理論上もまことに大きいものであったと評されている。

2　その理論は，(1)遺産共有の性質は物権法上の共有と異ならない（関連判例①—Ⅲ-141事件），(2)したがって第三者と共同相続人とが特定不動産上に有する共同所有関係も物権法上の共有と異ならない，(3)共同相続人の1人が特定不動産について有する共有持分権を第三者に譲渡した場合，当該譲渡部分は遺産分割の対象から逸出するから遺産分割審判によらなければならないという理由はない，というものである。その上で(4)遺産分割審判は全遺産を全相続人に対して906条の基準に従い合目的的に分割すべきであるのに対し，共有物分割訴訟では第三者に対し当該不動産の物理的一部分を分与することを原則とするなど，分割の対象，基準および方法を異にするから同一手続で行うことは必要でも適当でもない，(5)遺産分割で行うことは第三者および相続人の両者に手続上の負担をかけることになる，(6)分割訴訟で共同相続人に分与された部分は遺産分割の対象になるから共同相続人の権利を害することもない，との利益考量を行い，「第三者と共同相続人の利益の調和をはかるとの見地からすれば」共有物分割訴訟をもって相当と判断したのである。

3　この判決は実務に定着し，現在では学説により支持されている。その後の共有物分割訴訟に関する判例の変遷により共有物分割を柔軟に行うことができるようになったこと（関連判例②—Ⅰ-315事件・③—Ⅰ-318事件参照）は，より本判決の合理性を根拠づけるであろう。

◆関連判例◆

①最判昭30・5・31民集9巻6号793頁（Ⅲ-141事件）
②最大判昭62・4・22民集41巻3号408頁（Ⅰ-315事件）
③最判平8・10・31民集50巻9号2563頁（Ⅰ-318事件）
④最判昭53・7・13判時908号41頁（Ⅲ-138事件）

●元慶應義塾大学　岡部喜代子●

144 共同相続人間における分割方法

最高裁昭和62年9月4日第三小法廷判決
（昭和59年(オ)第569号共有物分割請求事件）
家月40巻1号161頁，判時1251号101頁

■事　案■

Aは本件不動産の所有者であったが，昭和50年6月12日に死亡した。Aの相続人は，いずれも子であるX，Y，B，C，D，EおよびFら計7名である。Fが昭和51年10月11日に死亡し，FがAから相続により取得した相続分を，X，Y，B，C，D，E計6名の兄弟姉妹が相続し，本件不動産は，X，Y，B，C，D，E各6分の1ずつの共有となった。ところで，Fが上記日時に交通事故によって死亡したことによる賠償金の取得についてXとYが対立し，また，XがYに対して本件不動産を6分の1ずつに分割するよう申し入れたがYが拒絶するなど対立が深まっていった。Yは，AおよびFと本件不動産において同居しその面倒を見たとして本件不動産を取得することを主張して遺産分割協議に応じない。そこで，Xは，本件不動産につき各6分の1ずつによる相続登記を了した上，主位的にはYが分割の協議を受け付けようとしないために協議ができないとして，予備的には各6分の1の共有とする旨の遺産分割協議が成立したと主張して，Y以外の相続人5名（Xを含む）の選定当事者として，Yに対し，258条1項による本件不動産の分割，具体的には本件不動産を競売に付して，代金を配当することを命じることを求めて提訴した。

1審（松山地西条支判昭58・1・28公刊物未登載）は，本件不動産の分割は家庭裁判所の審判によるべきものとして，Xの訴えを却下した。Xは控訴したが，2審（高松高判昭59・2・29公刊物未登載）も，相続人全員による分割協議の成立または家庭裁判所の調停ないし審判手続による分割が行われた上でなければ，258条による分割請求は許されないし，遺産分割の協議は成立していないとして，Xの控訴を棄却した。これに対し，Xが上告した。

■争　点■

相続により相続人の共有となった財産について，遺産分割が成立する以前に共有物分割請求訴訟を提起できるか。

■判　旨■

上告棄却。

「遺産相続により相続人の共有となった財産の分割について，共同相続人間に協議が調わないとき，又は協議をすることができないときは，家事審判法の定めるところに従い，家庭裁判所が審判によってこれを定めるべきものであり，通常裁判所が判決手続で判定すべきものではないと解するのが相当である。したがって，これと同趣旨の見解のもとに，Xの本件共有物分割請求の訴えを不適法として却下すべきものとした原審の判断は，正当として是認することができ，その過程に所論の違法はな」い。

■解　説■

1　遺産相続による共有の法的性質について，判例は一貫して，249条以下に規定する共有とその性質を異にするものではないとしている（関連判例①―Ⅲ-141事件）。共有を解消する方法には，現行法上，共有物分割手続（258Ⅰ）と遺産分割手続（907Ⅱ，家事39別表2の12）とがある。共有物分割訴訟は，地方裁判所の管轄する訴訟手続であり，分割基準の定めはなく，分割方法は現物分割を原則とし，例外的に換価分割としているのに対し，遺産分割審判は，家庭裁判所の管轄する非訟事件手続であり，分割基準は一切の事情を考慮するものとされ（906），分割方法は現物分割，代償分割，換価分割等多様性を認める。本判決後の共有物分割訴訟における判例の展開により，現在では分割方法については差はほとんどないと評価されているものの，遺産分割手続においては，特別受益（903）や寄与分（904の2）が考慮され，かつ，その効果には遡及効があるなど大きな相違がある。

2　明治民法の下では，遺産分割手続も共有物分割手続によるものとされていた。家事審判法の制定に伴い遺産分割事件は乙類審判事件とされたが，両者の関係は条文上は明らかではない。本判決以前には，下級審において，共有物分割手続によることができるとする判決もあった。これに対し，最高裁は，遺産確認の訴えの適法性が問題となった事件において，「共同所有の関係を解消するためにとるべき裁判手続は，前者〔分割前の遺産〕では遺産分割審判であり，後者〔249条以下の共有〕では共有物分割訴訟であって」と判示していた（関連判例②―Ⅲ-142事件）。本件においてXは，上記関連判例①の「遺産の共有及び分割に関しては，共有に関する民法256条以下の規定が第1次的に適用せられ，……民法906条は，その場合にとるべき方針を明らかにしたものに外ならない」を援用して主張したが，この判決は家事審判法の適用のない事件に関するものであり本争点の先例としては意味がない。

3　遺産共有の性質が物権法上の共有と相違がないとはいえ，共同相続による共有についてはその解消は遺産分割によるものとされ，そのための手続を家事審判法において用意したのであるから，その手続に則るべきである。本判決は，両手続の関係について，相続により共有となった財産の共有解消方法は遺産分割手続によるのであって，共有物分割の訴えを提起することは許されないことを明確にしたものとして大きな意義がある。以上の理は家事事件手続法施行後においても同様である。

◆関連判例◆

①最判昭30・5・31民集9巻6号793頁（Ⅲ-141事件）
②最判昭61・3・13民集40巻2号389頁（Ⅲ-142事件）

●元慶應義塾大学　岡部喜代子●
●慶應義塾大学　鈴木一夫●

145 遺産分割協議の法定解除

最高裁平成元年2月9日第一小法廷判決
（昭和59年(オ)第717号更正登記手続等請求事件）
民集43巻2号1頁，判時1308号118頁

■事 案■

昭和51年12月，染色業を営んでいたAが死亡し，その妻B（1審係属中死亡），長男Y（2審判決言渡し後死亡），長女X_1，次女X_2，次男X_3，三男X_4の6名が，土地・建物（染色工場を含む）を中心とするAの遺産（総額約1億円分）を相続した（法定相続分は，Bが3分の1，Y・X_1～X_4が各15分の2）。難渋の末，昭和53年5月30日，6名の間で遺産分割協議が成立し，Yが法定相続分を超える土地・建物等（約4300万円分）を，B・X_3・X_4は各人の法定相続分に近い割合の土地・建物等を，それぞれ取得した（X_1・X_2は遺産を相続しないこととなった）。その際，法定相続分より多い分割を受けたYは，他の5名に対し，⑴X_3・X_4と仲良く交際すること，⑵Bと同居すること，⑶Bを扶養し，Bにふさわしい老後を送ることができるように最善の努力をすること，⑷先祖の祭祀を承継し各祭事を誠実に行うことの4項目を，口頭で約束した。

ところが，分割の直後から，営業をめぐってYとX_3・X_4の間に不和が生じ，また，Yは，同居を始めたBと感情的に対立し，Bの扶養をやめたばかりかBを殴打するなどの虐待を行った。この間，Aの法要等の祭事はBが行った。これらのことから，(Bおよび)Xらは，Yに対し，Yが上記4項目を遵守しなかったのは債務不履行であるとして，遺産分割協議に基づく負担付贈与の解除等を主張し，Yが取得した土地・建物等につき，法定相続分に従ったXらとYの共有名義に改めるよう更正登記手続を行うこと等を求めた。

1審（京都地判昭58・3・9民集43巻2号10頁参照）・2審（大阪高判昭59・3・30前掲民集34頁参照）は，いずれも，共同相続人の1人が遺産分割協議において負担した債務を履行しないときであっても，他の相続人はこれを理由に〔改正前〕541条によりその協議を解除できないとして，Xらの請求を棄却した。これに対して，Xらが上告した。

■争 点■

共同相続人の1人が遺産分割協議において他の相続人に対して債務を負担したがこれを履行しない場合，他の相続人は遺産分割協議を解除することができるか。

■判 旨■

上告棄却。

「共同相続人間において遺産分割協議が成立した場合に，相続人の1人が他の相続人に対して右協議において負担した債務を履行しないときであっても，他の相続人は民法541条によって右遺産分割協議を解除することができないと解するのが相当である。けだし，遺産分割はその性質上協議の成立とともに終了し，その後は右協議において右債務を負担した相続人とその債権を取得した相続人間の債権債務関係が残るだけと解すべきであり，しかも，このように解さなければ民法909条本文により遡及効を有する遺産の再分割を余儀なくされ，法的安定性が著しく害されることになるからである。」

■解 説■

1 本判決は，共同相続人の1人が遺産分割協議において他の相続人に対して債務を負担したがこれを履行しない場合，他の相続人は当該遺産分割協議を解除できるかという問題に関し，最高裁として初めて判断を下し，従来の下級審判例と同様，否定の結論を採ることを明らかにしたものである。その理由として，判旨は，⑴遺産分割はその性質上協議の成立とともに終了し，その後は当該協議において当該債務を負担した相続人とその債権を取得した相続人間の債権債務関係が残るだけと解すべきであること，⑵このように解さなければ909条本文により遡及効を有する遺産の再分割を余儀なくされ，法的安定性が著しく害されることを挙げた。なお，本判決以前の下級審判例では，さらに，⑶契約解除制度の趣旨が債務不履行の相手方を当該契約から解放して新しい取引先を求めるのを可能にすることにあるのに対して，遺産分割の場合にはそのような要請がないことも，理由として挙げられることが多かった。

2 しかし，本判決以後，少なくとも一定の場合には遺産分割協議の解除を認めるべきとの見解がむしろ有力化しつつある。その内容を整理すると（上記⑴～⑶にそれぞれ対応），⑴遺産分割協議は，実質的には共同相続人が相互に持分を移転・移譲するという契約的側面を有するのであり，判旨のように遺産分割協議の処分性を根拠に債務不履行解除の論理的不可能性を導くのは形式的に過ぎる，⑵㋑解除を認めても第三者の保護は545条1項ただし書等により実現されうるため「対外的安定性」は考慮する必要がない，㋺共同相続人間での「対内的安定性」は重要であるが絶対的要請ではなく，少なくとも本件のように1人の相続人が債務を履行せず他の共同相続人が一致して解除を要求している場合にそれが強調されるのは適切でない，㋩遺産分割協議が無駄になることの防止という「制度的安定性」の要請も，組合の解散(683)のような適切な要件設定により調整可能である，⑶解除制度の趣旨は相手方に債務の履行を促すことにもあり，特に本件のように強制履行が困難な債務の場合には，その不履行に対する救済手段として解除を認める必要性が高い。もっとも，（特に⑵の対内的・制度的法的安定性を確保するために）どのような要件を設定するかに関しては，様々な見解が主張され，なお意見の一致は見られない。

3 関連判例との関係で，2点付言する。第1に，本判決は，遺産分割協議の債務不履行解除（法定解除）の可否について判断したものであるが，合意解除の可否（関連判例①—Ⅲ-146事件参照）等，遺産分割協議の効力が否定されうるかに関する種々の問題を考える際には，本判決との整合性が意識されねばならない。第2に，（Xらの主張にあるように）負担付贈与と構成すれば解除の余地が生まれることになるが（関連判例②—Ⅱ-148事件参照），場合によってそのような構成は可能か否か（可能であるとすれば本判決と関連判例②の守備範囲の区別，可能でないとすれば遺産分割協議と負担付贈与の相違の根拠づけ）も，重要な問題である。

◆関連判例◆

①最判平2・9・27民集44巻6号995頁（Ⅲ-146事件）
②最判昭53・2・17判タ360号143頁（Ⅱ-148事件）

●東京大学 中原太郎●

146 遺産分割協議の合意解除

最高裁平成 2 年 9 月 27 日第一小法廷判決
(昭和 63 年(オ)第 115 号土地所有権移転登記抹消登記手続請求事件)
民集 44 巻 6 号 995 頁，判時 1380 号 89 頁

■事　案■

昭和 56 年 12 月，本件土地を所有する A が死亡し，長男 X，次男 Y，三男 B，長女 C，次女 D の 5 名が，本件土地を含む A の遺産を相続した。昭和 57 年 3 月 25 日，5 名の間で遺産分割協議（以下「本件分割協議」）が成立し，X は本件土地のほか土地 8 筆を，Y は本件土地に隣接する Y の自宅敷地を，B は土地 1 筆を，それぞれ取得し，本件土地に関しては，同年 3 月 30 日，相続を原因とする X への所有権移転登記がなされた。

しかし，同年 3 月末ごろ，本件分割協議では Y 方への自動車の出入等に不便であると Y が主張して，XY 間で話し合いが行われ，その結果，X は，新聞の折込広告の裏面に贈与する土地の範囲を示す線を引き，登記手続に必要な X の実印および印鑑証明書と本件土地の権利証を Y に交付した。ところが，同年 4 月 7 日，Y は，X から受領した X の実印および印鑑証明書と本件土地の権利証を使用して，本件土地全体につき，真正な登記名義の回復を原因とする所有権移転登記を行った。このことを知らされた X は，本件分割協議により取得した本件土地の所有権に基づき，Y に対し，当該登記の抹消登記手続を請求した。これに対し，Y は，⑴昭和 57 年 3 月または昭和 58 年 1 月，共同相続人間で，本件土地の持分 2 分の 1 を Y が，その余を B・C が取得する旨の遺産分割協議の修正合意がなされたこと，そうでないとしても⑵昭和 57 年 3 月，Y は X から持分の贈与を受けたことを主張して争った。

1 審（札幌地室蘭支判昭 60・9・9 民集 44 巻 6 号 999 頁参照）は，⑴については，遺産分割協議の合意による修正は法的安定性を著しく害するため許されないので主張自体失当であるとし，⑵については，X に本件土地の持分 2 分の 1 を Y へ贈与する意思があったものとは認められないとして，X の請求を認容した。2 審（札幌高判昭 62・10・14 前掲民集 1005 頁参照）も，1 審の理由説示を全部引用して，Y の控訴を棄却した。これに対して，Y が上告した。

■争　点■

共同相続人全員による遺産分割協議の合意解除と再分割協議は可能か。

■判　旨■

上告棄却。

「共同相続人の全員が，既に成立している遺産分割協議の全部又は一部を合意により解除した上，改めて遺産分割協議をすることは，法律上，当然には妨げられるものではなく，Y が主張する遺産分割協議の修正も，右のような共同相続人全員による遺産分割協議の合意解除と再分割協議を指すものと解されるから，原判決がこれを許されないものとして右主張自体を失当とした点は，法令の解釈を誤ったものといわざるを得ない。しかしながら，原判決は，その説示に徴し，Y の右主張事実を肯認するに足りる証拠はない旨の認定判断をもしているものと解され，この認定判断は原判決挙示の証拠関係に照らして首肯するに足りるから，Y の右主張を排斥した原審の判断は，その結論において是認することができる。」

■解　説■

1　本判決は，共同相続人全員による遺産分割協議の合意解除と再分割協議の可否について，最高裁として初めて判断を下したものである（直接の先例はないが，関連判例①は，すでに本判決と同様の一般論を前提としていたと理解することも可能である）。なお，判旨は，そもそも遺産分割協議の修正合意の存在（Y の主張⑴の前提）が事実審で認定されなかったことも指摘している（判旨第 2 文参照）。それゆえ，最高裁としては，上記問題に関する法律判断を回避しつつ上告棄却判決を下すことも可能であったが，1 審・2 審の立場を明確に否定する必要があるとの考慮のもと，判旨第 1 文の判示を行ったものと推測される。

2　判旨は，「法律上，当然には妨げられるものではな」いという簡単な理由づけにより，遺産分割協議の合意解除と再分割協議の有効性を認めた。一見して自明の結論のようにも思われるが，その理由づけについては，慎重に分析する必要がある。

「法律上，当然には妨げられるものではな」いとの判示は，一応，遺産分割協議も一つの法律行為として契約自由の原則に服し，それを制限する明文の規定もない以上，当事者の合意によりその効力を否定することは（原則どおり）可能であるとの論理を前提としているものと分析できるが，そうすると，遺産分割協議の特殊性を強調した関連判例②（Ⅲ -145 事件）との整合性が問題となる。同判決は，⑴遺産分割協議の処分性および⑵遺産分割協議の法定解除を認めることによる法的安定性の阻害を理由として，遺産分割協議の法定解除は認められないとしたが，これらの理由づけは，合意解除を否定する論理ともなりうる。すなわち，⑴遺産分割協議の処分性を前提とすると，ひとたび遺産分割協議が成立すれば，合意解除であってもその効力を覆す余地はなく，また，⑵合意解除も法定解除と同じ効果をもたらす以上，法的安定性の阻害の程度は同じであり，許されないとの推論も可能である。要するに，両判決は異なる理由づけをしているものの，理由づけ相互に矛盾・衝突がないかが，判例解釈上，極めて重要な問題となる。

3　様々な理解の可能性がありうるが，問題の本質は，遺産分割協議により確定されるべき相続後の権利関係の安定性という要請（その内容はⅢ -145 事件の解説を参照）と，当事者の合意による自由な権利関係の変動の承認という要請との間で，どのような線引き（調整）を行うかにある。この点の解答次第で本判決（および関連判例②）の射程の理解も変わりうるし，本判決後なお残された問題として指摘される「解除条件付きの遺産分割協議の可否」等においても，同様の考察が必要となるだろう。

◆ 関連判例 ◆

①最判昭 62・1・22 判時 1227 号 34 頁
②最判平元・2・9 民集 43 巻 2 号 1 頁（Ⅲ -145 事件）

●東京大学　中原太郎●

147 特定の遺産を特定の相続人に「相続させる」趣旨の遺言の解釈

最高裁平成3年4月19日第二小法廷判決
（平成元年(オ)第174号土地所有権移転登記手続請求事件）
民集45巻4号477頁，判時1384号24頁

■事 案■

昭和61年4月にAが死亡し，夫Y_1，長女Y_2，次女X_1，三女X_2が相続人であった。Aは自己所有の土地につき，昭和58年から59年に4通の自筆証書遺言を作成し，山林4筆をX_1とその夫X_3との「相続とする」とし，雑種地2筆をX_1の「相続とする」とし，別の山林をX_2に「相続させてください」との遺言，さらに，山林をX_3に「譲る」とした遺言であった。Y_1とY_2がこれを争ったので，XらがYらに対し，遺言により各土地の権利を取得したとして所有権の確認を求めた。相続人でないX_3に対する上記遺言が遺贈であることは疑いないため，X_1・X_2に対する遺言の性質が問題となった。1審（東京地判昭62・11・18民集45巻4号500頁参照）は，X_1・X_2に対する遺言は，「遺産分割方法の指定」と解すべきであり，遺産分割を経ていない本件ではX_1・X_2が遺言どおりに直ちに所有権を取得することはないとして，法定相続の限度でのみ請求を認めた。2審（東京高判昭63・7・11東高民時報39巻5～8号38頁）は，X_1・X_2に対する遺言は遺産分割方法の指定であり，かつ，この指定がなされているときは，当該相続人が優先権を主張した時点（X_1・X_2が本訴提起により優先権を主張した時点）で，当該遺産の限度で一部分割協議が成立したと判示し，遺言による所有権取得を肯定した。X_1に関する判断についてY_2が上告。

■争 点■

①特定の遺産を特定の相続人に「相続させる」趣旨の遺言は，遺贈と解すべきか遺産分割方法の指定と解すべきか。

②遺産分割方法の指定と解する場合に，遺言者の指定による承継が効果を生ずるために遺産分割手続が必要か。

■判 旨■

上告棄却。

「遺言書において特定の遺産を特定の相続人に『相続させる』趣旨の遺言者の意思が表明されている場合，……遺言者の意思は，……当該遺産を当該相続人をして，他の共同相続人と共にではなくして，単独で相続させようとする趣旨のものと解するのが当然の合理的な意思解釈というべきであり，遺言書の記載から，その趣旨が遺贈であることが明らかであるか又は遺贈と解すべき特段の事情がない限り，遺贈と解すべきではない。……『相続させる』趣旨の遺言は，正に同〔908〕条にいう遺産の分割の方法を定めた遺言であり，……このような遺言にあっては，……当該遺言において相続による承継を当該相続人の受諾の意思表示にかからせたなどの特段の事情のない限り，何らの行為を要せずして，被相続人の死亡の時（遺言の効力の生じた時）に直ちに当該遺産が当該相続人に相続により承継されるものと解すべきである。そしてその場合，遺産分割の協議又は審判においては，……当該遺産については，右の協議又は審判を経る余地はないものというべきである。」

■解 説■

1　特定の遺産を特定の相続人に取得させる指定が遺言でなされた場合に，それを特定遺贈と解すべきか，遺産分割方法の指定と解すべきか，仮に後者とする場合，当該相続人が当該財産を取得するためにさらに遺産分割手続を必要とするか。この問題は，いわゆる「相続させる」旨の遺言をめぐり，本判決の当時，判例・学説上争われていた。

2　従来，こうした遺言者の意図実現のためには特定遺贈が考えられていた。ところが，遺贈による場合，遺産分割手続は不要であるものの，登記手続は登記権利者（受遺者）と登記義務者（遺贈義務者たる遺言執行者または相続人）との共同申請による必要がある（遺贈の場合，登記の際の登録免許税の税率が相続に比べ高かったが，この点は法改正により平成15年4月以降同率となった）。そのような理由から，遺贈ではなく，相続による承継としての遺産分割方法の指定による方法が「相続させる」旨の遺言として，公正証書遺言実務を中心に普及をみていた。相続ならば，取得者である相続人単独で移転登記申請ができるし，登記実務はすでに，「相続させる」旨の遺言があったときは，遺産分割を待たず相続を原因とする所有権移転登記の申請を認めていたからである（昭47・4・17民甲1442号民事局長通達）。

3　本判決は，こうした遺言の法的性質について，遺言者の意思解釈を基本としつつ，特段の事情がない限り，遺贈でなく遺産分割方法の指定と解すべきものとし，かつ，遺言の効力として，遺産分割手続を経ることなく当然に被相続人の死亡の時に相続による権利承継の効果が生ずることを明言し，前掲の争点①②に決着を付け，いわば「遺産分割を要しない遺産分割方法の指定」として従来の公証実務および登記実務を裏付けたといえる。

4　本判決は，実務的には定着・浸透し，平成30年の改正も本判決を前提としている。すなわち遺産分割方法の指定として特定の遺産を特定の相続人に取得させる「相続させる旨」の遺言を「特定財産承継遺言」と呼んで実定法上の根拠を与えた（1014 II）。もっとも他方で，改正法は改正前の判例による取扱いを一部修正している（1014条は，前掲遺言につき，遺言執行者にも受益相続人が対抗要件を具備するための権限を認め，また新設の899条の2第1項は，前掲の遺言による権利変動は登記なしに対抗できるとしていた改正前の扱い〔関連判例参照〕から，法定相続分を超える部分につき対抗要件具備が必要とした）。

◆ **関連判例** ◆

最判平14・6・10家月55巻1号77頁

●南山大学　副田隆重●

148 「相続させる」旨の遺言と受益相続人の先死亡

最高裁平成23年2月22日第三小法廷判決
（平成21年(受)第1260号土地建物共有持分権確認請求事件）
民集65巻2号699頁，判時2108号52頁

■事　案■

Aには，BおよびXの二子がいた。Aは，平成5年2月，自己が所有する財産全部をBに相続させる旨の条項および遺言執行者を指定する条項の2か条からなる公正証書遺言をした。平成18年6月にBが死亡し，同年9月にAが死亡した。Xは，本件遺言の性質は遺贈であり，A死亡時に既にBが死亡していたことから本件遺言は失効したとして，Bの相続人である妻Y_1およびBY_1間の子Y_2・Y_3・Y_4に対し，遺産を構成する不動産につき法定相続分である2分の1の共有持分を有することの確認を求めて提訴した。

1審（東京地判平20・11・12民集65巻2号709頁参照）は，本件遺言を遺産分割方法の指定と解し，相続させる旨の遺言において遺産を相続させるものとされた相続人（受益相続人）が遺言者の死亡以前に死亡した場合にも原則として代襲相続が行われるとして，Xの請求を棄却した。2審（東京高判平21・4・15前掲民集717頁参照）は，本件遺言を遺産分割方法の指定と相続分指定の性質を含むものと解しつつ，遺言は遺言者の死亡時からその効力を生ずるため，受益相続人が遺言者の死亡以前に死亡していた場合には効力を生じないのが原則であるとして，Xの請求を認容した。Yらが上告受理申立て。

■争　点■

特定財産承継遺言（相続させる旨の遺言）により遺産を相続させるものとされた推定相続人が遺言者の死亡以前に死亡した場合，当該遺言は効力を生じないのか。当該遺産はどのように承継されるのか。

■判　旨■

上告棄却。

「被相続人の遺産の承継に関する遺言をする者は，一般に，各推定相続人との関係においては，その者と各推定相続人との身分関係及び生活関係，各推定相続人の現在及び将来の生活状況及び資産その他の経済力，特定の不動産その他の遺産についての特定の推定相続人の関わりあいの有無，程度等諸般の事情を考慮して遺言をするものである。このことは，遺産を特定の推定相続人に単独で相続させる旨の遺産分割の方法を指定し，当該遺産が遺言者の死亡の時に直ちに相続により当該推定相続人に承継される効力を有する『相続させる』旨の遺言がされる場合であっても異なるものではなく，このような『相続させる』旨の遺言をした遺言者は，通常，遺言時における特定の推定相続人に当該遺産を取得させる意思を有するにとどまるものと解される。」

「したがって，……当該遺言により遺産を相続させるものとされた推定相続人が遺言者の死亡以前に死亡した場合には，当該『相続させる』旨の遺言に係る条項と遺言書の他の記載との関係，遺言書作成当時の事情及び遺言者の置かれていた状況などから，遺言者が，……当該推定相続人の代襲者その他の者に遺産を相続させる旨の意思を有していたとみるべき特段の事情のない限り，その効力を生ずることはないと解するのが相当である。」

■解　説■

1　法定相続の場合，相続人が被相続人の死亡以前に死亡したときは代襲相続が行われ（887 II・III），直系卑属が被代襲者の受けるべきであった相続分を相続する（901 I）。遺言による財産処分の方法としては，民法典上，遺言による相続分の指定（902），遺産分割方法の指定（908）および遺贈（964）が予定されているが，このうち，遺贈については，遺言者の死亡以前に受遺者が死亡したときは効力を生じないとする明文規定がある（994 I）。遺言者が遺言に別段の意思を表示したときを除き，受遺者が受けるべきであったものは遺言者の相続人に帰属する（995）。他方，遺産分割方法の指定と相続分の指定については，規定がない。本件遺言のような特定財産承継遺言の法的性質は，遺贈と解すべき特段の事情がない限り遺産分割方法の指定，特定の遺産（遺産全部の場合も含む）が受益相続人の法定相続分を超える場合には相続分の指定としての性質をあわせもつと解されている（関連判例①—III-147事件・②—III-194事件，1014条2項〔平成30年相続法改正による新設条項〕）。しかし，相続させるものとされた対象財産の所有権が遺言者の死亡時に直ちに受益相続人に移転するなど，遺産分割方法の指定より遺贈に近い効力も有する。そのため，その特殊な法的性質も相まって，本件遺言の効力および対象財産の帰属が問題となったのである。

2　従来，学説上，遺言書に予備的な受益者等が示されるなど別段の意思表示がある場合を除いて当該遺言は失効し，対象財産は遺言者の法定相続人に承継されるとする見解（代襲相続否定説）と，遺言は失効せず，対象財産は受益相続人の直系卑属によって代襲相続されるとする説（代襲相続肯定説）との対立が見られた。裁判例では，代襲相続否定説の立場に立つ裁判例が多数を占め（関連判例③④⑤等），公証実務もこれを前提としていた。しかし，近年，代襲相続の趣旨等を根拠として代襲相続肯定説の立場に立つ裁判例が登場し（関連判例⑥），学説においても代襲相続肯定説への支持が増加するなど，実務上混乱が生じつつあった。

3　そのようななか，初の最上級審判決となった本判決は，遺言者の意思の解釈問題として本争点を検討し，基本的に代襲相続否定説の立場に立ち，「特段の事情」のない限り，当該遺言は効力を生じないとする統一的見解を示したものであり，実務上も重要な意義を有する。具体的にどのような事情が「特段の事情」に当たるのかは，今後の課題である。

◆関連判例◆

①最判平3・4・19民集45巻4号477頁（III-147事件）
②最判平21・3・24民集63巻3号427頁（III-194事件）
③東京家審平3・11・5家月44巻8号23頁
④東京地判平10・7・17金判1056号21頁
⑤東京地判平21・11・26判時2066号74頁
⑥東京高判平18・6・29判時1949号34頁

●慶應義塾大学　西希代子●

149 預貯金債権の共同相続(1)

最高裁平成28年12月19日大法廷決定
（平成27年(許)第11号遺産分割審判に対する抗告棄却決定に対する許可抗告事件）
民集70巻8号2121頁，判時2333号68頁

■事　案■

Aは，平成24年に死亡したが，その法定相続人は，Aの弟の子であり，Aの養子であるXと，Aの妹でありAと養子縁組をしたB（平成14年死亡）の子であるYの2人であった。Aは，遺産として本件不動産（約260万円）のほかに，本件預貯金債権（大部分は外貨預金であり，遺産分割の調停申立時において合計約3800万円）を有していた。XとYとの間で本件預貯金を遺産分割の対象に含める合意はされていない。Bは，Aから約5500万円の贈与を受けており，これはYの特別受益に当たる。

XがYを相手としてAの遺産の分割を申し立てたのに対して，2審（大阪高決平27・3・24金判1508号21頁）は，本件預貯金は，相続開始と同時に当然に相続人が相続分に応じて分割取得し，相続人全員の合意がない限り遺産分割の対象とならないなどとした上で，Xが本件不動産を取得すべきものとした。そこで，Xが許可抗告の申立てをしたところ，許可された。

■争　点■

共同相続された普通預金債権，通常貯金債権および定期貯金債権は遺産分割の対象となるか。

■決定要旨■

破棄差戻し。

「預金者が死亡することにより，普通預金債権及び通常貯金債権は共同相続人全員に帰属するに至るところ，その帰属の態様について検討すると，上記各債権は，口座において管理されており，預貯金契約上の地位を準共有する共同相続人が全員で預貯金契約を解約しない限り，同一性を保持しながら常にその残高が変動し得るものとして存在し，各共同相続人に確定額の債権として分割されることはないと解される。そして，相続開始時における各共同相続人の法定相続分相当額を算定することはできるが，預貯金契約が終了していない以上，その額は観念的なものにすぎないというべきである。預貯金債権が相続開始時の残高に基づいて当然に相続分に応じて分割され，その後口座に入金が行われるたびに，各共同相続人に分割されて帰属した既存の残高に，入金額を相続分に応じて分割した額を合算した預貯金債権が成立すると解することは，預貯金契約の当事者に煩雑な計算を強いるものであり，その合理的意思にも反するとすらいえよう」。

（定期貯金債権については，便宜上，関連判例①〔Ⅲ-150事件〕の解説でふれる。）

「以上のような各種預貯金債権の内容及び性質をみると，共同相続された普通預金債権，通常貯金債権及び定期貯金債権は，いずれも，相続開始と同時に当然に相続分に応じて分割されることはなく，遺産分割の対象となるものと解するのが相当である」。

■解　説■

1　関連判例②（Ⅲ-128事件）は，不法行為に基づく損害賠償債権の共同相続の事例で，一般論として，相続財産中に金銭その他の可分債権があるときは，法律上当然分割され，各共同相続人が相続分に応じて権利を承継するとした。関連判例③（Ⅲ-129事件）は，この法理が通常貯金債権についても適用されるとして，貯金全額の払戻しを受けた共同相続人の1人に対する他の相続人からの不当利得返還請求を認めた。これにより，預貯金債権は当然分割され，遺産分割の対象とならないとの家裁実務が定着した。

しかし，現金は，遺産中の不動産や価値ある動産を共同相続人間で分割するにあたって，その調整を行うのに適した財産として遺産分割の対象とされており（関連判例④—Ⅲ-130事件），この点で預貯金は現金に近い。また，本件では，Xが預貯金の2分の1を取得できるとしても，Yの特別受益の額と比較して，XY間で甚だしい不公平が生じる。そこで，学説では，何らかの構成により，預貯金も遺産分割の対象となるとする説が有力であった。本決定は，このような実質的根拠と預貯金債権の内容および性質という理論的根拠から，預貯金債権は相続開始と同時に当然に分割されることはなく，遺産分割の対象となるとした。

2　本決定の結果，預貯金債権については，遺産分割の手続が終わるまでは，共同相続人全員の同意がなければ，相続人の債務の弁済，被相続人から扶養を受けていた相続人の当面の生活費あるいは葬儀費用に当てるために，被相続人の預金の払戻しを受けることもできなくなる。そこで，平成30年の民法（相続法）改正において，相続開始の時の預貯金債権額の3分の1に法定相続分を乗じた額（各金融機関ごとに上限150万円）までは，各相続人は単独で払戻しを受けることができるとの規定（909の2）が新設された。また，同時に家事事件手続法が改正され，預貯金債権についての家裁による保全処分も可能となった（家事200Ⅲ）。

◆関連判例◆

①最判平29・4・6判時2337号34頁（Ⅲ-150事件）
②最判昭29・4・8民集8巻4号819頁（Ⅲ-128事件）
③最判平16・4・20家月56巻10号48頁（Ⅲ-129事件）
④最判平4・4・10家月44巻8号16頁（Ⅲ-130事件）

●一橋大学名誉教授　松本恒雄●

150 預貯金債権の共同相続(2)

最高裁平成29年4月6日第一小法廷判決
（平成28年(受)第579号預金返還等請求事件）
判時2337号34頁，判タ1437号67頁

■事　案■

Aは，平成22年に死亡した時点において，Y信用金庫に対し本件預金等債権（普通預金，定期預金および定期積金）を有していた。XとBはいずれもAの子であるが，XがYに対し，本件預金等債権を相続分に応じて分割取得したなどと主張して，その法定相続分相当額の支払等を求めたところ，2審（大阪高判平27・11・18金判1516号19頁）は，本件預金等債権は当然に相続分に応じて分割されるなどとして，Xの請求を一部認容した。そこで，Yが上告した。

■争　点■

共同相続された定期預金債権および定期積金債権は，相続開始と同時に当然に相続分に応じて分割されるか。

■判　旨■

破棄自判。

「定期預金については，預入れ1口ごとに1個の預金契約が成立し，預金者は解約をしない限り払戻しをすることができないのであり，契約上その分割払戻しが制限されているものといえる。そして，定期預金の利率が普通預金のそれよりも高いことは公知の事実であるところ，上記の制限は，一定期間内には払戻しをしないという条件と共に定期預金の利率が高いことの前提となっており，単なる特約ではなく定期預金契約の要素というべきである。他方，仮に定期預金債権が相続により分割されると解したとしても，同債権には上記の制限がある以上，共同相続人は共同して払戻しを求めざるを得ず，単独でこれを行使する余地はないのであるから，そのように解する意義は乏しい（〔関連判例①〕……参照）。この理は，積金者が解約をしない限り給付金の支払を受けることができない定期積金についても異ならないと解される。」

「したがって，共同相続された定期預金債権及び定期積金債権は，いずれも，相続開始と同時に当然に相続分に応じて分割されることはないものというべきである。」

■解　説■

1　関連判例①（Ⅲ-149事件）は，郵政民営化前の定期郵便貯金を引き継いだゆうちょ銀行の定期貯金について，すでに，「定期郵便貯金と同様の趣旨で，契約上その分割払戻しが制限されているものと解される。そして，定期貯金の利率が通常貯金のそれよりも高いことは公知の事実であるところ，上記の制限は，預入期間内には払戻しをしないという条件と共に定期貯金の利率が高いことの前提となっており，単なる特約ではなく定期貯金契約の要素というべきである。しかるに，定期貯金債権が相続により分割されると解すると，それに応じた利子を含めた債権額の計算が必要になる事態を生じかねず，定期貯金に係る事務の定型化，簡素化を図るという趣旨に反する。他方，仮に同債権が相続により分割されると解したとしても，同債権には上記の制限がある以上，共同相続人は共同して全額の払戻しを求めざるを得ず，単独でこれを行使する余地はないのであるから，そのように解する意義は乏しい」として，本判決とほぼ同様のロジックで，相続開始による当然の分割を否定していた。

2　金銭債権等の可分債権については，相続開始とともに当然に共同相続人間で分割され（関連判例②—Ⅲ-128事件），預貯金債権についても可分債権であるとして同様に扱われてきた（関連判例③—Ⅲ-129事件）。もっとも，郵政民営化前の定額郵便貯金債権について，関連判例④は，預入金額の単位が定められ，6か月の据置期間内は分割払戻しをしないという法律上の条件が付されていたこと，分割を認めると事務の定型化に反することから，共同相続により当然分割されないとした。可分債権か否かよりも，定額郵便貯金契約の性質に着目している点は，本判決に近い。

また，払戻しや分割帰属の問題ではないが，関連判例⑤（Ⅱ-238事件）は，預金者の共同相続人の1人は，共同相続人全員に帰属する預金契約上の地位に基づき，被相続人名義の預金口座の取引経過の開示を求める権利を単独で行使することができるとして，同様に預金契約上の地位に着目している。

関連判例①の普通預金債権，通常貯金債権についての判旨は，「預貯金契約上の地位を準共有する共同相続人」と述べて，契約上の地位に言及しているとはいえ，相続開始前であれば被相続人は分割払戻しを受けることに契約上の制限はない。他方，定期預貯金債権については，相続開始前であっても払戻しを受けるには解約が前提となっており，債権者が複数であるときは，全員で解約する必要があるという点で（544Ⅰ），より契約内在的な性質である。預貯金債権の準共有あるいは預貯金債権の契約上の地位の準共有についての検討が今後の課題である。

◆ 関連判例 ◆

①最大決平28・12・19民集70巻8号2121頁（Ⅲ-149事件）
②最判昭29・4・8民集8巻4号819頁（Ⅲ-128事件）
③最判平16・4・20家月56巻10号48頁（Ⅲ-129事件）
④最判平22・10・8民集64巻7号1719頁
⑤最判平21・1・22民集63巻1号228頁（Ⅱ-238事件）

● 一橋大学名誉教授　松本恒雄 ●

151 遺産分割その他の処分後に判明した非嫡出子の存在と910条

最高裁昭和54年3月23日第二小法廷判決
（昭和51年(オ)第553号土地持分所有権確認等請求事件）
民集33巻2号294頁，判時923号70頁

■事 案■

A女には，B・X・Cの3人の非嫡出子があったが，3人とも他の夫婦間の嫡出子として出生届がされていた。その後，Cは昭和15年に実母のAと養子縁組をし，同44年8月Aの死亡により，BおよびXは非嫡出子として，Cは養子として本件2筆の土地を含む遺産を共同相続した（相続分はBとXは各4分の1，Cが2分の1）。昭和46年4月，BはXにその相続分を譲渡し，XおよびCの持分は各2分の1となった。

一方，戸籍上Aの唯一の相続人になっていたCは，他の相続人XおよびBの存在を知りながらその了解を得ることなく，遺産を他に処分し始め，昭和45年6月本件各土地につき自己単独の相続登記を経た上，同年12月に各土地をY_1およびY_2に売り渡し所有権移転登記をした。そこで，同年Xは検察官を被告としてAとの間の母子関係存在確認の訴えを提起し，X勝訴の判決が昭和49年9月確定した。なお，Yらはそれぞれ自宅の敷地である本件各土地をAから賃借していたが，昭和45年にCから売渡しの申込みを受け，Aの相続人がCのほかにもいることは全く知らず，Cを単独相続人と信じて買い受けた。

上記事実関係の下に，Xは本件各土地につきY_1・Y_2に対し，持分2分の1を有することの確認等を請求した。1審（大阪地判昭48・8・4民集33巻2号301頁参照）はXの請求を認容したが，2審（大阪高判昭51・1・23高民集29巻1号1頁）は，戸籍上の相続人から遺産の譲渡を受けた善意の第三者は784条ただし書・910条の法意の類推適用により保護される，としてXの請求を棄却した。Xから上告。

■争 点■

母の死亡による相続について，共同相続人である非嫡出子の存在が遺産の分割その他処分後に明らかになった場合，784条ただし書・910条の類推適用により，第三者は保護されるか。

■判 旨■

破棄差戻し。

「相続財産に属する不動産につき単独所有権移転の登記をした共同相続人の1人及び同人から単独所有権移転の登記をうけた第三取得者に対し，他の共同相続人は登記を経なくとも相続による持分の取得を対抗することができるものと解すべきである。……母とその非嫡出子との間の親子関係は，原則として，母の認知をまたず分娩の事実により当然に発生するものと解すべきであって（〔関連判例①〕……参照），母子関係が存在する場合には認知によって形成される父子関係に関する民法784条但書を類推適用すべきではなく，また，同法910条は，取引の安全と被認知者の保護との調整をはかる規定ではなく，共同相続人の既得権と被認知者の保護との調整をはかる規定であって，遺産分割その他の処分のなされたときに当該相続人の他に共同相続人が存在しなかった場合における当該相続人の保護をはかるところに主眼があり，第三取得者は右相続人が保護される場合にその結果として保護されるのにすぎないのであるから，相続人の存在が遺産分割その他の処分後に明らかになった場合については同法条を類推適用することができないものと解するのが相当である。」

「Yらは，民法784条但書，910条の類推適用によって，保護されるべきものではなく，……民法94条2項の類推適用によって保護される余地があるにとどまるものと解すべきものである。」

■解 説■

1 認知の効力は出生時に遡るが（784本文），同時に，第三者の権利を害することができない（同ただし書）。それによれば，相続開始後に認知により相続人となった者は，すでにその者を除外して遺産分割その他の処分が終了している場合，相続権に基づく権利行使に支障がありうることになる。そこで，910条は，相続開始後に認知により相続人となった者と他の相続人との利益の調整のため，遺産分割・処分の安定性を図りつつ，被認知者に価額による支払請求権を付与した（分割請求や現物返還請求は否定される）。

2 共同相続人の一部を除外した遺産分割や処分には，⑴分割・処分時にすでに存在していた相続人を除外する場合と，⑵910条が想定する場合のように，分割・処分後に共同相続人の地位が認められたためその者が除外された場合とがある。同条を別にして一般にこうした分割や処分は無効と解しうる一方，問題は，このような910条の法的処理を他の場面へ類推すべきかである。本判決は，遺産分割その他の処分の後に母子関係確認訴訟により母子関係が判明した場合につき，最高裁として類推適用を否定した。

3 本判決は，母子関係は分娩により当然に発生し認知は不要との最高裁判例（関連判例①—Ⅲ-54事件）から，784条ただし書は類推適用の余地はないとする。また，910条の趣旨についても，本判決は，第三取得者つまり取引の安全と被認知者の保護との調整ではなく，共同相続人の既得権と被認知者の保護との調整であることを指摘し（最近の最高裁判例〔関連判例②—Ⅲ-152事件〕も同様の趣旨を述べる），第三取得者の保護は，近時定着を見た94条2項類推適用法理によるべきものとした。

◆関連判例◆

①最判昭37・4・27民集16巻7号1247頁（Ⅲ-54事件）
②最判平28・2・26民集70巻2号195頁（Ⅲ-152事件）

●南山大学 副田隆重●

152 被認知者による価額支払請求の算定基準時

最高裁平成28年2月26日第二小法廷判決
（平成26年(受)第1312号・第1313号価額償還請求上告，同附帯上告事件）
民集70巻2号195頁，判時2301号92頁

■事　案■

Aは，平成18年10月7日に死亡した。Aの妻であるBならびにAB夫婦の子であるY_1，Y_2およびY_3は，平成19年6月25日，Aの遺産について分割の協議を成立させた。Aの遺産のうち積極財産の評価額は，同日の時点において，総額17億8670万円余であった。

Xは，平成21年10月1日，XがAの子であることの認知を求める訴えを提起したところ，Xの請求を認容する判決が言い渡され，同判決は平成22年11月24日に確定した。

Xは，平成23年4月21日，BおよびYらを相手方として，Aの財産について遺産分割後の価額支払を求める調停を申し立て，同年5月6日には，Yらに対し，その旨が通知された。Aの遺産のうち積極財産の評価額は，同年5月6日の時点において，総額7億9239万円余であった。

上記調停は，平成23年11月4日，不成立として終了した。そこで，Xは，同年12月28日，Yらを被告として，①910条に基づく価額の支払と②遅延損害金の支払を求める訴えを提起した。Aの遺産のうち積極財産の評価額は，1審の口頭弁論終結日（平成25年9月30日）の時点において，総額10億0696万円余であった。

1審（東京地判平25・10・28民集70巻2号212頁参照），2審（東京高判平26・3・19前掲民集235頁参照）とも，①910条に基づく価額支払の基礎となる遺産の評価は，価額支払請求時を基準として行うべきであるとして，Xによる調停申立てがYらに通知された平成23年5月6日における評価額に基づきYらの支払額を算定し，また，②910条に基づく価額の支払債務は，期限の定めのない債務として，価額支払請求がされた時点で遅滞に陥るものとした。これに対し，Xが上告受理申立てを，Yらが附帯上告受理申立てをした。

■争　点■

①910条に基づき価額の支払を請求する場合における遺産の価額算定の基準時はいつか。
②910条に基づく価額の支払債務が履行遅滞に陥るのはいつか。

■判　旨■

上告棄却。

「相続の開始後認知によって相続人となった者が他の共同相続人に対して民法910条に基づき価額の支払を請求する場合における遺産の価額算定の基準時は，価額の支払を請求した時であると解するのが相当である。」

「なぜならば，民法910条の規定は，相続の開始後に認知された者が遺産の分割を請求しようとする場合において，他の共同相続人が既にその分割その他の処分をしていたときには，当該分割等の効力を維持しつつ認知された者に価額の支払請求を認めることによって，他の共同相続人と認知された者との利害の調整を図るものであるところ，認知された者が価額の支払を請求した時点までの遺産の価額の変動を他の共同相続人が支払うべき金額に反映させるとともに，その時点で直ちに当該金額を算定し得るものとすることが，当事者間の衡平の観点から相当であるといえるからである。」

「民法910条に基づく他の共同相続人の価額の支払債務は，期限の定めのない債務であって，履行の請求を受けた時に遅滞に陥ると解するのが相当である」。

■解　説■

1　910条は，共同相続人の既得権と被認知者の保護との調整を図るために，他の共同相続人によって遺産分割その他の処分が既になされている場合に，相続の開始後認知によって相続人となった者に対して「価額のみによる支払の請求権」を認めるものである（関連判例①—Ⅲ-151事件）。

2　価額支払請求に係る遺産の価額算定の基準時について，学説および下級審裁判例では，⑴遺産分割時とする見解，⑵価額支払請求時とする見解，⑶現実に支払がなされる時に最も接着した時点としての事実審口頭弁論終結時とする見解が見られた。本判決は，910条が「他の共同相続人と認知された者との利害の調整を図るものである」ことを確認したうえで，「認知された者が価額の支払を請求した時点までの遺産の価額の変動を他の共同相続人が支払うべき金額に反映させるとともに，その時点で直ちに当該金額を算定し得るものとすることが，当事者間の衡平の観点から相当である」として，⑵の見解を採用した。⑴の見解を採用した場合には，遺産分割から価額支払請求が問題となるまでの間に価額の上昇があると，他の共同相続人のみが上昇による利益を受け，被認知者はその利益を受けることができない。反対に，価額の下落があると，他の共同相続人にのみ下落による損失が生じ，被認知者には損失は生じない。そこで，「遺産の価額の変動を他の共同相続人が支払うべき金額に反映させる」ことが「当事者間の衡平の観点から相当である」と考えられたのである（⑴の見解を否定）。また，遺産分割により遺産を取得した他の共同相続人は，当該遺産を利用，処分等することにより経済的利益を得ているのに対して，被認知者には価額支払請求権しか認められていない。そこで，被認知者が価額の支払を請求した以上，他の共同相続人としては，その時点で算定し得る金額をもって支払請求に応じることが「当事者間の衡平の観点から相当である」と考えられたのである（⑶の見解を否定）。

3　910条に基づく価額の支払債務は，期限の定めのない債務であるところ，上述したように，支払額は被認知者が価額の支払を請求した時点で直ちに算定し得るものである。そこで，本判決は，他の共同相続人が履行の請求を受けた時に支払債務は遅滞に陥るものとした。

4　なお，1審および2審では，価額算定の基礎となる遺産に被相続人Aの負担していた金銭債務が含まれるか否かについても争われ，含まれないとの判断が示された。関連判例②は，本件の1審および2審と同じく，「910条に基づき支払われるべき価額の算定の基礎となる遺産の価額は，当該分割の対象とされた積極財産の価額である」との判断を示した。

◆関連判例◆

①最判昭54・3・23民集33巻2号294頁（Ⅲ-151事件）
②最判令元・8・27民集73巻3号374頁

●松山大学　水野貴浩●

153 915条の「自己のために相続の開始があったことを知った時」の意義

最高裁昭和59年4月27日第二小法廷判決
(昭和57年(オ)第82号貸金等請求事件)
民集38巻6号698頁，判時1116号29頁

■事　案■

A男には，妻B女との間に子Yがあったが，B・Yは昭和41年にAと別居し，やがてA・Bは協議離婚し，AY間の親子の交渉は全く途絶えた。Aは生活保護を受けながら単身で生活していたところ，XはAに対し本件保証債務1000万円の履行を求める訴えを提起し，1審判決（大阪地判昭55・2・22民集38巻6号707頁参照）ではXが勝訴した。Aは，1審判決の正本の送達を受ける前の昭和55年3月に病死した。YはAの死を看取ったが，Aには相続すべき積極財産が全くなく，Aの相続に関し何らかの手続をとることなど思いもしなかった。ところが昭和56年2月に，受継決定に基づいて1審判決の正本がYに送達されて，YはAが本件保証債務を負っていたことを初めて知り，Yは同月中に家裁に相続放棄の申述をなし，同年4月に受理された。

Yは1審判決に控訴し，Aの相続を放棄したので本件保証債務を相続しないと主張し，他方でXは，Yによる相続放棄の申述は熟慮期間経過後になされたもので無効だと争った。2審判決（大阪高判昭56・10・22下民集32巻9〜12号1006頁）は，熟慮期間の起算点は，相続人が相続開始の原因となる事実を知り自己が法律上相続人となることに加え，自己が現実に積極・消極財産を相続すべき立場にあることも認識した時点である，との一般論を述べ，本件での熟慮期間はYが1審判決の正本の送達を受けて本件保証債務のあることを初めて知ったときから進行するとして，Yの控訴を認容してXのYに対する請求を棄却した。これに対して，Xが上告した。

■争　点■

①熟慮期間（915 I）の起算点は原則としてどの時点か。

②どのような場合に①の例外が認められ，その場合にいつが起算点となるか。

■判　旨■

上告棄却。

「民法915条1項本文が……熟慮期間……を許与しているのは，相続人が，相続開始の原因たる事実及びこれにより自己が法律上相続人となった事実を知った場合には，通常，右各事実を知った時から3か月以内に，調査すること等によって，相続すべき積極及び消極の財産（以下「相続財産」という。）の有無，その状況等を認識し又は認識することができ，したがって単純承認若しくは限定承認又は放棄のいずれかを選択すべき前提条件が具備されるとの考えに基づいているのであるから，熟慮期間は，原則として，相続人が前記の各事実を知った時から起算すべきものであるが，相続人が，右各事実を知った場合であっても，右各事実を知った時から3か月以内に限定承認又は相続放棄をしなかったのが，被相続人に相続財産が全く存在しないと信じたためであり，かつ，被相続人の生活歴，被相続人と相続人との間の交際状態その他諸般の状況からみて当該相続人に対し相続財産の有無の調査を期待することが著しく困難な事情があって，相続人において右のように信ずるについて相当な理由があると認められるときには，相続人が前記の各事実を知った時から熟慮期間を起算すべきであるとすることは相当でないものというべきであり，熟慮期間は相続人が相続財産の全部又は一部の存在を認識した時又は通常これを認識しうべき時から起算すべきものと解するのが相当である。」

2審の判断は結論において正当。

■解　説■

1　関連判例①は，熟慮期間の起算点は相続人が「相続開始の原因たる事実およびこれにより自己が法律上相続人となった事実」を知った時である，との一般論を述べていた。しかし，相続人がそれら事実を認識していても相続財産の存在の認識を欠いていたために相続の選択権を特に行使していなかった場合（この場合，921条2号により単純承認したものとみなされる）に，関連判例①の一般論がなお妥当するのかが，特に昭和40年代半ば以降下級審で盛んに争われた。本判決はこの問題に一応の決着をつけた最高裁判例である。

すなわち，本件2審は，関連判例①のそれとは異なる一般論を述べ（事案参照），他方で本判決の宮﨑梧一裁判官の反対意見は，関連判例①の一般論に対する例外をおよそ認めるべきでないとしたが，本判決の法廷意見はいずれの立場も採らずに，⑴関連判例①の立場が原則であること，⑵しかし相続人が被相続人に相続財産が全く存在しないと信じ，かつそう信じたことに相当な理由がある場合には，例外扱いが認められること，⑶その例外の場合における熟慮期間の起算点は，相続人が相続財産の全部または一部の存在を認識した時または通常これを認識しうべき時であること，の3点を明らかにした。

2　本判決以降の下級審裁判例では，一方で，熟慮期間の起算点につき例外扱いが認められる場合を，本判決が述べるとおりに比較的狭く解するものが見られる。しかし他方で，相続人が相続財産の少なくとも一部の存在は認識していたが，遺言や遺産分割協議の結果として自己が取得すべき相続財産はないと信じていたために相続の選択権を特に行使していなかったという場合にも，例外扱いを認めて，相続放棄の申述の受理を認める家庭裁判所の審判例（関連判例②など）も多く見られる。

◆関連判例◆

①大決大15・8・3民集5巻679頁
②名古屋高決平11・3・31家月51巻9号64頁

●名古屋大学　金子敬明●

154 再転相続人の相続放棄の効力

最高裁昭和63年6月21日第三小法廷判決
(昭和59年(オ)第787号第三者異議事件)
家月41巻9号101頁，金法1206号30頁

■事　案■

本件不動産はもとAの所有であったが，Aは昭和57年10月26日に死亡した。Aの相続人たる資格を有していたのは子のBと孫（代襲相続人）のXであったが，BはAの相続について何ら選択をしないまま同年11月16日に死亡した。Bの相続人たる資格を有していたCは，Aの相続について昭和58年1月に相続放棄の申述をし，翌2月に受理された。その後Cは，Bの相続についても相続放棄の申述をして受理されている。ところで，YはBに対して商品代金等の債権を有していたところ，本件不動産についてBが2分の1の持分を相続した旨の移転登記を代位申請し，さらに上記持分について申請した不動産仮差押えが昭和57年11月8日に認容され，これに基づいて上記持分につき仮差押えの登記がされた。

Xは，Yの仮差押えの執行の不許を求める第三者異議の訴えを提起し，1審（神戸地尼崎支判昭58・10・17公刊物未登載）および2審（大阪高判昭59・4・26公刊物未登載）ではXの請求が認容された。これに対してYが上告し，次のように主張した。一方で，Bの相続についてCに法定単純承認事由（921）があったとすれば，それによってCは，BがAの相続について有していた選択権をBから承継したことになり，この法定単純承認時以後，法定期間内に同選択権を行使しない限り，Aの相続について単純承認したものとみなされるはずである。他方で，Bの相続についてCがした相続放棄が有効であるならば，Bが有していた同選択権は，Cに次ぐ順位の相続人たる資格を持つD（Bの母）により行使されるべきだから，Dの同選択権行使の有無について検討がされねばならなかったはずである。

■争　点■

再転相続人が第1次相続について選択権を行使した後に，第2次相続について相続放棄を選択した場合に，第1次相続についての選択の効果は維持されるか。

■判　旨■

上告棄却。

「民法916条の規定は，甲の相続につきその法定相続人である乙が承認又は放棄をしないで死亡した場合には，乙の法定相続人である丙のために，甲の相続についての熟慮期間を乙の相続についての熟慮期間と同一にまで延長し，甲の相続につき必要な熟慮期間を付与する趣旨にとどまるのではなく，右のような丙の再転相続人たる地位そのものに基づき，甲の相続と乙の相続のそれぞれにつき承認又は放棄の選択に関して，各別に熟慮し，かつ，承認又は放棄をする機会を保障する趣旨をも有するものと解すべきである。そうであってみれば，丙が乙の相続を放棄して，もはや乙の権利義務をなんら承継しなくなった場合には，丙は，右の放棄によって乙が有していた甲の相続についての承認又は放棄の選択権を失うことになるのであるから，もはや甲の相続につき承認又は放棄をすることはできないといわざるをえないが，丙が乙の相続につき放棄をしていないときは，甲の相続につき放棄をすることができ，かつ，甲の相続につき放棄をしても，それによっては乙の相続につき承認又は放棄をするのになんら障害にならず，また，その後に丙が乙の相続につき放棄をしても，丙が先に再転相続人たる地位に基づいて甲の相続につきした放棄の効力がさかのぼって無効になることはないものと解するのが相当である。」

よって，本件でCがAの相続についてした放棄の有効性は，その後にCがBの相続について放棄をしたことにより何ら影響を受けない。

■解　説■

1　甲が死亡し，乙がその相続人たる資格を有していたが，乙が甲の相続につき選択（921条により選択したとみなされる場合を含む）をしないうちに死亡して相続が開始した場合（再転相続）に，乙の相続人丙（再転相続人）は，乙の相続（第2次相続）に関する選択権はもちろん，乙が甲の相続（第1次相続）に関して有していた選択権も行使できる。916条はこのことを前提として，第1次相続に関する熟慮期間の起算点（関連判例参照）を定めている。

丙に第1次相続についての選択権も与えられる根拠が，その選択権をまだ行使していなかった乙を丙が現実に相続する点に存するのだとすると，丙が第2次相続につき相続放棄をすれば，丙は第1次相続について選択する資格を遡及的に失い，既にそれを選択していてもその選択は無効であることになる。上告理由はこの立場に立つものとみられる。他方でその根拠が，丙は乙の相続人たる資格を有するほどに乙の近い血族または配偶者であった，という身分自体に存し，実際に丙が乙を相続するか否かには関係しないのだとするならば，丙が第2次相続についてどのような選択をするかにかかわらず，もっぱら丙が第1次相続について選択権を行使すべきことになる。

2　本判決は，(1)第2次相続について丙が相続放棄を選択すれば，それ以降に丙が第1次相続の選択権を行使することはできないが，(2)丙が第1次相続について先に選択権を行使した後に，第2次相続について相続放棄をしても，第1次相続についての選択が覆ることはない，という折衷的な立場を取った。もっとも，(2)の場合につき，乙が有していたが行使しなかった第1次相続に関する選択権は乙の相続財産の構成要素であり，丙は同選択権を行使したことで乙の相続について単純承認したとみなされるのではないか（921①），との根本的な疑問も学説では提起されている。

◆関連判例◆

最判令元・8・9民集73巻3号293頁

●名古屋大学　金子敬明●

155 921条3号における相続財産と相続債務

最高裁昭和61年3月20日第一小法廷判決
（昭和57年(オ)第274号不動産所有権移転登記請求事件）
民集40巻2号450頁，判時1198号106頁

■事　案■

本件土地はもとAの所有であったが，Aは昭和49年にこれをXに売却して引き渡し，Xは代金を完済した。Xは本件売買に基づく移転登記手続を，司法書士でもあった売主Aに委任していたが，それがなされないうちにAは昭和52年9月に急死した。Aの妻Y_1および子Y_2は，Aの相続につき限定承認の申述を同年12月に行い，昭和53年1月にこれが受理されてY_1が相続財産管理人に選任された。ところで，Aは死亡前の昭和52年1月に本件土地をBに売り渡しており，Bは昭和53年5月2日にこれをCに転売した。Yらは，本件土地について共同相続登記をした上，昭和53年5月12日に直接Cに対し所有権移転登記を行った。

Xは昭和53年3月に，本件土地の移転登記手続をYらに求める訴えを提起したが，Cへの前記移転登記がされるに至って請求の趣旨を変更し，Yらが本件土地につきCに移転登記をしたことによって本件土地の価格相当額の損害を被ったと主張して，不法行為または債務不履行に基づきYらに損害賠償請求をした。その際に，Yらがした限定承認が有効であるとすればYらはXに対して移転登記手続をする義務を負わないはずであるから（関連判例①参照），同義務があることを前提とする損害賠償請求はそもそも成り立たない，との主張がなされたことから，Yらの限定承認が有効かどうかが争点となり，Xは，Yらが限定承認の申述時に家裁に提出した負債表に，本件売買に基づいてAがXに対し負担していた義務を記載しなかったことは，921条3号にいう「相続財産……を相続財産の目録中に記載しなかった」行為にあたるから，Yらがした限定承認は無効である，と主張した。

2審（広島高判昭56・11・26民集40巻2号467頁参照）は同義務の不記載があったかどうかを確定せずに，不記載があったとしてもそれは限定承認を無効にする事由にはならないと述べるなどして，Yらの限定承認を有効と認め，Xの請求を棄却した。これに対して，Xが上告した。

■争　点■

限定承認の申述時に提出すべき相続財産の目録（924）に消極財産を記載しなかったことは，「相続財産……を相続財産の目録中に記載しなかった」（921③）行為に該当するか。

■判　旨■

破棄差戻し。

「民法921条3号にいう『相続財産』には，消極財産（相続債務）も含まれ，限定承認をした相続人が消極財産を悪意で財産目録中に記載しなかったときにも，同号により単純承認したものとみなされると解するのが相当である。けだし，同法924条は，相続債権者及び受遺者（以下『相続債権者等』という。）の保護をはかるため，限定承認の結果清算されるべきこととなる相続財産の内容を積極財産と消極財産の双方について明らかとすべく，限定承認の申述に当たり家庭裁判所に財産目録を提出すべきものとしているのであって，同法921条3号の規定は，右の財産目録に悪意で相続財産の範囲を偽る記載をすることは，限定承認手続の公正を害するものであるとともに，相続債権者等に対する背信的行為であって，そのような行為をした不誠実な相続人には限定承認の利益を与える必要はないとの趣旨に基づいて設けられたものと解されるところ，消極財産（相続債務）の不記載も，相続債権者等を害し，限定承認手続の公正を害するという点においては，積極財産の不記載との間に質的な差があるとは解し難く，したがって，前記規定の対象から特にこれを除外する理由に乏しいものというべきだからである。」

本件売買に基づくAのXに対する義務は相続債務（消極財産）として相続財産の目録に計上されるべき項目に該当する。本件で同義務が同目録に記載されていなかったかどうか，不記載だったとしてYらは悪意であったか，等を審理させるため，破棄差戻し。

■解　説■

1　本争点につき，本判決以前には，相続財産の目録への消極財産の悪意での不記載は法定単純承認事由に該当する，とした大正時代の下級審判決が1件あるのみであり，同判決に対する学説の反応は分かれていた。本判決は，この「必ずしも決め手がなく困難な問題」（調査官解説による）について，最高裁の立場を示したものである。

2　本判決は，921条3号の趣旨を，同号所定の行為が限定承認手続の公正さを害する行為であり，また相続債権者等への背信的行為でありその制裁として限定承認の利益を奪うべき行為でもある，という2点から基礎づけ，そして，それらの観点からすると消極財産の不記載は積極財産の不記載と質的に異ならない，とする。

3　これに対して，消極財産が悪意で財産目録に記載されなかったとしても，相続債権者等は927条の公告・催告に応じて申出をすることが期待されており，そのような調査手続のない積極財産につき不記載があった場合とは状況が質的に異なること，限定承認者に934条1項の損害賠償責任を負わせれば十分だと考えられること，等を挙げて本判決を疑問視する見解も，有力に主張されている。

なお，被相続人が負っていた移転登記義務を，相続開始後に限定承認した相続人が任意に履行した場合における，当該登記の効力につき，関連判例②（Ⅲ-156事件）も参照のこと。

◆関連判例◆

①大判昭14・12・21民集18巻1621頁
②最判平10・2・13民集52巻1号38頁（Ⅲ-156事件）

●名古屋大学　金子敬明●

156 死因贈与の限定承認時における効力

最高裁平成10年2月13日第二小法廷判決
(平成8年(オ)第2168号請求異議事件)
民集52巻1号38頁，判時1635号49頁

■事　案■

A男は，本件土地とその上の本件建物を所有していたが，昭和61年に，当時未成年であった子X_1およびX_2の親権者をB女と定めて妻Bと協議離婚した際に，本件建物をBに財産分与し，本件土地にBのための賃借権を設定し，また昭和62年にはX_1およびX_2に本件土地の持分各2分の1を死因贈与して，その旨の始期付所有権移転仮登記を経由した。Aは平成5年5月に死亡し，相続人はXらであったが，Xらは同年8月3日に限定承認の申述をし，同月26日にはこれが受理され，同日X_1が相続財産管理人に選任された。他方でXらは同月4日に，本件土地の持分各2分の1について，前記仮登記の本登記手続をなした。

Yは，Aを債務者とする執行証書につき，平成6年に，Aの相続財産の限定内でAの一般承継人たるXらに対し強制執行できる旨の承継執行文の付与を受け，本件土地に対する強制競売の申立てをした。同年中に，本件土地について強制競売開始決定がされ，差押えの登記もされた。そこでXらは，Yによる本件土地への強制執行の不許を求める第三者異議の訴えを提起した。

1審（東京地判平7・12・25判時1572号58頁）は，Xらの請求を認容したが，2審（東京高判平8・7・9高民集49巻2号83頁）は，債務超過を念頭に置いた清算手続である限定承認において，死因贈与を遺贈と別異に扱うべき合理的理由はなく，本件土地も相続債務の引当てになる，と述べて，Xらの請求を棄却した。これに対して，Xらが上告した。

■争　点■

限定承認をした相続人が，被相続人から不動産の死因贈与を受けていた場合に，当該死因贈与による所有権の取得を，相続債権者による当該不動産への差押登記よりも先に所有権移転登記を得たことをもって，当該相続債権者に対抗することができるか。

■判　旨■

上告棄却。

「不動産の死因贈与の受贈者が贈与者の相続人である場合において，限定承認がされたときは，死因贈与に基づく限定承認者への所有権移転登記が相続債権者による差押登記よりも先にされたとしても，信義則に照らし，限定承認者は相続債権者に対して不動産の所有権取得を対抗することができないというべきである。けだし，被相続人の財産は本来は限定承認者によって相続債権者に対する弁済に充てられるべきものであることを考慮すると，限定承認者が，相続債権者の存在を前提として自ら限定承認をしながら，贈与者の相続人としての登記義務者の地位と受贈者としての登記権利者の地位を兼ねる者として自らに対する所有権移転登記手続をすることは信義則上相当でないものというべきであり，また，もし仮に，限定承認者が相続債権者による差押登記に先立って所有権移転登記手続をすることにより死因贈与の目的不動産の所有権取得を相続債権者に対抗することができるものとすれば，限定承認者は，右不動産以外の被相続人の財産の限度においてのみその債務を弁済すれば免責されるばかりか，右不動産の所有権をも取得するという利益を受け，他方，相続債権者はこれに伴い弁済を受けることのできる額が減少するという不利益を受けることとなり，限定承認者と相続債権者との間の公平を欠く結果となるからである。そして，この理は，右所有権移転登記が仮登記に基づく本登記であるかどうかにかかわらず，当てはまるものというべきである。」

■解　説■

1　本判決の結論に異論はないと思われるが，関連判例①（Ⅲ-160事件。相続人不存在の事例だが，そこで述べられた法理は限定承認の場合にも妥当すると考えられる）との論理的関係（2）や，本判決の射程（3）が，解明されるべき問題として残されている。

2　関連判例①は，被相続人に属していた不動産甲につき単純承認だったならば当然に登記請求できたはずの者Pの登記と，相続開始時との先後を，基本的に検討しているのに対し，本判決は，甲についてのPの登記と，甲に差押えをした相続債権者Qの差押登記との先後を，基本的に問題としている。この対立は，限定承認によって相続財産が遡及的に総相続債権者のために差し押さえられたものと見るか（関連判例①が親和的）・見ないか（本判決が親和的）の違い，さらには，限定承認後の相続人がPの登記請求に応じる義務はないとしても（関連判例②など参照），任意に登記手続に応じた場合に，その登記を無効と見るか（関連判例①が親和的）・有効と見るか（本判決が親和的）の違い，にも関係してこよう。

3　Pのもつ移転登記請求権が，死因贈与のように被相続人の生前に履行請求しえないもの（ただし登記実務上，仮登記は生前でも可能とされている）ではなく，例えば不動産甲を被相続人からその生前に買い受けた者として有する請求権であった場合にも，本判決の結論は妥当するのか。妥当しないとして，そのことは，限定承認した相続人とPが同一人であったとしても同様なのか。

また，死因贈与の受贈者が，限定承認した相続人と別人であった場合にも，本判決の結論は妥当するのか。

さらに，一口に死因贈与と言ってもさまざまなものがあり，少なくとも撤回の許されない死因贈与（関連判例③—Ⅱ-150事件参照）は別扱いされるべきではないのか。

◆関連判例◆

①最判平11・1・21民集53巻1号128頁（Ⅲ-160事件）
②大判昭14・12・21民集18巻1621頁
③最判昭57・4・30民集36巻4号763頁（Ⅱ-150事件）

●名古屋大学　金子敬明●

157 相続放棄申述受理審判の効力

最高裁昭和29年12月24日第三小法廷判決
(昭和28年(オ)第78号売掛代金残請求事件)
民集8巻12号2310頁,家月7巻1号29頁

■事 案■

昭和24年3月22日にAが死亡した。Xは,昭和20年9月から同23年12月までの間に代金合計14万3445円の商品をAに売り渡していたところ,Aの死亡時に4万3408円30銭が未払となっていた。そこで,Xは,Aの養女であるY_1およびAの婿養子であるY_2の両名を被告として,各2万1704円15銭と遅延損害金を支払うよう求める訴えを提起した。Y_1およびY_2は,訴状送達日(昭和26年3月6日)より後の昭和26年4月4日に,家庭裁判所に相続放棄の申述をなし,同月12日に受理された。

1審(静岡地沼津支判昭26・7・2民集8巻12号2314頁参照)は,Xの請求を棄却した。2審(東京高判昭27・11・25前掲民集2315頁参照)は,Aの死亡後「間もなくXの代表者BがY_1に直接Aの上記認定の債務を請求し,Y_2もその事実を知り,Y_1Y_2両名は金がないので支払えないと弁疏し」ているのであるから,Yらは少なくともAの死亡後間もなくそれぞれがAの相続人になったことを知ったものと認めるのが相当であると認定した。その上で,「家庭裁判所での相続放棄の受理は一応の公証を意味するに止まるもので,その前提要件である相続の放棄が有効か無効かの権利関係を終局的に確定するものではな」く,相続の放棄が有効か無効かということは「民事訴訟による裁判によってのみ終局的に解決するものと解するのが相当であ」るところ,認定された事実関係からすれば,Yらの相続放棄は「相続の開始を知ったときから約2ケ年を経過した後になされたものであるから,効力を生じない」として,Xの請求を認容した。

Yらは,「相続放棄はその申述が有効に受理されたとき効力を発するものであって他の裁判所の裁判によって,その有効,無効を左右さるべきではない」などと主張して上告した。

■争 点■

家庭裁判所において相続放棄の申述が受理された後に,訴訟において当該放棄の有効性を争うことが許されるか。

■判 旨■

上告棄却。

「家庭裁判所が相続放棄の申述を受理するには,その要件を審査した上で受理すべきものであることはいうまでもないが相続の放棄に法律上無効原因の存する場合には後日訴訟においてこれを主張することを妨げない。」

■解 説■

1 相続放棄は,被相続人の死亡により当然に発生した包括承継の効果を,自己のために遡及的に消滅させる目的で行う法律行為である。相続放棄は,家庭裁判所への申述という方式によって行われなければならない要式行為であって(938),その効力は,家庭裁判所の受理審判により生ずる。なお,相続放棄の申述は,その旨を記載した申述書を家庭裁判所に提出して行う(家事201Ⅴ)。

2 戦前の旧法下においては,相続放棄の申述は非訟事件として処理され(旧非訟104),その受理は意思表示を裁判所が受け付ける事実行為にすぎないと解されていた(限定承認に関して関連判例①参照)。戦後,旧家事審判法の制定により,相続放棄の申述は甲類審判事件(現在の別表第1事件に相当)とされたが,その受理は純粋な意味での審判ではなく,審判に準ずべき行為であるとの見解が多数を占めている。他方,申述者の行為を放棄の申述であると認めるという家庭裁判所の観念の表示を含む広い意味での裁判であるとの見解もある。このように,受理審判の法的性質については見解の対立が見られるものの,いずれの見解に立っても,受理審判によって相続放棄の有効性が確定するものではないと解されている。本判決は,受理審判の法的性質について言及することなく,受理審判によって相続放棄の有効性が確定するものではないという異論のない見解を前提に,「相続の放棄に法律上無効原因の存する場合には後日訴訟においてこれを主張することを妨げない」旨を判示した初めての最高裁判決である。

3 相続放棄の申述の受理にあたり,家庭裁判所はどの程度まで要件の審査が可能であるかも問題となる。相続放棄が効力を生ずるためには,受理審判がなされるだけでなく,申述者よりも先順位の相続人がいないこと,申述が本人の真意に基づくものであること,915条1項が定める期間内の申述であること,相続財産の全部または一部を処分していないこと(921①)等の実質的要件を満たしていることが必要である。これらの実質的要件のうち,申述が本人の真意に基づくものであることを家庭裁判所が審査し得ることについては争いがないが(関連判例②),他の要件の審査の可否については,見解の対立が見られる。申述の受理は相続放棄の効力を生じさせるための不可欠の要件であること,却下審判に対する救済方法が即時抗告しかなく不十分であること等を理由に,実質的要件全体が審査の対象となるが,要件を欠いていることが明白である場合にのみ申述を却下すべきであるとする見解が学説および下級審裁判例の多数を占めている。

4 なお,相続放棄の取消し(919Ⅳ参照)とは異なり,無効の主張方法についての定めはない。本判決は,相続財産に関する個別の訴訟において相続放棄の無効を主張し得ることを認めたもので,このことに異論は見られない。問題となるのは,相続放棄の無効確認訴訟が認められるか否かである。関連判例③はその適法性を否定したが,学説ではその適法性を肯定する見解が多数を占めている。

◆関連判例◆

①大決昭9・1・16民集13巻20頁
②最判昭29・12・21民集8巻12号2222頁
③最判昭30・9・30民集9巻10号1491頁

●松山大学 水野貴浩●

158 財産分離

最高裁平成29年11月28日第三小法廷決定
（平成29年(許)第14号相続財産の分離に関する処分及び相続財産管理人選任審判に対する抗告審の取消決定に対する許可抗告事件）
裁時1689号13頁，判時2359号10頁

■事　案■

被相続人Aは平成28年6月15日に成年後見開始の審判を受け，Xが後見人に選任されていた。Xは，後見事務において立て替えた費用等につき，Aに対して債権を有していた。平成28年11月20日にAが死亡すると，Aの子Y・BがAを法定相続分の2分の1ずつ相続した。Aの財産を生前から事実上管理していたBは，Xが財産の開示や引渡しを求めたのに応じなかったので，Xは平成28年12月2日に941条1項に基づきAの相続財産につき第1種財産分離の申立てをした。分離の申立てを認容した1審（大阪家審平29・2・15判時2374号56頁）を不服としてYが即時抗告をした。

2審（大阪高決平29・4・20前掲判時54頁）は，以下の理由で財産分離の審判は相当ではないとして1審を取り消し，差し戻した。すなわち，第1種財産分離は，相続人の固有財産が債務超過の状態にある，もしくは近い将来に債務超過の状態に陥る恐れがある場合において，相続財産と相続人の固有財産の混合により相続債権者または受遺者の債権回収に不利益が生じることを避けるために，相続財産と相続人の固有財産を分離し，相続人の債権者に優先して相続債権者または受遺者に相続財産からの弁済を受けさせる制度であるから，このような意味での財産分離の必要が認められる場合に分離の審判をなすべきである。それにもかかわらず，1審がY・Bの債務超過の状態が不明なまま財産分離の必要性について審理せずに財産分離を命じたのは相当ではない，ということである。これに対してXが許可抗告をし，2審がこれを許可した。

■争　点■

第1種財産分離の申立てがあったときには，941条1項の定める形式的要件が具備している場合には必ず分離を命じなければならないのか，それとも，相続人の固有財産が債務超過の状態にある，もしくは債務超過になるおそれがあるなど財産分離の必要が認められる場合に，裁判所が裁量によって財産分離を命じるとみるべきか。

■決定要旨■

抗告棄却。

941条1項の財産分離の制度の趣旨は，「相続財産と相続人の固有財産とが混合することによって相続債権者又は受遺者（以下「相続債権者等」という。）がその債権の回収について不利益を被ることを防止するために，相続財産と相続人の固有財産とを分離して，相続債権者等が，相続財産について相続人の債権者に先立って弁済を受けることができるように」することである。

このような制度趣旨に照らせば，「家庭裁判所は，相続人がその固有財産について債務超過の状態にあり又はそのような状態に陥るおそれがあることなどから，相続財産と相続人の固有財産とが混合することによって相続債権者等がその債権の全部又は一部の弁済を受けることが困難となるおそれがあると認められる場合に」財産分離を命ずることができるとみるべきである。2審の判断はこのような趣旨に基づいて判断したものであり是認される。

■解　説■

1　第1種財産分離についての941条1項は，「相続債権者又は受遺者は，相続開始の時から3箇月以内に，相続人の財産の中から相続財産を分離することを家庭裁判所に請求することができる」と規定する。同項の要件を満たした場合には，家庭裁判所は必ず財産分離を命じなければならないのか，それとも財産分離の必要性を考慮して財産分離を命じるかどうかを裁量により判断するべきかが問題になっている。本決定は，家庭裁判所が財産分離の必要性を考慮して裁量により判断するべきであるとの立場を最高裁として初めて明らかにした。

2　問題は，裁量において考慮するべき財産分離の必要性の具体的内容である。本決定は，相続債権者等にとって引当てとなるべき相続財産と相続人の固有財産とが混合するおそれがあるだけではなく，相続人がその固有財産について債務超過の状態にあるまたは債務超過の状態に陥るおそれがあるために，相続債権者等が弁済を受けるのが難しくなることを挙げている。そしてこのことを，第1種財産分離の趣旨，すなわち債務者である被相続人の死亡により相続財産と相続人の固有財産が混合するために相続債権者等が債権回収について不利益を被ることを回避する趣旨から導いている。

3　このように本決定が裁量において相続人の債務超過などの財産分離の必要性を考慮するべきと判断する根底には，第1種財産分離は，包括承継をした相続人による財産管理に相続債権者等が介入することを意味するため，債権者等の介入を認めるためには相続人の債務超過等を要求するべきであるとする債権者代位や詐害行為取消しと共通した見方がある。

4　なお，第2種財産分離（950Ⅰ）についても，同様に申立てがあれば必ず財産分離を命じなければならないかどうかの問題が生じる。第2種財産分離は，相続人の債権者が，相続財産と相続人の財産の混合により相続財産が債務超過のために被る不利益を回避するための制度であるが，包括承継をした相続人による財産管理に相続人の債権者が介入するという点で，第1種財産分離と同様の配慮を要する。したがって，家庭裁判所が財産分離の必要性を考慮して裁量により判断するべきとする本決定は第2種財産分離にも妥当する。

◆関連判例◆

特になし

●大阪大学　青竹美佳●

159 相続人がおらず包括受遺者がいる場合の相続財産の管理者

最高裁平成9年9月12日第二小法廷判決
(平成6年(オ)第2052号貸付信託金請求及び同当事者参加事件)
民集51巻8号3887頁，判時1618号66頁

■事　案■

Aは，相続人がおらず，財産全部をZに遺贈する旨の遺言をした後に死亡した。Zの申立てにより遺言執行者に選任されたXは，Aの相続財産中のY信託銀行の貸付信託受益証券（ビッグ）について，契約条項に基づき買取りと買取代金の支払をYに請求した。Yは，相続人不存在の場合だから，951条以下の配当清算手続によるべきだとして，買取りを拒否した。

1審（神戸地判平5・11・5民集51巻8号3896頁参照）・2審（大阪高判平6・6・8前掲民集3899頁参照）は，相続人がいない場合には，相続財産全部の包括受遺者がいても，951条以下の配当清算手続によるべきであるとして，Xの請求を棄却した。Xより上告受理の申立て。

■争　点■

相続人はいないが相続財産全部の包括受遺者がいる場合には，951条の相続人不存在に当たるとして配当清算手続によるべきか，それとも，包括受遺者が相続人の立場に立って相続財産を管理するのか。

■判　旨■

破棄差戻し。

「遺言者に相続人は存在しないが相続財産全部の包括受遺者が存在する場合は，民法951条にいう『相続人のあることが明かでないとき』には当たらないものと解するのが相当である。けだし，同条から959条までの同法第5編第6章の規定は，相続財産の帰属すべき者が明らかでない場合におけるその管理，清算等の方法を定めたものであるところ，包括受遺者は，相続人と同一の権利義務を有し（同法990条），遺言者の死亡の時から原則として同人の財産に属した一切の権利義務を承継するのであって，相続財産全部の包括受遺者が存在する場合には前記各規定による諸手続を行わせる必要はないからである。」

「本件については，貸付信託に係る信託契約の内容等に則して各当事者の請求の趣旨及び原因を整理するなど，更に審理を尽くさせる必要があるから，原審に差し戻すこととする。」

■解　説■

1　相続人はいないが，遺言による相続財産全部の包括受遺者がいる場合については，951条の相続人不存在に当たるとする肯定説と，当たらないとする否定説に分かれていた。本判決は，この問題に関する初めての最高裁判決である。

肯定説によると，相続財産は法人となり，家庭裁判所が選任する相続財産管理人が，953条以下に従って，相続財産の管理，相続人の捜索を経て配当清算を行う。包括受遺者Zや遺言執行者Xが相続財産の権利を行使することはできず，本件のXの請求は認められない。

否定説によると，包括受遺者は，相続人と同一の権利義務を有する（990）から，遺産を所有し管理する。そして，遺言執行者が選任されている場合には，遺言執行者が包括受遺者の代理人として（1015）相続財産を管理する（1012）から，遺言執行者XはYに受益証券の買取等を請求することができる。

2　肯定説や本件2審は，実質的な理由として，死亡者の債権者や債務者にとって，遺贈の有無や効力の確認は相続開始の事実や相続人の範囲の確認よりも困難であるから，相続財産管理人による配当弁済手続によるべきだとする。しかし，遺贈を確認することの困難は相続人がいる場合でも同じである。そして，遺贈がなされた場合に常に相続財産管理人を選任するのは，民法典の考えに反する。民法が相続人不存在の場合に相続財産管理人を選任させている実質的な理由を考えると，重要なのは，相続人はいないが相続財産全部の包括受遺者（あるいは遺言執行者）がいる場合に，相続財産管理人を選任して管理・配当手続を強制する必要性があるかであろう。

本最高裁判決も，このように問題を設定した上で，この場合にわざわざ953～959条の管理・配当清算の手続をさせる必要はないと判断した。包括受遺者は相続財産の管理者として適切であり，951条以下の管理・配当清算手続は，相続債権者が財産分離を請求したり，あるいは包括受遺者が限定承認する場合に限るべきだと考えているのであろう。

3　なお，本件で951条以下の管理・配当清算手続を採らない場合に，遺言執行者Xと包括受遺者Zのいずれが請求できるかという問題がある。これはAY間の契約内容による。本判決は，この点をさらに審理させるために2審に差し戻した。

4　本件は，相続人がおらず，相続財産全部が包括遺贈されていた場合である。相続人がおらず，相続財産の一部の包括遺贈の場合については，包括遺贈以外の相続財産は相続人不存在の配当清算手続によるべきだとするのが多数説である。判例はない。

◆関連判例◆
特になし

●北海道大学名誉教授　瀬川信久●

160 相続財産法人に対する登記手続請求の可否

最高裁平成11年1月21日第一小法廷判決
(平成10年(受)第5号根抵当権設定仮登記本登記手続請求事件)
民集53巻1号128頁，判時1665号58頁

■事　案■

AはX銀行に対する債務を担保するために，所有する宅地建物に根抵当権を設定したが登記をしなかった。平成7年1月のA死亡後に，Xは仮処分命令を得て3月に根抵当権設定仮登記を了した。その後にAの法定相続人全員が相続を放棄し，平成8年4月，Xの申立てによりB弁護士が相続財産法人Yの相続財産管理人に選任された。XはYに根抵当権の本登記手続を請求した。1審（大阪地判平9・8・28民集53巻1号144頁参照）は請求を棄却。2審（大阪高判平10・2・25前掲民集147頁参照）は，(1)相続財産法人は相続人と同様の地位にあること，(2)相続財産法人の配当清算手続で優先するのは相続開始時までに対抗要件を備えた債権者であるから，Xの登記手続請求に実益はないが，それは相続財産法人が存続し929条ただし書が適用される限りであることを理由に，Xの請求を認容した。Yより上告受理の申立て。

■争　点■

被相続人から抵当権の設定を受けていた相続債権者は，相続財産法人に対し設定登記手続を請求できるか。

■判　旨■

破棄自判。

「この〔957条2項が準用する929条ただし書の〕『優先権を有する債権者の権利』に当たるというためには，対抗要件を必要とする権利については，被相続人の死亡の時までに対抗要件を具備していることを要する……。相続債権者間の優劣は，相続開始の時点である被相続人の死亡の時を基準として決するのが当然だからである。この理は，所論の引用する判例〔関連判例〕……が，限定承認がされた場合について，現在の民法929条に相当する旧民法1031条の解釈として判示するところであって，相続人が存在しない場合についてこれと別異に解すべき根拠を見いだすことができない。」

「したがって，相続人が存在しない場合には（限定承認がされた場合も同じ。），相続債権者は，被相続人からその生前に抵当権の設定を受けていたとしても，被相続人の死亡の時点において設定登記がされていなければ，他の相続債権者及び受遺者に対して抵当権に基づく優先権を対抗することができないし，被相続人の死亡後に設定登記がされたとしても，これによって優先権を取得することはない（被相続人の死亡前にされた抵当権設定の仮登記に基づいて被相続人の死亡後に本登記がされた場合を除く。）。」

「優先権の承認されない抵当権の設定登記がされると，そのことがその相続財産の換価……をするのに障害となり，管理人による相続財産の清算に著しい支障を来すことが明らかである。したがって，管理人は，被相続人から抵当権の設定を受けた者からの設定登記手続請求を拒絶することができるし，また，これを拒絶する義務を他の相続債権者及び受遺者に対して負うものというべきである。」（下線は引用者）

■解　説■

1　抵当権の設定を受けた債権者は，その登記を備えることによって他の債権者に対し優先することができる。そして，抵当権設定者が生存している場合や，死亡してもその相続人が設定者の権利義務を承継する場合は，被担保債権が存続する限り請求できる（抵当権は被担保債権が存続する限り存続する。396参照）。相続人は，登記する義務も相続するからである。問題は，設定者が死亡し，相続人がその権利義務を承継しない場合である。具体的には，相続人が限定承認した場合と相続人不存在の場合（本件のように相続放棄による相続人不存在を含む）である。

この問題に関する条文はない。そこで問題の状況をみると，これらの場合は設定者や相続人の新たな権利処分はないから，対抗関係に立つ第三者の出現はない。したがって，未登記抵当権者の登記手続請求を認めても，さらに未登記のままでの優先権を認めても問題がないように思われる。しかし，限定承認や相続人不存在の場合には，すべての相続債権者・受遺者のために相続財産の管理から換価・弁済に向けた手続に入る（926～937，952～957）。ここで未登記抵当権者に登記手続請求を認めて優先権を与えることは，相続財産清算手続を阻害する（引用判旨の下線部分を参照。例えば任意競売が難しくなる。また，相続債権者に未登記の抵当権者が複数いるときは，混乱が生じる）。

2　判例では，判旨引用の関連判例（大判昭14・12・21）が，限定承認の事案で，限定承認者に対する未登記の抵当権者の登記手続請求を，「〔設定者死亡後に登記されても〕優先権がないから設定登記を請求する利益がない」という理由で否定した。本判決は，相続放棄の事案で，相続財産法人に対する設定登記手続請求を，相続財産清算手続の支障になるという理由で（下線部分）否定した。

3　なお，本件2審は，相続人捜索の公告期間（2か月以上）内に相続人が現れたときの未登記抵当権者が登記する利益を考えて，Xの請求を認めたのかも知れない。たしかに，その期間内に相続人が現れたときは登記手続請求を認めてよい。しかし，本件では，1審判決の時点で公告期間が経過し相続人不存在が確定している。

また，Xの仮処分仮登記（これは，相続人がいた段階だから，正当な権利行使である）の後に本件のYらが相続を放棄したのは，相続債務を免れるほかに，他の相続債権者にXが優先するのを阻止する意図があったかも知れない。しかし，法定期間内である以上，そのような相続放棄を否定する理由はない。

◆関連判例◆

大判昭14・12・21民集18巻1621頁

●北海道大学名誉教授　瀬川信久●

161 共有者の1人が相続人なくして死亡したときのその持分の帰趨

最高裁平成元年11月24日第二小法廷判決
(昭和63年(行ツ)第40号不動産登記申請却下決定取消請求事件)
民集43巻10号1220頁，判時1332号30頁

■事　案■

A所有の土地甲は，Aの死亡により，その妻Bと兄弟姉妹ら合計29名の共有となった。昭和57年7月にBが死亡し，相続人がいなかったため，X_1X_2夫婦（X_2の祖母とBの祖母が従姉妹という遠い縁戚関係にあり，Xらは事実上の養子としてAB夫妻に可愛がられるとともに，AB夫妻の老後の面倒を見てきた）は，Bの特別縁故者として，大阪家庭裁判所に相続財産分与の申立てをし，家庭裁判所は昭和61年4月28日，甲のBの持分（15120/22680 = 2/3）の各2分の1をXらに分与する旨の審判をした。Xらは同審判を原因とする土地のBの持分全部移転登記手続を申請したところ，大阪法務局登記官Yは，旧不登法49条2号に基づき，事件が登記すべきものでないとの理由で，これを却下する旨の決定（以下，「本件却下処分」という）をした。そこでXらが，法務局長に対する審査請求手続を経て本件却下処分の取消しを求めた。

1審（大阪地判昭62・7・28訟月34巻1号143頁）はXらの請求を認容し，本件却下処分を取り消したが，2審（大阪高判昭62・12・22訟月34巻4号734頁）は，共有者の1人が相続人なく死亡したとき，その持分は255条により当然他の共有者に帰属し，財産分与の対象とならないとして，Xらの請求を棄却した。Xらが上告。

■争　点■

共有者の1人が相続人なく死亡した場合，その共有持分は255条により他の共有者に帰属するのか，それとも958条の3による特別縁故者への財産分与の対象となるのか。

■判　旨■

破棄自判。

「共有者の1人が死亡し，相続人の不存在が確定し，相続債権者や受遺者に対する清算手続が終了したときは，その共有持分は，他の相続財産とともに，法958条の3の規定に基づく特別縁故者に対する財産分与の対象となり，右財産分与がされず，当該共有持分が承継すべき者のないまま相続財産として残存することが確定したときにはじめて，法255条により他の共有者に帰属することになると解すべきである。」

■解　説■

1　255条は共有者の1人が相続人なく死亡した場合，持分が他の共有者に帰属するものと定めている。他方で958条の3は，相続人不在の場合，家庭裁判所が請求に基づき，特別縁故者に対して相続財産の分与をすることができる旨を定めている。958条の3が昭和37年改正で新設された際，255条との関係を手当てする立法措置は特に行われなかったため，いずれの規定が優先的に適用されるのか，という解釈問題が残された。

2　255条の文理に忠実なのは，共有持分は相続人不存在により他の共有者に帰属し，特別縁故者への財産分与の対象となる余地はないという解釈であろう（255条優先説）。しかし本判決は，958条の3を255条に優先して適用すべきことを明らかにした（958条の3優先説）。つまり255条の「相続人がないとき」とは，「相続人の不存在が確定し，かつ特別縁故者への財産分与がなされないことが確定したとき」と解すべきことになる。

この結論を正当化するために，本判決は，次のような論理を展開する。改正前の旧959条1項は，相続人が存在せず，かつ相続債権者および受遺者との関係において一切の清算手続を終了した上で，なお相続財産を承継すべき者がないまま残存することが確定した場合に，その財産が国庫に帰属すべき旨を定めていた。他方，255条は，相続財産が共有持分の場合にまで，同じように国庫帰属の原則を適用すれば，国と他の共有者との間に共有関係が生じ，国としても財産管理上の手数がかかる等不便であり，実益もないので，他の共有者に帰属させる方がよいとする立法政策に基づいている（「共有の弾力性論」から演繹された規範ではない）。いわば255条は旧959条1項の特別規定と位置づけられ，255条により相続財産が他の共有者に帰属する時期は，相続財産が国庫に帰属する時期（前記清算後なお当該財産が承継者のないまま残存することが確定した時期）となる。

3　ところで958条の3は，特別縁故者の保護はもちろん，特別縁故者の存否にかかわらず相続財産を国庫に帰属させることの不条理を避けることも目的とし，被相続人の合理的意思を推測探求し，いわば遺贈・死因贈与制度を補充する趣旨をも含む。同条の新設に伴い，旧959条1項の規定が，現959条「前条の規定により処分されなかった相続財産は，国庫に帰属する」に改められ，相続人なく死亡した者の相続財産の国庫帰属の時期は特別縁故者に対する財産分与手続の終了後とされるに至った。同時に旧959条1項の特別規定である255条による共有持分の他の共有者への帰属時期も，財産分与手続の終了後と解すべきことになった。

そして，もし255条優先説によると，⑴同じ相続財産の中で，共有持分以外の相続財産は分与の対象となるところ，共有持分のみ除外される合理的根拠がなく，⑵管理人は相続債権者や受遺者に対する弁済のために共有持分を換価することができるが，換価・弁済後に残った現金は分与の対象となる一方，換価されなかった共有持分が分与対象にならないのも不合理である。⑶被相続人の療養看護に努めた特別縁故者がいるのに，相続財産が共有持分であるというだけで，およそ財産分与の対象たりえないのも不合理である。この点，958条の3優先説によれば，被相続人の意思を補完し，家庭裁判所による「相当性」の判断を通して，特別受益者と残りの共有者のいずれに持分を帰属させるべきかを，ケースバイケースで柔軟に判断することができ，硬直的結果を避けられる。そのため，本判決は現在では学説によりおおむね支持されているとみられる（なお本判決には255条優先説に立つ香川保一判事の反対意見がある）。

◆関連判例◆

特になし

●一橋大学　石田　剛●

162 相続財産の国庫帰属および相続財産管理人の代理権消滅の時期

最高裁昭和50年10月24日第二小法廷判決
（昭和49年(オ)第527号建物収去土地明渡請求事件）
民集29巻9号1483頁，判時798号29頁

■事　案■

Aは，Xから土地甲を建物所有目的で賃借し，甲上に建物乙を所有し，乙をY_1～Y_5に賃貸していた。その後Aが死亡し，相続人が不明のため，甲の賃借権および乙の所有権（以下,「本件相続財産」という）は相続財産法人となり，当初はBが，次いでCが相続財産管理人に選任された。昭和44年7月13日に東京家庭裁判所で，本件相続財産につき特別縁故者に対する分与審判が確定し，本件相続財産は分与されず，国庫帰属が確定した。Xは，昭和45年6月15日到達の書面により，甲の延滞賃料の催告および延滞賃料が期限内に支払われないことを条件として甲の賃貸借契約を解除する旨の意思表示をした。昭和46年1月1日，管理人Cから国（関東財務局長）に対し残余相続財産の引継ぎがなされ，同年3月3日にCが家庭裁判所へ管理終了報告書を提出した。

Xは，解除の意思表示がCにより有効に受領され，甲の賃貸借契約が消滅したとして，Yらに建物退去土地明渡しを求めて提訴した。1審（東京地判昭47・8・23訟月18巻11号1706頁）・2審（東京高判昭49・2・28高民集27巻1号37頁）ともに，一部分与後の残余財産は審判確定と同時に国庫に帰属し，また相続財産法人も消滅し，管理人の代理権限も消滅するとして，代理権消滅後になされたXの催告および契約解除の意思表示は，受領権限のない者に対してなされたものとして，Xの請求を棄却した。Xは，相続財産が国庫に帰属するのは，分与審判確定時ではなく，管理人から国庫に財産の引継ぎ（引渡し）が行われたときであり，管理人の権限は引継ぎを完了するまで消滅しないと主張して，上告した。

■争　点■

①相続人不存在の場合，特別縁故者に分与されなかった残余相続財産が国庫に帰属する時期はいつか。
②相続財産法人および相続財産管理人の代理権が消滅する時期はいつか。

■判　旨■

破棄差戻し。

「相続人不存在の場合において，民法958条の3により特別縁故者に分与されなかった残余相続財産が国庫に帰属する時期は，特別縁故者から財産分与の申立がないまま同条2項所定の期間が経過した時又は分与の申立がされその却下ないし一部分与の審判が確定した時ではなく，その後相続財産管理人において残余相続財産を国庫に引き継いだ時であり，したがって，残余相続財産の全部の引継が完了するまでは，相続財産法人は消滅することなく，相続財産管理人の代理権もまた，引継未了の相続財産についてはなお存続するものと解するのが相当である。民法959条は，……残余相続財産の最終帰属者を国庫とすること即ち残余相続財産の最終帰属主体に関する規定であって，その帰属の時期を定めたものではない。」

■解　説■

1　959条は，特別縁故者に分与されなかった相続財産（残余相続財産）が国庫に帰属する旨を定めている。同条が⑴残余相続財産の国庫帰属時期も同時に定めたものか，それとも，⑵残余相続財産の帰属主体に関する一般原則を定めるにとどまり，国庫帰属の時期は別途解釈に委ねているのか，文理からは明らかでない。

2　初期の学説は，⑴の理解に立ち，分与申立期間満了時または却下ないし一部分与の審判確定時に国庫に帰属し，同時に相続財産法人および管理人の代理権も消滅するものと解していた（審判確定時説）。審判確定時説は，国庫帰属の時期を外部から明瞭に認識可能な基準で画一的に確定することができる点では優れるが，審判確定時点で清算未了である場合等に，管理人がそれ以降，管理権限を行使する地位を失うという不都合が指摘されてきた。

そこで，国庫帰属の時期と相続財産法人および管理人の代理権の消滅時期とを切断する見解が提示された。一つは，審判確定時に財産は国庫に帰属するとしても，相続財産の管理および清算を目的とする相続財産法人の法人格は清算結了まで存続すべきで，管理人の地位も清算結了まで消滅しないというものである（相続財産法人存続説）。しかし，国庫への帰属が確定した財産の管理権限を相続財産法人の管理人が引き続き保持するのは奇妙である。そこで，残余相続財産が国庫に帰属した後は，国庫が清算を引き継ぎ，相続財産管理人は爾後国庫の代理人として清算を続行すべき立場に置かれるとする説も主張された（管理人国庫代理人説）。しかし，この説も，立法論ならばともかく，明文の規定がない以上，正当化が困難であるとの批判に晒された。

3　本判決は，上記の諸説に与することなく，⑵の理解を前提として，国庫帰属の時期を，分与の審判が確定した後，管理人により残余相続財産が実際に国庫に引き継がれた時点と解する立場を採用した（国庫引継時説）。複雑な法律関係の発生を招く危険性を内包する，財産の帰属主体と管理権限の所在との分離をなるべく避けるという発想を基礎にしつつ，審判確定後も残務処理の必要性が残る場合における実務上の要請を踏まえたものであり，959条の趣旨にも適合した安定性のある判例法を形成しているといえる。

◆関連判例◆

最判昭47・7・6民集26巻6号1133頁

●一橋大学　石田　剛●

163 遺言の解釈

最高裁昭和58年3月18日第二小法廷判決
(昭和55年(オ)第973号遺贈存在確認等請求事件)
家月36巻3号143頁，判時1075号115頁

■事 案■

昭和51年12月24日に死亡したAは，昭和49年3月7日付けで自筆証書遺言をしていた。遺言は，Aが経営してきたB材木店の経営に関する条項，妻Yに対する生活保障に関する条項など，11の条項からなり，第7項（本件条項）には，「⑴Cより買い受けた土地と地上の倉庫（本件不動産）はYに遺贈す。⑵本件不動産は，B材木店が経営中は置場して必要付一応其儘して，⑶Yの死後は，X_1に2，Dに2，X_2に2，X_3に3，Eに3，Fに3，Gに3，Hに2の割合で権利分割所有す（X_1～X_3とDはAの弟妹，EはAの甥，F～HはYの弟妹）。換金出来難い為，B材木店に賃貸して収入を右の割合各自取得す。但右の割合で取得した本人が死亡した場合はその相続人が権利を継承す」とあった。

A死亡後，Yは，本件条項に基づき本件不動産の単純遺贈を受けたものとして，昭和52年6月13日付けで，自己単独名義の所有権移転登記を経由した。そこで，Xらは，本件条項はXらに対する停止条件付遺贈であるとして，その確認およびY名義の登記の抹消登記手続を求めた。

2審（福岡高判昭55・6・26家月36巻3号154頁参照）は，本件条項は，第1次受遺者の遺贈利益が第2次受遺者の生存中に第1次受遺者が死亡することを停止条件として第2次受遺者に移転する「後継ぎ遺贈」であるが，このような遺贈について関係者相互間の法律関係を律する明文の規定のない現行法においては，第2次受遺者の遺贈利益については法的保護が与えられていないので無効であり，Aの単なる希望を述べたにすぎないとし，本件条項⑴はこれとは別個独立の遺贈として有効であると判断した。そこで，Xらは，Aの真意は本件不動産を本件条項⑶に記載の8名に承継させることにあったと主張し，上告した。

■争 点■

①遺言の意味内容は，何を規準に，何を解釈資料として確定されるか。
②受遺者の受ける遺贈利益を一定の条件の成就または期限の到来により別の者（第2次受遺者）に移転させる旨の遺贈（後継ぎ遺贈）は，有効か。

■判 旨■

破棄差戻し。

「遺言の解釈にあたっては，遺言書の文言を形式的に判断するだけではなく，遺言者の真意を探究すべきものであり，遺言書が多数の条項からなる場合にそのうちの特定の条項を解釈するにあたっても，単に遺言書の中から当該条項のみを他から切り離して抽出しその文言を形式的に解釈するだけでは十分ではなく，遺言書の全記載との関連，遺言書作成当時の事情及び遺言者の置かれていた状況などを考慮して遺言者の真意を探究し当該条項の趣旨を確定すべきものであると解するのが相当である。」

「右遺言書の記載によれば，Aの真意とするところは，第1次遺贈の条項はYに対する単純遺贈であって，第2次遺贈の条項はAの単なる希望を述べたにすぎないと解する余地もないではないが，本件遺言書によるYに対する遺贈につき遺贈の目的の一部である本件不動産の所有権をXらに対して移転すべき債務をYに負担させた負担付遺贈であると解するか，また，Xらに対しては，Y死亡時に本件不動産の所有権がYに存するときには，その時点において本件不動産の所有権がXらに移転するとの趣旨の遺贈であると解するか，更には，Yは遺贈された本件不動産の処分を禁止され実質上は本件不動産に対する使用収益権を付与されたにすぎず，Xらに対するYの死亡を不確定期限とする遺贈であると解するか，の各余地も十分にありうるのである。原審としては，本件遺言書の全記載，本件遺言書作成当時の事情などをも考慮して，本件遺贈の趣旨を明らかにすべきであったといわなければならない。」

「右の点について更に審理を尽くす必要があるから，本件を原審に差し戻すのが相当である。」

■解 説■

1　本判決は，遺言の解釈につき，文言の客観的意味ではなく，遺言者が文言に付与した主観的意味（真意）が規準となるべきことを明言し，解釈資料として遺言書外の事情をも用いうることを認めた。したがって，遺言書外の事情を用いて探究された表示の主観的意味が客観的意味と異なる場合は，前者で遺言内容が確定される。たとえば「法的に定められたる相続人を以って相続を与へる」との遺言条項につき，遺言書外の事情から，相続権のない藁の上からの養子に遺贈する趣旨であると解する余地があると判示した判例がある（関連判例①）。

2　本件条項は，その文言だけを見れば，後継ぎ遺贈と解釈しうるところ，学説では，2審の判示と同様に，後継ぎ遺贈を無効とする見解が有力である。本判決は，後継ぎ遺贈の有効性については触れず，後継ぎ遺贈を含む複数の解釈可能性を示したにとどまる。本判決の趣旨が，遺言の内容が必ずしも明確でない場合でも遺言を可能なかぎり有効になるよう解釈すべきこと（有効解釈）を含むものかどうかは不明であるが，後の関連判例②（Ⅲ-164事件）では，有効解釈がおこなわれている。

◆関連判例◆

①最判平17・7・22家月58巻1号83頁
②最判平5・1・19民集47巻1号1頁（Ⅲ-164事件）

●神戸大学　浦野由紀子●

164 受遺者の選定を遺言執行者に委託する旨の遺言の効力

最高裁平成5年1月19日第三小法廷判決
（昭和63年(オ)第192号土地建物所有権移転登記抹消登記，遺言執行者の地位不存在確認請求事件）
民集47巻1号1頁，家月45巻5号50頁

■事 案■

Aは，昭和58年2月，亡妻Bの遠縁に当たるXに，Xを遺言執行者とする旨の遺言書を託し（遺言①），さらに同年3月，「遺産は一切の相続を排除し，全部を公共に寄與する」旨の自筆証書遺言（遺言②）をXに託した。その後，昭和60年10月17日にAが死亡したため，Xは，家庭裁判所においてこの2つの遺言書の検認手続を了し，Aの法定相続人であるYら（絶縁状態にあったAの妹ら）に対し，Xが亡Aの遺言執行者として就職する旨を通知した。しかし，Yらは，亡Aの自宅であった本件土地建物につき，相続を原因とする所有権移転登記（以下「本件登記」という）を行った。

そこで，Xは，本件登記は本件遺言の執行を妨げるものであると主張し，1012条，1013条に基づき，Yらを被告として，本件登記の抹消登記手続を求めて訴えを提起した。これに対しYらは，本件遺言②は内容が不特定であり，結局遺言執行者に遺言の代理を認めることに帰するので，遺言代理禁止の原則に反し，いずれの遺言も無効であるなどと主張して争った。

1審（東京地判昭61・12・17民集47巻1号27頁参照）はXの請求を棄却したが，2審（東京高判昭62・10・29判時1258号70頁）はXの請求を認容した。Yらが上告。

■争 点■

受遺者やその遺贈の対象物を具体的に特定せず，受遺者の選定を遺言執行者に委託する旨の遺言は有効か。

■判 旨■

上告棄却。

「遺言の解釈に当たっては遺言書に表明されている遺言者の意思を尊重して合理的にその趣旨を解釈すべきであるが，可能な限りこれを有効となるように解釈することが右意思に沿うゆえんであり，そのためには，遺言書の文言を前提にしながらも，遺言者が遺言書作成に至った経緯及びその置かれた状況等を考慮することも許されるものというべきである。」

「本件においては，遺産の利用目的が公益目的に限定されている上，被選定者の範囲も前記の団体等〔国・地方公共団体，34条（当時）に基づく公益法人あるいは特別法に基づく学校法人，社会福祉法人等〕に限定され，そのいずれが受遺者として選定されても遺言者の意思と離れることはなく，したがって，選定者における選定権濫用の危険も認められないのであるから，本件遺言は，その効力を否定するいわれはないものというべきである。」

■解 説■

1　わが国の民法には，遺言者が第三者に受遺者の選定を委託する旨の遺言を認める規定が存在せず，しかも，遺言は遺言者の最終意思の実現を図るものであるから，遺言の代理は禁止されると解されている。そこで，本件のように，受遺者やその遺贈の対象物を具体的には特定せず，結局は受遺者の選定を遺言執行者に委ねることになる遺言は無効なのではないかが問題となった。本判決は，結論として本件遺言を有効と判断したのであるが，その判示内容について，いくつかの注目すべき点を指摘することができる。

2　第1に，本判決は，遺言は「遺言者の意思を尊重」し「可能な限りこれを有効に解釈すること」という原則を採ることを明らかにした。これは，従来の通説の考え方でもある。

第2に，この第1の原則に基づいて判決は，「全部を公共に寄與する」という文言のみからは必ずしも判然としない場合でも，遺言書作成の経緯や遺言者の置かれた状況等という遺言書に直接記載されていない事情を考慮して遺言者の意思の究明を図り，本件遺言書は遺産全部を国・地方公共団体等に包括遺贈したものと解した（この点につき関連判例②も参照）。

第3に，このように解しても受遺者はなお具体化されておらず，遺言の特定に欠けるのではないかとの問題に対して，判決は，本件遺言書には遺言執行者に受遺者の選定を委託する趣旨が含まれるものと解し，遺言としての特定性に欠けることはないとした。

そして第4に，受遺者の選定を第三者に委託する旨の遺言は遺言代理禁止の原則と抵触し無効なのではないかという点につき，判決は，本件では受遺者の範囲が特定されているから，遺言者の意思から離れるおそれはなく，選定者による濫用の危険も存しないことを理由に，その効力は否定されないとした。その限りで遺言代理の禁止の趣旨に反するものではないと考えられたのである。

3　本判決は，従来の裁判例において受遺者の選定を第三者に委託する旨の遺言の効力を否定するものが散見されたのに対し（関連判例①参照），最高裁として初めて，これが有効になる場合があること，およびその判断基準を明らかにしたものである。

◆関連判例◆

①大判昭14・10・13民集18巻1137頁
②最判平17・7・22家月58巻1号83頁

●慶應義塾大学　鹿野菜穂子●

165 「昭和四拾壱年七月吉日」と記載された自筆証書遺言の効力

最高裁昭和54年5月31日第一小法廷判決
（昭和54年(オ)第83号遺言無効確認請求事件）
民集33巻4号445頁，判時930号64頁

■事　案■

Aは，「全財産の2分の1はYが相続する事。残り2分の1はXを除くその他の相続人が協議して解決する事」等と記載した自筆の遺言証書（以下，「本件遺言書」という）を作成した後，昭和52年3月25日に死亡した。Aには法定相続人として，妻のほか，XとYを含む8人の直系卑属があった。Yは，東京家庭裁判所に本件遺言書の検認を申し立て，同裁判所により検認がされた。ところで，本件遺言書では，作成日付の記載が「昭和四拾壱年七月吉日」とされていた。そこでXは，この記載では日付の特定ができず，したがって本件遺言は日の記載のないものとして無効であると主張し，遺言無効の確認を求めて訴えを提起した。

1審（東京地判昭53・1・31民集33巻4号450頁参照）・2審（東京高判昭53・10・19判時913号88頁）とも，自筆証書による遺言が有効であるためには，当該証書自体により遺言成立の日が一義的に明確にされていることを要するところ，本件遺言の成立の日は証書自体から明確でなく無効だとして，Xの請求を認容した。Yが上告。

■争　点■

自筆証書遺言において，その証書に日付として「昭和四拾壱年七月吉日」と記載された場合でも，968条1項にいう日付の記載があるといえるか。

■判　旨■

上告棄却。

「自筆証書によって遺言をするには，遺言者は，全文・日附・氏名を自書して押印しなければならないのであるが（民法968条1項），右日附は，暦上の特定の日を表示するものといえるように記載されるべきものであるから，証書の日附として単に『昭和四拾壱年七月吉日』と記載されているにとどまる場合は，暦上の特定の日を表示するものとはいえず，そのような自筆証書遺言は，証書上日附の記載を欠くものとして無効であると解するのが相当である。」

■解　説■

1　968条1項は，自筆証書遺言をするには，遺言者が「その全文，日付及び氏名を自書」し，これに印を押さなければならないと定める。本条で日付の記載が要求されているのは，主として3つの理由によると解されてきた。1つ目は，日付が，遺言者の遺言能力の有無を確定する基準として重要だからである。2つ目は，複数の遺言書が存在し内容が抵触する場合に，遺言作成の先後を確定し（1023），いずれの遺言が効力を持つのかを明らかにすることが必要だからである。3つ目は，普通方式によるべきか特別方式によることができるのかという方式の選択は，遺言者が遺言当時どのような状況に置かれていたかに係るが，これも日付を基準として明らかにされるからである。

そこで，たとえ内容に疑問の生じる余地がない場合であっても，日付を欠く遺言は無効とするのが従来の判例であり（関連判例①②），通説でもあった。

これに対し，学説ではその後，968条1項の前述の趣旨によれば，正確な日付が不明な場合でも，記載されている年月の範囲内で遺言者の遺言能力が判断でき，かつ，遺言が1通の場合には，効力を認めてよいとする見解も有力に主張されてきた。遺言の要式性を定めた968条1項の趣旨に反しない限度で，遺言の効力をできる限り認め，遺言者の真意を生かすべきだという考えに基づく。

ここでは，遺言の要式性と遺言者の意思の尊重の要請をどこで調整するかが問題となる。

2　本判決以前の判例には，要式性を多少弾力的に解するように見えるものもあった。例えば，日付が真の作成日と相違する場合であっても，それが誤記であることおよび真の作成日が遺言証書の記載その他から容易に判明する場合には，その自筆証書遺言は有効であるとするもの（関連判例③），日付の記載が本文紙にではなく，封筒に記載されていた場合にも，封筒も遺言書の一部と認められる限り適式な日付の記載があるとしたもの（関連判例④）などである。しかし，これらは「日」の記載があり，しかも特定可能な事案であった。

3　本判決は，前掲判旨のとおり，遺言の要式性を強調し，「吉日」との記載では特定の日を表示するものということはできず，日付の記載を欠くことになるから，かかる遺言は無効であるとした。この場合，遺言者の真意が生かされないことになるが，民法が遺言に関する紛争を防ぐために厳格な要式性を要求し全体の確実性を期したことを踏まえれば，このような厳格な処理もやむを得ないと考えられたものであろう。

◆ 関連判例 ◆

①大決大5・6・1民録22輯1127頁
②最判昭52・11・29金判539号16頁
③最判昭52・11・21家月30巻4号91頁
④福岡高判昭27・2・27高民集5巻2号70頁

● 慶應義塾大学　鹿野菜穂子 ●

166 自筆証書遺言における「自書」の要件(1)
——他人の添え手による補助を受けた運筆

最高裁昭和62年10月8日第一小法廷判決
（昭和58年(オ)第733号遺言不存在確認請求事件）
民集41巻7号1471頁，判時1258号64頁

■事　案■

Xら（二男，長女および二女—原告・控訴人・被上告人）およびY₁（三男—被告・被控訴人・上告人）の父であるA（当時73歳）は，昭和47年6月1日，遺言書を作成しようとしたが，老人性白内障による視力の衰えと脳動脈硬化症の後遺症により手がひどく震えて独力では満足な字を書けなかったため，妻のBが，背後から，マジックペンを持つAの手の甲を上から握り，Aは書こうとする語句を一字一字発声しながら，2人が手を動かして本件遺言書を書き上げた。本件遺言書は，Aの遺産である貸家から生ずる家賃と貸家の一部とを除く全遺産を末子のY_1とその子であるY_2（Y_1の長女—被告・被控訴人・上告人）に相続させることを内容とするものである。そこで，XらがYらを相手として，本件遺言の無効確認を求めて争いとなった。

1審（大阪地判昭56・3・30民集41巻7号1486頁参照）は，添え手による遺言書は原則として無効であるが，遺言の方式に関する要件を緩和するのが相当であるとして，本件遺言書の作成においては，添え手をしたBの意思はその文言中に介在しておらず，Bは単にAの表記を容易ならしめたにすぎないものと認められるから，これを無効とすることはできないとした。2審（大阪高判昭58・3・16判時1083号93頁）は，遺言者Aが証書作成時に自書能力を有しておらず，また，BがAの手の震えを止めるため手の甲を握って支えをしただけでは，到底本件遺言のような字を書くことはできず，Aも手を動かしたにせよ，BがAの声を聞きつつこれに従って積極的に同人の手を誘導し，Bの整然と字を書こうとする意思に基づいて本件遺言が作成されたものと認めるのが相当であるから，Aが自書によって遺言を作成したとはいえないとして，遺言は無効であるとした。

これに対して，Yらが上告した。

■争　点■

運筆について他人の添え手による補助を受けてされた自筆証書遺言は，968条1項にいう「自書」の要件を充たすか。

■判　旨■

上告棄却。

「Aが……自書能力を失っていたということはできない」。

「自書が要件とされるのは，筆跡によって本人が書いたものであることを判定でき，それ自体で遺言が遺言者の真意に出たものであることを保障することができるからにほかならない。……自筆証書遺言の本質的要件ともいうべき『自書』の要件については厳格な解釈を必要とするのである。『自書』を要件とする前記のような法の趣旨に照らすと，病気その他の理由により運筆について他人の添え手による補助を受けてされた自筆証書遺言は，⑴　遺言者が証書作成時に自書能力を有し，⑵　他人の添え手が，単に始筆若しくは改行にあたり若しくは字の間配りや行間を整えるため遺言者の手を用紙の正しい位置に導くにとどまるか，又は遺言者の手の動きが遺言者の望みにまかされており，遺言者は添え手をした他人から単に筆記を容易にするための支えを借りただけであり，かつ，⑶　添え手が右のような態様のものにとどまること，すなわち添え手をした他人の意思が介入した形跡のないことが，筆跡のうえで判定できる場合には，『自書』の要件を充たすものとして，有効であると解するのが相当である。」

「原審は，……本件遺言書は前記⑵の要件を欠き無効であると判断しているのであって，原審の右認定判断は，……正当として是認することができ，その過程に所論の違法はない。」

■解　説■

1　自筆証書によって遺言をするには，遺言者は，その全文，日付および氏名を自書しなければならないとされている（968Ⅰ参照）。しかし，「自書」とは何か，なぜ「自書」でなければならないかということについてはほとんど論じられていなかった。本最高裁判決は，初めて，「自書」の意味について言及し，「自書」とは，「筆跡によって本人が書いたものであることを判定でき，それ自体で遺言が遺言者の真意に出たものであることを保障することができる」ものであるとしている。

2　本最高裁判決は，自筆証書によって遺言をするためには，自書能力を有している必要があるとしている。自書能力については，判決文で説明をしている。

3　遺言者が他人の添え手による補助を受けて遺言を作成させた場合，「自書」で遺言を作成したことになるかについて，本最高裁判決は，初めて判断を示した。本最高裁判決は，遺言者が自書能力を有していても，他人の添え手によって他人の意思が介入した形跡が筆跡のうえで判定できるならば，「自書」の要件を充たさないことになるとした。

なお，1審判決は，遺言書の作成において，添え手をした他人の意思がその文言中に介在しておらず，他人が単に遺言者の表記を容易ならしめたにすぎないものであるならば，遺言を無効とすることはできないとした。1審判決は遺言の筆跡を問題としてはいないが，最高裁判決は，筆跡に添え手をした他者の意思が介入している形跡があれば「自書」には当たらないとした。

ちなみに，関連判例①は，遺言者は日付以外の全文を自書し署名したが，翌日，前日の日付を自書した事例で，大審院はこれを適式な自筆証書遺言として有効である，と解した。また，関連判例②は，自筆証書遺言の作成に第三者の手が添えられた場合でも，添え手が遺言者の筆記を容易にする程度にとどまり，筆跡鑑定によって遺言者の筆跡が遺言者の筆跡であることが認められるときには，当該遺言は有効である，とした。

◆ 関連判例 ◆

①大判昭6・7・10民集10巻736頁
②東京地判昭59・6・18判時1150号207頁

●名城大学　柳　勝司●

167 自筆証書遺言における「自書」の要件(2)
──カーボン複写遺言と共同遺言の成否

最高裁平成5年10月19日第三小法廷判決
(平成4年(オ)第818号遺言無効確認請求事件)
家月46巻4号27頁，判時1477号52頁

■事　案■

訴外Aは昭和58年12月10日に死亡し，その約1か月後にAの自筆証書遺言が発見された。遺言書は4枚が一綴りとなっており，各葉ごとにAの印章による契印がされているが，カーボン紙による複写であり，1枚目から3枚目まではA名義であり，4枚目はY_1（Aの妻─被告・被控訴人・被上告人）名義の遺言書となっている。遺言書4枚目については，すべてがAの自書であり，本件遺言書をAが作成したことを，Y_1は，同人の死亡後まで知らなかった。そこで，X（Aの先妻の子─原告・控訴人・上告人）は，カーボン紙を用いた複写は968条1項の「自書」ということができないということ，および，遺言書は形式，内容とも975条が禁止する共同遺言に該当するとして，遺言は無効であると主張した。

1審（仙台地気仙沼支判平2・10・4家月46巻4号37頁参照）は，カーボン紙による複写は本人の筆跡が残るとして自書にあたると判断し，「Aの遺言は，A所有の土地をY_2及びY_3に贈与するというもの，Y_1名義の遺言は，Y_1所有の土地をY_3に贈与するというものであって，一方の遺言が他方の遺言によって効力が左右される関係にはなく，直接的な関連性はない」として，禁止されている共同遺言にはあたらないとした。2審（仙台高判平4・1・31前掲家月32頁参照）は，カーボン紙により複写した場合も自書に当たるものと解するのが相当であるとした。

これに対して，Xは上告した。

■争　点■

①カーボン紙を用いた複写の方法で記載した自筆証書は968条1項の「自書」の要件を充たすか。

②2人の遺言が1通の証書に綴り合わされている場合は，975条が禁止する共同遺言に該当するか。

■判　旨■

上告棄却。

(i)「本件遺言書は，Aが遺言の全文，日付及び氏名をカーボン紙を用いて複写の方法で記載したものであるというのであるが，カーボン紙を用いることも自書の方法として許されないものではないから，本件遺言書は，民法968条1項の自書の要件に欠けるところはない」。

(ii)「本件遺言書はB5判の罫紙4枚を合綴したもので，各葉ごとにAの印章による契印がされているが，その1枚目から3枚目までは，A名義の遺言書の形式のものであり，4枚目はY_1名義の遺言書の形式のものであって，両者は容易に切り離すことができる，というものである。右事実関係の下において，本件遺言は，民法975条によって禁止された共同遺言に当たらないとした原審の判断は，正当として是認することができる」。

■解　説■

1　カーボン複写による自筆証書遺言が968条1項の「自書」の要件を充たすものであるかについて問題となった事案において，本最高裁判決は，カーボン複写による本件自筆証書遺言には「自書」の要件に欠けるところはないとした。

カーボン複写によって自筆証書遺言を作成した場合に968条1項の「自書」に当てはまるかについては，一般論としては，関連判例①（Ⅲ-166事件）に示された基準に従って判断されることになる。

なお，本件事案の1審判決は，「カーボン紙による複写は本人の筆跡が残り，その意思に基づく記載かどうかの判定は比較的容易であると考えられ，かつ，加除変更の危険も少ない」と述べている。しかし，関連判例②は，「カーボン複写の方式により遺言書が作成された場合には，筆記具を用いて書面に直接記載された場合に比較して，筆跡が模写されたものであるかどうかの判別が著しく困難となる」と述べ，カーボン複写による当該遺言書を偽造文書であると認定した。

2　本最高裁判決は，1枚目から3枚目まではA名義の遺言書の形式で，4枚目はAの妻の名義の遺言書の形式であり，両者は容易に切り離すことができる場合には，975条によって禁止された共同遺言に当たらないとしたが，それでは，975条によって禁止された共同遺言とはどのようなものであるかということが議論となる。しかし，本最高裁判決からは，それについては詳しく推測をすることはできない。しかし，本件事案の1審判決によると，一方の遺言が他方の遺言によって効力が左右される関係にあり，直接的な関連性がある場合には，禁止されている共同遺言にあたるということになりそうである。夫婦で行う共同遺言などが話題になっており，今後，共同遺言についての議論をしていく必要がある。

◆ 関連判例 ◆

①最判昭62・10・8民集41巻7号1471頁（Ⅲ-166事件）
②東京地判平9・6・24判時1632号59頁
③最判昭56・9・11民集35巻6号1013頁（Ⅲ-177事件）

●名城大学　柳　勝司●

168 押印を欠く遺言の有効性

最高裁昭和49年12月24日第三小法廷判決
（昭和48年(オ)第1074号遺言書真否確認等請求事件）
民集28巻10号2152頁，判時766号42頁

■事　案■

無国籍の白系ロシア人であったA（明治37年生まれ）は，18歳の時から40年以上日本で居住し，昭和38年6月20日に日本に帰化した。昭和41年2月11日にAは死亡した。その後，昭和40年3月28日付のAの自筆証書遺言（以下「本件遺言書」）が発見され，昭和41年2月16日に検認を受けている。本件遺言書には，Aの友人X_1・X_2（原告・被控訴人・被上告人）を遺言執行者兼信託受託者とすること，Aの財産をAの雇人・墓地看守人等や病院・孤児院等の諸施設に遺贈等をすることが記されていた。本件遺言書は全文が英文で記され，Aによる欧文の署名もあったが，押印はされていない。

Xらは当初，検察官の申立てにより家裁が選任した相続財産管理人を被告として，本件遺言書の真否確認およびXらがその遺言執行者ならびに受託者であることの確認を求めて本件訴訟を提起した。しかし，ほどなく，Aの亡兄の子Y_1～Y_5（被告・控訴人・上告人）が代襲相続を理由に相続承認の手続を行い，共同して本件訴訟を受継した。本件訴訟において，Xらは，968条1項が自筆証書遺言に氏名の自書および捺印を要求する趣旨に鑑みると，特別の事情がある場合には捺印がなくとも署名だけで足りると主張し，他方，Yらは，本件遺言書にAの捺印がなされていない以上，同条の要件を欠き無効である等として争った。

1審（神戸地判昭47・9・4判時679号9頁）は，遺言者本人の遺言という点を明らかにすることが同条の自書押印要件の趣旨であるとした上で，(a)ヨーロッパ系国民のなす署名は記名捺印以上に記載者本人の識別に実効があること，(b)「外国人ノ署名捺印及無資力証明ニ関スル法律」（明32法50）1条により，帰化前であれば本件遺言書は当然有効であったこと，(c)できる限り遺言者本人の意思に沿い遺言を有効と判断すべきことを理由に，本件遺言書を有効と解し，Xらの請求を認容。

2審（大阪高判昭48・7・12家月26巻7号21頁）は，一般論として，文書作成者の表示方法としての署名押印は我が国の一般的な慣行であり，同条所定の要件も同慣行を考慮した結果であるため，かかる「慣行になじまない者に対しては，この規定を適用すべき実質的根拠はない」旨を述べる。そして，(1)同慣行に従わないことにつき首肯すべき理由があるかどうか，(2)押印を欠くことによって遺言書の真正を危くするおそれはないか等を検討した上で「押印を欠く遺言書と雖も，要式性を緩和してこれを有効と解する余地を認めることが，真意に基づく遺言を無効とすることをなるべく避けようとする立場からみて，妥当な態度である」。これを本件に当てはめ，Aの使用言語・交際相手の範囲・日常生活様式の点から，Aの「生活意識は，一般日本人とは程遠いものであったことが推認」されるため，Aが「本件遺言書に押印しなかったのは，サインに無上の確実性を認める欧米人の一般常識に従ったものとみるのが至当」として(1)を肯定する。また，「欧文のサインが漢字による署名に比し遥かに偽造変造が困難であることは，周知の事実であるから」，(2)のおそれはほとんどないとした。以上から，2審は本件遺言書を有効と解し，Yらの控訴を棄却。これに対して，Yらが上告した。

■争　点■

日本に帰化した外国人が作成した自筆証書遺言に押印がなく署名のみがある場合，当該遺言書は968条1項の要件を満たし有効となるか。

■判　旨■

上告棄却。

「原審の適法に確定した事実関係のもとにおいては，本件自筆証書による遺言を有効と解した原審の判断は正当であって，その過程に所論の違法はない。」

■解　説■

1　968条1項は，自筆証書遺言の有効要件の1つとして押印を挙げる。遺言者の同一性とその真意を確保する点（関連判例①—Ⅲ-169事件）で同様の機能を持つ自書要件とは別に押印を要するかという問題について，学説では，立法論としてそれを撤廃する立場や，解釈論としても押印なき遺言の有効性を広く認める立場が有力である。このような議論状況の中，本判決は，上記事実関係のもとで押印なき自筆証書遺言の有効性を認め，押印要件が常に必須とまでは言えないことを示した初めての最高裁判決として意義がある。

2　しかし，本判決は，極めて特別な事情を詳細に摘示し，押印を不要とする実質的根拠と照らし合わせて本件遺言書を有効とした2審を是認したにとどまり，自筆証書遺言の有効要件としての押印を一般的に不要とする趣旨ではない。最高裁は，原則として押印要件が必要であるとの立場を堅持しており，本判決はその例外を示したという，あくまでも事例的な意義を有するにすぎない。本判決の後も，最高裁は，押印がなくいわゆる花押が書かれた自筆証書遺言について，その有効性を否定する（関連判例②—Ⅲ-171事件）。

3　また，2審を是認したにすぎない本判決の性質上，例外的にであれ同条の押印がいかなる場合に不要とされるか，その基準についても問題は残されたままである。とりわけ，上記理由づけ(2)を重視すると，日本人が欧文の署名のみを行った場合にも自筆証書遺言が有効となりかねない。最高裁としてどの範囲で2審を是認したかについては，理由づけ(1)と(2)との関係性も含めて議論があろう。ひいては，学説上理解の相違がある押印要件の趣旨に関しても本判決は何ら言及するものではなく，この点も課題である。

◆ 関連判例 ◆

①最判平元・2・16民集43巻2号45頁（Ⅲ-169事件）
②最判平28・6・3民集70巻5号1263頁（Ⅲ-171事件）

● 新潟大学　石畝剛士 ●

169 押印に代わる拇印による遺言の有効性

最高裁平成元年2月16日第一小法廷判決
（昭和62年(オ)第1137号遺言無効確認請求事件）
民集43巻2号45頁，判時1306号3頁

■事　案■

A（明治30年生まれ）は夫Bとの間に二男X（原告・控訴人・上告人），二女Y_1・四女Y_2・三男Y_3・五男Y_4・五女Y_5（被告・被控訴人・被上告人）ら，5男5女をもうけ，夫Bの死後はY_5と同居していた。昭和49年3月ごろ，Aは脳軟化症と診断されたため，Xの申立てによりAに対する禁治産宣告の審判（当時。現在の後見開始の審判に相当）が開始され，同審判は昭和56年3月6日に確定した。Aは昭和56年12月27日に死亡した。Aは昭和49年1月30日付けの自筆証書遺言（以下「本件遺言書」）を残しており，「わたしのさいさんはせんぶY_5にあげる」との記載の脇に拇印が押されていた。なお，本件遺言書は昭和57年4月12日に検認がなされている。

Xは，本件遺言書の押印が拇印によるものであり，印章によるものでないこと等を理由に，Yらに対し，Aの遺言が無効であることの確認を求めて訴えた。

1審（東京地判昭62・2・9民集43巻2号49頁参照）は，自筆証書遺言に押印を要求したのは，(a)遺言者の同一性を確保すること，(b)遺言が遺言者自身の意思に基づくことを担保することにあるから，押印は拇印であっても差し支えないと判示し，Xの請求を棄却。Xは控訴したものの，2審（東京高判昭62・5・27前掲民集55頁参照）も1審を相当と認めて控訴を棄却。そこでXが上告した。

■争　点■

自筆証書遺言において遺言者に要求される押印が指印でなされた場合にも，当該遺言書は968条1項所定の押印要件を満たし，有効となるか。

■判　旨■

上告棄却。

自筆証書遺言に要求されている「押印としては，遺言者が印章に代えて拇指その他の指頭に墨，朱肉等をつけて押捺すること（以下『指印』という。）をもって足りるものと解するのが相当である」。968条1項が押印を要件とする趣旨は，(1)遺言者の同一性と真意を確保すること，(2)重要文書については作成者が署名した上でその名下に押印することで文書作成を完結させるという我が国の慣行・法意識に照らして文書の完成を担保すること，の2点にあるが，「右押印について指印をもって足りると解したとしても，遺言者が遺言の全文，日付，氏名を自書する自筆証書遺言において遺言者の真意の確保に欠けるとはいえないし，いわゆる実印による押印が要件とされていない文書については，通常，文書作成者の指印があれば印章による押印があるのと同等の意義を認めている我が国の慣行ないし法意識に照らすと，文書の完成を担保する機能においても欠けるところがないばかりでなく，必要以上に遺言の方式を厳格に解するときは，かえって遺言者の真意の実現を阻害するおそれがあるものというべき」である。確かに，指印の場合，押印者の死亡後は対照すべき印影がないため，遺言者本人の指印であるか否かが争われた際に，印影の対照によって確認することができない不都合はあるが，この点は，印章であっても，自筆証書遺言に使用されるべき印章に何らの制限もない以上，印影の対照のみによっては遺言者本人の押印であることを確認しえない場合があり，印影の対照以外の方法によって本人の押印であることを立証しうる場合は少なくないと考えられるため，対照すべき印影のないことは前記解釈の妨げとなるものではない。以上より，「自筆証書遺言の方式として要求される押印は拇印をもって足りるとした原審の判断は正当として是認することができ，原判決に所論の違法はない」。

■解　説■

1　968条1項の押印が問題となった判決としては，関連判例①（Ⅲ-168事件）がある。しかし，同判決は遺言書に押印が全く欠けていた事案であり，押印が自筆証書遺言の有効要件としてそもそも必要であるかが問われていた。これに対し，本判決は，遺言書になされた指印が同条にいう「印を押さなければならない」に該当するか否かという条文上の文言の解釈が争われたもので，両者は争点を異にする。同様に，この点で関連判例②（Ⅲ-171事件）とも区別される。

2　関連判例③は，昭和22年改正前の1076条〔現976〕の危急時遺言に関し，立会証人に要求される押印が拇印で足りる旨を判示する。しかし，立会証人は遺言効力発生時に生存しているのが通常であり，また，印影対照が容易である等，本件とは事情が異なるため，同判決は直接の先例とは位置づけられない。したがって，本判決は，本争点に関する初めての最上級審判決であり，968条1項の押印は指印で足りることを一般的に述べて，押印要件を緩和した点で，重要な意味を有する。

次に，本判決は第一小法廷の判断であるが，その後，関連判例④（第三小法廷）および関連判例⑤（第二小法廷）が，同種事案において同趣旨の判断を下している。すべての法廷での判断が出揃ったことで，本争点における最高裁の立場は確立したと言えよう。もっとも，関連判例⑤では，2名の裁判官が詳細な反対意見を付している。

第3に，本判決は，押印要件の趣旨につき，(1)遺言者の同一性および真意の確保という1審・2審の理由づけに加え，(2)文書完成の担保を挙げている。(2)の点は自書要件の射程に入らないと解する余地がある以上，押印を不要とする近時の有力な理解とは，本判決はなお一線を画している点に注意しなければならない。

3　なお，本判決の事案は拇印による押印であったが，判旨では一般論として「指印」という表現を用いているため，親指以外の指に墨・朱肉等をつけて印を押す場合も，特に区別されることなく押印として認められると考えられる。

◆関連判例◆

①最判昭49・12・24民集28巻10号2152頁（Ⅲ-168事件）
②最判平28・6・3民集70巻5号1263頁（Ⅲ-171事件）
③大判大15・11・30民集5巻822頁
④最判平元・6・20判時1318号47頁
⑤最判平元・6・23判時1318号51頁

●新潟大学　石畝剛士●

170 封筒の封じ目になされた押印と押印要件

最高裁平成6年6月24日第二小法廷判決
（平成6年(オ)第83号遺言無効確認請求判決に対する上告申立事件）
家月47巻3号60頁

■事　案■

X（原告・控訴人・上告人）はAの先妻の子であり，Y_1〜Y_5（被告・被控訴人・被上告人）らはAの後妻の子である。Aは昭和55年11月30日付けの自筆証書遺言（以下「本件遺言書」）を残し，平成2年に死亡した。本件遺言書は書簡形式で，封筒に入った形で発見された。本件遺言書はAの自筆で書かれておりAの自署もなされていたが，その本体に押印はなく，本件遺言書が入っていた封筒裏面の封じ目部分の左右2か所にAの認印が押されていた。そこでXは，本件遺言書自体に押印がない以上，方式不備であるとして本件遺言の無効確認を求め，訴えを提起した。

1審（前橋地判平4・8・25公刊物未登載）は本件遺言書に自筆証書遺言としての効力を認め，Xの請求を棄却。2審（東京高判平5・8・30判タ845号302頁）は，一般論として，以下のように判示した。

(i) 968条1項が「自筆証書遺言の方式として自署のほか押印を要するとした趣旨は，遺言の全文等の自署とあいまって遺言者の同一性及び真意を確保するとともに，重要な文書については作成者が署名した上その名下に押印することによって文書の作成を完結させるという我が国の慣行ないし法意識に照らして文書の完成を担保するところにあると解されるから，押印を要する右趣旨が損なわれない限り，押印の位置は必ずしも署名の名下であることを要しないものと解するのが相当である」。

(ii) 「一般に書簡の場合，それが通常の手紙であれば封筒の封じ目に押印まではしないのが普通であると考えられ，その在中物が重要文書等であるときには封筒の封じ目に押印することのあることは珍しいことではないと考えられる。この場合の押印の趣旨も，在中の重要文書等について差出人の同一性，真意性を明らかにするほか，文書等の在中物の確定を目的とし，かつ，このことを明示することにあると考えられ，本件遺言書も書簡形式をとったため，本文には自署名下に押印はないが（書簡の本文には押印のないのが一般である。），それが遺言書という重要文書であったため封筒の封じ目の左右に押印したものであると考えられる」。

(iii) その結果，「本件遺言書が自筆証書遺言の性質を有するものであるということができ，かつ，その封筒の封じ目の押印は，これによって，直接的には本件遺言書を封筒中に確定させる意義を有するが，それは同時に本件遺言書が完結したことをも明らかにする意義を有しているものと解せられ，これによれば，右押印は，自筆証書遺言方式として遺言書に要求される押印の前記趣旨を損なうものではないと解するのが相当である」。

以上の理由により，2審は本件遺言書を有効であると解し，Xの控訴を棄却。これに対して，Xが上告した。

■争　点■

遺言書本体には押印が存在しないが，遺言書を入れた封筒の封じ目に押印がなされている場合，当該遺言書は968条1項の要件を満たし有効となるか。

■判　旨■

上告棄却。

「所論の点に関する原審の事実認定は，原判決挙示の証拠関係に照らして首肯するに足り，右認定に係る事実関係の下において，遺言書本文の入れられた封筒の封じ目にされた押印をもって民法968条1項の押印の要件に欠けるところはないとした原審の判断は，正当として是認することができ，原判決に所論の違法はない。」

■解　説■

1　自筆証書遺言における押印の場所という問題については，従来，裁判例もごく僅かで議論も乏しい状況であった。そのような中で，本判決は，押印が，遺言書本体とは別の，遺言書を封入している封筒になされていた場合にも，968条1項の要件に欠けるところはないことを最高裁として初めて判断した点に意義がある。以下，本判決の特徴を挙げる。

2　第1に，同条の押印要件の趣旨を，2審は，⑴遺言書の同一性および真意の確保，⑵文書完成の担保という2点に求めている。これらは関連判例（Ⅲ-169事件）の判示と内容を同じくし，また，本判決は2審を是認している以上，この点を変更するものではない。

しかし，第2に，関連判例では遺言書本体に記された署名の「名下」に押印することが示されていた。他方，本件では，ⓐ遺言書本体の署名脇には押印がなく，ⓑ遺言書本体とは異なる対象と観念される封筒に押印がなされ，また，ⓒ当該封筒自体には署名がない以上，署名の「名下」と評価しえない箇所に押印が存在している。その意味で，本判決は，押印場所について関連判例よりも広い範囲でこれを認め，厳密に署名の「名下」に押印がされることまでを要しない点を明らかにした。

もっとも，第3に，事案に即して眺めると，本判決は，本件遺言書を封入した封筒の封じ目部分になされた押印の有効性を認めたのであり，遺言書を封入した封筒のどの箇所に押印がなされても一律に有効な遺言となる旨を判断しているものではない。いわんや，遺言書本体に押印がなされておらず，かつ，（たとえば包み紙など）遺言書を包む封筒以外に押印がなされている場合一般を念頭に置くものでもない。これらの場合には，法が押印を要求している趣旨，とりわけ，文書作成の完結の有無という観点に鑑みて，具体的な事案ごとに遺言の有効性が判断されるべきであろう。そこでは，封じ目部分への押印が有する「在中物の確定」機能をどの程度まで重視するかも問題となる。本判決は遺言書中署名下以外の場所になされた押印でもって，同条の要件を満たす一事例を示した判決にすぎないと解すべきである。

◆関連判例◆

最判平元・2・16民集43巻2号45頁（Ⅲ-169事件）

●新潟大学　石畝剛士●

171 印章による押印をせず花押を書いた遺言の有効性

最高裁平成28年6月3日第二小法廷判決
（平成27年(受)第118号遺言書真正確認等，求償金等請求事件）
民集70巻5号1263頁，判時2311号13頁

■事　案■

Aは，平成15年7月12日に死亡した。相続人は，妻B（平成24年4月8日死亡），いずれもAの子であるX（原告・被控訴人・被上告人）およびY_1・Y_2（被告・控訴人・上告人）である。Aは，a家の第20代当主であり，Aは死亡時に，本件土地を所有していた。Aは，平成15年5月6日付の自筆証書遺言（以下，「本件遺言」という）を作成していた。本件遺言書には，「家督及び財産はXを家督相続人としてa家を承継させる」と記載し，署名の下に押印はなく，花押が書かれていた。Xは，本件土地について，本件遺言により遺贈によって所有権を取得したとして，Yらに対して，所有権移転登記手続を求め，訴えを提起した。

1審（那覇地判平26・3・27民集70巻5号1277頁参照）・2審（福岡高判平26・10・23前掲民集1298頁参照）は，判例（関連判例①）の押印要件の趣旨を引用した上で，⑴押印よりも花押の方が偽造をするのが困難であること，⑵花押によって遺言者の同一性および真意の確保が妨げられないこと，⑶署名と花押を用いることで，文書の作成の真正を担保する役割を担い，印章としての役割も認められていること，⑷a家においても重要な文書において花押が用いられていたことなどから，花押をもって押印として足りると解しても，押印要件の趣旨に反するものとはいえないとして，本件遺言を有効とし，Xの請求を認容した。そこで，Yらは，花押を書くことは押印要件を満たさないと主張し，上告受理の申立てをした。

■争　点■

いわゆる花押を書くことは，968条1項の「押印」の要件を満たすか。。

■判　旨■

破棄差戻し。

「花押を書くことは，印章による押印とは異なるから，民法968条1項の押印の要件を満たすものであると直ちにいうことはできない。」

「民法968条1項が，自筆証書遺言の方式として，遺言の全文，日付及び氏名の自書のほかに，押印をも要するとした趣旨は，遺言の全文等の自書とあいまって遺言者の同一性及び真意を確保するとともに，重要な文書については作成者が署名した上その名下に押印することによって文書の作成を完結させるという我が国の慣行ないし法意識に照らして文書の完成を担保することにあると解されるところ（〔関連判例①〕……参照），我が国において，印章による押印に代えて花押を書くことによって文書を完成させるという慣行ないし法意識が存するものとは認め難い」。

「花押を書くことは，印章による押印と同視することはできず，民法968条1項の押印の要件を満たさないというべきである」。

■解　説■

1　最高裁は，帰化したロシア人の遺言について押印のないサインだけでも有効と判断し（関連判例②―Ⅲ-168事件），印章による押印ではなく，指印であっても押印要件を満たしていると判断する（関連判例①―Ⅲ-169事件）など，968条1項の押印要件を比較的柔軟に判断してきた。また，最高裁は，押印要件の趣旨を(a)「遺言者の同一性及び真意の確保」と(b)「文書の完成の担保（文書完成担保機能）」にあると解してきた（関連判例①）。学説は，戦前から，押印要件を遺言者の同一性と真意を確保することから求められていると捉え，この機能は氏名の自書と同様であり，氏名の自書に加えてさらに押印の要件を課すことの必要性を疑問視してきた。立法論として，押印要件を廃止する見解や，解釈論として押印要件を緩やかに解する見解が主張されてきた。戦後も，この傾向がみられ，指印（関連判例①）や本判決で問題となった花押についても，学説の多くは，遺言者の同一性および真意を確認することができるとして，これらを押印として認めることを肯定してきた。

2　本判決は，花押が押印要件を満たさないことを最高裁が初めて明らかにしたこと，また押印要件の趣旨(a)・(b)をいずれも欠くことが認められないことを示している点に意義がある。また，押印要件の趣旨(b)については，「慣行ないし法意識」を判断要素としている。指印（関連判例①）は，「我が国の慣行ないし法意識」から文書完成担保機能を欠かないとする一方，本判決では，花押は「慣行ないし法意識」から同機能を欠くとしている。「慣行ないし法意識」の違いによって，押印要件を満たしているか否か判断することを明らかにしている。本判決の論理構成は，遺言者が文書完成の意思を有していたとしても，一般的な慣行に従わない以上，文書完成という遺言者の意思を認めず，逆に，一般的な慣行に従ったものであれば，押印として認め，遺言者の文書完成の意思を推測することを意味する。

3　本判決は，遺言者が本件遺言書を完成させる意思があったと認められるものであった。文書を完成させるという遺言者本人の意思が認められる場合でも，遺言者の意思や事情を無視して，「慣行ないし法意識」に従わないから押印として認めないとすることが妥当な解決といえるのか，との疑問も学説で提起されている。

◆ **関連判例** ◆

①最判平元・2・16民集43巻2号45頁（Ⅲ-169事件）
②最判昭49・12・24民集28巻10号2152頁（Ⅲ-168事件）

●近畿大学　松久和彦●

172 自筆証書遺言における誤記訂正に関する方式違背と遺言の効力

最高裁昭和56年12月18日第二小法廷判決
（昭和56年(オ)第360号延滞賃料請求事件）
民集35巻9号1337頁，判時1030号36頁

■事　案■

Aは，昭和32年ごろ，その所有にかかる本件建物をYに引き渡した（Xは，AY間の契約は賃貸借契約であると主張しているが，AY間の契約の性質決定については争いがある）。

昭和49年1月22日，Aは本件建物を長男であるXに遺贈する旨の公正証書による遺言をした（以下「本件公正証書遺言」という）。

昭和49年3月5日，Aは「Aが従前なした遺言は全部取消す」旨の自筆証書遺言をした（以下「本件自筆証書遺言」という）。

ところが，本件自筆遺言書では，その全文中，「私は今まで遺言書を書いた記憶はなが〔2審は「『記憶はないが』の意であることは全体の趣旨から明瞭である」とする〕もしつくった遺言書があるとすれば」との記載の次に「そ」と書きこれを×印で抹消し，それに続けて「それらの」と書いた後，次行上段に「ユ」と書きかけて，行を改め「遺言書は全部」と続け，その次に「取消……」と記載した部分を直線を数条引いて抹消し，続いて次の行の下方に「取消す」と書いて本文を結んである。そして上記の「そ」「ユ」および「取消……」の3か所には，「氏名自書」名下に押捺された印と同一の印がそれぞれ押捺されている。しかしながら特段に加除変更の場所を指示し，これを変更した旨を付記して特にこれに署名した形跡は見当たらない。

昭和51年1月31日，Aは死亡した。

Xは，本件公正証書遺言によって本件建物の所有権を取得したとして，Yに対し，延滞賃料を請求した。Yは抗弁として，本件公正証書遺言は無効であり，したがってXは本件建物につきAから本件建物の賃貸人たる地位を承継したといえないと主張するのに対し，Xは，本件自筆遺言書には民法所定の加除変更の方式がとられていないので無効であると主張している。

1審（東京地判昭55・1・29民集35巻9号1343頁参照）は，文字の加除については968条2項〔改正前〕の方式をとることを要するとして，本件自筆証書遺言を無効とした。

2審（東京高判昭56・1・28高民集34巻2号114頁）は，一部書き損じの抹消を含む本件自筆証書遺言は，一旦有効に成立した自筆証書の変更の場合と異なり，968条2項〔改正前〕により無効となるものではないとした。X上告。

■争　点■

自筆証書中の証書の記載自体からみて明らかな誤記の訂正についても，968条3項所定の方式の違背があった場合に遺言は無効となるか。

■判　旨■

上告棄却。

「自筆証書による遺言の作成過程における加除その他の変更についても，民法968条2項〔改正前〕所定の方式を遵守すべきことは所論のとおりである。しかしながら，自筆証書中の証書の記載自体からみて明らかな誤記の訂正については，たとえ同項所定の方式の違背があっても遺言者の意思を確認するについて支障がないものであるから，右の方式違背は，遺言の効力に影響を及ぼすものではないと解するのが相当である（〔関連判例①〕……参照）。しかるところ，原審の適法に確定した事実関係によれば，本件においては，遺言者が書損じた文字を抹消したうえ，これと同一又は同じ趣旨の文字を改めて記載したものであることが，証書の記載自体からみて明らかであるから，かかる明らかな誤記の訂正について民法968条2項〔改正前〕所定の方式の違背があるからといって，本件自筆証書遺言が無効となるものではないといわなければならない。」

■解　説■

1　自筆証書遺言に加除・訂正を行うときには，968条3項〔改正前2項〕による厳格な方式が要求されている（公正証書遺言を除き，すべてこの方式を履まなければならない。平成30年改正による財産目録の変更についても同様であるが，その財産目録に訂正加筆する部分は自書でなくてもよい）。968条3項が厳格な方式を要求する趣旨は，他人による自筆証書遺言の変造・改ざんを防止するためである。

2審が968条が適用されるのは「一旦有効に成立した自筆証書の変更の場合」であるとするのに対し，本判決は，「遺言者の意思を確認するについて支障がない」ことを理由として関連判例①（Ⅲ-179事件）を引用する。関連判例①は，いわゆる危急時遺言の場合において，遺言書作成の日として記載された日付に正確性を欠き，また「遺産します」を「遺言します」と一字訂正した「明らかな誤記」の訂正につき，遺言の効力に影響を及ぼすものではないと判示した。

2　本判決は，自筆証書遺言の場合において，最高裁として初めて自筆証書中の証書の記載自体からみて明らかな誤記の訂正につき，968条3項所定の方式の違背があった場合にも無効とならないことを示したものである。

他人による変造・改ざんを防ぐという968条3項の趣旨からは，明らかな誤記の訂正については968条3項の手続を履践しなくとも，遺言は有効と解されることになる。他方で，法の規定する厳格な方式を履行しなければ法の趣旨を貫徹できない場合は――例えば共同遺言にかかる関連判例②（Ⅲ-177事件）――，遺言は無効となろう。

ただ，「明らかな誤記」かどうか判断する自筆証書の資料の範囲や基準については必ずしも容易ではない場合もあり得よう。

◆関連判例◆

①最判昭47・3・17民集26巻2号249頁（Ⅲ-179事件）
②最判昭56・9・11民集35巻6号1013頁（Ⅲ-177事件）

●関西学院大学　大西邦弘●

173 公正証書遺言の方式

最高裁昭和43年12月20日第二小法廷判決
(昭和43年(オ)第298号持分移転登記共有物分割等請求事件)
民集22巻13号3017頁，判時546号66頁

■事　案■

Aは昭和38年2月11日に死亡した。Aは，昭和37年10月5日付けで，その所有する唯一の土地建物をAの妾（X_1）・Aの妻（Y_1）・Aの嫡出子（X_2・Y_2）の4名に均等割合で遺贈する旨の公正証書遺言をしていた。本件遺言証書作成の経緯は以下のとおりである。Aは，自分の死後X_1と妻子との間に財産上の紛争が生じるのをおそれ，X_1と相談した結果，本件不動産をX_1・X_2・Y_1・Y_2の4名に均等に分けることにし，これを公正証書によって遺言することにした。X_1は，昭和37年10月3日ごろ，本件不動産の権利証を持参して公証人役場に赴き，Aの遺言内容を告げて公正証書の作成を嘱託した。B公証人はX_1から聴取した内容を筆記したうえ，同月5日にA方に赴き，Aおよび2名の証人の面前で，すでに公正証書用紙に清書された遺言内容を読み聞かせたところ，Aは「この土地と家は皆の者に分けてやりたかった」旨を述べ，遺言証書に自ら署名・押印して「これでよかったね」と述べた。

X_1は，昭和38年2月20日に，Aの遺言に基づき，本件不動産につき，4名の持分を各4分の1とする所有権移転登記をした。X_1・X_2は，Y_1・Y_2に対して，本件不動産につき，各4分の1の持分権を有することの確認と共有物分割を求めて訴えを起こした。これに対してY_1・Y_2は，本件遺言は遺言者の口授を欠き無効であると主張し，反訴としてX_1・X_2の各持分権4分の1の移転登記の抹消登記手続を求めた。

1審（東京地判昭40・5・21民集22巻13号3022頁参照）は，X_1・X_2の持分権確認請求を認容し，分割請求は却下した。Y_1・Y_2は控訴した。2審（東京高判昭42・12・19判時511号46頁）は，本件遺言の作成にあたり，Aが遺言の趣旨を公証人に口授したものではないが，読み聞かせ後のAの発言が「本件不動産を4名に均等の割合で遺贈する」という本件遺贈の趣旨と一致していることから，Aによる口授があったものと認め，Aの発言と公証人の筆記とがその趣旨において一致し，遺言者が筆記の正確であることを承認して署名・押印したことが認められる以上，遺言は有効であるとした。そしてY_1・Y_2の控訴を棄却し，第1審判決中，共有物分割請求を却下した部分を取り消し，東京地方裁判所に差し戻した。そこでY_1・Y_2が上告した。

■争　点■

公正証書遺言の個々の方式要件をすべて満たしているが，各要件が969条の定める順序と異なった順序で履践されている場合に，その公正証書遺言は方式に違反し無効か。

■判　旨■

上告棄却。

「右遺言の方式は，民法969条2号の口授と同条3号の筆記および読み聞かせることとが前後したに止まるのであって，遺言者の真意を確保し，その正確を期するため遺言の方式を定めた法意に反するものではないから，同条に定める公正証書による遺言の方式に違反するものではないといわなければならない」。

■解　説■

1　969条によれば，公正証書遺言は，⑴遺言者による遺言内容の口授，⑵公証人による遺言内容の筆記，⑶遺言者・証人への読み聞かせ，⑷筆記の正確なことの承認，⑸署名・押印，という順序が定められている。しかし実務では，本件のように，遺言者本人等から依頼を受けた公証人が事前に証書を作成し，これを遺言者・証人に読み聞かせて，遺言者・証人が筆記の正確なことを承認するという，法定の順序とは異なる順序（例えば，⑵⑴⑶⑷⑸の順）で作成される場合がある。この場合に問題になるのは，遺言が個々の方式要件を満たしていても，その順序の違背があればなお方式違反と評価されるかである。これは，遺言者の真意の確保およびその内容の正確性の担保という目的が，個々の方式要件の内容そのものによって図られているとみるか，その順序自体もこのような目的を担う方式要件と見るかに関わる。本判決は，この問題につき，関連判例①と同様の立場（前者）を示し，個々の方式要件さえ満たされていれば方式違反はないと判断した。

2　ただし，順序の変更そのものは遺言無効を来さないにしても，順序の変更の結果，個々の方式要件が満たされていないと評価される場合には，遺言はやはり無効である。特に，⑵⑶⑴⑷⑸という順序で作成され，その際に⑴と⑷が兼ねられたような場合に，遺言者によってどの程度の口述がなされれば「口授」の要件が満たされるかが問題になる。この問題につき，本判決は，遺言者の発言と公証人の筆記とがその趣旨において一致していれば口授の要件を満たすとした2審の判断を支持するのみで，詳論はしていない。他の判例によれば，肯定・否定の挙動のみで言語による陳述がなければ口授とはいえないのは当然だが（関連判例②），遺言書の全文を逐語的に口述する必要まではなく，遺言の趣旨が明瞭であれば，遺贈物件の表示などは覚書の交付で口述に代えることが許されるとされている（関連判例③）。

◆関連判例◆

①大判昭6・11・27民集10巻1125頁
②最判昭51・1・16家月28巻7号25頁
③大判大8・7・8民録25輯1287頁

●神戸大学　浦野由紀子●

174 秘密証書遺言における「筆者」

最高裁平成14年9月24日第三小法廷判決
(平成14年(受)第432号遺言無効確認請求事件)
家月55巻3号72頁，判時1800号31頁

■事　案■

Aは，パーキンソン症候群や脳梗塞による意識障害により入退院を繰り返していたが，入院中の平成10年11月15日付で，財産全部を後妻のYに相続させる旨の秘密証書遺言をした。遺言書の表題・本文・作成年月日・Aの氏名住所のうち，日付の「拾五」と氏名はAの自書により，その他はすべてワープロで印字されていた。ワープロによる印字部分は，Yとその前夫との間の子であるBの妻Cが，市販の遺言書の書き方の文例を参照し，ワープロを操作して，その文例にある遺言者と妻の氏名をAおよびYに置き換え，そのほかは文例のまま入力し，印字したものである。Aは，本件遺言書を入れた封書を公証人および証人2人の前に提出し，自己の遺言書である旨およびA自身がこれを筆記した旨を述べ，遺言書の筆者としてCの氏名および住所を述べなかった。平成11年5月にAが死亡し，8月に遺言書の検認がなされ，遺言書がワープロ印字によるものであることが判明した。

Aと前妻との間の子であるXらは，Aが本件遺言書の筆者Cの氏名および住所を申述しなかったので，970条1項3号の要件を欠くなどと主張し，Yに対して本件遺言の無効確認の訴えを起こした。

2審（東京高判平13・11・28判時1780号104頁）は，次のように述べて，本件遺言の「筆者」はCであり，AはCの氏名住所を述べなかったので本件遺言は無効であるとして，Xの請求を認めた。すなわち，970条1項3号の趣旨は，後日，秘密証書遺言について争いが生じたときに，その筆記者を尋問して，遺言書作成当時の遺言者の遺言能力および遺言意思の有無，遺言者の意図，遺言書の書き間違いやすり替えの有無等を確認し，遺言書が遺言者の真意に沿うものか否かを判断するために，筆者の氏名住所を一律に申述させることにした。こう解すると，970条1項3号にいう筆者とは，遺言者以外の者であって，実際に遺言書を筆記した者をいうのであり，遺言者以外の者がワープロを操作して印字した場合は，遺言者自身がワープロを操作して印字したと同視することが許される特段の事情がある場合を除き，ワープロを操作した者が筆者に当たると解するのが相当である。

これに対し，Yが上告した。

■争　点■

ワープロを操作して遺言書の表題および本文を入力し印字した者は，秘密証書遺言の「筆者」にあたるか。

■判　旨■

上告棄却。

「上記事実関係の下においては，本件遺言の内容を筆記した筆者は，ワープロを操作して本件遺言書の表題及び本文を入力し印字したCであるというべきである。Aは，公証人に対し，本件遺言書の筆者としてCの氏名及び住所を申述しなかったのであるから，本件遺言は，民法970条1項3号所定の方式を欠き，無効である。」

■解　説■

1　本判決は，970条1項3号にいう「筆者」の意義について積極的な定義をすることなく，本件事実関係の下では，ワープロを操作して遺言書の表題および本文を入力し印字した者が筆者であるとした事例判決である。

2　学説は，970条1項3号の趣旨は，後日紛争が生じたときに筆者を尋問して遺言の真実性を担保する趣旨であると説明し，本判決から「筆者」に関する一般的定義を抽出しようと試みている。それによれば，「筆者」とは，法的・規範的なものではなく事実的なものであり，遺言内容の記載という事実行為を行った者をいい，その意思表示の効果の帰属主体が誰か，または，誰の指示・支配の下で遺言書が作成されたかを問題とするものではないという。しかし，このような一般的定義が本判決から導かれうるとしても，具体的事例にあてはめるには未だ抽象的であると思われる。

3　本件は，遺言書の文章などを含めその作成をほぼ全面的に他人に委ねた事例であり，同じように他人がワープロを操作して入力・印字した場合であっても，具体的な事情によっては，常にその者が筆者とされるとは限らない。例えば，遺言者自身も事実行為として作成に関与している場合には，本判決とは異なる結論になる可能性がある（この点につき，2審判決は，遺言者自身が予め自筆で作成した原稿を添えて，ワープロ操作者に直接なした依頼に基づき，ワープロ操作者が原稿文どおりに機械的に入力・印字したような場合は，遺言者自身がワープロを操作して印字したと同視することが許される特段の事情があるといえ，この場合の筆者は遺言者であると述べる）。

◆関連判例◆

最判昭62・10・8民集41巻7号1471頁（Ⅲ-166事件）

●神戸大学　浦野由紀子●

175 目が見えない者の証人適格

最高裁昭和55年12月4日第一小法廷判決
(昭和52年(オ)第558号所有権移転登記等抹消登記手続請求事件)
民集34巻7号835頁，判時989号3頁

■事 案■

Aは，昭和42年6月30日に死亡した。Aは，昭和42年3月20日に自宅で，兄の子Bおよびその妻Xを証人として，公証人の面前で，①全財産を遠縁のCに包括遺贈する，②Bを遺言執行者に指定する，という簡単明瞭な内容の公正証書遺言をした。BおよびXが本件遺言の証人となったが，Bは当時，失明して盲目であった。

Aの死亡後，Aの子であるY_1・Y_2は，A所有であった本件不動産について，相続による各持分2分の1の所有権移転登記等をした。そこで，遺言執行者に指定されていたBの死後，家庭裁判所によって遺言執行者に指定されたXが，Y_1・Y_2による所有権移転登記等はAの包括遺贈に反し無効であると主張して，本件所有権移転登記等の抹消登記手続を求めた。これに対して，Y_1・Y_2は，盲人のBは公正証書遺言に立ち会う証人としての適格を有さず，Aのした公正証書遺言は，証人1名の立会いでなされた遺言として，969条1号の定める方式に違背し，無効であると主張した。

1審（神戸地姫路支判昭51・4・23民集34巻7号852頁参照）は，Bが盲人であっても，Aの遺言内容は簡単明瞭なものであり，遺言者の口授と読み聞かせられた内容とを耳で聞いて両者が一致することを確認して公証人による筆記の正確なことを承認すれば足りるとして，Bの証人適格を認めた（しかしもう1人の証人Xが証人として立ち会っていたとはいえないとして，本件遺言を無効とした）。2審（大阪高判昭52・1・27前掲民集866頁参照）は，1審の理由に加え，公証人による筆記の正確なことを承認するにあたり筆記内容を目で見て確認・承認することは第二義的なことであると述べて，Bの証人適格を認め，本件公正証書遺言を有効とした。そこでY_1・Y_2が上告した。

■争 点■

目が見えない者が証人となって作成された公正証書遺言は，有効か。

■判 旨■

上告棄却。

「一般に，視力に障害があるにすぎない盲人が遺言者に人違いがないこと及び遺言者が正常な精神状態のもとで自らの真意に基づき遺言の趣旨を公証人に口授するものであることの確認をする能力まで欠いているということのできないことは明らかである。また，公証人による筆記の正確なことの承認は，遺言者の口授したところと公証人の読み聞かせたところとをそれぞれ耳で聞き両者を対比することによってすれば足りるものであって，……聴力には障害のない盲人が公証人による筆記の正確なことの承認をすることができない者にあたるとすることのできないこともまた明らかである。なお，証人において遺言者の口授したところを耳で聞くとともに公証人の筆記したところを目で見て両者を対比するのでなければ，公証人による筆記の正確なことを独自に承認することが不可能であるような場合は考えられないことではないとしても，……このような場合には，証人において視力に障害があり公証人による筆記の正確なことを現に確認してこれを承認したものではないことを理由に，公正証書による遺言につき履践すべき方式を履践したものとすることができないとすれば足りるものである。このように，盲人は，視力に障害があるとはいえ，公正証書に立ち会う証人としての法律上はもとより事実上の欠格者であるということはできないのである。」

■解 説■

1 民法は，証人としての適格を法律上欠く場合を定める（974）が，これに該当しない者でも，事実上，方式要件の履践が不可能な者は，証人適格を有しない（事実上の欠格者）。公正証書遺言では，証人が公証人の筆記の正確性を確認することが要件であるが，目が見えない者が証人である場合に，この要件を履践できるかが問題になる。問題は，どのような方法で筆記の正確性の確認がなされれば，遺言の真正性が担保されているといえるか，すなわち，字義どおり「筆記」を目で見て口授との同一性を確認する必要があるのか，筆記の「読み聞かせ」の内容と口授との同一性を確認すれば足りるかに関わる。本判決（多数意見）は，後者の確認方法で足りると判断し，目が見えない者の証人適格を原則として肯定した。

2 他方で，本判決は，このような確認方法では筆記の正確性が担保できない場合があることを認める。そのような場合としては，①公証人が，遺言者の口授と異なる内容を筆記したが，口授どおりの内容を読み聞かせた場合と，②遺言内容が長文・複雑な場合や，図面が遺言書に添付された場合のように，耳で聞いただけでは筆記の正確性を確認できない場合が考えられる。本判決は，公証人制度に対する信頼を前提に，①の可能性は考慮しないようであるが，②の場合には，遺言は，事実上の証人欠格を理由にではなく，方式要件を満たしていないことを理由に，例外的に無効となる。

◆関連判例◆

最判平13・3・27家月53巻10号98頁（Ⅲ-176事件）

●神戸大学 浦野由紀子●

176 証人不適格者が同席した公正証書遺言の効力

最高裁平成13年3月27日第三小法廷判決
（平成10年(オ)第1037号遺言無効確認請求事件）
家月53巻10号98頁，判時1745号92頁

■事　案■

Aは，死亡の前日に，公正証書遺言を病床で作成した。公正証書遺言の内容は，Aの自宅を子Yと養父Bの共有とし，その他の財産についてはYを含む4人の子らで等分するという内容であった。公証人は，Bの会社関係者2名を証人として本件公正証書遺言を作成したが，その際，YとBを本件遺言書作成の場に同席させなかったものの，C（受遺者Bの長女）は同席させたままにしていた。

Aの妻Xは，本件公正証書遺言につき，Aには遺言能力がなく，口授の要件も満たしていなかったとして，遺言執行者Yに対して遺言無効確認の訴えを起こした。1審（福岡地判平9・7・25公刊物未登載）は，Aには遺言能力があり，口授の要件も満たしていたとして，Xの請求を棄却した。そこで，Xが控訴した。2審（福岡高判平10・2・17公刊物未登載）では，Xは，1審で主張した無効理由に加え，本件公正証書遺言が証人・立会人の資格のないCを同席させて作成されたことから，969条1号および974条3号〔現2号〕に違反し無効であると主張した。2審は，1審と同様にAの遺言能力を認め，口授の要件も満たしていたとしたうえで，欠格者Cが本件遺言書作成の場に同席していても，他に適格者2名が証人として立ち会っていたのであるから，Cが証人・立会人としての資格を欠いているかどうかに関係なく，本件遺言は有効であるとして，Xの請求を棄却した。これに対して，Xが上告した。

■争　点■

証人・立会人になれない者が同席して作成された公正証書遺言は，有効か。

■判　旨■

上告棄却。

「遺言公正証書の作成に当たり，民法所定の証人が立ち会っている以上，たまたま当該遺言の証人となることができない者が同席していたとしても，この者によって遺言の内容が左右されたり，遺言者が自己の真意に基づいて遺言をすることを妨げられたりするなど特段の事情のない限り，当該遺言公正証書の作成手続を違法ということはできず，同遺言が無効となるものではないと解するのが相当である。」「ところで，本件において，受遺者であるBの長女Cらが同席していたことによって，本件遺言の内容が左右されたり，Aが自己の真意に基づき遺言をすることが妨げられたりした事情を認めることができないとした原審の認定判断は，原判決挙示の証拠関係に照らして首肯するに足りる。」「したがって，本件公正証書による遺言は有効である」。

■解　説■

1　遺言の証人は，①遺言書が本人の意思に基づいて作成されたこと，および，②遺言書の内容が本人の真意に合致することを保証する役割を担う。したがって，遺言内容に利害関係を持つために，遺言者の意思に不当な影響を与える可能性のある者は，証人・立会人になることができない。974条2号は，そのような欠格者として，（遺言作成時における）推定相続人・受遺者，および，これらの者の配偶者・直系血族を挙げる。

2　欠格者が証人となって作成された遺言は，欠格者に証人資格がない結果，民法の要求する証人の員数が欠ける場合には，方式要件を満たさないので，その全部が無効となる。問題は，欠格者を除く証人の数が所定の員数を満たす場合に，欠格者も証人になっているときや，証人ではないが単に同席していたときにも，その遺言が無効となるかどうかである。

本判決は，欠格者が単に同席していた場合について，最高裁として初めての判断を下したものである。本判決は，証人・立会人の欠格事由の効果が，欠格者に証人資格がないということに尽き，欠格者の同席そのものを禁じる趣旨ではないことを明らかにした。本判決の判断をもとにまとめると，欠格者が同席して作成された遺言の効力をめぐる判断枠組みは次のようになると思われる。

原則として，欠格者の同席そのものは，遺言の無効原因にならない。その理由は判旨では明確に述べられていないが，証人適格を有する所定数の証人によって前記①②が保証されると見ることができるからだと思われる。そうだとすると，欠格者が単に同席していたのではなく，証人になっていた場合も，この場合につき最高裁は何も述べていないが，欠格者を除く証人の数が所定の員数を満たしてさえいれば，遺言は有効となるものと思われる。

次に，例外的に，①②を否定すべき事情がある場合，すなわち，同席した欠格者によって遺言内容が左右されたり，遺言者が自己の真意に基づいて遺言をすることが妨げられたりするなどの「特段の事情」がある場合には，遺言は無効になりうる。もっとも，この場合には，974条に違反するからではなく，遺言意思の欠缺・瑕疵を理由に，遺言は無効になると思われる。

◆関連判例◆

最判昭55・12・4民集34巻7号835頁（Ⅲ-175事件）

●神戸大学　浦野由紀子●

177 共同遺言の判断

最高裁昭和56年9月11日第二小法廷判決
(昭和54年(オ)第1208号遺言無効確認請求事件)
民集35巻6号1013頁，判時1023号48頁

■事　案■

遺言者A（夫），同B（妻）は，連名で，昭和43年5月15日付自筆証書遺言書を作成し（以下「本件遺言書」という），本件遺言書は昭和44年1月20日大阪家庭裁判所堺支部において検認された。

本件遺言書は，1枚の紙面に遺言者として父A，母Bなる記名があり，遺言がA・B両名によってなされた形式をとっているばかりでなく，内容もAが先に死亡したときはBがAの全財産を相続し，Bが死亡したときは遺言書記載のとおりYらに財産を贈与するという，AとBの両者による意思表示が含まれている（以下「本件遺言」という）。

ただ，本件遺言書は2審（大阪高判昭54・8・30民集35巻6号1025頁参照）によれば，Aがその主導の下に作成したものであるが，Aの独断によるものではなく，AがBに対し本件遺言書の内容を説明したうえその共同遺言者としてBの名を記載するについてBの承諾を得たものであった。

Aは，昭和43年7月10日，Bは，昭和51年7月8日死亡した（本件遺言書の検認は，上記のとおり昭和44年1月20日である）。

X_1（A・Bの三男），X_2（四男），Y_1（長男）らはいずれも遺言者A，同Bの相続人である。

XらはA・B死亡後，Yらに対し，本件自筆証書による遺言が無効であることの確認を求めた。

1審（大阪地判昭52・11・30判時902号89頁）は，本件遺言は「共同遺言禁止の法意に照らし」無効であるとした。

2審は，1審を結局相当であって本件控訴は理由がないとして棄却した。Yら上告。

■争　点■

同一の証書に2人の遺言が記載されている場合，一方に氏名を自書しない方式の違背があるときでも，共同遺言として無効となるか。

■判　旨■

上告棄却。

「同一の証書に2人の遺言が記載されている場合は，そのうちの一方に氏名を自書しない方式の違背があるときでも，右遺言は，民法975条により禁止された共同遺言にあたるものと解するのが相当である。」

■解　説■

1　975条は「遺言は，2人以上の者が同一の証書ですることができない」として，共同遺言を禁止している。共同遺言を禁ずる趣旨としては，⑴共同遺言を許すと遺言の自由や撤回の自由を確保するのに支障をきたすこと，⑵一方の遺言に無効原因がある場合に他方の遺言をどのように処理するかにつき複雑な法律関係が生じるのを避けることが挙げられる（その他，⑶個人主義的に法律関係を捉える近代法の立場から好ましくないなども理由とされることがある）。

2　本条には以上のような立法趣旨があるが，共同遺言の種類については，⒜個々の内容が独立無関係な単純共同遺言，⒝それぞれが相互に遺贈しあうなどの双方的共同遺言，⒞相互に相手方の遺言を条件とする相関的共同遺言の3つがあり，⒜については以下のとおり分離して別個の遺言として無効とされない可能性がある。

3　この⒜単純共同遺言の区別と関連して，実務的にはどのような場合が共同遺言として無効となるか，すなわち遺言の個数のカウントが重要となる。この点につき，関連判例①（Ⅲ-167事件）は，作成名義の異なる2つの遺言書が別葉に記載され，契印がほどこされたうえ合綴されているが容易に切り離すことができる場合につき，共同遺言にあたらないとした。

4　また，共同遺言の禁止について，比較法的には様々な立法例があるところ，ドイツ法は原則としてこれを禁止しつつ，ドイツ民法2265条で例外的に夫婦（および同性パートナーシップ法に基づく同性カップル）のみに共同遺言を認めている。

5　本判決は，まさに夫婦における共同遺言の場合において，たとえ一方に氏名を自書しない方式の違背があるときであっても，共同遺言として無効となることを明らかにした最初の最高裁判決である。

確かに，自筆証書遺言では明らかな誤記については遺言は無効とされないこともある（関連判例②—Ⅲ-172事件）。なるほど，本件遺言書においてもA単独の遺言として有効と解する余地もないではない（妻に遺言作成の意思がなく夫が勝手に妻の署名押印をした場合に，夫のみの単独の遺言として有効とする関連判例③もある）。しかしながら，共同遺言については前記⑴⑵のような趣旨からこれを禁ずるものであるところ，単なる明らかな誤記の訂正と異なり，本件のように内容的にもA・B両名による意思表示が含まれている共同遺言といえる場合にまで無効ではないとすることは，まさに複雑な法律関係の発生を惹起させるものといえる。

本判決は，主に⑵の立法趣旨の有効性を確保するという観点からは，本件遺言を無効とせざるを得なかったと理解することができよう。

◆関連判例◆

①最判平5・10・19家月46巻4号27頁（Ⅲ-167事件）
②最判昭56・12・18民集35巻9号1337頁（Ⅲ-172事件）
③東京高決昭57・8・27家月35巻12号84頁

●関西学院大学　大西邦弘●

178 危急時遺言における遺言の趣旨の口授

最高裁平成11年9月14日第三小法廷判決
（最高裁平成9年(オ)第2060号遺言無効確認等請求事件）
判時1693号68頁，判タ1017号111頁

■事　案■

Xらは，亡Aと先妻との間に生まれた子であり，Yは，亡Aの後妻である。亡Aは，昭和63年9月28日，重症の腸閉塞等により病院に入院し，同年11月13日死亡した者であるが，当初の重篤な病状がいったん回復して意識が清明になっていた同年10月23日，Yに対し，Yに家財や預金等を与える旨の遺言書を作成するよう指示した。

Yは，面識のあるB弁護士に相談の上，担当医師らを証人として976条所定のいわゆる危急時遺言による遺言書の作成手続を執ることにし，また，B弁護士の助言により同弁護士の法律事務所のC弁護士を遺言執行者とすることにし，翌日，Aの承諾を得た上で，担当医師であるD医師ら3名に証人になることを依頼した。

D医師らは，同月25日，B弁護士から，同弁護士がYから聴取した内容を基に作成した遺言書の草案の交付を受け，Aの病室を訪ね，D医師において，Aに対し，「遺言をなさるそうですね」と問いかけ，Aの「はい」との返答を得た後，「読み上げますから，そのとおりであるかどうか聞いて下さい」と述べて，草案を1項目ずつゆっくり読み上げたところ，Aは，D医師の読み上げた内容にその都度うなずきながら「はい」と返答し，遺言執行者となる弁護士の氏名が読み上げられた際には首をかしげる仕種をしたものの，同席していたYからその説明を受け，「うん」と答え，D医師から，「いいですか」と問われて「はい」と答え，最後に，D医師から，「これで遺言書を作りますが，いいですね」と確認され，「よく分かりました。よろしくお願いします」と答えた。

D医師らは，医師室に戻り，同医師において前記草案内容を清書して署名押印し，他の医師2名も内容を確認してそれぞれ署名押印して，本件遺言書を作成した。

Xらは，亡Aは，あらかじめ用意された遺言書の草案を証人から読み上げられて，「はい」などと返答したにすぎず，積極的な意思表明をしていないから，遺言者の口授があったとはいえないとして訴えを提起した。

1審（静岡地判平8・1・29判時1582号111頁）・2審（東京高判平9・5・29公刊物未登載）ともに，遺言者Aは遺言の趣旨を口授したものというべきであるとして，Xらの請求を棄却した。これに対し，Xらが上告した。

■争　点■

証人が，あらかじめ作成された原稿を読み上げて，遺言者の意思を確かめることは，976条1項の「口授」といえるか。

■判　旨■

上告棄却。

危急時遺言にあたり，立会証人の1人が，弁護士が遺言者から聴取した内容を基に作成した遺言書の草案の交付を受け，遺言者に遺言意思を確認した上，草案を1項目ずつ読み上げたところ，遺言者はこれにその都度うなずきながら「はい」などと返答し，右立会証人から「これで遺言書を作りますが，いいですね」と確認されると，「よく分かりました。よろしくお願いします」などと答えたという事実関係の下においては，遺言者は，立会証人に対し，「口頭で草案内容と同趣旨の遺言をする意思を表明し，遺言の趣旨を口授したものというべきであり，本件遺言は民法976条1項所定の要件を満たすものということができる」。

■解　説■

1　遺言者は証人の1人に遺言の趣旨を口授しなければならない。遺言の趣旨とは，遺言の内容のことであり，口授とは，言語をもって述べること，すなわち口頭で述べることである。口授能力，口授の程度・方法は公正証書遺言の場合と同様である。なお，平成11年の法改正（法149）によって，遺言者が口がきけない者である場合には，遺言者は，証人の前で，遺言の趣旨を通訳人の通訳により申述して，口授に代えることとされた（976Ⅱ）。

死亡の危急にある者は，言語による表現に不十分な場合が多いため，口授の有無・程度が争われる事例は少なくない。質問に対し言語をもって陳述することなく，単に挙動をもって応答した場合は口授があったとはいえない。

しかし，口授は，遺言の内容のすべてにわたって逐一完全になされる必要はない。公正証書遺言の場合には，公証人があらかじめ遺言の内容を知っている他人から遺言の趣旨を聞き取って筆記し，その後遺言者から口授を受けて確かめ，その後これを遺言者および他の証人に読み聞かせて公正証書遺言を作成することが許されると解されている。この問題は，口授と筆記の先後の問題ととらえることもでき，口授の後に筆記がなされるのが一般であるが，筆記が先の場合であっても，さしつかえないと解されている。本件判決は，これを前提にしたうえ，危急時遺言においても，遺言者が，立会証人から，草案の条項を1項ずつ読み上げられて，これに応答をした場合には，口授があったとしたものである。

2　本件は，比較的，丁寧に遺言者にその意思確認がされている事案である。また，危急時遺言において，筆記の後に口授がなされる場合であっても，方式の違反とはならないとされたものである。

◆関連判例◆

①最判昭51・1・16家月28巻7号25頁
②最判昭43・12・20民集22巻13号3017頁（Ⅲ-173事件）
③最判昭47・3・17民集26巻2号249頁（Ⅲ-179事件）

●元横浜家庭裁判所　松原正明●

179 死亡危急時遺言の方式の変更

最高裁昭和47年3月17日第二小法廷判決
(最高裁昭和46年(オ)第678号遺言無効確認請求事件)
民集26巻2号249頁,判時663号59頁

■事 案■

病院に入院していたAは,死期が迫ったと自覚して,友人B・C・Dを病室に招いて遺言をした。遺言の趣旨の口授は,昭和43年1月27日深夜から翌28日午前零時過ぎまで約30分間にわたってなされ,B・C・D立会いのもとにBが筆記してメモを作成した。Bは前記メモを自宅へ持ち帰り,28日午前中に清書を終え,署名捺印した。同日夕刻にC・D両名も署名を終えたが,両名が印鑑を所持していなかったため捺印しないまま,B・C・Dは同日午後9時ごろ再びAの病室を訪れ,Dが清書された遺言の内容を朗読してAに読み聞かせ,同人の確認を得た.翌29日午前中にB・C・Dは遺言者に指定されたY弁護士(被告・控訴人・被上告人)の法律事務所に赴き,同所でC・Dも捺印を終えた。

遺言書の末尾には,作成日付として,「昭和43年1月28日午前零時15分」との記載がなされていた。Aが1週間後の2月5日に死亡したので,Bは家庭裁判所に確認の請求をして,確認の審判を受けた。

相続人の1人であるAの先妻の子X(原告・被控訴人・上告人)は,本件遺言書に方式違反があるとして,Yを相手に無効確認の訴えを提起した。1審(長崎地判昭44・12・25判タ246号305頁)は,Xが請求原因としていない作成日付の誤りを取り上げ,署名捺印と加除訂正手続が終了しない1月28日を作成日時として本件遺言書は不真正の日付を記載した瑕疵があるとして,Xの請求を認容。

Yが控訴したところ,2審(福岡高判昭46・4・20民集26巻2号271頁参照)は976条は日付の記載を要件としていないとして,Xの請求を棄却。Xは,①死亡危急時遺言でも日付の瑕疵は無効原因となること,②証人の署名捺印につき,方式の順序に違反があり,遺言者の面前でなされたものではないことを理由に上告した。本判決は,上告理由の①について,原審と同様に,危急時遺言における日付の記載はその有効要件でないと判示した。

■争 点■

危急時遺言書に対する証人の署名捺印は,遺言者の面前でなされなければならないか。

■判 旨■

上告棄却。

危急時遺言において,「筆記者である証人が,筆記内容を清書した書面に遺言者Aの現在しない場所で署名捺印をし,他の証人2名の署名を得たうえ,右証人らの立会いのもとに遺言者に読み聞かせ,その後,遺言者の現在しない場所すなわち遺言執行者に指定された者の法律事務所で,右証人2名が捺印し,もって〔全証人の〕署名捺印を完成した場合であっても,その署名捺印が筆記内容に変改を加えた疑いを挟む余地のない事情のもとに遺言書作成の一連の過程に従って遅滞なくなされたものと認められるときは,……その署名捺印は同条〔民法976条〕の方式に則ったものとして遺言の効力を認めるに妨げない」。

■解 説■

1 976条は,危急時遺言において,口授,証人による筆記,同証人による遺言者および他の証人への読み聞かせ,各証人の署名捺印という手続の順序を定める。しかし,本件では,(1)筆記した証人の署名捺印が読み聞かせより先になされ,また,(2)各証人の署名捺印が遺言者の現在しない場所でなされたことが問題となった。

2 本判決は,危急時遺言にあたって立会証人のする署名捺印は,遺言者により口授された遺言の趣旨の筆記が正確であることを各証人において証明するためのものであって,その署名捺印をもって完成するものであること,遺言は家庭裁判所の確認を得ることをその有効要件とするが,その期間は遺言の日から20日以内に制限されていることなどにかんがみれば,その署名捺印は,遺言者の口授に従って筆記された遺言の内容を遺言者および他の証人に読み聞かせたのち,その場でなされるのが本来の趣旨とした。

しかし,本件のように,筆記者である証人が,遺言者の現在しない場所で署名捺印をし,他の証人2名の署名を得たうえ,同証人らの立会いのもとに遺言者に読み聞かせ,その後,遺言者の現在しない場所で,同証人2名が捺印し,もって署名捺印を完成した場合であっても,その署名捺印が筆記内容に変改を加えた疑いを挟む余地のない事情のもとに遺言書作成の一連の過程に従って遅滞なくなされたものと認められるときは,いまだ署名捺印によって筆記の正確性を担保しようとする同条の趣旨を害するものとはいえないから,その署名捺印は同条の方式に則ったものとして遺言の効力を認めるに妨げないと解すべきであるとした。

また,その事情の有無については,昭和43年1月27日深夜から翌28日午前零時過ぎまでの間遺言者による口授がなされ,同28日午後9時ごろ遺言者に対する読み聞かせをなし,翌29日午前中に署名捺印を完成したという遺言書作成の経緯に照らせば,本件遺言書の作成は976条の要件をみたすものというべきであると判示した。

3 本判決は,(1)および(2)のいずれについても,方式の違反とはならないとした。960条は,遺言者の真意を確保するとともに紛争を予防するべく,遺言は法定の方式に従わなければすることができないとし,以下の条文で,厳格な方式を定めている。しかし,厳格な方式の遵守は遺言者の意思に反する結果を招くことがあり,本判決の判旨は異論のないところであろう。

◆関連判例◆

最判平11・9・14判時1693号68頁(Ⅲ-178事件)

●元横浜家庭裁判所 松原正明●

180 遺贈による権利移転の対抗力

最高裁昭和49年4月26日第二小法廷判決
(昭和48年(オ)第1226号貸金請求事件)
民集28巻3号540頁，金法725号42頁

■事 案■

飲食店を経営していた訴外Aは，長年の常連客であったY_1・Y_2に対し以下の内容で金銭を貸与した。Y_1には，昭和42年中に，2回にわたりその弁済期を①同年11月25日，②昭和43年1月20日の約束で各100万円ずつを貸与し，その内すでに44万円は弁済されており，現存債権は156万円である。Y_2には，昭和43年中に金330万円を貸与し，その内すでに219万円は弁済されており，現存債権額は111万円である。Aは，Y_1・Y_2の各債権を生前の昭和45年5月11日，Xに特定遺贈し，その後，Aは同年9月6日に死亡した。そこで，X（原告・被控訴人・上告人）は，Yら（被告・控訴人・被上告人）に対し各現存債権の支払を求めた。Yらによれば，本件金銭は貸金ではなく，長年Aの店を贔屓にしてきたYらに対するAの感謝の念から，Yらの事業支援のためにAが出資したのであり出世払いでよいという内容である，という。また仮に貸与であったとしてもAからXへの貸金債権の遺贈は，債権譲渡の対抗要件（467条の「債務者への通知または債務者の承諾」）を備えておらず，XはYらに対し対抗できないと反論をした。これに対しXは，本件貸金返還請求の訴状送達が債権譲渡の通知にあたると再反論をした。

1審（神戸地判昭47・12・13民集28巻3号543頁参照）は，Yらの貸金の事実を認め，債権の遺贈については債権譲渡の通知または承諾を要しないとして，Xの請求を認容した。Yらが控訴した2審（大阪高判昭48・8・30前掲民集546頁参照）では，貸金の事実を認めたものの，特定債権の遺贈については，467条の要件を充たしていないXはYらに対抗できない（遺贈義務者は遺言執行者，その定めがない場合は譲渡人の相続人。なお譲受人の代替は不可）としてXの請求を棄却した。そこで，Xは，債権の特定遺贈の場合，通知義務者が死亡しているから通知できないため遺贈による債権譲渡は対抗要件不要であり，対抗要件を必要とした2審には法令違背があり，仮に467条の対抗要件が必要であるとしても本件訴状送達により467条の対抗要件を備えたとして上告した。

■争 点■

指名債権が特定遺贈された場合，遺贈義務者から債務者に対する通知または債務者の承諾がなければ，受遺者は，遺贈による債権の取得を債務者に対抗できないか。

■判 旨■

上告棄却。

「特定債権が遺贈された場合，債務者に対する通知又は債務者の承諾がなければ，受遺者は，遺贈による債権の取得を債務者に対抗することができない。そして，右債務者に対する通知は，遺贈義務者からすべきであって，受遺者が遺贈により債権を取得したことを債務者に通知したのみでは，受遺者はこれを債務者に対抗することができないというべきである。原審の確定したところによれば，本件貸金債権の遺贈については，受遺者であるXから債務者であるYらに対し本件訴状送達により通知されたというのみで，適法な債務者に対する通知又は債務者の承諾がなかったというのであるから，Xは遺贈によって取得した本件貸金債権をもってYらに対抗することができないとした原審の判断は，正当である。」

■解 説■

1　特定遺贈によって発生した権利移転の効力を相続人以外の第三者に対し主張するには対抗要件が必要か。この点について，本判決登場前，最高裁は，不動産の特定遺贈の事案で，遺贈は，遺言によって受遺者に財産権を与える遺言者の「意思表示」にほかならず，遺言者の死亡を不確定期限とするものであるが，「意思表示」によって物権変動が生じる点において贈与と異ならないことを根拠に，不動産の特定受遺者に対し登記を具備しなければその所有権取得を第三者に対抗できないとの立場を示している（関連判例—Ⅰ-235事件）。これによって「遺贈」を原因とする不動産物権変動に財産上の規律を適用し対抗問題として理解するのが今日までの判例・通説の立場である（改正法もこの立場を踏襲し「遺贈」を新設899条の2の適用除外とした〔法令審議会民法（相続関係）部会資料17・7頁以下〕）。

本判決は，指名債権の特定遺贈について，それまで対抗要件具備の要・不要について大審院で二分（多くは必要説）されていた論点について，関連判例の登場を受け，指名債権の遺贈についても，債務者に対する通知または債務者の承諾がなければ，受遺者はこれを債務者に対抗することができないとの立場を最高裁において明らかにした新判例であるといわれている。

2　本判決の特徴は，⑴特定遺贈の場合，特定遺贈の効力発生（遺言者の死亡）と同時に遺贈の対象である権利は受遺者に移転する（物権的効果説）。特定債権の権利移転についてもそれまでの判例の立場を踏襲し，遺言者の死亡の要件のほかに遺言執行者による意思表示を必要としないとするものではないとした。そして，⑵特定遺贈の場合，受遺者がその権利取得を相続人以外の第三者に主張する場合には，不動産の場合（関連判例）と同じく，指名債権の遺贈の場合も，不確定期限付きではあるが，遺言者による「意思表示」に基づく債権移転であり，債権譲渡と異なるところはない。したがって，467条〔改正前〕が規定する「債務者に対する通知または債務者の承諾」がなければ，受遺者は債権取得を債務者に対抗できない（なお，467条2項においてこの「通知」，「承諾」は確定日付ある証書）。

3　では，債権譲渡の通知は誰が行うべきか。467条が債権の「譲受人」ではなく，債権の「譲渡人」（またはその包括承継人を含む）とするのは譲受人の虚偽の通知により債務者が二重払を強いられることを回避するためである。指名債権が特定遺贈された場合も，「受遺者」による債権取得の通知（訴状の送達）では適法な通知があったといえない。遺言執行者がある場合の遺贈の履行は，遺言執行者のみが行うことが可能となる（1012Ⅱ）。「遺贈義務者」が通知すべきであるとした本件は遺言執行者がない場合に参考となろう。

◆関連判例◆
最判昭39・3・6民集18巻3号437頁（Ⅰ-235事件）

●愛知学院大学　田中淳子●

181 遺言執行者の訴訟における被告適格

最高裁昭和51年7月19日第二小法廷判決
（昭和51年(オ)第17号所有権移転仮登記抹消登記手続本訴，所有権移転登記抹消登記手続反訴請求事件）
民集30巻7号706頁，判時839号69頁

■事 案■

訴外Aが昭和36年12月10日に死亡し養子である原告XがAの本件土地を相続し，昭和42年9月5日所有権移転登記がなされた。訴外Bは，昭和34年5月26日作成の遺言公正証書による遺贈を受けたとして昭和37年5月11日に本件土地所有権移転仮登記をした。被告Yは遺言の遺言執行者である。

Xは，公正証書はAの署名を偽署し盗取した実印で作成された等を理由に，遺言執行者Yに対して，本訴として前記遺言の無効確認および訴外Bへの所有権移転仮登記の抹消を請求し，予備的にAの死亡から10年間占有したため時効取得を理由に仮登記抹消を請求した。これに対して，YはXの相続による本件土地の所有権移転登記の抹消を請求した。

1審（千葉地判昭48・7・20民集30巻7号715頁参照）は，公正証書がAの意思に基づかず作成されたとして本訴を認容し，Yの反訴を棄却。2審（東京高判昭50・10・27前掲民集719頁参照）は，公正証書は有効で無効確認は失当であり，仮登記抹消についてYは登記義務者ではないとして本訴請求を棄却した。また，Yの反訴については，Xの時効取得を理由に棄却した。Xが上告した。

■争 点■

相続人が，遺言執行による遺贈の受遺者への土地所有権移転登記あるいは所有権移転仮登記の抹消登記手続を請求する訴訟において，遺言執行者と受遺者のいずれが被告適格を有するか。

■判 旨■

上告棄却。

「遺言執行者は，遺言の執行に必要な一切の行為をする権利義務を有し（民法1012条），遺贈の目的不動産につき相続人により相続登記が経由されている場合には，右相続人に対し右登記の抹消登記手続を求める訴を提起することができるのであり，また遺言執行者がある場合に，相続人は相続財産についての処分権を失い，右処分権は遺言執行者に帰属するので（民法1013条，1012条），受遺者が遺贈義務の履行を求めて訴を提起するときは遺言執行者を相続人の訴訟担当者として被告とすべきである〔関連判例②〕……。」

「更に，相続人は遺言執行者を被告として，遺言の無効を主張し，相続財産について自己が持分権を有することの確認を求める訴を提起することができるのである〔関連判例③〕……。」

「右のように，遺言執行者は，遺言に関し，受遺者あるいは相続人のため，自己の名において，原告あるいは被告となるのであるが，以上の各場合と異なり，遺贈の目的不動産につき遺言の執行としてすでに受遺者宛に遺贈による所有権移転登記あるいは所有権移転仮登記がされているときに相続人が右登記の抹消登記手続を求める場合においては，相続人は，遺言執行者ではなく，受遺者を被告として訴を提起すべきであると解するのが相当である。けだし，かかる場合，遺言執行者において，受遺者のため相続人の抹消登記手続請求を争い，その登記の保持につとめることは，遺言の執行に関係ないことではないが，それ自体遺言の執行ではないし，一旦遺言の執行として受遺者宛に登記が経由された後は，右登記についての権利義務はひとり受遺者に帰属し，遺言執行者が右登記について権利義務を有すると解することはできないからである。」

■解 説■

1　民法は遺言執行者を相続人の法定代理人とみなすと定めていた（1015。平30法72改正前）。しかし，後掲関連判例①②③のように，訴訟上，遺言執行者は本人に代わり訴訟行為を行う法定代理人ではなく他人の実体法上の権利について管理処分権をもち当事者として訴訟追行する法定訴訟担当にあたると考えられていた。また，遺言執行者による相続財産の管理その他遺言の執行に必要な一切の行為をする権利義務（1012），相続財産の処分その他遺言の執行を妨げる相続人の行為の禁止が定められている（1013）。これらの規定からは，例えば遺言の執行の争いとして相続財産の所有権移転登記抹消等の請求がなされた場合には，当事者適格は遺言執行者にあり，相続人にはないのか問題になる。具体的事案における係争権利関係が，遺言執行者の遺言の執行に必要か否かにより判断されるといえる。

関連判例①②は，遺言執行の訴えについて遺言執行者が被告適格を有すると判断している。これに対して，本件では，既に遺言執行されて仮登記ではあるが受遺者へ所有権移転登記がなされたため，登記に関する権利義務者は受遺者であり，遺言執行人に権利義務はないとして被告適格を否定した。すなわち，遺言執行者が権利義務を有している場合に被告適格を限定することを明らかにしている。

平成30年改正により遺言執行者が権限内において遺言執行者であることを示して行う行為は相続人に対して効力が生じると改められた（1015）。

2　本件判旨において関連判例②③が引用されているが，関連判例③は，遺言の執行に関する訴えではなく，相続人が遺言執行者に対して遺言の無効を主張して相続財産につき共有持分権の確認を求めたもので他の関連判例と異なる点がある。

◆関連判例◆

①大判昭15・2・13判決全集7輯16号4頁
②最判昭43・5・31民集22巻5号1137頁
③最判昭31・9・18民集10巻9号1160頁

●東京工業大学　金子宏直●

182 相続人がした行為の効力

最高裁昭和62年4月23日第一小法廷判決
（昭和61年(オ)第264号第三者異議事件）
民集41巻3号474頁，判時1236号72頁

■事　案■

被相続人Aは，公正証書遺言により，妻を含む7名の相続人のうちAと同居していた四女X_1・五女X_2に本件自宅不動産を含む不動産全部を遺贈し，遺言執行者としてBを指定した。しかし相続開始後，二男Cが，本件不動産のうち，新築家屋について自己名義で保存登記，また土地については相続放棄申述書を偽造するなどして自己名義で相続登記のうえ，これらにYのために根抵当権を設定し，その登記を経由した。この時点で，Bはまだ遺言執行者への就職の承諾をしていなかった。

本件不動産について，Yの申立てにより担保権の実行としての競売手続開始決定がされたため，Xらが，Cの根抵当権設定は無効であると主張して，競売の不許を求め，第三者異議の訴えを提起したのが本件である。

1審（宇都宮地判昭59・9・28民集41巻3号480頁参照）は相続財産に属さないとした家屋を除き，2審（東京高判昭60・12・17前掲民集485頁参照）はこれも含め全面的に，Cの行為は1013条に反し無効であり，Xらは遺贈による権利取得を登記なくして対抗できるとしてXらの請求を認容した。これに対してYは，第1に，遺言執行者があるときはこれにのみ原告適格があってXらにはないこと，第2に，遺言執行者の就職前は1013条の適用はないことを理由として上告した。

■争　点■

①特定不動産の受遺者は，遺言執行者がある場合でも，第三者異議の訴えの原告適格を有するか。
②遺言執行者がある場合に，相続人が遺贈の目的不動産についてした処分行為の効力はどのようか。
③「遺言執行者がある場合」とは，遺言執行者として指定された者が就職を承諾する前をも含むか。

■判　旨■

上告棄却。

(i)　遺言者の所有に属する特定の不動産の遺贈の場合，その所有権は遺言の効力発生と同時に受遺者に移転するから，「受遺者は，遺言執行者がある場合でも，所有権に基づく妨害排除として，右不動産について相続人又は第三者のためにされた無効な登記の抹消登記手続を求めることができるものと解するのが相当である」。

(ii)　民法1012条1項と同法1013条の規定は，「遺言者の意思を尊重すべきものとし，遺言執行者をして遺言の公正な実現を図らせる目的に出たものであり，右のような法の趣旨からすると，相続人が，同法1013条の規定に違反して，遺贈の目的不動産を第三者に譲渡し又はこれに第三者のため抵当権を設定してその登記をしたとしても，相続人の右処分行為は無効であり，受遺者は，遺贈による目的不動産の所有権取得を登記なくして右処分行為の相手方たる第三者に対抗することができるものと解するのが相当である」。

(iii)　「前示のような法の趣旨に照らすと，同条にいう『遺言執行者がある場合』とは，遺言執行者として指定された者が就職を承諾する前をも含むものと解するのが相当である」。

■解　説■

1　いずれの点も最高裁として初めての判示である。

遺言執行者は，遺言の執行に必要な一切の行為をする権利義務を有し（1012），遺言執行者がある場合，相続人は遺言の執行を妨げるべき行為をすることができない（1013）。この1013条違反の行為の効力は条文上明白でなく〔改正前〕，本判決引用の関連判例①が，清算型の包括遺贈において，同条違反の行為は「絶対に無効」であり，相続人から抵当権設定を受けた者が登記を得ていても177条の第三者にあたらないとしていたのを，最高裁が基本的に踏襲することを明らかにしたのである。

2　ところが，わが国では遺言や遺言執行者の存在を公示する制度を欠くため，第三者が不測の損害を被るおそれが指摘されてきた。遺言執行者がない場合，遺贈は177条の適用を受け，受遺者は権利取得を登記なくして第三者に対抗することができないことから（関連判例②―Ⅰ-235事件），遺言執行者のあるなしで結果の差が大きいことも問題視された。しかしその後，平成3年の最高裁判決（Ⅲ-147事件）によりその地位を確立した「相続させる」旨の遺言の場合には，遺言執行者がなくとも，権利取得を登記なくして第三者に対抗できることが判例により明らかにされ（関連判例③），遺言執行者のあるなしで結果に差はないこととなった。

死亡による権利移転の場合，取得者本人がそれを知らず，知っても死という事柄の性質上，すぐに登記を備えよというのが酷な場合が多い。他方で，法定相続分による登記は保存行為として簡単になしうるため，これを奇貨として第三者への処分，第三者による差押えがいち早くなされ，遺言の実現が容易に阻害される。

3　そこで学説では，登記等公示制度の不備・立法的措置の必要性を指摘しつつも，遺言執行者のある場合は，遺言の実現を優先し，1013条違反の行為を無効であるとする判例の見解を支持するものが多かった。遺言者指定の遺言執行者の場合は，その就職承諾前についても，遺言者意思尊重の観点から，相続開始と同時に遺産を凍結状態におき上記のような処分・差押えを封じるために，同条を適用する判例の立場が支持された（裁判所の選任による場合も，手続中につき類似の問題を生ずるが，裁判例は見当たらない――申立て前については否定的）。

もっとも，判例もあらゆる場合に無効を貫く趣旨ではなかろうとして，遺言執行者の同意や追認がある場合などに有効になるという不確定無効説，94条2項・32条1項後段類推適用説，権利濫用説等の支持も多かった。実際，これらの説に従う，あるいはその可能性を示唆する下級審裁判例もみられ，本判決もそれを否定していなかった。

4　このような中，平成30年に相続法が改正された。899条の2が，遺言による権利取得を登記なくして第三者に対抗できないとし，1013条も，同条違反行為を無効と明言する一方で，これを善意の第三者には対抗できないとし（新設2項），また債権者の権利行使は妨げないとしたから（新設3項），「無効」とする同条および本判決の存在意義はほぼ失われたといえる。

◆ **関連判例** ◆

①大判昭5・6・16民集9巻550頁
②最判昭39・3・6民集18巻3号437頁（Ⅰ-235事件）
③最判平14・6・10家月55巻1号77頁

●関西大学　松尾知子●

183 「相続させる」旨の遺言と遺言執行者の権限(1)

最高裁平成7年1月24日第三小法廷判決
（平成3年(オ)第1057号損害賠償請求事件）
判時1523号81頁，判タ874号130頁

■事 案■

Aの相続人は子X・B・C・D・Eの5名である。Aは，その所有の本件各不動産に関し，長男Xに「相続させる」，遺言執行者をYとする旨の公正証書遺言をして死亡した。だが，Xへの所有権移転登記はされず，法定相続分による共同相続登記がされた。Xは，Yが遺言執行者に就職したことを前提に（Yは否認），Yが本件遺言（Xは遺贈と主張）に基づいてすべきであった登記手続を怠ったために，登記の更正およびBら申立ての遺産分割調停手続につき弁護士の必要が生じたとして，弁護士手数料500万円，慰謝料500万円の支払を求めた。

1審（横浜地判平2・10・23金判969号23頁参照）・2審（東京高判平3・3・28家月44巻4号29頁）は，本件遺言の法的効果については明言せず，登記実務上，X自身が本件遺言に基づき相続を原因として単独で所有権移転登記をすることができるのであるから，YはXに対する所有権移転登記手続義務を負わないとして，請求を棄却した。2審では，遺言執行者がある場合でも，Xにおいて前記登記をすることが遺言執行者との関係で1013条により制限されるとは解されないとも述べられている。

これに対してXは，本件遺言が実質的には遺贈であるとの主張のほか，遺言執行者がある場合に，相続人からの相続を原因とする所有権移転登記の申請が受理されるとしても，それは，登記手続上，遺言執行者の存在を調査することができないため，そのまま受理せざるを得ないという意味において理解すべきであり，他方，相続に関する一定の行為が遺言執行者とそれ以外の者の双方に帰属する場合もあり，したがって，前記登記実務は，遺言執行者が本来的には相続登記をすべきものとする考え方を否定するものではないとの主張をして上告した。

■争 点■

「相続させる」旨の遺言について遺言執行者が存在する場合に，遺言執行者は同遺言による所有権移転登記手続をする義務を負うか。

■判 旨■

上告棄却。

遺贈があったとは解されないとした2審の判断を是認した上で，次のように判示した。「特定の不動産を特定の相続人甲に相続させる旨の遺言により，甲が被相続人の死亡とともに相続により当該不動産の所有権を取得した場合には，甲が単独でその旨の所有権移転登記手続をすることができ，遺言執行者は，遺言の執行として右の登記手続をする義務を負うものではない。」

■解 説■

1　特定の遺産を特定の相続人に「相続させる」旨の遺言の性質・効果については，本件1・2審後の関連判例①（Ⅲ-147事件）が，遺贈と解すべき特段の事情のない限り，当該遺産を当該相続人に単独で相続させる「遺産分割方法の指定」と解すべきであり，原則として，何らの行為を要せずして，「被相続人の死亡時に直ちに当該遺産が当該相続人に相続により承継される」と判示しており，本件最高裁もこれを引用する。

2　Xは本件遺言を「遺贈」と解すべき旨主張している。遺贈であれば，遺言の効力発生と同時に権利は当然に移転するが，受遺者に完全にその権利を取得させるために，対抗要件の具備，目的物の引渡し等の行為が遺言執行として必要であるとされており，受遺者と相続人との「共同申請」が求められる登記に関しては，遺言執行者があればこれが相続人に代わり登記義務者となる。

では「遺産分割方法の指定」と解される場合はどうか。これを遺産分割の指針にすぎないとみる従来の裁判例によれば，遺産の帰属は遺産分割を経ないと決まらないから，遺産分割の実行を委託されたと解される場合を除き，原則として遺言執行の必要はないといわれていた（もっとも，遺言執行者の指定や選任請求があれば遺産分割の実行の委託があるとみることもできた）。だが，昭和47年に登記実務が，「相続させる」「遺産分割方法の指定」のどちらの表現によっても，特定の遺産を特定の相続人に取得させる趣旨の遺言については，遺産分割の成立をまたずに，当該相続人が単独で相続を原因として移転登記をすることができるとして，裁判例の解釈と矛盾する取扱いを認めることによって，（両者の対立はもちろん）この登記への遺言執行者の関わりが問題となった。登記実務は長く遺言執行者による単独申請も認めていたが，関連判例①以降なぜかこれを否定する立場に転じ，裁判例も遺言執行者の存在自体を否定するようになった。

3　これに対し学説では，遺言執行者による申請も認めてよいとするものが多く，仮に登記制度上無理であるとしても，遺言執行者への社会的期待を重視する立場から，登記以外の事実行為・管理行為は認めるべきだとするもの，同種遺言による権利取得につき対抗要件を必要とする立場から，相続人の処分を無効としうる1013条〔改正前〕の力を借りるために（Ⅲ-182事件参照）遺言執行者の存在は認めるべきだとするもの等がみられた。

4　留意すべきは，本件では遺言執行者の登記申請権限は明確には否定されなかったということである。遺言執行者に申請権限があっても，法定相続分による登記（保存行為として相続人の1人によって戸籍謄本の添付のみで可能）を100パーセント防ぐことができない以上，これに損害賠償責任を負わせるべきではなく，そのためにその登記申請「義務」を否定したにとどまるとみることもできた。

しかし後の関連判例②（Ⅲ-185事件）は，遺言執行者の登記申請権限を明確に否定し，他方で，登記の重要性に鑑み，登記上妨害が生じた場合にこれを除去し名義を回復する権限はあるとして遺言執行者の存在を認めた。他方，遺言執行者の存在を肯定する理由として学説によって挙げられた対抗要件具備の必要性は，後の関連判例③によって否定されていた。

5　ところがさらに一転，平成30年相続法改正が，判例の方向性を変更し，「相続させる」旨の遺言による権利取得に対抗要件主義を採用したため（899の2），その実効性を図る趣旨で，遺言執行者に対抗要件具備権限を付与し（1014 Ⅱ），登記申請権限も認めることとなった。

◆関連判例◆

①最判平3・4・19民集45巻4号477頁（Ⅲ-147事件）
②最判平11・12・16民集53巻9号1989頁（Ⅲ-185事件）
③最判平14・6・10家月55巻1号77頁

●関西大学　松尾知子●

184 「相続させる」旨の遺言と遺言執行者の権限(2)

最高裁平成10年2月27日第二小法廷判決
（平成7年(オ)第1993号土地賃借権確認，借地権確認請求事件）
民集52巻1号299頁，判時1635号60頁

■事　案■

被相続人Aは，公正証書遺言によって，その所有する甲土地を，相続人であるXおよびBに「相続させる」旨の遺言をし，その他の遺言による処分とあわせて，遺言執行者として同じく相続人であるYを指定した（Yは，自身も遺言によって一定の財産を割り付けられているほか，祭祀承継者にも指定されている）。他方で，Aは，甲土地上に所有していた乙建物を生前にXに贈与していた。このような事情の下で，相続開始後，Xは，甲土地についてAから乙建物の所有を目的とする賃借権の設定を受けていたことを主張し，他の相続人Bらを相手として賃借権の確認を求める訴えと，遺言執行者としてのYを相手として賃借権の確認を求める訴えとを提起した。なお，甲土地は，Xが占有している。

1審（東京地判平6・10・13民集52巻1号309頁参照）は，遺言執行者Yのみが当事者適格を有するとした上で，他の相続人を被告とする訴えを却下する一方，Yを被告とする訴えについては実体判断にはいり，Xが賃借権を有することを確認する旨の判決を言い渡した。これに対して，Yが控訴した。

2審（東京高判平7・6・27前掲民集316頁参照）は，1審の判断を支持してYの控訴を棄却した。

これに対して，Yが上告した。

■争　点■

特定財産承継遺言（1014 II），すなわち特定の財産を特定の相続人に対して「相続させる」旨の遺言がある場合であって，その特定の財産たる不動産について賃借権の有無が争われるときに，遺言執行者は被告適格を有するか。

■判　旨■

破棄自判。

最高裁は，遺言執行者としてのYの被告適格を職権によって検討するとした上で，以下のように判示した。

「特定の不動産を特定の相続人に相続させる趣旨の遺言をした遺言者の意思は，右の相続人に相続開始と同時に遺産分割手続を経ることなく当該不動産の所有権を取得させることにあるから（〔関連判例①〕……参照），その占有，管理についても，右の相続人が相続開始時から所有権に基づき自らこれを行うことを期待しているのが通常であると考えられ，右の趣旨の遺言がされた場合においては，遺言執行者があるときでも，遺言書に当該不動産の管理及び相続人への引渡しを遺言執行者の職務とする旨の記載があるなどの特段の事情のない限り，遺言執行者は，当該不動産を管理する義務や，これを相続人に引き渡す義務を負わないと解される。そうすると，遺言執行者があるときであっても，遺言によって特定の相続人に相続させるものとされた特定の不動産についての賃借権確認請求訴訟の被告適格を有する者は，右特段の事情のない限り，遺言執行者ではなく，右の相続人であるというべきである。」

「本件土地はAの死亡時にBとXが相続によりそれぞれ持分2分の1ずつを取得したものであり，右……記載の特段の事情も認められないから，本件訴訟の被告適格を有するのは，遺言執行者であるYではなく，Bであり，Yを被告とする本件訴訟は不適法なものというべきである」。

■解　説■

1　遺言執行者は，「相続財産の管理その他遺言の執行に必要な一切の行為をする権利義務を有する」（1012 I）。そして，通説（任務説）によれば，その権利義務の中には，法定訴訟担当者として自己の名前で訴訟の当事者となることも含まれる。他方，遺産中の特定の財産が「相続させる」旨の遺言によって特定の相続人に割り付けられていた場合には，その財産（典型的には不動産）は，そもそも遺言執行者による「相続財産の管理」の対象に含まれるのかということが問題になりうる。判例は，特定の財産を特定の相続人に「相続させる」旨の遺言に，「被相続人の死亡の時（遺言の効力の生じた時）に直ちに当該遺産が当該相続人に相続により承継される」（関連判例①―III-147事件）という効果，すなわち，相続を原因とする一般承継による権利の即時移転効を認めているからである。

そうした中で，本判決は，遺言によって特定の相続人に「相続させる」ものとされた特定不動産についての賃借権確認請求訴訟の被告適格を有するのは誰かということを明らかにしたものである。

2　本判決は，被告適格を有するのは，原則として，遺言執行者ではなく，問題の不動産を「相続させる」ものとされた相続人であるとした。

ただし，本判決は，その理由として，関連判例①が認めた相続を原因とする一般承継による即時移転効に直接依拠してはいないという点には，留意が必要である。本判決が依拠しているのは，むしろ，特定不動産を特定相続人に「相続させる」旨の遺言を書いた被相続人の意思そのものである。このことのゆえに，遺言書に問題の不動産の管理を遺言執行者に委ねる旨の記載がある場合には，そこに被相続人の特段の意思を見出して，遺言執行者に被告適格を認めることも可能になる。

◆関連判例◆

①最判平3・4・19民集45巻4号477頁（III-147事件）
②最判昭51・7・19民集30巻7号706頁（III-181事件）
③最判昭62・4・23民集41巻3号474頁（III-182事件）
④最判平7・1・24判時1523号81頁（III-183事件）
⑤最判平11・12・16民集53巻9号1989頁（III-185事件）

●成城大学　川　淳一●

185 「相続させる」旨の遺言と遺言執行者の権限(3)

最高裁平成11年12月16日第一小法廷判決
（平成10年(オ)第1499号・第1500号土地所有権移転登記手続請求及び独立当事者参加並びに土地共有持分存在確認等請求事件）
民集53巻9号1989頁，判時1702号61頁

■事 案■

被相続人Aは，その所有する甲土地を，相続人であるYおよびBに2分の1ずつ「相続させる」旨の遺言をし，かつ，遺言執行者として弁護士Xを指定した。ところが，相続開始後，Yは，以前に撤回された「相続させる」旨の遺言を冒用して，甲土地について，相続を原因とする自己名義の所有権移転登記をした。これに対して，Xは遺言執行者として，遺言内容に応じた登記を実現するために，甲土地について真正な登記名義の回復を原因とするBへの2分の1の持分の移転登記手続をすることを求める訴えを提起した。これに対して，Yは，寄与分の主張などをするほか，とくにXの原告適格について争い，「相続させる」旨の遺言の効果によって，甲土地所有権は何らの行為も要せずしてAの死後ただちに割り付けを受けた相続人が承継するから，遺言執行者であるXは遺言の執行をする余地がなく，したがってXの訴えは不適法であると主張した。

2審（東京高判10・3・31判時1642号105頁）は，次のように述べてXの原告適格を否定し，訴えは不適法であるとした。すなわち，特定の不動産を特定の相続人に「相続させる」旨の遺言により，特定の相続人が被相続人の死亡時に相続により当該不動産の所有権を取得した場合には，当該相続人が自らその旨の所有権移転登記手続をすることができ，仮に同遺言の内容に反する登記がされたとしても，当該相続人が自ら所有権に基づく妨害排除請求としてその抹消を求める訴えを提起することができるのであるから，当該不動産について遺言執行の余地はなく，遺言執行者は，遺言の執行として相続人に対する所有権移転登記手続をする権利または義務を有するものではない。

これに対して，Xが上告した。

■争 点■

特定財産承継遺言（1014Ⅱ），すなわち特定の財産を特定の相続人に「相続させる」旨の遺言がある場合であって，遺言による処分の対象となった不動産について実体と異なる登記があるときに，遺言執行者は，遺言内容の実現への妨害を排除するための登記手続を求める適格を有するか。

■判 旨■

一部破棄差戻し，一部上告棄却。

「特定の不動産を特定の相続人甲に相続させる趣旨の遺言（相続させる遺言）は，特段の事情がない限り，当該不動産を甲をして単独で相続させる遺産分割方法の指定の性質を有するものであり，これにより何らの行為を要することなく被相続人の死亡の時に直ちに当該不動産が甲に相続により承継されるものと解される（〔関連判例①〕……参照）。しかしながら，相続させる遺言が右のような即時の権利移転の効力を有するからといって，当該遺言の内容を具体的に実現するための執行行為が当然に不要になるというものではない。」

「本件のように，Bへの所有権移転登記がされる前に，他の相続人が当該不動産につき自己名義の所有権移転登記を経由したため，遺言の実現が妨害される状態が出現したような場合には，遺言執行者は，遺言執行の一環として，右の妨害を排除するため，右所有権移転登記の抹消登記手続を求めることができ，さらには，Bへの真正な登記名義の回復を原因とする所有権移転登記手続を求めることもできると解するのが相当である。この場合には，Bにおいて自ら当該不動産の所有権に基づき同様の登記手続請求をすることができるが，このことは遺言執行者の右職務権限に影響を及ぼすものではない。」

■解 説■

1　判例によれば，特定の財産（典型的には不動産）を特定の相続人に「相続させる」旨の遺言には，その目的物への権利について，相続を原因とする一般承継による即時移転効が認められる（関連判例①—Ⅲ-147事件）。したがって，論理的には，そのような遺言処分の目的物については遺言執行の余地がそもそも存在しないとして，もともと「相続財産の管理その他遺言の執行に必要な一切の行為」（1012Ⅰ）の対象ではないと解することも十分に可能である。しかし，判例は，そのような論理は採らず，本判決の前にも，遺言者の通常の意思解釈を根拠にして，遺言執行者による遺言執行の対象であるかどうかを判断している（関連判例②—Ⅲ-184事件）。

2　本判決は，特定不動産を特定相続人に「相続させる」旨の遺言があった場合に，他の相続人が，自己名義の所有権移転登記をして遺言内容の実現を妨げる状態が生じたときには，遺言執行者は，妨害排除のために，所有権移転登記を抹消できるだけでなく，真正な登記名義の回復を目的とする（遺言によって問題の財産を割り付けられた相続人への）所有権移転登記手続を求めることもできるとした。

3　そこで問題になるのは，その根拠である。本判決は，不動産取引における登記の重要性を挙げており，そこに本判決の特徴を見出すことができる。

◆関連判例◆

①最判平3・4・19民集45巻4号477頁（Ⅲ-147事件）
②最判平10・2・27民集52巻1号299頁（Ⅲ-184事件）
③最判昭51・7・19民集30巻7号706頁（Ⅲ-181事件）
④最判昭62・4・23民集41巻3号474頁（Ⅲ-182事件）
⑤最判平7・1・24判時1523号81頁（Ⅲ-183事件）

●成城大学 川 淳一●

186 遺言の「抵触」の意義

最高裁昭和56年11月13日第二小法廷判決
（昭和56年(オ)第310号所有権移転登記請求事件）
民集35巻8号1251頁，判時1024号51頁

■事　案■

AB夫婦には実子がなく，Aと他の女性との間に出生したYがただ1人の実子であったが，Yとは同居していなかった。AB夫婦は，X_1X_2夫婦（X_1は妻Bの従姉妹の子）に対し，もしXらが養子となりAB夫婦を今後扶養してくれるならば，不動産の大半を遺贈してもよい旨約束し，昭和48年12月22日に養子縁組が行われ，同居が開始された。同月28日に公正証書により，A所有の不動産の大半をXら両名に遺贈する旨の本件遺言がなされた。

ところが，昭和49年10月，X_1がAに無断でA所有の不動産について根抵当権設定等の登記をしていることが発覚した。激怒したAは，6か月以内に根抵当権設定登記等を抹消すること等を約した念書をX_1に差し入れさせたものの，この約束は履行されなかった。

不信の念を深くしたAB夫婦は，Xらに対し養子縁組を解消したい旨申し入れ，昭和50年8月26日に本件協議離縁が成立し，同居は解消された。Xらは，別居後AB夫婦を扶養せず，Y夫婦がAB夫婦の身の回りの世話をしていたが，Aは昭和52年1月8日に，Bは同年2月1日に死亡した。Xらは，A所有の不動産の遺贈を受けたとして，Aの相続人であるYらに対し，所有権移転登記手続を請求した。1審（千葉地判昭55・1・24民集35巻8号1258頁参照）・2審（東京高判昭55・12・24前掲民集1269頁参照）とも，本件遺言はこれと抵触する離縁によって撤回されたものというべきであると判断してXらの請求を棄却した。これに対して，Xが上告した。

■争　点■

①身分行為も，1023条2項にいう「遺言後の生前処分その他の法律行為」に含まれるか。

②財産行為（遺贈）と身分行為（離縁）が抵触する場合にも，同条により遺言撤回の効果が生じるか。

■判　旨■

上告棄却。

「民法1023条1項は，前の遺言と後の遺言と抵触するときは，その抵触する部分については，後の遺言で前の遺言を取り消したものとみなす旨定め，同条2項は，遺言と遺言後の生前処分その他の法律行為と抵触する場合にこれを準用する旨定めているが，その法意は，遺言者がした生前処分に表示された遺言者の最終意思を重んずるにあることはいうまでもないから，同条2項にいう抵触とは，単に，後の生前処分を実現しようとするときには前の遺言の執行が客観的に不能となるような場合のみにとどまらず，諸般の事情より観察して後の生前処分が前の遺言と両立せしめない趣旨のもとにされたことが明らかである場合をも包含するものと解するのが相当である。」

本件の協議離縁は前になされた遺贈と両立せしめない趣旨のもとにされたものというべきであるから，本件遺贈は後の協議離縁と抵触するものとして1023条2項により撤回されたものとみなさざるをえない。

■解　説■

1　民法は，遺言の方式による遺言撤回の自由を規定し（1022），さらに抵触遺言による撤回擬制（1023 I），抵触する生前処分その他の法律行為による撤回擬制（1023 II），遺言者による故意の遺言書破棄および故意の遺贈目的物破棄による撤回擬制（1024）を定める。本件では，遺言後になされた協議離縁（身分行為）が1023条2項にいう「生前処分その他の法律行為」として先行する遺贈（財産行為）と「抵触」するか否かが問題となった。

2　身分行為も「その他の法律行為」（1023 II）に包含されることはおおむね争いがないが，同種の身分行為間（例，養子縁組の遺言―生前の養子縁組）のみならず，異種異質の行為間であっても「抵触」が生じるかについての先例は存在しない。もっとも，「抵触」概念については，「諸般の事情より観察して後の行為が前の遺言と之を両立せしめざる趣旨の下に為されたること明白なる場合をも包含する」として比較的緩やかに解する先例が存在し（関連判例①），本判決もこれを踏襲する。すなわち本判決においては，「抵触」行為が先行する遺言内容と同種同質行為であるべきか否かについては特に言及されることなく，協議離縁の財産処分的遺言への「抵触」が判断されている。換言すれば，本判決は，財産処分間の「抵触」判断にあたって遺言者の意思解釈により遺言撤回の可能性を広げてきた判例において，さらに財産処分と身分行為の「抵触」にまでそれを広げたことに新しい意義が認められる。

本判決を前提とする限り，「諸般の事情より観察して」先行する財産的遺言と何らかの事情により両立しえないその他身分行為（離婚，再婚，縁組，再縁組，認知，推定相続人の廃除等）についても，「抵触」が生じると解されそうではあるが，個々の身分行為ごとの慎重な適用が望まれる。

◆関連判例◆

①大判昭18・3・19民集22巻185頁
②広島高判昭56・12・16判時1043号69頁

●愛知学院大学　神田　桂●

187 遺言の撤回

最高裁平成27年11月20日第二小法廷判決
(平成26年(受)第1458号遺言無効確認請求事件)
民集69巻7号2021頁，判時2285号52頁

■事　案■

Aは，昭和61年6月22日，罫線が印刷された1枚の用紙に同人の遺産の大半をAの長男Yに相続させる内容の自筆証書（以下，「本件遺言書」という）による遺言（以下，「本件遺言」という）を作成した。

Aは，平成14年5月に死亡した。その後，開業医であったAが経営する病院の麻薬保管金庫から本件遺言書およびそれが入った封筒が発見された。これらが発見された時点で既に，本件遺言書が入った封筒の上部が切られ，本件遺言書の文面全体の左上から右下にかけて赤色のボールペンで1本の斜線（以下「本件斜線」という）が引かれていた。そして，本件遺言書およびそれが入った封筒を上記金庫内に入れた人物はA以外には考えられないことから，本件斜線は，Aが故意に引いたものと認められる。

Aの長女Xは，Aが故意に本件遺言書を破棄したことにより本件遺言を撤回したものとみなされると主張して，Yに対し，本件遺言が無効であることの確認を求めた。

2審（広島高判平26・4・25民集69巻7号2033頁参照）は，「遺言の撤回とみなされる遺言書の破棄とは，焼却や破り捨てといった物理的破棄かこれに準ずる文字等の記載内容の抹消を意味すると解すべきであり，原文が判読できる状況で棒線を引いているだけでは，格別の事情がない限り，遺言書の破棄には当たらないと解される」として，Xの請求を棄却した。Xが上告した。

■争　点■

遺言者が自筆証書である遺言書の文面全体に故意に斜線を引く行為は，1024条前段の「故意に遺言書を破棄したとき」に該当するか。

■判　旨■

破棄自判。

「しかしながら，原審の上記判断は是認することができない。その理由は，次のとおりである。

民法は，自筆証書である遺言書に改変等を加える行為について，それが遺言書中の加除その他の変更に当たる場合には，968条2項〔改正前〕所定の厳格な方式を遵守したときに限って変更としての効力を認める一方で，それが遺言書の破棄に当たる場合には，遺言者がそれを故意に行ったときにその破棄した部分について遺言を撤回したものとみなすこととしている（1024条前段）。そして，前者は，遺言の効力を維持することを前提に遺言書の一部を変更する場合を想定した規定であるから，遺言書の一部を抹消した後にもなお元の文字が判読できる状態であれば，民法968条2項所定の方式を具備していない限り，抹消としての効力を否定するという判断もあり得よう。ところが，本件のように赤色のボールペンで遺言書の文面全体に斜線を引く行為は，その行為の有する一般的な意味に照らして，その遺言書の全体を不要のものとし，そこに記載された遺言の全ての効力を失わせる意思の表れとみるのが相当であるから，その行為の効力について，一部の抹消の場合と同様に判断することはできない。

以上によれば，本件遺言書に故意に本件斜線を引く行為は，民法1024条前段所定の『故意に遺言書を破棄したとき』に該当するというべきであり，これによりAは本件遺言を撤回したものとみなされることになる。したがって，本件遺言は，効力を有しない。」

■解　説■

1　民法1024条前段は，遺言書の破棄による遺言撤回を擬制する。遺言者が故意に遺言書を破棄した場合には，遺言者に遺言を撤回する意思（遺言の効力を生じさせない意思）を有するものと推測される。遺言撤回を擬制する要件は，①遺言者自身による破棄であること，②遺言書が破棄されること，③遺言者が故意に破棄することである。遺言書の全部または一部の破棄により，その破棄した部分については，遺言を撤回したものとみなされる。

2　本件で問題となったのは，②遺言書の破棄の該当性である。従来の通説は，破棄とは，遺言書の焼捨て，切断，一部の切捨てなど遺言書自体の有形的破棄の場合のほか，遺言書の文字を抹消（塗りつぶして消す）して，内容を識別できない程度にすることも含まれるとする。そして，元の文字を判読できる程度の抹消であれば，「破棄」ではなく「変更」であり，968条2項〔現3項〕の方式を備えない限り，変更としての効力は認められず，元の文字が効力を有すると解される。したがって，従来の解釈によると，本件のように遺言書の文面全体に斜線が引かれているものの，元の文字が判読できる場合，「破棄」には該当しないということになる。2審の判断は従来の解釈に沿ったものである。

3　他方，本判決は，元の文字の判読可能性ではなく，遺言書の文面全体に斜線を引く行為が有する一般的な意味を重視した。すなわち，遺言書の文面全体に斜線を引く行為は，「その遺言書の全体を不要のものとし，そこに記載された遺言の全ての効力を失わせる意思の表れとみるのが相当である」とした。

本判決は，遺言書の元の文字が判読可能な場合について，「破棄」（1024前段）と「変更」（968Ⅱ〔現Ⅲ〕）のいずれに該当するかを判示した初の公表判例であり，今後の実務に影響を及ぼす。

◆ **関連判例** ◆

特になし

●上智大学　羽生香織●

188 撤回された遺言の復活

最高裁平成9年11月13日第一小法廷判決
(平成7年(オ)第1866号遺言無効確認等請求事件)
民集51巻10号4144頁，判時1621号92頁

■事 案■

亡Aの法定相続人は，妻Bおよびその子らX_1女，X_2女，C女，Yの合計5名である。

Aは，その遺産の大半を長男Yに相続させる内容の自筆証書遺言（甲遺言）をしていたが，その後Yに相続させる遺産を減らし，より多くの遺産をY以外の相続人に相続させる内容の自筆証書遺言（乙遺言）をした。乙遺言の末尾には，「この遺言書以前に作成した遺言書はその全部を取り消します」との記載があった。さらにその後Aは，「乙遺言書は全て無効とし甲遺言書を有効とする」旨記載された自筆証書遺言（丙遺言）をした。

甲遺言に基づき各不動産について相続を原因とする所有権移転登記を行ったYに対して，Xらが，乙遺言により甲遺言が失効したとして，甲遺言の無効確認等を求めるのが本件訴訟である。Yは，Aが丙遺言によって甲遺言と同一内容の新たな遺言をしたものであり，仮にそうでないとしても，1025条ただし書の類推適用により，丙遺言によって甲遺言が復活する旨抗弁した。

1審（高松地観音寺支判平6・9・27民集51巻10号4157頁参照）は，丙遺言により甲遺言を復活させようとするAの意思が認められるとしても，1025条ただし書を類推適用することは同条本文の立法趣旨から相当ではないとしてXらの請求を認容した。他方2審（高松高判平7・6・26前掲民集4168頁参照）は，丙遺言によってAが甲遺言と同一内容の新たな遺言をしたということはできないが，乙遺言を無効として甲遺言を復活させることを欲していたことは明らかであり，遺言者意思の尊重により，1025条の規定にかかわらず甲遺言の復活を認めるべきであるとして，Xらの請求を棄却した。これに対して，Xらが上告した。

■争 点■

第1遺言を撤回する旨の第2遺言をした者が，さらに第2遺言を撤回する旨の第3遺言をした場合，第1遺言（原遺言）の効力は復活するか。

■判 旨■

上告棄却。

「遺言（以下『原遺言』という。）を遺言の方式に従って撤回した遺言者が，更に右撤回遺言を遺言の方式に従って撤回した場合において，遺言書の記載に照らし，遺言者の意思が原遺言の復活を希望するものであることが明らかなときは，民法1025条ただし書の法意にかんがみ，遺言者の真意を尊重して原遺言の効力の復活を認めるのが相当と解される。これを本件について見ると，……亡Aは，乙遺言をもって甲遺言を撤回し，更に丙遺言をもって乙遺言を撤回したものであり，丙遺言書の記載によれば，亡Aが原遺言である甲遺言を復活させることを希望していたことが明らかであるから，本件においては，甲遺言をもって有効な遺言と認めるのが相当である。」

■解 説■

1　遺言の撤回行為が撤回され，取り消され，または効力を生じなくなった場合であっても，原遺言の効力は回復しない（非復活主義：1025条本文)。その起草理由は，撤回行為の否定があっても遺言者は復活を希望するか否か不明であること，復活意思をもつ遺言者は遺言書を作り直せばよいこと等が挙げられている。しかし1025条ただし書は撤回行為が錯誤・詐欺・強迫により取り消された場合，原遺言の復活を認める。この非復活主義に対する例外を，1025条ただし書の場合以外（例，遺言者が撤回行為の否定において撤回された遺言の復活を希望していることが明らかな場合）にも認めるべきであるとする説が有力に主張されてきた。

2　本判決は，第1遺言が第2遺言によって撤回され，その後第2遺言が第3遺言によって撤回された場合で，かつ第1遺言の復活を希望する遺言者意思が第3遺言中に記載されている場合について，「民法1025条ただし書の法意にかんがみ，遺言者の真意を尊重して」第1遺言の復活を認めた事例判断である。したがって，単に第3遺言が第2遺言を撤回するのみである場合や，原遺言の復活を希望する遺言者意思が（遺言書以外の）諸般の事情により明らかな場合については本判決の射程は及ばない（関連判例参照)。他方，第1遺言と「抵触する」第2遺言が存在し，第3遺言において第2遺言が撤回されつつ同時に第1遺言の復活意思が明示されている場合，本判決の直接の射程ではないが，この場合にも第1遺言の復活が認められるものと考えられる。

◆関連判例◆

津地判昭39・2・1下民集15巻2号197頁

●愛知学院大学　神田　桂●

189 相続人に対する贈与と遺留分額の算定方法

最高裁昭和51年3月18日第一小法廷判決
（昭和49年(オ)第1134号遺留分減殺請求事件）
民集30巻2号111頁，判時811号50頁

■事　案■

被相続人は昭和33（1958）年に死亡し相続が開始したが，被相続人は生前に，上告人X以外の他の共同相続人に対して不動産を贈与していたので死亡時にはほとんど財産がなかった。そこで，相続人であるXは，遺留分を侵害されたとして受贈者Yに対して贈与された不動産の所有権移転登記手続と引渡しを求めた。Yは，Xも大正12（1923）年から15年にかけて4125円を就職費用などとして贈与されていたので遺留分侵害はないと主張した。2審（広島高岡山支判昭49・9・27判タ320号183頁）は，この4125円の評価を相続開始時の物価指数（贈与時の250倍）で換算して遺留分侵害はないとした。そこで，Xは，価額が増減したとき原状によって評価すると衡平を欠く結果を生ずるが貨幣の性質上やむを得ないとして上告した。

■争　点■

遺留分減殺の対象となる財産を確定する場合，特別受益として贈与された金銭は，どの時点での金額で換算評価するべきか，またどのような算定方法をとるべきか。

■判　旨■

上告棄却。

「被相続人が相続人に対しその生計の資本として贈与した財産の価額をいわゆる特別受益として遺留分算定の基礎となる財産に加える場合に，右贈与財産が金銭であるときは，その贈与の時の金額を相続開始の時の貨幣価値に換算した価額をもって評価すべきものと解するのが，相当である。けだし，このように解しなければ，遺留分の算定にあたり，相続分の前渡としての意義を有する特別受益の価額を相続財産の価額に加算することにより，共同相続人相互の衡平を維持することを目的とする特別受益持戻の制度の趣旨を没却することとなるばかりでなく，かつ，右のように解しても，取引における一般的な支払手段としての金銭の性質，機能を損う結果をもたらすものではないからである。これと同旨の見解に立って，贈与された金銭の額を物価指数に従って相続開始の時の貨幣価値に換算すべきものとした原審の判断は，正当として是認することができる。」

■解　説■

1　2019年民法改正により，遺留分をめぐる紛争は遺留分減殺請求ではなく遺留分侵害額請求により処理されることになった。本件は改正前の事件である。改正前1031条では，遺留分減殺請求がなされると，被相続人が相続開始時に有した財産と生前に贈与された財産の価額を加え被相続人の債務を差し引いたものを遺留分算定の基礎財産とし，具体的な遺留分額および遺留分侵害額が決められた。そして，共同相続人間の実質的な公平を図るために，加算される贈与の中には，903条の特別受益が含まれるとされた。ところが，特別受益は学資，婚資，その他生計の資本などとして贈与されることが多いので，被相続人の死亡時から相当前になされたものもある。本件では，相続開始時から30年以前になされた贈与の額をどの時点に立って評価するのか，また，贈与された財産が不動産などと異なり金銭の場合にはどのように評価するかが問われた。

2　本判決は，特別受益としてすでになされた贈与の評価は贈与時ではなく相続開始時の価額で行うと判断した。法改正前の遺留分減殺制度（現行法1042条以下参照）は，一定の範囲にある相続人に対して相続人への最小限の財産的保障を実現し，共同相続人の間での実質的な公平を実現する役割を果たすとされた。したがって，過去になされた贈与の価値が時間の経過や社会の変化などによって変動した場合には，贈与財産の価額を評価する過程で適切な調整を図る必要があった。判例は，生前になされた贈与の価額評価は「被相続人が贈与したる財産の相続開始の当時に於ける価額」として相続開始時の価値で換算するとしていた（関連判例①）。

3　金銭による贈与の場合には，上告理由が主張するように「貨幣の性質上」その金額そのままで扱えばよいという見解もあるが，本判決は，その額の評価時を相続開始時とし，物価指数を用いて具体的な額を算出するとした。本件のように30年以上も遡った時点での金額によって贈与が換算されると，Xが得た特別受益額は極めて低くなり共同相続人間の公平は実現しない結果をもたらす。とりわけ本件では，敗戦後の貨幣価値暴落を考慮する必要があり，「円は円に等しい」として贈与された金銭を換算すると受贈者の受けた利益は著しく低額となる。そこで，Xの特別受益である金銭を相続開始時の物価指数で換算することにより，Xにはすでに遺留分を超える受益があったと判断されて遺留分侵害はないとされた。したがって本判決は実質的に公平な結果を共同相続人の間にもたらす役割を果たしたと言える。

4　改正前1030条は，遺留分算定の対象となる贈与については1年以内のものに限るとしていたが，903条の特別受益としての贈与との関係が問われており，特別受益である贈与は「相続人に酷であるなどの特段の事情のない限り」改正前1030条の要件を満たさない場合でも，過去に遡って減殺請求の対象とされていた（関連判例②—Ⅲ-192事件）。この点について現行法1044条3項は，相続人が「婚姻若しくは養子縁組のため又は生計の資本」として受けた贈与は，相続開始前10年の間になされたものに限って遺留分を算定するための基礎財産に組み入れると規定しており，遺留分侵害額請求における遺留分算定の基礎財産の価額は，相続開始時10年前からの物価指数の変動を考慮して算定されることになる。ただし，当事者が遺留分権利者に損害を加えることを知っていた場合には時間的制約はない（1044Ⅰ）。本件は，改正前の判例であるが，金銭が贈与された場合，物価指数に従って相続開始時の貨幣価値に換算するという算定方法は現行法のもとでも維持されると言えよう（なお，関連判例③参照）。

◆関連判例◆

①大判大7・12・25民録24輯2429頁
②最判平10・3・24民集52巻2号433頁（Ⅲ-192事件）
③最判昭51・8・30民集30巻7号768頁

●新潟大学名誉教授　南方　暁●

190 被相続人の債務と遺留分額の算定方法

最高裁平成8年11月26日第三小法廷判決
（平成5年(オ)第947号遺留分減殺請求に基づく持分権確認並びに持分権移転登記手続請求事件）
民集50巻10号2747頁，判時1592号66頁

■事　案■

被相続人Aは，公正証書遺言によって不動産などすべての財産を先妻の子Yへ包括遺贈したので，他の相続人Xらが遺留分減殺請求をした。この間，Yは一部の不動産を自己名義で登記した上で第三者に売却する一方，Aが負っていた債務および相続税などを支払った。Yは，相続債務や相続税を負担したことに加え，Xらが遺産から一部財産をすでに取得していると主張し，他方Xらは，遺留分減殺請求を行ったので不動産への持分を有すると主張し，それぞれの持分の移転登記を求め，また，Yが減殺請求を受けた後に不動産の一部を売却してXらに損害を与えたなどとして損害の賠償を求めた。

2審（大阪高判平5・1・27民集50巻10号2771頁参照）は，Xらの持分を認めたが，Yの相続債務の負担とXらの損害賠償の請求額が相殺によって消滅したと解し，Yが主張する相続債務は遺留分額算定にあたって考慮しないと判断した。そこで，Yは，遺留分確定のためには相続財産の客観的評価と相続債務の確定が必要であることを理由の一つとして上告した。

■争　点■

相続人の1人が被相続人の債務を弁済消滅させた場合，遺留分算定の方法に影響するか。

■判　旨■

破棄差戻し。

「遺贈に対して遺留分権利者が減殺請求権を行使した場合，遺贈は遺留分を侵害する限度において失効し，受遺者が取得した権利は遺留分を侵害する限度で当然に遺留分権利者に帰属するところ，遺言者の財産全部の包括遺贈に対して遺留分権利者が減殺請求権を行使した場合に遺留分権利者に帰属する権利は，遺産分割の対象となる相続財産としての性質を有しないものであって……，Xらは，Yに対し，遺留分減殺請求権の行使により帰属した持分の確認及び右持分に基づき所有権一部移転登記手続を求めることができる。」

「被相続人が相続開始の時に債務を有していた場合の遺留分の額は，民法1029条，1030条，1044条に従って，被相続人が相続開始の時に有していた財産全体の価額にその贈与した財産の価額を加え，その中から債務の全額を控除して遺留分算定の基礎となる財産額を確定し，それに同法1028条所定の遺留分の割合を乗じ，複数の遺留分権利者がいる場合は更に遺留分権利者それぞれの法定相続分の割合を乗じ，遺留分権利者がいわゆる特別受益財産を得ているときはその価額を控除して算定すべきものであり，遺留分の侵害額は，このようにして算定した遺留分の額から，遺留分権利者が相続によって得た財産がある場合はその額を控除し，同人が負担すべき相続債務がある場合はその額を加算して算定するものである。……この遺留分算定の方法は，相続開始後にYが相続債務を単独で弁済し，これを消滅させたとしても，また，これによりYがXらに対して有するに至った求償権とXらがYに対して有する損害賠償請求権とを相殺した結果，右求償権が全部消滅したとしても，変わるものではない。」（民法1029条，1030条，1044条，1028条については，現行法1043条，1044条，1042条参照）

■解　説■

1　2019年民法改正により，遺留分をめぐる紛争は遺留分減殺請求ではなく遺留分侵害額請求により処理されることになった。改正前の遺留分減殺請求制度のもとでは，全部包括遺贈に対して遺留分減殺請求がなされると遺贈は遺留分を侵害する限度で失効して，受遺者が取得した権利はその限りで遺留分権利者それぞれに帰属した（関連判例①）。本件では，Xらの持分の確認や持分に基づく移転登記請求には根拠があるとされたが，遺留分額を算定する場合にXらの損害賠償請求権とYが相続債務を負担したことから生じるXらに対する求償権と間の相殺は認められないとされた。

2　本件は遺留分減殺請求に基づく遺留分額および遺留分減殺額の算定が以下の方式によることを初めて判示したものとされる。算定方法は，⑴「遺留分算定の基礎となる財産額」＝「相続人が相続開始の時に有していた財産の価額」＋「すでになされた贈与財産の価額」（中小承継9・民903Ⅳ参照）－「<u>被相続人の債務全額</u>」，⑵「遺留分の額」＝「遺留分算定の基礎となる財産額」×「遺留分の割合」×「法定相続分」－「特別受益があればその価額」，⑶遺留分の侵害額＝「遺留分の額」－「遺留分権利者が相続によって得た財産があればその額」＋「<u>遺留分権利者が負担するべき相続債務</u>」とされている。2審は，遺留分減殺請求によって帰属したXらの持分をXらの承諾を得ずに処分したことから生じたYに対するXらの損害賠償請求権は，相続債務を単独で負担したYのXらに対する求償権によって相殺されたとして，遺留分算定において考慮しないとした。しかし，最高裁は，相続債務がYの弁済によって消滅しても，また，相続債務の弁済によってYに生じたXらに対する求償権とXらの損害賠償請求権が相殺によって消滅しても遺留分算定方式に影響しないと判断した。

3　本判決後，最高裁は「相続人のうちの1人に対して財産全部を相続させる旨の遺言がされ，当該相続人が相続債務もすべて承継したと解される場合，遺留分の侵害額の算定に，遺留分権利者の法定相続分に応じた相続債務の額を遺留分の額に加算することは許されない」（関連判例②―Ⅲ-194事件）として指定相続分に応じた債務負担額を遺留分の侵害額算定で用いるものとした。そして，相続債務を負担しなかった遺留分権利者は本来なら負担するべき相続債務の額を遺留分侵害額の算定において加算できないとした。

4　現行法は，遺留分減殺請求による物権的効果の発生と現物返還の原則を改め遺留分侵害額に相当する金銭債権が発生するという構成をとっており（1046Ⅰ），本件のように遺留分権利者の持分の確認や移転登記請求の問題は生じなくなった。遺留分侵害額算定については，上記算定方法⑶の「遺留分権利者が負担するべき相続債務」（遺留分権利者承継債務）は，899条により承継される遺留分権利者が承継する債務の額とされた（1046Ⅱ③。関連判例②参照）。また，結果は変わらないが，遺留分権利者が受けた特別受益は算定方法の⑵ではなく⑶で控除されることになった（1046Ⅱ①）。そして，遺留分権利者承継債務の負担について1047条3項は，遺留分権利者承継債務を消滅させた受遺者または受贈者が遺留分侵害額請求を受けた場合，ⓐ消滅させた当該債務額の限度で1047条1項による遺留分権利者への遺留分侵害額を負担する債務の消滅を主張できる，ⓑ遺留分権利者承継債務を消滅させた受遺者または受贈者に生じる他の遺留分権利者に対する求償権が消滅すると規定して，債務を負担した者と他の遺留分権利者との調整が図られている。

◆関連判例◆

①最判昭51・8・30民集30巻7号768頁
②最判平21・3・24民集63巻3号427頁（Ⅲ-194事件）

●新潟大学名誉教授　南方　暁●

191 相続分の譲渡と遺留分額の算定方法

最高裁平成30年10月19日第二小法廷判決
（平成29年(受)第1735号遺留分減殺請求事件）
民集72巻5号900頁，判時2403号48頁

■事　案■

Ａは平成26年７月に死亡したが，それより以前の平成20年12月にＡの夫Ｂが死亡していた。Ｂを被相続人とする相続（第１相続）では，相続人はＢの妻Ａ（法定相続分２分の１），実子Ｘ，Ｙ，Ｃおよび養子Ｄ（法定相続分各８分の１）であった。遺産分割が終結する前に，ＡおよびＤは，自己の相続分をＹに譲渡した。これによりＹの相続分は４分の３（1/2＋1/8＋1/8）となった。平成22年12月に遺産分割調停が成立し，Ｙは本件土地建物を取得した。その後Ａが死亡してＡについて相続（第２相続）が開始し，４人の子Ｘ，Ｙ，Ｃ，ＤがＡを相続することとなった。もっとも，Ａは債務超過の状況にあり，相続人にとって財産的利益となる財産はなかった。ところがＸは，第１相続においてＡが自己の相続分をＹに譲渡したことにより遺留分が侵害されたと主張し，Ｙに対して遺留分減殺請求権を行使し，本件不動産について持分移転登記手続を求めた（現行法では遺留分減殺請求権ではなく，1046条１項に基づく金銭債権を生ずる遺留分侵害額請求である）。そこで，ＡのＹに対する相続分譲渡を，遺留分を侵害する贈与と評価することができるか，すなわち相続分譲渡が遺留分算定の基礎財産に算入すべき贈与にあたるかが問題となった。

２審（東京高判平29・6・22民集72巻5号932頁参照）は，以下のように述べてＸの請求を棄却した。すなわち，相続分の譲渡は暫定的であり，遺産分割の確定により譲受人は相続開始時に被相続人から財産を取得したことになるのであるから，相続分の譲渡自体を，譲渡人から譲受人への贈与とみることはできない。また，相続分を譲渡しても譲受人が常に経済的利益を受けるものではない。したがって，相続分譲渡は，その価額を遺留分算定の基礎財産に算入すべき贈与とみることができない。Ｘ上告。

■争　点■

第１相続において共同相続人の１人が他の共同相続人に相続分を譲渡した場合には，相続分の譲渡人の死亡による第２相続において，相続分の譲渡を贈与とみて遺留分算定の基礎財産に算入すべきか。

■判　旨■

破棄差戻し。

「共同相続人間で相続分の譲渡がされたときは，積極財産と消極財産とを包括した遺産全体に対する譲渡人の割合的な持分が譲受人に移転し，相続分の譲渡に伴って個々の相続財産についての共有持分の移転も生ずる」。

そして，相続分の譲受人は，自己の相続分を譲り受けた相続分を合わせた相続分を持って遺産分割手続に加わり，相続分の譲受けにより増加した相続分に相当する価額の財産の分配を求めることができる。

「このように，相続分の譲渡は，譲渡に係る相続分に含まれる積極財産及び消極財産の価額等を考慮して算定した当該相続分に財産的価値があるとはいえない場合を除き，譲渡人から譲受人に対し経済的利益を合意によって移転するものということができる。遺産の分割が相続開始の時に遡ってその効力を生ずる（民法909条本文）とされていることは，以上のように解することの妨げとなるものではない。」

したがって，共同相続人間での相続分の無償譲渡は，相続分に財産的価値があるとはいえない場合を除き，譲渡人の相続における贈与（903Ⅰ）に当たる。

■解　説■

１　共同相続人に対する特別受益となる贈与は，遺留分算定の基礎財産に算入される（1044条１項・３項により原則として相続開始前の10年間にしたものに限る。本判決は改正前903条１項・1044条に基づいている）。この贈与に相続分の譲渡が含まれるかについて明文上は明らかではない。本判決は，第１相続において共同相続人の１人が他の共同相続人に相続分を譲渡した場合には，譲渡された相続分に財産的価値があるとはいえない場合を除き，相続分の譲渡人の死亡による第２相続において，相続分の譲渡を贈与とみて遺留分算定の基礎財産に算入すべきとの判断を最高裁判所として初めて示した。

２　もっとも相続分の譲渡を贈与とみることには無視しえない問題がある。

まず，遺産分割の効果は相続開始時に遡るとされていることから生ずる問題である（909本文）。つまり，第１相続において相続分を譲り受けた相続人は，譲受けにより増加した相続分に応じた財産を相続開始時から有していたことになり，譲受人から相続分の贈与を受けたとみることはできないのではないかという問題である。２審はこの点を捉えて，相続分の譲受けを贈与と評価できないとの判断を示している。これについては，遺産分割の遡及効にもかかわらず遺産分割により財産権が移転したように捉える先例（例えば，関連判例②―Ⅰ-234事件〔遺産分割と登記〕，関連判例③―Ⅱ-54事件〔遺産分割協議と詐害行為取消し〕）との整合性から，相続分譲渡を贈与と捉える本判決は妥当であると評価される。

３　次に，相続分の譲渡が必ずしも譲受人にとって財産的価値を意味するものではなく贈与とはいえないのではないかという問題である。２審はこの点にも言及している。たしかに，相続分の譲渡を受けた時点では譲受人が財産的利益を受けることが確定しているというわけではない。遺産分割により初めて譲受人の財産的利益の取得が確定する。しかし，譲受人は相続分が増加しているために遺産分割においてより多くの財産取得を主張することができる法的地位を得ている。本判決は，このような法的地位によって，不確定であるとしても原則として譲受人に利益が生じていると評価している。なお，本判決が例外として挙げる，相続分に財産的価値があるとはいえず贈与と評価されない場合には，譲受人が遺産分割において増加した相続分に応じた財産を取得しなかった場合が含まれるか否かについては検討を要する課題である。

◆関連判例◆

①最判平10・3・24民集52巻2号433頁（Ⅲ-192事件）
②最判昭46・1・26民集25巻1号90頁（Ⅰ-234事件）
③最判平11・6・11民集53巻5号898頁（Ⅱ-54事件）

●大阪大学　青竹美佳●

192 遺留分算定の基礎となる財産に算入される贈与の範囲

最高裁平成10年3月24日第三小法廷判決
（平成9年(オ)第2117号遺留分減殺請求本訴，損害賠償請求反訴事件）
民集52巻2号433頁，家月50巻9号88頁

■事　案■

被相続人Aは昭和53年から54年にかけて，その所有する財産（山林）の一部をYおよびYの妻子に贈与した。Aは昭和62年に死亡し相続が開始したが，Aの妻X_1と娘X_2は前記贈与が遺留分を侵害したとして共同相続人となったYならびにYの妻子に対して遺留分減殺請求と持分の移転登記請求を行った。2審（仙台高判平9・7・18民集52巻2号476頁参照）は，贈与が行われた時点でAが所有していた財産とYらに贈与された財産を検討して，贈与後のAの財産が贈与された財産を下回ることはなく，また，遺留分を害することを知ってなされた贈与とは言えないとしてXらの訴えを認めなかったので，Xらは財産の評価方法に誤りがあるなどとして上告した。

■争　点■

遺留分減殺請求がなされた場合，遺留分算定の基礎となる財産と903条の特別受益との関係をどのように解するか。

■判　旨■

破棄差戻し。

「路線価方式とは，宅地についての課税実務上の評価の方式であって，路線価を基として計算された金額をその宅地の価額とするものであり，特段の事情のない限り宅地でない土地の評価に用いることはできないものである。」「職権をもって検討すると，民法903条1項の定める相続人に対する贈与は，右贈与が相続開始よりも相当以前にされたものであって，その後の時の経過に伴う社会経済事情や相続人など関係人の個人的事情の変化をも考慮するとき，減殺請求を認めることが右相続人に酷であるなどの特段の事情のない限り，民法1030条の定める要件を満たさないものであっても，遺留分減殺の対象となるものと解するのが相当である。けだし，民法903条1項の定める相続人に対する贈与は，すべて民法1044条，903条の規定により遺留分算定の基礎となる財産に含まれるところ，右贈与のうち民法1030条の定める要件を満たさないものが遺留分減殺の対象とならないとすると，遺留分を侵害された相続人が存在するにもかかわらず，減殺の対象となるべき遺贈，贈与がないために右の者が遺留分相当額を確保できないことが起こり得るが，このことは遺留分制度の趣旨を没却するものというべきであるからである。」

■解　説■

1　2019年民法改正により，遺留分をめぐる紛争は遺留分減殺請求ではなく遺留分侵害額請求により処理されることになった。本件は改正前の事件である。改正前1030条は，相続開始前1年内になされた贈与，あるいは1年以前になされたものであっても遺留分権利者に損害を加えることを知ってなされた贈与の価額を遺留分算定の基礎財産に算入すると規定していた。本判決は，「損害を加える」贈与の判断に際して贈与額の判断を誤ったとのXらの主張に対して，路線価方式は特段の事情がない限り宅地以外の評価に用いてはならないと判示した。

2　改正前1030条では遺留分算定の基礎財産へ算入する贈与の価額に関して前述の時期的制約が規定されていた。一方，改正前903条では特別受益（被相続人が婚姻若しくは養子縁組のため若しくは生計の資本などの目的で特定の相続人へ行った生前の贈与）の価額を遺留分算定の基礎財産に算入するとされていたが，時期的にどこまで遡って特別受益として扱うのかについて明記されていなかった。そこで，改正前1030条の時期的制限と特別受益の関係が問題となった。

3　遺留分減殺制度は相続人の保護と共同相続人間の公平の実現にあるので，改正前1030条の時期的制約を特別受益に厳格に適用すると，結果的には共同相続人間での不平等が生じ遺留分権利者の利益を害することもあった。そこで，改正前903条のもとでは，特別受益の場合には，1年の時期的制約も遺留分権利者への加害の認識も問うことなくすべて遺留分算定に当たっての基礎財産に含まれると解されていた。被相続人による生前贈与には特別受益の要件に該当しない場合でも相続の前渡しの性質をもつことがあり，それを基礎財産に組み入れないと相続人間での不公平が生じてしまう。一方，贈与時から相当の期間が経過している場合，遺留分算定の基礎財産にその贈与を組み入れると，第三者である受遺者や受贈者は，自らの知り得ない特別受益の存在によって予想を超える遺留分減殺請求がなされて不利益を被る可能性があった。また，時効取得したと認識していた贈与財産が遺留分算定の基礎財産に含まれると，遺留分権利者の保護にはなっても受贈者は納得できないこともあろう（関連判例①参照）。本判決は特別受益について時間の制約を課すことなく遡って遺留分算定の基礎財産に組み入れるとしたが，「特段の事情」がある場合を除くという条件を付けている。

4　現行法は，時期的制約について1044条で新たに規定をおいた。すなわち，相続人以外の受贈者については相続開始前1年の間になされた贈与（1044Ⅰ），相続人に対する贈与については相続開始前10年の間にされたもので，かつ特別受益にあたる贈与（相続人の婚姻，養子縁組の費用もしくは生計の資本）だけが遺留分算定の基礎財産に含まれるとされる（同Ⅲ）。同時に，被相続人と受贈者が遺留分権利者に損害を加えることを知って贈与した場合には，1年および10年の時期的制約を受けない（同Ⅰ）（関連判例②参照）。したがって，相続人への贈与の場合には，相続開始前10年以内の特別受益のみが遺留分算定のための基礎財産に算入され，特別受益に当たらない日常の生活費や贈与は遺留分算定の基礎財産には含まれないことになる。なお，婚姻期間が20年を超す夫婦の一方が他方へ贈与・遺贈した居住用不動産の価額は遺留分算定の基礎財産には算入しないとされ（903Ⅳ），また，企業事業後継者が旧代表者から贈与された株式などについては，相続人らの合意により居住用不動産と同様の処理ができる（中小継承9）。

◆関連判例◆
①最判平11・6・24民集53巻5号918頁
②大判昭11・6・17民集15巻1246頁

●新潟大学名誉教授　南方　暁●

193 遺留分侵害額請求の意思表示

最高裁昭和25年4月28日第二小法廷判決
(昭和24年(オ)第29号強制執行異議事件)
民集4巻4号152頁

■事　案■

Xの夫は，生前に財産全部を妻Xに贈与するとともに遺言書にも贈与の事実を記していた。相続開始後，相続人である養子Aの債権者Yは，Aが相続により不動産を取得したとして強制執行したので，Xは贈与によって当該不動産がXに帰属しているとして執行異議の訴えを提起した。

Yは，Aに代位して遺留分減殺請求をしたと主張したが，2審（福岡高判昭23・12・27民集4巻4号156頁参照）は，Xが贈与の事実を執行異議の訴えの中で主張しており，主張のあった時点から計算すると減殺請求権は時効により消滅したと判断した。そこで，Yは上告し，①家督相続財産の全部がXに移転するような贈与を否認することは贈与の効力を争うだけでなく，②否認が認められない場合には，遺留分減殺請求権を行使する趣旨を含んでいると主張した。そして，YはXの提起した強制執行異議の訴えの当初から贈与を否認しているので，すでに遺留分減殺の意思表示はなされており時効により消滅したことにはならないとした。

■争　点■

相続人に対してなされた生前贈与を否認することは，遺留分減殺請求権の意思表示にあたるか。

■判　旨■

上告棄却。

「X主張にかかる本件贈与の事実を全面的に否認したとしても，その贈与を否認することは，所論のように『若し其の否認が認められず贈与が認められる場合には其の家督相続財産に付き遺留分に基き減殺請求権の行使をなす主張を包含しておる』ものと解することはできない。右の否認は，本件贈与の事実の存在を争うに過ぎないのであって，所論のような積極的な意思表示を包含するものとは，到底解することができないからである。」

■解　説■

1　2019年民法改正により，遺留分をめぐる紛争は遺留分減殺請求ではなく遺留分侵害額請求により処理されることになった。本件は改正前の事件である。遺留分減殺請求権（改正前1031）は形成権と解されており，また，減殺の意思表示の方法は裁判上の請求に限られないとされるが，どのような行為が意思表示になるのかは必ずしも明白ではなかった。そこで，本件のように贈与の効力を争うほか，遺言の効力を争う，遺産分割協議を申し入れる，遺産分割の審判を申し立てるなどの行為が遺留分減殺の意思表示として解することができるかが問われることになった。本判決は，被相続人による生前の財産処分（贈与）の効力を争う行為は，遺留分減殺請求の意思表示にはならないとした。

2　本件は相続人の債権者と受贈者との争いであったが，多くの場合，共同相続人は相続に関してある程度の情報を有しているので，遺留分侵害が生じている場合に減殺請求の意思表示をすることは困難ではない。とりわけ相続人の1人に全財産が贈与されたり遺贈されるなどの事情があれば遺留分の侵害は容易に知ることができる。事情を知っている相続人が，相続開始後いつまでも贈与などの効力を争った挙げ句，それが認められない場合にようやく遺留分減殺の請求をすると，相続財産の処理に時間がかかり当事者の法的地位がいつまでも不安定なままに置かれてしまい，遺留分減殺請求を相続開始後1年以内と定めた趣旨にも反することになる。判例は，贈与や遺贈の効力を争うことや遺産分割調停を申し立てるだけでは遺留分減殺請求がなされたと解していない（関連判例①）。ただし，遺産分割を申し立てるためには分割の対象となる遺産のあることが前提であり，全財産が一部の相続人に遺贈された場合には，遺贈をうけない相続人にとって遺産の配分を実現する方法はない。したがって，相続において自己の利益を実現するためには遺留分減殺請求をするほかない。そこで，判例は，相続人の間で公平な財産的保護を図るために，遺産分割請求と遺留分減殺請求は要件や効果が異なるので遺産分割協議の申入れに遺留分減殺の意思は含まないとした上で，遺贈を争うことなく遺産分割協議の申入れがなされた場合には，特段の事情がない限り，自己の利益を主張することを意味する遺留分減殺の意思表示が含まれる（関連判例②—Ⅰ-106事件），また，自分の取り分を要求して遺産分割協議書への押印を拒否することは遺留分減殺の意思表示として解している（関連判例③）。

3　前述のように現行法は，遺留分減殺請求ではなく遺留分侵害額請求という構成をとる。遺留分侵害額請求権が形成権かつ行使上の一身専属権である点は変わっていないが，その行使の効果は，遺留分侵害に当たる限度で遺贈や贈与を失効させて物権的効果を発生させる遺留分減殺請求とは異なり，被相続人による遺贈や贈与の効力を維持したまま遺留分侵害額に相当する金銭債権が遺留分権利者に発生するというものである（1046Ⅰ）。したがって，本件のように被相続人による贈与の否認は被相続人の財産処分の効力を争うことを意味するので，現行法のもとでは遺留分侵害額請求の意思表示に該当するのかどうかを論じる必要はなくなった。ただ，包括遺贈がなされた場合に遺産をもらえない相続人が遺産分割協議を申し入れた場合には，改正前の解釈と同様に遺留分侵害額の請求意思があるかどうかが問われる場合はあろう。なお，遺留分権利者による遺留分侵害額請求の意思表示には，遺留分侵害額請求権を行使するという意味と請求権行使により発生する金銭債権の履行を請求するという2つの意味があるが，遺留分侵害額請求を行う時には侵害額を具体的に特定できないことも考えられるので，遺留分侵害額請求の意思が明確であれば必ずしも正確な侵害額を明示する必要はないと解されている。

4　本判決では直接には触れられかったが，本件には遺留分減殺請求の時効の起算点はどこか（関連判例④），遺留分減殺請求を代位行使できるかという論点も含まれていた（関連判例⑤—Ⅱ-38事件）。

◆関連判例◆

①東京地判平4・8・31金法1375号116頁
②最判平10・6・11民集52巻4号1034頁（Ⅰ-106事件）
③京都地判昭60・4・30金判721号32頁
④最判昭41・7・14民集20巻6号1183頁
⑤最判平13・11・22民集55巻6号1033頁（Ⅱ-38事件）

●新潟大学名誉教授　南方　暁●

194 「相続させる」旨の遺言と債務

最高裁平成21年3月24日第三小法廷判決
（平成19年(受)第1548号持分権移転登記手続請求事件）
民集63巻3号427頁，判時2041号45頁

■事　案■

Aは，その所有する財産全部をYに相続させる旨の公正証書遺言を残して死亡した。Aの法定相続人はXおよびYであり，相続開始時，Aは，不動産を含む積極財産として約4億3232万円，消極財産として約4億2483万円を有していた。本件遺言により，ただちに遺産全部の権利がYに承継された。そこで，XはYに対して遺留分減殺請求権を行使する旨の意思表示をし，相続財産である不動産について所有権の一部移転登記手続を求めた。Xは，可分債務は法定相続分に応じて当然に分割され，遺留分侵害額は，Aの積極財産から消極財産を控除した額の4分の1（Xの遺留分割合）に相続債務の2分の1（Xの法定相続分）に相当する額を加算した約2億1429万円であると主張した。これに対してYは，本件遺言により相続債務もYがすべて承継することになるから，Xの遺留分侵害額算定において遺留分の額に相続債務の額を加算することは許されず，遺留分侵害額は，Aの積極財産から消極財産を控除した額の4分の1である約187万円であると主張し，さらに，価額弁償の意思表示をした。

1審（福岡地判平19・2・2民集63巻3号437頁参照）および2審（福岡高判平19・6・21前掲民集446頁参照）は，共同相続人間においてはYが相続債務をすべて承継することになるとして，Xの遺留分侵害額の算定に際し加算すべき相続債務をゼロとした。Xが上告受理申立て。

■争　点■

相続人のうちの1人に対して財産全部を相続させる旨の遺言がされた場合，遺留分侵害額の算定に当たり，遺留分権利者の法定相続分に応じた相続債務の額を遺留分の額に加算することができるか。

■判　旨■

上告棄却。

(i)「相続人のうちの1人に対して財産全部を相続させる旨の遺言により相続分の全部が当該相続人に指定された場合，遺言の趣旨等から相続債務については当該相続人にすべてを相続させる意思のないことが明らかであるなどの特段の事情のない限り，当該相続人に相続債務もすべて相続させる旨の意思が表示されたものと解すべきであり，これにより，相続人間においては，当該相続人が指定相続分の割合に応じて相続債務をすべて承継することになると解するのが相当である」。

(ii)「もっとも，……相続債務についての相続分の指定は，……相続債権者に対してはその効力が及ばないものと解するのが相当であり，各相続人は，相続債権者から法定相続分に従った相続債務の履行を求められたときには，……指定相続分に応じて相続債務を承継したことを主張することはできないが，相続債権者の方から相続債務についての相続分の指定の効力を承認し，各相続人に対し，指定相続分に応じた相続債務の履行を請求することは妨げられないというべきである。」

(iii)「相続人のうちの1人に対して財産全部を相続させる旨の遺言がされ，当該相続人が相続債務もすべて承継したと解される場合，遺留分の侵害額の算定においては，遺留分権利者の法定相続分に応じた相続債務の額を遺留分の額に加算することは許されないものと解するのが相当である」。

■解　説■

1　平成30年相続法改正前は，遺留分額の算定方法を定める規定は存在したが（旧1028・1029），実際に各遺留分権利者が請求しうる遺留分侵害額の算定方法については明文規定がなく，解釈に委ねられていた。本判決に先立ち，遺留分侵害額は，遺留分の額から当該遺留分権利者が相続によって得た財産がある場合はその価額を控除し，同人が負担すべき相続債務がある場合はその額を加算して算定するという判例法理が確立していた（関連判例②—Ⅲ-190事件）。しかし，相続分の指定（902）がある場合等につき，「負担すべき相続債務」として加算される可分債務の額が指定相続分に応じた額か，法定相続分に応じた額かは明らかではなく，残された課題となっていた。

2　本争点を検討するに当たり，本判決では，まず，財産全部を相続させる旨の遺言（特定財産承継遺言）は，全部包括遺贈ではなく，相続分の指定をともなう遺産分割方法の指定としての性質を有することを前提として，特段の事情のない限り，この相続分の指定の効力は相続人間では相続債務にも及ぶが（(i)），それを相続債権者に対して主張することはできないとする（(ii)）。学説上も，遺言者の意思解釈等から(i)を，債権者の意思を離れて債務を処分し得ないこと，取引の安全等を根拠に(ii)を，ともに支持する見解が多数を占めていたところである。

3　(i)・(ii)によると，遺留分権利者は，相続債権者から請求があれば法定相続分に応じて相続債務を履行せざるを得ないことになるが，本判決は，それを「負担すべき相続債務」として加算することを否定し（(iii)），加算される額は指定相続分に応じた債務負担額であることを最高裁として初めて明示した。遺留分侵害額の算定は，相続人間の内部的法律関係を前提として，遺留分権利者が確保すべき最低限の取り分を求めるものである。遺留分権利者が，相続債権者の請求により法定相続分に応じて相続債務を履行した場合であっても，それは暫定的なものであり，理論上は，相続分の指定により法定相続分以上の財産を承継した者に対する求償が可能であることを考慮すると，判旨のような結論が導かれる。

4　なお，平成30年相続法改正では，本判決に基づく遺留分侵害額の算定方法を明文化する趣旨で1046条2項3号が設けられた。また，遺留分に関する権利行使により生ずる権利は物権から金銭債権となり，「遺留分減殺請求権」という権利の呼称も「遺留分侵害額請求権」に改められた。

◆関連判例◆

①最判平3・4・19民集45巻4号477頁（Ⅲ-147事件）
②最判平8・11・26民集50巻10号2747頁（Ⅲ-190事件）

●慶應義塾大学　西希代子●

195 相続人が遺留分侵害額を負担する限度

最高裁平成10年2月26日第一小法廷判決
(平成9年(オ)第802号遺留分減殺請求事件)
民集52巻1号274頁，判時1635号55頁

■事 案■

本件は平成30年相続法改正前の遺留分減殺請求事件である。

被相続人Aは，総額10億3453万5000円（1000円未満切捨て。以下同様）の資産を，10名の相続人に相続させる旨の遺言をなして死亡した。遺言においては，不動産を子Yおよび代襲相続人Zらに取得させ，その他の現金・預貯金債権等の財産を妻Xに取得させることとされていた。ここで，妻Xの遺留分額は2億5863万3000円であるところ，遺言による取得額は8695万9000円にすぎず，Xの取得額だけが，遺留分額に満たなかった。そこでXは，子Yおよび代襲相続人Zら4名を相手に調停を申し立て，遺留分減殺による本件物件の返還を請求したが，調停は不成立となり，本訴を提起するに至った。XとZらとの間には裁判上の和解が成立したが，Yは，遺留分を侵害する処分の受益者である相続人の一部のみを相手とする遺留分減殺請求は，受益相続人間の公平の観点から許されないなどとして争った。

1審（広島地判平7・7・31民集52巻1号283頁参照）・2審（広島高判平8・11・29前掲民集296頁参照）は，遺留分を侵害する処分の受益者である相続人のうちの誰に対して減殺請求するかは，遺留分権利者の自由であり，相続人の一部に対する減殺請求も可能とした。また，減殺の対象となる額については，目的の価額のうちその相続人の遺留分額を超える額の割合に基づいて減殺の対象となる額を算定することとした。

そこでYは，改正前1034条によると，遺留分減殺においては，目的の価額の割合に従って減殺額が算定されなければならず，これと異なる算定方法は許されないなどとして上告した。

■争 点■

遺留分の減殺請求を受けた者が遺留分を有する相続人である場合において，減殺の対象となる額についての改正前1034条の「目的の価額」とは，遺留分を侵害する遺贈等の処分の目的の全額か，それとも当該相続人の遺留分額を超える額か。

■判 旨■

上告棄却。

「相続人に対する遺贈が遺留分減殺の対象となる場合においては，右遺贈の目的の価額のうち受遺者の遺留分額を超える部分のみが，民法1034条にいう目的の価額に当たるものというべきである。けだし，右の場合には受遺者も遺留分を有するものであるところ，遺贈の全額が減殺の対象となるものとすると減殺を受けた受遺者の遺留分が侵害されることが起こり得るが，このような結果は遺留分制度の趣旨に反すると考えられるからである。そして，特定の遺産を特定の相続人に相続させる趣旨の遺言による当該遺産の相続が遺留分減殺の対象となる場合においても，以上と同様に解すべきである。」

■解 説■

1　本判決は，平成30年相続法改正前の遺留分減殺請求を問題としているが，現行法の遺留分侵害額請求において相続人の侵害額の負担限度の意義を理解するのに有益である。

2　本判決で重要な点は，第1に，改正前の遺留分減殺請求において，減殺を受けた者自身が遺留分権利者である場合には，その者が遺留分を侵害されることを防ぐために，遺贈等の遺留分を侵害する処分の目的の全額の割合に応じて減殺を受けるのではなく，そこから遺留分額を控除した残額の割合に応じて減殺を受けるべきとの立場を，この点について明文の規定を欠く状況において最高裁として初めて示したことである。本判決が理由としているのは，本件のように遺留分権利者である共同相続人間で減殺がなされた場合においては，相続人以外の第三者に減殺請求する場合とは異なり，減殺を受けた相続人自身が遺留分額を確保しうる解釈が，遺留分制度の趣旨に合致することである。

本判決の立場は相続法改正において採用され，現行法では，遺留分侵害額請求を受けた者が相続人である場合には，遺留分を侵害する遺贈等の目的の価額から遺留分として当該相続人が受けるべき額を控除した額を限度として，遺留分侵害額を負担することが明文化されている（1047 I）。

3　第2に，本判決は，特定の財産を特定の相続人に「相続させる」旨の遺言による財産の承継も，遺留分の減殺においては遺贈と同様に扱われることを明らかにしている。判例によると，このような「相続させる」旨の遺言は特段の事情のない限り遺贈ではなく遺産分割方法の指定とされる（関連判例―Ⅲ-147）。現行法では，遺産分割方法の指定としてされた「相続させる」旨の遺言による財産の承継は，「特定財産承継遺言」として，遺贈と同様に扱われることが明文化されている（1046 I，1047 I）。

4　第3に，本判決は，遺留分を侵害する処分の受益者である相続人のうちの誰に対して減殺請求するかの決定は，遺留分権利者が自由にし得るということを認めている。Yは，相続人の一部のみに減殺請求するのは不公平であると主張するが，この主張は本判決において認められなかった。したがって，本判決は，減殺の対象となる額についての上述の基準に従う限り，誰に対して減殺請求をするかについての決定は，減殺請求権を行使する者に任されるという立場を示しているが，このことは現行法の遺留分侵害額請求にも妥当するものといえる。

◆関連判例◆

最判平3・4・19民集45巻4号477頁（Ⅲ-147事件）

●大阪大学　青竹美佳●

判例プラクティス民法Ⅲ 親族・相続〔第2版〕判例索引

（末尾の数字は本書とおし番号，ゴシック体は表題判例）

〈大審院〉

明　治

大判明 33・11・17 民録 6 輯 10 巻 82 頁　1
大判明 34・9・21 民録 7 輯 8 巻 25 頁　79
大判明 39・4・16 刑録 12 輯 472 頁　119
大判明 39・12・7 民録 12 輯 1621 頁　101
大判明 43・10・3 民録 16 輯 621 頁　116
大判明 44・3・25 民録 17 輯 169 頁　31
大判明 44・6・6 民録 17 輯 362 頁　71
大判明 44・7・10 民録 17 輯 468 頁　97, 111

大正元～9 年

大判大元・12・19 民録 18 輯 1087 頁　78, 82
大連判大 4・1・26 民録 21 輯 49 頁　31
大判大 5・2・29 民録 22 輯 172 頁　102
大判大 5・4・29 民録 22 輯 824 頁　43
大決大 5・6・1 民録 22 輯 1127 頁　165
大判大 6・2・28 民録 23 輯 292 頁　32
大判大 6・12・20 民録 23 輯 2178 頁　3, 4, 73
大判大 7・3・30 民録 24 輯 609 頁　78
大判大 7・7・5 新聞 1474 号 18 頁　68
大判大 7・12・25 民録 24 輯 2429 頁　189
大判大 8・2・8 民録 25 輯 189 頁　69
大連判大 8・3・28 民録 25 輯 507 頁　104
大判大 8・6・5 民録 25 輯 962 頁　116
大判大 8・6・11 民録 25 輯 1010 頁　33
大判大 8・7・8 民録 25 輯 1287 頁　173
大判大 8・10・8 民録 25 輯 1756 頁　41

大正 10～15 年

大判大 10・7・25 民録 27 輯 1408 頁　124
大判大 10・10・29 民録 27 輯 1847 頁　78, 79
大判大 10・12・9 民録 27 輯 2100 頁　54
大判大 11・2・25 民集 1 巻 69 頁　15
大判大 11・3・27 民集 1 巻 137 頁　58, 59
大判大 12・1・20 民集 2 巻 19 頁　78
大判大 12・3・9 民集 2 巻 143 頁　54
大連判大 12・7・7 民集 2 巻 9 号 438 頁　66
大判大 12・11・29 民集 2 巻 642 頁　78
大判大 14・9・18 民集 4 巻 635 頁　58
大決大 15・8・3 民集 5 巻 679 頁　153
大判大 15・10・11 民集 5 巻 703 頁　56
大判大 15・11・30 民集 5 巻 822 頁　169

昭和元～9 年

大判昭 2・5・30 新聞 2702 号 5 頁　116
大判昭 2・7・4 民集 6 巻 436 頁　117
大判昭 3・1・30 民集 7 巻 12 頁　54
大判昭 3・11・24 新聞 2938 号 9 頁　32
大判昭 3・12・6 新聞 2957 号 6 頁　41
大判昭 4・4・2 民集 8 巻 237 頁　106
大判昭 4・5・18 民集 8 巻 494 頁　67
大判昭 4・7・4 民集 8 巻 686 頁　68
大判昭 5・6・16 民集 9 巻 550 頁　182
大決昭 5・11・12 新聞 3208 号 9 頁　98
大決昭 5・12・4 民集 9 巻 1118 頁　133
大判昭 6・1・27 新聞 3233 号 7 頁　14, 15
大判昭 6・2・20 新聞 3240 号 4 頁　33
大判昭 6・7・10 民集 10 巻 736 頁　166
大判昭 6・11・13 民集 10 巻 1022 頁　62
大判昭 6・11・27 民集 10 巻 1125 頁　173
大判昭 7・2・9 民集 11 巻 192 頁　111
大判昭 7・2・12 新聞 3377 号 14 頁　72
大判昭 7・2・16 法学 1 巻 7 号 111 頁　3, 4
大判昭 7・2・16 法律新報 285 号 10 頁　73
大判昭 8・5・17 新聞 3561 号 13 頁　116
大判昭 8・12・1 民集 12 巻 2790 頁　110
大決昭 9・1・16 民集 13 巻 20 頁　157
大判昭 9・7・11 民集 13 巻 1361 頁　58

昭和 10～21 年

大判昭 10・4・8 民集 14 巻 511 頁　3, 4
大判昭 10・10・15 新聞 3904 号 16 頁　32
大判昭 10・11・29 民集 14 巻 1934 頁　117
大判昭 11・5・13 民集 15 巻 877 頁　118
大判昭 11・6・17 民集 15 巻 1246 頁　192
大判昭 11・8・7 民集 15 巻 1630 頁　94, 100
大判昭 12・4・12 判決全集 4 輯 8 号 16 頁　59
大判昭 12・8・6 判決全集 4 輯 15 号 10 頁　116
大判昭 12・12・20 民集 16 巻 2019 頁　117
大判昭 13・3・9 民集 17 巻 378 頁　78
大判昭 13・12・14 民集 17 巻 2396 頁　118

大判昭 13・12・24 民集 17 巻 2533 頁　40
大判昭 14・10・13 民集 18 巻 1137 頁　164
大判昭 14・12・21 民集 18 巻 1621 頁　155, 156, 160
大連判昭 15・1・23 民集 19 巻 54 頁　41, 42, 43
大判昭 15・2・13 判決全集 7 輯 16 号 4 頁　181
大判昭 15・7・12 新聞 4598 号 12 頁　58
大判昭 15・7・19 新聞 4597 号 12 頁　58
大判昭 15・9・20 民集 19 巻 1596 頁　41, 42, 43
大判昭 16・2・3 民集 20 巻 70 頁　14, 15
大判昭 17・1・17 民集 21 巻 14 頁　58
大判昭 18・2・16 法学 12 巻 790 頁　69
大判昭 18・3・19 民集 22 巻 185 頁　186
大判昭 18・9・10 民集 22 巻 948 頁　117

〈最高裁判所〉

昭和 22 〜 29 年

最判昭 23・11・6 民集 2 巻 12 号 397 頁　109, 110
最判昭 23・12・23 民集 2 巻 14 号 493 頁　5, 71, 72, 74
最判昭 24・1・18 民集 3 巻 1 号 10 頁　81, 85
最判昭 25・4・28 民集 4 巻 4 号 152 頁　193
最判昭 25・12・28 民集 4 巻 13 号 701 頁　56, 69, 70
最判昭 26・2・13 民集 5 巻 3 号 47 頁　102, 103
最判昭 27・2・19 民集 6 巻 2 号 110 頁　26, 27, 30, 75
最判昭 27・10・3 民集 6 巻 9 号 753 頁　6, 68
最判昭 29・1・21 民集 8 巻 1 号 87 頁　42, 43, 64, 65
最判昭 29・4・8 民集 8 巻 4 号 819 頁　126, **128**, 129, 130, 131, 133, 141, 149, 150
最判昭 29・4・30 民集 8 巻 4 号 861 頁　60, 61, 64
最判昭 29・12・21 民集 8 巻 12 号 2222 頁　157
最判昭 29・12・24 民集 8 巻 12 号 2310 頁　157

昭和 30 〜 39 年

最判昭 30・5・31 民集 9 巻 6 号 793 頁　128, **141**, 142, 143, 144
最大判昭 30・7・20 民集 9 巻 9 号 1122 頁　52
最判昭 30・9・30 民集 9 巻 10 号 1491 頁　157
最判昭 30・11・24 民集 9 巻 12 号 1837 頁　26, 27
最判昭 30・12・26 民集 9 巻 14 号 2082 頁　104
最判昭 31・2・21 民集 10 巻 2 号 124 頁（Ⅱ-308）　21
最判昭 31・9・13 民集 10 巻 9 号 1135 頁　65
最判昭 31・9・18 民集 10 巻 9 号 1160 頁　181
最判昭 31・10・4 民集 10 巻 10 号 1229 頁　104
最判昭 31・12・11 民集 10 巻 12 号 1537 頁　26
最判昭 32・6・21 民集 11 巻 6 号 1125 頁　65
最判昭 32・9・19 民集 11 巻 9 号 1574 頁　105
最判昭 32・12・3 民集 11 巻 13 号 2009 頁　65
最判昭 33・4・11 民集 12 巻 5 号 789 頁（Ⅱ-309）　31, 33, 34, 39
最大判昭 33・5・28 民集 12 巻 8 号 1224 頁　81, 85
最判昭 33・7・25 民集 12 巻 12 号 1823 頁　25
最判昭 33・12・11 民集 12 巻 16 号 3313 頁　94
最判昭 34・2・19 民集 13 巻 2 号 174 頁　20, 22
最判昭 34・5・12 民集 13 巻 5 号 576 頁　58
最判昭 34・6・19 民集 13 巻 6 号 757 頁　133
最判昭 34・7・14 民集 13 巻 7 号 1023 頁　11, **12**
最判昭 34・8・7 民集 13 巻 10 号 1251 頁　13, 14
最判昭 35・2・25 民集 14 巻 2 号 279 頁　99
最判昭 35・3・15 民集 14 巻 3 号 430 頁　78, 79, 80, 82
最判昭 36・4・25 民集 15 巻 4 号 891 頁　25
最大判昭 36・9・6 民集 15 巻 8 号 2047 頁　10, 11, 12
最判昭 36・12・22 民集 15 巻 12 号 2893 頁　36
最判昭 37・4・10 民集 16 巻 4 号 693 頁　62
最判昭 37・4・27 民集 16 巻 7 号 1247 頁　51, **54**, 55, 60, 151
最判昭 37・5・18 民集 16 巻 5 号 1073 頁（Ⅰ-274）　119
最判昭 37・10・2 民集 16 巻 10 号 2059 頁　92, **93**, 94, 95, 96, 98
最判昭 37・11・9 民集 16 巻 11 号 2270 頁　117
最判昭 37・12・25 民集 16 巻 12 号 2455 頁　36, 123
最判昭 38・2・22 民集 17 巻 1 号 235 頁（Ⅰ-232）　129, 135, 141
最判昭 38・3・14 民集 17 巻 2 号 335 頁　94
最判昭 38・6・4 家月 15 巻 9 号 179 頁　23
最判昭 38・6・7 家月 15 巻 8 号 55 頁　26
最判昭 38・9・5 民集 17 巻 8 号 942 頁（Ⅱ-310）　33
最判昭 38・9・17 民集 17 巻 8 号 968 頁　78, 79
最判昭 38・11・28 民集 17 巻 11 号 1469 頁　5, 13, **14**, 15
最判昭 38・12・20 家月 16 巻 4 号 117 頁　72, 74
最判昭 39・1・28 民集 18 巻 1 号 180 頁　94
最判昭 39・3・6 民集 18 巻 3 号 437 頁（Ⅰ-235）　135, 180, 182
最判昭 39・8・4 民集 18 巻 7 号 1309 頁　75
最判昭 39・9・4 民集 18 巻 7 号 1394 頁　32
最判昭 39・9・8 民集 18 巻 7 号 1423 頁　56, **68**, 69
最判昭 39・9・17 民集 18 巻 7 号 1461 頁　24
最判昭 39・10・13 民集 18 巻 8 号 1578 頁　**35**, 36

昭和 40 〜 49 年

最判昭 40・2・2 民集 19 巻 1 号 1 頁　118, 120, 136
最大決昭 40・6・30 民集 19 巻 4 号 1089 頁　8, **9**, 140
最大決昭 40・6・30 民集 19 巻 4 号 1114 頁　8, **9**, 22, 103, 140
最判昭 41・2・15 民集 20 巻 2 号 202 頁　41, 42, **43**
最大決昭 41・3・2 民集 20 巻 3 号 360 頁　8, 9, **140**, 142
最判昭 41・5・19 民集 20 巻 5 号 947 頁（Ⅰ-311）　125
最判昭 41・7・14 民集 20 巻 6 号 1183 頁　193
最判昭 42・2・17 民集 21 巻 1 号 133 頁　103

最判昭 42・2・21 民集 21 巻 1 号 155 頁　36
最判昭 42・3・7 集民 86 号 475 頁　24
最判昭 42・4・18 民集 21 巻 3 号 671 頁　93, **94**, 95
最判昭 42・4・20 民集 21 巻 3 号 697 頁（Ⅰ-107）　92
最大判昭 42・11・1 民集 21 巻 9 号 2249 頁（Ⅱ-344）　116
最判昭 42・12・8 家月 20 巻 3 号 55 頁　6, 13, 68
最判昭 43・5・31 民集 22 巻 5 号 1137 頁　181
最判昭 43・7・4 民集 22 巻 7 号 1441 頁　**81**, 82, 83, 86
最判昭 43・8・27 民集 22 巻 8 号 1733 頁　**61**
最判昭 43・9・20 民集 22 巻 9 号 1938 頁　22
最判昭 43・10・8 民集 22 巻 10 号 2172 頁　92, 95, 96, 100
最判昭 43・12・20 民集 22 巻 13 号 3017 頁　**173**, 178
最判昭 44・4・3 民集 23 巻 4 号 709 頁　3, 4, 57, 73
最判昭 44・5・29 民集 23 巻 6 号 1064 頁　17, 40, **44**, 45
最判昭 44・9・4 判時 572 号 26 頁　45
最判昭 44・10・30 民集 23 巻 10 号 1881 頁　**119**
最判昭 44・10・31 民集 23 巻 10 号 1894 頁　**5**, 14
最判昭 44・11・14 判時 578 号 45 頁　14
最判昭 44・11・27 民集 23 巻 11 号 2290 頁　63, **64**
最判昭 44・12・18 民集 23 巻 12 号 2476 頁　**10**
最判昭 45・1・22 民集 24 巻 1 号 1 頁　131
最判昭 45・4・21 判時 596 号 43 頁　3, **4**, 57, 73
最判昭 45・5・22 民集 24 巻 5 号 402 頁　**96**, 99
最判昭 45・5・22 判時 599 号 29 頁　80
最大判昭 45・7・15 民集 24 巻 7 号 861 頁　58
最判昭 45・11・24 民集 24 巻 12 号 1931 頁　3, 4, 57, 73
最判昭 45・11・24 民集 24 巻 12 号 1943 頁　**25**
最判昭 46・1・26 民集 25 巻 1 号 90 頁（Ⅰ-234 事件）　191
最判昭 46・5・21 民集 25 巻 3 号 408 頁　26, 27, **30**
最決昭 46・7・8 家月 24 巻 2 号 105 頁　9
最判昭 46・7・23 民集 25 巻 5 号 805 頁　**21**, 22
最判昭 46・10・22 民集 25 巻 7 号 985 頁　71, 72
最判昭 46・11・30 家月 24 巻 7 号 57 頁　82
最判昭 46・11・30 民集 25 巻 8 号 1437 頁（Ⅰ-267）　119
最判昭 47・3・17 民集 26 巻 2 号 249 頁　172, 178, **179**
最判昭 47・7・6 民集 26 巻 6 号 1133 頁　162
最判昭 47・7・25 民集 26 巻 6 号 1263 頁　**6**, 68
最判昭 47・7・25 家月 25 巻 4 号 40 頁　**86**, 87, 88, 89
最判昭 47・9・8 民集 26 巻 7 号 1348 頁（Ⅰ-268）　111
最判昭 47・9・26 家月 25 巻 4 号 42 頁　86, 87, 88
最判昭 48・4・12 民集 27 巻 3 号 500 頁　66, **67**
最判昭 48・4・24 家月 25 巻 9 号 80 頁　98
最判昭 48・6・29 民集 27 巻 6 号 737 頁　118, **120**, 136
最判昭 48・11・15 民集 27 巻 10 号 1323 頁　**23**
最判昭 49・2・26 家月 26 巻 6 号 22 頁　**89**
最判昭 49・3・29 家月 26 巻 8 号 47 頁　54
最判昭 49・4・26 民集 28 巻 3 号 540 頁　**180**
最判昭 49・7・22 家月 27 巻 2 号 69 頁　96, **98**
最判昭 49・12・23 民集 28 巻 10 号 2098 頁　69
最判昭 49・12・24 民集 28 巻 10 号 2152 頁　**168**, 169, 171

昭和 50 ～ 59 年

最判昭 50・4・8 民集 29 巻 4 号 401 頁　48, **69**, 70
最判昭 50・9・30 家月 28 巻 4 号 81 頁　59
最判昭 50・10・24 民集 29 巻 9 号 1483 頁　**162**
最判昭 50・11・7 民集 29 巻 10 号 1525 頁　138, 142, **143**
最判昭 51・1・16 家月 28 巻 7 号 25 頁　173, 178
最判昭 51・3・18 民集 30 巻 2 号 111 頁　**189**
最判昭 51・7・19 民集 30 巻 7 号 706 頁　**181**, 184, 185
最判昭 51・7・27 民集 30 巻 7 号 724 頁　66
最判昭 51・8・30 民集 30 巻 7 号 768 頁　189, 190
最判昭 52・9・19 家月 30 巻 2 号 110 頁　132
最判昭 52・11・21 家月 30 巻 4 号 91 頁　165
最判昭 52・11・29 金判 539 号 16 頁　165
最判昭 53・2・17 判タ 360 号 143 頁（Ⅱ-148）　145
最判昭 53・2・21 家月 30 巻 9 号 74 頁　21
最判昭 53・2・24 民集 32 巻 1 号 98 頁　96, 97, 98
最判昭 53・2・24 民集 32 巻 1 号 110 頁　**56**, 59, 69
最判昭 53・7・13 判時 908 号 41 頁　138, 143
最判昭 53・7・17 民集 32 巻 5 号 980 頁　**66**, 67
最判昭 53・11・14 民集 32 巻 8 号 1529 頁　21, **22**
最大判昭 53・12・20 民集 32 巻 9 号 1674 頁　106, 107, 108, 109, 111
最判昭 54・3・23 民集 33 巻 2 号 294 頁　54, **151**, 152
最判昭 54・3・30 家月 31 巻 7 号 54 頁　**57**
最判昭 54・5・31 民集 33 巻 4 号 445 頁　**165**
最判昭 54・6・21 家月 31 巻 11 号 84 頁　52
最判昭 54・7・10 民集 33 巻 5 号 457 頁　107
最判昭 54・11・2 判時 955 号 56 頁　59, **70**
最判昭 55・3・27 家月 32 巻 8 号 66 頁　**52**
最判昭 55・11・27 民集 34 巻 6 号 815 頁　**121**, 122
最判昭 55・12・4 民集 34 巻 7 号 835 頁　**175**, 176
最判昭 56・4・3 民集 35 巻 3 号 431 頁　**112**, 114
最判昭 56・4・24 判時 1003 号 94 頁　67
最判昭 56・6・16 民集 35 巻 4 号 791 頁　69
最判昭 56・9・11 民集 35 巻 6 号 1013 頁　167, 172, **177**
最判昭 56・10・1 民集 35 巻 7 号 1113 頁　58
最判昭 56・11・13 民集 35 巻 8 号 1251 頁　**186**
最判昭 56・12・18 民集 35 巻 9 号 1337 頁　**172**, 177
最判昭 57・3・19 民集 36 巻 3 号 432 頁　**63**, 64
最判昭 57・3・26 判時 1041 号 66 頁　14, **15**
最判昭 57・4・30 民集 36 巻 4 号 763 頁（Ⅱ-150）　156
最判昭 57・9・28 民集 36 巻 8 号 1642 頁　**1**, 14
最判昭 57・11・18 民集 36 巻 11 号 2274 頁　**100**
最判昭 57・11・26 民集 36 巻 11 号 2296 頁　100
最判昭 58・3・18 家月 36 巻 3 号 143 頁　**163**

最判昭 58・4・14 民集 37 巻 3 号 270 頁　37
最判昭 58・10・14 判時 1124 号 186 頁　121
最決昭 59・3・22 家月 36 巻 10 号 79 頁　8, 9
最判昭 59・4・27 民集 38 巻 6 号 698 頁　153
最判昭 59・9・28 家月 37 巻 5 号 39 頁　78
最判昭 59・12・13 民集 38 巻 12 号 1411 頁（Ⅱ-181）　123

昭和 60 〜 63 年

最判昭 60・1・31 家月 37 巻 8 号 39 頁　121
最判昭 60・2・14 訟月 31 巻 9 号 2204 頁　38
最判昭 61・3・13 民集 40 巻 2 号 389 頁　127, 139, **142**, 144
最判昭 61・3・20 民集 40 巻 2 号 450 頁　**155**
最判昭 61・7・18 民集 40 巻 5 号 991 頁　**82**, 87, 88, 91
最判昭 62・1・22 判時 1227 号 34 頁　146
最判昭 62・3・3 家月 39 巻 10 号 61 頁　121, 122
最大判昭 62・4・22 民集 41 巻 3 号 408 頁（Ⅰ-315）　143
最判昭 62・4・23 民集 41 巻 3 号 474 頁　182, 183, 184, 185
最大判昭 62・9・2 民集 41 巻 6 号 1423 頁　26, 27, 28, 29, 30, 75
最判昭 62・9・4 家月 40 巻 1 号 161 頁　128, 138, **144**
最判昭 62・10・8 民集 41 巻 7 号 1471 頁　**166**, 167, 174
最判昭 63・2・16 民集 42 巻 2 号 27 頁（Ⅱ-304 事件）　7
最判昭 63・6・21 家月 41 巻 9 号 101 頁　**154**

平成元〜 9 年

最判平元・2・9 民集 43 巻 2 号 1 頁　**145**, 146
最判平元・2・16 民集 43 巻 2 号 45 頁　168, 169, 170, 171
最判平元・3・28 家月 41 巻 7 号 67 頁　28
最判平元・3・28 民集 43 巻 3 号 167 頁　139, 142
最判平元・4・6 民集 43 巻 4 号 193 頁　**58**
最判平元・6・20 判時 1318 号 47 頁　169
最判平元・6・23 判時 1318 号 51 頁　169
最判平元・7・18 家月 41 巻 10 号 128 頁　**124**
最判平元・11・10 民集 43 巻 10 号 1085 頁　61
最判平元・11・24 民集 43 巻 10 号 1220 頁　**161**
最判平元・12・11 民集 43 巻 12 号 1763 頁　16
最判平 2・7・19 家月 43 巻 4 号 33 頁　45, **55**, 62, 64
最判平 2・9・27 民集 44 巻 6 号 995 頁　145, **146**
最判平 2・10・18 民集 44 巻 7 号 1021 頁　**123**
最判平 2・11・8 家月 43 巻 3 号 72 頁　**28**
最判平 3・3・22 家月 43 巻 11 号 44 頁　**101**
最判平 3・4・19 民集 45 巻 4 号 477 頁　**147**, 148, 182, 183, 184, 185, 194, 195
最判平 4・4・10 家月 44 巻 8 号 16 頁　**130**, 132, 149
最判平 4・9・10 民集 46 巻 6 号 553 頁　76
最判平 4・12・10 民集 46 巻 9 号 2727 頁　**92**, 93, 95, 98
最判平 5・1・19 民集 47 巻 1 号 1 頁　163, **164**
最判平 5・7・19 家月 46 巻 5 号 23 頁　**135**
最判平 5・10・19 民集 47 巻 8 号 5099 頁　80, 81, **83**, 84, 85, 86, 88, 91
最判平 5・10・19 家月 46 巻 4 号 27 頁　**167**, 177
最判平 6・1・25 民集 48 巻 1 号 41 頁　142
最判平 6・2・8 家月 46 巻 9 号 59 頁　27, 28, **29**
最判平 6・4・26 民集 48 巻 3 号 992 頁　80, 83, **84**, 85, 86, 88
最判平 6・6・24 家月 47 巻 3 号 60 頁　**170**
最判平 6・7・8 家月 47 巻 5 号 43 頁　83, **85**, 91
最判平 6・11・8 民集 48 巻 7 号 1337 頁　83, 86, 87, **88**, 91
最判平 6・12・16 判時 1518 号 15 頁　112, **113**
最判平 7・1・24 判時 1523 号 81 頁　**183**, 184, 185
最判平 7・3・7 民集 49 巻 3 号 893 頁　137
最大決平 7・7・5 民集 49 巻 7 号 1789 頁　134
最判平 7・7・14 民集 49 巻 7 号 2674 頁　**76**
最判平 7・12・5 判時 1563 号 81 頁　2
最判平 7・12・5 家月 48 巻 7 号 52 頁　106, **108**
最判平 8・10・31 民集 50 巻 9 号 2563 頁（Ⅰ-318）　143
最判平 8・11・26 民集 50 巻 10 号 2747 頁　**190**, 194
最判平 8・12・17 民集 50 巻 10 号 2778 頁　**125**
最判平 9・1・28 民集 51 巻 1 号 184 頁　112, 113, **114**
最判平 9・3・11 家月 49 巻 10 号 55 頁　48, 56
最判平 9・4・10 民集 51 巻 4 号 1972 頁　**16**
最判平 9・9・12 民集 51 巻 8 号 3887 頁　**159**
最判平 9・10・17 民集 51 巻 9 号 3925 頁　53
最判平 9・11・13 民集 51 巻 10 号 4144 頁　**188**

平成 10 〜 19 年

最判平 10・2・13 民集 52 巻 1 号 38 頁　155, **156**
最判平 10・2・26 民集 52 巻 1 号 255 頁（Ⅰ-310）　35, 125
最判平 10・2・26 民集 52 巻 1 号 274 頁　**195**
最判平 10・2・27 民集 52 巻 1 号 299 頁　**184**, 185
最判平 10・3・24 民集 52 巻 2 号 433 頁　189, 191, **192**
最判平 10・6・11 民集 52 巻 4 号 1034 頁（Ⅰ-106）　193
最判平 10・8・31 家月 51 巻 4 号 33 頁　40, 44, **45**, 46, 47, 55
最判平 10・8・31 家月 51 巻 4 号 75 頁　44, 45
最判平 11・1・21 民集 53 巻 1 号 128 頁　156, **160**
最判平 11・4・26 家月 51 巻 10 号 109 頁　83, 85
最判平 11・5・25 家月 51 巻 10 号 118 頁　83, 86, **87**, 88
最判平 11・6・11 民集 53 巻 5 号 898 頁（Ⅱ-54 事件）　191

最判平11・6・11家月52巻1号81頁　104
最判平11・6・24民集53巻5号918頁　192
最判平11・7・19民集53巻6号1138頁　107, 109
最判平11・9・14判時1693号68頁　178, 179
最判平11・12・16民集53巻9号1989頁　183, 184, 185
最判平12・1・27民集54巻1号1頁　49
最判平12・2・24民集54巻2号523頁　127, 137
最決平12・3・10民集54巻3号1040頁　31, 33, 34
最判平12・3・14家月52巻9号85頁　17, 44
最決平12・5・1民集54巻5号1607頁　18
最判平13・3・27家月53巻10号98頁　175, 176
最判平13・7・10民集55巻5号955頁　139
最判平13・11・22民集55巻6号1033頁（Ⅱ-38）　193
最判平14・6・10家月55巻1号77頁　147, 182, 183
最判平14・9・24家月55巻3号72頁　174
最判平14・11・5民集56巻8号2069頁　136
最判平14・11・22判時1808号55頁　53
最判平16・4・20家月56巻10号48頁　129, 130, 149, 150
最決平16・10・29民集58巻7号1979頁　136
最判平16・11・18家月57巻5号40頁　27
最判平16・11・18判時1881号83頁　39
最判平17・4・21判時1895号50頁　37
最判平17・7・22家月58巻1号83頁　163, 164
最判平17・9・8民集59巻7号1931頁　126, 132
最決平17・10・11民集59巻8号2243頁　127
最判平18・1・20民集60巻1号137頁　7
最判平18・7・7民集60巻6号2307頁　48, 49, 56, 60, 69, 70, 105
最判平18・7・7家月59巻1号98頁　48, 49, 69
最判平18・9・4民集60巻7号2563頁　50, 60
最判平19・3・8民集61巻2号518頁　37, 38
最決平19・3・23民集61巻2号619頁　51, 54, 59
最判平19・3・30家月59巻7号120頁　16

平成20年～

最判平20・3・18判時2006号77頁　48, 49
最大判平20・6・4民集62巻6号1367頁　53, 134
最大判平20・6・4集民228号101頁　53
最判平21・1・22民集63巻1号228頁（Ⅱ-238事件）　150
最判平21・3・24民集63巻3号427頁　133, 148, 190, 194
最決平21・9・30判時2064号61頁　134
最判平22・10・8民集64巻7号1719頁　128, 131, 150
最判平23・2・22民集65巻2号699頁　148
最判平23・3・18家月63巻9号58頁　17
最決平25・3・28民集67巻3号864頁　19
最決平25・3・28判時2191号46頁　19
最決平25・3・28判時2191号48頁　19
最大決平25・9・4民集67巻6号1320頁　134
最決平25・12・10民集67巻9号1847頁　47
最判平26・1・14民集68巻1号1頁　46, 59
最判平26・2・14民集68巻2号113頁　139, 142
最判平26・2・25民集68巻2号173頁　128, 131, 132
最判平26・3・28集民246号117頁　59
最決平26・4・14民集68巻4号279頁　77
最判平26・7・17民集68巻6号547頁　44, 46, 47
最判平26・7・17判時2235号21頁　44, 46
最判平26・7・17LEX/DB25446513　52
最判平26・12・12裁時1618号1頁　131, 132
最判平27・11・20民集69巻7号2021頁　187
最大判平27・12・16民集69巻8号2427頁　2
最大判平27・12・16民集69巻8号2586頁　7
最判平28・2・26民集70巻2号195頁　151, 152
最判平28・6・3民集70巻5号1263頁　168, 169, 171
最大決平28・12・19民集70巻8号2121頁　127, 128, 129, 130, 137, 149, 150
最判平29・1・31民集71巻1号48頁　5, 71, 72, 74
最判平29・4・6判時2337号34頁　149, 150
最決平29・11・28判時2359号10頁　158
最決平29・12・5民集71巻10号1803頁　80
最決平29・12・21判時2372号16頁　90
最判平30・3・15民集72巻1号17頁　82, 84, 91
最判平30・10・19民集72巻5号900頁　139, 191
最決平31・4・26判時2425号10頁　80
最判令元・8・9民集73巻3号293頁　154
最判令元・8・27民集73巻3号374頁　152

〈控訴院〉

東京控判昭8・5・26新聞3568号5頁　116

〈高等裁判所〉

福岡高判昭27・2・27高民集5巻2号70頁　165
大阪高決昭30・1・29高民集8巻1号53頁　77
福岡高宮崎支決昭40・6・4家月18巻1号67頁　115
東京高判昭45・3・17高民集23巻2号92頁　112
東京高決昭48・10・26判時724号43頁　77
東京高決昭55・9・10判タ427号159頁　122, 136
広島高判昭56・12・16判時1043号69頁　186
東京高判昭57・6・30家月35巻10号63頁　65
東京高決昭57・8・27家月35巻12号84頁　177
東京高判昭60・9・26金法1138号37頁　118, 136
大阪高判昭61・1・14判時1218号81頁　113
東京高判昭62・10・8判時1254号70頁　124
東京高判平元・11・22判時1330号48頁　27
高松高決平4・8・7判タ809号193頁　18
東京高決平4・12・11判時1448号130頁　115

東京高判平 9・11・19 判タ 999 号 280 頁　29
名古屋高決平 11・3・31 家月 51 巻 9 号 64 頁　153
東京高決平 11・9・30 家月 52 巻 9 号 97 頁　74
福岡高那覇支判平 15・7・31 判タ 1162 号 245 頁　29
東京高判平 17・5・25 金法 1803 号 90 頁　120
東京高決平 17・10・27 家月 58 巻 5 号 94 頁　136
東京高判平 18・2・1 家月 58 巻 8 号 74 頁　50
名古屋高決平 18・3・27 家月 58 巻 10 号 66 頁　136
東京高判平 18・6・29 判時 1949 号 34 頁　148
東京高判平 19・2・27 判タ 1253 号 235 頁　29
大阪高判平 19・5・15 判タ 1251 号 312 頁　29
大阪高判平 27・4・23LEX/DB25541240　118

〈地方裁判所〉

大阪地判昭 9・6・18 新聞 3717 号 5 頁　116
山口地判昭 29・12・24 下民集 5 巻 12 号 2104 頁　58
長野地判昭 35・12・27 判タ 115 号 96 頁　27
津地判昭 39・2・1 下民集 15 巻 2 号 197 頁　188
東京地判昭 45・2・26 判タ 248 号 260 頁　122
名古屋地判昭 55・11・11 判時 1015 号 107 頁　10
東京地判昭 59・6・18 判時 1150 号 207 頁　166
京都地判昭 60・4・30 金判 721 号 32 頁　193
東京地判昭 62・4・22 判タ 654 号 187 頁　124
大阪地判平 3・8・29 家月 44 巻 12 号 95 頁　39
東京地判平 4・8・31 金法 1375 号 116 頁　193
東京地判平 9・6・24 判時 1632 号 59 頁　167
東京地判平 10・7・17 金判 1056 号 21 頁　148
東京地判平 21・11・26 判時 2066 号 74 頁　148
東京地判平 30・7・24 判タ 1471 号 94 頁　53

〈家庭裁判所〉

福島家審昭 35・10・12 家月 14 巻 7 号 84 頁　77
東京家審昭 39・12・14 家月 17 巻 4 号 55 頁　18
大阪家堺支審昭 52・1・14 家月 29 巻 11 号 98 頁　1
大阪家審昭 53・9・26 家月 31 巻 6 号 33 頁　122, 136
福島家審昭 55・9・16 家月 33 巻 1 号 78 頁　122
大津家審昭 56・4・13 家月 34 巻 6 号 55 頁　113
東京家審平 3・11・5 家月 44 巻 8 号 23 頁　148
浦和家熊谷支審平 9・5・7 家月 49 巻 10 号 97 頁　74
大阪家審平 27・3・13 家庭の法と裁判 6 号 89 頁　46

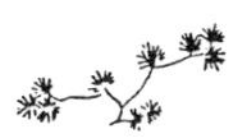

凡　例

1　法令の掲げ方

(1) 括弧内で表記される法令名は，民法については単に条数のみを表示し，その他の法令については『六法全書』（有斐閣）にならって略記した。略記のない法令については原則として正式名称のままとした。

(2) 括弧内で表記される条数については，条はアラビア数字（1，2，3……），項はローマ数字（Ⅰ，Ⅱ，Ⅲ……），号は丸なか数字（①，②，③……）とした。

(3) 民法の条数は，判旨部分を除き平成29年改正後の条数を表記し，改正前のものは適宜「改正前」等と注記した。

2　判旨の扱い

(1) 原告側はX，被告側はYで表記し（複数の場合は X_1・X_2……，Y_1・Y_2……），その他の関係者はA，B，C等の記号で表記した。

(2) 促音・拗音は一律，小字とした。

(3) 旧字体は新字体に置き換えた。

(4) カタカナ書きの判決文等はひらがなに置き換え，濁点を付した（ただし，句読点は補っていない）。

(5) 引用文中の省略箇所は一律に「……」（3点リーダー2倍）で示した。

(6) 明らかな誤字・脱字は，〔　〕に訂正したものを入れて表示した。

(7) 論旨をより明確にするために執筆者が語句を補う場合には，〔　〕に入れて表示した。

(8) 法令や制度が現在と異なる場合は，〔当時〕との注をつけ，必要な場合はさらに〔　〕内で説明を加えた。

(9) 漢数字はアラビア数字に置き換えた。

3　略語一覧

(1) 判例略語

大連判（決）	大審院連合部判決（決定）
大判（決）	大審院判決（決定）
控判（決）	控訴院判決（決定）
最大判（決）	最高裁判所大法廷判決（決定）
最判（決）	最高裁判所小法廷判決（決定）
高判（決）	高等裁判所判決（決定）
地判（決）	地方裁判所判決（決定）
支判（決）	支部判決（決定）
簡判（決）	簡易裁判所判決（決定）

(2) 判例集略語

民（刑）録	大審院民（刑）事判決録
民（刑）集	大審院，最高裁判所民（刑）事判例集
行集	行政事件裁判例集
集民（刑）	最高裁判所民（刑）事裁判集
高民（刑）集	高等裁判所民（刑）事判例集
下民（刑）集	下級裁判所民（刑）事裁判例集
東高民（刑）時報	東京高等裁判所民（刑）事判決時報
家月	家庭裁判月報
訟月	訟務月報
労民集	労働関係民事裁判例集
裁時	裁判所時報
判時	判例時報
判タ	判例タイムズ
金判	金融・商事判例
金法	金融法務事情
新聞	法律新聞
判決全集	大審院判決全集
裁判例	大審院裁判例

判例プラクティス民法Ⅲ 親族・相続〔第2版〕

2010（平成22）年8月25日　第1版第1刷発行
2020（令和2）年12月15日　第2版第1刷発行

編　者　松本恒雄　潮見佳男　羽生香織
編集人　渡辺左近
発行人　今井　貴　今井　守
発行所　信山社出版株式会社
〒113-0033
東京都文京区本郷6-2-9-102
電話 03-3818-1019
FAX 03-3818-0344
編集・制作担当　鳥本裕子　柴田尚到
印刷所　株式会社　暁印刷

ISBN978-4-7972-2639-3　C3332　2639-02011